普通高等教育“十二五”规划教材

财务管理

主　编　于　君　宗　声
副主编　许　珺　王惠慧

中国轻工业出版社

图书在版编目（CIP）数据

财务管理/于君，宗声主编；—北京：中国轻工业出版社，2015.1

普通高等教育“十二五”规划教材

ISBN 978-7-5019-8864-8

Ⅰ.①财… Ⅱ.①于… ②宗… Ⅲ. ①财务会计-高等学校-教材 Ⅳ.① F275

中国版本图书馆CIP数据核字（2012）第152406号

责任编辑：张文佳
策划编辑：张文佳　责任终审：劳国强　封面设计：锋尚设计
版式设计：宋振全　责任校对：晋　洁　责任监印：胡　兵

出版发行：中国轻工业出版社（北京东长安街6号，邮编：100740）
印　　刷：北京君升印刷有限公司
经　　销：各地新华书店
版　　次：2015年1月第1版第3次印刷
开　　本：787×1092　1/16　印张：24
字　　数：650千字
书　　号：ISBN 978-7-5019-8864-8　定价：52.00元
邮购电话：010-65241695　传真：65128352
发行电话：010-85119835　85119793　传真：85113293
网　　址：http：//www.chlip.com.cn
Email：club@chlip.com.cn
如发现图书残缺请直接与我社邮购联系调换
141623J1C103ZBW

前 言

PREFACE

财务管理是当代经济管理学科中年轻而蓬勃发展的学科之一，它已经为我们用经济的观点理解世界做出了巨大贡献。20 世纪 50 年代迄今，经典财务管理理论不断涌现：如马克维茨的投资组合理论、夏普等人的资本资产定价模型、珐玛的有效资本市场假设理论、罗斯的套利定价理论、莫迪格里尼和米勒的现代资本结构理论、布莱克与斯科尔斯的期权定价理论等。此外，金融中介理论、代理理论、市场微观结构理论、现代公司控制理论先后被提出，所有这些理论构成了现代财务管理的核心内容，形成了以决策为核心的现代财务管理。财务理论正在指导实践、解释现实，被世界诸多财务管理者用来创造和管理巨额财富。实践已经证明：不掌握财务管理知识就不能成为优秀的企业家。

教材是教师授课取材之源，是学生求知学习之本，没有高质量的教材，很难提高教学质量。我们本着务实、求新、继承与开拓的精神，在总结、研究、提炼的基础上，系统阐述企业财务管理理论及其最新研究成果，尽可能涵盖国内外经典财务理论与方法，注重理论与方法的系统性和可操作性。

作为本科教材，本书具有如下特点：

（1）前瞻性。本书及时吸纳了最新理论研究成果，并结合实践发展，增加了相关理论与方法。如股指期货投资、期权投资等内容。

（2）系统性。本书强化了理论的系统性，理论结构合理，构成要素完整。如增加了财务管理假设、原则等内容。

（3）实用性。本书强调理论对实践的指导意义，增强其实用性。如增加了租赁决策、风险决策、内部控制等内容。

本书是本科财务管理专业、会计专业、工商管理专业、市场营销专业以及财政、金融、保险、税务专业的财务管理教材，也可作为财经类高职高专、在职干部培训的参考书。

本书由于君、宗声担任主编，许珺、王惠慧担任副主编，于君负责编写大纲的设计并编写了第一章、第二章；第三章、第十五章由宗声编写；第四章由王维东、许珺编写；第五章、第十四章由王维东编写；第六章、第十六章由王惠慧编写；第七章、第八章、第十二章由许珺编写；第九章由高艳编写；第十章由马晓龙、杨虹编写；第十一章由马晓龙编写；第十三章由杨虹编写。最后由于君对全书进行修改与总纂。

由于财务管理理论与实践正在飞速发展，财务管理内容与技术方法不断丰富、完善，加上编者学识和时间限制，难免存在错误或不足，欢迎批评指正。

在本书编写过程中，我们参考了许多相关教材和文献的观点，在此向作者表示感谢！

编　者

2012 年 6 月

前言

目 录
CONTENTS

第一章　财务管理总论 …… 1
　第一节　财务管理概念 …… 1
　第二节　财务管理目标 …… 7
　第三节　财务管理假设和原则 …… 12
　第四节　财务管理环境 …… 19
　本章小结 …… 23

第二章　价值与风险 …… 25
　第一节　财务管理价值概念 …… 25
　第二节　货币时间价值 …… 26
　第三节　风险与报酬 …… 34
　本章小结 …… 47

第三章　财务分析 …… 49
　第一节　财务分析概述 …… 49
　第二节　财务指标分析 …… 53
　第三节　财务综合分析 …… 76
　本章小结 …… 82

第四章　财务预测 …… 84
　第一节　财务预测方法 …… 84
　第二节　增长率与资金需求 …… 88
　第三节　预计财务报表的编制 …… 94
　本章小结 …… 104

第五章　财务规划 …… 105
　第一节　利润规划 …… 105
　第二节　财务预算 …… 119
　本章小结 …… 129

第六章　筹资管理 …… 130
　第一节　企业筹资概述 …… 130
　第二节　股权性筹资 …… 134

第三节　债务性筹资 …… 139
第四节　衍生工具筹资 …… 145
本章小结 …… 148

第七章　资本成本 …… 150
第一节　资本成本概述 …… 150
第二节　权益资本成本 …… 151
第三节　债务资本成本 …… 153
第四节　综合资本成本 …… 155
本章小结 …… 156

第八章　资本结构 …… 157
第一节　杠杆原理 …… 157
第二节　资本结构理论 …… 167
第三节　资本结构决策 …… 176
本章小结 …… 179

第九章　项目投资管理 …… 180
第一节　项目投资决策基本原理 …… 180
第二节　投资项目现金流量 …… 182
第三节　项目投资决策基本方法 …… 189
第四节　特殊情况下的项目投资决策 …… 199
第五节　项目投资风险处置方法 …… 202
本章小结 …… 211

第十章　证券投资管理 …… 212
第一节　股票投资管理 …… 212
第二节　债券投资管理 …… 217
第三节　基金投资管理 …… 223
本章小结 …… 225

第十一章　金融衍生工具投资管理 …… 226
第一节　期货投资管理 …… 226
第二节　期权投资管理 …… 234
第三节　认股权证与可转换债券投资管理 …… 248
本章小结 …… 251

第十二章　企业价值评估 …… 252
第一节　企业价值评估概述 …… 252
第二节　现金流量折现法 …… 256
第三节　经济利润法 …… 267

第四节 相对价值法 …… 270
本章小结 …… 278

第十三章 营运资本管理 …… 279
第一节 营运资本投资政策 …… 279
第二节 现金管理 …… 281
第三节 应收账款管理 …… 286
第四节 存货管理 …… 291
第五节 营运资本筹资 …… 298
本章小结 …… 302

第十四章 收益分配 …… 304
第一节 收益分配概述 …… 304
第二节 股利政策 …… 308
第三节 股利支付的程序和方式 …… 310
第四节 股票股利与股票回购 …… 311
本章小结 …… 314

第十五章 财务控制与业绩评价 …… 315
第一节 内部控制 …… 315
第二节 财务控制 …… 318
第三节 业绩评价 …… 328
本章小结 …… 333

第十六章 企业并购、重整与清算 …… 335
第一节 企业并购 …… 335
第二节 财务重整 …… 350
第三节 企业清算 …… 357
本章小结 …… 363

附录 …… 364
附表一 复利终值系数表 …… 364
附表二 复利现值系数表 …… 366
附表三 年金终值系数表 …… 368
附表四 年金现值系数表 …… 370
附表五 自然对数表 …… 372
附表六 正态分布下的累积概率［$N(d)$］ …… 374
附表七 e^{rt}的值：1 元的连续复利终值 …… 375

参考文献 …… 376

第一章 财务管理总论

学习目标

修完本章内容后，你应该能够：

1. 理解财务管理概念，掌握财务管理的对象、内容、职能和财务管理体制
2. 理解财务管理目标的含义，掌握各种财务管理目标理论的优缺点、影响财务管理目标实现的因素以及相关者之间的利益冲突与协调办法
3. 理解财务管理假设和原则的含义，掌握每项原则的建立依据及其应用
4. 理解财务管理环境的概念，掌握金融环境，熟悉经济环境和法律环境

第一节 财务管理概念

任何组织都需要财务管理。但是，盈利性组织与非营利性组织的财务管理存在较大差别。本教材讨论的是盈利性组织的财务管理，即企业财务管理。企业财务管理的原则、程序和方法与企业组织形式密切相关。典型的企业组织形式有三种：个人独资企业、合伙企业及公司制企业。其中，个人独资企业占企业总数的比重最大，但是绝大部分的商业资金是由公司制企业控制的。因此，财务管理通常把公司理财作为讨论的重点。除非特别指明，本教材讨论的财务管理均指公司财务管理。

一、财务管理对象

财务管理是有关资本的筹集、运用与分配的管理。

财务管理的对象是资本及其流转。资本流转的起点和终点是现金，其他资产都是现金在流转中的转化形式，因此，财务管理对象也被称为现金及其流转。

（一）现金流转

在生产经营中，现金变为非现金资产，非现金资产又变为现金，这种流转过程称为现金流转。这种流转无始无终，不断循环，称为现金循环或资本循环。

现金转变为非现金资产，又转回现金所需时间不足一年的流转，称为现金的短期循环，短期循环中的非现金资产是短期资产，包括交易性金融资产、应收账款、存货等。现金转变为非现金资产，又转回现金所需时间超过一年的流转，称为长期现金循环，长期现金循环中的非现金资产是长期资产，包括固定资产、长期投资、无形资产等。

现金是长期循环和短期循环的共同起点，在换取非现金资产时分开，分别转化为各种长期资产和短期资产。它们被使用时，分别记入“在产品”和各种费用账户，又汇集在一起，

同步形成“产成品”，产品经出售又同步转化为现金。转化为现金以后，不管它们原来是短期循环还是长期循环，企业可以视需要重新分配。折旧形成的现金可以买材料，原来用于短期循环的现金收回后也可以投资于固定资产。

（二）现金流转不平衡

现金流转经常处于不平衡状态，即现金流入与现金流出不能同步同量。现金流转不平衡既有企业内部的原因，如盈利、亏损或扩充等；也有企业外部的原因，如市场变化、经济兴衰、企业间竞争等。

1. 影响企业现金流转的内部原因

（1）盈利企业的现金流转。盈利企业，如不打算扩充规模，其现金流转一般比较顺畅。当然，盈利企业也可能由于抽出过多现金而发生临时流转困难。例如，付出股利、偿还借款、更新设备等。

（2）亏损企业的现金流转。从长期的观点看，亏损企业的现金流转是不可能维持的。从短期来看，又分为两类：一类是亏损额小于折旧额的企业，在固定资产重置以前可以维持下去；另一类是亏损额大于折旧额的企业，不从外部补充现金将很快破产。

（3）扩充企业的现金流转。任何要迅速扩大经营规模的企业，都会遇到相当严重的现金短缺情况。固定资产扩充、存货增加、应收账款增加、营业费用增加等，都会使现金流出扩大。

财务主管的任务不仅是维持当前经营的现金收支平衡，而且要设法满足企业扩大的现金需要，并且力求使企业扩充的现金需求不超过扩充后新的现金流入。

首先，应从企业内部寻找扩充项目所需现金，如出售短期证券、减少股利分配、加速收回应收账款等。其次，内部筹集的现金不能满足扩充需要时，可以从外部筹集。从外部筹集的现金，要承担资本成本，将来要还本付息、支付股利等，引起未来的现金流出。企业在借款时就要注意到，将来的还本付息的现金流出不要超过将来的现金流入。如果不是这样，就要借新债还旧债，利息负担会耗费掉扩建形成的现金流入，使项目在经济上失败。

2. 影响企业现金流转的外部原因

（1）市场的季节性变化。通常来讲，企业的生产部门力求全年均衡生产，以充分利用设备和人工，但销售总会有季节性变化。因此，企业往往在销售淡季现金不足，销售旺季过后积存过剩现金。财务主管要对这些变化事先有所准备，并留有适当余地。

（2）经济的波动。任何国家的经济发展都会有波动，时快时慢。经济收缩时，现金过剩；经济过热时，现金不足。

（3）通货膨胀。通货膨胀会使企业遭遇现金短缺的困难。由于物价上涨，货币购买力下降。现金被逐步蚕食掉。通货膨胀造成的现金流转不平衡，不能靠短期借款解决，因其不是季节性临时现金短缺而是现金购买力被永久地“蚕食”了。

（4）竞争。竞争会对企业的现金流转产生不利影响。但是，竞争往往是被迫的，企业经营者不得不采取他们本来不想采取的方针。

二、财务管理内容

现金流转活动被称为财务活动，包括筹资活动、投资活动、营运活动和收益分配活动。财务管理的具体内容是对财务活动的管理。

（一）筹资管理

筹资即筹集资金，是指企业为了满足投资和用资的需要，筹措和集中所需资金的行为。例如，企业发行股票、发行债券、取得借款、租赁等使现金流入企业，经过一定时期或一定时期的运营，企业要支付利息、股利、租金，偿还借款而发生现金流出，这种因筹资引起的现金流转活动称为筹资活动。

任何企业从事生产经营活动，都必须首先筹集到其经营规模所需要的一定数量的资金。企业所筹集到的资金既要能满足正常经营和特定投资计划的需求，也要能满足归还各项到期债务和支付利息及股利方面的要求。筹资是企业生产经营的前提。

筹资管理要解决的问题是如何取得企业所需要的资金，包括向谁、在什么时候、筹集多少资金。不同的筹资渠道和筹资方式，筹资成本不同，资金使用的时间、条件不同，给企业带来的风险大小也不同。筹资管理的目标就是正确权衡成本与风险之间的关系，采用最适当的筹资方式筹集资金，使风险适度的情况下，资金成本最低。

筹资决策和投资、股利分配有密切关系，筹资的数量多少要考虑投资需要，在利润分配时加大保留盈余可减少从外部筹资。筹资决策的关键是决定各种资金来源在总资金中所占的比例，即确定资本结构，以使筹资风险和筹资成本相配合。

（二）投资管理

投资是指以收回现金并取得收益为目的而发生的现金流出行为。例如，购买政府公债、购买企业股票和债券、购置设备、建造厂房、开办商店等，企业都要发生现金流出。经过一定时期的运营，企业获得利息、股利、债券本金、营业收入等，这便是企业的现金流入。这种因投资引起的现金流转活动称为投资活动。

财务管理目标是企业价值最大化。投资是企业创造价值的基础，要增加企业价值就必须进行投资。投资决定了购置的资产类别，不同的生产经营活动需要不同的资产，因此投资决定了日常经营活动的特点和方式。

投资管理要解决的问题是如何进行投资，包括投资方向、投资对象、投资方式、投资规模、投资结构的选择，目的是获取最大的投资效率和效益。因此，企业在投资过程中，必须考虑投资规模即为确保获取最佳投资效益，企业应投入资金的数额；同时还必须通过投资方向和投资方式的选择，来确定合适的投资结构，提高投资效益，降低投资风险。

（三）资金营运管理

资金营运是指企业在日常生产经营活动中，组织、调配、运用资金的行为。如购买材料、商品，支付工资和其他营业费用，构成了经营性现金流出；企业销售商品取得收入便形成了经营性现金流入。这种因企业日常经营引起的现金流转活动称为资金营运活动。

企业为满足日常经营活动的需要而垫支的资金，称为营运资金。在一定时期内，营运资金周转速度越快，资金的利用效率就越高，企业就可能生产出更多的产品，取得更多的收入，获取更多的利润。

资金营运管理要解决的问题是如何合理配置资金，加速资金周转，提高资金利用效率。因此，必须合理确定营运资金持有与融资战略及营运资金管理策略，包括现金和交易性金融资产持有计划的确定；应收账款的信用标准、信用条件和收账政策的确定；存货周期、存货数量、订货计划的制定；短期借款计划、商业信用筹资计划的确定等。

（四）收益分配管理

收益分配是指对企业净利润的分配。

收益分配管理要解决的问题是将企业净利润中的多少作为股利发放给股东，多少留在企业进行再投资。过高的利润分配比率，影响企业再投资能力，会使未来收益减少，减少企业价值；过低的利润分配比率，可能引起投资者不满，不利于企业价值增加。

收益分配决策受多种因素的影响，包括税法对股利和出售股票收益的不同处理、未来企业的投资机会、各种资金来源及其成本、股东对当期收入和未来收入的相对偏好等。企业根据具体情况确定最佳的收益分配政策，是财务决策的一项重要内容。

收益分配决策，从另一个角度看也是保留盈余决策，是企业内部筹资问题。因此，有人认为收益分配决策属筹资的范畴，而并非一项独立的财务管理内容。

必须注意，企业在对财务活动进行管理过程中，不可避免地要与利益相关者发生经济利益关系，这种经济利益关系被称为财务关系。企业必须正确合理地处理各种财务关系。企业财务关系主要包括：①企业与所有者之间的体现所有权性质的经营权与所有权的关系；②企业与债权人之间的债务与债权的关系；③企业与债务人之间的债权与债务的关系；④企业与被投资企业之间的体现所有权性质的投资与受资的关系；⑤企业与政府之间的反映依法纳税同依法征税的权利义务关系；⑥企业与供应商之间的购销关系；⑦企业与客户之间的供求关系；⑧企业与职工之间的体现按劳分配的利益关系；⑨企业内部各单位之间的体现经济责任的计价结算关系。

三、财务管理职能

财务管理的职能是指财务管理本身具有的功能，包括决策、计划和控制。这里的计划专指期间计划。期间计划是针对一定时期编制的（如一年），其目的是落实既定决策，明确本期间应完成的全部事项。控制是执行决策和计划的过程，包括对比计划与执行的信息、评价下级的业绩等。期间计划和控制都是决策的执行过程。

（一）财务决策

财务决策是指有关资金筹集和使用的决策。

1. 财务决策的过程

（1）情报活动。情报活动即探查环境，寻找做决策的条件或依据。

（2）设计活动。设计活动即创造、制定和分析可能采取的方案。

（3）抉择活动。抉择活动即在备选方案中进行抉择。

（4）审查活动。审查活动即对过去的决策进行评价。

2. 财务决策系统的构成要素

（1）决策者。决策者是决策的主体，它可以是一个人，也可以是一个集团。

（2）决策对象。决策对象是决策的客体，即决策想要解决的问题。

（3）信息。信息包括企业内部功能的信息以及企业外部环境的状态和发展变化的信息。决策时，保持信息的真实性和正确性是至关重要的。大部分决策错误都与信息失真有关。

（4）决策的理论和方法。决策的理论和方法包括决策的一般模式、预测方法、定量分析和定性分析技术、决策方法论、数学和计算机应用等。

（5）决策结果。决策结果是指通过决策过程形成的、指导人的行为的行动方案。企业决策的结果通常要采用语言、文字、图表等明显的形式来表达。

决策的五个要素相互联系、相互作用，组成了一个决策系统。

3. 决策的价值标准

决策的价值标准，是指评价方案优劣的尺度，或者说是衡量目标实现程度的尺度，它用于评价方案价值的大小。

历史上，先后出现三种价值标准：①单一价值标准，如最大利润、最高产量、最低成本等；②多经济目标综合的价值标准，如投入与产出的比较；③经济与非经济目标综合，如决策时除了考虑经济因素外，还要考虑社会的、心理的、美学的等非经济目标。

4. 决策的准则

决策的准则是指指导人们选择行动方案的一般原则。

传统的决策理论认为，决策者是“理性人”或“经济人”，在决策时他们受“最优化”的行为准则支配，应当选择“最优”方案。

现代决策理论认为，由于决策者在认识能力和时间、成本、情报来源等方面的限制，不能坚持要求最理想的解答，常常只能满足于“令人满意的”或“足够好的”决策。因此，实际上人们在决策时并不考虑一切可能的情况，而只考虑与问题有关的特定情况，使多重目标都能达到令人满意的、足够好的水平，以此作为行动方案。

5. 决策的分类

企业决策有多种分类方法，每一种分类方法分别用来研究和解决不同的问题。

（1）按决策能否程序化，可以将其分为程序化决策和非程序化决策。程序化决策是关于例行活动的决策。程序化决策一般按既定程序决策，而不经过收集情报、设计方案、抉择和审查的过程来决策。

非程序化决策是关于非例行活动的决策。非例行活动具有独特性，不重复出现，具有创新的性质，因此需按照收集情报、设计方案、抉择和审查的过程来决策。

（2）按决策影响所及的时间长短，可以将其分为长期决策和短期决策。长期决策是影响所及时间超过一年的决策。包括改变生产能力的投资决策、长期资金的筹集决策等。

短期决策是影响所及时间不超过一年的决策。包括如何利用生产能力的决策、短期资金的筹集决策等。

（3）按决策涉及的管理领域，可以将其分为销售决策、生产决策和财务决策。企业的活动分为销售、生产和财务三大领域，企业管理也据此分为销售管理、生产管理和财务管理，有关的决策分别称为销售决策、生产决策和财务决策。本书要讨论的是财务决策。

（二）财务计划

计划是指预先决定做什么、何时做、怎样做和谁去做。广义的财务计划工作包括很多方面，通常有确定财务目标、制定财务战略和财务政策、规定财务工作程序和针对某一具体问题的财务规则以及制定财务规划和编制财务预算。狭义的财务计划工作，是指针对特定期间的财务规划和财务预算。

财务规划是个过程，它通过调整经营活动的规模和水平，使企业的资金、可能取得的收益、未来发生的成本费用相互协调，以保证实现财务目标。财务规划受财务目标、战略、政策、程序和规划等决策的指导和限制，为编制财务预算提供基础。财务规划的主要工具是财务预测和本、量、利分析。规划工作主要强调各部分活动的协调，因为规划的好坏是由其最薄弱的环节决定的。

预算是以货币表示的预期结果，它是计划工作的终点，也是控制工作的起点，它把计划和控制联系起来。各企业预算的精密程度、实施范围和编制方式有很大差异。预算工作的主要好处是促使各级主管人员对自己的工作进行详细、确切的计划。

（三）财务控制

财务控制和财务计划有密切联系，计划是控制的重要依据，控制是执行计划的手段，它们组成了企业财务管理循环。

财务管理循环的主要环节包括：

（1）财务预测，即根据企业财务活动的历史资料，考虑现实的要求和条件，对企业未来的财务活动作出较为具体的预计和测算的过程。

（2）财务计划，即根据企业整体战略目标和规划，结合财务预测的结果，对财务活动进行规划，并以指标形式落实到每一计划期间的过程。

（3）财务预算，即根据财务战略、财务计划和各种预测信息，确定预算期内各种预算指标的过程。它是财务战略的具体化，是财务计划的分解和落实。

（4）财务决策，即根据财务战略目标的总体要求，利用专门方法对各种备选方案进行比较和分析，从中选出最佳方案的过程。财务决策是财务管理的核心，决策的成功与否直接关系到企业的兴衰成败。

（5）财务控制，即利用有关信息和特定手段，对企业财务活动施加影响或调节，以便实现计划所规定的财务目标的过程。

（6）财务分析，即根据企业财务报表等信息资料，采用专门方法，系统分析和评价企业财务状况、经营成果及未来趋势的过程。

（7）财务考核，即将报告期实际完成数与规定的考核指标进行对比，评价业绩，确定有关责任单位和个人完成任务的过程。财务考核与奖惩紧密联系，是贯彻责任制原则的要求，也是构建激励与约束机制的关键环节。

四、财务管理体制

企业财务管理体制是明确企业各财务层级财务权限、责任和利益的制度，其核心问题是如何配置财务管理权限，企业财务管理体制决定着企业财务管理的运行机制和实施模式。企业财务管理体制概括地说，可分为以下三种类型。

（一）集权型财务管理体制

集权型财务管理体制是指企业对各所属单位的所有财务管理决策都进行集中统一，各所属单位没有财务决策权，企业总部财务部门不但参与决策和执行决策，在特定情况下还直接参与各所属单位的执行过程。

集权型财务管理体制的优点是：有利于决策的统一化、制度化，有利于企业内部优化配置资源，有利于实行内部调拨价格，有利于内部采取避税措施及防范汇率风险等。缺点是：集权过度会使各所属单位缺乏主动性、积极性，丧失活力，也可能因为决策程序相对复杂而失去适应市场的弹性，丧失市场机会。

（二）分权型财务管理体制

分权型财务管理体制是指企业将财务决策权与管理权完全下放到各所属单位，各所属单位只需对一些决策结果报请企业总部备案即可。

分权型财务管理体制的优点是：有利于针对本单位存在的问题及时作出有效决策，因地制宜地搞好各项业务，也有利于分散经营风险，促进所属单位管理人员及财务人员的成长。缺点是：各所属单位大都从本单位利益出发安排财务活动，缺乏全局观念和整体意识，从而可能导致资金管理分散、资金成本增大、费用失控、利润分配无序。

（三）集权与分权相结合型财务管理体制

集权与分权相结合型财务管理体制，其实质就是集权下的分权，企业对各所属单位在所有重大问题的决策与处理上实行高度集权，各所属单位则对日常经营活动具有较大的自主权。具体应集中制度制定权，筹资、融资权，投资权，用资、担保权，固定资产购置权，财务机构设置权，收益分配权；分散经营自主权、人员管理权、业务定价权、费用开支审批权。

集权与分权相结合型财务管理体制的主要特点是：

（1）在制度上，企业内应制定统一的内部管理制度，明确财务权限及收益分配方法，各所属单位应遵照执行，并根据自身的特点加以补充。

（2）在管理上，利用企业的各项优势，对部分权限集中管理。

（3）在经营上，充分调动各所属单位的生产经营积极性。

正因为具有以上特点，集权与分权相结合的财务管理体制吸收了集权型和分权型财务管理体制各自的优点，避免了二者各自的缺点，从而具有较大的优越性。

第二节　财务管理目标

一、财务管理目标的含义

目标是系统所要达到的目的。不同的系统所研究和解决的问题不同，所要达到的目的不同，即不同的系统有不同的目标。财务管理的目标是企业财务管理活动所要达到的目的，是财务管理工作所希望实现的结果，是评价财务管理行为是否合理的基本标准。

财务管理目标是财务管理理论的基本构成要素，它决定财务管理的内容、职能、使用的概念和方法，是财务管理实践中进行财务决策的出发点和归宿。财务管理目标制约着财务运行的基本特征和发展方向，是财务运行的驱动力。研究设置财务管理目标，既是建立科学的财务管理理论结构的需要，也是优化财务管理行为的需要。

财务管理目标具有相对稳定性和层次性特征。相对稳定性是指财务管理目标在一定时期内，应保持相对稳定。尽管随着一定的政治、经济环境的变化，财务管理目标可能会发生变化，人们对财务管理目标的认识也会不断深化。但是财务管理目标是财务管理的根本目的，必须与企业整体发展战略相一致，符合企业长期发展战略的需要，体现企业发展战略的意图。因此在一定时期内应保持稳定。层次性是指总目标分解到企业的各个部门甚至班组岗位，形成企业、部门、班组岗位等多层次目标，财务管理目标的分解应该与企业战略目标的分解同时进行，以保证财务管理目标的落实与企业战略目标的落实相一致。

二、财务管理目标理论

企业财务管理目标有如下几种具有代表性的理论。

（一）利润最大化目标

利润最大化目标是指企业财务管理活动以实现最大的利润为目标。

以利润最大化作为财务管理目标，是因为利润可以衡量创造财富的多少。企业从事生产经营活动的目的就是创造更多的财富，而财富的多少可用利润衡量。利润是企业补充资本、扩大经营规模的源泉，只有每个企业都最大限度地获得利润，整个社会的财富才可能实现最大化，从而带来社会的进步和发展。

利润最大化目标的缺陷主要有：①没有考虑利润实现时间和时间价值。例如：今年获利100万元和三年后获利100万元，其实际价值是不同的。如果不考虑利润实现时间和时间价值，很难做出正确判断。②没有考虑所获利润与投入资本额的关系。例如：同样获利100万元的两个方案，一个投入资本500万元，一个投入资本300万元，两个方案的投资效率是不同的。如果不考虑所获利润与投入资本的关系，很难做出正确的选择。③没有考虑获取利润和所承担风险的关系。例如：两个方案投放的资本额相同，所获利润也相同，只是利润的存在形态不同，一个是现金，一个是应收账款，且存在坏账的可能。这两个方案利润的期望值是不同的，如果不考虑风险因素，很难做出正确的判断。④容易产生短期化行为。

（二）每股盈余最大化目标

每股盈余最大化目标是指企业财务管理活动以实现每股盈余最大或权益资本利润率最大为目标。

所有者作为企业的投资者，其投资目标是取得资本收益，具体表现为净利润与出资额或普通股股数的对比关系，这种关系可以用每股盈余反映。这种观点认为，应该把企业所获利润与所有者投入的资本联系起来，即用每股盈余来概括财务管理目标，以克服“利润最大化”目标的缺陷。

每股盈余最大化目标存在以下缺陷：①仍然没有考虑每股盈余取得的时间和时间价值。②仍然没有考虑每股盈余的风险性。③可能产生短期化行为。

（三）股东财富最大化目标

股东财富最大化目标是指企业财务管理活动以实现股东财富最大为目标。

在股份公司中，股东财富是由其所拥有的股票数量和股票市场价格决定的。在股票数量一定时，当股票价格达到最高时，股东财富也达到最大。所以，股东财富最大化，又演变为股票价格最大化。股东财富最大化目标可以理解为最大限度地提高现在的股票价格。股价的升降，代表了投资大众对公司股权价值的客观评价。它以每股的价格表示，反映了资本和获利之间的关系；它受预期每股盈余的影响，反映了每股盈余大小和取得的时间；它受企业风险大小的影响，可以反映每股盈余的风险。

股东财富最大化目标的优点：①股东财富最大化目标考虑了风险和时间价值因素，反映了资本和获利之间的关系；②股东财富最大化在一定程度上能够克服企业在追求利润上的短期行为；③股东财富最大化目标比较容易量化，便于考核和奖惩。

股东财富最大化目标的缺点：①它只适用于上市公司，对非上市公司则很难适用；②它只强调股东的利益，而对企业其他关系人的利益重视不够；③股票价格受多种因素影响，并非都是公司所能控制的，把不可控因素引入理财目标是不合理的。尽管股东财富最大化存在上述缺点，如果证券市场高度发达，市场效率高，上市公司则可以把股东财富最大化作为财务管理的目标。

（四）企业价值最大化目标

企业价值最大化目标是指企业财务管理活动以实现企业价值最大为目标。

企业价值是指企业整体的经济价值，企业整体的经济价值是指企业作为一个整体的公平市场价值。通常用企业所产生的未来现金流量的现值来计量。

企业价值最大化目标的优点：①企业价值最大化目标考虑了取得报酬的时间和时间价值。②企业价值最大化目标考虑了风险与报酬的联系。③企业价值最大化目标考虑了获得的报酬与投入资本额之间的关系。④企业价值最大化目标能克服短期行为。

企业价值最大化目标的缺点是计量困难。

（五）相关者利益最大化目标

相关者利益最大化目标是指企业财务管理活动以实现企业相关者的利益最大为目标。

现代企业是多边契约关系的总和。股东作为企业所有者，在企业中承担着最大的权利、义务、风险和报酬。但在市场经济中，债权人、员工、企业经营者、客户、供应商和政府也为企业承担着风险。在确定企业财务管理目标时，不能忽视这些相关利益群体的利益。

相关者利益最大化目标的优点：①有利于企业长期稳定发展。②体现了合作共赢的价值理念。③较好地兼顾了各利益主体的利益。④体现了前瞻性和现实性的统一。

本书认为，企业价值最大化是目前企业财务管理最理想的目标。

三、影响财务管理目标实现的因素

企业价值是根据其资本成本计算的企业未来现金流量现值之和。其基本计量模型为：

$$企业价值=\sum_{t=1}^{\infty}\frac{现金流量_t}{(1+资本成本)^t} \qquad (公式1-1)$$

企业价值计量模型显示，决定企业价值的因素是企业未来的现金流量和资本成本。企业财务管理目标是企业价值最大化，因此，影响财务管理目标实现的因素是现金流量和资本成本。提高现金流量，降低资本成本正是企业价值创造的有效途径。

（一）现金流量

现金流量是指各期的预期现金流量。是企业全部现金流入扣除成本费用和必要的投资后的剩余部分，它是企业一定期间可以提供给所有投资人（包括股权投资人和债权投资人）的税后现金流量。可按下式计算：

$$现金流量_t=息税前利润_t\times(1-所得税税率)-净投资_t \qquad (公式1-2)$$

现金流量计量公式显示，决定企业现金流量的因素是企业的经营活动和投资活动。

1. 经营活动

经营活动产生的现金对于价值创造有决定意义，从长远来看经营活动产生的现金是企业盈利的基础。经营活动产生的现金取决于销售收入和成本费用两个因素，收入是增加企业价值的因素，成本费用是减少企业价值的因素，两者的差额是利润。增加企业价值的利润因素，不仅是当前的利润，还包括预期增长率。销售和利润的增长率取决于企业的外部环境、内部条件和竞争战略。

2. 投资活动

投资活动包括资本资产投资和营运资产投资。资本资产投资的目的大多是为了增加产量、提高产品性能、降低成本，或者减少流动资产占用。投资支出是一项重要的现金流出，除非它有助于增加收入、降低成本或减少营运资金，否则会减少企业价值。对投资项目得失的评价，要在投资项目实施前完成。营运资产投资是周转使用的，以尽可能少的营运资本支持同样的经营现金流，节约资本成本支出，有利于增加企业价值。

投资提供了经营活动赚取利润的条件，投资与利润有投入和产出的关系。利润与投资的比率称为投资资本回报率，反映企业的盈利能力。只有投资资本回报率大于资本成本的投资，才能为企业创造价值，反之，将减损企业价值。因此，投资资本回报率是决定企业价值的关键因素。

（二）资本成本

资本成本是企业筹集和使用资本所付出的代价。决定资本成本的企业内部因素是筹资活动和风险。

1. 筹资活动

资本的筹集包括债务资本筹集和权益资本筹集。由于债务利息可以税前扣除，债务成本比权益成本低，利用债务筹资可以增加企业价值。与此同时，债务增加会提高企业的破产风险，不利于企业价值的增加。因此，企业必须对它们进行权衡，合理确定资本结构，降低平均资本成本，增加企业价值。

广义的筹资活动还包括股利分配，股利分配决策同时也是内部筹资决策。

2. 风险

风险是预期结果的不确定性。企业风险是企业预期现金流量的不确定性。资本成本是计算企业价值使用的折现率。折现率是现金流量风险的函数，风险越大，折现率越大，企业价值越低。

四、所有者、经营者和债权人利益的冲突与协调

所有者、经营者和债权人是企业最重要的利益相关者。他们在企业中的地位不同，目标也不同。他们都为实现自己的目标而努力，从而导致利益冲突。企业必须协调这三方面的利益冲突，才能实现“企业价值最大化”目标。

（一）所有者与经营者利益冲突与协调

1. 所有者与经营者的利益冲突

企业是所有者的企业，所有者的目标是所有者财富最大化，经营者受所有者的委托管理企业。经营者的目标是增加报酬，增加闲暇时间，并希望付出一份劳动便得到一份报酬。经营者有可能为了自身的目标而背离所有者的目标，伤害所有者的利益。这种背离表现在两个方面：

（1）“道德风险”，经营者为了自己的目标，不是尽最大努力去实现企业财务管理的目标，他们没有必要为增加所有者财富而冒险。他们不做什么错事，只是不十分卖力，以增加自己的闲暇时间。这样做，不构成法律和行政责任问题，只是道德问题，所有者很难追究他们的责任。

（2）“逆向选择”。经营者为了自己的目标而背离股东的目标。例如，装修豪华的办公室，购置高档汽车等；借口工作需要乱花股东的钱；或者蓄意压低股票价格，以自己的名义借款买回，导致股东财富受损。

2. 所有者与经营者利益冲突的协调

为了防止经营者背离股东的目标，一般有两种方式：

（1）监督。经营者背离股东的目标，其条件是双方的信息不对称，主要是经营者了解的信息比股东多。避免“道德风险”和“逆向选择”的出路是股东获取更多的信息，对经营者进行监督，在经营者背离股东目标时，减少其各种形式的报酬，甚至解雇他们。

所有者对经营者的监督是必要的，但受到监督成本的限制，不可能事事都监督。监督可以减少经营者违背所有者意愿的行为，但不能解决全部问题。

（2）激励。防止经营者背离股东目标的另一种方式是采用激励计划，使经营者分享企业增加的财富，鼓励他们采取符合股东最大利益的行动。主要有“股票期权”和“绩效股”

两种方式。“股票期权”是允许经营者在未来某一时间以约定的价格购买一定数量本企业股票的权利。股票未来的市场价格高于约定价格的部分就是经营者所得的报酬，经营者为了获得更大的股票涨价益处，就必然主动采取能够提高股价的行动，从而增加所有者财富。“绩效股”是企业运用每股收益、资产收益率等指标来评价经营者绩效，并根据其绩效大小给予经营者数量不等的股票作为报酬。这种方式使经营者为了多得绩效股而不断采取措施提高经营绩效，从而增加所有者财富。

无论是股票期权还是绩效股，都存在一个给予经营者股票数量多少即报酬高低的问题，报酬过低，不足以激励经营者，股东不能获得最大利益；报酬过高，股东付出的激励成本过大，也不能实现自己的最大利益。因此，激励可以减少经营者违背股东意愿的行为，但也不能解决全部问题。

通常，股东同时采取监督和激励两种方式来协调自己和经营者的目标。其最佳的协调办法是能够使监督成本、激励成本和偏离股东目标的损失之和降到最小的办法。

（二）所有者与债权人利益冲突与协调

1. 所有者与债权人的利益冲突

当公司向债权人借入资金后，两者也就形成一种委托代理关系。债权人把资金借给企业，其目标是到期时收回本金，并获得约定的利息收入；公司借款的目的是用它扩大经营，投入有风险的生产经营项目，两者的目标并不一致。

借款合同一旦成为事实，资金划到企业，债权人就失去了控制权，股东可以通过经营者为了自身利益而伤害债权人的利益，其常用方式是：

（1）股东不经债权人的同意，投资于比债权人预期风险更高的新项目。如果高风险的计划侥幸成功，超额的利润归股东独享；如果计划不幸失败，公司无力偿债，债权人与股东将共同承担由此造成的损失。

（2）股东为了提高公司的利润，不征得债权人的同意而指使管理当局发行新债，致使旧债券的价值下降，使旧债权人蒙受损失。旧债券价值下降的原因是发新债券后公司负债比率加大，公司破产的可能性增加，如果企业破产，旧债权人和新债权人要共同分配破产后的财产，使旧债券的风险增加、价值下降。

2. 所有者与债权人利益冲突的协调

债权人为了防止其利益被伤害，除了寻求立法保护，如破产时优先接管、优先于股东分配剩余财产等外，通常采取以下措施：

（1）契约限制。在借款合同中加入限制性条款，如规定资金的用途、规定不得发行新债或限制发行新债的数额等。

（2）终止合作。发现公司有损害其债权意图时，拒绝进一步合作，不再提供新的借款或提前收回借款。

（三）所有者与其他利益相关者的利益冲突与协调

其他利益相关者是指除股东、债权人和经营者之外的、对企业现金流量有潜在索偿权的人。可分为两种：一种是合同利益相关者，包括主要客户、供应商和员工，他们和企业之间存在法律关系，受到合同的约束；另一种是非合同利益相关者，包括一般消费者、社区居民以及其他和企业有间接利益关系的群体。

股东和合同利益相关者之间既有共同利益，也有利益冲突。股东可能为自己利益伤害合同利益相关者，合同利益相关者也可能伤害股东利益。因此，要通过立法调节他们之间的关系，保障双方的合法权益。一般来说，企业只要遵守合同就可以基本满足合同利益相关者的要求，在此基础上股东追求自身利益最大化也会有利于合同利益相关者。当然，仅有法律是不够的，还需要道德规范的约束，以缓和双方的矛盾。

对于非合同利益相关者，法律关注较少，享受到的法律保护低于合同利益相关者。公司的社会责任政策，对非合同利益相关者影响很大。

社会责任是指企业对于超出法律和公司治理规定的对利益相关者最低限度义务之外的、属于道德范畴的责任。

企业对于合同利益相关者的社会责任主要是：劳动合同之外员工的福利，例如帮助住房按揭、延长病假休息、安置职工家属等；改善工作条件，例如优化工作环境、建立体育俱乐部等；尊重员工的利益、人格和习俗，例如尊重个人私有知识、重视员工的意见和建议、安排传统节日聚会等；设计个性化的工作方式，例如分配任务时考虑使员工不断产生满足感及灵活的工作时间等；友善对待供应商，如改进交易合同的公平性、宽容供应商的某些失误等；采用优惠少数民族、不轻易裁减员工等灵活的就业政策。

企业对非合同利益相关者的社会责任主要是：环境保护，例如使排污标准降低至法定标准之下，节约能源等；产品安全，例如即使消费者使用不当也不会构成危险等；市场营销，例如广告具有高尚情趣、不在某些市场销售自己的产品等；对社区活动的态度，例如赞助当地活动、支持公益活动、参与救助灾害等。

企业的目标和社会的目标在许多方面是一致的。企业在追求自己的目标时，自然会使社会受益。企业的目标和社会的目标也有不一致的地方。例如，企业为了获利，可能生产伪劣产品、可能不顾工人的健康和利益、可能造成环境污染、可能损害其他企业的利益等。

股东只是社会的一部分人，他们在谋求自己利益的时候，不应当损害他人的利益。为此，国家颁布了一系列保护公众利益的法律来调节股东和社会公众的利益。

一般说来，企业只要依法经营，在谋求自己利益的同时就会使公众受益。但是，法律不可能解决所有问题，企业有可能在合法的情况下从事不利于社会的事情。因此，企业还要受到商业道德的约束，要接受政府有关部门的行政监督以及社会公众的舆论监督，进一步协调企业和社会的矛盾，促进构建和谐社会。

第三节　财务管理假设和原则

一、财务管理假设

财务管理假设是指对财务管理领域中存在的尚未确知或无法论证的事物按照客观事物发展规律所做的合乎逻辑的推理或判断。它有两层含义：一是指无需证明的“当然”之理，可作为逻辑推理的出发点；二是指人们在已有知识的基础上，对观察到的一些新现象做出理论上的初步说明，是有待于继续证明的命题。财务管理假设是建立财务管理理论体系的基础，是财务管理理论的构成要素。

（一）资本市场有效假设

资本市场有效假设即假设资本市场健全有效。只有资本市场健全有效，财务管理理论体系才能建立。美国学者法玛（Fama）将有效市场分为弱式有效，半强式有效和强式有效三类：弱式有效市场的含义是当前的证券价格完全地反映了已蕴涵在证券历史价格中的全部信息，任何投资者仅仅依据历史的信息进行交易，均不会获得额外报酬。半强式有效市场的含义是证券价格完全反映所有公开的可用信息。任何投资者依据一切公开的信息进行交易，均不能获得额外报酬。强式有效市场的含义是证券价格完全反映了一切公开的和非公开的信息，投资者即使掌握了内幕信息也无法获得额外报酬。有实证研究证实，美国等发达资本市场已接近半强式有效。我国资本市场已达到弱式有效。最理想的市场是强式有效市场，但目前世界上所有资本市场都未实现这一理想。

资本市场有效假设是确立财务管理原则，进行筹资、投资决策的理论基础，如果资本市场无效，财务管理理论与方法体系难以建立。

（二）财务主体假设

财务主体假设是指财务管理为之服务的特定单位，通常是指具有独立或相对独立的物质利益的经济实体。财务主体假设的意义在于：一是明确了财务管理的边界，即财务主体假设将财务管理限定在一个经济上和经营上具有独立性的组织内，而不是漫无边际的。二是区分不同财务主体的理财活动，财务主体假设明确了财务管理工作的空间范围，将一个主体的理财活动与其他主体的理财活动区分开来，使用财务主体假设，将公司与股东、债权人、职工等主体分开，有助于实现财务管理目标。

财务主体具有独立性、目的性等特征。独立性是指财务主体能够自主地进行融资、投资分配等一系列财务活动。首先财务主体拥有自己所能控制的资金，并能对其财务活动的结果承担责任，其次财务主体始终能够根据自身需要和目标自主地进行财务决策。独立性是财务主体的主要特征。目的性是指财务主体从事财务活动都有自己的目标，根据目标来规划自己的行动，财务管理的目标是企业价值最大化，而不同的理财活动又有不同的具体目标，筹资活动的具体目标是筹集足够的资金，确定最佳资本市场，降低资本成本率。投资活动的目标是收益最大化，分配的目标是满足投资者和企业发展的需要。

财务主体假设为正确建立财务管理目标，科学划分权责关系奠定了理论基础。

（三）持续经营假设

持续经营假设是指财务主体持续存在且能够执行预计的经济活动，即每一个财务主体在可以预见的未来都会无限期地经营下去。持续经营假设明确了财务管理工作的时间范围。

如果没有证据表明企业无法继续经营下去，假设企业能够持续经营。只有企业能够持续经营，企业的筹资决策、投资决策和分配决策才有意义。

如果有证据表明企业无法继续经营下去，以持续经营假设为基础建立起来的财务管理原则和方法也就失去了应用的意义。此时，必须放弃此项假设，改为在清算假设下进行清算工作。

事实上，由于市场的激烈竞争和优胜劣汰的客观规律，企业几乎不可能永远存在。不论一家企业规模大小，其“生命”总是有限的。但我们无法预见，也无法论证，企业将在什么时候终止，因此，持续经营是我们做出的符合逻辑的判断。

持续经营假设是财务管理的基本前提。在日常的财务管理活动中，在确定筹资时，要注意合理安排短期资金和长期资金的关系；在进行投资时，要合理确定短期投资和长期投资的关系；在进行收益分配时，要正确处理各利益集团短期利益和长期利益的关系，这些财务活动都是建立在持续经营假设基础之上的。

（四）理性理财假设

理性理财假设是指从事财务管理工作的人员都是理性的财务管理人员，他们的所有财务管理行为都是理性的，他们在方案选择中，会选择认为对自己最有利的方案。现实中，可能存在理性与非理性的财务管理人员，但我们只能假设所有的财务管理人员都是理性的，都认为自己做出的决策是正确的，否则他们就不会做出这样的决策。我们之所以做出理性理财假设，是因为非理性的理财行为是没有规律的，而没有规律的东西无法上升到理论的高度。财务管理理论与方法体系也无法建立。

理性理财假设至少包含三层含义：①理财是一种有目的行为。即企业的理财活动都是有一定的目标的，并且在当时，理财的目标被认为是正确的。②财务管理人员决策时能够选择最佳方案，即财务管理人员通过比较、判断、分析，从若干个备选方案中选择一个有利于财务管理目标实现的最佳方案。③当财务管理人员发现正在执行的方案是错误的方案时，会及时采取措施进行纠正，不会让错误继续下去，从而能够最大限度地减少损失。

二、财务管理原则

财务管理原则是指人们对财务活动的共同的、理性的认识，是财务交易和财务决策的基础。具体分为三类十二项原则。

（一）有关竞争环境的原则

有关竞争环境的原则，是对资本市场中人的行为规律的基本认识。

1. 自利行为原则

自利行为原则是指人们在进行决策时按照自己的财务利益行事，在其他条件相同的情况下人们会选择对自己经济利益最大的行动。

自利行为原则的依据是理性的经济人假设。该假设认为，人们对每一项交易都会衡量其代价和利益，并且会选择对自己最有利的方案来行动。自利行为原则假设企业决策人对企业目标具有合理的认识程度，并且对如何达到目标具有合理的理解。在这种假设情况下，企业会采取对自己最有利的行动。

自利行为原则的一个重要应用是委托－代理理论。根据该理论，应当把企业看成是各种自利的人的集合。一个公司涉及的利益关系人包括普通股东、优先股东、债券持有者、银行、短期债权人、政府、社会公众、经理人员、员工、客户、供应商、社区等。这些人或集团都是按自利行为原则行事的。企业和各种利益关系人之间的关系，大部分属于委托代理关系。这种相互依赖又相互冲突的利益关系，需要通过“契约”来协调。因此，委托代理理论是以自利行为原则为基础的。

自利行为原则的另一个应用是机会成本的概念。当一个人采取某个行动时，就等于取消了其他可能的行动，因此他必然要用这个行动与其他的可能行动相比，看该行动是否对自己最有利。采用一个方案而放弃另一个方案时，被放弃方案的收益是被采用方案的机会成本，机会成本是决策时必须考虑的相关成本。

2. 双方交易原则

双方交易原则是指每一项交易都至少存在两方，在一方根据自己的经济利益决策时，另一方也会按照自己的经济利益决策行动，并且对方和你一样聪明、勤奋和富有创造力，因此你在决策时要正确预见对方的反应。

双方交易原则的建立依据是商业交易至少有两方、交易是“零和博弈”以及各方都是自利的。每一项交易都有一个买方和一个卖方，这是不争的事实。无论是买方市场还是卖方市场，在已经成为事实的交易中，买进的资产和卖出的资产总是一样多，一方得到的与另一方失去的一样多，从总体上看双方收益之和等于零，故称为“零和博弈”。在“零和博弈”中，双方都按自利行为原则行事，谁都想获利而不是吃亏。那么，为什么还会成交呢？这与事实上人们的信息不对称有关。买卖双方由于信息不对称，因而对资产产生不同的预期。不同的预期导致了资产买卖，高估资产价值的人买进，低估资产价值的人卖出，直到市场价格达到他们一致的预期时交易停止。如果对方不认为对自己有利，他就不会和你成交。

双方交易原则的应用是在进行财务交易时不能“以我为中心”，在谋求自身利益的同时，要注意对方的存在以及对方也在遵循自利原则行事。这条原则要求我们不要总是“自以为是”，错误认为自己优于对手。

双方交易原则的另一个应用是在进行财务交易时注意税收的影响。由于税收的存在，主要是利息的税前扣除，使得一些交易表现为“非零和博弈”。政府是不请自来的交易第三方，凡是交易政府都要从中收取税金。减少政府的税收，交易双方都可以受益。避税就是寻求减少政府税收的合法交易形式。避税的结果使交易双方受益，但其他纳税人会承担更大的税收份额，从更大范围来看并没有改变“零和博弈”的性质。

3. 信号传递原则

信号传递原则，是指行动可以传递信息，并且比公司的声明更有说服力。

信号传递原则是自利行为原则的延伸。由于人们或公司是遵循自利行为原则的，所以一项资产的买进能暗示出该资产“物有所值”，买进的行为提供了有关决策者对未来的预期或计划的信息。例如，一个公司决定进入一个新领域，反映出管理者对自己公司的实力以及新领域的未来前景充满信心。

信号传递原则的应用是根据公司的行为判断它未来的收益状况。例如，一个经常用配股的办法找股东要钱的公司，很可能自身产生现金能力较差；一个大量购买国库券的公司，很可能缺少净现值为正数的投资机会；内部持股人出售股份，常常是公司盈利能力恶化的重要信号。特别是在公司的宣告（包括它的财务报表）与其行动不一致时，行动通常比语言更具说服力。这就是通常所说的，“不但要听其言，更要观其行”。

信号传递原则的另一个应用是公司在决策时不仅要考虑行动方案本身，还要考虑该项行动可能给人们传达的信息。在资本市场上，每个人都在利用他人交易的信息，自己交易的信息也会被别人所利用，因此应考虑交易的信息效应。例如，当把一件商品的价格降至难以置信的程度时，人们就会认为它的质量不好，它本来就不值钱。在决定降价时，不仅要考虑决策本身的收益和成本，还要考虑信息效应的收益和成本。

4. 引导原则

引导原则是指当所有办法都失败时，寻找一个可以信赖的榜样作为自己的引导。所谓“当所有办法都失败”，是指我们的理解力存在局限性，不知道如何做对自己更有利；或者寻找最准确答案的成本过高以至于不值得把问题完全搞清楚。在这种情况下，不要继续坚持采用正式的决策分析程序，包括收集信息、建立备选方案、采用模型评价方案等，而是直接模仿成功榜样或者大多数人的做法。引导原则是行动传递信号原则的一种运用。承认行动传递信号，就必然承认引导原则。

不要把引导原则混同于“盲目模仿”。它只在两种情况下适用：一是理解存在局限性，认识能力有限，找不到最优的解决办法；二是寻找最优方案的成本过高。在这种情况下，跟随值得信任的人或者大多数人才是有利的。引导原则不会帮你找到最好的方案，却常常可以使你避免采取最差的行动，它是一个次优化准则。

引导原则的一个重要应用，是行业标准概念。例如，资本结构的选择问题，理论不能提供公司最优资本结构的实用化模型。观察本行业成功企业的资本结构，或者多数企业的资本结构，不要与它们的水平偏离太远，就成了资本结构决策的一种简便、有效的方法。

引导原则的另一个重要应用就是“免费跟庄”概念。一个“领头人”花费资源得出一个最佳的行动方案，其他“追随者”通过模仿节约了信息处理成本。有时领头人甚至成了“革命烈士”，而追随者却成了“成功人士”。《中华人民共和国专利法》和《中华人民共和国著作权法》是在知识产权领域中保护领头人的法律，强制追随者向领头人付费，以避免“自由跟庄”问题的影响。在财务领域中并不存在这种限制。许多小股民经常跟随“庄家”或机构投资者，以节约信息成本。当然，“庄家”也会利用免费跟庄现象，进行恶意炒作，损害小股民的利益。因此，各国的证券监管机构都禁止操纵股价的恶意炒作，以维持证券市场的公平性。

（二）有关创造价值的原则

有关创造价值的原则，是人们对增加企业财富基本规律的认识。

1. 有价值的创意原则

有价值的创意原则，是指新创意能获得额外报酬。

竞争理论认为，企业的竞争优势可以分为经营奇异和成本领先两方面。经营奇异，是指产品本身、销售交货、营销渠道等客户广泛重视的方面在产业内独树一帜。任何独树一帜都来源于新的创意。创造和保持经营奇异性的企业，如果其产品溢价超过了为产品的独特性而附加的成本，它就能获得高于平均水平的利润。正是许多新产品的发明，使得发明人和生产企业变得非常富有。

有价值的创意原则主要应用于直接投资项目。一个项目依靠什么取得正的净现值？它必须是一个有创意的投资项目。重复过去的投资项目或者别人的已有做法，最多只能取得平均的报酬率。新的创意迟早要被别人效仿，失去原有的优势，因此创新的优势都是暂时的。企业长期的竞争优势，只有通过一系列的短期优势才能维持。只有不断创新，才能维持经营的奇异性并不断增加股东财富。

该项原则还应用于经营和销售活动。例如，连锁经营方式的创意使得麦当劳的投资人变得非常富有。

2. 比较优势原则

比较优势原则是指专长能创造价值。在市场上要想赚钱必须发挥你的专长。大家都想赚钱，你凭什么能赚到钱？你必须在某一方面比别人强，并依靠你的强项来赚钱。没有比较优势的人，很难取得超出平均水平的收入；没有比较优势的企业，很难增加企业价值。

比较优势原则的依据是分工理论。让每一个人去做最适合他做的工作，让每一个企业生产最适合它生产的产品，社会的经济效率才会提高。

比较优势原则的一个应用是“人尽其才、物尽其用”。在有效的市场中，你不必要求自己什么都能做得最好，但要知道谁能做得最好。对于某一件事情，如果有人比你自己做得更好，就支付报酬让他代你去做。同时，你去做比别人做得更好的事情，让别人给你支付报酬。如果每个人都去做能够做得最好的事情，每项工作就找到了最称职的人，就会产生经济效率。每个企业要做自己能做得最好的事情，一个国家的效率就提高了。国际贸易的基础，就是每个国家生产它最能有效生产的产品和劳务，这样可以使每个国家都受益。

比较优势原则的另一个应用是优势互补。合资、合并、收购等，都是出于优势互补原则。一方有某种优势，如独特的生产技术，另一方有其他优势，如杰出的销售网络，两者结合可以使各自的优势快速融合，并形成新的优势。

比较优势原则要求企业把主要精力放在自己的比较优势上，而不是日常的运行上。建立和维持自己的比较优势，是企业长期获利的根本。

3. 期权原则

期权是指不附带义务的权利，它是有经济价值的。期权原则是指在估价时要考虑期权的价值。

期权概念最初产生于金融期权交易，它是指所有者（期权购买人）能够要求出票人（期权出售者）履行期权合同上载明的交易，而出票人不能要求所有者去做任何事情。在财务上，一个明确的期权合约经常是指按照预先约定的价格买卖一项资产的权利。

广义的期权不限于财务合约，任何不附带义务的权利都属于期权。许多资产都存在隐含的期权。例如，一个企业可以决定某个资产出售或者不出售，如果价格不令人满意就什么事也不做，如果价格令人满意就出售，这种选择权是广泛存在的。一个投资项目，本来预期有正的净现值，因此被采纳并实施了，上马以后发现它并没有原来设想的那么好。此时，决策人不会让事情按原计划一直发展下去，而会决定方案下马或者修改方案使损失减少到最低。这种后续的选择权是有价值的，它增加了项目的净现值。在评价项目时就应考虑到后续选择权是否存在以及它的价值有多大。有时一项资产附带的期权比该资产本身更有价值。

4. 净增效益原则

净增效益原则是指财务决策建立在净增效益的基础上，一项决策的价值取决于它和替代方案相比所增加的净收益。

一项决策的优劣是与其他可替代方案（包括维持现状而不采取行动）相比较而言的。如果一个方案的净收益大于替代方案，我们就认为它是一个比替代方案好的决策，其价值是增加的净收益。在财务决策中净收益通常用现金流量计量，一个方案的净收益是指该方案现金流入减去现金流出的差额，也称为现金流量净额。一个方案的现金流入是指该方案引起的现金流入量的增加额；一个方案的现金流出是指该方案引起的现金流出量的增加额。“方案引起的增加额”，是指这些现金流量依存于特定方案，如果不采纳该方案就不会发生这些现金流入和流出。

净增效益原则的应用领域之一是差额分析法，也就是在分析投资方案时只分析它们有区别的部分，而省略其相同的部分。净增效益原则初看似乎很容易理解，但实际贯彻起来需要非常清醒的头脑，需要周密的考察方案对企业现金流量总额的直接和间接影响。例如，一项新产品投产的决策引起的现金流量，不仅包括新设备投资，还包括动用企业现有非货币资源对现金流量的影响；不仅包括固定资产投资，还包括需要追加的营运资金；不仅包括新产品的销售收入，还包括对现有产品销售积极或消极的影响；不仅包括产品直接引起的现金流入和流出，还包括对公司税务负担的影响等。

净增效益原则的另一个应用是沉没成本概念。沉没成本是指已经发生、不会被以后的决策改变的成本。沉没成本与将要采纳的决策无关，因此在分析决策方案时应将其排除。

（三）有关财务交易的原则

有关财务交易的原则，是人们对于财务交易基本规律的认识。

1. 风险 – 报酬权衡原则

风险 – 报酬权衡原则是指风险和报酬之间存在一个对等关系，投资人必须对报酬和风险做出权衡，为追求较高报酬而承担较大风险，或者为减少风险而接受较低的报酬。所谓"对等关系"，是指高收益的投资机会必然伴随巨大风险，风险小的投资机会必然只有较低的收益。

在财务交易中，当其他一切条件相同时人们倾向于高报酬和低风险。如果两个投资机会除了报酬不同以外，其他条件（包括风险）都相同人们会选择报酬较高的投资机会，这是自利行为原则所决定的。如果两个投资机会除了风险不同以外，其他条件（包括报酬）都相同，人们会选择风险小的投资机会，这是风险反感决定的。所谓"风险反感"是指人们普遍对风险有反感，认为风险是不利的事情。肯定的1元钱，其经济价值要大于不肯定的1元钱。

如果人们都倾向于高报酬和低风险，而且都在按照他们自己的经济利益行事，那么竞争结果就产生了风险和报酬之间的权衡。你不可能在低风险的同时获取高报酬，因为这是每个人都想得到的。即使你最先发现了这样的机会并率先行动，别人也会迅速跟进，竞争会使报酬率降至与风险相当的水平。因此，现实的市场中只有高风险同时高报酬和低风险同时低报酬的投资机会。

如果你想有一个获得巨大收益的机会，你就必须冒可能遭受巨大损失的风险，每一个市场参与者都在他的风险和报酬之间作权衡。有的人偏好高风险、高报酬，有的人偏好低风险、低报酬，但是每个人都要求风险与报酬对等，不会去冒没有价值的风险。

2. 投资分散化原则

投资分散化原则，是指不要把全部财富投资于一个公司，而要分散投资。

投资分散化原则的理论依据是投资组合理论。马克维茨的投资组合理论认为，若干种股票组成的投资组合，其收益是这些股票收益的加权平均数，但其风险要小于这些股票的加权平均风险，所以投资组合能降低风险。

如果一个人把他的全部财富投资于一个公司，这个公司破产了，他就失去了全部财富。如果他投资于10个公司，只有10个公司全部破产，他才会失去全部财富。10个公司全部破产的概率，比一个公司破产的概率要小得多，所以投资分散化可以降低风险。

分散化原则具有普遍意义，不仅仅适用于证券投资，公司各项决策都应注意分散化原则。不应当把公司的全部投资集中于个别项目、个别产品和个别行业；不应当把销售集中于少数客户；不应当使资源供应集中于个别供应商；重要的事情不要依赖一个人完成；重要的决策不要由一个人做出。凡是有风险的事项，都要贯彻分散化原则，以降低风险。

3. 信任市场原则

信任市场原则的理论依据是资本市场有效假设。资本市场有效是指在资本市场上频繁交易的金融资产的市场价格反映了所有可获得的信息，而且面对新信息完全能迅速地做出调整。

信任市场原则就是信任资本市场的有效性。资本市场是企业的一面镜子，又是企业行为的校正器。股价可以综合反映公司的业绩，弄虚作假、人为地改变会计方法对于企业价值的提高毫无用处。一些公司把巨大的精力和智慧放在报告信息的操纵上，通过"创造性会计处理"来提高报告利润，企图用财务报表给使用人制造幻觉，这在有效市场中是无济于事的。用资产置换、关联交易操纵利润，只能得逞于一时，最终会付出代价，甚至导致公司破产。市场对公司的评价降低时，应分析公司的行为是否出了问题并设法改进，而不应设法欺骗市场。妄图欺骗市场的人，最终会被市场所抛弃。

信任市场是有效的，就必须慎重使用金融工具。如果资本市场是有效的，购买或出售金融工具的交易的净现值就为零。公司作为从资本市场上取得资金的一方，很难通过筹资获取正的净现值。公司的生产经营性投资带来的竞争，是在少数公司之间展开的，竞争不充分。一个公司因为它有专利权、专有技术、良好的商誉、较大的市场份额等相对优势，可以在某些直接投资中取得正的净现值。资本市场与商品市场不同，其竞争程度高、交易规模大、交易费用低、资产具有同质性，使得其有效性比商品市场要高得多。所有需要资本的公司都在寻找资本成本低的资金来源，大家都平起平坐。机会均等的竞争，使财务交易基本上是公平交易。在资本市场上，只获得与投资风险相称的报酬，也就是与资本成本相同的报酬，很难增加企业价值。

4. 货币时间价值原则

货币时间价值原则，是指在进行财务计量时要考虑货币时间价值因素。“货币的时间价值”是指货币在经过一定时间的投资和再投资所增加的价值。

货币具有时间价值的依据是货币投入市场后其数额会随着时间的延续而不断增加。这是一种普遍的客观经济现象。要想让投资人把钱拿出来，市场必须给他们一定的报酬。

货币时间价值原则的首要应用是现值概念。由于现在的1元货币比将来的1元货币经济价值大，不同时间的货币价值不能直接加减运算，需要进行折算。通常，要把不同时间的货币价值折算到“现在”时点，然后进行运算或比较。把不同时点的货币折算为“现在”时点的过程，称为“折现”，折现使用的百分率称为“折现率”，折现后的价值称为“现值”。财务估价中，广泛使用现值计量资产的价值。

货币时间价值的另一个重要应用是“早收晚付”观念。对于不附带利息的货币收支，与其晚收不如早收，与其早付不如晚付。货币在自己手上，可以立即用于消费而不必等待将来消费，可以投资获利而无损于原来的价值，可以用于预料不到的支付，因此早收、晚付在经济上是有利的。

第四节　财务管理环境

企业的财务管理环境又称理财环境，是指对企业财务活动产生影响作用的企业内外部条件。外部约束条件是企业财务决策难以改变的，企业财务决策更多的是适应它们的要求和变化。财务管理的环境涉及的范围很广，其中最重要的是企业外部的经济环境、金融环境和法律环境。

一、经济环境

这里所说的经济环境是指企业进行财务活动的宏观经济状况，包括经济发展、通货膨胀、利息率波动、政府的经济政策、竞争等因素。

（一）经济发展

经济发展的速度，对企业理财有重大影响。近几年，我国经济增长比较快。企业为了跟上这种发展并在其行业中维持它的地位，至少要有同样的增长速度。企业要相应增加厂房、机器、存货、工人、专业人员等。这种增长，需要大规模地筹集资金，需要借入巨额款项或增发股票。

经济发展的波动，即有时繁荣有时衰退，对企业理财有极大影响。这种波动，最先影响的是企业销售额。销售额下降会阻碍企业现金的流转，例如，产成品积压不能变现，需要筹资以维持运营。销售增加会引起企业经营失调，例如存货枯竭，需筹资以扩大经营规模。财务人员对这种波动要有所准备，筹措并分配足够的资金，用以调整生产经营。

（二）通货膨胀

通货膨胀对企业财务活动的影响是多方面的。主要表现在：

（1）引起资金占用的大量增加，从而增加企业的资金需求。

（2）引起企业利润虚增，造成企业资金由于利润分配而流失，加大企业的权益资金成本。

（3）引起有价证券价格下降，资金供应紧张，增加企业的筹资难度。

为了减轻通货膨胀对企业造成的不利影响，企业应当采取措施予以防范。在通货膨胀初期，货币面临着贬值的风险，这时企业进行投资可以避免风险，实现资本保值；与客户应签定长期购货合同，以减少物价上涨造成的损失；取得长期负债，保持资本成本的稳定。在通货膨胀持续期，企业可以采用比较严格的信用条件，减少企业债权；调整财务政策，防止和减少企业资本流失等。企业面对通货膨胀，为了实现期望的报酬率，必须加强收入和成本管理。同时，使用套期保值等办法减少损失，如提前购买设备和存货、买进现货卖出期货等。

（三）利息率波动

银行贷款利率的波动以及与此相关的股票和债券价格的波动，既给企业以机会，也是对企业的挑战。

在为过剩资金选择投资方案时，利用这种机会可以获得营业以外的额外收益。例如，在购入长期债券后，由于市场利率下降，按固定利率计息的债券价格上涨，企业可以出售债券获得较预期更多的现金流入。当然，如果出现相反的情况，企业会蒙受损失。

在选择筹资来源时，情况与此类似。在预期利率将持续上升时，以当前较低的利率发行长期债券，可以节省资本成本。当然，如果后来事实上利率下降了，企业要承担比市场利率更高的资本成本。

（四）政府的经济政策

我国政府具有较强的调控宏观经济的职能，国民经济的发展规划、国家的产业政策、经济体制改革的措施、政府的行政法规等对企业的财务活动都有重大影响。

国家对某些地区、行业、经济行为的优惠、鼓励和倾斜构成政府政策的主要内容。从反面来看，政府政策也是对另外一些地区、行业和经济行为的限制。企业在财务决策时，要认真研究政府政策，按照政策导向行事，才能扬长避短。

问题的复杂性在于政府政策会因经济状况的变化而调整。企业在财务决策时为这种变化留有余地，甚至预见其变化的趋势，对企业理财大有好处。

（五）竞争

竞争广泛存在于市场经济之中，任何企业都不可回避。企业之间、各产品之间、现有产品和新产品之间的竞争，涉及设备、技术、人才、营销、管理等各个方面。竞争能促使企业用更好的方法来生产更好的产品，对经济发展起推动作用。但对企业来说，竞争既是机会，也是威胁。为了改善竞争地位，企业往往需要大规模投资，成功之后企业盈利增加，但若投资失败则竞争地位更为不利。

竞争是“商业战争”，检验了企业的综合实力，经济增长、通货膨胀和利率波动带来的财务问题以及企业的相应对策都会在竞争中体现出来。

二、金融环境

（一）金融市场

金融市场是指资金供应者和资金需求者双方通过一定的金融工具进行交易而融通资金的场所。金融市场的构成要素包括资金供应者和资金需求者、金融工具、交易价格、组织方式等。金融市场为企业融资和投资提供了场所，可以帮助企业实现长短期资金转换、引导资本流向和流量，提高资本效率。

1. 货币市场和资本市场

以期限为标准，金融市场可分为货币市场和资本市场。

货币市场又称短期金融市场，是指以期限在1年以内的金融工具为媒介，进行短期资金融通的市场，包括同业拆借市场、票据市场、大额定期存单市场和短期债券市场。货币市场的主要功能是调节短期资金融通。其主要特点是：①期限短。一般为3～6个月，最长不超过1年。②交易目的是解决短期资金困难。它的资金来源主要是资金所有者暂时闲置的资金，融通资金的用途一般是弥补短期资金的不足。③金融工具有较强的"货币性"，具有流动性强、价格平稳、风险较小等特性。

资本市场又称长期金融市场，是指以期限在1年以上的金融工具为媒介，进行长期资金交易活动的市场，包括股票市场和债券市场。资本市场的主要功能是实现长期资本融通。其主要特点是：①融资期限长。至少1年以上，最长可达10年甚至10年以上。②融资目的是解决长期投资性资本的需要，用于补充长期资本，扩大生产能力。③资本借贷量大。④收益较高但风险也较大。

2. 发行市场和流通市场

以功能为标准，金融市场可分为发行市场和流通市场。

发行市场又称为一级市场，它主要处理金融工具的发行与最初购买者之间的交易；流通市场又称为二级市场，它主要处理现有金融工具转让和变现的交易。

3. 资本市场、外汇市场和黄金市场

以融资对象为标准，金融市场可分为资本市场、外汇市场和黄金市场。

资本市场以货币和资本为交易对象；外汇市场以各种外汇金融工具为交易对象，黄金市场则是集中进行黄金买卖和金币兑换的交易市场。

4. 基础性金融市场和金融衍生品交易市场

按所交易金融工具的属性，金融市场可分为基础性金融市场与金融衍生品交易市场。基础性金融市场是指以基础性金融产品为交易对象的金融市场，如商业票据、企业债券、企业股票的交易市场；金融衍生品交易市场是指以金融衍生产品为交易对象的金融市场，如远期、期货、掉期（互换）、期权以及具有远期、期货、掉期（互换）、期权中一种或多种特征的结构化金融工具的交易市场。

（二）金融机构

金融机构主要是指银行和非银行金融机构。银行是指经营存款、放款、汇兑、储蓄等金融业务，承担信用中介的金融机构，包括各种商业银行和政策性银行，如中国工商银行、中国农业银行、中国银行、中国建设银行、国家开发银行、中国农业发展银行。非银行金融机构主要包括保险公司、信托投资公司、证券公司、财务公司、金融资产管理公司、金融租赁公司等机构。

（三）金融工具

金融工具是指融通资金双方在金融市场上进行资金交易、转让的工具，借助金融工具，资金从供给方转移到需求方。金融工具分为基本金融工具和衍生金融工具两大类。常见的基本金融工具有货币、票据、债券、股票等；具有流动性、收益性、风险性等特点。

衍生金融工具又称派生金融工具，是在基本金融工具的基础上通过特定技术设计形成的新的融资工具，如各种远期合约、互换合约、掉期合约、期货合约、期权合约等，种类复杂、繁多，具有高风险、高杠杆效应等特点。

（四）利率

在金融市场上，利率是资金使用权的价格。一般说来，金融市场上资金的购买价格，可用下式表示：

利率 = 纯粹利率 + 通货膨胀附加率 + 风险附加率

1. 纯粹利率

纯粹利率是指无通货膨胀、无风险情况下的平均利率。例如，在没有通货膨胀时，国库券的利率可以视为纯粹利率。纯粹利率的高低，受平均利润率、资金供求关系和国家调节的影响。

首先，利息是利润的一部分，所以利息率依存利润率，并受平均利润率的制约。一般说来，利息率随平均利润率的提高而提高。利息率的最高限不能超过平均利润率。否则，企业无利可图，不会借入款项；利息率的最低界限大于零，不能等于或小于零，否则提供资金的人不会拿出资金。至于利息率占平均利润率的比重，则决定于金融业和工商业之间的博弈结果。

其次，在平均利润率不变的情况下，金融市场上的供求关系决定市场利率水平。在经济高涨时，资金需求量上升，若供应量不变则利率上升；在经济衰退时正好相反。

再次，政府为防止经济过热，通过中央银行减少货币供应量，则资金供应减少，利率上升；政府为刺激经济发展，增加货币发行，则情况相反。

2. 通货膨胀附加率

通货膨胀使货币贬值，投资者的真实报酬下降。因此投资者在把资金交给借款人时，会在纯粹利息率的水平上再加上通货膨胀附加率，以弥补通货膨胀造成的购买力损失。因此，每次发行国库券的利息率随预期的通货膨胀率变化，它近似等于纯粹利息率加预期通货膨胀率。

3. 风险附加率

投资者除了关心通货膨胀率以外，还关心资金使用者能否保证他们收回本金并取得一定的收益。这种风险越大，投资人要求的收益率越高。实证研究表明，公司长期债券的风险大于国库券，要求的收益率也高于国库券；普通股票的风险大于公司债券，要求的收益率也高于公司债券；小公司普通股票的风险大于大公司普通股票，要求的收益率也大于大公司普通股票。风险越大，要求的收益率也越高，风险和收益之间存在对应关系。风险附加率是投资者要求的除纯粹利率和通货膨胀之外的风险补偿，包括违约风险附加率、流动性风险附加率和期限风险附加率。其中，违约风险附加率是指为了弥补因债务人无法按时还本付息而带来的风险，由债权人要求提高的利率；流动性风险附加率又称变现力风险附加率，是指为了弥补因债务人资产缺乏流动性（即缺乏变现能力）而带来的风险，由债权人要求提高的利率；期限风险附加率是指为了弥补因偿债期长而带来的风险，由债权人要求提高的利率。

三、法律环境

财务管理的法律环境是指企业和外部发生经济关系时所应遵守的各种法律、法规和规章。

（一）法律环境的范畴

市场经济是法制经济，企业的一些经济活动总是在一定法律规范内进行的。法律既约束企业的非法经济行为，也为企业从事各种合法经济活动提供保护。企业的理财活动，无论是筹资、投资还是利润分配，都要和企业外部发生经济关系。在处理这些经济关系时，应当遵守有关的法律规范。

国家相关法律法规按照对财务管理内容的影响情况可以分如下几类：

（1）影响企业筹资的各种法规主要有：公司法、证券法、金融法、证券交易法、合同法等。这些法规可以从不同方面规范或制约企业的筹资活动。

（2）影响企业投资的各种法规主要有：证券交易法、公司法、企业财务通则等。这些法规从不同角度规范企业的投资活动。

（3）影响企业收益分配的各种法规主要有：税法、公司法、企业财务通则等。这些法规从不同方面对企业收益分配进行了规范。

（二）法律环境对企业财务管理的影响

法律环境对企业的影响是多方面的，影响范围包括企业组织形式、公司治理结构、投融资活动、日常经营、收益分配等行为。例如，《公司法》对公司企业的设立条件、设立程序、组织机构、组织变更和终止的条件和程序等都做了规定，包括股东人数、法定资本的最低限额、资本的筹集方式等。只有按其规定的条件和程序建立的企业，才能称为“公司”。《公司法》还对公司生产经营的主要方面做出了规定，包括股票的发行和交易、债券的发行和转让、利润的分配等。公司一旦成立，其主要的活动，包括财务管理活动，都要按照《公司法》的规定来进行。因此，《公司法》是公司企业财务管理最重要的强制性规范，公司的理财活动不能违反该法律，公司的自主权不能超出该法律的限制。

从财务管理来看，非公司企业与公司企业有很大不同。非公司企业的所有者，包括独资企业的业主和合伙企业的普通合伙人，要承担无限责任。他们亨有企业的盈利（或承担损失），一旦经营失败必须抵押其个人的财产，以满足债权人的要求。公司企业的股东承担有限责任，经营失败时其经济责任以出资额为限，无论股份有限公司还是有限责任公司都是如此。

税收法律规范对财务管理也有较大的影响，因为任何企业都有法定的纳税义务。有关税收的立法分为三类：所得税的法规、流转税的法规、其他地方税的法规。

税负是企业的一种费用，会增加企业的现金流出，对企业理财有重要影响。企业无不希望在不违反税法的前提下减少税务负担。税负的减少，只能靠精心安排和筹划投资、筹资和利润分配等财务决策，而不允许在纳税行为已经发生时去偷税漏税。精通税法，对财务主管有重要意义。

本章小结

本章概述了财务管理对象、内容、职能以及财务管理目标、财务管理假设和原则等基本理论问题。

1. 财务管理是有关资本的筹集、运用与分配的管理，其对象是资本及其流转，财务管理的内容是筹资管理、投资管理、资本营运管理和收益分配管理，此外还包括对财务关系的处理，财务管理的职能是决策、计划和控制。

2. 企业财务管理体制是明确企业各财务层级财务权限、责任和利益的制度，其核心问题是如何配置财务管理权限，企业财务管理体制决定着企业财务管理的运行机制和实施模式。包括三种类型：集权型财务管理体制、分权型财务管理体制和集权与分权相结合型财务管理体制。

3. 财务管理的目标是企业财务管理活动所要达到的目的，是财务管理工作所希望实现的结果，是评价财务管理行为是否合理的基本标准。财务管理目标具有相对稳定性和层次性特征。企业有代表性的财务管理目标理论包括：利润最大化目标、每股盈余最大化目标、股东财富最大化目标、企业价值最大化目标、相关者利益最大化目标。影响企业价值最大化目标实现的因素是现金流量和资本成本。

4. 财务管理假设是指对财务管理领域中存在的尚未确知或无法论证的事物按照客观事物发展规律所做的合乎逻辑的推理或判断。包括资本市场有效假设、财务主体假设、持续经营假设和理性理财假设。

5. 财务管理原则是指人们对财务活动的共同的、理性的认识，是财务交易和财务决策的基础。包括三类十二项原则：有关竞争环境的原则，是对资本市场中人的行为规律的基本认识。包括自利行为原则、双方交易原则、信号传递原则、引导原则；有关创造价值的原则，是人们对增加企业财富基本规律的认识。包括有价值的创意原则、比较优势原则、期权原则、净增效益原则；有关财务交易的原则，是人们对于财务交易基本规律的认识。包括风险－报酬权衡原则、投资分散化原则、信任市场原则、货币时间价值原则

6. 企业的财务管理环境又称理财环境，是指对企业财务活动产生影响作用的企业内外部条件。外部约束条件是企业财务决策难以改变的，企业财务决策更多的是适应它们的要求和变化。财务管理的环境涉及的范围很广，其中最重要的是企业外部的经济环境、金融环境和法律环境。

第二章 价值与风险

学习目标

修完本章内容后，你应该能够：

1. 理解财务管理中的价值概念及其与账面价值、市场价值、清算价值的区别
2. 理解货币时间价值的含义、实质及其表现形式
3. 理解终值和现值的含义，掌握复利现值和复利终值的计算方法
4. 理解年金的含义，掌握各种年金现值和终值的计算方法
5. 理解连续复利的含义，掌握连续复利现值和终值的计算方法
6. 掌握名义利率和有效利率含义与换算
7. 理解风险及风险价值的含义、风险的种类，掌握单项资产风险的衡量方法和投资组合风险的衡量方法，理解并掌握资本资产定价模型

第一节　财务管理价值概念

财务管理目标是企业价值最大化，这就需要使每一项决策都有助于增加企业价值。为了判断每项决策对企业价值的影响，必须计量价值。为了正确计量价值，必须正确理解财务管理中的价值概念。

价值是人类对于自我发展的本质发现、创造与创新的要素本体，包括任意的物质形态。价值在很多领域有特定的形态，如社会价值、个人价值、经济价值、法律价值等。财务管理中的价值是指经济价值，或称内在价值，是指用适当的折现率计算的资产预期未来现金流量的现值。这里的“资产”可能是股票、债券等金融资产，也可能是一条生产线等实物资产，甚至可能是一个企业。

一、内在价值与账面价值

账面价值是指资产负债表上列示的资产价值。它以交易为基础，主要使用历史成本计量。财务报表上列示的资产，既不包括没有交易基础的资产价值，例如自创商誉、良好的管理等，也不包括资产的预期未来收益，如未实现的收益等。因此，资产的账面价值经常与其市场价值相去甚远，决策的相关性不好。不过，账面价值具有良好的客观性，可以重复验证。虽然会计界近年来引入了现行价值计量，以求改善会计信息的相关性，但是仅限于在市场上交易活跃的资产。这种渐进的、有争议的变化并没有改变历史成本计量的主导地位。如果会计不断扩大现行价值计量的范围，并把表外资产和负债纳入报表，则账面价值将会接近内在价值。但是，如果会计放弃历史成本计量，审计将变得非常困难。

二、内在价值与市场价值

市场价值是指一项资产在交易市场上的价格，它是买卖双方竞价后产生的双方都能接受的价格。内在价值与市场价值有密切关系。如果市场是有效的，即所有资产在任何时候的价格都反映了公开可得的信息，则内在价值与市场价值应当相等。如果市场不是完全有效的，一项资产的内在价值与市场价值会在一段时间里不相等。投资者估计了一种资产的内在价值并与其市场价值进行比较，如果内在价值高于市场价值则认为资产被市场低估了，他会决定买进。投资者购进被低估的资产，会使资产价格上升，回归到资产的内在价值。市场越有效，市场价值向内在价值的回归越迅速。

三、内在价值与清算价值

清算价值是指企业清算时一项资产单独拍卖产生的价格。清算价值以将进行清算为假设情景，而内在价值以继续经营为假设情景，这是两者的主要区别。清算价值是在“迫售”状态下预计的现金流入，由于不一定会找到最需要它的买主，它通常会低于正常交易的价格；而内在价值是在正常交易的状态下预计的现金流入。清算价值的估计，总是针对每一项资产单独进行的，即使涉及多项资产也要分别进行估价；而内在价值的估计，在涉及相互关联的多项资产时，需要从整体上估计其现金流量并进行估价。两者的类似性，在于它们都以未来现金流入为基础。

在财务管理中，价值的估计方法主要是折现现金流量法。该方法涉及三个基本的财务观念：时间价值、现金流量和风险价值。本章的第二节“货币时间价值”，主要讨论现值的计算方法问题；第三节“风险与报酬”，主要讨论风险价值问题。现金流量因为资产的类型不同而有不同的形态，我们将在以后有关章节中，结合不同形态的资产估价，详细讨论其现金流量问题。

第二节　货币时间价值

货币时间价值的观念与计算，贯穿于整个财务管理学，无论是评估各种证券的理论价值、企业价值，还是资本预算项目的评价以及筹资成本的计算等，都是以货币时间价值的计算为基础的。本节主要介绍货币时间价值的一些基本计算方法。

一、货币时间价值的概念

货币的时间价值，是指货币经历一定时间的投资和再投资所增加的价值，也称为资金的时间价值。

货币的时间价值是货币的增加值。一定量的货币，在不同的时间点上具有不同的价值，即现在的 1 元钱不等于将来的 1 元钱。例如，将现在的 1 元钱存入银行，1 年后得到 1.10 元，这 1 元钱经过 1 年时间的投资增加了 0.10 元，这就是货币的时间价值。货币时间价值通常用相对数表示，即用增加价值占投入货币的百分数表示。本例增加价值为 0.1 元，投入货币为 1 元，即货币的时间价值为 10%。

货币增值需要经历一定时间的投资和再投资过程。货币的增值是在货币被当做投资资本的运用过程中实现的，作为资本的货币每完成一次循环，就增加一定数额，周转次数越多，增值额也越大，因此，随着时间的延续，货币总量在循环和周转中按几何级数增长，使货币具有时间价值。

从量的规定性来看，货币的时间价值是在没有风险和没有通货膨胀条件下的社会平均资金利润率。如果没有通货膨胀或通货膨胀率微不足道，国债利率可以代表货币时间价值。

等量货币在不同时点，其经济价值不等。所以，不同时间的货币收入不宜直接进行比较，需要把它们换算到同一时间基础上，然后才能进行大小比较和比率计算。由于货币随时间的增长过程与复利的计算过程在数学上相似，所以，在换算时广泛使用复利计算的各种方法。

二、货币时间价值的计算

（一）复利终值和现值

复利是指在每期计算利息时都以前一计息期的本利和作为计算基础的一种计息方法。

1. 复利终值

终值是本金在未来某一时点上的价值，也称本利和。

设本金或现值为 P，本利和或终值为 F，利息率为 i，计息期为 n，根据复利计算终值：

第 1 期终值：$F_1=P\times(1+i)$

第 2 期终值：$F_2=P\times(1+i)\times(1+i)=P(1+i)^2$

第 3 期终值：$F_3=P\times(1+i)^2\times(1+i)=P(1+i)^3$

第 n 期终值：$F=P(1+i)^n$ （公式 2－1）

第 n 期终值计算公式，是计算复利终值的一般公式，其中：$(1+i)^n$ 称为复利终值系数或 1 元的复利终值，用符号（F/P，i，n）表示。

【例 2－1】某人投资 10 000 元，年报酬率为 10%，5 年后的投资本利和为多少？

$$F=10\ 000\times(1+10\%)^5$$
$$=10\ 000\times(F/P,\ 10\%,\ 5)$$
$$=10\ 000\times1.610\ 5=16\ 105\text{（元）}$$

复利终值系数（F/P，10%，5）可查“复利终值系数表”获取，该表的第一行是利率 i，第一列是计息期数 n，相应的系数在其纵横相交处，通过该表可查出：

$$(F/P,\ 10\%,\ 5)=1.610\ 5$$

该表的作用不仅在于已知 i 和 n 时查找 1 元复利终值，而且可在已知 1 元复利终值和 n 时查找 i，或已知 1 元复利终值和 i 时查找 n。

【例 2－2】某人现有 10 000 元，欲在 17 年后达到 37 000 元，问选择投资机会时，最低可接受的报酬率为多少？

$$37\ 000=10\ 000\times(F/P,\ i,\ 17)$$
$$(F/P,\ i,\ 17)=\frac{37\ 000}{10\ 000}=3.7$$

查“复利终值系数表”，在 $n=17$ 的行中寻找 3.7，对应的 i 值为 8%。即最低可接受的报酬率为 8%。

【例 2－3】某人现有 10 000 元，拟进行报酬率为 8% 的投资，问需多少年才能使现有货币增加 1 倍？

$$F=10\ 000\times2=20\ 000\text{ 元}$$
$$20\ 000=10\ 000\times(F/P,\ 8\%,\ n)$$

$(F/P,\ 8\%,\ n)=\frac{20\ 000}{10\ 000}=2$

查“复利终值系数表”在 $i=8\%$ 栏中寻找2，最接近的值为 $(F/P,\ 8\%,\ 9)=1.999$。所以 $n=9$，即9年后可使现有货币增加1倍。

由于时间价值的各种系数表是离散的，绝大多数情况下不能像以上例子中那样直接找到系数对应的利率或期数，所以要计算利率 i 和期数 n，需利用系数表并采用“插值法”，现以求利率 i 为例说明插值法的计算步骤：

（1）根据 F、P 计算系数 α；

（2）查表找与 α 最接近的两个左右临界系数值 β_1 和 β_2（$\beta_2>\alpha>\beta_1$），并读出 β_1 和 β_2 对应的临界利率 i_1 和 i_2；

（3）将 β_1、β_2、i_1、i_2 和 α 代入下式，求出利率 i。

$$i=i_1+\frac{\alpha-\beta_1}{\beta_2-\beta_1}\times(i_2-i_1)$$ （公式2－2）

【例2－4】某项投资，欲在今后5年增长1倍，求其最低报酬率。

解：$(F/P,\ i,\ 5)=\frac{F}{P}=2$

查表：$\beta_1=1.925\ 4$　　$\beta_2=2.100\ 3$

　　　$i_1=14\%$　　　$i_2=16\%$

代入公式：

$$i=14\%+\frac{2-1.925\ 4}{2.100\ 3-1.925\ 4}\times(16\%-14\%)$$

$$=14.85\%$$

即最低报酬率为14.85%。

采用插值法应注意两个临界值之间的间隔越小，计算结果越精确。该方法不仅适用于“已知 F、P、n 求 i”，也适用于“已知 F、P、i 求 n”，其原理和步骤是相同的。

2. 复利现值

现值是指未来某一时点上的一定量现金，折合为现在的价值，又称本金。

根据复利终值计算公式不难推导出复利现值的计算公式：

$$P=F\times\frac{1}{(1+i)^n}=F\times(1+i)^{-n}$$ （公式2－3）

公式中的 $(1+i)^{-n}$ 称为“复利现值系数”，或称1元的“复利现值”，用符号 $(P/F,\ i,\ n)$ 来表示。

【例2－5】某人欲在5年后取得本利和10 000元，假设投资报酬率10%，他现在应投多少元？

$$P=F\times(1+i)^{-n}=F\times(P/F,\ i,\ n)=10\ 000\times(1+10\%)^{-5}$$

$$=10\ 000\times(P/F,\ 10\%,\ 5)$$

$$=10\ 000\times0.620\ 9=6\ 209\text{元}$$

即此人现在应投入6 209元。

复利现值系数 $(P/F,\ 10\%,\ 5)$ 可查“复利现值系数表”取得，该表的使用方法与“复利终值系数表”相同。

3. 名义利率与有效年利率

上述复利计算均假定利率为年利率，每年复利一次。实际上，复利的计息期不一定是一年，有可能是季度、月或日。在复利计算中，如按年复利计息，一年就是一个计息期；如按季复利计息，一季就是一个计息期，一年就有四个计息期。计息期越短，一年中按复利计息的次数就越多，利息额就会越大。

（1）名义利率。名义利率是银行等金融机构报出的利率。金融机构在报出利率时，还必须报出每年的复利次数或计息期天数，否则意义不完整。

（2）计息期利率。计息期利率是借款人每期支付的利息占借款额的百分率。它可以是年利率，也可以是半年利率、季利率、月利率和日利率。

计息期利率 = 名义利率/年复利次数

（3）有效年利率。有效年利率是指按给定的期间利率每年复利 m 次时，能够产生相同结果的年利率，也称等价年利率。

名义利率、计息期利率和有效年利率三者之间的关系可用公式表示：

$$i = \left(1+\frac{r}{m}\right)^{m}-1 \quad \text{（公式 2-4）}$$

式中：r 为名义利率，i 为有效年利率，m 为每年复利次数，r/m 为计息期利率。

【例 2-6】本金 10 000 元，投资 5 年，复利率 12%，每季度复利一次，求其本利和。

解法一：先求有效年利率再求终值

（1）求有效年利率：$i=\left(1+\frac{12\%}{4}\right)^{4}-1=12.55\%$

（2）根据有效年利率求终值：$F=10\ 000\times(1+12.55\%)^{5}=10\ 000\times 1.8061=18\ 061$（元）

解法二：直接求终值

$$F=P\times\left(1+\frac{r}{m}\right)^{mn} \quad \text{（公式 2-5）}$$

$$=10\ 000\times\left(1+\frac{12\%}{4}\right)^{4\times 5}$$

$$=10\ 000\times(1+3\%)^{20}$$

$$=10\ 000\times 1.8061=18\ 061\text{（元）}$$

4. 连续复利

从理论上说，复利次数可以为无限大的值，如果每年复利次数 m 趋近于无穷大，计息期趋近于无穷小，则这种情况下的复利称为连续复利。

（1）连续复利有效年利率的计算。

$$i=\lim_{m\to\infty}\left[\left(1+\frac{r}{m}\right)^{m}-1\right]=e^{r}-1 \quad \text{（公式 2-6）}$$

式中：e 为自然常数，约等于 2.718 3；其他符号意义同上。

【例 2-7】假设公司借入名义利率为 20%，采用连续复利计息，求有效年利率是多少？

有效年利率（i）$=e^{0.2}-1=2.718\ 3^{0.2}-1=22.14\%$

（2）连续复利终值（F）和现值（P）的计算。

$$\text{连续复利终值}(F)=P\times e^{rt} \quad \text{（公式 2-7）}$$

$$\text{连续复利现值}(P)=\frac{F}{e^{rt}}=F\times e^{-rt} \quad \text{（公式 2-8）}$$

式中：F 为终值；P 为现值；e 为自然常数；r 为名义利率；t 为时间（年）。

【例2-8】某人以连续复利计息方式将10 000元投资一年，如果年利率为10%，求一年后的终值是多少？

$$F = P \times e^{rt} = 10\,000 \times e^{0.1 \times 1} = 10\,000 \times 1.1052 = 11\,052 \text{（元）}$$

式中：$e^{0.1 \times 1}$可通过查本书后附表得到。

（二）普通年金终值和现值

年金是指等额、定期的系列收支。如保险费、养老金、折旧、租金、分期收付款等都属于年金形式。

年金按其收付发生的时点不同，可分为普通年金、预付年金、递延年金和永续年金等。

普通年金是指各期期末收付的年金，又称后付年金，如图2-1所示。

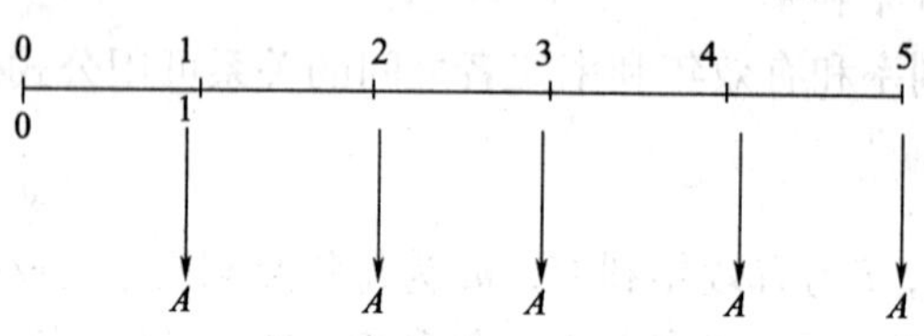

图2-1　普通年金示意图

1. 普通年金终值

普通年金终值是指其最后一次支付时的本利和。它是每次支付的复利终值之和，如图2-2所示。

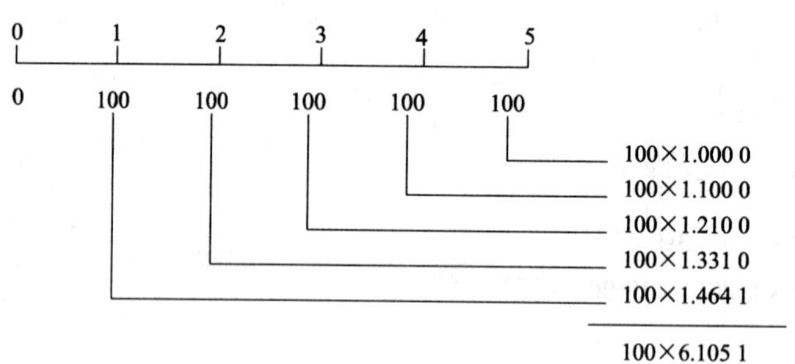

图2-2　年金终值示意图

设每年的支付额为A，利率为i，期数为n，则按复利计算的普通年金终值为：

$$F = A + A(1+i) + A(1+i)^2 + \cdots + A(1+i)^{n-1}$$

等式两边同乘$(1+i)$：

$$F(1+i) = A(1+i) + A(1+i)^2 + A(1+i)^3 + \cdots + A(1+i)^n$$

上述两式相减：

$$F(1+i) - F = A(1+i)^n - A$$

$$F = A \times \frac{(1+i)^n - 1}{i} \qquad \text{（公式2-9）}$$

式中的$\frac{(1+i)^n - 1}{i}$为普通年金终值系数，是普通年金为1元，利率为i，经过n期的年金终值，用符号$(F/A, i, n)$表示，可查“年金终值系数表”取得，上式可写作：

$$F = A(F/A, i, n)$$

【例2-9】光明公司从现在起每年年末存银行100万元，用于将来偿债，假设银行存款复利率10%，该公司在第5年末，可用于偿债的总额为多少？

$$F=100\times\frac{(1+10\%)^5-1}{10\%}=100\times(F/A.10\%.5)$$

$$=100\times6.1051=610.51\text{（万元）}$$

2. 偿债基金

偿债基金是指为使年金终值达到特定金额每年年末应支出的年金数额。显然，偿债基金的计算是年金终值的逆运算，其计算公式为：

$$A=F\times\frac{i}{(1+i)^n-1} \quad \text{（公式2-10）}$$

式中的$\frac{i}{(1+i)^n-1}$称作偿债基金系数，记为（A/F，i，n），可查找“偿债基金系数表”或通过年金终值系数的倒数推算出来。上式也可写作：

$$A=F\times(A/F,\ i,\ n)$$

$$\text{或}=F\times\frac{1}{(F/A,\ i,\ n)}$$

【例2-10】光明公司5年后需偿债1 000万元，若存款年复利率10%，则为偿还该笔债务，该公司需于每年年末应等额存银行多少元？

$$A=1\,000\times\frac{10\%}{(1+10\%)^5-1}=163.8\text{（万元）}$$

$$\text{或：}A=1\,000\times\frac{1}{(F/A,\ 10\%,\ 5)}=1\,000\times\frac{1}{6.1051}=1\,000\times0.1638=163.8\text{（万元）}$$

3. 普通年金现值

普通年金现值是指一定时期内每期期末等额收付款项的复利现值之和，如图2-3所示。

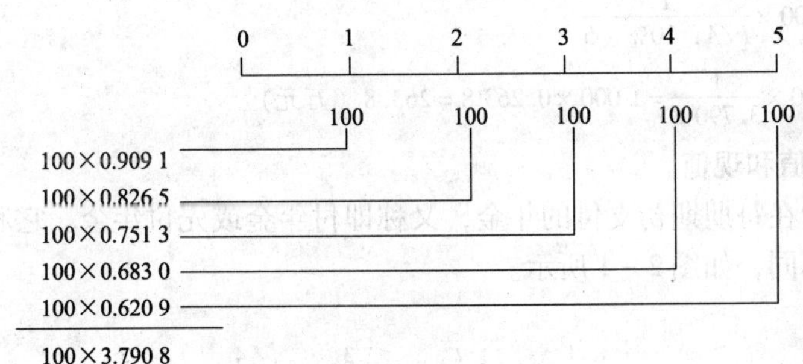

图2-3 年金现值示意图

普通年金现值的计算公式可推导如下：

$$P=A(1+i)^{-1}+A(1+i)^{-2}+\cdots+A(1+i)^{-(n-1)}+A(1+i)^{-n}$$

等式两边同乘（$1+i$）：

$$P(1+i)=A+A(1+i)^{-1}+\cdots+A(1+i)^{-(n-1)}$$

两式相减：

$$P(1+i)-P=A-A(1+i)^{-n}$$

$$P=A\times\frac{1-(1+i)^{-n}}{i} \quad \text{（公式2-11）}$$

式中$\frac{1-(1+i)^{-n}}{i}$称为普通年金现值系数，是普通年金为1元，利率为i，经过n期的年金现值，记作（P/A，i，n），可查“年金现值系数表”（见附表四）取得。

【例2－11】光明公司有一投资项目，寿命5年，每年年末获得现金净流量100万元，最低报酬率为10%，该项目可行的一次性最大投资额为多少？

$$P=100\times\frac{1-(1+10\%)^{-5}}{10\%}=100\times(P/A,\ 10\%,\ 5)$$

$$=100\times3.7908=379.08\text{（万元）}$$

4. 年投资回收额

年投资回收额是指在约定年限内，收回初始投资的每年相等的金额。年投资回收额的计算是年金现值的逆运算。其公式为：

$$A=P\times\frac{i}{1-(1+i)^{-n}} \qquad \text{（公式2－12）}$$

式中的$\frac{i}{1-(1+i)^{-n}}$称作“投资回收系数”，记为（A/P，i，n），可查阅“资本回收系数表”或利用年金现值系数的倒数求得。上式可写作：

$$A=P\ (A/P,\ i,\ n)$$

$$\text{或}A=P\times\frac{1}{(P/A,\ i,\ n)}$$

【例2－12】光明公司现在以10%的利率借款1 000万元，投资于一个寿命5年的项目，每年至少要收回多少现金该项目才可行？

$$A=1\ 000\times\frac{10\%}{1-(1+10\%)^{-5}}$$

$$=1\ 000\times0.2638=263.8\text{（万元）}$$

$$\text{或}A=1\ 000\times\frac{1}{P/A,\ 10\%,\ 5}$$

$$=1000\times\frac{1}{3.7908}=1\ 000\times0.2638=263.8\text{（万元）}$$

（三）预付年金终值和现值

预付年金是指在每期期初支付的年金，又称即付年金或先付年金。它和普通年金的区别仅在于付款时间不同，如图2－4所示。

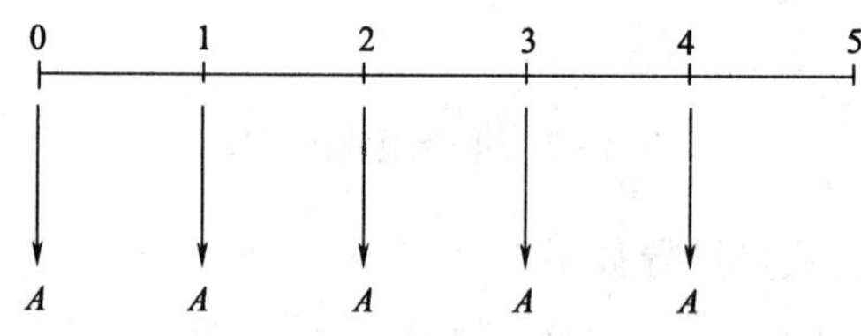

图2－4　预付年金示意图

1. 预付年金终值

预付年金终值是其最后一期期末的本利和，是年金的复利终值之和。

比较图2－1和图2－4可以看出，n期预付年金终值比n期普通年金终值多计算一期利息，因此，预付年金终值可在普通年金终值的基础上乘（$1+i$）求得。其计算公式为：

$$F = A \times \frac{(1+i)^n - 1}{i} \times (1+i)$$

$$= A \times \left[\frac{(1+i)^{n+1} - 1}{i} - 1 \right]$$

式中$\left[\frac{(1+i)^{n+1} - 1}{i} - 1 \right]$称作“预付年金终值系数,”它是在普通年金终值系数的基础上期数加1，系数减1所得的结果。通常记作［$(F/A, i, n+1) - 1$］，可通过查“年金终值系数表”计算求得。上式可写作：

$$F = A\,[\,(F/A, i, n+1) - 1\,] \qquad \text{（公式2-13）}$$

【例2-13】光明公司拟建立一项基金，每年年初投入100万元，年利率10%，求5年后该基金的本利和？

$$F = 100\,[\,(F/A, 10\%, 5+1) - 1\,]$$

$$= 100 \times (7.7156 - 1) = 671.56 \text{（万元）}$$

2. 预付年金现值

由于n期预付年金现值比n期普通年金现值少折现一期，因此，预付年金现值可在普通年金现值的基础上乘$(1+i)$求得。其计算公式：

$$P = A \times \frac{1-(1+i)^{-n}}{i} \times (1+i) = A \times \left[\frac{1-(1+i)^{-(n-1)}}{i} + 1 \right]$$

式中的$\left[\frac{1-(1+i)^{-(n-1)}}{i} + 1 \right]$称作预付年金现值系数，它是在普通年金现值系数的基础上，期数减1，系数加1。可记作［$(P/A, i, n-1) + 1$］，并可通过查“年金现值系数表”计算求得，上式可写作：

$$P = A \times [\,(P/A, i, n-1) + 1\,] \qquad \text{（公式2-14）}$$

【例2-14】光明公司采用5年分期付款方式购买大型设备，每年年初付款100万元，年利率10%，该设备相当于一次现金支付的购价是多少？

$$P = 100 \times [\,(P/A, 10\%, 5-1) + 1\,]$$

$$= 100 \times (3.1699 + 1) = 416.99 \text{（万元）}$$

（四）递延年金现值

递延年金是指第一次支付发生第二期或第二期以后的年金，即凡不是从第一期开始的年金都是递延年金，形式如图2-5所示。

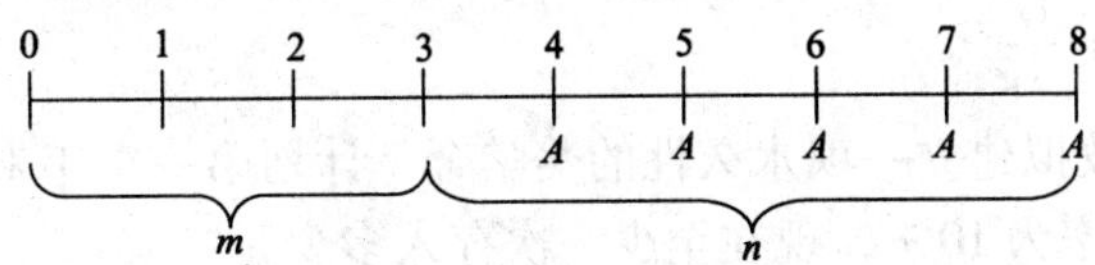

图2-5　递延年金示意图

递延年金终值的计算方法和普通年金终值的计算相同。

递延年金现值的计算方法常用的有两种：

第一种方法，是把递延年金视为n期普通年金，求出递延期末的现值，然后再将此现值折现到第一期初。其计算公式为：

$$P = A \times (P/A, i, n)(P/F, i, m) \qquad \text{（公式2-15）}$$

第二种方法，是假设递延期中也进行支付，先求出（$m+n$）期的年金现值，然后，扣除实际并未支付的递延期（m）的年金现值。其计算公式为：

$$P=A\left[(P/A,\ i,\ m+n)-(P/A,\ i,\ m)\right] \quad \text{（公式 2-16）}$$

【例 2-15】某人欲在 3 年后连续 5 年每年年末从银行取出 10 000 元，银行存款利率 10%，此人现在至少一次存银行多少元？

按第一种方法计算：

$$P=10\ 000\times(P/A,\ 10\%,\ 5)\times(P/F,\ 10\%,\ 3)$$
$$=10\ 000\times3.790\ 8\times0.751\ 3=28\ 480\text{（元）}$$

按第二种方法计算：

$$P=10\ 000\times\left[(P/A,\ 10\%,\ 3+5)-(P/A,\ 10\%,\ 3)\right]$$
$$=10\ 000\times(5.334\ 9-2.486\ 9)=28\ 480\text{（元）}$$

（五）永续年金现值

1. 零成长永续年金现值

零成长永续年金是指无限期定额（即增长率为零）支付的年金，即期限趋于无穷的普通年金。通常所说的“永续年金”即指零成长永续年金。存本取息可视为永续年金的一个例子。

永续年金没有终止的时间，也就没有终值。永续年金的现值可以通过普通年金现值的计算公式导出：

$$P=A\times\frac{1-(1+i)^{-n}}{i}$$

当 $n\to\infty$ 时，$(1+i)^{-n}\to0$

故：$P=\frac{A}{i}$ （公式 2-17）

【例 2-16】某学校拟建立一项永久性的奖学金，每年计划颁发 10 万元奖金，若利率为 10%，现在至少一次存入多少元？

$$P=10\times\frac{1}{10\%}=100\text{（万元）}$$

2. 固定成长永续年金现值

固定成长永续年金是指按某一固定增长率增长的永续年金。与零成长永续年金一样，只能计算其现值，无法计算其终值，其现值计算公式为：

$$P=\frac{A_0(1+g)}{i-g}=\frac{A_1}{i-g} \quad \text{（公式 2-18）}$$

【例 2-17】某学校拟建立一项永久性的奖学金，计划第一年年末颁发 10 万元奖金，以后每年增长 2%，若利率为 10%，现在至少一次存入多少元？

$$P=\frac{A_1}{i-g}=\frac{10}{10\%-2\%}=125\text{（万元）}$$

第三节　风险与报酬

企业的各项活动都存在着风险，在风险与收益之间进行权衡是财务管理学的基本原则。

财务管理需要计量价值，计量价值需要使用折现率，折现率的大小取决于投资者要求的收益率，投资者要求收益率的高低取决于投资风险，衡量风险的高低必然要进行风险计量。

一、风险概念的演进

日常生活中人们谈到的风险实际上是指危险，它意味着损失或失败，是一种不好的事情。

在财务管理学中，起初将风险定义为："风险是发生财务损失的可能性"。该定义主要强调风险可能带来的损失，与危险的含义类似。

在对风险进行深入研究后又将风险定义为："风险是指预期结果的不确定性"。即风险不仅包括负面效应的不确定性，还包括正面效应的不确定性。该定义强调危险与机会并存。

将风险与收益联系起来，又将风险进一步定义为："风险是指预期收益的不确定性"。该定义强调了与收益相关的风险才是财务管理中所说的风险。

在投资组合理论出现后，风险是指投资组合的系统风险。

风险概念的演进过程是不断精确定义风险的过程，精确定义风险是为了明确收益和风险的权衡关系，并在此基础上给风险定价。财务管理中的风险是与收益相关的风险。

二、单项资产风险的度量

（一）概率与概率分布

由于风险本身不易计量，对风险的衡量通常使用概率和统计的方法。

概率是用来表示随机事件发生可能性大小的数值。通常，把必然发生的事件的概率定为1，把不可能发生的事件的概率定为0。一般随机事件的概率分布具有两个特征：① 所有的概率其值都在0～1之间变化，即$0 \leqslant P_i \leqslant 1$；② 所有结果的概率之和为1，即$\sum P_i = 1$。这里，$n$是可能出现结果的个数。概率越大说明事件发生的可能性越大。

将随机事件各种可能的结果按一定的规则进行排列，同时列出各结果出现的相应概率，这一完整的描述称为概率分布。

【例2－18】假设经济学家对于宏观经济的估计有三种状况：繁荣、正常、衰退，每种状况出现的概率及A公司和B公司两只股票的收益率情况如表2－1所示。

表2－1　　A、B公司股票收益率概率分布表

经济状况	概率（P_i）	收益率（R_i）	
		A公司股票	B公司股票
繁荣	0.3	95%	30%
正常	0.4	25%	25%
衰退	0.3	-55%	10%

在上表中，收益率作为一种随机变量，受多种因素的影响。为简化，我们假设其他因素都相同，只有经济状况一个因素影响收益率。

概率分布有两种类型：①离型概率分布。如果随机变量（如收益率）只取有限的几个值，并且对应每个值都有确定的概率，则称随机变量是离散型分布，其特点是概率分布在各个特定的点上。②连续型概率分布。如果随机变量取无限多个值，而且对应每个值都有确定的概率，则称为连续型概率分布，其特点是概率分布在连续图像的两点之间的区间上，正态分布就是一种常见的连续型分布。

（二）期望值

期望值是一个概率分布中的所有可能结果以各自相应的概率为权数计算的加权平均值，它反映随机变量取值的平均化。期望值的计算公式为：

$$期望值 = \sum R_i P_i \qquad （公式2-19）$$

式中：P_i 为第 i 种结果出现的概率；R_i 为第 i 种结果出现后的预期报酬率。

根据表2-1的资料，可以计算出A公司和B公司股票的预期收益率：

$$R_A = 95\% \times 0.3 + 25\% \times 0.4 + (-55\%) \times 0.3 = 22\%$$

$$R_B = 30\% \times 0.3 + 25\% \times 0.4 + 10\% \times 0.3 = 22\%$$

结果表明，两个公司的期望收益率相同，但其概率分布不同。A公司股票收益率的变动程度大，B公司股票收益率的变动程度小。这表明两支股票的预期收益率相同，但风险不同。为了衡量风险大小，还要使用统计学中衡量概率分布离散程度的指标，即方差（或标准差）和标准离差率。

（三）方差和标准差

方差（或标准差）是各种状态下收益率与期望收益率离差的期望值，是反映随机变量与期望值之间离散程度大小的指标，标准差是方差的平方根。方差的计算公式为：

$$\upsilon^2 = \sum (R_i - R)^2 \times P_i \qquad （公式2-20）$$

根据表2-1的资料，方差的计算如下：

A公司股票收益率的方差为：

$$\sigma_A^2 = (95\% - 22\%)^2 \times 0.3 + (25\% - 22\%)^2 \times 0.4 + (-55\% - 22\%)^2 \times 0.3 = 33.8\%$$

B公司股票收益率的方差为：

$$\sigma_B^2 = (30\% - 22\%)^2 \times 0.3 + (25\% - 22\%)^2 \times 0.4 + (10\% - 22\%)^2 \times 0.3 = 0.7\%$$

为便于理解，通常用标准差取而代之来衡量各可能值相对于期望值的离散程度，标准差用 σ 表示，即：

$$\sigma = \sqrt{\sum(R_i - E(R))^2 P_i} \qquad （公式2-21）$$

上例中，A公司和B公司其股票收益率的标准差为：

$$\sigma_A = \sqrt{33.8\%} = 58.1\%$$

$$\sigma_B = \sqrt{0.7\%} = 8.4\%$$

一般而言，在期望值相同的情况下，方差（或标准差）越大，说明变量值的离散程度越大，风险越大；反之，方差（或标准差）越小，说明变量的离散程度越小，风险越小。如上例，两个公司股票收益率的期望值相等，均为22%，但由于A公司股票收益率的标准差大于B公司，说明投资A公司股票的风险大。

如果各种方案的期望值不等，则不能直接根据方差和标准差进行风险的比较，应该计算标准差系数。

（四）标准差系数

标准差系数是标准差与期望值的比值，它表明了每单位收益的风险。标准差系数越大，风险越大，反之，则风险越小。当各种方案的期望值不同时利用标准差系数更加有利于比较。计算公式如下：

$$标准差系数（v） = \frac{\sigma}{R} \qquad （公式2-22）$$

上例中，A 公司和 B 公司其股票收益率的标准差系数为：

$$V_A=\frac{58.1\%}{22\%}=264.1\%$$

$$V_B=\frac{8.4\%}{22\%}=38.2\%$$

可见，A 公司股票收益率的标准差系数比 B 公司大，表明投资 A 公司股票的风险大。这一结论与上述利用标准差进行风险比较的结果是一致的。

三、投资组合的风险和报酬

投资组合理论认为，若干种证券组成的投资组合，其收益是这些证券收益的加权平均数，但是其风险不是这些证券风险的加权平均风险，投资组合能降低风险。

这里的“证券”是“资产”的代名词，它可以是任何产生现金流的东西，例如一项生产性实物资产、一条生产线或者是一个企业。

（一）证券组合的预期报酬率和标准差

1. 证券组合的预期报酬率

两种或两种以上证券的组合，其预期报酬率可以直接表示为：

$$R_p=\sum_{j=1}^{m}R_jA_j \qquad \text{（公式 2－23）}$$

式中：R_j 为第 j 种证券的预期报酬率；A_j 为第 j 种证券在全部投资额中的比重；m 为组合中的证券种类总数。

2. 证券组合的标准差

投资组合报酬率概率分布的标准差是：

$$\sigma_p=\sqrt{\sum_{j=1}^{m}\sum_{k=1}^{m}A_jA_k\sigma_{jk}} \qquad \text{（公式 2－24）}$$

式中：m 为组合内证券种类总数；A_j 为第 j 种证券在投资总额中的比例；A_k 为第 k 种证券在投资总额中的比例；σ_{jk} 为第 j 种证券与第 k 种证券报酬率的协方差。

（1）协方差的计算。两种证券报酬率的协方差，用来衡量它们之间共同变动的程度：

$$\sigma_{jk}=r_{jk}\sigma_j\sigma_k \qquad \text{（公式 2－25）}$$

式中：r_{jk} 为证券 j 和证券 k 报酬率之间的预期相关系数；σ_j 为第 j 种证券的标准差；σ_k 为第 k 种证券的标准差。

证券 j 和证券 k 报酬率概率分布的标准差的计算方法，前面讲述单项证券标准差时已经介绍过。

相关系数总是在 －1 ～ ＋1 间取值。当相关系数为 1 时，表示一种证券报酬率的增长总是与另一种证券报酬率的增长成比例，反之亦然；当相关系数为 －1 时，表示一种证券报酬的增长与另一种证券报酬的减少成比例，反之亦然；当相关系数为 0 时，表示缺乏相关性，每种证券的报酬率相对于另外的证券的报酬率独立变动。一般而言，多数证券的报酬率趋于同向变动，因此两种证券之间的相关系数多为小于 1 的正值。

$$\text{相关系数}(r)=\frac{\sum_{i=1}^{n}\left[(x_i-\bar{x})\times(y_i-\bar{y})\right]}{\sqrt{\sum_{i=1}^{n}(x_i-\bar{x})^2}\times\sqrt{\sum_{i=1}^{n}(y_i-\bar{y})^2}} \qquad \text{（公式 2－26）}$$

（2）协方差矩阵。根号内双重的 $\sum$ 符号，表示对所有可能配成组合的协方差，分别乘以两种证券的投资比例，然后求其总和。

例如，当 m 为3时，所有可能的配对组合的协方差矩阵如下所示：

$$\begin{matrix} \sigma_{1,1} & \sigma_{1,2} & \sigma_{1,3} \\ \sigma_{2,1} & \sigma_{2,2} & \sigma_{2,3} \\ \sigma_{3,1} & \sigma_{3,2} & \sigma_{3,3} \end{matrix}$$

左上角的组合（1，1）是 σ_1 与 σ_1 之积，即标准差的平方，称为方差，此时，$j=k$。从左上角到右下角，共有三种 $j=k$ 的组合，在这三种情况下，影响投资组合标准差的是三种证券的方差。当 $j=k$ 时，相关系数是1，并且 $\sigma_j\sigma_k$ 变为 σ_j^2。这就是说，对于矩阵对角线位置上的投资组合，其协方差就是各证券自身的方差。

组合 $\sigma_{1,2}$ 代表证券1和证券2报酬率之间的协方差，组合 $\sigma_{2,1}$ 代表证券2和证券1报酬率的协方差，它们的数值是相同的。这就是说需要计算两次证券1和证券2之间的协方差。对于其他不在对角线上的配对组合的协方差，我们同样计算了两次。

双重求和符号，就是把由各种可能配对组合构成的矩阵中的所有方差项和协方差项加起来。3种证券的组合，一共有9项，由3个方差项和6个协方差项（3个计算了两次的协方差项）组成。

（3）协方差比方差更重要。该公式表明，影响证券组合的标准差不仅取决于单个证券的标准差，而且还取决于证券之间的协方差。随着证券组合中证券个数的增加，协方差项比方差项越来越重要。这一结论可以通过考察上述矩阵得到证明。例如，在两种证券的组合中，沿着对角线有两个方差项 $\sigma_{1,1}$ 和 $\sigma_{2,2}$ 以及两项协方差项 $\sigma_{1,2}$ 和 $\sigma_{2,1}$。对于三种证券的组合，沿着对角线有3个方差项 $\sigma_{1,1}$、$\sigma_{2,2}$、$\sigma_{3,3}$ 以及6项协方差项。在四种证券的组合中，沿着对角线有4项方差项和12项协方差。当组合中证券数量较多时，总方差主要取决于各证券间的协方差。例如，在含有20种证券的组合中，矩阵共有20个方差项和380个协方差项。当一个组合扩大到能够包含所有证券时，只有协方差是重要的，方差项将变得微不足道。因此，充分投资组合的风险，只受证券之间协方差的影响而与各证券本身的方差无关。

下面举例说明两种证券组合报酬率的期望值和标准差的计算过程。

【例2－19】假设A证券的预期报酬率为10%，标准差是12%。B证券的预期报酬率是18%，标准差是20%。假设等比例投资于两种证券，即各占50%。

该组合的预期报酬率为：

$$R_p = 10\% \times 0.50 + 18\% \times 0.50 = 14\%$$

如果两种证券的相关系数等于1，组合的标准差为：

$$\begin{aligned} \sigma_p &= A_1\sigma_1 + A_2\sigma_2 \\ &= 0.5 \times 0.2 + 0.5 \times 0.12 = 16\% \end{aligned}$$

即组合的标准差等于两种证券各自标准差的加权平均数，且为最大值，没有风险分散化效应。

如果两种证券的相关系数等于－1，组合的标准差为：

$$\begin{aligned} \sigma_p &= A_2\sigma_2 - A_1\sigma_1 \quad (A_2\sigma_2 \geqslant A_1\sigma_1) \\ &= 0.5 \times 0.2 - 0.5 \times 0.12 = 4\% \end{aligned}$$

即组合的标准差小于两种证券各自标准差的加权平均数，且为最小值，风险分散化效应最明显。

如果两种证券之间的预期相关系数是0.2，组合的标准差会小于加权平均的标准差，其标准差是：

$$\begin{aligned}\sigma_p &= \sqrt{A_1^{\ 2} \times \sigma_1^{\ 2} + 2 \times A_1 \times A_2 \times r_{12} \times \sigma_1 \times \sigma_2 + A_2^{\ 2} \times \sigma_2^{\ 2}} \\ &= \sqrt{0.5^2 \times 0.10^2 + 2 \times 0.5 \times 0.5 \times 0.2 \times 0.10 \times 0.12 + 0.5^2 \times 0.12^2} \\ &= \sqrt{0.0036 + 0.0024 + 0.01} \\ &= 12.65\%\end{aligned}$$

从这个计算过程可以看出：只要两种证券之间的相关系数小于1，证券组合报酬率的标准差就小于各证券报酬率标准差的加权平均数。

（二）两种证券组合的投资比例与有效集

在【例2－19】中，两种证券的投资比例是相等的。如投资比例变化了，投资组合的预期报酬率和标准差也会发生变化。对于这两种证券其投资比例的组合，计算结果见表2－2。

表2－2　　不同投资比例的组合

组合	对A的投资比例	对B的投资比例	组合的期望收益率	组合的标准差
1	1	0	10.00%	12.00%
2	0.8	0.2	11.60%	11.11%
3	0.6	0.4	13.20%	11.78%
4	0.4	0.6	14.80%	13.79%
5	0.2	0.8	16.40%	16.65%
6	0	1	18.00%	20.00%

图2－6描绘出随着对两种证券投资比例的改变，期望报酬率与风险之间的关系。图中黑点与表2－2中的六种投资组合一一对应。连接这些黑点所形成的曲线称为机会集，它反映出风险与报酬率之间的权衡关系。

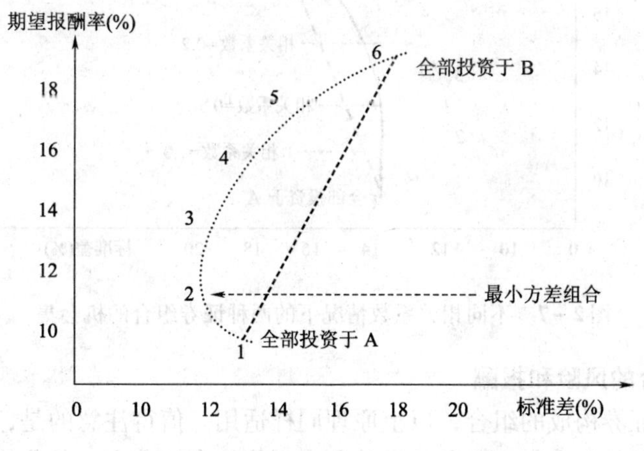

图2－6　投资于两种证券组合的机会集

该图有几项特征是非常重要的：

（1）它揭示了风险分散化效应。比较曲线和以虚线绘制的直线的距离可以判断分散化效应的大小。该直线是由全部投资于A和全部投资于B所对应的两点连接而成。它是当两种证券完全正相关（无分散化效应）时的机会集曲线。曲线则代表相关系数为0.2时的机会集曲线。从曲线和直线间的距离，我们可以看出本例的风险分散效果是相当显著的。投资组合的抵消风险的效应可以通过曲线1～2的弯曲看出来。从第1点出发，拿出一部分资金投资于标准差较大的B证券会比将全部资金投资于标准差小的A证券的组合标准差还要小。这种结果与人们的直觉相反，揭示了风险分散化的内在特征。

（2）它表达了最小方差组合。曲线最左端的第2点组合被称作最小方差组合，它在持有证券的各种组合中有最小的标准差。必须注意的是，机会集曲线向点A左侧凸出的现象并非必然伴随分散化投资发生，它取决于相关系数的大小。

（3）它表达了投资的有效集合。在只有两种证券的情况下，投资者的所有投资机会只能出现在机会集曲线上。改变投资比例只会改变组合在机会集曲线上的位置。最小方差组合以下的组合（曲线1～2的部分）是无效的。因为它们比最小方差组合不但风险大，而且报酬低。本例中，有效集是2～6之间的那段曲线，即从最小方差组合点到最高预期报酬率组合点的那段曲线。

（三）相关性对风险的影响

图2－6中，只列示了相关系数为0.2和1的机会集曲线，如果增加一条相关系数为0.5的机会集曲线，就成为图2－7。从图2－7中看到：①相关系数为0.5的机会集曲线与完全正相关的直线的距离缩小了。②最小方差组合是100%投资于A证券。将任何比例的资金投资于B证券，所形成的投资组合的方差都会高于将全部资金投资于风险较低的A证券的方差。因此，新的有效边界就是整个机会集。③证券报酬率的相关系数越小，机会集曲线就越弯曲，风险分散化效应也就越强。证券报酬率之间的相关性越高，风险分散化效应就越弱。完全正相关的投资组合，不具有风险分散化效应，其机会集是一条直线。

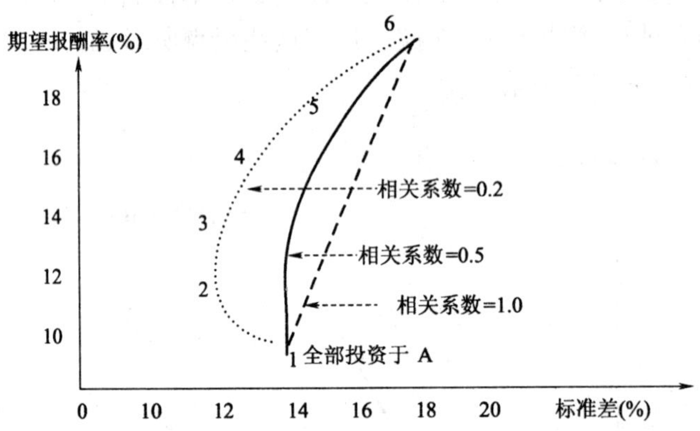

图2－7　不同相关系数情况下的两种证券组合的机会集

（四）多种证券组合的风险和报酬

对于两种以上证券构成的组合，以上原理同样适用。值得注意的是，多种证券组合的机会集不同于两种证券的机会集。两种证券的所有可能组合都落在一条曲线上，而两种以上证券的所有可能组合会落在一个平面中，见图2－8的阴影部分所示。这个机会集反映了投资者所有可能的投资组合，图中阴影部分中的每一点都与一种可能的投资组合相对应。随着可供投资的证券数量增加所有可能的投资组合数量将呈几何级数上升。

最小方差组合是图2－8最左端的点，它具有最小组合标准差。多种证券组合的机会集外缘有一段向后弯曲，这与两种证券组合中的现象类似：不同证券报酬率相互抵消，产生风

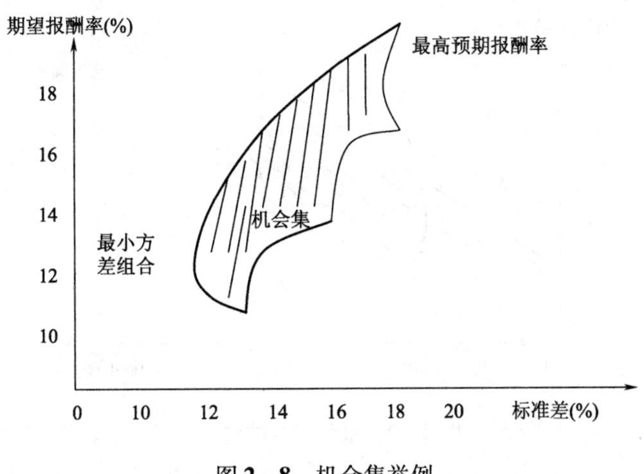

图2－8　机会集举例

险分散化效应。

在图2－8中以粗线描出的部分，称为有效集或有效边界。它位于机会集的顶部，从最小方差组合点起到最高预期报酬率点止。投资者应在有效集上寻找投资组合。有效集以外的投资组合与有效边界上的组合相比，有三种情况：

相同的标准差和较低的期望报酬率；相同的期望报酬率和较高的标准差；较低报酬率和较高的标准差。这些投资组合都是无效的。如果你的投资组合是无效的，可以通过改变投资比例转换到有效边界上的某个组合，以达到提高期望报酬率而不增加风险，或者降低风险而不降低期望报酬率，或者得到一个既提高期望报酬率又降低风险的组合。

（五）资本市场线与分离定理

1. 资本市场线

如图2－9所示，从无风险资产的收益率（Y轴的R_f）开始，做有效边界的切线，切点为M，该直线被称为资本市场线，即：$R_p = R_f + \sigma_p \times (R_m - R_f) / \sigma_m$。

假设存在无风险资产。投资者可以在资本市场上借到钱，将其纳入自己的投资总额；或者可以将多余的钱贷出。无论借入和贷出，利息都是固定的无风险资产的报酬率。R_f代表无风险资产的报酬率，它的标准差为零，即报酬率是确定的。

存在无风险资产的情况下，投资人可以通过贷出资金减少自己的风险，当然也会同时降低预期的报酬率。最厌恶风险的人可以全部将资金贷出，例如购买政府债券并持有至到期。偏好风险的人可以借入资金（对无风险资产的负投资），增加购买风险资产的资本，以使预期报酬率增加。

总期望报酬率 = Q ×（风险组合的期望报酬率）+（1 − Q）×（无风险利率）　（公式2－27）

式中：Q为投资者投资于风险组合M的资金占自有资金的比例；$1-Q$为投资于无风险资产的比例。

如果贷出资金，Q将小于1；如果是借入资金，Q会大于1。

总标准差 = Q × 风险组合的标准差　（公式2－28）

此时不用考虑无风险资产，因为无风险资产的标准差等于零。如果贷出资金，Q小于1，它承担的风险小于市场平均风险；如果借入资金，Q大于1，它承担的风险大于市场平均风险。

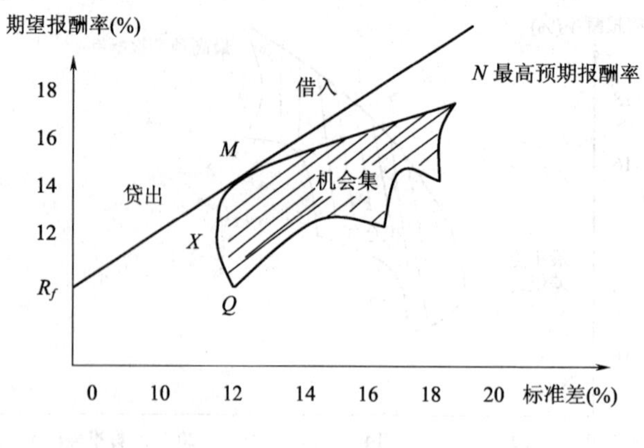

图 2－9　最佳组合的选择

切点 M 是市场均衡点，它代表唯一最有效的风险资产组合，它是所有证券以各自的总市场价值为权数的加权平均组合，我们将其定义为“市场组合”。虽然理智的投资者可能选择 XMN 线上的任何有效组合（它们在任何给定风险水平下收益最大），但是无风险资产的存在，使投资者可以同时持有无风险资产和市场组合（M），从而位于 MR_f 上的某点。MR_f 上的组合与 XMN 上的组合相比，它的风险小而报酬率与之相同，或者报酬高而风险与之相同，或者报酬高且风险小。

图中的直线揭示出持有不同比例的无风险资产和市场组合情况下风险和预期报酬率的权衡关系。直线的截距表示无风险利率，它可以视为等待的报酬率，即时间价值。直线的斜率代表风险的市场价格，它告诉我们当标准差增长到某一幅度时相应要求的报酬率的增长幅度。直线上的任何一点都可以告诉我们投资于市场组合和无风险资产的比例。在 M 点的左侧，你将同时持有无风险资产和风险资产组合。在 M 点的右侧，你将仅持有市场组合 M，并且会借入资金以进一步投资于组合 M。

2. 分离定理

个人的效用偏好与最佳风险资产组合相独立（或称相分离）。投资者个人对风险的态度仅仅影响借入或贷出的资金量，而不影响最佳风险资产组合。其原因是当存在无风险资产并可按无风险利率自由借贷时，市场组合优于所有其他组合。对于不同风险偏好的投资者来说，只要能以无风险利率自由借贷，他们都会选择市场组合 M，这就是所谓的分离定理。它也可表述为最佳风险资产组合的确定独立于投资者的风险偏好。它取决于各种可能风险组合的期望报酬率和标准差。个人的投资行为可分为两个阶段：先确定最佳风险资产组合，后考虑无风险资产和最佳风险资产组合的理想组合。只有第二阶段受投资人风险反感程度的影响。分离定理在理财方面非常重要，它表明企业管理层在决策时不必考虑每位股东对风险的态度。证券的价格信息完全可用于确定投资者所要求的报酬率，该报酬率可指导管理层进行有关决策。

（六）系统风险和非系统风险

在投资组合的讨论中。我们知道个别资产的风险，有些可以被分散掉，有些则不能。无法分散掉的是系统风险，可以分散掉的是非系统风险。

1. 系统风险

系统风险是指那些影响所有公司的因素引起的风险。例如，战争、经济衰退、通货膨胀、高利率等非预期的变动，对许多资产都会有影响。系统风险所影响的资产非常多，虽然影响程度的大小有区别。例如，各种股票处于同一经济系统之中，它们的价格变动有趋同性，多数股票的报酬率在一定程度上正相关。经济繁荣时，多数股票的价格都上涨；经济衰退时，多数股票的价格都下跌。尽管涨跌的幅度各股票有区别，但是多数股票的变动方向是一致的。所以，不管投资多样化有多充分，也不可能消除全部风险，即使购买的是全部股票的市场组合。

由于系统风险是影响整个资本市场的风险，所以也称“市场风险”。由于系统风险没有有效的方法消除，所以也称“不可分散风险”。

2. 非系统风险

非系统风险，是指发生于个别公司的特有事件造成的风险。例如，一家公司的工人罢工、新产品开发失败、失去重要的销售合同、诉讼失败，或者宣告发现新矿藏、取得一个重要合同等。这类事件是非预期的、随机发生的，它只影响一个或少数公司，不会对整个市场产生太大影响。这种风险可以通过多样化投资来分散，即发生于一家公司的不利事件可以被其他公司的有利事件所抵消。

由于非系统风险是个别公司或个别资产所特有的，因此也称“特殊风险”或“特有风险”。由于非系统风险可以通过投资多样化分散掉，因此也称“可分散风险”。

由于非系统风险可以通过分散化消除，因此一个充分的投资组合几乎没有非系统风险。假设投资人都是理智的，都会选择充分投资组合，非系统风险将与资本市场无关。市场不会对它给予任何价格补偿。通过分散化消除的非系统风险，几乎没有任何值得市场承认的、必须花费的成本。

我们已经知道，资产的风险可以用标准差计量。这个标准差是指它的整体风险。现在我们把整体风险划分为系统风险和非系统风险，如图 2 – 10 所示。

承担风险会从市场上得到回报，回报大小仅仅取决于系统风险。这就是说，一项资产的期望报酬率高低取决于该资产的系统风险大小。

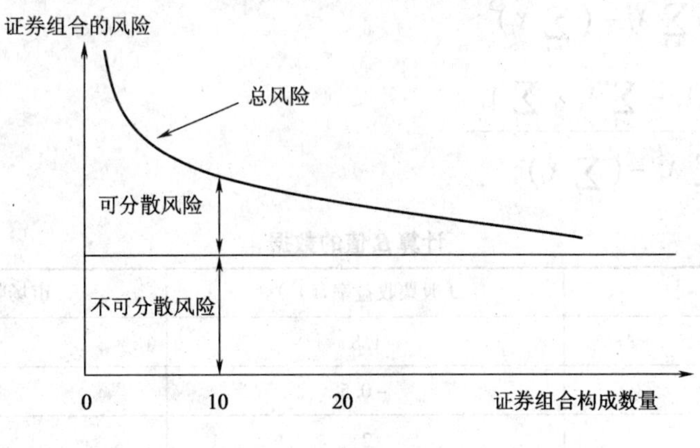

图 **2 – 10**　投资组合的风险

四、资本资产定价模型

资本资产定价模型，是财务学形成和发展中最重要的里程碑。它第一次使人们可以量化市场的风险程度，并且能够对风险进行具体定价。

资本资产定价模型的研究对象，是充分组合情况下风险与要求的收益率之间的均衡关系。资本资产定价模型可用于回答如下不容回避的问题：为了补偿某一特定程度的风险，投资者应该获得多大的收益率？在前面的讨论中，我们将风险定义为预期报酬率的不确定性；然后根据投资理论将风险区分为系统风险和非系统风险，知道了在高度分散化的资本市场里只有系统风险，并且会得到相应的回报。现在将讨论如何衡量系统风险以及如何给风险定价。

（一）系统风险的度量

既然一项资产的期望报酬率取决于它的系统风险，那么度量系统风险就成了一个关键问题。

度量一项资产系统风险的指标是贝塔系数，用希腊字母 β 表示。贝塔系数被定义为某个资产的收益率与市场组合之间的相关性。其计算公式如下：

$$\beta_j = \frac{\text{COV}(K_j, K_m)}{\sigma_m^2} = \frac{r_{jm}\sigma_j\sigma_m}{\sigma_m^2} = r_{jm}\left(\frac{\sigma_j}{\sigma_m}\right) \quad \text{（公式 2-29）}$$

式中：分子 $\text{COV}(K_j, K_m)$ 是第 j 种证券的收益与市场组合收益之间的协方差。它等于该证券的标准差、市场组合的标准差及两者相关系数的乘积。

根据上式可以看出，一种股票的 β 值的大小取决于：①该股票与整个股票市场的相关性；②它自身的标准差；③整个市场的标准差。

贝塔系数除了可以根据公式 2－29 计算外，还可以使用回归直线法计算。根据数理统计的线性回归原理，β 系数均可以通过同一时期内的资产收益率和市场组合收益率的历史数据，使用线性回归方程预测出来。β 系数就是该线性回归方程的回归系数。

【例 2－20】J 股票历史已获得收益率以及市场历史已获得收益率的有关资料如表 2－3 所示，计算其 β 值的数据准备过程见表 2－4。

求解回归方程 $y = a + bx$ 系数的计算公式如下：

$$a = \frac{\sum_{i=1}^{n} X_i^2 \times \sum_{i=1}^{n} Y_i - \sum_{i=1}^{n} X_i \sum_{i=1}^{n} X_iY_i}{n\sum_{i=1}^{n} X_i^2 - (\sum_{i=1}^{n} X_i)^2} \quad \text{（公式 2-30）}$$

$$b = \frac{n\sum_{i=1}^{n} X_iY_i - \sum_{i=1}^{n} X_i \times \sum_{i=1}^{n} Y_i}{n\sum_{i=1}^{n} X_i^2 - (\sum_{i=1}^{n} X_i)^2} \quad \text{（公式 2-31）}$$

表 2－3　　计算 β 值的数据

年度	J 股票收益率（Y_i）	市场收益率（X_i）
1	1.8	1.5
2	-0.5	1
3	2	0
4	-2	-2
5	5	4
6	5	3

表 2-4　　　　　　　　回归直线法 β 值的计算表

年度	J股票收益率（Y_i）	市场收益率（X_i）	X_i^2	X_iY_i
1	1.8	1.5	2.25	2.7
2	-0.5	1	1	-0.5
3	2	0	0	0
4	-2	-2	4	4
5	5	4	16	20
6	5	3	9	15
合计	13.11	7.5	32.25	41.2

将有关数据代入上式：

$$a=\frac{32.25\times11.3-7.5\times41.2}{6\times32.25-7.5\times7.5}=\frac{55.425}{137.25}=0.40$$

$$b=\frac{6\times41.2-7.5\times11.3}{6\times32.25-7.5\times7.5}=\frac{162.45}{137.25}=1.18$$

直线方程斜率 b，就是该股票的 β 系数。

按公式法和回归直线法计算的 β 值相等。

贝塔系数的经济意义在于，它告诉我们相对于市场组合而言特定资产的系统风险是多少。例如，市场组合相对于它自己的贝塔系数是1；如果一项资产的 $\beta=0.5$，表明它的系统风险是市场组合系统风险的0.5，其收益率的变动性只及一般市场变动性的一半；如果一项资产的 $\beta=2.0$，说明这种股票的变动幅度为一般市场变动的2倍。总之，某一股票的 β 值的大小反映了这种股票收益的变动与整个股票市场收益变动之间的相关关系，计算 β 值就是确定这种股票与整个股市收益变动的影响的相关性及其程度。

（二）投资组合的贝塔系数

投资组合的 β_p 等于被组合各证券 β 值的加权平均数：

$$\beta_p=\sum_{i=1}^{n}X_i\beta_i \qquad \text{（公式 2-32）}$$

如果一个高 β 值股票（$\beta>1$）被加入到一个平均风险组合（β_p）中，则组合风险将会提高；反之，如果一个低 β 值股票（$\beta<1$）加入到一个平均风险组合中，则组合风险将会降低。所以，一种股票的 β 值可以度量该股票对整个组合风险的贡献，β 值可以作为这一股票风险程度的一个大致度量。

【例 2-21】一个投资者拥有10万元现金进行组合投资，共投资10种股票且各占1/10即1万元。如果这10种股票的 β 值皆为1.18，则组合的 β 值为 $\beta_p=1.18$。该组合的风险比市场风险大，即其价格波动的范围较大，收益率的变动也较大。现在假设完全售出其中的一种股票且以一种 $\beta=0.8$ 的股票取代之。此时，股票组合的 β 值将由1.18下降至1.142；

$$\beta_p=0.9\times1.18+0.1\times0.8=1.142$$

（三）证券市场线

按照资本资产定价模型理论，单一证券的系统风险可由 β 系数来度量，而且其风险与收益之间的关系可由证券市场线来描述。

证券市场线：$K_i=R_f+\beta\,(K_m-R_f)$ 　　　　（公式 2-33）

式中：K_i 是第 i 个股票的要求收益率；R_f 是无风险收益率（通常以国库券的收益率作为无风险收益率）；K_m 是平均股票的要求收益率（指 $\beta=1$ 的股票要求的收益率，也是指包括所有股票的组合即市场组合要求的收益率）。在均衡状态下，(K_m-R_f) 是投资者为补偿承担超过无风险收益的平均风险而要求的额外收益，即风险价格（图 2－11）。

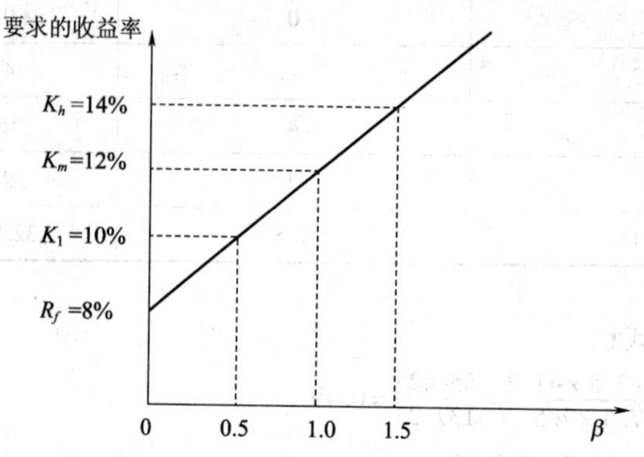

图 2－11　β 值与要求的收益率

证券市场线的主要含义如下：

（1）纵轴为要求的收益率，横轴则是以 β 值表示的风险。

（2）无风险证券的 $\beta=0$，故 R_f 成为证券市场线在纵轴的截距。

（3）证券市场线的斜率［$\Delta Y/\Delta X=(K_m-R_f)\div(1-0)=12\%-8\%=4\%$］表示经济系统中风险厌恶感的程度。一般地说，投资者对风险的厌恶感越强，证券市场线的斜率越大，对风险资产所要求的风险补偿越大，对风险资产的要求收益率越高。

（4）在 β 值分别为 0.5、1 和 1.5 的情况下，必要报酬率由最低 $K_1=10\%$，到市场平均的 $K_m=12\%$，再到最高的 $K_h=14\%$。β 值越大，要求的收益率越高。

从证券市场线可以看出，投资者要求的收益率不仅仅取决于市场风险，而且还取决于无风险利率（证券市场线的截距）和市场风险补偿程度（证券市场线的斜率）。由于这些因素始终处于变动之中，所以证券市场线也不会一成不变。预计通货膨胀提高时，无风险利率会随之提高，进而导致证券市场线的向上平移，如图 2－12 所示。风险厌恶感的加强，会提高证券市场线的斜率，如图 2－13 所示。

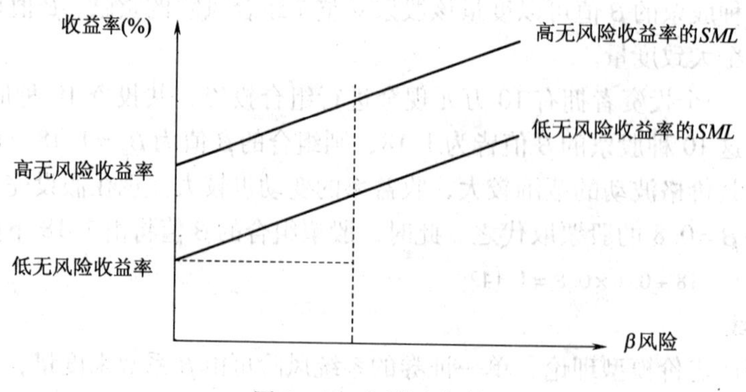

图 2－12　证券市场线

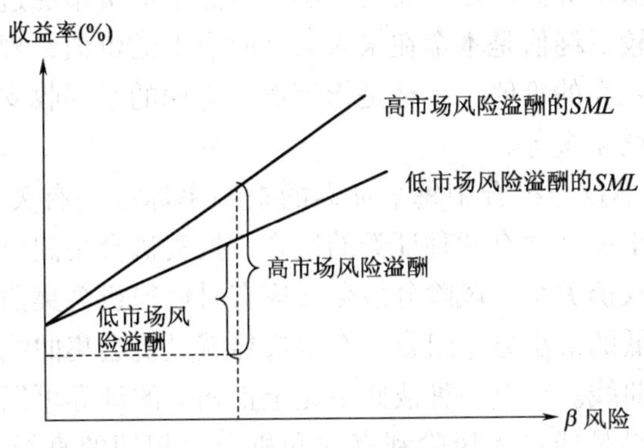

图 2－13　证券市场线

证券市场线适用于单个证券和证券组合（不论它是否已经有效地分散了风险），它测度的是证券（或证券组合）每单位系统风险（贝塔系数）的超额收益。证券市场线比资本市场线的前提宽松，应用也更广泛。

（四）资本资产定价模型的假设

资本资产定价模型建立在如下基本假设之上：

（1）所有投资者均追求单期财富的期望效用最大化，并以各备选组合的期望收益和标准差为基础进行组合选择。

（2）所有投资者均可以无风险利率，无限制地借入或贷出资金。

（3）所有投资者拥有同样预期，即对所有资产收益的均值、方差和协方差等，投资者均有完全相同的主观估计。

（4）所有的资产均可被完全细分，拥有充分的流动性且没有交易成本。

（5）没有税金。

（6）所有投资者均为价格接受者。即任何一个投资者的买卖行为都不会对股票价格产生影响。

（7）所有资产的数量是给定的和固定不变的。

在以上假设的基础上，提出了具有奠基意义的资本资产定价模型。随后，每一个假设逐步被放开，并在新的基础上进行研究，这些研究成果都是对资本资产定价模型的突破与发展。多年来，资本资产定价模型经受住了大量的经验上的证明，尤其是β概念。

本章小结

1. 财务管理中的价值是指用适当的折现率计算的资产预期未来现金流量的现值，即内在价值。账面价值是指资产负债表上列示的资产价值。它以交易为基础，主要使用历史成本计量。市场价值是指一项资产在交易市场上的价格，它是买卖双方竞价后产生的双方都能接受的价格。如果市场是有效的，则内在价值与市场价值应当相等。清算价值是指企业清算时一项资产单独拍卖产生的价格。清算价值以将进行清算为假设情景，而内在价值以继续经营为假设情景，这是两者的主要区别。两者的类似性，在于它们都以未来现金流入为基础。

2. 货币的时间价值，是指货币经历一定时间的投资和再投资所增加的价值。等量货币在不同时点，其经济价值不等。所以，需要将不同时点上的货币通过终值和现值计算换算到同一时间基础上进行比较。终值是本金在未来某一时点上的价值，现值是指未来某一时点上的一定量现金，折合为现在的价值。年金是指等额、定期的系列收支，可分为普通年金、预付年金、递延年金和永续年金等。

3. 证券组合的风险不仅与组合中每个证券的报酬率标准差有关，而且与各证券之间报酬率的协方差有关。对于一个含有两种证券的组合，投资机会集曲线描述了不同投资比例组合的风险和报酬之间的权衡关系。风险分散化效应有时使得机会集曲线向左凸出，并产生比最低风险证券标准差还低的最小方差组合。有效边界就是机会集曲线上从最小方差组合点到最高预期报酬率的那段曲线。持有多种彼此不完全正相关的证券可以降低风险。如果存在无风险证券，新的有效边界是经过无风险利率并和机会集相切的直线，该直线称为资本市场线，该切点被称为市场组合，其他各点为市场组合与无风险投资的有效搭配。资本市场线横坐标是标准差，纵坐标是报酬率。该直线反映两者的关系即风险价格。

4. 资本资产定价模型，是财务学形成和发展中最重要的里程碑。它第一次使人们可以量化市场的风险程度，并且能够对风险进行具体定价。证券市场线适用于单个证券和证券组合（不论它是否已经有效地分散了风险），它测度的是证券（或证券组合）每单位系统风险（贝塔系数）的超额收益。证券市场线比资本市场线的前提宽松，应用更广泛。

第三章 财务分析

学习目标

修完本章内容后，你应该能够：

1. 掌握财务分析的含义、内容及其局限性
2. 掌握财务分析方法的种类、含义、原理及应注意的问题
3. 掌握分析偿债能力、运营能力、获利能力和发展能力的指标与方法
4. 掌握杜邦财务分析体系的应用；了解沃尔评分法

第一节　财务分析概述

一、财务分析的意义

财务分析是以企业的基本活动为对象，以财务报告及其他相关资料为主要依据，对企业的财务状况、经营成果和现金流量情况进行评价和剖析，反映企业在运营过程中的利弊得失和发展趋势，从而为改进企业财务管理工作和优化经济决策提供重要的财务信息。

财务分析是评价财务状况、衡量经营业绩的重要依据；是挖掘潜力、改进工作、实现理财目标的重要手段；是合理实施投资决策的重要步骤。

二、财务分析的内容

财务分析信息的需求者主要包括企业所有者、企业债权人、企业经营决策者和政府等。不同主体出于不同的利益考虑，对财务分析信息有着各自不同的要求。

企业所有者作为投资人，关心其资本的保值和增值状况，因此较为重视企业获利能力指标。

企业债权人因不能参与企业剩余收益分享，首先关注的是其投资的安全性，因此更重视企业偿债能力指标。主要进行企业偿债能力分析，同时也关注企业盈利能力分析。

企业经营决策者必须对企业经营理财的各个方面，包括运营能力、偿债能力、获利能力及发展能力的全部信息予以详尽的了解和掌握。

政府兼具多重身份，既是宏观经济管理者，又是国有企业的所有者和重要的市场参与者，因此政府对企业财务分析的关注点因所具身份不同而异。

总的来看，财务分析的基本内容包括偿债能力分析、运营能力分析、获利能力分析、发展能力分析和综合能力分析五个方面。

三、财务分析的局限性

财务分析的局限性主要表现为资料来源的局限性、分析方法的局限性和分析指标的局限性。其中，资料来源的局限性包括数据缺乏可比性、缺乏可靠性和存在滞后性等。

四、财务分析的方法

(一) 比较分析法

比较分析法是通过企业财务指标（或报表项目）与企业历史、计划预算、同业平均、竞争对手等相同指标、项目的比较，分析其变动原因和变动趋势的一种方法。

比较分析法的具体运用主要有三种方式：一是重要财务指标的比较；二是会计报表的比较；三是会计报表项目构成的比较。

1. 重要财务指标比较

将不同时期财务报告中的相同指标进行比较，直接观察其增减变动幅度，考察其发展趋势，预测其发展前景。

不同时期财务指标的比较，可以有以下两种方法：

（1）定基动态比率。定基动态比率是以某一时期的数额为固定的基期数额而计算出来的动态比率。其计算公式如下：

$$定基动态比率=\frac{分析期数额}{固定基期数额}\times 100\%$$

（2）环比动态比率。环比动态比率是以每一分析期的前期数额为基期数额而计算出来的动态比率。其计算公式如下：

$$环比动态比率=\frac{分析期数额}{前期数额}\times 100\%$$

2. 会计报表的比较

将连续数期的会计报表的金额并列起来，比较其相同指标的增减变动金额和幅度，据以判断企业财务状况和经营成果的发展变化。会计报表的比较，具体包括资产负债表比较、利润表比较和现金流量表比较等。比较时，既要计算出表中有关项目增减变动的绝对额，又要计算出其增减变动的百分比。

3. 会计报表项目构成的比较

以会计报表中的某个总体指标作为100%，再计算出其各组成项目占总体指标的百分比，从而比较各个项目百分比的增减变动，以此来判断有关财务活动的变化趋势。这种方法比前述两种方法更能准确地分析企业财务活动的发展趋势，既可用于同一企业不同时期财务状况的纵向比较，又可用于不同企业之间的横向比较；同时能消除不同时期（不同企业）之间业务规模差异的影响，有利于分析企业的耗费水平和盈利水平。

采用比较分析法时，必须注意以下问题：第一，用于进行对比的指标，在计算口径上必须一致；第二，剔除偶发性项目的影响，使作为分析的数据能反映正常的经营状况；第三，应运用例外原则，对某项有显著变动的指标做重点分析，研究其产生的原因，以便采取对策，趋利避害。

(二) 比率分析法

比率分析法是通过计算各种比率指标来确定财务活动变动程度的分析方法。比率是相对数，采用这种方法，能够把某些条件下的不可比指标变为可以比较的指标，以利于分析。

比率指标主要有三类：一是构成比率；二是效率比率；三是相关比率。

1. 构成比率

构成比率又称结构比率，它是某项财务指标的各组成部分数值占总体数值的百分比，反映部分与总体的关系。其计算公式为：

$$构成比率=\frac{某个组成部分数值}{总体数值}\times 100\% \qquad (公式3-1)$$

例如，企业资产中流动资产、固定资产和无形资产占资产总额的百分比（资产构成比率）；企业负债中流动负债和长期负债占负债总额的百分比（负债构成比率）等。利用构成比率，可以考察总体中某个部分的形成和安排是否合理，以便协调各项财务活动。

2. 效率比率

效率比率是某项财务活动中所费与所得的比例，反映投入与产出的关系。利用效率比率指标，可以进行得失比较，考察经营成果，评价经济效益。比如，将利润项目与销售成本、销售收入、资本金等项目加以对比，可计算出成本利润率、销售利润率以及资本金利润率等利润率指标，可以从不同角度观察比较企业获利能力的高低及其增减变化情况。

一般而言，涉及利润的有关比率指标基本上均为效率比率，如营业利润率、成本费用利润率等。

3. 相关比率

相关比率是以某个项目和与其有关但又不同的项目加以对比所得的比率，反映有关经济活动的相互关系。利用相关比率指标，可以考察企业有联系的相关业务安排是否合理，以保障运营活动顺畅进行。比如，将流动资产与流动负债加以对比，计算出流动比率，据以判断企业的短期偿债能力。

比率分析法的优点是计算简便，计算结果也比较容易判断，而且可以使某些指标在不同规模的企业之间进行比较，甚至也能在一定程度上超越行业间的差别进行比较。但采用比率分析法时应该注意以下几点：

（1）对比项目的相关性。计算比率的子项和母项必须具有相关性，把不相关的项目进行对比是没有意义的。在构成比率指标中，部分指标必须是总体指标这个大系统中的一个小系统；在效率比率指标中，投入和产出必须有因果关系；在相关比率指标中，两个对比指标也要有内在联系，才能评价有关经济活动之间是否协调均衡，安排是否合理。

（2）对比口径的一致性。计算比率子项和母项必须在计算时间、范围等方面保持口径一致。

（3）衡量标准的科学性。运用比率分析，需要选用一定的标准与之对比，以便对企业的财务状况进行评价。通常而言，科学合理的对比标准有：①预定目标，如预算指标、设计指标、定额指标、理论指标等；②历史标准，如上期实际、上年同期实际、历史先进水平以及有典型意义时期的实际水平等；③行业标准，如主管部门或行业协会颁布的技术标准、国内外同类企业的先进水平、国内外同类企业的平均水平等；④公认标准。

（三）因素分析法

因素分析法是依据分析指标与其影响因素的关系，从数量上确定各因素对分析指标影响方向和影响程度的一种方法。采用这种方法的出发点在于，当有若干因素对分析指标发生影响作用时，假定其他各个因素都无变化，顺序确定每一个因素单独变化所产生的影响。

因素分析法具体有两种，一为连环替代法；二为差额分析法。

1. 连环替代法

连环替代法是将分析指标分解为各个可以计量的因素，并根据各个因素之间的依存关系，顺次用各因素的比较值（通常即实际值）替代基准值（通常即标准值或计划值），据以测定各因素对分析指标的影响。

【例3-1】某企业2012年6月某种原材料费用的实际数是66 000元，而其计划数是52 500元。实际比计划增加13 500元。用连环替代法分析产品产量、单位产品材料消耗用量和材料单价三个因素对材料费用总额的影响程度。

表3-1　　某企业2012年6月计划数与实际数的比较

项　目	单位	计划数	实际数
产品产量	件	1 000	1 200
单位产品材料消耗量	千克	10.5	10
材料单价	元	5	5.5
材料费用总额	元	52 500	66 000

根据表3-1中资料，材料费用总额实际数较计划数增加13 500元，运用连环替代法，可以计算各因素变动对材料费用总额的影响程度如下：

计划指标：1 000×10.5×5=52 500（元）　①

第一次替代：1 200×10.5×5=63 000（元）　②

第二次替代：1 200×10×5=60 000（元）　③

实际指标：1 200×10×5.5=66 000（元）　④

②-①=63 000-52 500=10 500（元）产量增加的影响

③-②=60 000-63 000=-3 000（元）材料节约的影响

④-③=66 000-60 000=6 000（元）价格提高的影响

10 500-3 000+6 000=13 500（元）全部因素的影响

2. 差额分析法

差额分析法是连环替代法的一种简化形式，它是利用各个因素的比较值与基准值之间的差额，来计算各因素对分析指标的影响。

【例3-2】仍以表3-1所列数据为例，可采用差额分析法计算确定各因素变动对材料费用的影响。

（1）由于产量增加对材料费用的影响为：

（1 200-1 000）×10.5×5=10 500（元）

（2）由于材料消耗节约对材料费用的影响为：

1 200×（10-10.5）×5=-3 000（元）

（3）由于价格提高对材料费用的影响为：

1 200×10×（5.5-5）=6 000（元）

3. 因素分析法需要注意的问题

因素分析法的优点是可以全面分析各因素对某一经济指标的影响，又可以单独分析某个因素对某一经济指标的影响，在财务分析中应用颇为广泛。但在应用这一方法时必须注意以下几个问题：

（1）因素分解的关联性。即确定构成经济指标的因素，必须是客观上存在着的因果关系，要能够反映形成该项指标差异的内在构成原因，否则就失去了其存在的价值。

（2）因素替代的顺序性。替代因素时，必须按照各因素的依存关系，排列成一定的顺序并依次替代，不可随意加以颠倒，否则就会得出不同的计算结果。一般而言，确定正确排列因素替代程序的原则是，按分析对象的性质，从诸因素相互依存关系出发，并使分析结果有助于分清责任。

（3）顺序替代的连环性。因素分析法在计算每一个因素变动的影响时，都是在前一次计算的基础上进行，并采用连环比较的方法确定因素变化影响结果。因为只有保持计算程序上的连环性，才能使各个因素影响之和等于分析指标变动的差异，以全面说明分析指标变动的原因。

（4）计算结果的假定性。由于因素分析法计算的各因素变动的影响数，会因替代计算顺序的不同而有差别，因而计算结果不免带有假定性，即它不可能使每个因素计算的结果，都达到绝对的准确。它只是在某种假定前提下的影响结果，离开了这种假定前提条件，也就不会是这种影响结果。为此，分析时应力求使这种假定是合乎逻辑的假定，是具有实际经济意义的假定。这样，计算结果的假定性，才不至于妨碍分析的有效性。

第二节 财务指标分析

评价企业财务状况与经营成果的分析指标包括偿债能力指标、营运能力指标、盈利能力指标和发展能力指标。

为了便于说明财务指标的计算和分析方法，本章将使用环宇股份有限公司的财务数据为例。该公司资产负债表和利润表如表 3－2、表 3－3 所示。

表 3－2 资产负债表

编制单位：环宇股份有限公司　　2012 年 12 月 31 日　　单位：万元

资产	年末余额	年初余额	负债及股东权益	年末余额	年初余额
流动资产：			流动负债：		
货币资金	279 408	242 601	短期借款	128 881	125 531
交易性金融资产	254 765	202 838	应付账款	96 414	85 083
应收账款	44 141	32 570	预收账款	77 746	61 944
预付账款	22 587	7 432	其他应付款	29 445	28 812
其他流动资产	8 644	7 031	流动负债合计	332 486	301 370
存货	149 961	129 461	非流动负债：		
流动资产合计	759 506	621 933	长期借款	62 536	35 068
非流动资产：			非流动负债合计	62 536	35 068
持有至到期投资	77 496	79 416	负债合计	395 022	336 438
固定资产	287 896	254 502	股东权益：		
无形资产	33 218	37 279	实收资本（或股本）	162 750	162 750

续表

资产	年末余额	年初余额	负债及股东权益	年末余额	年初余额
非流动资产合计	398 610	371 197	盈余公积	332 943	318 013
			未分配利润	267 401	175 929
			股东权益合计	763 094	656 692
资产总计	1 158 116	993 130	负债及股东权益总计	1 158 116	993 130

表 3-3 **利润表**

编制单位：环宇股份有限公司 2012 年度 单位：万元

项　　目	本年金额	上年金额
一、营业收入	554 890	432 908
减：营业成本	388 422	302 340
营业税金及附加	47 490	39 724
销售费用	40 492	33 114
管理费用	44 416	32 842
财务费用	31 976	26 390
加：投资收益	16 260	19 770
二、营业利润	65 844	57 992
加：营业外收入	1 408	1 720
减：营业外支出	1 650	2 730
三、利润总额	65 602	56 982
减：所得税费用	16 400. 5	14 245. 5
四、净利润	49 201. 5	42 736. 5

一、偿债能力指标

偿债能力是指企业偿还到期债务（包括本息）的能力。偿债能力指标包括短期偿债能力指标和长期偿债能力指标。

（一）短期偿债能力指标

短期偿债能力是指企业流动资产对流动负债及时足额偿还的保证程度，是衡量企业当前财务能力，特别是流动资产变现能力的重要标志。短期偿债能力的衡量指标主要有流动比率、速动比率、现金流动负债比率等。

1. 流动比率

流动比率是指流动资产与流动负债的比率，它表明企业每 1 元流动负债有多少流动资产作为偿还保证，反映企业用可在短期内转变为现金的流动资产偿还到期流动负债的能力。其计算公式为：

$$流动比率 = \frac{流动资产}{流动负债} \times 100\% \qquad （公式 3-2）$$

一般情况下，流动比率越高，反映企业短期偿债能力越强，债权人的权益越有保证。国际上通常认为，流动比率的下限为100%；而流动比率等于200%时较为适当，它表明企业财务状况稳定可靠，除了满足日常生产经营的流动资金需要外，还有足够的财力偿付到期短期债务。如果比率过低，则表示企业可能捉襟见肘，难以如期偿还债务。但是，流动比率也不可以过高，过高则表明企业流动资产占用较多，会影响资金的使用效率和企业的筹资成本，进而影响获利能力。究竟应保持多高水平的流动比率，主要视企业对待风险与收益的态度予以确定。

运用流动比率时，必须注意以下几个问题：

（1）虽然流动比率越高，企业偿还短期债务的流动资产保证程度越强，但这并不等于说企业已有足够的现金或存款用来偿债。原因在于流动资产的质量如何影响企业真实的偿债能力。比如，流动比率高，也可能是存货积压、应收账款增加且收款期延长以及待处理财产损失增加所致。而真正可用来偿债的现金和存款却严重短缺。所以，企业应在分析流动比率的基础上，进一步对现金流量加以考虑。

（2）从短期债权人的角度看，自然希望流动比率越高越好。但从企业经营角度看，过高的流动比率通常意味着企业闲置现金的持有量过多，必然造成企业机会成本的增加和获利能力的降低。因此，企业应尽可能将流动比率维持在不使货币资金闲置的水平。

（3）流动比率是否合理，不同企业以及同一企业不同时期的评价标准是不同的。因此，不应用统一的标准来评价各企业流动比率合理与否。

（4）应剔除一些虚假因素的影响。

【例3－3】根据表3－2资料，该公司2012年的流动比率计算如下：

$$年初流动比率=\frac{621\ 933}{301\ 370}\times 100\%=206.37\%$$

$$年末流动比率=\frac{759\ 506}{332\ 486}\times 100\%=228.43\%$$

该公司2012年年初和年末流动比率都超过200%，表明该公司具有较强的短期偿债能力。

2. 速动比率

速动比率是指企业速动资产与流动负债的比率，它假设速动资产是可以用于偿债的资产，表明每百元流动负债有多少速动资产作为偿还保障。所谓速动资产，是指可以在较短时间内变现的资产，包括货币资金、交易性金融资产和各种应收、预付款项等。另外的流动资产，包括存货、待摊费用、一年内到期的非流动资产及其他流动资产等，称为非速动资产。由于剔除了存货等变现能力较弱且不稳定的资产，因此，速动比率较之流动比率能够更加准确、可靠地评价企业资产的流动性及其偿还短期负债的能力。其计算公式为：

$$速动比率=\frac{速动资产}{流动负债}\times 100\% \qquad （公式3－3）$$

$$速动资产=货币资金+交易性金融资产+应收账款+应收票据$$

$$=流动资产-存货-预付账款-一年内到期的非流动资产-其他流动资产$$

一般情况下，速动比率越高，表明企业偿还流动负债的能力越强。国际上通常认为，速动比率等于100%时较为适当。如果速动比率小于100%，必使企业面临很大的偿债风险；如果速动比率大于100%，尽管债务偿还的安全性很高，但却会因企业现金及应收账款资金占用过多而大大增加企业的机会成本。

影响速动比率可信性的重要因素是应收账款的变现能力。账面上的应收账款不一定都能变成现金，实际坏账可能比计提的准备要多；季节性的变化可能使报表上的应收账款数额不能反映平均水平。这些情况，外部分析人不易了解，而内部人员却有可能做出估计。

【例3－4】根据表3－2资料，该公司2012年的速动比率如下：

$$年初速动比率=\frac{242\ 601+202\ 838+32\ 570+7\ 031}{301\ 370}\times100\%=160.95\%$$

$$年末速动比率=\frac{279\ 408+254\ 765+44\ 141+8\ 644}{332\ 486}\times100\%=176.54\%$$

该公司2012年年初和年末速动比率都超过100%，表明该公司具有较强的短期偿债能力。

在分析时需注意的是，尽管速动比率较之流动比率更能反映出流动负债偿还的安全性和稳定性，但并不能认为速动比率较低的企业的流动负债到期绝对不能偿还。实际上，如果企业存货流转顺畅，变现能力较强，即使速动比率较低，只要流动比率高，企业仍然有望偿还到期的债务本息。

3. 现金流动负债比率

现金流动负债比率是指企业一定时期的经营现金净流量与流动负债的比率，表明每1元流动负债的经营现金流量保障程度，它可以从现金流量角度来反映企业当期偿付短期负债的能力。其计算公式为：

$$现金流动负债比率=\frac{年经营现金净流量}{年末流动负债}\times100\% \qquad （公式3－4）$$

公式中的“年经营现金净流量”，通常使用现金流量表中的“经营活动产生的现金流量净额”。它代表了企业产生现金的能力，已经扣除了经营活动自身所需的现金流出，是可以用来偿债的现金流量。

现金流动负债比率从现金流入和流出的动态角度对企业的实际偿债能力进行考察。由于有利润的年份不一定有足够的现金（含现金等价物）来偿还债务，所以利用以收付实现制为基础计量的现金流动负债比率指标，能充分体现企业经营活动所产生的现金净流量可以在多大程度上保证当期流动负债的偿还，直观地反映出企业偿还流动负债的实际能力。用该指标评价企业偿债能力更加谨慎，该指标越大，表明企业经营活动产生的现金净流量越多，越能保障企业按期偿还到期债务，但也并不是越大越好，该指标过大则表明企业流动资金利用不充分，盈利能力不强。

【例3－5】根据表3－2资料，并假设2011年度和2012年度的经营现金净流量为296 876万元和344 365万元，该公司2011年度和2012年度的现金流动负债比率如下：

$$2011年度现金流动负债比率=\frac{296\ 876}{301\ 370}\times100\%=98.51\%$$

$$2012年度现金流动负债比率=\frac{344\ 365}{332\ 486}\times100\%=103.57\%$$

该公司2012年度的现金流动负债比率与2011年度的相比有明显提高，表明公司流动负债的经营现金流量保障程度有所提高。

（二）长期偿债能力指标

长期偿债能力，指企业偿还长期负债的能力。衡量长期偿债能力的指标主要有资产负债率、产权比率、权益乘数、已获利息倍数和金融负债比率等。

1. 资产负债率

资产负债率又称负债比率，指企业负债总额与资产总额的比率。它表明企业资产总额中，债权人提供资金所占的比例以及企业资产对债权人权益的保障程度。其计算公式为：

$$资产负债率 = \frac{负债总额}{资产总额} \times 100\% \quad （公式3-5）$$

一般情况下，资产负债率越小，表明企业长期偿债能力越强。但是，也并非说该指标对谁都是越小越好。从债权人来说，该指标越小越好，这样企业偿债越有保证。从企业所有者来说，如果该指标较大，说明利用较少的自有资本投资形成了较多的生产经营用资产，不仅扩大了生产经营规模，而且在经营状况良好的情况下，还可以利用财务杠杆的原理，得到较多的投资利润；如果该指标过小则表明企业对财务杠杆利用不够。但资产负债率过大，则表明企业的债务负担重，企业资金实力不强，不仅对债权人不利，而且企业有濒临倒闭的危险。此外，企业的长期偿债能力与盈利能力密切相关，因此企业的经营决策者应当将偿债能力指标（风险）与盈利能力指标（收益）结合起来分析，予以平衡考虑。保守的观点认为资产负债率不应高于50%，而国际上通常认为资产负债等于60%时较为适当。

【例3-6】根据表3-2资料，该公司2012年的资产负债率如下：

$$年初资产负债率 = \frac{336\ 438}{993\ 130} = 33.88\%$$

$$年末资产负债率 = \frac{395\ 022}{1\ 158\ 116} = 34.11\%$$

该公司资产负债率小于50%，说明偿债能力较强。

2. 产权比率和权益乘数

产权比率和权益乘数是资产负债率的另外两种表现形式，它和资产负债率的性质一样。产权比率表明1元股东权益借入的债务数额。权益乘数表明1元股东权益拥有的总资产。它们是两种常用的财务杠杆计量，可以反映特定情况下总资产净利率和净资产收益率之间的倍数关系。财务杠杆表明债务的多少，与偿债能力有关，并且可以表明净资产收益率的风险，也与盈利能力有关。其计算公式为：

$$产权比率 = \frac{负债总额}{所有者权益总额} \times 100\% \quad （公式3-6）$$

$$权益乘数 = \frac{资产总额}{股东权益} = 1 + 产权比率 = \frac{1}{1 - 资产负债率} \quad （公式3-7）$$

一般情况下，产权比率越低，表明企业的长期偿债能力越强，债权人权益的保障程度越高，承担的风险越小，但企业不能充分地发挥负债的财务杠杆效应。所以，企业在评价产权比率适度与否时，应从提高获利能力与增强偿债能力两个方面综合进行，即在保障债务偿还安全的前提下，应尽可能提高产权比率。权益乘数越大，表明所有者投入企业的资本占全部资产的比重越大，企业的负债程度越低，债权人权益受保护的程度也越高。

【例3-7】根据表3-2资料，该公司2012年的产权比率和权益乘数如下：

$$年初产权比率 = \frac{336\ 438}{656\ 692} = 51.23\%$$

$$年末产权比率 = \frac{395\ 022}{736\ 094} = 51.77\%$$

$$年初权益乘数 = \frac{993\ 130}{656\ 692} = 1.51$$

$$年末权益乘数 = \frac{1\ 158\ 116}{763\ 094} = 1.52$$

该公司2012年资产负债率和产权比率都不高，同资产负债率的计算结果可以相互印证，表明该公司长期偿债能力较强，债权人的保障程度较高。

3. 已获利息倍数

已获利息倍数是指企业一定时期息税前利润为利息费用的倍数，反映了获利能力对债务偿付的保证程度。其计算公式为：

$$\text{已获利息倍数}=\frac{\text{息税前利润总额}}{\text{利息支出}} \qquad (\text{公式 }3-8)$$

其中：

$$\begin{aligned}\text{息税前利润总额}&=\text{利润总额}+\text{利息支出}\\&=\text{净利润}+\text{所得税}+\text{利息支出}\end{aligned} \qquad (\text{公式 }3-9)$$

通常，可以用财务费用的数额作为利息支出，也可以根据报表附注资料确定更准确的利息费用数额。

已获利息倍数不仅反映了企业获利能力的大小，而且反映了获利能力对偿还到期债务的保证程度，它既是企业举债经营的前提依据，也是衡量企业长期偿债能力大小的重要标志。一般情况下，已获利息倍数越高，表明企业长期偿债能力越强。国际上通常认为，该指标为3时较为适当。从长期来看，若要维持正常偿债能力，利息保障倍数至少应当大于1，如果利息保障倍数过小，企业将面临亏损以及偿债的安全性与稳定性下降的风险。究竟企业已获利息倍数应是多少，才算偿付能力强，这要根据往年经验结合行业特点来判断。

【例3－8】根据表3－3资料，同时假定表中财务费用全部为利息支出，该公司2011年度和2012年度的已获利息倍数如下：

$$2011\text{ 年度的已获利息倍数}=\frac{56\ 982+26\ 390}{26\ 390}=3.16$$

$$2012\text{ 年度的已获利息倍数}=\frac{65\ 602+31\ 976}{31\ 976}=3.05$$

从以上的计算结果来看，该公司2011年度和2012年度的已获利息倍数都较高，有较强的偿付负债利息的能力。

4. 或有负债比率

或有负债比率是指企业或有负债总额与股东权益总额的比率，反映企业股东权益应对可能发生的或有负债的保障程度。其计算公式为：

$$\text{或有负债比率}=\frac{\text{或有负债余额}}{\text{所有者权益总额}}\times 100\% \qquad (\text{公式 }3-10)$$

其中，或有负债余额＝已贴现商业承兑汇票金额＋对外担保金额＋未决诉讼、未决仲裁金额（除贴现与担保引起的诉讼或仲裁）＋其他或有负债金额

一般情况下，或有负债比率越低，表明企业的长期偿债能力越强，股东权益应对或有负债的保障程度越高；或有负债比率越高，表明企业承担的相关风险越大。

【例3－9】根据表3－2资料，并假设2012年年初和年末的或有事项只有对外提供债务担保，担保金额分别为1 500万元和1 200万元（或有负债的有关信息可以从财务报表附注中获得），环宇股份有限公司2012年的或有负债比率如下：

$$\text{年初或有负债比率}=\frac{1\ 500}{656\ 692}=\times 100\%=0.23\%$$

$$\text{年末或有负债比率}=\frac{1\ 200}{763\ 094}\times 100\%=0.16\%$$

环宇股份有限公司年末或有负债比率与年初的相比有所降低，说明公司应对或有负债可能引起的连带偿还等风险的能力增强。

5. 金融负债比率

金融负债比率是指企业某一时点的金融负债金额与负债总额的比率，反映企业负债中金融负债的比例，在一定程度上体现了企业未来的偿债（尤其是偿还利息）压力。其计算公式为：

$$金融负债比率=\frac{金融负债总额}{负债总额}\times 100\% \quad（公式3-11）$$

金融负债总额=短期借款+一年内到期的长期负债+长期借款+应付债券+应付利息

一般情况下，金融负债比率越低，表明企业的偿债压力越低，尤其是偿还债务利息的压力越低；金融负债比率越高，表明企业承担的偿债风险和偿还利息的风险较大。

【例3-10】根据表3-3资料，并假设2012年初和年末的短期借款和长期借款均为金融负债，该公司2012年的金融负债比率如下：

$$年初金融负债比率=\frac{125\ 531+35\ 068}{336\ 438}\times 100\%=47.74\%$$

$$年末金融负债比率=\frac{128\ 881+62\ 536}{395\ 022}\times 100\%=48.46\%$$

环宇股份有限公司年末和年初的金融负债比率较大，表明公司承担了较大的偿还债务及其利息的压力。

二、营运能力指标

企业拥有或控制的生产资料表现为各项资产占用。因此，生产资料的营运能力实际上就是企业的总资产及其各个组成要素的营运能力。资产营运能力的强弱关键取决于资产的周转速度。一般说来，周转速度越快，资产的使用效率越高，则资产营运能力越强；反之，营运能力就越差。资产周转速度通常用周转率和周转期表示。所谓周转率，即企业在一定时期内资产的周转额与平均余额的比率，它反映企业资产在一定时期的周转次数。周转次数越多，表明周转速度越快，资产营运能力越强。这一指标的反指标是周转天数，它是周转次数的倒数与计算期天数的乘积，反映资产周转一次所需要的天数。周转天数越少，表明周转速度越快，资产营运能力越强。两者的计算公式分别为：

$$周转率（周转次数）=\frac{周转额}{资产平均余额} \quad（公式3-12）$$

$$周转期（周转天数）=\frac{计算期天数}{周转次数}=\frac{资产平均余额}{周转额\div 计算期天数} \quad（公式3-13）$$

具体地说，营运能力分析包括流动资产周转情况分析、非流动资产周转情况分析以及总资产周转情况分析。

（一）流动资产周转情况分析

反映流动资产周转情况的指标主要有应收账款周转率、存货周转率和流动资产周转率。

1. 应收账款周转率

应收账款周转率是企业一定时期内营业收入与平均应收账款余额的比率，是反映应收账款周转速度的指标。其计算公式为：

$$应收账款周转率（周转次数）=\frac{营业收入}{平均应收账款余额} \quad（公式3-14）$$

$$应收账款周转期（周转天数）=\frac{360}{周转次数}=\frac{平均应收账款余额\times 360}{营业收入} \quad（公式3-15）$$

$$\text{应收账款平均余额}=\frac{\text{应收账款余额年初数}+\text{应收账款余额年末数}}{2} \quad \text{（公式 3－16）}$$

应收账款周转率反映了企业应收账款变现速度的快慢及管理效率的高低，周转率高表明：①收账迅速，账龄较短；②资产流动性强，短期偿债能力强；③可以减少收账费用和坏账损失，从而相对增加企业流动资产的投资收益。同时借助应收账款周转期与企业信用期限的比较，还可以评价购买单位的信用程度以及企业原定的信用条件是否适当。

在计算和使用应收账款周转率时应注意以下问题：

第一，公式中的应收账款包括会计核算中“应收账款”和“应收票据”等全部赊销账款在内。

第二，如果应收账款余额的波动性较大，应尽可能使用更详尽的计算资料，如按每月的应收账款余额来计算其平均占用额。

第三，分子、分母的数据应注意时间的对应性。

【例 3－11】根据表 3－2 和表 3－3 资料，并假设 2010 年年末的应收账款余额为 30 000 万元，该公司 2011 年度和 2012 年度应收账款周转率的计算如表 3－4 所示。

表 3－4　　应收账款周转率计算表　　金额单位：万元

项　目	2010 年	2011 年	2012 年
营业收入		432 908	554 890
应收账款年末余额	30 000	32 570	44 141
平均应收账款余额		31 285	38 355.5
应收账款周转率（次）		13.84	14.47
应收账款周转期（天）		26.02	24.88

环宇股份有限公司 2012 年度应收账款周转率比 2011 年度略有上升，周转天数缩短 1.14 天，说明公司的应收账款的营运能力很强。

2. 存货周转率

存货周转率是企业一定时期内营业成本与平均存货余额的比率，是反映企业流动资产流动性的一个指标，也是衡量企业生产经营各环节中存货运营效率的一个综合性指标。其计算公式为：

$$\text{存货周转率（周转次数）}=\frac{\text{营业成本}}{\text{平均存货余额}}$$

$$\text{存货周转期（周转天数）}=\frac{360}{\text{周转次数}}=\frac{\text{平均存货余额}\times 360}{\text{营业成本}} \quad \text{（公式 3－17）}$$

$$\text{平均存货余额}=\frac{\text{存货余额年初数}+\text{存货余额年末数}}{2} \quad \text{（公式 3－18）}$$

存货周转速度的快慢，不仅反映出企业采购、储存、生产、销售各环节管理工作状况的好坏，而且对企业的偿债能力及获利能力产生决定性的影响。一般来讲，存货周转率越高越好，存货周转率越高，表明其变现的速度越快、周转额越大，资金占用水平越低。因此，通过存货周转分析，有利于找出存货管理存在的问题，尽可能降低资金占用水平。存货既不能储存过少，否则可能造成生产中断或销售紧张；又不能储存过多，形成呆滞、积压。一定要保持结构合理、质量可靠。其次，存货是流动资产的重要组成部分，其质量和流动性对企业流动比率具有举足轻重的影响，并进而影响企业的短期偿债能力。因此，一定要加强存货的管理，并提高其投资的变现能力和盈利能力。

在计算和使用存货周转率时应注意以下几个问题：

①存货计价方法对存货周转率具有较大影响，因此，在分析企业不同时期或不同企业的存货周转率时，应注意存货计价方法的口径是否一致。

②分子、分母的数据应注意时间上的应对性。

③存货周转天数不是越低越好。存货过多会浪费资金，存货过少不能满足流转需要，在特定的生产经营条件下存在一个最佳的存货水平，所以存货不是越低越好。

④应注意应付款项、存货和应收款（或销售）之间的关系。一般来说，销售增加会拉动应收账款、存货、应付账款增加，不会引起周转率的明显变化。但是，当企业接受一个大的订单时，先要增加采购，然后依次推动存货和应收账款增加，最后才引起收入上升。因此，在该订单没有实现销售以前，先表现为存货等周转天数增加。这种周转天数增加，没有什么不好。与此相反，预见到销售会萎缩时，先行减少采购，依次引起存货周转天数等下降。这种周转天数下降不是什么好事，并非资产管理的改善。因此，任何财务分析都以认识经营活动的本来面目为目的，不可根据数据的高低作简单结论。

⑤应关注构成存货的产成品、自制半成品、原材料、在产品和低值易耗品之间的比例关系。各类存货的明细资料以及存货重大变动的解释，在报表附注中应有披露。正常情况下，它们之间存在某种比例关系。如果产成品大量增加，其他项目减少，很可能是销售不畅，放慢了生产节奏。此时，总的存货金额可能并没有显著变动，甚至尚未引起存货周转率的显著变化。因此，在分析时既要重点关注变化大的项目，也不能完全忽视变化不大的项目，其内部可能隐藏着重要问题。

【例3－12】根据表3－2和表3－3资料，并假设2010年年末的存货余额为125 000万元，该公司2011年度和2012年度存货周转率的计算如表3－5所示。

表3－5　　存货周转率计算表　　金额单位：万元

项　目	2010年	2011年	2012年
营业成本		302 340	388 422
存货年末余额	125 000	129 461	149 961
平均存货余额		127 230.50	139 711.00
存货周转率（次）		2.38	2.78
存货周转期（天）		151.50	129.49

环宇股份有限公司2012年度存货周转率比2011年度的相比有所提高，周转天数缩短了22.01天，说明公司存货管理效率得到了提高。

3. 流动资产周转率

流动资产周转率是企业一定时期内营业收入与平均流动资产余额的比率，也是反映企业流动资产流动性的一个指标。其计算公式为：

$$\text{流动资产周转率（周转次数）}=\frac{\text{营业收入}}{\text{平均流动资产余额}} \quad \text{（公式3－19）}$$

$$\text{流动资产周转期（周转天数）}=\frac{360}{\text{流动资产周转次数}}=\frac{\text{平均流动资产余额}\times 365}{\text{营业收入}} \quad \text{（公式3－20）}$$

$$\text{平均流动资产余额}=\frac{\text{流动资产余额年初数}+\text{流动资产年末数}}{2} \quad \text{（公式3－21）}$$

在一定时期内，流动资产周转次数越多，表明以相同的流动资产完成的周转额越多，流动资产利用效果越好。从流动资产周转天数来看，周转一次所需要的天数越少，表明流动资产在经历生产和销售各阶段时所占用的时间越短。生产经营任何一个环节上的工作改善，都会反映到周转天数的缩短上来。

【例3－13】根据表3－2和表3－3资料，并假设2010年年末的流动资产余额为620 000万元，该公司2011年度和2012年度流动资产周转率的计算如表3－6所示。

表3－6　　流动资产周转率计算表　　金额单位：万元

项　目	2010年	2011年	2012年
营业收入		432 908	554 890
流动资产年末余额	620 000	621 933	759 506
平均流动资产余额		620 966. 5	690 719. 5
流动资产周转率（次）		0. 70	0. 80
流动资产周转期（天）		516. 37	448. 12

环宇股份有限公司2012年度流动资产周转率比2011年度有所上升，周转天数缩短了68. 25天，流动周转能力有所增强。

（二）非流动资产周转情况分析

1. 固定资产周转情况

固定资产周转率是企业一定时期内营业收入与平均固定资产净值的比率。其计算公式为：

$$固定资产周转率（周转次数）=\frac{营业收入}{平均固定资产净值} \qquad （公式3－22）$$

$$固定资产周转期（周转天数）=\frac{平均固定资产净值}{营业收入\div 360} \qquad （公式3－23）$$

$$平均固定资产净值=\frac{固定资产净值年初数+固定资产年末数}{2} \qquad （公式3－24）$$

需要说明的是，与固定资产有关的价值指标有固定资产原价、固定资产净值和固定资产净额等。其中，固定资产原价是指固定资产的历史成本。固定资产净值为固定资产原价扣除已计提的累积折旧后的金额（即，固定资产净值＝固定资产原价－累计折旧）。固定资产净额则是固定资产原价扣除已计提的累计折旧以及已计提的减值准备后的余额（即，固定资产净额＝固定资产原价－累计折旧－已计提减值准备）。

一般情况下，固定资产周转率越高，表明企业固定资产利用充分，同时也能表明企业固定资产投资得当，固定资产结构合理，能够充分发挥效率。反之，如果固定资产周转率不高，则表明固定资产使用效率不高，提供的生产成果不多，企业的营运能力不强。

运用固定资产周转率时，需要考虑固定资产因计提折旧的影响其净值在不断地减少以及因更新重置其净值突然增加的影响。同时，由于折旧方法的不同，可能影响其可比性。故在分析时，一定要剔除掉这些不可比因素。

【例3－14】根据表3－2和表3－3资料，并假设表3－7中的固定资产金额均为固定资产净值（未计提固定资产减值准备），2010年年末的固定资产净值为250 000万元，该公司2011年度和2012年度固定资产周转率的计算如表3－7所示。

表 3－7　**固定资产周转率计算表**　金额单位：万元

项　目	2010 年	2011 年	2012 年
营业收入		432 908	554 890
固定资产年末余额	250 000	254 502	287 896
平均固定资产净值		252 251	271 199
固定资产周转率（次）		1.72	2.05
固定资产周转期（天）		209.77	175.95

环宇股份有限公司 2012 年度固定资产周转率比 2011 年度有所提高，周转天数缩短了 33.82 天，说明公司固定资产的营运能力有所提高，其原因主要是平均固定资产净值的增长幅度（13.12%）小于营业收入的增长幅度（21.98%）。

2. 非流动资产周转率

非流动资产周转率是企业一定时期内营业收入与平均非流动资产余额的比率。其计算公式为：

$$非流动资产周转率（周转次数）=\frac{营业收入}{平均非流动资产余额}\qquad（公式 3－25）$$

$$非流动资产周转期（周转天数）=\frac{平均非流动资产余额}{营业收入\div 360}\qquad（公式 3－26）$$

$$平均非流动资产余额=\frac{非流动资产年初数+流动资产年末数}{2}\qquad（公式 3－27）$$

非流动资产周转率反映非流动资产的管理效率。分析时主要针对投资预算和项目管理，分析投资与其竞争战略是否一致，收购和剥离政策是否合理等。

【例 3－15】根据表 3－2 和表 3－3 资料，并假设 2010 年年末的非流动资产余额为 363 000万元，该公司 2011 年度和 2012 年度非流动资产周转率的计算如表 3－8 所示。

表 3－8　**非流动资产周转率计算表**　金额单位：万元

项　目	2010 年	2011 年	2012 年
营业收入		432 908	554 890
非流动资产年末余额	363 000	371 197	398 610
平均非流动资产余额		367 098.5	384 903.5
非流动资产周转率（次）		1.18	1.44
非流动资产周转期（天）		305.27	249.72

环宇股份有限公司 2012 年度非流动资产周转率比 2011 年度略有上升，周转天数缩短了 55.55 天，说明公司非流动资产的营运能力略有提高，其原因主要是固定资产净值的增加幅度低于营业收入的增加幅度，表明公司营运能力有所提高。

（三）总资产周转情况分析

反映总资产周转情况的主要指标是总资产周转率，它是企业一定时期内营业收入与平均资产总额的比率，可以用来反映企业全部资产的利用效率。

1. 总资产周转率的计算

总资产周转率的计算公式为：

$$总资产周转率（周转次数）=\frac{营业收入}{平均资产总额}\qquad（公式 3－28）$$

$$总资产周转期（周转天数）=\frac{平均资产总额}{营业收入\div 360}\qquad（公式3-29）$$

$$平均资产总额=\frac{资产总额年初数+资产总额年末数}{2}\qquad（公式3-30）$$

总资产周转率越高，表明企业全部资产的使用效率越高；反之，如果该指标较低，则说明企业利用全部资产进行经营的效率较差，最终会影响企业的盈利能力。企业应采取各项措施来提高企业的资产利用程度，比如提高营业收入或处理多余的资产。

【例3－16】根据表3－2和表3－3资料，并根据前文假设的该公司2010年年末流动资产总额为620 000万元，非流动资产总额为363 000万元，那么总资产就为983 000万元，该公司2011年度和2012年度总资产周转率的计算如表3－9所示。

表3－9　总资产周转率计算表　金额单位：万元

项　目	2010年	2011年	2012年
营业收入		432 908	554 890
资产年末总额	983 000	993 130	1 158 116
平均资产总额		988 065	1 075 623
总资产周转率（次）		0. 44	0. 52
总资产周转期（天）		821. 66	697. 84

2. 总资产周转率的驱动因素

总资产是由各项资产组成的，在营业收入既定的条件下，总资产周转率的驱动因素是流动资产和非流动资产。表3－10列示了环宇股份有限公司资产周转率的变动。

表3－10　环宇公司资产的周转率　金额单位：万元

资　产	金　额			平均资产与收入比		资产周转天数	
	2010年	2011年	2012年	2010年	2012年	2010年	2012年
流动资产合计	620 000	621 933	759 506	0. 70	0. 80	516. 39	448. 12
非流动资产合计	363 000	371 197	398 610	1. 18	1. 44	305. 27	249. 72
资产总计	983 000	993 130	1 158 116	0. 44	0. 52	821. 66	697. 84

环宇股份有限公司2012年度的总资产周转期比2011年度有所缩短，周转天数缩短了123. 82天，说明公司的营运能力有较大提高，其原因主要是平均非流动资产余额的增长幅度低于营业收入的增长幅度。

（四）其他资产质量指标

不良资产比率和资产现金回收率等指标也能够反映资产的质量状况和资产的利用效率，从而在一定程度上体现生产资料的营运能力。其计算公式分别为：

$$不良资产比率=\frac{资产减值准备余额+应提未提和应摊未摊的潜亏挂账+未处理资产损失}{资产总额+资产减值准备余额}\times 100\%$$

（公式3－31）

$$资产现金回收率=\frac{经营现金净流量}{平均资产总额}\times 100\%\qquad（公式3-32）$$

需要说明的是，在上述指标的计算中均以年度作为计算期，在实际中，计算期应视分析的需要而定，但应保持分子与分母在时间口径上的一致。如果资金占用的波动性较大，企业应采用更详细的资料进行计算。如果各期占用额比较稳定，波动不大，季度、年度的平均资金占用额也可以直接用（期初数 + 期末数）/2 的公式来计算。

三、盈利能力指标

盈利能力就是企业资金增值的能力，它通常体现为企业收益数额的大小与水平的高低。盈利能力分析包括经营盈利能力分析、资产盈利能力分析、资本盈利能力分析和收益质量分析。

（一）经营盈利能力分析

经营盈利能力分析是指通过对企业生产过程中的产出、耗费和利润之间的比例关系，来研究和评价企业获利能力，其衡量指标主要有营业毛利率、营业利润率、营业净利率和成本费用利润率等。

1. 营业毛利率

营业毛利率是指企业一定时期毛利与营业收入的比率，表示 1 元营业收入扣除营业成本后，有多少钱可以用于各项期间费用和形成盈利。其计算公式为：

$$营业毛利率 = \frac{营业收入}{营业收入} - 营业成本 \times 100\% \qquad （公式 3-33）$$

【例 3-17】根据表 3-3 资料，该公司 2011 年度和 2012 年度的营业毛利率如下：

$$2011 年度营业毛利率 = \frac{432\ 908 - 302\ 340}{432\ 908} \times 100\% = 30.16\%$$

$$2012 年度营业毛利率 = \frac{554\ 890 - 388\ 422}{554\ 890} \times 100\% = 30\%$$

环宇股份有限公司 2012 年度营业毛利率与 2011 年度的相比略有下降，其原因主要是营业收入增长率（28.18%）略低于营业成本的增长率（28.47%）。

2. 营业利润率

营业利润率是指企业一定时期营业利润与营业收入的比率。其计算公式为：

$$营业利润率 = \frac{营业利润 - 营业成本}{营业收入} \times 100\% \qquad （公式 3-34）$$

营业利润率越高，表明企业市场竞争力越强，发展潜力越大，从而盈利能力更强。

【例 3-18】根据表 3-3 资料，该公司 2011 年度和 2012 年度的营业利润率如下：

$$2011 年度营业利润率 = \frac{57\ 992}{432\ 908} \times 100\% = 13.4\%$$

$$2012 年度营业利润率 \frac{65\ 844}{554\ 890} \times 100\% = 11.87\%$$

环宇股份有限公司 2012 年度营业利润率与 2011 年度的相比略有下降，其原因主要是 2012 年度成本费用增加和投资收益下降，由于下降幅度不大，可见公司的经营方向和产品结构仍符合现有市场需要。

3. 营业净利率

（1）营业净利率是指企业一定时期净利润与营业收入的比率，反映 1 元营业收入可以获得的净利润。其计算公式为：

$$营业净利率 = \frac{净利润}{营业收入} \times 100\% \qquad （公式 3-35）$$

营业净利率越大，则企业的盈利能力越强。

【例3－19】根据表3－3资料，该公司2011年度和2012年度的营业净利率如下：

$$2011\text{年度营业净利率}=\frac{42\ 736.5}{432\ 908}\times 100\%=9.87\%$$

$$2012\text{年度营业净利率}=\frac{49\ 201.5}{554\ 890}\times 100\%=8.87\%$$

（2）营业净利率的驱动因素。营业净利率的变动是由利润表的各个项目金额变动引起的。表3－11列示了环宇股份有限公司利润表各项目的金额变动和结构变动数据。其中"本年结构"和"上年结构"，是各项目除以营业收入得出的百分比，"百分比变动"是指"本年结构"百分比与"上年结构"百分比的差额。该表称为利润表的同型报表，它排除了规模差异的影响，提高了数据的可比性。

表3－11　利润表结构百分比变动　金额单位：万元

项　目	上年金额	本年金额	变动金额	上年结构	本年结构	百分比变动
一、营业收入	432 908	554 890	121 982	100.00%	100.00%	0.00%
减：营业成本	302 340	388 422	86 082	69.84%	70.00%	0.16%
营业税金及附加	39 724	47 490	7 766	9.18%	8.56%	－0.62%
销售费用	33 114	40 492	7 378	7.65%	7.30%	－0.35%
管理费用	32 842	44 416	11 574	7.59%	8.00%	0.42%
财务费用	26 390	31 976	5 586	6.10%	5.76%	－0.33%
投资收益	19 770	16 260	－3 510	4.57%	2.93%	－1.64%
二、营业利润	57 992	65 844	7 852	13.40%	11.87%	－1.53%
加：营业外收入	1 720	1 408	－312	0.40%	0.25%	－0.14%
减：营业外支出	2 730	1 650	－1 080	0.63%	0.30%	－0.33%
三、利润总额	56 982	65 602	8 620	13.16%	11.82%	－1.34%
减：所得税	14 245.5	16 400.5	2 155	3.29%	2.96%	－0.34%
四、净利润	42 736.5	49 201.5	6 465	9.87%	8.87%	－1.01%

①金额变动分析：2012年度净利润增加了6 465万元。影响较大的因素主要有：营业收入增加121 982万元，营业外支出减少了1 080万元；影响较大的不利因素主要有：营业成本增加86 082万元，管理费用增加11 574万元。

②结构比率分析：营业净利率下降1.01%，影响较大的不利因素是投资收益下降1.64%，管理费用上升0.42%；有利因素主要是营业税金及附加下降0.62%。

（3）利润表各项目分析。确定分析的重点项目之后，需要深入到各项目的内容进一步分析。此时，需要依靠财务报表附注提供的资料以及其他可以收集到的资料。

4. 成本费用利润率

成本费用利润率是指企业一定时期利润总额与成本费用总额的比率，其计算公式为：

$$\text{成本费用利润率}=\frac{\text{利润总额}}{\text{成本费用总额}}\times 100\% \quad \text{（公式3－36）}$$

其中，成本费用总额＝营业成本＋营业税金及附加＋销售费用＋管理费用＋财务费用

该指标越高，表明企业为取得利润而付出的代价越小，成本费用控制得越好，盈利能力越强。

成本费用的计算口径也可以分为不同的层次，比如主营业务成本、营业成本等。在评价成本费用开支效果时，应当注意成本费用与利润之间在计算层次和口径上的对应关系。

【例3－20】根据表3－3资料，该公司2011年度和2012年度的成本费用利润率如下：

$$2011\text{年度成本费用利润率}=\frac{56\ 982}{302\ 340+39\ 724+33\ 114+32\ 842+26\ 390}\times 100\%=13.12\%$$

$$2012\text{年度成本费用利润率}=\frac{65\ 602}{388\ 422+47\ 490+40\ 492+44\ 416+31\ 976}\times 100\%=11.87\%$$

环宇股份有限公司2012年度成本费用利润率与2011年度的相比有所下降，公司应当深入检查导致成本费用利润率下降的原因，改进有关工作，以便更好地提高效益指标。

（二）资产盈利能力分析

资产盈利能力是指企业经济资源创造利润的能力，其衡量指标主要有总资产利润率、总资产报酬率和总资产净利率等。

1. 总资产利润率

总资产利润率是指企业的利润总额与平均资产总额的比率，它反映企业综合运用所拥有的全部经济资源获得的效果，是一个综合性的效益指标。其计算公式为：

$$\text{总资产利润率}=\frac{\text{利润总额}}{\text{平均资产总额}}\times 100\% \quad \text{（公式3－37）}$$

总资产利润率表现企业利用全部资产取得的综合效益。一般情况下，该指标越高，反映企业资产的利用效果越好。它受利润总额和平均资产总额的影响，要提高总资产利润率，一方面要加强销售业务，扩大经营，增加营业利润，另一方面要加强企业资产管理，提高资产利用率，降低总资产占用额。

【例3－21】根据表3－2和表3－3资料，并假设该公司2010年年末资产总额为983 000万元，该公司2011年度和2012年度总资产利润率的计算如表3－12所示。

表3－12　　总资产利润率计算表　　金额单位：万元

项　目	2010年	2011年	2012年
利润总额		56 982	65 602
资产年末总额	983 000	993 130	1 158 116
平均资产总额		988 065	1 075 623
总资产利润率		5.77%	6.10%

环宇股份有限公司2012年度总资产的总资产利润率比2011年度提高0.33%，说明资金利用效果较好。

2. 总资产报酬率

总资产报酬率是指企业一定时期内获得的报酬总额与平均资产总额的比率。它是反映企业资产综合利用效果的指标，也是衡量企业利用债权人和所有者权益总额所取得盈利的重要指标。其计算公式为：

$$\text{总资产报酬率}=\frac{\text{息税前利润}}{\text{平均资产总额}}\times 100\% \quad \text{（公式3－38）}$$

息税前利润＝利润总额＋利息支出＝净利润＋所得税＋利息支出

总资产报酬率全面反映了企业全部资产的获利水平，企业所有者和债权人对该指标都非常关心。一般情况下，该指标越高，表明企业的资产利用效益越好，整个企业盈利能力越强，经营管理水平越高。企业还可以将该指标与市场资本利率进行比较，如果前者较后者大，则说明企业可以充分利用财务杠杆，适当举债经营，以获得更多的收益。

【例3-22】根据表3-2和表3-3资料，并假设该公司2010年年末资产总额为983 000万元，该公司2011年度和2012年度总资产报酬率的计算如表3-13所示。

表3-13　　总资产报酬率计算表　　金额单位：万元

项　目	2010年	2011年	2012年
利润总额		56 982	65 602
利息支出		26 390	31 976
息税前利润总额		83 372	97 578
资产年末总额	983 000	993 130	1 158 116
平均资产总额		988 065	1 075 623
总资产利润率		8.44%	9.07%

环宇股份有限公司2012年度总资产利润率比2011年度提高了0.63%，说明资产综合利用效率有所提高。

3. 总资产净利率

总资产净利率是指净利润与平均资产总额的比率，它反映公司从1元受托资产（不管资金来源）中得到的净利润。其计算公式为：

$$资产净利率=\frac{净利润}{平均资产问题}\times 100\% \quad （公式3-39）$$

【例3-23】根据表3-2和表3-3资料，并假设公司2010年年末资产总额为983 000万元，该公司2011年度和2012年度总资产净利率的计算如表3-14所示。

表3-14　　总资产净利率计算表　　金额单位：万元

项　目	2010年	2011年	2012年
净利润		42 736.5	49 201.5
资产年末总额	983 000	993 130	1 158 116
平均资产总额		988 065	1 075 623
总资产净利率		4.33%	4.57%

环宇股份有限公司2012年度总资产净利率与2011年度的相比有所提高，说明该公司的资产盈利能力有所上升。

影响总资产净利率的驱动因素是营业净利率和总资产周转率。

$$总资产净利率=\frac{净利润}{平均资产总额}\times 100\%=\frac{净利润}{营业收入}\times\frac{营业收入}{平均资产总额}=营业净利润\times 总资产周转率 \quad （公式3-40）$$

总资产周转次数是1元资产创造的营业收入，营业净利率是1元营业收入创造的净利润，两者共同决定了资产净利率，即1元资产创造的净利润。

根据环宇股份有限公司的财务报表数据，并假设该公司2010年年末资产总额为983 000万元，有关总资产净利率因素分解的数据准备如表3-15所示。

表 3－15　　　　总资产净利率的分解　　　　金额单位：万元

项　目	2010 年	2011 年	2012 年
营业收入		432 908	554 890
净利润		42 736. 5	49 201. 5
总资产	983 000	993 130	1 158 116
平均资产总额		988 065	1 075 623
总资产净利率（%）		4. 33%	4. 57%
营业净利率（%）		9. 87%	8. 87%
总资产周转次数（%）		0. 44	0. 52

环宇股份有限公司 2012 年度总资产净利率比 2011 年度上升了 0. 25%，其原因是营业净利率下降和总资产周转率上升综合作用的结果。哪一个原因更重要呢？可以使用连环替代法进行定量分析。

营业净利率变动影响＝营业净利率变动×2011 年度总资产周转次数
＝（8. 87% －9. 87%）×0. 44
＝－0. 44%

总资产周转次数变动影响＝2012 年度营业净利率×总资产周转次数变动
＝8. 87% ×（0. 52－0. 44）
＝0. 69%

合计＝－0. 44% ＋0. 69% ＝0. 25%

由于营业净利率下降，总资产净利率下降了 0. 44%；由于总资产周转率上升，总资产净利率增加 0. 69%，两者共同作用使总资产净利率增加 0. 25%。

（三）资本盈利能力分析

资本盈利能力是指企业的所有者通过投入资本在生产经营过程中所取得利润的能力，其衡量指标主要有净资产收益率、资本收益率、每股收益、市盈率等。

1. 净资产收益率

净资产收益率是指企业一定时期净利润与平均净资产的比率。其计算公式为：

$$净资产收益率=\frac{净利润}{平均净资产}\times 100\%=\frac{净利润}{平均所有者权益}\times 100\% \quad （公式 3-41）$$

$$平均净资产=\frac{净资产年初数+净资产年末数}{2}=\frac{所有者权益年初数+所有者权益年末数}{2} \quad （公式 3-42）$$

净资产收益率是评价企业自有资本及其积累获取报酬水平的最具综合性与代表性的指标，反映企业资本运营的综合效益。该指标通用性强，适应范围广，不受行业限制，在国际上的企业综合评价中使用率非常高，通过对该指标的对比分析，可以看出企业的盈利能力在同行业中所处的地位以及与同类企业的差距水平。一般认为，净资产收益率越高，企业自有资本获取收益的能力越强，运营效益越好。对企业投资人和债权人的保证程度越高。

【例 3－24】根据表 3－2 和表 3－3 资料，并假设该公司 2010 年年末净资产为 632 278 万元，该公司 2011 年度和 2012 年度净资产收益率的计算如表 3－16 所示。

表 3-16 净资产收益率计算表 金额单位：万元

项　目	2010 年	2011 年	2012 年
净利润		42 736.5	49 201.5
年末净资产	632 278	656 692	763 094
平均净资产		644 485	709 893
净资产收益率		6.63%	6.93%

环宇股份有限公司 2012 年度净资产收益率比 2011 年度提高 0.3%，其原因主要是净利润的增长幅度（15.13%）高于平均净资产额的增长幅度（10.15%）。

2. 资本收益率

资本收益率是指企业一定时期净利润与平均资本（即资本性投入及其资本溢价）的比率，反映企业实际获得投资额的回报水平。其计算公式为：

$$资本收益率 = \frac{净利润}{平均资本} \times 100\% \qquad （公式 3-43）$$

$$平均资本 = \frac{\left[\begin{matrix}实收资本或\\（股本）年初数\end{matrix} + \begin{matrix}资本公积\\年初数\end{matrix}\right] + \left[\begin{matrix}实收资本或\\（股本）年末数\end{matrix} + \begin{matrix}资本公积\\年末数\end{matrix}\right]}{2} \qquad （公式 3-44）$$

其中，资本公积 = 资本公积中的资本溢价（股本溢价）

需要说明的是，企业所有者权益的来源包括所有者投入的资本、直接计入所有者权益的利得和损益、留存收益等。其中，所有者投入的资本、反映在实收资本（股本）和资本公积（资本溢价或股本溢价）中；直接计入所有者权益的利得和损益反映在资本公积（其他资本公积）中，留存收益则包括未分配利润和盈余公积。换句话说，并非资本公积中的所有金额都属于所有者投入的资本，只有其中的资本溢价（股本溢价）属于资本性投入。

【例 3-25】根据表 3-2 和表 3-3 资料，并假设该公司 2010 年年末股本为 162 750 万元，资本公积为 0 万元，该公司 2011 年度和 2012 年度资本收益率的计算如表 3-17 所示。

表 3-17 资本收益率计算表金额 金额单位：万元

项　目	2010 年	2011 年	2012 年
净利润		42 736.5	49 201.5
年末股本	162 750	162 750	162 750
年末资本公积	0	0	0
平均资本		162 750	162 750
资本收益率		26.26%	30.23%

环宇股份有限公司 2012 年度资本收益率高于 2011 年度，由于公司资本没有发生变化，其主要是净利润上升引起的。

3. 每股收益

每股收益，也称每股利润或每股盈余，反映企业普通股股东持有每一股份所能享有的企业利润和承担的企业亏损，是衡量上市公司盈利能力时最常用的财务分析指标。每股收益越高，说明公司的盈利能力越强。每股收益的计算包括基本每股收益和稀释每股收益。

企业应当按照归属于普通股股东的当期净利润，除以当期发行在外普通股的加权平均数计算基本每股收益。其计算公式为：

$$基本每股收益=\frac{归属于普通股股东的当期净利润}{当期发行在外普通股的加权平均数} \quad （公式3-45）$$

其中，当期发行在外普通股的加权平均数＝（期初发行在外普通股股数×报告期时间＋当期新发行普通股股数×已发行时间－当期回购普通股股数×已回购时间）÷报告期时间

（注：已发行时间、报告期时间和已回购时间一般按照天数计算，在不影响计算结果的前提下，也可以按月份简化计算）

企业存在稀释性潜在普通股的，应当分别调整归属于普通股股东的当期净利润和发行在外普通股的加权平均数（即基本每股收益计算公式中的分子、分母），并据以计算稀释每股收益。其中，稀释性潜在普通股，是指假设当期转换为普通股会减少每股收益的潜在普通股，主要包括可转换公司债券、认股权证和股票期权等。

假如说某公司发行认股权证10 000份（每份认股权证认股1股股票），行权价格为10元，目前股票的市场价格为20元。在这种情况下，行使转换权对于持有者是有利的，因为如果在市场上购买股票的话，每股20元，而行使认股权只需10元就可以获得1股。持有者行使认股权，则公司普通股可以增加10 000股。持有者行使转换权后，公司可以获得收入10 000×10＝100 000元。公司取得这笔收入后，到市场上购买本公司股票，只能购回100 000÷20＝5 000股。这样，就相当于转换后，公司股票增加了5 000股。随着股数的增加，公司每股收益必然会下降。在准则中，把这种通过转换会导致每股收益减少的潜在普通股，就称为稀释性潜在普通股。

计算稀释每股收益，对基本每股收益分子的调整项目有：①当期已确认为费用的稀释性潜在普通股的利息；②稀释性潜在普通股转换时将产生的收益或费用。同时，将基本每股收益分母调整为当期发行在外普通股的加权平均数与假定稀释性潜在普通股转换为已发行普通股而增加的普通股股数的加权平均数之和。

每股收益是分析上市公司盈利能力的一个综合性较强的财务指标，可以分解为若干相互联系的财务指标。因此，在对每股收益进行分析时，可以运用前面介绍的连环替代法来分析各个要素对该指标的影响。下面是一个简化的分解公式，只是为了说明各财务指标之间的关系，并不是精确的计算公式：

$$\begin{aligned}
每股收益&=\frac{净利润}{普通股平均股数}\\
&=\frac{净利润}{平均股东权益}\times\frac{平均股东权益}{普通股平均股数}\\
&=股东权益收益率\times平均每股净资产\\
&=\frac{净利润}{平均资产总额}\times\frac{平均资产总额}{平均股东权益}\times\frac{平均股东权益}{普通股平均股数}\\
&=总资产净利率\times股东权益比率\times平均每股净资产\\
&=\frac{净利润}{营业收入}\times\frac{营业收入}{平均资产总额}\times\frac{平均资产总额}{平均股东权益}\times\frac{平均股东权益}{普通股平均股数}\\
&=营业净利率\times总资产周转率\times股东权益比率\times平均每股净资产
\end{aligned} \quad （公式3-46）$$

【例3-26】根据表3-2和表3-3资料，并假设该公司2010年年末资产额为983 000万元、年末净资产为632 278万元，2010年度至2012年度发行在外的普通股股数均为300 000万股，该公司2011年度和2012年度每股收益的计算如表3-18所示。

表 3－18　　　　　　　　　　　　**每股收益计算表金额**　　　　　　　　　　金额单位：万元

项　目	2010 年	2011 年	2012 年
净利润		42 736. 5	49 201. 5
营业收入		432 908	554 890
年末资产总额	983 000	993 130	1 158 116
平均资产总额		988 065	1 075 623
年末股东权益总额	632 278	656 692	763 094
平均股东权益		644 485	709 893
年末普通股股数（万）	300 000	300 000	300 000
普通股平均股数（万）		300 000	300 000
每股收益		0. 14	0. 16
营业净利率		9. 87%	8. 87%
总资产周转率（次）		0. 44	0. 52
股东权益比率		153. 31%	151. 52%
平均每股净资产		2. 15	2. 37

依据每股收益＝营业净利率×总资产周转率×股东权益比率×平均每股净资产

2011 年度指标：9. 87% ×0. 44 ×153. 31% × 2. 15 ＝0. 14　　①

第一次替代：8. 87% ×0. 44 ×153. 31% × 2. 15 ＝0. 128 0　　②

第二次替代：8. 87% ×0. 52 ×153. 31% × 2. 15 ＝0. 150 7　　③

第三次替代：8. 87% ×0. 52 ×151. 52% × 2. 15 ＝0. 148 9　　④

第四次替代：8. 87% ×0. 52 ×151. 52% × 2. 37 ＝0. 16　　⑤

②－①＝0. 128 0－0. 14＝－0. 012 0　　营业净利率上升的影响

③－②＝0. 150 7－0. 128 0＝0. 022 7　　总资产周转率上升的影响

④－③＝0. 148 9－0. 150 7＝－0. 001 8　　股东权益比率上升的影响

⑤－④＝0. 16－0. 148 9＝0. 011 1　　平均每股净资产增加的影响

4. 市盈率

市盈率是上市公司普通股每股市价相当于每股收益的倍数，反映投资者对上市公司每元净利润愿意支付的价格，可以用来估计股票的投资报酬和风险。其计算公式为：

$$市盈率=\frac{普通股每股市价}{普通股每股收益} \quad （公式 3－47）$$

市盈率是反映上市公司盈利能力的一个重要财经比率，投资者对这个比率十分重视。这一比率是投资者做出投资决策的重要参考因素之一。一般来说，这一比率越高，意味着期望的未来收益较之于当前报告收益就越高，投资者对该公司的发展前景看好，愿意出较高的价格购买该公司股票，所以一些成长性较好的高科技公司股票的市盈率通常要高一些。当然，某一种股票在某一特定年份市盈率过高的原因则至少可能有两种情况：一是当期报告利润暂时性下降；二是预期未来若干年利润的持续增长。此外，如果某一种股票的市盈率过高，也意味着这种股票具有较高的投资风险。

【例 3－27】根据表 3－2 和表 3－3 资料，并假设该公司 2010 年度至 2012 年度发行在外的普通股股数均为300 000万股，2011年和2012年年末的每股市价分别为10元和12元，该公司2011年和2012年年末市盈率的计算如表3-19所示。

表3-19 **市盈率计算** 金额单位：万元

项　目	2010年	2011年	2012年
净利润		42 736.5	49 201.5
年末普通股股数	300 000	300 000	300 000
普通股平均股数		300 000	300 000
每股收益		0.14	0.16
年末每股市价		10	12
年末市盈率		70.20	73.17

环宇股份有限公司2012年度市盈率与2011年度的相比有所提高，反映了投资者对该公司的发展前景进一步看好。

（四）收益质量分析

收益质量是指企业盈利的结构和稳定性，评价收益质量的主要指标是盈余现金保障倍数。

盈余现金保障倍数是企业一定时期经营现金净流量与净利润的比值，反映了企业当期净利润中现金收益的保障程度，真实反映了企业盈余的质量，是评价企业盈利状况的辅助指标。其计算公式为：

$$\text{盈余现金保障倍数}=\frac{\text{经营现金净流量}}{\text{净利润}}$$ （公式3-48）

盈余现金保障倍数是从现金流入和流出的动态角度，对企业收益的质量进行评价，在收付实现制的基础上，充分反映出企业当期净利润中有多少是有现金保障的。一般来说，盈利企业的盈余现金保障倍数等于或大于1，说明企业的利润具有相应的现金流量为保障。该指标越大，表明企业经营活动产生的净利润对现金的贡献越大。

四、发展能力分析

发展能力是企业在生存的基础上，扩大规模、壮大实力的潜在能力。发展能力分析包括盈利增长能力分析、资产增长能力分析、资本增长能力分析和技术投入增长能力分析。

（一）盈利增长能力分析

企业的价值主要取决于其盈利和增长能力，因而企业的盈利增长是反映企业发展能力的重要方面，其衡量指标主要有营业收入增长率、营业利润增长率、净利润增长率和营业收入三年平均增长率等。

1. 营业收入增长率

营业收入增长率是指企业本年营业收入增长额与上年营业收入总额的比率。它反映企业营业收入的增减变动情况，是评价企业成长状况和发展能力的重要指标。其计算公式为：

$$\text{营业收入增长率}=\frac{\text{本年营业收入增长额}}{\text{上年营业收入总额}}\times 100\%$$ （公式3-49）

其中：本年营业收入增长额＝本年营业收入总额－上年营业收入总额 （公式3-50）

营业收入增长率是衡量企业经营状况和市场占有能力、预测企业经营业务拓展趋势的重要标志，不断增加的营业收入，是企业生存的基础和发展的条件。该指标若大于0，表示本年的营业收入有所增长，指标值越高，表明增长速度越快，企业市场前景越好；若该指标小于0，则说明产品或服务不适销对路，质次价高，或是在售后服务等方面存在问题，市场份额萎缩。该指标在实际操作时，应结合企业历年的营业收入水平、企业市场占有情况、行业未来发展及其他影响企业发展的潜在因素进行前瞻性预测，或者结合企业前三年的营业收入增长率做出趋势性分析判断。

【例3-28】根据表3-3资料，该公司2012年度的营业收入增长率如下：

$$营业收入增长率=\frac{554\ 890-432\ 908}{432\ 908}\times 100\%=28.15\%$$

2. 营业利润增长率

营业利润增长率是指企业本年营业利润增长额与上年营业利润总额的比率，反映企业营业利润的增减变动情况。其计算公式为：

$$营业利润增长率=\frac{本年营业利润增长额}{上年营业利润}\times 100\% \qquad (公式3-51)$$

其中：本年营业利润增长额=本年营业利润额-上年营业利润额　（公式3-52）

营业利润增长率越大，说明企业营业利润增长得越快，表明企业业务突出、业务扩张能力强；营业利润增长率越小，说明企业营业利润增长得越慢，表明企业业务发展停滞、业务扩张能力弱。

【例3-29】根据表3-3资料，该公司2012年度的营业利润增长率如下：

$$营业利润增长率=\frac{65\ 844-57\ 992}{57\ 992}\times 100\%=13.54\%$$

3. 净利润增长率

净利润增长率是指企业本年净利润增长额与上年净利润的比率，是企业发展性的基本表现。其计算公式为：

$$净利润增长率=\frac{本年净利润增长额}{上年净利润}\times 100\% \qquad (公式3-53)$$

其中：本年净利润增长额=本年净利润总额-上年净利润总额　（公式3-54）

净利润增长率越大，表明企业收益增长得越多，企业经营业绩突出，市场竞争力越强；相反，如果企业的净利润增长率越小，则说明企业收益增长得越少，企业经营业绩不佳，市场竞争能力越弱。

【例3-30】根据表3-3资料，该公司2012年度的净利润增长率如下：

$$净利润增长率=\frac{49\ 201.5-42\ 736.5}{42\ 736.5}\times 100\%=15.13\%$$

4. 营业收入三年平均增长率

营业收入三年平均增长率表明企业营业收入连续三年的增长情况，体现企业的持续发展态势和市场扩张能力。其计算公式为：

$$营业收入三年平均增长率=\left(\sqrt[3]{\frac{本年营业收入总额}{三年前营业收入总额}}-1\right)\times 100\% \qquad (公式3-55)$$

其中，三年前营业收入总额指企业三年前的营业收入总额数，比如在评价企业2012年的绩效状况时，则三年前营业收入总额是指2009年的营业收入总额。

营业收入是企业积累和发展的基础，该指标越高，表明企业积累的基础越牢，可持续发展能力越强，发展的潜力越大。利用营业收入三年平均增长率指标，能够反映企业的经营业务增长趋势和稳定程度，体现企业的连续发展状况和发展能力，避免因少数年份业务波动而对企业的发展潜力的错误判断。一般认为，该指标越高，表明企业经营业务持续增长势头越好，市场扩张能力越强。

（二）资产增长能力分析

资产的增长是企业发展的一个重要方面，也是企业价值增长的重要手段，其衡量指标主要是总资产增长率。

总资产增长率是企业本年总资产增长额与年初资产总额的比率，它反映企业资产规模的增长情况。其计算公式为：

$$总资产增长率=\frac{本年资产增长额}{年初资产总额}\times 100\% \qquad （公式3-56）$$

其中：

本年资产增长额=资产总额年末数-资产总额年初数

总资产增长率是从企业资产总量扩张方面衡量企业的发展能力，表明企业规模增长水平对企业发展后劲的影响。该指标越高，表明企业一定时期内资产经营规模扩张的速度越快。但在实际分析时，应注意考虑资产规模扩张的质和量的关系以及企业的后续发展能力，避免资产盲目扩张。

【例3-31】根据表3-2资料，该公司2012年度的总资产增长率如下：

$$总资产增长率=\frac{1\ 158\ 116-993\ 130}{993\ 130}\times 100\%=16.61\%$$

（三）资本增长能力分析

资本增长是企业发展强盛的标志，也是企业扩大再生产的源泉，展示了企业的发展水平，是评价企业发展能力的重要方面，其衡量指标主要有资本积累率、资本保值增值率和资本三年平均增长率等。

1. 资本积累率

资本积累率是指企业本年股东权益增长额与年初股东权益的比率。它反映企业当年资本的积累能力，是评价企业发展潜力的重要指标。其计算公式为：

$$资本积累率=\frac{本年股东权益增长额}{年初股东权益}\times 100\% \qquad （公式3-57）$$

其中：

本年股东权益增长额=股东权益年末数-股东权益年初数

资本积累率是企业当年股东权益总的增长率，反映了股东权益在当年变动水平，体现了企业资本的积累情况，是企业发展强盛的标志，也是企业扩大再生产的源泉，展示了企业的发展潜力。资本积累率还反映了投资者投入企业资本的保全性和增长性。该指标若大于0，则指标值越高表明企业的资本积累越多，应付风险、持续发展的能力越大；该指标若为负值，表明企业资本受到侵蚀，股东利益受到损害，应予以充分重视。

【例3-32】根据表3-2资料，该公司2012年度的资本积累率如下：

$$资本积累率=\frac{763\ 094-656\ 692}{656\ 692}\times 100\%=16.20\%$$

2. 资本保值增值率

资本保值增值率是指企业扣除客观因素后的本年年末股东权益总额与年初股东权益总额的比率，反映企业当年资本在企业自身努力下的实际增减变动情况。其计算公式为：

$$资本保值增值率=\frac{扣除客观因素后的本年年末股东权益总额}{年初股东权益}\times 100\% \qquad （公式3-58）$$

一般认为，资本保值增值率越高，表明企业的资本保全状况越好，所有者权益增长越快，债权人的债务越有保障。该指标通常应当大于100%。

【例3-33】根据表3-2资料，并假设不存在客观因素，该公司2012年度的资本保值增值率如下：

$$资本保值增值率=\frac{736\ 094}{656\ 692}\times100\%=116.20\%$$

3. 资本三年平均增长率

资本三年平均增长率表示企业资本连续三年的积累情况，在一定程度上体现了企业的持续发展水平和发展趋势。其计算公式为：

$$资本三年平均增长率=\left(\sqrt[3]{\frac{年末股东权益总额}{三年前年末股东权益总额}}-1\right)\times100\% \quad (公式3-59)$$

其中，三年前年末股东权益总额指企业三年前的股东权益年末数，比如在评价企业2012年的绩效状况时，则三年前股东权益年末数是指2009年的股东权益年末数。

由于一般增长率指标在分析时具有“滞后”性，仅反映当期情况，而利用该指标，能够反映企业资本积累或资本扩张的历史发展状况以及企业稳步发展的趋势。一般认为，该指标越高，表明企业所有者权益得到保障程度越大，企业可以长期使用的资金越充足，抗风险和持续发展的能力越强。

（四）技术投入增长能力分析

技术投入增长体现了企业研究开发和技术创新的重视程度和投入情况，是评价企业发展能力的重要方面，其衡量指标主要是技术投入比率。

技术投入比率是企业本年科技支出（包括用于研究开发、技术改造、科技创新等方面的支出）与本年营业收入净额的比率，反映企业在科技进步方面的投入，在一定程度可以体现企业的发展潜力。其计算公式为：

$$技术投入比率=\frac{本年科技支出合计}{本年营业收入净额}\times100\% \quad (公式3-60)$$

技术投入比率越高，表明企业对新技术的投入越多，企业对市场的适应能力越强，未来竞争优势越明显，生存发展的空间越大，发展前景越好。

第三节　财务综合分析

财务综合分析就是将偿债能力、营运能力、盈利能力和发展能力等诸方面的分析纳入一个有机的整体之中，全面地对企业财务状况、经营成果进行揭示与披露，从而对企业经济效益的优劣做出准确的评价与判断。

综合分析的意义在于能够全面、正确地评价企业的财务状况和经营成果，因为局部不能代替整体，某项指标的好坏不能说明整个企业经济效益的高低。除此之外，综合分析的结果在进行企业不同时期比较分析和不同企业之间比较分析时消除了时间上和空间上的差异，使之更具有可比性，有利于总结经验、吸取教训、发现差距、赶超先进。进而，从整体上、本质上反映和把握企业生产经营的财务状况和经营成果。

企业综合分析方法主要有杜邦分析法和沃尔评分法等。

一、杜邦财务分析体系

杜邦财务分析体系，是利用各主要财务比率指标间的内在联系，对企业财务状况及经济效益进行综合系统分析评价的方法。该体系是以净资产收益率为起点，以总资产净利率和权益乘数为核心，重点揭示企业获利能力及权益乘数对净资产收益率的影响以及各相关指标间的相互影响作用关系。因最初由美国杜邦公司成功应用，所以叫杜邦财务分析体系。

（一）杜邦财务分析体系的核心比率

权益净利率是分析体系的核心比率，它有很好的可比性，可以用于不同企业之间的比较。由于资本具有逐利性，总是流向投资报酬率高的行业和企业，使得各企业的权益净利率趋于接近。如果一个企业的权益净利率经常高于其他企业，就会引来竞争者，迫使该企业的权益净利率回到平均水平。如果一个企业的权益净利率经常低于其他企业，就得不到资金，会被市场驱逐，使得幸存企业的股东权益净利率提升到平均水平。

权益净利率不仅有很好的可比性，而且有很强的综合性。为了提高股东权益净利率，管理者有三个可以使用的杠杆：

$$
\begin{aligned}
\text{权益净利率} &= \frac{\text{净利润}}{\text{销售收入}} \times \frac{\text{销售收入}}{\text{总资产}} \times \frac{\text{总资产}}{\text{股东权益}} \\
&= \text{销售净利率} \times \text{总资产周转率} \times \text{权益乘数}
\end{aligned}
$$

无论提高其中的哪一个比率，权益净利率都会提升。其中，“销售净利率”是利润表的概括，“销售收入”在利润表的第一行，“净利润”在利润表的最后一行，两者相除可以概括全部经营成果；“权益乘数”是资产负债表的概括，表明资产、负债和股东权益的比例关系，可以反映最基本的财务状况；“总资产周转率”把利润表的和资产负债的联系起来，使权益净利率可以综合整个企业的经营活动和财务活动的业绩。

（二）杜邦财务分析体系的基本框架

杜邦分析体系的基本框架可用图 3－1 表示。

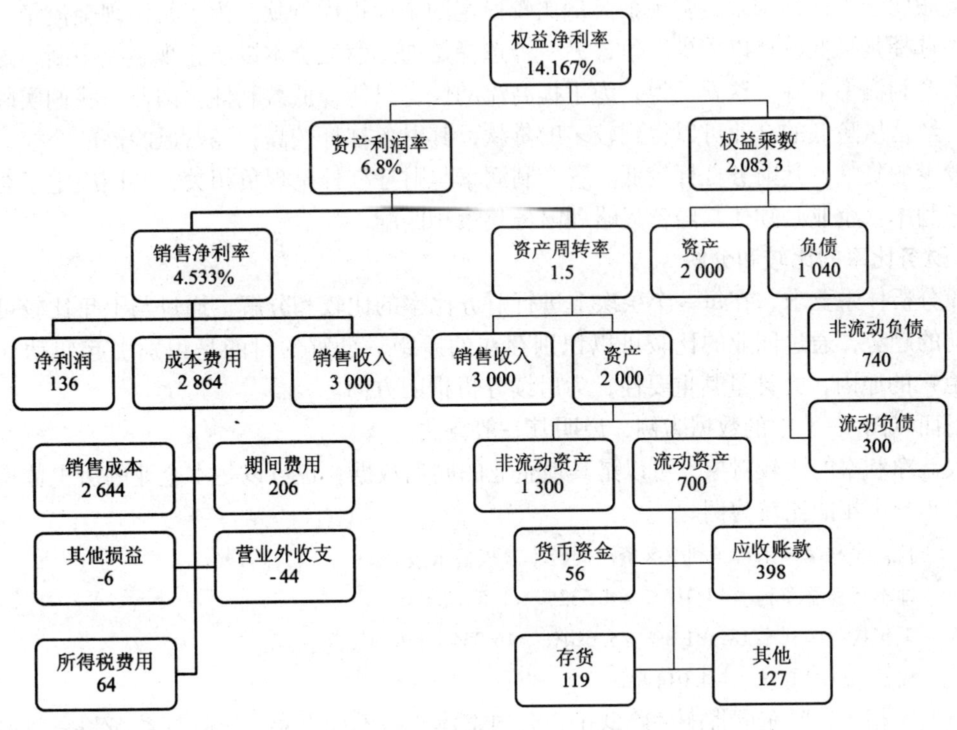

图 3－1　杜邦财务分析体系的基本框架

该体系是一个多层次的财务比率分解体系。各项财务比率，在每个层次上与本企业历史或同业的财务比率比较，比较之后向下一级分解。逐级向下分解，逐步覆盖企业经营活动的每一个环节，可以实现系统、全面评价企业经营成果和财务状况的目的。

第一层次的分解，是把权益净利率分解为销售利润率、总资产周转率和权益乘数。这三个比率在各企业之间可能存在显著差异。通过对差异的比较，可以观察本企业与其他企业的经营战略和财务政策有什么不同。

分解出来的销售利润率和资产周转率，可以反映企业的经营战略。一些企业销售净利率较高，而资产周转率较低；另一些企业与之相反，资产周转率较高而销售净利率较低。两者经常呈反方向变化。这种现象不是偶然的。为了提高销售利润率，就要增加产品的附加值，往往需要增加投资，引起周转率的下降。与此相反，为了加快周转，就要降低价格，引起销售净利率下降。通常，销售净利率较高的制造业，其周转率都较低；周转率很高的零售商业，销售利润率很低。采取“高盈利、低周转”还是“低盈利、高周转”的方针，是企业根据外部环境和自身资源做出的战略选择。正因为如此，仅从销售净利率的高低并不能看出业绩好坏，把它与资产周转率联系起来可以考察企业经营战略。真正重要的是两者共同作用而得到的资产利润率。资产利润率可以反映管理者运用受托资产赚取盈利的业绩，是最重要的盈利能力。

分解出来的财务杠杆可以反映企业的财务政策。在资产利润率不变的情况下，提高财务杠杆可以提高权益净利率，但同时也会增加财务风险。如何配置财务杠杆是企业最重要的财务政策，本书还要专门讨论这个问题。一般说来，资产利润率较高的企业，财务杠杆较低，反之亦然。这种现象也不是偶然的。可以设想，为了提高权益净利率，企业倾向于尽可能提高财务杠杆。但是，贷款提供者不一定会同意这种做法。贷款提供者不分享超过利息的收益，更倾向于为预期未来经营现金流量比较稳定的企业提供贷款。为了稳定现金流量，企业的一种选择是降低价格以减少竞争，另一种选择是增加营运资本以防止现金流中断，这都会导致资产利润率下降。这就是说，为了提高流动性，只能降低盈利性。因此，我们实际看到的是，经营风险低的企业可以得到较多的贷款，其财务杠杆较高；经营风险高的企业，只能得到较少的贷款，其财务杠杆较低。资产利润率与财务杠杆呈现负相关，共同决定了企业的权益净利率。企业必须使其经营战略和财务政策相匹配。

（三）财务比率的比较和分解

该分析体系要求，在每一个层次上进行财务比率的比较和分解。通过与上年比较可以识别变动的趋势，通过同业的比较可以识别存在的差距。分解的目的是识别引起变动（或产生差距）的原因，并计量其重要性，为后续分析指明方向。

下面以图 3－1 中的数据为例，说明其一般方法。

权益净利率的比较对象，可以是其他企业的同期数据，也可以是本企业的历史数据，这里以本年与上年的比较为例。

权益净利率＝销售净利率×资产周转率×权益乘数

即本年权益净利率 14.167% ＝4.533% ×1.5×2.083 3

上年权益净利率 18.181 8% ＝5.614% ×16 964×1.909 1

权益净利率变动＝－4.014 8%

与上年相比，股东的报酬率降低了，公司整体业绩不如上年。影响权益净利率变动的不利因素是销售净利率和资产周转率下降；有利因素是财务杠杆提高。

利用连环替代法可以定量分析它们对权益净利率变动的影响程度：

（1）销售净利率变动的影响。

按本年销售净利率计算的上年权益净利率 = 4.533% ×16 964 × 1.909 1 = 14.682%

销售净利率变动的影响 = 14.682% − 18.181 8% = −3.5%

（2）资产周转率变动的影响。

按本年销售净利率、资产周转率计算的上年权益净利率 = 4.533 × 1.5 × 1.909 1 = 12.982%

资产周转率变动的影响 = 12.982% − 14.682% = −1.7%

（3）财务杠杆变动的影响。

财务杠杆变动的影响 = 14.167% − 12.982% = 1.185%

通过分析可知，最重要的不利因素是销售净利率降低，使权益净利率减少 3.5%；其次是资产周转率降低，使权益净利率减少 1.7%。有利的因素是权益乘数提高，使权益净利率增加 1.185%。不利因素超过有利因素，所以权益净利率减少 4.015%。由此应重点关注销售净利率降低的原因。

二、沃尔评分法

企业一定时期的绩效结果通常都能在财务报表中得以反映，因而借助财务指标可以评价企业的财务绩效。本节主要介绍以财务指标为依据进行企业财务绩效评价的沃尔评分法的原理及应用。

（一）沃尔评分法原理

沃尔评分法是选取若干反映企业财务绩效的财务指标，分别设定标准数值，并对实际数值与标准数值进行比较，综合评价企业财务绩效的方法。

沃尔评分法是由亚历山大·沃尔于 20 世纪初，根据七项财务比率指标之间的线性关系设计出来的，最初主要用于企业信用水平的评价，后来经过研究改进，亦用于企业财务绩效的比较评价。

运用沃尔评分法，评价企业财务绩效的过程，一般经过下列步骤：

（1）选取若干财务指标。从反映企业各个方面财务绩效的一系列财务指标中选择若干有代表性的财务指标。

（2）规定各项财务指标的评分数值。根据所选定财务指标的重要性及代表性程度，分别确定其评分数值或权重，综合为 100 或 100%。在个别财务指标出现异常的情况下，还可规定其最高评分值和最低评分值，以免其对财务绩效评价结果产生不合理影响。

（3）设定各项财务指标的标准数值。根据行业等实际情况，为各项财务指标设定标准数值。

（4）计算各项财务指标的实际数值。根据企业一定时期的实际财务报表等资料，计算所选各项财务指标的实际数值。

（5）计算各项财务比率指标实际数值与标准数值的相对比率。各项财务指标的相对比率或关系比率，等于指标实际数值除以标准数值。

（6）求出各项财务指标的评分数与合计数。各项财务指标的评分数，是其相对比率与评分值的乘积，其合计数即作为评价企业财务绩效的依据。

一般而言，按照沃尔评分法，某企业的评分合计数，若为 100 或接近于 100，表示该企业的财务绩效基本符合标准要求；若与 100 有较大差异，则表示该企业的财务绩效偏离标准要求较多。

（二）财务指标的选取及权重的规定

1. 财务指标的选取

反映企业财务绩效的财务比率指标众多，如何选取财务比率成为运用沃尔评分法有效评价企业财务绩效的一个关键环节。为此，应当综合考虑财务指标的代表性、相关性和可比性等因素，合理选取财务指标。

（1）财务指标的代表性。财务指标的代表性主要表现为全面性和综合性。企业的财务指标通常按照企业的各种财务能力，可分为反映偿债能力、营运能力、获利能力和发展能力等四类财务指标。运用沃尔评分法，需要分别从这四类财务指标中分别选取若干具有综合性和全面性的财务指标，以便有效地评价企业的财务绩效。譬如，企业获利能力类财务指标包括销售毛利率、营业利润率、资产报酬率、权益报酬率、每股收益等，其中销售毛利率仅从营销环节反映企业的销售绩效，每股收益仅从普通股股东角度反映企业的获利能力，均显得不够综合和全面；而营业利润率、资产报酬率和权益报酬率则分别从企业经营活动、全部资源和所有者权益的角度，反映企业的获利能力，比较综合和全面，它们更具有代表性。

（2）财务指标的相关性。在同类财务指标中，又有多项具体的财务指标，需要根据各项财务指标的相关性加以选取。譬如，在偿债能力类指标中，有流动比率、速动比率、现金比率、负债比率、权益比率和利息保障倍数等，其中速动比率仅反映流动负债与速动资产的关系，不如流动比率更为相关，现金比率则最为相关。

（3）财务指标的可比性。可比性是财务指标的一个重要质量要求。运用沃尔评分法，由于与行业标准进行比较评价，需要选取与行业标准指标口径一致的财务指标，保持可比性才能保证比较评价的可信性。

2. 财务指标权重的设定

沃尔评分法是从偿债能力、营运能力、获利能力和发展能力等四类财务指标中，选取最具有代表性、相关性和可比性的若干财务指标，用于综合评价企业的财务绩效。对于四种财务能力以及每类中选取的财务指标，需要根据重要性和代表性，并考虑企业规模等因素，赋予权重或评分数值，并使权重总和为 100 或 100%。譬如，鉴于获利能力和发展能力相对更为重要，偿债能力、营运能力、获利能力和发展能力之间的权重赋值比例为 20∶20∶40∶20。再如，在选取的反映获利能力的财务指标中，营业利润率、资产报酬率和权益报酬率的权重赋值比例为 10∶20∶10。

（三）标准数值的设定及相对比率的计算

1. 标准数值的设定

财务指标的标准数值是企业在现时条件下的理想数值或目标数值。设定标准数值，应结合比较评价的目的及努力方向，可以考虑以下几种选择：

（1）根据企业战略规划目标设定，评价企业战略规划目标的实现程度。

（2）按照企业历史最好水平设定，评价与企业最好水平的差异程度。

（3）根据行业平均水平设定，评价与行业平均水平的差异程度。

（4）按照行业历史最好水平设定，评价与行业最好水平的差异程度。

2. 相对比率的计算

一般而言，各项财务指标的相对比率或关系比率，等于指标实际数值除以标准数值。具体而言，应根据各种财务指标的特殊性以及综合评分的同质性，分别计算：

（1）凡是实际数值大于标准数值属于理想的财务指标，其相对比率的计算公式为：

$$相对比率=\frac{实际数值}{标准数值} \quad （公式3-61）$$

例如，营业利润率的实际数值为22%，标准数值为20%，则其相对比率计算为：

$$\frac{22\%}{20\%}=1.1$$

（2）凡是实际数值大于标准数值属于不理想的财务指标，其相对比率的计算公式为：

$$相对比率=\frac{标准数值-|实际数值-标准数值|}{实际数值} \quad （公式3-62）$$

例如，资产周转天数的实际数值为360天，标准数值为300天，则其相对比率计算为：

$$\frac{300-(360-300)}{360}=0.8$$

（3）凡是实际数值大于或小于标准数值，均属于不理想的财务指标，其相对比率的计算公式为：

$$相对比率=\frac{标准数值-|实际数值-标准数值|}{标准数值} \quad （公式3-63）$$

例如，负债比率的实际数值为60%，标准数值为50%，则其相对比率计算为：

$$\frac{50\%-|60\%-50\%|}{50\%}=0.8$$

再如，负债比率的实际数值为40%，标准数值为50%，则其相对比率计算为：

$$\frac{50\%-|40\%-50\%|}{50\%}=0.8$$

（四）沃尔评分法的应用

沃尔评分法在实际运用中，可以根据企业的财务会计报表的实际数据，经过分析判断选取财务指标，合理确定指标权重和标准数值，可以借助表格计算评分，并做出合理的比较评价。

1. 沃尔评分法的应用举例

【例3-34】某企业采用沃尔评分法，评价2012年的财务绩效。根据2012年度的会计报表实际数据，经分析判断，选取的财务指标包括反映偿债能力的指标有流动比率、现金比率、负债比率；反映营运能力的指标有存货周转率、应收账款周转率、资产周转率；反映获利能力的指标有营业利润率、资产报酬率、权益报酬率；反映发展能力的指标有营业增长率、利润增长率、净资产增长率。四类财务能力指标的权重比例设定为20:20:40:20，标准数值按照行业平均水平确定。有关资料及计算如表3-20所示。

表3-20　某企业2012年度沃尔评分表

财务指标	指标权重	标准数值	实际数值	相对比率	综合评分
偿债能力：	20				
流动比率	5	2.1	2	0.95	4.25
现金比率	5	4	5	1.25	6.25
负债比率	10	0.5	0.6	0.80	8.00
营运能力：	20				
存货周转率	5	9	10	1.11	5.55

续表

财务指标	指标权重	标准数值	实际数值	相对比率	综合评分
应收账款周转率	10	12	12	1.00	10.00
资产周转率	5	1.1	1	0.91	4.55
获利能力：	40				
营业利润率	10	0.21	0.2	0.95	9.50
资产报酬率	20	0.12	0.1	0.80	16.60
权益报酬率	10	0.25	0.3	1.20	12.00
发展能力：	20				
营业增长率	5	0.12	0.1	0.83	4.15
利润增长率	10	0.09	0.1	1.11	11.10
净资产增长率	5	0.22	0.2	0.91	4.55
合　计	100				96.90

按照沃尔评分法，该企业2012年度的综合评分合计为96.90分，与标准数值100分相比低3.1分，表明该企业2012年度的财务绩效未达到行业的平均水平。

进一步分析各项财务指标对综合总评分的影响，发现企业财务状况具有如下三个特点：

（1）应收账款周转率的实际数值与行业平均水平持平。

（2）现金比率、存货周转率、权益报酬率、利润增长率超过行业平均水平。

（3）流动比率、负债比率、资产周转率、营业利润率、资产报酬率、净资产增长率低于行业平均水平。

企业可以根据财务绩效的评价结果编制评价报告，包括评价过程、评价结果及重要事项说明等内容。评价报告附件应当包括：评价指标及结果计分表、评价基础数据及调整情况。

2. 使用沃尔评分法需要注意的问题

任何评价方法都不可能十分准确，沃尔评分法也不例外。使用沃尔评分法需要注意下列几个问题：

（1）财务指标的选取、指标权重的赋值和标准数值的确定应科学合理，并保持一致。

（2）在以行业水平为比较标准时，所选财务指标的计算口径应与所处行业保持一致，以保证指标的行业可比性。

（3）如有财务指标出现异常变动，可以分别设定上限和下限，以限制其不合理的影响。

（4）财务指标是根据财务会计报表计算的，受到财务会计政策变更的影响。因此，如有会计政策变更，应对财务指标进行相应的调整计算，以保证指标在不同时期和行业的可比性。

本章小结

1. 财务分析的方法。财务分析的方法包括趋势分析法、比率分析法和因素分析法。

趋势分析法，是通过对比两期或连续数期财务报告中的相同指标，确定其增减变动的方向、数额和幅度，来说明企业财务状况或经营成果的变动趋势的一种方法。比率分析法是通过计算各种比率指标来确定财务活动变动程度的分析方法。比率是相对数，采用这种方法，能够把某些条件下的不可比指标变为可以比较的指标，以利于进行分析。因素分析法是依据分析指标与其影响因素的关系，从数量上确定各因素对分析指标影响方向和影响程度的一种方法。

2. 财务指标分析的运用。财务分析指标包括偿债能力指标、营运能力指标、盈利能力指标和发展能力指标。财务综合分析就是将诸方面的分析纳入一个有机的整体之中，全面地对企业财务状况、经营成果进行揭示与披露，从而对企业经济效益的优劣做出准确的评价与判断。企业综合分析方法主要有杜邦分析法和沃尔评分法等。

第四章 财务预测

学习目标

修完本章内容后，你应该能够：

1. 掌握预测企业未来融资需求的方法（主要是销售百分比法）
2. 掌握销售增长与外部融资的关系
3. 理解内含增长率与可持续增长率之间的关系
4. 掌握财务预算的编制方法

第一节 财务预测方法

狭义的财务预测是指估计企业未来的融资需求，广义的财务预测包括编制全部的预计财务报表。

财务预测是融资计划的前提。企业要对外提供产品和服务，必须要有一定的资产。为取得扩大销售所需增加的资产，企业要筹措资金。企业需要预先知道自己的财务需求，提前安排融资计划，否则就可能发生资金周转问题。

财务预测有助于改善投资决策。根据销售前景估计出的融资需要不一定总能满足，因此，就需要根据可能筹措到的资金来安排销售增长以及有关的投资项目，使投资决策建立在可行的基础上。

预测的真正目的是有助于应变。预测可以提高企业对不确定事件的反应能力，从而减少不利事件出现带来的损失，增加利用有利机会带来的收益。

一、因素分析法

因素分析法又称分析调整法，是以有关项目基期年度的平均资金需要量为基础，根据预测年度的生产经营任务和资金周转加速的要求，进行分析调整，来预测资金需要量的一种方法。

资金需要量 =（基期资金平均占用额 - 不合理资金占用额）×（1 ± 预测期销售增减率）×（1 ± 预测期资金周转速度变动率） （公式4－1）

【例4－1】某企业上年度资金平均占用额为3 000万元，经分析，其中不合理部分400万元，预计本年度销售增长5%，资金周转加速2%。则：

预测年度资金需要量 =（3 000 - 400）×（1 + 5%）×（1 - 2%）= 2675.4（万元）

这种方法计算简便，容易掌握，但预测结果不太精确。它通常用于品种繁多、规格复杂、资金用量较小的项目。

二、销售百分比法

销售百分比法是指以资金与销售额的比率为基础，预测未来资金需要量的方法。

（一）销售百分比法的前提

（1）企业的部分资产和负债与销售额同比例变化。

（2）企业各项资产、负债与所有者权益结构已达到最优。

（二）销售百分比法的步骤

（1）确定随销售额变动而变动的资产和负债项目。

（2）计算变动性项目的销售百分比。

（3）确定需要增加的资金数额。

（4）确定对外筹资数额。

$$外部融资需求量 = \frac{A}{S_1} \times \Delta S - \frac{B}{S_1} \times \Delta S - P \times E \times S_2$$

$$= 增加的资产 - 增加的负债 - 增加的留存收益 \qquad （公式4-2）$$

式中：A 为随销售而变化的敏感性资产；B 为随销售而变化的敏感性负债；S_1 为基期销售额；S_2 为预测期销售额；ΔS 为销售变动额；P 为销售净利率；E 为利润留存率；A/S_1 为敏感资产与销售额的关系百分比；B/S_1 为敏感负债与销售额的关系百分比。

【例4-2】某公司2011年12月31日的资产负债表以及有关项目与销售额之间的变动关系如表4-1所示。

表4-1　资产负债表

2011年12月31日　　单位：万元

资　　产	期末数	负债及所有者权益	期末数
		应付费用	9 000
现　　金	8 000	应付账款	6 000
应收账款	20 000	短期借款	16 000
存　　货	30 000	公司债券	10 000
固定资产	43 000	实收资本	50 000
		留存收益	10 000
资产总计	101 000	负债及所有者权益总计	101 000

假定该公司2011年的销售收入为100 000万元，销售净利率为10%，股利支付率为60%，公司现有生产能力尚未饱和。经预测，2012年公司销售收入将提高到200 000万元，企业销售净利率和利润分配政策不变。预测2012年需要对外筹集资金量。

（1）确定敏感资产及敏感负债的销售百分比（表4-2）。

表4-2　敏感资产及敏感负债的销售百分比计算表

资　　产	销售百分比%	负债与权益	销售百分比%
		应付费用	9
现　　金	8	应付账款	6
应收账款	20	短期借款	不变动

续表

资　产	销售百分比%	负债与权益	销售百分比%
存　货 固定资产	30 不变动	公司债券 实收资本 留存收益	不变动 不变动 不变动
合　计	58	合　计	15

（2）确定需要增加的资金总额。

筹资总额 =（200 000 - 100 000）×（58% - 15%）= 43 000（万元）

（3）确定内部筹资额。

留存收益增加额 = 200 000 × 10% ×（1 - 60%）= 8 000（万元）

（4）确定对外筹资数额。

对外筹资额 = 43 000 - 8 000 = 35 000（万元）

销售百分比法的优点：能为筹资管理提供短期预计的财务报表，以适应外部筹资的需要，且易于使用。但在有关因素发生变动的情况下，必须相应地调整原有的销售百分比。

三、资金习性预测法

资金习性预测法，是指根据资金习性预测未来资金需要量的一种方法。所谓资金习性，是指资金的变动同产销量变动之间的依存关系。按照资金同产销量之间的依存关系，可以把资金区分为不变资金、变动资金和半变动资金。

不变资金是指在一定的产销量范围内，不受产销量变动的影响而保持固定不变的那部分资金。也就是说，产销量在一定范围内变动，这部分资金保持不变。这部分资金包括：为维持营业而占用的最低数额的现金，原材料的保险储备，必要的成品储备，厂房、机器设备等固定资产占用的资金。

变动资金是指随产销量的变动而同比例变动的那部分资金。它一般包括直接构成产品实体的原材料、外购件等占用的资金。另外，在最低储备以外的现金、存货、应收账款等也具有变动资金的性质。

半变动资金是指虽然受产销量变化的影响，但不成同比例变动的资金，如一些辅助材料上占用的资金。半变动资金可采用一定的方法划分为不变资金和变动资金两部分。

总资金习性模型：$y = a + bx$

式中：y 为资金占用量；a 为不变资金；b 为单位变动资金；x 为产销量。

通过资金习性模型，可以看出只要已知 a、b，根据预测期的产销量 x，即可得出资金占用量。根据确定 a、b 的方法不同，资金习性预测法又分为高低点法和回归直线法。

（一）高低点法

高低点法是指根据企业一定期间资金占用的历史资料，按照资金习性原理，选用最高点业务量和最低点业务量的资料，求出 a 和 b 的值，从而推测资金发展趋势的方法。

$$b = \frac{最高点业务量资金占用 - 最低点业务量资金占用}{最高点业务量 - 最低点业务量} \quad （公式 4-3）$$

$a = y - bx$（x 和 y 可用高点或低点的资料，结果相同）

【例 4-3】某企业历年现金占用与销售额之间的关系如表 4-3 所示。

表 4-3　　资金占用与销售额变化情况表

年　　度	销售收入（万件）	现金占用（万元）
2007 年	220	12
2008 年	230	13
2009 年	270	15.5
2010 年	290	16
2011 年	320	17

如果 2012 年的预计销售额为 350 万件，则：

$$b=\frac{17-12}{320-220}=0.05$$

$a=12-220\times0.05=1$（万元）或

$a=17-320\times0.05=1$（万元）

$y=1+0.05x$

2012 年的资金需要量 $=1+0.05\times350=18.5$（万元）

高低点法的主要优点是简便，其缺点是只考虑高点和低点两组数据，代表性差，比较粗糙。

（二）回归直线法

回归直线法是根据若干期业务量和资金占用的历史资料，运用最小平方法原理计算不变资金 a 和单位销售额的变动资金 b 的一种资金习性分析方法。

$$b=\frac{n\sum x_iy_i-\sum x_i\sum y_i}{n\sum x_i^2-(\sum x_i)^2} \qquad \text{（公式 4-4）}$$

$$a=\frac{\sum y_i-b\sum x_i}{n} \qquad \text{（公式 4-5）}$$

【例 4-4】某企业 2007 年至 2011 年的产销量和资金需要量如表 4-4 所示，若预测 2012 年的预计产销量为 8 万吨，试建立资金的回归直线方程，并预测 2012 年的资金需要量。

表 4-4　　某企业产销量与资金需要量表

年度	产销量（x）（万吨）	资金需要量（y）（万元）
2007	6.0	500
2008	5.5	475
2009	5.0	450
2010	6.5	530
2011	7.5	550

根据以上资料计算，结果如表 4-5 所示。

表 4-5　　回归直线参数计算数据表

年度	产销量（x）（万吨）	资金需要量（y）（万元）	x_y	x^2
2007	6.0	500	3 000	36
2008	5.5	475	2 612.5	30.25
2009	5.0	450	2 250	25
2010	6.5	530	3 445	42.25
2011	7.5	550	4 125	56.25
$n=5$	$\sum_x = 30.5$	$\sum_y = 2\ 505$	$\sum_{xy} = 15\ 432.5$	$\sum_x^2 = 189.75$

$$b=\frac{5\times 15\ 432.5-30.5\times 2\ 505}{5\times 189.75-30.5^2}=41.08$$

$$a=\frac{2\ 505-41.08\times 30.5}{5}=250.41\text{（万元）}$$

则 $y=250.41+41.08x$

2012 年的资金需要量 $=250.41+41.08\times 8=579.05$（万元）

回归直线法比较科学，精确度高，但是计算繁杂，尤其是其计算 a、b 的公式十分复杂，记忆起来十分困难。

四、计算机预测法

对于大型企业来说，无论是销售百分比法还是回归分析法都过于简化。实际上影响融资需求的变量很多，如产品组合、信用政策、价格政策等。把这些变量纳入预测模型后，计算量大增，手工处理很难胜任，若使用计算机完成则相对简单。

最简单的计算机财务预测，是使用“电子表软件”，如 Excel 。使用电子表软件时，计算过程和手工预测几乎没有差别，相比之下，预测期间如果是几年或者要分月预测时，计算机要比手工快得多；如果改变一个输入参数，软件能自动重新计算所有预测数据。

比较复杂的预测是使用交互式财务规划模型，它比电子表软件功能更强，主要好处是能通过“人机对话”进行“反向操作”。例如，不但可以根据既定的销售水平预测融资需求，还可根据既定资金限额来预测可达到的销售收入。

最复杂的预测是使用综合数据库财务计划系统。该系统建有公司的历史资料库和模型库，用以选择适用的财务模型并预测财务数据；它通常是一个联机实时系统，随时更新数据，可以使用概率技术，分析预测具有可靠性；它还是一个综合的规划系统，不仅用于资金的预测和规划，而且包括需求、价格、成本及各项资源的预测和规划；该系统通常也是规划和预测结合的系统，能快速生成预计的财务报表，从而支持财务决策。

第二节　增长率与资金需求

企业要生存发展，必然要增加销售。企业增长的财务意义是资金增长。在销售增长时企业往往需要补充资金，销售增长得越多，资金需求越大。

从资金来源上看，企业增长的实现方式有三种：

（1）完全依靠内部资金增长。在小企业无法取得借款，而大企业不愿意借款的前提下，它们主要是靠内部积累实现增长。

（2）主要依靠外部资金增长。从外部筹资，包括增加债务和股东投资，也可以提高增长率。

（3）平衡增长。平衡增长，就是保持目前的财务结构和与此有关的财务风险，按照股东权益的增长比例增加借款，以此支持销售增长。这种增长，一般不会消耗企业的财务资源，是一种可持续的增长方式。

一、销售增长与外部融资的关系

（一）外部融资销售增长比

销售增长会带来资金需求的增加，销售增长和融资需求之间就会有函数关系，将其称为外部融资额占销售增长的百分比，简称外部融资销售增长比。即销售额每增长1元需要追加的外部融资额。

外部融资销售增长比＝资产销售百分比－负债销售百分比－计划销售净利率×［（1＋销售增长率）÷销售增长率］×（1－股利支付率）（公式4－6）

外部融资额＝外部融资销售增长比×销售增长额（公式4－7）

【例4－5】某公司上年销售收入为2 500万元，本年计划销售收入为3 000万元，销售增长率为20%。假设经营资产销售百分比为66%，经营负债销售百分比为7%，计划销售净利率为4.5%，股利支付率为40%。

外部融资销售增长比＝66%－7%－4.5%×［（1＋20%）÷20%］×（1－40%）＝42.8%

外部融资额＝42.8%×500＝214（万元）

外部融资销售增长比不仅可以预计融资需求量，而且对于调整股利政策和预计通货膨胀对融资的影响等都十分有用。

若存在通货膨胀，则：

基期销售收入＝单价×销量

预计销售收入＝单价×（1＋通货膨胀率）×销量×(1＋销量增长率)

销售收入增长率＝（预计销售收入－基期销售收入）÷基期销售收入

＝（1＋通货膨胀率）×(1＋销量增长率）－1（公式4－8）

接上例，预计本年通货膨胀率为10%，公司销量增长3%，则：

销售收入增长率＝（1＋10%）×（1＋3%）－1＝13.3%

外部融资销售增长比＝66%－7%－（113.3%÷13.3%）×4.5%×(1－40%）＝36%

企业要按销售名义增长额的36%补充资金，才能满足需要。

即使实际增长为零，也需要补充资金，以弥补通货膨胀造成的货币贬值损失：

外部融资销售增长比＝66%－7%－4.5%×1.1÷0.1×0.6＝29.3%

销售的实物量不变，因通货膨胀造成的名义增长为10%，每年需补充资金：

外部融资额＝2500×10%×29.3%＝73.25（万元）

（二）外部融资需求的敏感分析

外部融资需求的影响因素有：销售增长、销售净利率、股利支付率、可动用金融资产等。外部融资需求的多少，不仅取决于销售的增长，还要看股利支付率、可动用金融资产和销售净利率。股利支付率越高，外部融资需求越大；销售净利率越大，外部融资需求越少；可动用金融资产越大，外部融资需求越少。

【例4－5】中，企业股利支付率是40%，外部融资需求为214万元。若预计销售额仍为3 000万元，股利支付率改为100%，则：

外部融资需求＝［66%－7%－4.5%×［（1＋20%）÷20%］×（1－100%）］×500＝295（万元）

股利支付率为零，则：

外部融资额＝［66%－7%－4.5%×［（1＋20%）÷20%］×（1－0）］×500＝160（万元）

企业的销售净利率是4.5%，外部融资需求为214万元，若销售净利率为10%，则：

外部融资额＝［66%－7%－10%×［（1＋20%）÷20%］×（1－40%）］×500＝115（万元）

二、内含增长率

销售额增加引起的资金需求增长，如果不能或不打算从外部融资，则只能靠内部积累，从而限制了销售的增长。外部融资为零时的销售增长率称为内含增长率。

假设外部融资等于零：

0＝经营资产销售百分比－经营负债销售百分比－计划销售净利率×［（1＋销售增长率）÷销售增长率］×（1－股利支付率）

$$\text{即：内含增长率}=1\div\left[\frac{\text{资产销售百分比}\times\text{负债销售百分比}}{\text{计划销售净利率}\times(1\times\text{股利支付率})}\times 1\right] \quad \text{（公式4－9）}$$

【例4－6】沿用【例4－5】：

$$\text{内含增长率}=1\div\left[\frac{66\%-7\%}{4.5\%\times(1-30\%)}-1\right]=4.796\%$$

三、可持续增长率

（一）可持续增长率的含义

可持续增长率是指保持目前经营效率和财务政策不变的条件下公司销售所能增长的最大比率。

可持续增长率的假设条件：

（1）公司目前的资本结构是个目标结构，并且打算继续维持下去。

（2）公司目前的股利支付率是目标支付率，并且打算继续维持下去。

（3）不愿意或者不打算发售新股和回购股票，增加债务是其唯一的外部筹资来源。

（4）公司销售净利率将维持当前水平，并且可以涵盖增加负债的利息。

（5）公司的资产周转率将维持当前的水平。

在上述假设条件成立时，销售的实际增长率与可持续增长率相等。

虽然企业各年的财务比率总会有些变化，但上速假设基本上符合大多数公司的情况。

提高经营效率并非总是可行的，改变财务政策是有风险和极限的，因此超常增长只能是短期的。尽管企业的增长时快时慢，但从长期来看总是受到可持续增长率的制约。

（二）可持续增长率的计算

1. 根据期初股东权益计算可持续增长率

限制销售增长的是资产，限制资产增长的是资金来源（包括负债和股东权益）。在不改变经营效率和财务政策的情况下（即企业平衡增长），限制资产增长的是股东权益的增长率。

$$\begin{aligned}可持续增长率 &= 股东权益增长率 \\ &= \frac{股东权益本期增加}{期初股东权益} \\ &= \frac{本期净利 \times 本期利润留存率}{期初股东权益} \\ &= 期初权益资本净利率 \times 本期利润留存率 \\ &= \frac{本期净利}{本期销售} \times \frac{本期销售}{期末总资产} \times \frac{期末总资产}{期初股东权益} \times 本期利润留存率 \\ &= 销售净利率 \times 总资产周转率（次数） \times 利润留存率 \times 期初权益期末总资产乘数\end{aligned}$$

（公式4－10）

此处的权益乘数是用期初权益计算的，而不是用期末权益计算。其余均用本期数据。

【例4－7】某公司2007—2011年的主要财务数据如表4－6所示。

表4－6　根据期初股东权益计算的可持续增长率　　单位：万元

年　度	2007	2008	2009	2010	2011
收入	2 000	2 200	3 300	2 750	3 025
税后利润	100	110	165	137.5	151.25
股利	40	44	66	55	60.5
留存利润	60	66	99	82.5	90.75
股东权益	660	726	825	907.5	998.25
负债	120	132	462	165	181.5
总资产	780	858	1287	1072.5	1179.75
可持续增长率的计算：					
销售净利率	5%	5%	5%	5%	5%
销售/总资产	2.564 1	2.564 1	2.564 1	2.564 1	2.564 1
总资产/期初股东权益	1.3	1.3	1.7727	1.3	1.3
利润留存率	0.6	0.6	0.6	0.6	0.6
可持续增长率	10%	10%	13.64%	10%	10%
实际增长率		10%	50%	－16.67%	10%

$$\begin{aligned}2008年可持续增长率 &= 销售净利率 \times 资产周转率 \times 期初权益乘数 \times 利润留存率 \\ &= 5\% \times 2.5641 \times 1.3 \times 0.6 = 10\%\end{aligned}$$

$$2008年实际增长率 = (2\,200 - 2\,000) \div 2\,000 = 10\%$$

其他年份的计算方法与此相同。

2. 根据期末股东权益计算的可持续增长率

可持续增长率也可以全部用期末数和本期发生额计算，而不使用期初数。

$$\begin{aligned}可持续增长率 &= \frac{销售增加}{基期销售} \\ &= \frac{利润留存率 \times 销售净利率 \times (1 + 负债/股东权益)}{资产/销售额 - [利润留存率 \times 销售净利率 \times (1 - 负债/股东权益)]} \\ &= \frac{利润留存率 \times (净利/销售) \times (资产/权益) \times (销售/资产)}{1 - 利润留存率 \times (净利/销售) \times (资产/权益) \times (销售/资产)}\end{aligned}$$

$$=\frac{利润留存率 \times 销售净利率 \times 权益乘数 \times 总资产周转率}{1-利润留存率 \times 销售净利率 \times 权益乘数 \times 总资产周转率}$$

$$=\frac{权益净利率 \times 利润留存率}{1-权益净利率 \times 利润留存率} \qquad (公式4-11)$$

使用【例4－7】的数据，计算的可持续增长率见表4－7。

表4－7　　根据期末股东权益计算的可持续增长率　　单位：万元

年　度	2007	2008	2009	2010	2011
收入	2 000	2 200	3 300	2 750	3 025
税后利润	100	110	165	137.5	151.25
股利	40	44	66	55	60.5
留存利润	60	66	99	82.5	90.75
股东权益	660	726	825	907.5	998.25
负债	120	132	462	165	181.5
总资产	780	858	1 287	1 072.5	1 179.75
可持续增长率的计算：					
销售净利率	5%	5%	5%	5%	5%
销售/总资产	2.564 1	2.564 1	2.564 1	2.564 1	2.564 1
总资产/期末股东权益	1.181 8	1.181 8	1.56	1.181 8	1.181 8
利润留存率	0.6	0.6	0.6	0.6	0.6
可持续增长率	10%	10%	13.64%	10%	10%
实际增长率		10%	50%	－16.67%	10%

$$2008年可持续增长率=\frac{5\% \times 2.564\,1 \times 1.181\,8 \times 0.6}{1-5\% \times 2.564\,1 \times 1.181\,8 \times 0.6}=10\%$$

其他各年的可持续增长率的计算方法与此相同。

通过比较表4－3和表4－7可以看出，两个公式计算的可持续增长率是一致的。

（三）可持续增长率与实际增长率

可持续增长率与实际增长率是两个不同的概念。可持续增长率是指保持当前经营效率和财务政策（包括不增发新股或回购股票）的情况下，销售所能增长的最大比率，而实际增长率是本年销售额与上年销售额相比的增长百分比。它们之间关系如下：

（1）如果某一年的经营效率和财务政策与上年相同，则实际增长率、上年的可持续增长率以及本年的可持续增长率三者相等。这种增长状态，在资金上可以永远持续发展下去，可称之为平衡增长。当然，外部条件是公司不断增加的产品能为市场所接受。

运用前例分析说明：

①2008年的经营效率和财务政策与2007年相同，2008年的实际增长率、2007年和2008年的可持续增长率均为10%。

②2011年的经营效率和财务政策与2010年相同，实际增长率、上年和本年的可持续增长率均为10%。

（2）如果某一年的公式中的4个财务比率有一个或多个数值增长，则实际增长率就会超过上年的可持续增长率，本年的可持续增长率也会超过上年的可持续增长率。由此可见，超常增长是改变财务比率的结果，而不是持续当前状态的结果。企业不可能每年提高这4个财务比率，也就不可能使超常增长继续下去。

可持续增长，并不是说企业的增长不可以高于或低于可持续增长率。企业的管理人员必须事先预计并且加以解决在公司超过可持续增长率之上的增长所导致的财务问题。如果不增发新股，超过部分的资金只有两个解决办法：提高资产收益率，或者改变财务政策。

运用前例分析说明：

2011年权益乘数提高，另外3个财务比率没有变化。实际增长率上升为50%，可持续增长率上升为13.64%，上年的可持续增长率为10%。提高财务杠杆，提供了高速增长所需要的资金。

该公司2011年的实际增长率是50%，大大超过上年的可持续增长率10%。

①计算超常增长的销售额。

按可持续增长率计算的销售额 = 上年销售 ×（1 + 可持续增长率）

= 2 200 ×（1 + 10%）= 2 420（万元）

超常增长的销售额 = 实际销售 - 可持续增长销售 = 3 300 - 2 420 = 880（万元）

②计算超常增长所需资金。

实际销售需要资金 = 实际销售 ÷ 本年资产周转率 = 3 300 ÷ 2.564 1 = 1 287（万元）

持续增长需要资金 = 可持续增长销售 ÷ 上年资产周转率

= 2 420 ÷ 2.564 1 = 943.8（万元）

超常部分销售所需资金 = 实际增长需要资金 - 可持续增长需要资金

= 1 287 - 943.8 = 343.2（万元）

③分析超常增长的资金来源。

留存收益提供资金 = 99（万元）

按可持续增长率增长提供留存收益 = 66 ×（1 + 10%）= 72.6（万元）

超常增长产生的留存收益 = 实际留存收益 - 可持续增长留存收益

= 99 - 72.6 = 26.4（万元）

负债提供资金 = 462 - 132 = 330（万元）

按可持续增长率增长需要增加负债 = 132 × 10% = 13.2（万元）

超常增长额外负债 = 330 - 13.2 = 316.8（万元）

因此，超常增长额外所需的343.2万元资金，有26.4万元来自超常增长本身引起的留存收益增加，另外的316.8万元来自额外增加的负债。正是这一增量权益资金和增量借款的比例不同于原来的资本结构，使得权益乘数提高到1.56。

2008年的经营业绩和财务政策决定的可持续增长率是10%，而2011年的实际增长率是50%。这种高增长主要是依靠外部注入资金取得的。这种高增长率是否能继续下去呢？2010年如果真的想继续50%的增长率，它必须继续进一步增加负债或进行权益筹资。根据2011年数据计算的可持续增长率是13.64%，这就是说，2010年维持2011年的4个财务比率，也只能取得13.64%的增长。超常增长不是维持财务比率的结果，而是提高财务比率的结果。

如果想要维持50%的增长率，2010年需要额外补充资金：

需要资金总额 = 计划销售 ÷ 计划资产周转率

= ［2 750 ×（1 + 50%）］÷ 2.564 1

$=4\ 125 \div 2.564\ 1 = 1\ 608.75$（万元）

留存收益提供资金 $=4\ 125 \times 5\% \times 0.6 = 123.75$（万元）

假设除留存收益外，全部使用负债补充资金，则财务杠杆为：

权益乘数 = 总资产 ÷ 期末权益

$=1\ 608.75 \div (825 + 123.75)$

$=1\ 608.75 \div 948.75 = 1.695\ 7$

2010 年该公司通过提高财务杠杆维持了 50% 的增长率。如果今后要继续维持 50% 的增长率，还需要进一步提高财务杠杆。财务杠杆的高低是重要的财务政策，不可能随便提高，更不可能无限提高。既然公司的财务杠杆不能持续提高，则 50% 的增长率就是不可持续的。销售净利率、资产周转率和股利分配率，如同财务杠杆一样，都不可能无限提高，从而限制了企业的增长率。因此，超常增长是不可能持续的。企业的增长潜力来源于上述 4 个财务比率的可持续水平。如果通过技术和管理创新，使销售净利率和资产周转率提高到一个新水平，则企业增长率可以相应提高。财务杠杆和利润留存率受到资本市场的制约，通过提高这两个比率支持高增长，只能是一次性的临时解决办法，不可能持续使用。

（3）如果某一年的公式中的 4 个财务比率有一个或多个数值比上年下降，则实际销售增长就会低于上年的可持续增长率，本年的可持续增长率也会低于上年的可持续增长率。这是超常增长之后的必然结果，公司对此事先要有所准备。如果不愿意接受这种现实，继续勉强冲刺，现金周转的危机很快就会来临。

运用前例分析说明：

2010 年权益乘数下降，另外 3 个财务比率没有变化。实际增长率下降为 -16.67%，上年的可持续增长率为 13.64%，本年的可持续增长率为 10%。为了归还借款，使财务杠杆恢复到历史正常水平，降低了销售增长速度。

（4）如果公式中的 4 个财务比率已经达到公司的极限水平，单纯的销售增长无助于增加股东财富。销售净利率和资产周转率的乘积是资产净利率，它体现了企业运用资产获取收益的能力，决定于企业的综合效率。利润留存率和权益乘数的高低是财务政策选择问题，取决于决策人对收益与风险的权衡。因此，企业的综合效率和承担风险的能力，决定了企业的增长速度。

第三节　预计财务报表的编制

编制预计财务报表是财务预测的重要内容之一。预计财务报表编制期间通常是 5 ~ 10 年，属于长期财务预测。

财务预测的基础是销售增长率。销售增长率的预测以历史增长率为基础，根据未来的变化进行修正，在修正时，要考虑宏观经济、行业状况和企业的经营战略。

基期是指作为预测基础的时期，它通常是预测工作的上一个年度。基期的各项数据被称为基数，它们是预测的起点。确定基期数据的方法有两种：一种是以上年实际数据作为基期数据；另一种是以修正后的上年数据作为基期数据。

【例 4 - 8】WT 集团目前正处在高速增长的时期，2010 年的销售增长了 20%。预计 2011 年可以维持 20% 的增长率，2012 年能够再创新高达到 25%，2013 年开始回落为 20%，2014 年继续下降到 10%，2015 年及以后各年均按 5% 的比率持续增长。WT 集团的资本成本率为18.88%。该集团的财务预测以2010年为基期，以2010年相关的财务报表数据为基数。2010年的销售收入为600万元，由各年的销售增长率，计算出以后年份的销售收入，如表4-8所示。

表4-8　　WT集团销售预测表

项目	年份										
	基期2010	2011	2012	2013	2014	2015	2016	2017	2018	2019	2020
销售增长率（%）	20	20	25	20	10	5	5	5	5	5	5
销售收入（万元）	600.00	720.00	900.00	1 080.00	1 188.00	1 247.40	1 309.77	1 375.26	1 444.02	1 516.22	1 592.03

该集团的财务预测将采用销售百分比法，以根据历史数据确定的主要报表项目的销售百分比作为预测假设，如表4-9所示。

表4-9　　WT集团预测假设比率表

项目（%）	年份										
	基期2010	2011	2012	2013	2014	2015	2016	2017	2018	2019	2020
销售成本率	65	65	65	65	65	65	65	65	65	65	65
销售、管理费用/销售收入	5	5	5	5	5	5	5	5	5	5	5
折旧与摊销/销售收入	6	6	6	6	6	6	6	6	6	6	6
经营现金/销售收入	2	2	2	2	2	2	2	2	2	2	2
其他经营流动资产/销售收入	38	38	38	38	38	38	38	38	38	38	38
经营流动负债/销售收入	10	10	10	10	10	10	10	10	10	10	10
经营长期资产/销售收入	50	50	50	50	50	50	50	50	50	50	50
短期借款/净经营资产	15	15	15	15	15	15	15	15	15	15	15
长期借款/净经营资产	10	10	10	10	10	10	10	10	10	10	10
短期债务利率	6	6	6	6	6	6	6	6	6	6	6
长期债务利率	7	7	7	7	7	7	7	7	7	7	7
平均所得税税率	40	40	40	40	40	40	40	40	40	40	40

该集团的所得税税率为40%，根据相关公式计算得到企业的经营利润等预测项目，如表4-10所示。

税前经营利润＝销售收入－销售成本－销售和管理费用－折旧与摊销　　（公式4-12）

税后经营利润＝税前经营利润×（1－所得税税率）　　（公式4-13）

表 4-10 WT 集团预测情况表之一

项目（万元）	年份										
	基期 2010	2011	2012	2013	2014	2015	2016	2017	2018	2019	2020
销售成本	390.00	468.00	585.00	702.00	772.20	810.81	851.35	893.92	938.61	985.54	1034.82
销售和管理费用	30.00	36.00	45.00	54.00	59.40	62.37	65.49	68.76	72.20	75.81	79.60
折旧与摊销	36.00	43.20	54.00	64.80	71.28	74.84	78.59	82.52	86.64	90.97	95.52
税前经营利润	144.00	172.80	216.00	259.20	285.12	299.38	314.34	330.06	346.57	363.89	382.09
经营利润所得税	57.60	69.12	86.40	103.68	114.05	119.75	125.74	132.02	138.63	145.56	152.84

企业现金资产中为应付生产经营各种意外支付而所需持有的现金资产，属于经营现金资产。其他经营流动资产包括应收账款、存货等项目。经营流动负债一般指企业经营过程中产生的短期应支付的债务，如赊购的货款等。经营长期资产包括长期股权投资、固定资产、长期应收款等。经营长期负债包括无息的长期应付款、专项应付款、递延所得税负债和其他非流动负债。净经营资产是当期企业经营活动需要占用的资本资源，它是企业当期全部的筹资需要，因此也可以称为“净资本”或“投资资本”，从短期、长期的流动性角度看，它等于营运资本和长期资产的净值之和；从资产、负债的占用性角度看，它等于经营资产与经营负债的差额。

该集团没有经营长期负债，根据相关公式计算得到企业的经营资产等预测项目，如表 4-11所示。

净经营营运资本 = 经营流动资产 - 经营流动负债

= （经营现金 + 其他经营流动资产） - 经营流动负债 （公式 4-14）

净经营长期资产 = 经营长期资产 - 经营长期负债 （公式 4-15）

净经营资产（净资本或投资资本） = 净经营营运资本 + 净经营长期资产

= 经营资产 - 经营负债 （公式 4-16）

表 4-11 WT 集团预测情况表之二

项目（万元）	年份										
	基期 2010	2011	2012	2013	2014	2015	2016	2017	2018	2019	2020
经营现金	12.00	14.40	18.00	21.60	23.76	24.95	26.20	27.51	28.88	30.32	31.84
其他经营流动资产	228.00	273.60	342.00	410.40	451.44	474.01	497.71	522.60	548.73	576.16	604.97
经营流动负债	60.00	72.00	90.00	108.00	118.80	124.74	130.98	137.53	144.40	151.62	159.20
净经营营运资本	180.00	216.00	270.00	324.00	356.40	374.22	392.93	412.58	433.21	454.87	477.61
经营长期资产	300.00	360.00	450.00	540.00	594.00	623.70	654.89	687.63	722.01	758.11	796.02
经营长期负债	0.00	0.00	0.00	0.00	0.00	0.00	0.00	0.00	0.00	0.00	0.00
净经营长期资产	300.00	360.00	450.00	540.00	594.00	623.70	654.89	687.63	722.01	758.11	796.02
净经营资产总计	480.00	576.00	720.00	864.00	950.40	997.92	1 047.82	1 100.21	1 155.22	1 212.98	1 273.63

该集团存在一个目标资本结构，即有息负债/净资本为25%，其中短期负债/净资本为15%，长期负债/净资本为10%。企业采取剩余股利政策，需要筹集资金时按目标资本结构配置留存收益（权益资本）和借款（债务资本），剩余的利润分配给股东，即股利现金流量和股权现金流量是相同的。根据目标资本结构确定金融借款及利息等预测项目如表4－12所示。

税后利息费用＝利息费用×(1－所得税税率)

＝利息费用－利息费用抵税（公式4－17）

表4－12 **WT集团预测情况表之三**

项目（万元）	年份										
	基期2010	2011	2012	2013	2014	2015	2016	2017	2018	2019	2020
短期借款	72.00	86.40	108.00	129.60	142.56	149.69	157.17	165.03	173.28	181.95	191.04
长期借款	48.00	57.60	72.00	86.40	95.04	99.79	104.78	110.02	115.52	121.30	127.36
金融负债合计	120.00	144.00	180.00	216.00	237.60	249.48	261.95	275.05	288.80	303.24	318.41
短期借款利息	4.32	5.18	6.48	7.78	8.55	8.98	9.43	9.90	10.40	10.92	11.46
长期借款利息	3.36	4.03	5.04	6.05	6.65	6.99	7.33	7.70	8.09	8.49	8.92
利息费用合计	7.68	9.22	11.52	13.82	15.21	15.97	16.77	17.60	18.48	19.41	20.38
利息费用抵税	3.07	3.69	4.61	5.53	6.08	6.39	6.71	7.04	7.39	7.76	8.15
税后利息费用	4.61	5.53	6.91	8.29	9.12	9.58	10.06	10.56	11.09	11.64	12.23

期末股东权益是当期期末剩余给股东可支配的资源，在净经营资产中扣除借款，即从企业当期全部的筹资需求中扣除外部债务筹资，也就是企业内部筹资的部分。无论企业采用何种股利政策，可供分配利润除去应付股利后的部分，如果有剩余，即股东权益的增量可以作为企业的内部筹资。净负债及股东权益是企业实体占用的经济资源，它也代表了全部筹资净额的来源，它在数量上与企业全部经营活动的筹资需求相同，即等于净经营资产。

该集团的股本为200万元，不存在优先股，不存在金融资产（即该集团的净金融负债就等于金融负债），2010年年初未分配利润为100万元，根据剩余股利政策，能够得到权益分配等预测项目如表4－13所示。

税后利润（净利润）＝税后经营利润－税后利息费用（公式4－18）

期初股东权益＝股本＋年初未分配利润（公式4－19）

期末股东权益＝净经营资产－净金融负债

＝下一年期初股东权益

＝股本＋年末未分配利润（公式4－20）

股东权益增加（若＞0，为内部筹资）＝期末股东权益－期初股东权益（公式4－21）

发放股利＝税后利润－股东权益增加（公式4－22）

年末未分配利润＝年初未分配利润＋税后利润－发放股利（公式4－23）

净负债及股东权益＝净金融负债＋股东权益（公式4－24）

表 4-13　　　　WT 集团预测情况表之四

项目（万元）	年份										
	基期 2010	2011	2012	2013	2014	2015	2016	2017	2018	2019	2020
税后利润合计	81.79	98.15	122.69	147.23	161.95	170.05	178.55	187.48	196.85	206.69	217.03
年初未分配利润	100.00	160.00	232.00	340.00	448.00	512.80	548.44	585.86	625.16	666.41	709.73
可供分配的利润	181.79	258.15	354.69	487.23	609.95	682.85	726.99	773.34	822.00	873.10	926.76
股本	200.00	200.00	200.00	200.00	200.00	200.00	200.00	200.00	200.00	200.00	200.00
期初股东权益	300.00	360.00	432.00	540.00	648.00	712.80	748.44	785.86	825.16	866.41	909.73
期末股东权益	360.00	432.00	540.00	648.00	712.80	748.44	785.86	825.16	866.41	909.73	955.22
股东权益增加	60.00	72.00	108.00	108.00	64.80	35.64	37.42	39.29	41.26	43.32	45.49
应付普通股股利	21.79	26.15	14.69	39.23	97.15	134.41	141.13	148.18	155.59	163.37	171.54
未分配利润	160.00	232.00	340.00	448.00	512.80	548.44	585.86	625.16	666.41	709.73	755.22
股东权益合计	360.00	432.00	540.00	648.00	712.80	748.44	785.86	825.16	866.41	909.73	955.22
净负债及股东权益	480.00	576.00	720.00	864.00	950.40	997.92	1047.82	1100.21	1155.22	1212.98	1273.63

下面开始根据之前的财务预测情况来预计现金流量。

经营现金毛流量是指在没有经营营运资本变动和资本支出时，企业可以提供给投资人的现金流量总和，也称为“常用现金流量”，它的计算与项目价值评估中对经营期现金流量的计算类似。

这里的经营营运资本变动主要指由于生产经营的需要和扩大规模等方面的需求因素，企业新增的净经营营运资本投资。资本支出即经营长期资产总值的增加值减去经营长期负债的增加值，一般是用于购置各种长期资产的支出，而新增的长期负债可以满足一部分对资本支出的资金支持，作为其现金流流出的抵减项。

净经营营运资本增加 = Δ 净经营营运资本

= 期末净经营营运资本 - 期初净经营营运资本　　（公式 4-25）

资本支出 = Δ 净经营长期资产 + 折旧与摊销

= 期末净经营长期资产 - 期初净经营长期资产 + 折旧与摊销　　（公式 4-26）

“经营营运资本增加”从短期投资方面，“资本支出”从长期投资方面分别代表企业的新增投资，因此它们合计为企业的“本期总投资”。由于当期的折旧与摊销作为新投资长期资产的抵减项，因此净投资现金流出是本期总投资减去“折旧与摊销”后的剩余部分，称之为“本期净投资”。本期净投资是股东和债权人提供的，可以通过净经营资产的增加来验算，即它等于净金融负债的增加和股东权益增加之和。

本期总投资 = 净经营营运资本增加 + 资本支出　　（公式 4-27）

本期净投资 = 本期总投资 - 折旧与摊销

= Δ 净经营资产

= Δ 净金融负债 + Δ 股东权益　　（公式 4-28）

从企业发展的角度，如果有经营营运资本变动和资本支出时企业需要追加投资。经营现金毛流量扣除这些追加的投资后是“实体现金流量”，即企业在满足经营活动和资本支出后，还可以支付给债权人和股东的现金流量。经营现金毛流量扣除经营营运资本增加后的剩余现金流量是“经营现金净流量”。经营现金净流量扣除资本支出后的剩余部分是实体现金流量。从剩余收益的角度，将企业的经营成果，即税后经营利润扣除本期净投资，就是实体现金流量。

经营现金毛流量 = 税后经营利润 + 折旧与摊销 （公式 4 – 29）

经营现金净流量 = 经营现金毛流量 – 净经营营运资本增加 （公式 4 – 30）

实体现金流量 = 经营现金净流量 – 资本支出

= 税后经营利润 – 本期净投资 （公式 4 – 31）

股权现金流量 = 实体现金流量 – 债务现金流量

= （税后利润 + 税后利息费用 – 净投资） – （税后利息费用 – 债务净增加）

= 税后利润 – （净投资 – 债务净增加） （公式 4 – 32）

股权现金流量 = 税后利润 – （1 – 负债率） × 净投资 （公式 4 – 33）

如果企业按照固定的负债率为投资筹集资本，企业保持稳定的财务结构，“净投资”和“债务净增加”存在固定比例关系，即债权人再投资的出资比率为“负债率”。股权现金流量的公式可以表示为公式 4 – 34。该公式表示，税后净利是属于股东的，但要扣除净投资。净投资中股东负担部分是“（1 – 负债率） ×净投资”，其他部分的净投资由债权人提供。税后利润减去股东负担的净投资，即股东获得的净利扣除再投资剩余的部分称为股权现金流量。

“融资现金流量”包括债权融资净流量和股权融资净流量两部分，它是站在债权和股权投资者的角度看待资金的来源。

债权融资净流量 = （利息费用合计 + 偿还债务本金） – [利息费用抵税 + （新增金融债务本金 – 新增金融资产抵减）]

= 税后利息费用 – 净金融负债增加 + 净金融资产增加 （公式 4 – 34）

股权融资净流量 = 股利分配 – 股权资本发行 （公式 4 – 35）

融资现金流量 = 债权融资净流量 + 股权融资净流量 （公式 4 – 36）

由于企业提供的现金流量就是投资人得到的现金流量，因此它们应当相等。“实体现金流量”是从企业角度观察的，企业产生剩余现金用正数表示，企业吸收投资人的现金则用负数表示。“融资现金流量”是从投资人角度观察的实体现金流量，投资人得到现金用正数表示，投资人提供现金则用负数表示。实体现金流量应当等于融资现金流量。现金流量的这种平衡关系，给我们提供了一种检验现金流量计算是否正确的方法。

已知该集团不存在新增金融资产，也不新增发行股权资本，根据以上公式，能够测算得到相关现金流量等预测项目如表 4 – 14 所示。

表 4 – 14　　WT 集团预测现金流量情况表

项目（万元）	年份										
	基期 2010	2011	2012	2013	2014	2015	2016	2017	2018	2019	2020
经营现金毛流量	122.40	146.88	183.60	220.32	242.35	254.47	267.19	280.55	294.58	309.31	324.77
净经营营运资本增加		36.00	54.00	54.00	32.40	17.82	18.71	19.65	20.63	21.66	22.74
经营现金净流量		110.88	129.60	166.32	209.95	236.65	248.48	260.91	273.95	287.65	302.03

续表

项目（万元）	年份										
	基期2010	2011	2012	2013	2014	2015	2016	2017	2018	2019	2020
净经营长期资产增加		60.00	90.00	90.00	54.00	29.70	31.19	32.74	34.38	36.10	37.91
资本支出		103.20	144.00	154.80	125.28	104.54	109.77	115.26	121.02	127.07	133.43
本期总投资		139.20	198.00	208.80	157.68	122.36	128.48	134.91	141.65	148.73	156.17
本期净投资		96.00	144.00	144.00	86.40	47.52	49.90	52.39	55.01	57.76	60.65
实体现金流量		7.68	-14.40	11.52	84.67	132.11	138.71	145.65	152.93	160.58	168.60
短期借款增加		14.40	21.60	21.60	12.96	7.13	7.48	7.86	8.25	8.66	9.10
长期借款增加		9.60	14.40	14.40	8.64	4.75	4.99	5.24	5.50	5.78	6.06
债务净增加		24.00	36.00	36.00	21.60	11.88	12.47	13.10	13.75	14.44	15.16
债务现金流量		-18.47	-29.09	-27.71	-12.48	-2.30	-2.41	-2.54	-2.66	-2.80	-2.94
股权现金流量		26.15	14.69	39.23	97.15	134.41	141.13	148.18	155.59	163.37	171.54
金融资产净增加		0.00	0.00	0.00	0.00	0.00	0.00	0.00	0.00	0.00	0.00
债权融资净流量		-18.47	-29.09	-27.71	-12.48	-2.30	-2.41	-2.54	-2.66	-2.80	-2.94
股权资本发行		0.00	0.00	0.00	0.00	0.00	0.00	0.00	0.00	0.00	0.00
股权融资净流量		26.15	14.69	39.23	97.15	134.41	141.13	148.18	155.59	163.37	171.54
融资现金流量合计		7.68	-14.40	11.52	84.67	132.11	138.71	145.65	152.93	160.58	168.60

我们知道，企业是否进入稳定状态是预测期和后续期的划分标准。

判断企业进入稳定状态的主要标志有两个：具有稳定的销售增长率和投资资本回报率。这两个比率如果变得比较稳定的时候，基本代表企业的发展开始进入到了比较稳定的时期。根据WT集团的财务预测，可以得到各年的税后经营利润和投资资本，计算得到WT集团的期初投资资本回报率及相关的现金流量增长率见表4-15。

投资资本回报率=税后经营利润/期初投资资本　　　　（公式4-37）

表4-15　　WT集团预测投资回报率及现金增长率情况表

项目（%）	年份										
	基期2010	2011	2012	2013	2014	2015	2016	2017	2018	2019	2020
销售增长率	20	20	25	20	10	5	5	5	5	5	5
期初投资资本回报率		21.60	22.50	21.60	19.80	18.90	18.90	18.90	18.90	18.90	18.90
实体现金流量增长率			-288	-180	635	56	5	5	5	5	5
债务现金流量增长率			57	-5	-55	-82	5	5	5	5	5
股权现金流量增长率			-44	167	148	38	5	5	5	5	5

通过表4－15的预测观察到WT公司的销售增长率和净资本回报率在2015年恢复到正常水平。销售增长率稳定在5%，与宏观经济的增长率（一般为2%～6%）接近；投资资本回报率稳定在18.90%，与其资本成本18.88%接近。因此，该企业的预测期确定为2011－2015年，后续期为2016年及以后年度。

通过前面详细预测期和后续期的划分，我们就知道了估计确定后续期销售增长率的方法，就是延长销售预测的时间长度，等待销售增长稳定状态出现，此时的增长率就是后续期的永续销售增长率。这个“销售”增长率也是后续期的“现金流量”增长率。

该集团在2016年进入永续增长阶段，销售增长率为5%。如果我们把预测期延长到2020年，就会发现后续期的实体现金流量增长率、债务现金流量增长率和股权现金流量增长率是与销售增长率相同的，都为5%。

之所以会出现一致的情况是因为在“稳定状态下”，经营效率和财务政策不变，即资产息前税后经营利润率、资本结构和股利分配政策不变，财务报表将按照稳定的增长率在扩大的规模上被复制。影响实体现金流量和股权现金流量的各因素都与销售额同步增长，因此现金流量增长率与销售增长率相同。

通过之前的计算，关于WT集团的预计利润表、预计资产负债表和预计现金流量表分别见表4－16、表4－17、表4－18。

表4－16　　WT集团的预计利润表　　单位：万元

年份	基期2010	2011	2012	2013	2014	2015	2016	2017	2018	2019	2020
预测假设：（%）											
销售增长率	20	20	25	20	10	5	5	5	5	5	5
销售成本率	65	65	65	65	65	65	65	65	65	65	65
销售、管理费用/销售收入	5	5	5	5	5	5	5	5	5	5	5
折旧与摊销/销售收入	6	6	6	6	6	6	6	6	6	6	6
短期债务利率	6	6	6	6	6	6	6	6	6	6	6
长期债务利率	7	7	7	7	7	7	7	7	7	7	7
平均所得税税率	40	40	40	40	40	40	40	40	40	40	40
利润表项目											
税后经营利润：											
一、销售收入	600.00	720.00	900.00	1 080.00	1 188.00	1 247.40	1 309.77	1 375.26	1 444.02	1 516.22	1 592.03
减：销售成本	390.00	468.00	585.00	702.00	772.20	810.81	851.35	893.92	938.61	985.54	1 034.82
销售、管理费用	30.00	36.00	45.00	54.00	59.40	62.37	65.49	68.76	72.20	75.81	79.60
折旧与摊销	36.00	43.20	54.00	64.80	71.28	74.84	78.59	82.52	86.64	90.97	95.52
二、税前经营利润	144.00	172.80	216.00	259.20	285.12	299.38	314.34	330.06	346.57	363.89	382.09
减：经营利润所得税	57.60	69.12	86.40	103.68	114.05	119.75	125.74	132.02	138.63	145.56	152.84
三、税后经营利润	86.40	103.68	129.60	155.52	171.07	179.63	188.61	198.04	207.94	218.34	229.25
金融损益：											

续表

年份	基期 2010	2011	2012	2013	2014	2015	2016	2017	2018	2019	2020
四、短期借款利息	4.32	5.18	6.48	7.78	8.55	8.98	9.43	9.90	10.40	10.92	11.46
加：长期借款利息	3.36	4.03	5.04	6.05	6.65	6.99	7.33	7.70	8.09	8.49	8.92
五、利息费用合计	7.68	9.22	11.52	13.82	15.21	15.97	16.77	17.60	18.48	19.41	20.38
减：利息费用抵税	3.07	3.69	4.61	5.53	6.08	6.39	6.71	7.04	7.39	7.76	8.15
六、税后利息费用	4.61	5.53	6.91	8.29	9.12	9.58	10.06	10.56	11.09	11.64	12.23
七、税后利润合计	81.79	98.15	122.69	147.23	161.95	170.05	178.55	187.48	196.85	206.69	217.03
加：年初未分配利润	100.00	160.00	232.00	340.00	448.00	512.80	548.44	585.86	625.16	666.41	709.73
八：可供分配的利润	181.79	258.15	354.69	487.23	609.95	682.85	726.99	773.34	822.00	873.10	926.76
减：应付普通股股利	21.79	26.15	14.69	39.23	97.15	134.41	141.13	148.18	155.59	163.37	171.54
九、未分配利润	160.00	232.00	340.00	448.00	512.80	548.44	585.86	625.16	666.41	709.73	755.22

表 4－17　　WT 集团的预计资产负债表　　单位：万元

年份	基期 2010	2011	2012	2013	2014	2015	2016	2017	2018	2019	2020
预期假设：											
销售收入	600.00	720.00	900.00	1 080.00	1 188.00	1 247.40	1 309.77	1 375.26	1 444.02	1 516.22	1 592.03
经营现金/销售收入（%）	2	2	2	2	2	2	2	2	2	2	2
其他经营流动资产/销售收入（%）	38	38	38	38	38	38	38	38	38	38	38
经营流动负债/销售收入（%）	10	10	10	10	10	10	10	10	10	10	10
经营长期资产/销售收入（%）	50	50	50	50	50	50	50	50	50	50	50
短期借款/净经营资产（%）	15	15	15	15	15	15	15	15	15	15	15
长期借款/净经营资产（%）	10	10	10	10	10	10	10	10	10	10	10
项目：											
经营资产：											
经营现金	12.00	14.40	18.00	21.60	23.76	24.95	26.20	27.51	28.88	30.32	31.84
其他经营流动资产	228.00	273.60	342.00	410.40	451.44	474.01	497.71	522.60	548.73	576.16	604.97
减：经营流动负债	60.00	72.00	90.00	108.00	118.80	124.74	130.98	137.53	144.40	151.62	159.20
净经营营运资本	180.00	216.00	270.00	324.00	356.40	374.22	392.93	412.58	433.21	454.87	477.61
经营长期资产	300.00	360.00	450.00	540.00	594.00	623.70	654.89	687.63	722.01	758.11	796.02
减：经营长期负债	0.00	0.00	0.00	0.00	0.00	0.00	0.00	0.00	0.00	0.00	0.00
净经营长期资产	300.00	360.00	450.00	540.00	594.00	623.70	654.89	687.63	722.01	758.11	796.02

续表

年份	基期 2010	2011	2012	2013	2014	2015	2016	2017	2018	2019	2020
净经营资产总计	480.00	576.00	720.00	864.00	950.40	997.92	1 047.82	1 100.21	1 155.22	1 212.98	1 273.63
金融负债：											
短期借款	72.00	86.40	108.00	129.60	142.56	149.69	157.17	165.03	173.28	181.95	191.04
长期借款	48.00	57.60	72.00	86.40	95.04	99.79	104.78	110.02	115.52	121.30	127.36
金融负债合计	120.00	144.00	180.00	216.00	237.60	249.48	261.95	275.05	288.80	303.24	318.41
股本	200.00	200.00	200.00	200.00	200.00	200.00	200.00	200.00	200.00	200.00	200.00
年初未分配利润	100.00	160.00	232.00	340.00	448.00	512.80	548.44	585.86	625.16	666.41	709.73
本年利润	81.79	98.15	122.69	147.23	161.95	170.05	178.55	187.48	196.85	206.69	217.03
本年股利	21.79	26.15	14.69	39.23	97.15	134.41	141.13	148.18	155.59	163.37	171.54
年末未分配利润	160.00	232.00	340.00	448.00	512.80	548.44	585.86	625.16	666.41	709.73	755.22
股东权益合计	360.00	432.00	540.00	648.00	712.80	748.44	785.86	825.16	866.41	909.73	955.22
净负债及股东权益	480.00	576.00	720.00	864.00	950.40	997.92	1 047.82	1 100.21	1 155.22	1 212.98	1 273.63

表 4－18　　WT 集团的预计现金流量表　　单位：万元

年份	基期 2010	2011	2012	2013	2014	2015	2016	2017	2018	2019	2020
税后经营利润	81.79	98.15	122.69	147.23	161.95	170.05	178.55	187.48	196.85	206.69	217.03
加：折旧与摊销	36.00	43.20	54.00	64.80	71.28	74.84	78.59	82.52	86.64	90.97	95.52
经营现金毛流量	122.40	146.88	183.60	220.32	242.35	254.47	267.19	280.55	294.58	309.31	324.77
减：净经营营运资本增加		36.00	54.00	54.00	32.40	17.82	18.71	19.65	20.63	21.66	22.74
经营现金净流量		110.88	129.60	166.32	209.95	236.65	248.48	260.91	273.95	287.65	302.03
减：净经营长期资产增加		60.00	90.00	90.00	54.00	29.70	31.19	32.74	34.38	36.10	37.91
折旧与摊销		43.20	54.00	64.80	71.28	74.84	78.59	82.52	86.64	90.97	95.52
实体现金流量		7.68	－14.40	11.52	84.67	132.11	138.71	145.65	152.93	160.58	168.60
金融现金流动：											
税后利息费用		5.53	6.91	8.29	9.12	9.58	10.06	10.56	11.09	11.64	12.23
减：短期借款增加		14.40	21.60	21.60	12.96	7.13	7.48	7.86	8.25	8.66	9.10
长期借款增加		9.60	14.40	14.40	8.64	4.75	4.99	5.24	5.50	5.78	6.06
金融资产净增加		0.00	0.00	0.00	0.00	0.00	0.00	0.00	0.00	0.00	0.00
债务现金流量		－18.47	－29.09	－27.71	－12.48	－2.30	－2.41	－2.54	－2.66	－2.80	－2.94
股利分配		26.15	14.69	39.23	97.15	134.41	141.13	148.18	155.59	163.37	171.54
减：股权资本发行		0.00	0.00	0.00	0.00	0.00	0.00	0.00	0.00	0.00	0.00
股权现金流量		26.15	14.69	39.23	97.15	134.41	141.13	148.18	155.59	163.37	171.54
融资现金流量合计		7.68	－14.40	11.52	84.67	132.11	138.71	145.65	152.93	160.58	168.60

续表

年份	基期 2010	2011	2012	2013	2014	2015	2016	2017	2018	2019	2020
实体现金流量增长率（%）			-288	-180	635	56	5	5	5	5	5
债务现金流量增长率（%）			57	-5	-55	-82	5	5	5	5	5
股权现金流量增长率（%）			-44	167	148	38	5	5	5	5	5

本章小结

1. 财务预测的方法。因素分析法、销售百分比法和资金习性法，资金习性法又包括两种：高低点法和回归直线法。因素分析法是以有关项目基期年度的平均资金需要量为基础，根据预测年度的生产经营任务和资金周转加速的要求，进行分析调整，来预测资金需要量的一种方法。销售百分比法，将反映生产经营规模的销售因素与反映资金占用的资产因素连接起来，根据销售与资产之间的数量比例关系，来预计企业的外部筹资需要量。销售百分比法首先假设某些资产与销售额存在稳定的百分比关系，根据销售与资产的比例关系预计资产额，根据资产额预计相应的负债和所有者权益，进而确定筹资需求量。资金习性预测法，是指根据资金习性预测未来资金需要量的一种方法。进行资金习性分析，把资金划分为变动资金和不变资金两部分，从数量上掌握了资金同销售量之间的规律性，对准确地预测资金需要量有很大帮助。

2. 销售增长与资金需求的关系。外部融资需求的影响因素有：销售增长、销售净利率、股利支付率、可动用金融资产。销售净利率越大，外部融资需求越少；股利支付率越高，外部融资需求越大；可动用金融资产越大，外部融资需求越少。外部融资为零时的销售增长率就是内含增长率。在保持目前经营效率和财务政策不变的条件下公司销售所能增长的最大比率就是可持续增长率。

3. 预计财务报表的编制。编制预计财务报表是财务预测的重要内容之一，包括预计利润表、预计资产负债表和预计现金流量表。

第五章 财务规划

学习目标

修完本章内容后，你应该能够：

1. 理解本量利之间的关系，掌握盈亏平衡分析
2. 理解本量利的敏感分析及利润规划方法
3. 理解预算的编制，掌握财务预算的编制方法

第一节　利润规划

财务规划是企业在财务预测的基础上为实现财务目标，对未来一定时期的一系列财务活动进行的系统安排。主要包括利润规划和财务预算。在企业规划中，利润规划是基本的规划之一。利润规划规定在将来一定时期内所要达到的利润目标及其实现方法。利润规划主要适用的方法是本量利分析法。这种方法能通过业务量、成本、利润之间的关系对企业生产经营活动进行规划和控制，它是目标利润管理的基础方法。

一、成本、业务量和利润的关系

（一）本量利分析的基本公式

本量利分析所考虑的因素主要有固定成本（a），单位变动成本（b），销售量（x），单价（p），销售收入（px）和利润（E）等，这些变量之间的关系可用下式反映。

利润 = 销售收入 - 变动成本 - 固定成本

= 销售量 × 单价 - 销售量 × 单位变动成本 - 固定成本

$$E = px - bx - a \qquad \text{（公式 5-1）}$$

这个公式是明确表明本量利之间数量关系的基本公式。它含有 5 个相互联系的变量，给定其中 4 个，便可求出另 1 个变量的值。但在规划期间利润时，通常把单价、单位变动成本和固定成本视为稳定的常量，只有销量和利润两个自由变量。给定销量时，可利用公式直接计算出预期利润；给定目标利润时，可计算出应达到的销售量：

$$\text{销售量}(x) = \frac{\text{固定成本} + \text{目标利润}}{\text{单价} - \text{单位变动成本}} \qquad \text{（公式 5-2）}$$

基本公式实际是损益计算公式，是损益表的模型化表达，不同的损益表可以创造出不同的模型。

【例 5-1】光明公司只产销一种产品，每月固定成本 2 000 元，单价 10 元，单位变动成本 6 元，销售量 1 000 件。

要求：（1）计算预期利润。

（2）如果目标利润4 000元，计算实现目标利润的销售量。

预期利润（E）$= px - bx - a$

$= 10 \times 1\ 000 - 6 \times 1\ 000 - 2\ 000 = 2\ 000$（元）

实现目标利润的销售量（x）$= \dfrac{a + E}{p - b} = \dfrac{2\ 000 + 4\ 000}{10 - 6}$

$= 1\ 500$（件）

（二）边际贡献计算公式

1. 边际贡献

边际贡献是指产品的销售收入与其变动成本的差额，又称贡献毛益、贡献边际等。

边际贡献（m）= 销售收入 - 变动成本 $= px - bx$ （公式5-3）

单位边际贡献（cm）= 单价 - 单位变动成本 $= p - b$ （公式5-4）

【例5-2】根据例5-1资料，计算产品的边际贡献总额和单位边际贡献。

解：边际贡献总额 $= 10 \times 1\ 000 - 6 \times 1\ 000 = 4\ 000$（元）

单位边际贡献 $= 10 - 6 = 4$（元）

边际贡献是产品扣除自身变动成本后给企业所做的贡献，它首先用于收回企业的固定成本，如果还有剩余则成为利润，如果不足以收回固定成本则发生亏损。

2. 边际贡献率

边际贡献率是指边际贡献总额在销售收入中所占的百分率，即：

边际贡献率（mR）$= \dfrac{\text{边际贡献总额}}{\text{销售收入}} \times 100\% = \dfrac{M}{px} \times 100\%$ （公式5-5）

$= \dfrac{\text{单位边际贡献} \times \text{销量}}{\text{单位} \times \text{销量}} \times 100\% = \dfrac{cm \times x}{p \times x} \times 100\%$

$= \dfrac{\text{单位边际贡献}}{\text{单价}} \times 100\% = \dfrac{cm}{p} \times 100\%$ （公式5-6）

【例5-3】根据例5-1资料，计算产品的边际贡献率

解：边际贡献率 $= \dfrac{4\ 000}{10 \times 1\ 000} \times 100\% = 40\%$

或 $= \dfrac{10 - 6}{10} \times 100\% = 40\%$

边际贡献率是每1元销售收入中边际贡献所占的比例，它反映产品给企业做出贡献的能力。

与边际贡献率相对应的概念是变动成本率。变动成本率（bR）是指变动成本在销售收入中所占的百分率。

变动成本率（bR）$= \dfrac{\text{变动成本}}{\text{销售收入}}$ （公式5-7）

$= \dfrac{\text{单位变动成本} \times \text{销量}}{\text{单价} \times \text{销量}} \times 100\% = \dfrac{px}{px} \times 100\%$

$= \dfrac{\text{单位变动成本}}{\text{单价}} \times 100\% = \dfrac{b}{p} \times 100\%$ （公式5-8）

【例5-4】根据例5-1资料，计算产品的变动成本率

解：变动成本率 $= \dfrac{1\ 000 \times 6}{1\ 000 \times 10} \times 100\% = 60\%$

或 $= \dfrac{6}{10} \times 100\% = 60\%$

由于销售收入被分为变动成本和边际贡献两部分，前者是产品自身的耗费，后者是给企业的贡献，两者百分率之和应当为1。

变动成本率 + 边际贡献率 = 1

根据【例5－3】、【例5－4】资料计算：变动成本率 + 边际贡献率 = 60% + 40% = 1

生产多种产品的企业，需要计算多种产品的加权平均边际贡献率。

$$加权平均边际贡献率 = \frac{\sum 各产品边际贡献}{\sum 各产品销售收入} \times 100\% \quad （公式5－9）$$

$$= \sum（各产品边际贡献率 \times 各产品占总销售比重） \quad （公式5－10）$$

【例5－5】某企业生产甲、乙、丙三种产品，固定成本6 000元，有关资料如表5－1所示，要求计算加权平均边际贡献率。

表5－1　销售和成本资料　单位：元

产品	单价	单位变动成本	销量（件）
甲	30	24	100
乙	20	14	200
丙	10	6	300

解：根据表5－1资料，计算整理成表5－2。

表5－2　加权平均边际贡献率　单位：元

产品	单价	单位边际贡献	销量	边际贡献	销售收入	边际贡献率	占总销售比重
甲	30	6	100	600	3 000	20%	30%
乙	20	6	200	1 200	4 000	30%	40%
丙	10	4	300	1 200	3 000	40%	30%
合计			600	3 000	10 000		100%

$$加权平均边际贡献率 = \frac{3\ 000}{10\ 000} \times 100\% = 30\%$$

或 = 20% × 30% + 30% × 40% + 40% × 30% = 30%

3. 边际贡献的变形公式

由于创造了“边际贡献”这个新的概念，本量利关系的基本公式可以改写成新的形式：

利润 = 销量 × 单位边际贡献 － 固定成本

= 边际贡献 － 固定成本

= 销售收入 × 边际贡献率 － 固定成本

因此，有下列边际贡献变形公式：

$$单位边际贡献 = \frac{固定成本 + 利润}{销量} \quad （公式5－11）$$

边际贡献 = 固定成本 + 利润

$$边际贡献率 = \frac{固定成本 + 利润}{销售收入} \quad （公式5－12）$$

（三）本量利图

反映成本量利图是本、销量、利润关系的直角坐标图，因其能清晰地显示企业不盈利又不亏损时应达到的产销量，故又称为盈亏临界图或损益平衡图。用图示表达本量利的相互关系，不仅形象直观，而且容易理解。

1. 基本的本量利图

图 5－1 是根据【例 5－1】数据绘制的基本的本量利图。其绘制步骤是：①选定直角坐标系，以横轴表示销量，纵轴表示成本和销售收入。②以单价为斜率，过原点及任一销量下的销售额点，绘制销售收入线（Px）。③在纵坐标轴上以固定成本为截距，画一条平行于横轴的直线为固定成本线（a）。④在固定成本线的基础上，以单位变动成本为斜率，绘制变动成本线（bx）。

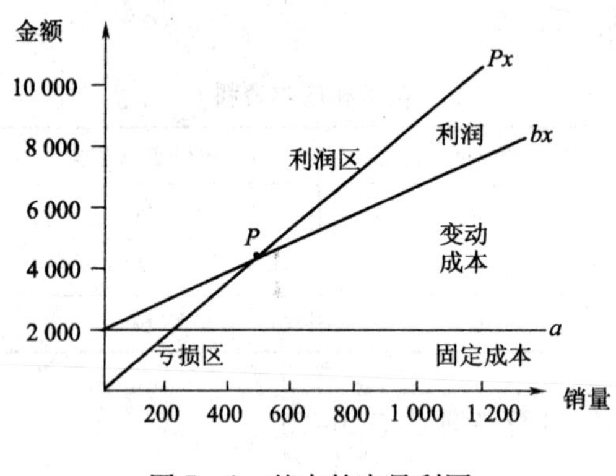

图 5－1　基本的本量利图

从基本的本量利图看出，①固定成本线与横轴之间的距离为固定成本值，它不因销量增减而变动。②变动成本线与固定成本线之间的距离为变动成本，它随销量变动成正比例变动。③变动成本线与横轴之间的距离为总成本，它是固定成本和变动成本之和。④销售收入线和总成本线的交点（P），是盈亏临界点。它在横轴上对应的销售量是盈亏临界点的销售量，表明企业在此销售量下总收入与总成本相等，在此基础上，增加销量，销售收入超过总成本，销售收入与总成本之间的距离为利润值，形成利润区，盈亏临界点下方的三角区为亏损区。

图 5－1 中横轴的销售量不仅可使用实物量，也可以使用价值量（金额）来表示，如图 5－2 所示。

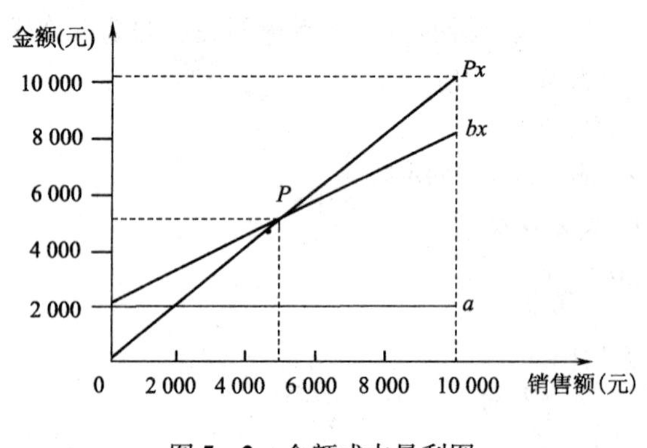

图 5－2　金额式本量利图

金额式本量利图的销售收入线的斜率为 1，变动成本线的斜率是变动成本率，其他绘制方法与基本的本量利图大体相同。这种图不仅用于单一产品，还可用于多种产品的本量利分析。

基本的本量利图优点是应用广泛，缺点是无法反映边际贡献与其他因素的关系。

2. 贡献式本量利图

图 5－3 是根据【例 5－1】的有关数据绘制的贡献式本量利图。

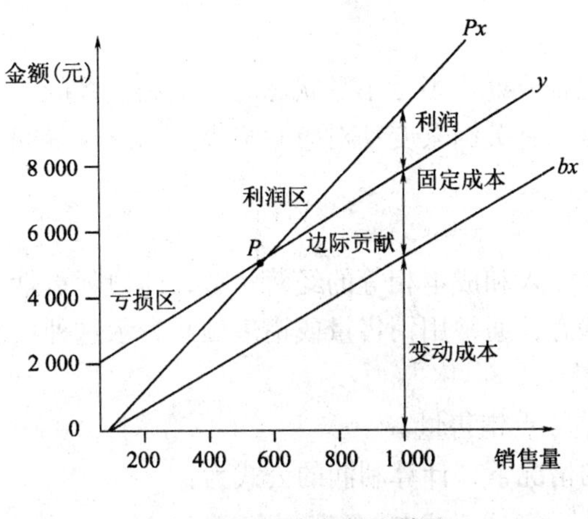

图 **5－3**　贡献式本量利图

这种图绘制的特点是先画变动成本线（bx），然后在此基础上画一条与变动成本线平行的总成本线（y），其他部分的画法与基本的本量利图相同。

贡献式本量利图的主要优点是可以表示边际贡献的数值。企业的销售收入随销量的增长成正比例增长，它首先用于弥补产品自身的变动成本，剩余的是边际贡献，即销售收入线与变动成本线之间的距离。只要单价大于单位变动成本，就存在边际贡献，边际贡献随销售量的增加而增大，当其达到固定成本值时（到达 P 点），企业处于盈亏临界状态，当边际贡献超过固定成本后，企业进入盈利状态。

3. 利量式本量利图

图 5－4 是根据【例 5－1】的有关数据绘制的利量式本量利图。

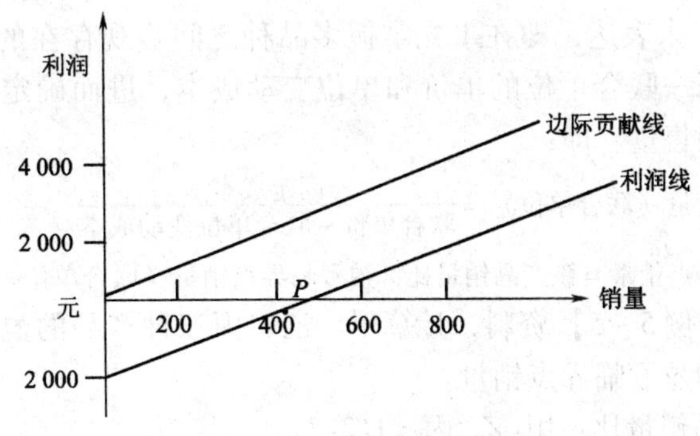

图 **5－4**　利量式本量利图

这种图以横轴代表销量，纵轴代表利润或边际贡献，通常，先画一条边际贡献线，然后过纵轴固定成本负值做一条平行线，即利润线，利润线与横轴的交点为盈亏临界点。

图中横轴表示销售量，利润线的斜率为单位边际贡献，如果横轴表示销售额，利润线的斜率则是边际贡献率。从图上可以看出，在边际贡献大于零的条件下，销售量为零时，企业将发生最大的亏损额，其数额等于固定成本。

利量式本量利图的优点是能直接反映业务量的变动对利润的影响，简单明了。其不足之处在于不能显示业务量变动对成本的影响。

二、盈亏临界分析

盈亏临界分析是研究企业处于不亏不盈状态时本量利关系的一种定量分析方法。即主要研究如何确定盈亏临界点，有关因素变动对盈亏临界点的影响等问题。又称保本分析，损益平衡分析等。

（一）盈亏临界点的确定

盈亏临界点是指企业收入和成本相等的经营状态，即边际贡献等于固定成本时企业所处的既不盈利又不亏损的状态，通常用销售量或销售额来表示这种状态。

1. 盈亏临界点销售量

（1）单一产品盈亏临界点销售量。

在只生产一种产品的情况下，计算利润的公式为：

利润 = 单价 × 销量 - 单位变动成本 × 销量 - 固定成本

令利润 =0，此时的销售量即为盈亏临界点销量。

0 = 单价 × 盈亏临界点销量 - 单位变动成本 × 盈亏临界点销量 - 固定成本

$$盈亏临界点销量 = \frac{固定成本}{单价 - 单位变动成本} \quad （公式 5-13）$$

由于：单价 - 单位变动成本 = 单位边际贡献

$$所以上式可写成：盈亏临界点销量 = \frac{固定成本}{单位边际贡献} \quad （公式 5-14）$$

【例 5-6】根据【例 5-1】资料，计算其盈亏临界点销售量

$$盈亏临界点销量 = \frac{2\ 000}{10-6} = 500（件）$$

（2）多品种盈亏临界点销售量。

盈亏临界点销售量是盈亏临界点的实物量表现形式，在多品种情况下，盈亏临界点销售量只能用“联合单位”来表达，即在事先掌握多品种之间客观存在的相对稳定产销实物量比例的基础上，确定每一联合单位的单价和单位变动成本，进而确定用“联合单位”表现的多品种盈亏临界点销售量。即：

$$盈亏临界点销售量（联合单位）= \frac{固定成本}{联合单价 - 联合单位变动成本} \quad （公式 5-15）$$

某产品盈亏临界点销量 = 该产品销量比 × 盈亏临界点销量（联合单位） （公式 5-16）

【例 5-7】根据【例 5-5】资料，计算甲、乙、丙三种产品的盈亏临界点销量（联合单位）和每一种产品的盈亏临界点销量。

解：（1）确定产品销量比：甲∶乙∶丙 = 1∶2∶3。

（2）联合单价 = 1 × 30 + 2 × 20 + 3 × 10 = 100。

（3）联合单位变动成本 = 1 × 24 + 2 × 14 + 3 × 6 = 70。

$$（4）甲、乙、丙产品盈亏临界点销量 = \frac{6\ 000}{100-70} = 200（联合单位）$$

（5）各种产品盈亏临界点销售量

甲产品盈亏临界点销售量 = 1 × 200 = 200 件

乙产品盈亏临界点销售量 = 2 × 200 = 400 件

丙产品盈亏临界点销售量 = 3 × 200 = 600 件

2. 盈亏临界点销售额

（1）单一产品盈亏临界点销售额。

利润 = 销售额 × 边际贡献率 − 固定成本

令利润 = 0，此时的销售额为盈亏临界点销售额。

0 = 盈亏临界点销售额 × 边际贡献率 − 固定成本

$$盈亏临界点销售额 = \frac{固定成本}{边际贡献率} \quad （公式 5-17）$$

【例 5-8】根据【例 5-1】资料，计算产品盈亏临界点销售额

$$盈亏临界点销售额 = \frac{2\ 000}{40\%} = 5\ 000（元）$$

（2）多品种盈亏临界点销售额。

多品种盈亏临界点，尽管可以使用上述联合单位来表示，但因其适用范围小而不能广泛应用，应用广泛的是用销售额来表示多品种的盈亏临界点。多品种盈亏临界点销售额的计算方法很多，其中主要的是“加权平均法”。所谓加权平均法就是根据加权平均边际贡献率来确定多品种盈亏临界点销售额的方法，即

$$多品种盈亏临界点销售额 = \frac{固定成本}{加权平均边际贡献} \quad （公式 5-18）$$

计算出来的多品种盈亏临界点销售额可按各产品销售比重进行分解，计算每一品种的盈亏临界点销售额，再根据各产品单价，进一步确定各产品的盈亏临界点销售量。

某产品盈亏临界点销售额 = 该产品占总销售比重 × 多品种盈亏临界点销售额

某产品盈亏临界点销售量 = 某产品盈亏临界点销售额 ÷ 该产品单价

【例 5-9】根据【例 5-5】资料，计算甲、乙、丙三种产品的盈亏临界点销售额及各产品的盈亏临界点销售额。

解：根据表 5-2，计算各产品边际贡献率及各产品占总销售的比重：

（1）各产品边际贡献率。

甲产品边际贡献率 = 20%

乙产品边际贡献率 = 30%

丙产品边际贡献率 = 40%

（2）各产品占总销售比重。

甲产品占总销售比重 = 30%

乙产品占总销售比重 = 40%

丙产品占总销售比重 = 30%

（3）加权平均边际贡献率 = 20% × 30% + 30% × 40% + 40% × 30% = 30%

（4）多品种盈亏临界点销售额 $= \frac{6\ 000}{30\%} = 20\ 000$（元）

（5）各产品的盈亏临界点销售额。

甲产品盈亏临界点销售额 = 30% × 20 000 = 6 000（元）

乙产品盈亏临界点销售额 = 40% × 20 000 = 8 000（元）

丙产品盈亏临界点销售额 = 30% × 20 000 = 6 000（元）

（6）各产品的盈亏临界点销售量。

甲产品盈亏临界点销售量 = 6 000 ÷ 30 = 200（件）

乙产品盈亏临界点销售量 = 8 000 ÷ 20 = 400（件）

丙产品盈亏临界点销售量 = 6 000 ÷ 10 = 600（件）

3. 盈亏临界点作业率

盈亏临界点作业率，是指盈亏临界点销售量占企业正常销售量的百分率。所谓正常销售量，是指正常市场和正常开工情况下的销售量，也可以用销售额来表示。

$$\text{盈亏临界点作业率} = \frac{\text{盈亏临界点销售量（或销售额）}}{\text{正常销售量（或销售额）}} \times 100\% \qquad \text{（公式 5－19）}$$

这个比率表明企业保本的业务量在正常业务量中所占的比重，是用百分率表示的盈亏临界点。由于企业的生产经营能力与正常销售量基本相同，所以，盈亏临界点作业率还表明保本状态下的生产经营能力的利用程度。

【例5－10】根据【例5－1】及【例5－6】和【例5－8】资料，计算光明公司盈亏临界点作业率。

$$\text{盈亏临界点作业率} = \frac{500}{1\ 000} \times 100\% = 50\%$$

$$\text{或} = \frac{500}{1\ 000} \times 100\% = 50\%$$

计算表明，光明公司的作业率必须达到正常作业的50%以上才能盈利，否则就会发生亏损。

（二）有关因素变动对盈亏临界点的影响

在销售量不变的情况下，降低盈亏临界点，会增加利润或减少亏损，相反，提高盈亏临界点，会减少利润或增加亏损。说明盈亏临界点的高低，反映产品盈利能力的大小，因此，分析有关因素的变动对盈亏临界点的影响，对寻求提高企业盈利途径具有重要意义。

1. 单价变动对盈亏临界点的影响

在其他因素不变的情况下，单价变动会引起单位边际贡献和边际贡献率同方向变化，并引起盈亏临界点反方向变化，即单价上升，盈亏临界点下降；单价下降，盈亏临界点上升：

【例5－11】根据例5－1资料，如果单价上升10%，求其对盈亏临界点的影响。

解：价格变动前的盈亏临界点：

$$\text{销售量} = \frac{2\ 000}{10-6} = 500\text{（件）}$$

$$\text{销售额} = \frac{2\ 000}{40\%} = 5\ 000\text{（元）}$$

价格变动后的盈亏临界点：

$$\text{销售量} = \frac{2\ 000}{10 \times (1+10\%) - 6} = 400\text{（件）}$$

$$\text{销售额} = \frac{2\ 000}{[10 \times (1+10\%) - 6] / 10 \times (1+10\%)} = 4\ 400\text{（元）}$$

计算表明，单价上升10%，盈亏临界点销售量从500件下降至400件，盈亏临界点销售额从5 000元下降至4 400元，企业的盈利性增强了。

2. 单位变动成本变动对盈亏临界点的影响

在其他因素不变的情况下，单位变动成本的变动会引起单位边际贡献和边际贡献率反方向变化，并引起盈亏临界点同方向变化，即单位变动成本上升，盈亏临界点上升，单位变动成本下降，盈亏临界点降低。

【例5－12】根据【例5－1】资料，如果单位变动成本上升10%，求其对盈亏临界的影响。

解：单位变动成本变动后的盈亏临界点

$$销售量=\frac{2\ 000}{10-6\ (1+10\%)}=588\ (件)$$

$$销售额=\frac{2\ 000}{[10-6\times\ (1+10\%)]\ \div 10}=5\ 880\ (元)$$

计算表明，单位变动成本上升10%，盈亏临界点销售量从500件上升至588件，盈亏临界点销售额从5 000元上升至5 880元，企业的盈利性下降了。

3. 固定成本变动对盈亏临界点的影响

在其他因素不变的情况下，固定成本的变动会引起利润反方向变化，并引起盈亏临界点同方向变化。

【例5－13】根据【例5－1】资料，如果固定成本上升10%，求其对盈亏临界点的影响。

解：固定成本变动后的盈亏临界点：

$$销售量=\frac{2\ 000\times\ (1+10\%)}{10-6}=550\ (件)$$

$$销售额=\frac{2\ 000\times\ (1+10\%)}{40\%}=5\ 500\ (元)$$

计算表明，固定成本上升10%，盈亏临界点销售量和销售额均上升10%，在其他因素不变的情况下，盈利也下降了。

4. 销售量变动对盈亏临界点的影响

在其他因素不变的情况下，销售量变动对盈亏临界点无影响，但销售量变动直接影响边际贡献总额和利润总额。

5. 品种结构变动对盈亏临界点的影响

多品种盈亏临界点销售额是根据固定成本和加权平均边际贡献率计算的，而加权平均边际贡献率是根据各产品的边际贡献率及其销售额占总销售额的比重计算的。因此，品种结构变化，必然引起加权平均边际贡献率变化，进而影响盈亏临界点发生变化。

【例5－14】根据【例5－5】资料，假定品种结构由原来的甲:乙:丙＝1:2:3改为甲:乙:丙＝3:2:1，结合【例5－9】计算其对盈亏临界点的影响。

品种结构变动前：

加权平均边际贡献率＝30%

$$盈亏临界点销售额=\frac{6\ 000}{30\%}=20\ 000\ (元)$$

品种结构变动后：

$$加权平均边际贡献率=20\%\times\frac{9\ 000}{14\ 000}+30\%\times\frac{4\ 000}{14\ 000}+40\%\times\frac{1\ 000}{14\ 000}=17.14\%$$

$$盈亏临界点销售额=\frac{6\ 000}{17.14\%}=35\ 000\ (元)$$

计算表明，盈亏临界点销售额从20 000元上升到35 000元，这是因为边际贡献率大的丙产品比重下降，而边际贡献率小的甲产品的比重增大所致。

（三）安全边际和安全边际率

安全边际是指正常销售业务量超过盈亏临界点业务量的差量，包括绝对量和相对量两种形式，绝对量又分为安全边际量和安全边际额，安全边际的相对量称为安全边际率。它们的计算公式如下：

安全边际量 = 正常销售量 - 盈亏临界点销售量 （公式 5 - 20）

安全边际额 = 正常销售额 - 盈亏临界点销售额 （公式 5 - 21）

$$安全边际率 = \frac{安全边际量（额）}{正常销售量（销售额）} \times 100\%$$

【例 5 - 15】根据【例 5 - 1】的有关资料，计算其安全边际和安全边际率

解：安全边际量 = 1 000 - 500 = 500（件）

安全边际额 = 10 000 - 5 000 = 5 000（元）

$$安全边际率 = \frac{500}{1\ 000} \times 100\% = 50\%$$

$$或 = \frac{5\ 000}{10\ 000} \times 100\% = 50\%$$

安全边际和安全边际率的数值越大，企业发生亏损的可能性越小，企业就安全。企业安全性检验标准的经验数据如表 5 - 3 所示。

表 5 - 3　　安全性检验标准

安全边际率	40% 以上	30% ~ 40%	20% ~ 30%	10% ~ 20%	10% 以下
安全等级	很安全	安全	较安全	值得注意	危险

显然，盈亏临界点把正常销售额分为两部分，一部分是盈亏临界点销售额；另一部分是安全边际额，即：

盈亏临界点销售额 + 安全边际额 = 正常销售额

上述等式两边同时除以正常销售额得：

盈亏临界点作业率 + 安全边际率 = 1 （公式 5 - 22）

根据【例 5 - 1】有关数据计算：盈亏临界点作业率 + 安全边际率 = 50% + 50% = 1

安全边际这个概念的出现，为我们计算利润提供了一种新方法。

因为：

利润 = 边际贡献 - 固定成本

= 销售额 × 边际贡献率 - 盈亏临界销售额 × 边际贡献率

= （销售额 - 盈亏临界点销售额） × 边际贡献率

所以：

利润 = 安全边际额 × 边际贡献率 （公式 5 - 23）

根据【例 5 - 1】资料计算：

利润 = 5 000 × 40% = 2 000（元）

这个公式说明：只有安全边际能为企业提供利润，利润的大小等于安全边际额中的边际贡献。

如果将这个公式两边同时除以销售收入：

$$\frac{利润}{销售收入} = \frac{完全边际额}{销售收入} \times 边际贡献率$$

销售利润率 = 安全边际率 × 边际贡献率　　（公式 5 - 24）

根据【例 5 - 1】有关资料计算：销售利润率 = 50% × 40% = 20%

这是一种计算销售利润率的新方法。它表明，企业要提高销售利润率，必须提高安全边际率，即降低盈亏临界点作业率，或提高边际贡献率，即降低变动成本率。

三、影响利润各因素变动分析

变动分析是指本量利发生变动时相互影响的定量分析。主要有两项内容：一是产销量、成本和价格发生变动时，测定其对利润的影响。二是目标利润发生变动时，分析实现目标利润所需的产销量、收入和支出。

盈亏临界分析主要研究利润为零的特殊经营状态的有关问题，而变动分析主要研究利润不为零的一般经营状态的有关问题。

（一）分析有关因素变动对利润的影响

企业在生产经营上采取的任何行动，都需要事先分析其对利润的影响。只有行动所产生的收入大于它所引起的支出，即能增加企业的盈利，该行动才能实施。

分析有关因素变动对利润的影响，就是将影响因素变化后的数值代入本量利基本公式，测定其使利润发生的变动。

1. 单一因素发生变化对利润的影响

企业拟采用某项行动，将使有关因素发生变动，这就需要测定其对利润的影响，作为评价该行动经济合理性的尺度。

（1）假设【例 5 - 1】的光明公司拟改变广告方式，将使销售量增加到 1 200 件。

利润 = 1 200 × 10 - 1 200 × 6 - 2 000 = 2 800（元）

改变广告方式使光明公司利润增加 800 元（2 800 - 2 000），它是增加广告开支的上限。

（2）假设光明公司拟实施一项技术革新计划，可使单位变动成本由 6 元降至 5 元。

利润 = 1 000 × 10 - 1 000 × 5 - 2 000 = 3 000（元）

这项革新可使光明公司利润增加 1 000 元（3 000 - 2 000），它是这项技术革新计划开支的上限。

（3）假设光明公司拟采用直销方式，可使售价由 10 元提高到 12 元。

利润 = 1 000 × 12 - 1 000 × 6 - 2 000 = 4 000（元）

这项计划可使光明公司利润增加 2 000 元（4 000 - 2 000），它是直销费用支出的上限。

2. 多因素变化对利润的影响

企业外部因素变化或企业拟采取某项行动使多因素发生相互关联的变化，这就需要测定其引起的利润变动，以便决策。

【例 5 - 16】由于通货膨胀，【例 5 - 1】的光明公司单位变动成本将增加 5%，结果将会导致利润下降。为了抵消这种影响，企业有两个应对措施：一是提价 6%，而提价会使销量减少 10%；二是增产 15%，但需追加 300 元广告费。

要求：回答光明公司应做何选择？

解：（1）变动成本增加后不采取措施。

利润 = 1 000 × 10 - 1 000 × 6 ×（1 + 5%） - 2 000 = 1 700（元）

（2）采取第一方案。

利润 = 1 000 ×（1 - 10%）× 10 ×（1 + 6%）- 1 000 ×（1 - 10%）× 6 ×（1 + 5%）- 2 000

$=1\ 870$（元）

（3）采取第二方案。

$$利润=1\ 000\times(1+15\%)\times10-1\ 000\times(1+15\%)\times6\times(1+5\%)-(2\ 000+300)$$

$$=1\ 955（元）$$

比较可知，光明公司应选择第二方案。

（二）分析实现目标利润的有关条件

现代企业通常规定利润目标，实行目标管理。在这种情况下，应当研究如何利用企业现有资源，合理安排产销量、收入和成本支出以实现规定的目标利润，分析实现目标利润所需要的条件或应采取的措施。

1. 单项措施

假设【例5-1】的光明公司目标利润为3 000元，为实现目标利润应在以下方面采取相应措施：

（1）减少固定成本。将目标利润代入本量利基本公式，求未知数固定成本。

$$3\ 000=1\ 000\times10-1\ 000\times6-a$$

$$a=1\ 000（元）$$

在其他条件不变的情况下，固定成本从2 000元降至1 000元，即降低50%，可保证实现目标利润。

（2）减少变动成本。将目标利润代入本量利基本公式，求未知数单位变动成本。

$$3\ 000=1\ 000\times10-1\ 000\times b-2\ 000$$

$$b=5（元）$$

在其他因素不变的情况下，单位变动成本从6元降至5元，即降低16.67%，可保证实现目标利润。

（3）提高售价。同样将目标利润代入本量利基本公式，求未知数单价。

$$3\ 000=1\ 000\times P-1\ 000\times6-2\ 000$$

$$P=11（元）$$

在其他条件不变的情况下，单价从10元上升至11元，即提高10%，可保证实现目标利润。

（4）增加产销量。同样将目标利润代入本量利基本公式，求未知数产销量

$$3\ 000=x（10-6）-2\ 000$$

$$x=1\ 250（件）$$

在其他条件不变的情况下，产销量从1 000件增加至1 250件，即提高25%，可保证实现目标利润。

2. 综合措施

影响利润的各因素是相互关联的，企业很少采取单项措施来提高利润，而经常采取综合措施以实现目标利润。

假定【例5-1】的光明公司经理认为：该公司利润不高的原因是产品价格偏高，销路不畅，由于企业有剩余生产能力，为打开销路，经理提议：降价10%，并实现目标利润3 000元，具体措施如下：

（1）计算降价后实现目标利润销售量。

$$销售量=\frac{固定成本+目标利润}{单位-单位变动成本}=\frac{2\ 000+3\ 000}{10\times（1-10\%）-6}=1\ 667（件）$$

销售部门认为，降价后销量达不到1 667 件，而只能达到1 400 件，所以，要实现目标利润，还需进一步降低成本。

（2）计算既定销售量下实现目标利润的单位变动成本。

$$单位变动成本 = 单价 - \frac{固定成本 + 目标利润}{销量}$$

$$= 10 \times （1 - 10\%） - \frac{2\ 000 + 3\ 000}{1\ 400} = 5.431（元）$$

生产部门认为，通过节约挖潜，单位变动成本无法降低到5.43 元，而只能降至5.50元，因此，要实现目标利润，还需压缩固定成本支出。

（3）计算既定销量和单位变动成本下实现目标利润的固定成本。

$$固定成本 = 销量 \times（单位 - 单位变动成本）- 目标利润$$

$$= 1\ 400 \times [10 \times （1 - 10\%） - 5.5] - 3\ 000 = 1\ 900（元）$$

如果光明公司经理认为可以将固定成本从2 000 元降至1 900 元，目标利润便可落实。综合措施是：降价10%，销量增加到1 400 件，变动成本降至5.5 元，固定成本降至1 900元，否则，需按上述程序重新分析落实，或更改目标利润。

（三）敏感分析

敏感分析是指研究与分析一个系统因周围条件发生变化，而引起其状态或输出结果变化的敏感程度的方法。具体来说是在求得某个模型的最优解后，研究模型中某个或若干个参数允许变化到多大，仍能使原最优解的条件保持不变；或者当参数变化超出允许范围，原最优解已不能保持最优性时，提供一套简捷的计算方法，重新求得最优解。

本量利关系的敏感分析，主要研究与分析有关参数发生多大变化会使盈利转为亏损；各参数变化对利润变化的影响程度等问题。

1. 盈亏转折分析

盈亏转折分析是分析有关因素发生多大变化使盈利转为亏损，即确定盈亏转折时各参数变化的界限，也就是企业进入盈亏临界状态时各参数的临界值。

（1）单价的临界值。单价下降会使利润下降，使利润降为零时的单价即单价的临界值。单价的临界值是企业能忍受的单价最小值，根据【例5－1】资料计算：

$$1\ 000 \times P - 1\ 000 \times 6 - 2\ 000 = 0 \quad P = 8（元）$$

单价降至8 元，即降低20%（2/10），公司不亏不盈，若单价继续下降，盈利转为亏损。

（2）单位变动成本的临界值。单位变动成本上升使利润下降，使利润降为零时的单位变动成本即单位变动成本的临界值。单位变动成本的临界值是企业能忍受的最大值，根据【例5－1】资料计算。

$$1\ 000 \times 10 - 1\ 000 \times b - 2\ 000 = 0 \quad b = 8（元）$$

单位变动成本上升至8 元，即上升33%（2/6），公司利润降为零，继续上升，盈利转为亏损。

（3）固定成本的临界值。使利润降为零时的固定成本即为固定成本的临界值，根据【例5－1】资料计算。

$$1\ 000 \times 10 - 1\ 000 \times 6 - a = 0 \quad a = 4\ 000（元）$$

固定成本增至4 000 元，即增加100%（2 000/2 000），公司利润为零，继续增加，盈利转为亏损。

（4）销售量的临界值。销售量的盈亏临界值就是前面介绍过的盈亏临界点的销售量，根据【例5-1】资料计算：

$$x=\frac{2\ 000}{10-6}=500\text{（件）}$$

销售量减少至500件，即减少50%（500/1 000），公司不亏不盈，销量继续下降，盈利转为亏损。

2. 敏感系数

敏感系数是目标值变动百分比与参量值变动百分比的比值，反映参数的敏感程度。

$$\text{敏感系数}=\frac{\text{目标值变动百分比}}{\text{参量值变动百分比}} \qquad \text{（公式5-25）}$$

敏感系数的绝对值大于1，说明目标值对参数的变化敏感，称该参数为敏感因素，敏感系数的绝对值小于或等于1，说明目标值对参数的变化不敏感，称该参数为不敏感因素。利润的敏感分析的主要内容之一就是研究各参数变化对利润变化的影响程度。

以下仍以【例5-1】资料为基础，进行敏感程度的分析。

（1）单价的敏感系数。

设单价增长20%，

$$\text{利润}=1\ 000\times10\times(1+20\%)-1\ 000\times6-2\ 000=4\ 000\text{（元）}$$

$$\text{利润变动百分比}=\frac{4\ 000-2\ 000}{2\ 000}=100\%$$

$$\text{单价敏感系数}=\frac{100\%}{20\%}=5$$

这说明：利润以5倍的速率随单价变化，即价格每变动1%，利润就变动5%，显然，价格是敏感因素。

（2）单位变动成本的敏感系数。

设单位变动成本上升20%，

$$\text{利润}=1\ 000\times10-1\ 000\times6\times(1+20\%)-2\ 000=800\text{（元）}$$

$$\text{利润变动百分比}=\frac{8\ 00-2\ 000}{2\ 000}=-60\%$$

$$\text{单位变动成本的敏感系数}=\frac{-60\%}{20\%}=-3$$

这说明，利润以3倍的速率随单位变动成本反方向变化，即单位变动成本上升1%，利润将减少3%，因敏感系数绝对值大于1，说明变动成本仍属敏感因素。

（3）固定成本的敏感系数。

设固定成本上升20%，

$$\text{利润}=1\ 000\times10-1\ 000\times6-2\ 000(1+20\%)=1\ 600\text{（元）}$$

$$\text{利润变动百分比}=\frac{1\ 600-2\ 000}{2\ 000}=-20\%$$

$$\text{固定成本的敏感系数}=\frac{-20\%}{20\%}=-1$$

说明固定成本上升1%，利润减少1%，利润对固定成本的变化不敏感，本例固定成本为不敏感因素。

（4）销售量的敏感系数。

设销售量增加20%，

$$利润=1\,000\times(1+20\%)\times(10-6)-2\,000=2\,800（元）$$

$$利润变动百分比=\frac{2\,800-2\,000}{2\,000}=40\%$$

$$销售量的敏感系数=\frac{40\%}{20\%}=2$$

这说明：利润以 2 倍的速率随销售量变化，即销售量变动 1%，利润将变动 2%，可见销量仍属敏感因素。

就本例而言，影响利润各因素中最敏感的是单价（敏感系数 5），其次是单位变动成本（敏感系数 -3），再次是销售量（敏感系数 2），最后是固定成本（敏感系数 -1）。其中敏感系数为正值的表明它与利润同向变动，敏感系数为负值的，表明它与利润反向变动。

本量利的敏感分析具有十分重要的实际意义，经营者都希望事先知道哪些因素变化对利润的影响大，哪些因素的变化对利润影响小，掌握这些数据，经营者便可在情况发生变化后及时采取对策，调整计划，使生产经营活动始终被控制在最有利的状态之下。

第二节　财务预算

预算，就是以金额和其他数量指标表示的计划，即计划的数量化。它既是决策的具体化，又是控制生产经营活动的依据。

一、全面预算体系

全面预算是企业全部活动包括各项经营、投资、财务等活动的预算。全面预算在管理过程中处于承前启后的地位：一方面企业规划和决策所确定的经营目标和实现经营目标的行动方案，通过全面预算以正式的书面文件形式予以完整体现和具体落实；另一方面全面预算为将来对各部门活动的控制和考核确定了基本的尺度和标准。

（一）全面预算的内容

全面预算是由一系列预算构成的体系，各项预算之间相互联系，根据预算内容不同具体分为特种决策预算、日常业务预算与财务预算，其结构如图 5 - 5 所示。

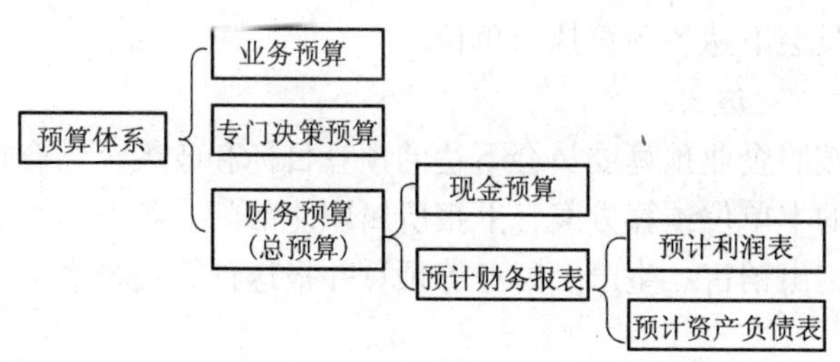

图 5 - 5　全面预算体系

日常业务预算，是指与企业日常经营活动直接相关的经营业务的各种预算。主要包括：①销售预算；②生产预算；③直接材料耗用量及采购预算；④应交增值税、销售税金及附加预算；⑤直接人工预算；⑥制造费用预算；⑦产品成本预算；⑧期末存货预算；⑨销售费用预算；⑩管理费用预算等内容。

特种决策预算，是指企业不经常发生的、需要根据特定决策临时编制的一次性预算；特种决策预算包括经营决策预算和投资决策预算两种类型。

财务预算是指企业在计划期内反映有关预计现金收支、财务状况和经营成果的预算。财务预算作为全面预算体系的最后环节，它是从价值方面总括地反映企业业务预算与专门决策预算的结果，日常业务预算和专门决策预算中的资料都可以用货币金额反映在财务预算内，财务预算是各项业务预算和专门决策预算的整体规划，称其为总预算，其他称为辅助预算或分预算。

（二）全面预算的作用

1. 明确工作目标

企业作为一个有机的生产经营系统，是由若干个职能部门构成的。企业的总目标，通过预算被分解成各级各部门的具体目标。它们根据预算安排各自的活动，在各自的职责范围内努力完成自身的目标，并最终保证企业总目标的实现。

2. 协调部门关系

企业生产经营活动的运行，要求供、产、销各环节协调一致和人、财、物各要素配置均衡。通过各部门预算的综合平衡，能促使各部门管理人员清楚地了解本部门在全局中的地位和作用，尽可能地做好部门之间的协调工作。

3. 控制日常活动

通过预算指标可以控制实际活动过程，随时发现问题，采取必要的措施，纠正不良偏差，避免经营活动的漫无目的、随心所欲，通过有效的方式实现预期目标。全面预算为控制各部门的日常经营活动提供了一个适当的标准或依据。

4. 考核部门业绩

企业根据全面预算的完成情况，在分析各部门实际偏离预算的程度和原因的基础上，划清责任，评定业绩，实行奖惩，促使各部门为完成预算目标更积极地工作。

（三）全面预算的编制程序

企业编制预算，一般按照“上下结合、分级编制、逐级汇总”的程序进行。

1. 下达目标

企业董事会或经理办公会根据企业长期规划和有关预算决策资料提出企业一定时期内预算总目标，由预算委员会下达各预算执行单位。

2. 编制上报

各预算执行单位按照企业预算委员会下达的预算目标和政策，结合自身特点以及预测的执行条件，提出详细的本单位预算方案，上报所属职能部门。各部门汇总部门预算，并初步协调本部门预算，编制出销售、生产、财务等预算并报送预算委员会。

3. 审查平衡

预算委员会审查、平衡各预算，提出综合平衡的建议。对发现的问题提出初步调整意见，并反馈给有关预算执行单位予以修正。

4. 审议批准

企业财务管理部门在有关预算执行单位修正调整的基础上，编制出企业预算方案，报财务预算委员会讨论。对于不符合企业发展战略或者预算目标的事项，企业预算委员会应当责成有关预算执行单位进一步修订、调整。在讨论、调整的基础上，企业财务管理部门正式编制企业年度预算方案，提交董事会或经理办公会审议批准。

5. 下达执行

批准后的预算分解成一系列的指标体系，由预算委员会逐级下达各预算执行单位执行。

（四）全面预算编制方法

1. 固定预算与弹性预算编制方法

编制预算的方法按其业务量基础的数量特征不同，分为固定预算方法和弹性预算方法。

固定预算又称静态预算，是指在编制预算时，只根据预算期内正常的、可实现的某一固定业务量（如生产量、销售量）水平作为唯一基础来编制预算的一种方法。

固定预算方法适应性差，只适应于业务量比较稳定的企业；可比性差，当预算的业务量与实际业务量不一致时，不按变动后的业务量调整，缺乏可比性。

弹性预算又称变动预算或滑动预算，是指为克服固定预算方法的缺点而设计的，以业务量、成本和利润之间的依存关系为依据，以预算期可预见的各种业务量水平为基础，编制能够适应多种情况预算的一种方法。

编制弹性预算所依据的业务量可以是产量、销售量、直接人工工时、机器工时、材料消耗量或直接人工工资等。业务量变动范围定在正常生产能力的70%～120%之间；或以历史上最高业务量和最低业务量为其上下限。

与固定预算方法相比，弹性预算方法具有预算范围宽和可比性强的优点。

在实务中，主要用于编制弹性成本费用预算和弹性利润预算，尤其是编制费用预算。

弹性预算的编制，可以采用公式法，也可以采用列表法。

（1）公式法。公式法是假设成本和业务量之间存在线性关系，成本总额、固定成本总额、业务量和单位变动成本之间的变动关系可以表示为：

$$Y = a + bx$$

式中：Y 为成本总额；a 为不随业务量变动而变动的那部分固定成本；b 为单位变动成本；x 为业务量。某项目成本总额 Y 是该项目固定成本总额和变动成本总额之和。这种方法要求按上述成本与业务量之间的线性假定，将企业各项目成本总额分解为变动成本和固定成本两部分。

【例5－17】某企业制造费用项目变动费用和固定费用资料如表5－4所示。该企业预算期可能的预算工时变动范围为55 000～75 000工时。

表5－4　　某企业制造费用项目变动费用和固定费用资料表

项　目	单位变动费用（元/工时）	项　目	固定费用/元
变动费用：			
间接人工	1	固定费用：	
间接材料	0.5	维护费用	5 000
维护费用	0.1	管理费用	20 000
水电费用	0.2	水电费用	10 000
燃料费	0.6	燃料费	2 000
小计	2.4	小计	37 000

根据表5－4资料公式法编制制造费用弹性预算如表5－5所示。

表 5-5　　　　　　　　　　制造费用弹性预算表（公式法）

业务量范围/（人工工时）	55 000～75 000	
项　目	固定成本 a（元）	变动成本 b（元/工时）
间接人工		1
间接材料		0.5
维护费用	5 000	0.1
水电费用	10 000	0.2
燃料费	2 000	0.6
管理费用	20 000	
合计	37 000	2.4

公式法的优点是在一定范围内预算可以随业务量变动而变动，可比性和适应性强，编制预算的工作量相对较小；缺点是按公式进行成本分解比较麻烦，对每个费用子项目甚至细目逐一进行成本分解，工作量很大。

（2）列表法。列表法是指通过列表的方式，将与各种业务量对应的预算数列示出来的一种弹性预算编制方法。

【例 5-18】接上例资料列表法编制制造费用弹性预算（表 5-6）。

表 5-6　　　　　　　　　　制造费用弹性预算表（列表法）　　　　　　　　　　单位：元

业务量/机器小时	55 000	60 000	65 000	70 000	75 000
变动制造费用					
间接材料	27 500	30 000	32 500	35 000	37 500
间接人工	55 000	60 000	65 000	70 000	75 000
小计	82 500	90 000	97 500	105 000	112 500
混合性制造费用					
维修费用	10 500	11 000	11 500	12 000	12 500
水电费用	21 000	22 000	23 000	24 000	25 000
燃料费	35 000	38 000	41 000	44 000	47 000
小计	66 500	71 000	75 500	80 000	84 500
固定制造费用					
管理费用	20 000	20 000	20 000	20 000	20 000
合计	169 000	181 000	193 000	205 000	217 000

列表法的优点是可直接从表中查出各种业务量下的成本预算，便于控制和考核，可以在一定程度上弥补公式法的不足。缺点是工作量较大，不能包括所有业务量下的费用预算，适用面较窄，弹性仍然不足。

2. 增量预算和零基预算编制方法

编制预算的方法按其出发点的特征不同，分为增量预算方法和零基预算方法。

增量预算又称调整预算方法，是指以基期成本费用水平为基础，结合预算期业务量水平及有关影响成本因素的未来变动情况，通过调整有关原有费用项目而编制预算的一种方法。

增量预算方法的假设前提有：①现有的业务活动是企业必需的；②原有的各项开支都是合理的；③增加费用预算是值得的。

增量预算方法的缺点是：①受原有费用项目限制，可能导致保护落后；②滋长预算中的“平均主义”和“简单化”；③不利于企业未来发展。

零基预算方法是指在编制预算时不考虑以往会计期间所发生的费用项目或费用数额，而是将所有的预算支出均以零为出发点，一切从实际需要与可能出发，逐项审议预算期内各项费用的内容及开支标准是否合理，在综合平衡的基础上编制费用预算的一种方法。

零基预算的优点是不受已有费用项目和开支水平的限制；能够调动各方面降低费用的积极性，有助于企业的发展。其缺点是工作量大，重点不突出，编制时间较长。

此法特别适用于产出较难辨认的服务性部门费用预算的编制。

3. 定期预算与滚动预算编制方法

编制预算的方法按其编制期的时间特征不同，分为定期预算方法和滚动预算方法。

定期预算是指在编制预算时以不变的会计期间（如日历年度）作为预算期的一种编制预算的方法。

定期预算方法的优点是能够使预算期间与会计年度相配合，便于考核和评价预算的执行结果；缺点是具有盲目性（远期指导性差）、滞后性（灵活性差）和间断性（连续性差）。

滚动预算又称连续预算或永续预算，是指在编制预算时，将预算期与会计年度脱离，随着预算的执行不断延伸补充预算，逐期向后滚动，使预算期永远保持为一个固定期间的一种预算编制方法。

按滚动预算方法编制的预算具有透明度高、及时性强、连续性好以及完整性和稳定性突出的优点；其主要缺点是预算工作量较大。

二、现金预算编制

现金预算的内容，包括现金收入、现金支出、现金多余或不足的计算以及不足部分的筹措方案和多余部分的利用方案等。现金预算实际上是其他预算有关现金收支部分的汇总以及收支差额平衡措施的具体计划。它的编制，要以其他各项预算为基础，或者说其他预算在编制时要为现金预算做好数据准备。

（一）销售预算

销售预算是指为规划一定预算期内因组织销售活动而引起的预计销售收入而编制的一种日常业务预算。销售预算是编制全面预算的关键和起点。

【例5-19】某公司2012年（计划年度）只生产和销售一种产品，每季的产品销售货款有60%于当期收到现金，有40%下一个季度收到现金。上一年（基期）年末的应收账款为80 000元。该公司计划年度的销售预算如表5-7所示。

表5-7　　某公司2012年度销售预算表　　单位：元

项　目	一季度	二季度	三季度	四季度	全年
预计销量（件）	1 000	1 500	2 000	1 500	6 000
单价（元）	150	150	150	150	150

续表

项　目	一季度	二季度	三季度	四季度	全年
预计销售收入	150 000	225 000	300 000	225 000	900 000
应收账款期初	80 000				80 000
1. 季度销售收现	90 000	60 000			150 000
2. 季度销售收现		135 000	90 000		225 000
3. 季度销售收现			180 000	120 000	300 000
4. 季度销售收现				135 000	135 000
现金收入合计	170 000	195 000	270 000	255 000	890 000

（二）生产预算

生产预算是指为规划一定预算期内预计生产量水平而编制的一种日常业务预算。它是在销售预算的基础上编制的，该预算是所有日常业务预算中唯一只使用实物量计量单位的预算。编制生产预算的主要依据是预算期各种产品的预计销售量及存货期初期末资料。具体计算公式为：

预计生产量 = 预计销售量 + 预计期末存货量 − 预计期初存货量　　（公式 5 − 26）

【例 5 − 20】接前例该公司预算期初甲产品库存 100 件，预计期末库存 180 件，其他各季存货按下季预计销售量的 10% 确定。该公司生产预算如表 5 − 8 所示。

表 5 − 8　　某公司生产预算表　　单位：件

季　度	一	二	三	四	全年
预计销售量	1 000	1 500	2 000	1 500	6 000
加：预计期末存货	150	200	150	180	180
合计	1 150	1 700	2 150	1 680	6 180
减：预计期初存货	100	150	200	150	100
预计生产量	1 050	1 550	1 950	1 530	6 080

（三）直接材料预算

直接材料预算是指为规划一定预算期内因组织生产活动和材料采购活动预计发生的直接材料需用量、采购数量和采购成本而编制的一种业务预算。直接材料预算以生产预算、材料消耗定额和预计材料采购单价等信息为基础，并考虑期初、期末材料存货水平。为了便于以后编制现金预算，通常要预计材料采购各季度的现金支出。

预计采购量 = 生产需用量 + 期末存货量 − 期初存货量　　（公式 5 − 27）

【例 5 − 21】接前例，假设该公司期初存料量 800 千克，年末存料量预计 1 000 千克，其余各季末存货量按下季度生产需要量的 20% 计算，单位产品材料的消耗定额为 2 千克/件，单价 20 元/千克。每季度购料款当季支付 50%，余款下季付清，上年购料款余额 25 000元。该公司直接材料预算如表 5 − 9 所示。

表5－9　　某公司直接材料预算

季　　度		一	二	三	四	全年
预计生产量（件）		1 050	1 550	1 950	1 530	6 080
单位产品材料用量（千克/件）		2	2	2	2	2
生产需用量（千克）		2 100	3 100	3 900	3 060	12 160
加：预计期末存量（千克）		620	780	612	1 000	1 000
合计		2 720	3 880	4 512	4 060	13 160
减：预计期初存量（千克）		800	620	780	612	800
预计材料采购量（千克）		1 920	3 260	3 732	3 448	12 360
单价（元/千克）		20	20	20	20	20
预计采购金额（元）		38 400	65 200	74 640	68 960	247 200
预计现金支出	上年应付账款	25 000				25 000
	第一季度	19 200	19 200			38 400
	第二季度		32 600	32 600		65 200
	第三季度			37 320	37 320	74 640
	第四季度				34 480	34 480
	合计	44 200	51 800	69 920	71 800	237 720

（四）直接人工预算

直接人工预算是指为规划一定预算期内人工工时的消耗水平和人工成本水平而编制的预算。这项预算是根据生产预算中的预计生产量以及单位产品所需的直接人工小时和单位小时工资率进行编制的。由于人工工资都需要使用现金支付，所以，不需另外列示现金支出。

【例5－22】接前例编制直接人工预算（表5－10）。

表5－10　　某公司直接人工预算

季　　度	一	二	三	四	全年
预计产量（件）	1 050	1 550	1 950	1 530	6 080
单位产品工时（小时/件）	4	4	4	4	4
人工总工时（小时）	4 200	6 200	7 800	6 120	24 320
每小时人工成本（元/小时）	5	5	5	5	5
人工总成本（元）	21 000	31 000	39 000	30 600	121 600

（五）制造费用预算

制造费用预算是指为规划一定预算期内除直接材料和直接人工预算以外预计发生的其他生产费用水平而编制的一种日常业务预算。制造费用预算通常分为变动制造费用和固定制造费用两部分。为了便于以后编制现金预算，需要预计现金支出。

变动制造费用预算部分，应区分不同费用项目，逐一项目根据单位变动制造费用分配率和业务量（一般是直接人工总工时或机器工时等）确定各项目的变动制造费用预算数。

$$变动制造费用分配率=\frac{变动制造费用预算总额}{业务量预算总额} \quad （公式5－28）$$

固定制造费用预算部分，也应区分不同费用项目，逐一项目确定预算期的固定费用预算。

【例5－23】接前例编制该公司制造费用预算（表5－11）。

表5－11　某公司制造费用预算　单位：元

季　度	一	二	三	四	全年
变动制造费用：					
间接人工	2 100	3 100	3 900	3 060	12 160
间接材料	2 100	3 100	3 900	3 060	12 160
修理费	1 260	1 860	2 340	1 836	7 296
水电费	1 680	2 480	3 120	2 448	9 728
燃料费	1 260	1 860	2 340	1 836	7 296
小　计	8 400	12 400	15 600	12 240	48 640
固定制造费用：					
修理费	6 000	6 000	6 000	6 000	24 000
折　旧	9 320	9 320	9 320	9 320	37 280
管理人员工资	4 000	4 000	5 000	4 000	16 000
保险费	5 000	5 000	5 000	5 000	20 000
小　计	24 320	24 320	24 320	24 320	97 280
合　计	32 720	36 720	39 920	36 560	145 920
减：折旧	9 320	9 320	9 320	9 320	37 280
现金支出的费用	23 400	27 400	30 600	27 240	108 640

$$变动制造费用分配率=\frac{48\ 640}{24\ 320}=2\ （元/小时）$$

$$固定制造费用分配率=\frac{97\ 280}{24\ 320}=4\ （元/小时）$$

（六）产品成本预算

产品成本预算是指为规划一定预算期内每种产品的单位产品成本、生产成本、销售成本等内容而编制的一种日常业务预算。

本预算需要在生产预算、直接材料预算、直接人工预算和制造费用预算的基础上编制，同时，也为编制预计利润表和预计资产负债表提供数据。

【例5－24】接前例编制该公司产品成本预算（表5－12）。

表5－12　某公司产品成本预算

项　目	单位成本			生产成本（6 080件）	期末存货（180件）	销货成本（6 000件）
	价格标准	用量标准	成本/元			
直接材料	20	2千克	40	243 200	7 200	240 000
直接人工	5	4工时	20	121 600	3 600	120 000
变动制造费用	2	4工时	8	48 640	1 440	48 000
固定制造费用	4	4小时	16	97 280	2 880	96 000
合　计			84	510 720	15 120	50 4000

（七）销售及管理费用预算

销售及管理费用预算是以价值形式反映整个预算期内为销售产品和维持一般行政管理工作而发生的各项目费用支出预算。该预算与制造费用预算一样，需要划分固定费用和变动费用列示，其编制方法也与制造费用预算相同。在该预算表下也应附列计划期间预计销售和管理费用的现金支出计算表，以便编制现金预算。管理费用多属于固定成本，一般是以过去的实际开支为基础，按预算期的可预见性变化来调整。重要的是必须充分考虑每种费用的开支是否必要，提高费用的效率。

【例5-25】接前例编制该公司销售及管理费用预算（表5-13）。

表5-13　某公司销售及管理费用预算　单位：元

项　目		金　额
变动费用	销售佣金	30 000
	运输费用	18 000
	小　计	48 000
固定费用	广告费用	40 000
	管理人员工资	24 000
	保险费用	16 000
	折旧费用	20 000
	小　计	100 000
预计现金支出	销售及管理费用总额	148 000
	减：折旧费用	20 000
	销售及管理费用现金支出总额	128 000
	每季度销售及管理费用现金支出	32 000

（八）现金预算

现金预算也称现金收支预算，是以日常业务预算和特种决策预算为基础所编制的反映现金收支情况的预算。现金预算由四部分组成：现金收入、现金支出、现金多余或不足、现金的筹措和运用。

【例5-26】接前例，该公司年初现金余额为18 000元，每季预交所得税20 000元，每季度预分股利20 000元。第一、第四季度分别购买设备80 000元、50 000元。最低现金持有量为10 000元，银行借款的金额要求是1 000元的倍数。编制该公司现金预算（表5-14）。

表5-14　某公司现金预算　单位：元

项　目	一季度	二季度	三季度	四季度	全年
期初现金余额	18 000	10 400	23 200	13 955	18 000
加：销货现金收入（表5-7）	170 000	195 000	270 000	255 000	890 000
可供使用现金	188 000	205 400	293 200	268 955	908 000
减各项支出：					

续表

项　目	一季度	二季度	三季度	四季度	全年
直接材料（表5－9）	44 200	51 800	69 920	71 800	237 720
直接人工（表5－10）	21 000	31 000	39 000	30 600	121 600
制造费用（表5－11）	23 400	27 400	30 600	27 240	108 640
销售及管理费用（表5－13）	32 000	32 000	32 000	32 000	128 000
预交所得税	20 000	20 000	20 000	20 000	80 000
购买设备	80 000			50 000	130 000
预分股利	20 000	20 000	20 000	20 000	80 000
支出合计	240 600	182 200	211 520	251 640	885 960
现金多余或不足	－52 600	23 200	81 680	17 315	22 040
向银行借款（期初）	63 000				63 000
还银行借款（期末）			63 000		63 000
借款利息（年利10%）			4 725		4 725
期末现金余额	10 400	23 200	13 955	17 315	17 315

三、利润表与资产负债表预算编制

（一）利润表预算的编制

利润表预算是指以货币形式综合反映预算期内企业经营活动成果（包括利润总额、净利润）计划水平的一种财务预算。利润表预算编制依据是各业务预算、专门决策预算和现金预算。

【例5－27】接前例编制该公司利润表预算（表5－15）。

表5－15　　某公司利润表预算　　单位：元

项　目	金　额
销售收入	900 000
减：销售成本	504 000
销售毛利	396 000
减：销售及管理费用	148 000
利息	4 725
营业利润	143 275
减：所得税	80 000
净利润	63 275

（二）资产负债表预算的编制

资产负债表预算是用来反映企业在计划期末预计的财务状况。它的编制需以计划期开始日的资产负债表为基础，结合计划期间各项业务预算、专门决策预算、现金预算和预计利润表进行编制。它是编制全面预算的终点。

【例5－28】接前例编制该公司资产负债表预算（表5－16）。

表5－16　　资产负债表预算

2012年12月31日　　单位：元

资　　产	金　　额	负债及所有者权益	金　　额
现金（表5－14）	17 315	应付账款（表5－14）	34 480
应收账款（表5－7）	90 000	普通股	600 000
直接材料（表5－9）	20 000	未分配利润	480 735
产成品（表5－12）	15 120		
固定资产	1 430 000		
累计折旧	457 280		
资产总额	1 115 215	权益总额	1 115 215

本章小结

1. 本量利分析。通过业务量、成本、利润之间的关系对企业生产经营活动进行规划和控制，从而对企业的目标利润进行管理。

2. 盈亏临界分析。研究如何确定盈亏临界点，分析有关因素的变动对盈亏临界点的影响。

3. 影响利润各因素变动分析。通过影响利润敏感因素的分析，能够有效地控制生产经营。

4. 财务预算的编制。财务预算作为全面预算体系的最后环节，它是从价值方面总括地反映企业经营决策预算与业务预算的结果，也就是说业务预算和专门决策预算中的资料都可以用货币金额反映在财务预算内。财务预算称为总预算，其他预算则相应成为辅助预算和分预算，主要包括现金预算和预计财务报表的编制。

第六章 筹资管理

学习目标

修完本章内容后，你应该能够：

1. 理解企业筹资的概念、筹资原则和资本金制度，掌握筹资渠道、筹资方式
2. 掌握各种股权筹资的方式及特点
3. 掌握各种债权筹资的方式及特点
4. 理解融资租赁的基本概念和种类，掌握租金的计算方法及融资租赁的分析
5. 理解可转换债券和认股权证两种衍生工具的概念和种类，掌握其特点

第一节 企业筹资概述

一、企业筹资概念

所谓企业筹资，是指企业为了满足其生产经营、对外投资、资本结构调整等需要，运用一定的筹资方式，筹措和获取所需资金的一种行为。从企业资金运动过程和财务活动的内容看，它是企业设立、生存和发展的物质基础，是企业开展生产经营业务活动的基本前提。如果说企业的财务活动是以现金收支为主的资金流转活动，那么筹资活动则是资金运转的起点。

企业筹集的资金可以按不同的标准进行分类，主要分类如下：

1. 按企业所取得资金的权益性质不同，分为股权筹资、债务筹资及衍生工具筹资

股权筹资形成股权资本，是企业依法长期拥有、能够自主支配的资金。股权资本在企业持续经营期间内，投资者不得抽回，因而也称之为企业的自有资本、主权资本或股东权益资本。股权资本是企业从事生产经营活动和偿还债务的本钱，是代表企业基本资信状况的一个主要指标。企业的股权资本通过吸收直接投资、发行股票、内部积累等方式取得。股权资本由于一般不用还本，形成了企业的永久性资本，因而财务风险小，但付出的资本成本相对较高。

股权筹资项目就是资产负债表中的所有者权益各项，其中，实收资本（股本）和实收资本溢价部分形成的资本公积金是投资者的原始投入部分；盈余公积金、未分配利润和部分资本公积金是原始投入资本在企业持续经营中形成的经营积累。股权筹资在经济意义上形成了企业的所有者权益，其金额等于企业的净资产。

债务筹资，是企业通过借款、发行债券、融资租赁以及赊销商品或服务等方式取得的资

金形成的在规定期限内需要清偿的债务。由于债务筹资到期要归还本金和支付利息，对企业的经营状况不承担责任，因而具有较大的财务风险，但付出的资本成本相对较低。从经济意义上来说，债务筹资是债权人对企业的一种投资，也要依法享有企业使用债务所取得的经济利益，因而也可以称之为债权人权益。

衍生工具筹资包括兼具股权与债务特性的混合融资和其他衍生工具融资。我国上市公司目前最常见的混合融资是可转换债券融资，最常见的其他衍生工具融资是认股权证融资。

2. 按企业取得资金是否以金融机构为媒介，分为直接筹资和间接筹资

直接筹资，是企业直接与资金供应者协商融通资本的一种筹资活动。直接筹资方式主要有吸收直接投资、发行股票、发行债券等。通过直接筹资既可以筹集股权资本，也可以筹集债务资本。

间接筹资，是企业借助银行等金融机构融通资本的筹资活动。间接筹资的基本方式是向银行借款，此外还有融资租赁等筹资方式，间接筹资形成的主要是债务资本，主要用于满足企业资金周转的需要。

3. 按资金的来源范围不同，企业筹资分为内部筹资和外部筹资

内部筹资是指企业通过利润留存而形成的筹资来源。内部筹资数额的大小主要取决于企业可分配利润的多少和利润分配政策（股利政策），一般无须花费筹资费用，从而降低了资本成本。

外部筹资是指企业向外部筹措资金而形成的筹资来源。企业向外部筹资大多需要花费一定的筹资费用，从而提高了筹资成本。

4. 按企业所筹集资金的使用期限不同，分为长期筹资和短期筹资

长期筹资，是指企业筹集使用期限在 1 年以上的资金筹集活动。长期筹资的目的主要在于形成和更新企业的生产和经营能力，或扩大企业的生产经营规模，或为对外投资筹集资金。

短期筹资，是指企业筹集使用期限在 1 年以内的资金筹集活动。短期资金主要用于企业的流动资产和日常资金周转，一般在短期内需要偿还。

二、筹资渠道与方式

（一）筹资渠道

筹资渠道是指筹措资金的来源与通道，体现着资金的来源与流量。目前我国企业筹资渠道主要有：

（1）国家资金。国家资金主要是指国家以财政拨款、财政贷款、国有资产入股等形式向企业投入资金。它是我国国有企业的主要资金来源。

（2）银行信贷资金。银行信贷资金是指商业银行和专业银行贷放给企业使用的资金。它是我国目前各类企业最为重要的资金来源。

（3）非银行金融机构资金。非银行金融机构是指从事各种金融业务的非银行机构，如信托投资公司、保险公司、金融租赁公司、证券公司、财务公司等。它们提供的资金比较灵活，而且可以提供多种服务。它已逐渐成为企业的一项重要资金来源。

（4）其他企业资金。其他企业资金是指企业间的相互投资和商业信用，也是企业资金的一项重要来源。

（5）居民个人资金。企业职工和居民个人的结余货币，作为“游离”于银行及非银行机构等之外的个人资金，可用于对企业进行投资，形成企业资金的民间来源渠道。

（6）企业自留资金。企业自留资金是指企业内部形成的资金，主要包括提取的公积金和未分配利润等。它们无须通过一定的方式去筹集，而直接由企业内部自动生成或转移。

（二）筹资方式

筹资方式是指企业筹措资金所采用的具体形式。目前我国企业筹资方式主要有：

（1）吸收直接投资。吸收直接投资即企业按照“共同投资、共同经营、共担风险、共享利润”的原则直接吸收投资者投入资金的一种筹资方式。

（2）发行股票。发行股票就是股份公司通过发行股票筹集权益性资本的一种筹资方式。

（3）利用留存收益。利用留存收益筹资是指企业将留存收益转化为投资的过程，它是企业筹集权益性资本的一种重要方式。

（4）向银行借款。向银行借款即企业根据借款合同从有关银行或非银行金融机构借入的需要还本付息的资金的一种筹资方式。

（5）利用商业信用。利用商业信用是指在商品交易过程中采用延期付款或延期交货等方式所形成的企业间的借贷关系，是企业筹集短期资金的重要方式。

（6）发行公司债券。发行公司债券即企业通过发行公司债券筹措债务性资本的一种筹资方式。

（7）融资租赁。融资租赁是指出租人根据承租人对租赁物和供货人的选择或认可，将其从供货人处取得的租赁物，按融资租赁合同的约定出租给承租人占有、使用，并向承租人收取租金，最短租赁期限为一年的交易活动。也称资本租赁或财务租赁。

三、筹资原则

企业筹资管理的基本要求，是在严格遵守国家法律法规的基础上，分析影响筹资的各种因素，权衡资金的性质、数量、成本和风险，合理选择筹资方式，提高筹资效果。企业筹资应遵循以下基本原则。

1. 规模适当原则

企业筹措资金要合理预测资金的需要量，筹资规模与资金需要量应当匹配一致，既要避免因资金筹措不足，影响生产经营的正常进行，又要防止资金筹措过多，造成资金闲置。

2. 筹措及时原则

企业筹措资金要合理预测确定资金需要的时间。企业财务人员应全面掌握资金需求的具体情况并熟知资金时间价值的原理，合理安排资金的筹措时间，适时获得所需资金，使筹资与用资在时间上相衔接，既避免过早筹措资金形成的资金投放前闲置，又防止取得资金的时间滞后，错过资金投放的最佳时间。

3. 来源合理原则

不同来源的资金，对企业的收益和成本有不同影响。因此，企业应认真研究资金来源渠道和资金市场，合理选择资金来源。

4. 方式经济原则

企业筹措资金必然要付出一定的代价并承担相应的风险，不同筹资方式下的资金成本和财务风险有高有低。为此，需要对各种筹资方式进行分析、对比，选择经济可行的筹资方式。

四、资本金制度

（一）资本金制度的概念

资本金制度是指国家对企业资本金的筹集、管理以及所有者的责、权、利等方面所作的法律规范。其内容主要包括：资本金确定方法、法定资本金、资本金的分类、资本金的筹集、资本金的管理、资本公积金等。

建立资本金制度，是我国企业财务会计制度的一项重大改革，它对建立现代企业制度，理顺产权关系，促进社会主义市场经济的发展，具有极其重要的作用。

（二）资本金制度的内容

1. 资本金的本质特征

设立企业必须有法定的资本金。资本金，是指企业在工商行政管理部门登记的注册资金，是投资者用以进行企业生产经营、承担民事责任而投入的资金。资本金在不同类型的企业中表现形式有所不同，股份有限公司的资本金被称为股本，股份有限公司以外的一般企业的资本金被称为实收资本。

从性质上看，资本金是投资者创建企业所投入的资本，是原始启动资金；从法律地位来看，资本金要在工商行政管理部门办理注册登记，投资者只能按所投入的资本金而不是所投入的实际资本数额享有权益和承担责任；从时效来看，除了企业清算、减资、转让回购股权等特殊情形外，投资者不得随意从企业收回资本金。资本金是企业权益资本的主要部分，是企业长期稳定拥有的基本资金，也是企业取得债务资本的必要保证。已注册的资本金如果追加或减少，必须办理变更登记。

2. 资本金的筹集

（1）资本金的最低限额。我国《公司法》规定，股份有限公司注册资本的最低限额为人民币500万元，上市的股份有限公司股本总额不少于人民币3 000万元；有限责任公司注册资本的最低限额为人民币3万元，一人有限责任公司的注册资本最低限额为人民币10万元。

如果需要高于这些最低限额的，可以由法律、行政法规另行规定。比如，《注册会计师法》和《资产评估机构审批管理办法》均规定，设立公司制的会计师事务所或资产评估机构，注册资本应当不少于人民币30万元；《保险法》规定，采取股份有限公司形式设立的保险公司，其注册资本的最低限额为人民币2亿元。《证券法》规定，可以采取股份有限公司形式设立证券公司，在证券公司中属于经纪类的，最低注册资本为人民币5 000万元；属于综合类的，公司注册资本最低限额为人民币5亿元。

（2）资本金的出资方式。根据我国《公司法》等法律法规的规定，投资者可以采取货币资产和非货币资产两种形式出资。全体投资者的货币出资金额不得低于公司注册资本的30%；投资者可以用实物、知识产权、土地使用权等可以依法转让的非货币财产作价出资；法律、行政法规规定不得作为出资的财产除外。

（3）资本金缴纳的期限。资本金缴纳的期限，通常有三种办法：一是在企业成立时一次筹足全部资本金，即实收资本与注册资本数额一致，称为实收资本制；二是在企业成立时只要筹集了第一期资本（小于资本金总额），企业即可成立，其余部分由董事会在企业成立后进行筹集，称为授权资本制；三是在企业成立时筹集了第一期资本（小于资本金总额），类似于授权资本制，但规定了首期出资的数额或比例及最后一期缴清资本的期限，称为折中资本制。

我国《公司法》规定，股份有限公司和有限责任公司资本金的缴纳采用折中资本制，资本金可以分期缴纳，但首次出资额不得低于注册资本的20%，其余部分由股东自公司成立之日起两年内缴足，投资公司可以在5年内缴足。对于一人有限责任公司，股东应当一次足额缴纳公司章程规定的注册资本额。

（4）资本金的评估。投资者以实物、无形资产等非货币资产出资的，应按照评估确认的金额或者按合同、协议约定的金额计价。其中，国有及国有控股企业以非货币资产出资或者接受其他企业的非货币资产出资，需要委托有资格的资产评估机构进行资产评估，并以资产评估机构评估确认的资产价值作为投资作价的基础。经国务院、省政府批准实施的重大经济事项涉及的资产评估项目，分别由本级政府国有资产监管部门或者财政部门负责核准，其余资产评估项目一律实行备案制度。

3. 资本金的管理原则

企业资本金的管理，应当遵循资本保全这一基本原则。实现资本保全的具体要求，可分为资本确定、资本充实和资本维持三部分内容。

（1）资本确定原则。资本确定，是指企业设立时资本金数额的确定。企业设立时，必须明确规定企业的资本总额以及各投资者认缴的数额。同时由工商行政管理机构进行企业注册资本的登记管理。

《企业财务通则》规定，企业获准工商登记（即正式成立）后30日内，应依据验资报告向投资者出具出资证明书等凭证，以此为依据确定投资者的合法权益，界定其应承担的责任。占有国有资本的企业还需要按照国家有关规定申请国有资产产权登记，取得企业国有资产产权登记证。

（2）资本充实原则。资本充实，是指资本金的筹集应当及时、足额。企业筹集资本金的数额、方式、期限均要在投资合同或协议中约定，并在企业章程中加以规定，以确保企业能够及时、足额筹得资本金。

企业筹集的注册资本，必须进行验资，以保证出资的真实可信。对验资的要求，一是委托法定的验资机构；二是验资机构要按照规定出具验资报告；三是验资机构依法承担提供虚假验资或重大遗漏报告的法律责任。

（3）资本维持原则。资本维持，是指企业在持续经营期间有义务保持资本金的完整性。企业除由股东大会或投资者会议作出增减资本决议并按法定程序办理外，不得任意增减资本总额。

企业筹集的实收资本，在持续经营期间可以由投资者依照相关法律法规以及企业章程的规定转让或者减少，投资者不得抽逃或者变相抽回出资。除《公司法》等有关法律法规另有规定外，企业不得回购本企业发行的股份。

第二节　股权性筹资

企业所能采用的筹资方式，一方面受法律环境和融资市场的制约，另一方面也受企业性质的制约。中小企业和非公司制企业的筹资方式比较受限；股份有限公司和有限责任公司的筹资方式相对多样。

股权性筹资是企业最基本的筹资方式，具体又包含吸收直接投资、发行股票和利用留存收益三种主要形式。股权筹资形成企业的股权资金，也称之为权益资本，此外，我国上市公司引入战略投资者的行为，也属于股权筹资的范畴。

一、吸收直接投资

吸收直接投资，是指企业按照“共同投资、共同经营、共担风险、共享收益”的原则，直接吸收国家、法人、个人和外商投入资金的一种筹资方式。吸收直接投资是非股份制企业筹措权益资本的基本方式，采用吸收直接投资的企业，资本不分为等额股份、无须公开发行股票。吸收直接投资实际出资额，注册资本部分形成实收资本；超过注册资本的部分属于资本溢价，形成资本公积。

（一）吸收投资中的出资方式

企业吸收直接投资，根据投资者的出资方式主要有以下几种。

1. 以货币资产出资

以货币资产出资是吸收直接投资中最重要的出资方式。企业有了货币资产，便可以获取其他物质资源，支付各种费用，满足企业创建时的开支和随后的日常周转需要。我国《公司法》规定，公司全体股东或者发起人的货币出资金额不得低于公司注册资本的30%。

2. 以实物资产出资

以实物资产出资就是投资者以房屋、建筑物、设备等固定资产和原材料、商品等流动资产所进行的投资。一般来说，实物投资应符合以下条件：①适合企业科研、生产、经营所需；②技术性能良好；③作价公平合理。

实物出资中实物的作价，可以由出资各方协商确定，也可以聘请专业资产评估机构评估确定。国有及国有控股企业接受其他企业的非货币资产出资，需要委托有资格的资产评估机构进行资产评估。

3. 以土地使用权出资

投资者也可以用土地使用权来进行投资。土地使用权是按有关法规和合同的规定使用土地的权利。土地使用权具有相对的独立性，在土地使用权存续期间，包括土地所有者在内的其他任何人和单位，不能任意收回土地和非法干预使用权人的经营活动。一般来说，土地使用权投资应符合以下条件：①适合企业科研、生产、经营所需；②地理、交通条件比较适宜；③作价公平合理。

4. 以工业产权出资

以工业产权出资是指投资者以专有技术、商标权、专利权等无形资产所进行的投资。一般来说，工业产权出资应符合以下条件：①有助于企业研究、开发和生产出新的高科技产品；②有助于企业提高生产效率，改进产品质量；③有助于企业降低生产消耗、能源消耗等各种消耗；④作价公平合理。

工业产权出资是把技术转化为资本，使技术的价值固定化，因技术具有强烈的时效性，会因其不断老化落后而导致实际价值不断减少甚至完全丧失，企业吸收工业产权等无形资产出资的风险较大。

《公司法》对投资者以无形资产出资作出规定，股东或发起人不得以劳务、信用、自然人姓名、商誉、特许经营权或者设定担保的财产等作价出资。对于非货币资产出资，需要满足三个条件：可以用货币估价；可以依法转让；法律不禁止。

《公司法》对无形资产出资的比例要求没有明确限制，但《外资企业法实施细则》另有规定，外资企业的工业产权、专有技术的作价应与国际上通常的作价原则相一致，且作价金额不得超过注册资本的20%。

（二）吸收直接投资的优缺点

1. 吸收直接投资的优点

（1）有利于尽快形成生产能力。吸收直接投资不仅可以取得一部分货币资金，而且能够直接获得所需的先进设备和技术，有利于尽快形成生产能力，尽快开拓市场。

（2）有利于降低财务风险。吸收直接投资可以根据企业的经营状况向投资者支付报酬，企业经营状况好，可向投资者多支付一些报酬；企业经营状况不好，则可不向投资者支付报酬或少支付报酬，报酬支付较为灵活，所以，财务风险较小。

（3）有利于进行信息沟通。吸收直接投资的投资者比较单一，股权没有社会化、分散化，甚至有的投资者直接担任公司管理层职务，公司与投资者易于沟通。

（4）吸收投资的手续相对比较简便，筹资费用较低。

2. 吸收直接投资的缺点

（1）资本成本较高。相对于股票筹资来说，吸收直接投资的资本成本较高。特别是企业经营状况较好和盈利较多时，更是如此。因为向投资者支付的报酬是根据其出资的数额和企业实现利润的比率来计算的。

（2）企业控制权集中，不利于企业治理。采用吸收直接投资方式筹措资金，投资者一般都要求获得与投资数量相适应的经营管理权，这是企业接受外来投资的代价之一。如果某个投资者的投资额比例较大，则该投资者会有相当大的控制权，甚至会对企业实行完全控制，容易损害其他投资者的利益。

（3）不利于产权交易。吸收投入资本由于没有证券为媒介，不利于产权交易，难以进行产权转让。

二、发行股票

（一）股票概念和种类

股票是股份有限公司为筹措股权资本而发行的有价证券，是公司签发的证明股东持有公司股份的凭证。股票作为一种所有权凭证，代表着股东对发行公司净资产的所有权。股票只能由股份有限公司发行。

股票具有永久性、流通性、风险性、参与性等特点。公司发行股票所筹措的资金属于公司的长期自有资金，没有期限，无须归还，因此具有永久性。股票作为一种有价证券，在资本市场上可以自由转让、买卖和流通，也可以继承、赠送或作为抵押品，因此具有流通性。由于股票的永久性，股东成了企业风险的主要承担者，因此具有风险性。股东作为股份公司的所有者，在企业的相关管理工作，如：重大决策权、经营者选择权、财务监控权、公司经营的建议和质询权等方面有权发表意见，因此具有参与性。

股份公司发行的股票按照不同的标准，有以下分类。

1. 按股东权利和义务，分为普通股股票和优先股股票

普通股股票简称普通股，是公司发行的代表着股东享有平等的权利、义务，不加特别限制的，股利不固定的股票。普通股是最基本的股票，股份有限公司通常情况只发行普通股。

优先股股票简称优先股，是公司发行的相对于普通股具有一定优先权的股票。其优先权利主要表现在股利分配优先权和分配剩余财产优先权上。优先股股东在股东大会上无表决

权，在参与公司经营管理上受到一定限制，仅对涉及优先股权利的问题有表决权。

2. 按票面有无记名，分为记名股票和无记名股票

记名股票是在股票票面上记载有股东姓名或将名称记入公司股东名册的股票，无记名股票不登记股东名称，公司只记载股票数量、编号及发行日期。

我国《公司法》规定，公司向发起人、国家授权投资机构、法人发行的股票，为记名股票；向社会公众发行的股票，可以为记名股票，也可以为无记名股票。

3. 按票面有无标明金额，可分为面值股票和无面值股票

面值股票是在票面上标有一定金额的股票。持有这种股票的股东，对公司享有的权利和承担义务的大小，依其所持有的股票票面金额占公司发行在外股票总面值的比例而定。

无面值股票是不在票面上标出金额，只载明所占公司股本总额的比例或股份数的股票。无面值股票的价值随公司财产的增减而变动，而股东对公司享有的权利和承担义务的大小，直接依股票标明的比例而定。目前，我国《公司法》只允许发行面值股票，并且其发行价格不得低于票面金额。

4. 按投资主体的不同，可分为国家股、法人股、个人股等

国家股是有权代表国家投资的部门或机构以国有资产向公司投资而形成的股份。

法人股是企业法人依法以其可支配的财产向公司投资而形成的股份，或具有法人资格的事业单位和社会团体以国家允许用于经营的资产向公司投资而形成的股份。

个人股是社会个人或公司内部职工以个人合法财产投入公司而形成的股份。

5. 按发行对象和上市地点，分为A股、B股、H股、N股和S股等

A股即人民币普通股票，由我国境内公司发行，境内上市交易，它以人民币标明面值，以人民币认购和交易；B股即人民币特种股票，由我国境内公司发行，境内上市交易，它以人民币标明面值，以外币认购和交易；H股是注册地在内地、上市在香港的股票，依此类推，在纽约和新加坡上市的股票，就分别称为N股和S股。

（二）股票发行与上市

1. 股票的发行

股票的发行分为股份公司设立时的首次发行和设立后的增资发行。股票的发行，实行公平、公正的原则，必须同股同权、同股同利，每股金额相等。首次发行股票的程序由于公司设立的方式不同有所不同。同时，发行股票还应接受国务院证券监督管理机构的管理和监督。

（1）设立时发行股票的程序。以发起设立方式设立股份有限公司的，公司全体发起人的首次出资额不得低于注册资本的20%，其余部分由发起人自公司成立之日起2年内缴足（投资公司可以在5年内缴足）。以募集设立方式设立股份有限公司的，发起人认购的股份不得少于公司股份总数的35%；法律、行政法规另有规定的，从其规定。

设立发行股票的程序包括：提出募集股份申请；公告招股说明书，制作认股书，签订承销协议和代收股款协议；招认股份，缴纳股款；召开创立大会，选举董事会、监事会；办理设立登记，交割股票。

（2）增资发行新股的程序。公司设立之后，为了扩大经营、改善资本结构，也会增资发行新股。

股份公司增发新股的程序包括：股东大会作出发行新股的决议；由董事会向国务院授权的部门或省级人民政府申请并经批准；公告新股招股说明书和财务会计报表及附属明细表，

与证券经营机构签订承销合同，定向募集时向新股认购人发出认购公告或通知；招认股份，缴纳股款；改组董事会、监事会，办理变更登记并向社会公告。

2. 股票上市交易

股票上市，指的是股份有限公司公开发行的股票经批准在证券交易所进行挂牌交易。经批准在交易所上市交易的股票则称为上市股票。只有公开募集发行并经批准上市的股票才能进入证券交易所流通转让。

（1）股票上市的目的。股票上市的目的是多方面的，主要包括：① 便于筹措新资金。证券市场是资本商品的买卖市场，证券市场上有众多的资金供应者。同时，股票上市必须经过有关机构的审查批准并接受相应的管理，执行各种信息披露和股票上市的规定，这就大大增强了社会公众对公司的信赖，容易吸引社会资本投资者。公司上市后，还可以通过增发、配股、发行可转换债券等方式进行再融资。② 促进股权流通和转让。股票上市后自然提高了股票的流动性和股票的变现力，便于投资者认购和交易。③ 促进股权分散化。股票上市后，会有更多的投资者认购公司股份，公司则可将部分股份转售给这些投资者，能够避免公司的股权集中，分散公司的控制权，有利于公司治理结构的完善，也分散了公司的风险。④便于确定公司价值。股票上市后，公司股价有市价可循，便于确定公司的价值，有利于促进公司财富最大化。对于上市公司来说，即时的股票交易行情，就是对公司价值的市场评价。同时，市场行情也能够为公司收购兼并等资本运作提供询价基础。⑤提高公司知名度，吸引更多顾客。股票上市公司为社会所知，并被认为经营优良，会带来良好声誉，吸引更多的顾客，从而扩大销售量。

但股票上市也有对公司不利的一面，这主要有：上市成本较高，手续复杂严格；公司将负担较高的信息披露成本；各种信息公开的要求可能会暴露公司的商业机密；股价有时会歪曲公司的实际情况，影响公司声誉；可能会分散公司的控制权，造成管理上的困难。

（2）股票上市的条件。公司公开发行的股票进入证券交易所挂牌买卖（即股票上市），须受严格的条件限制。我国《证券法》规定，股份有限公司申请股票上市，应当符合下列条件：① 股票经国务院证券监督管理机构核准已公开发行；② 公司股本总额不少于人民币 3 000 万元；③ 公开发行的股份达到公司股份总数的 25% 以上；公司股本总额超过人民币 4 亿元的，公开发行股份的比例为 10% 以上；④ 公司最近 3 年无重大违法行为，财务会计报告无虚假记载。

此外，公司股票上市还应符合证券交易所规定的其他条件。

（三）普通股筹资的特点

（1）所有权与经营权相分离，分散公司控制权，有利于公司自主管理、自主经营。普通股筹资的股东众多，公司的日常经营管理事务主要由公司的董事会和经理层负责。

（2）没有固定的股息负担。普通股股利的支付与否和支付多少，视公司有无盈利和经营需要而定，经营波动给公司带来的财务负担相对较小。由于普通股筹资没有固定的到期还本付息的压力，所以筹资风险较小。

（3）能增强公司的社会声誉。普通股筹资使得股东大众化，由此给公司带来了广泛的社会影响。特别是上市公司，其股票的流通性强，有利于市场确认公司的价值。

（4）促进股权流通和转让。普通股筹资以股票作为媒介的方式便于股权的流通和转让，同时由于普通股的预期收益较高并可一定程度地抵消通货膨胀的影响（通常在通货膨胀期间，不动产升值时普通股也随之升值），因此普通股筹资便于吸收新的投资者。

（5）普通股的资本成本较高。首先，从投资者的角度讲，投资于普通股风险较高，相应地要求有较高的投资报酬率。其次，对于筹资公司来讲，普通股股利从税后利润中支付，不像债券利息那样作为费用从税前支付，因而不具有抵税作用。此外，普通股的发行费用一般也高于其他证券。

（6）公司控制权分散，容易被经理人控制。以普通股筹资会增加新股东，这可能会分散公司的控制权，削弱原有股东对公司的控制，也容易被恶意收购。

三、利用留存收益

（一）留存收益来源渠道

留存收益来源渠道有以下两个方面：

（1）提取盈余公积金。盈余公积金是指有指定用途的留存净利润，它是公司按照《公司法》规定从净利润中提取的积累资金，包括法定盈余公积金和任意盈余公积金。

（2）未分配利润。未分配利润是指未限定用途的留存净利润。一方面是这部分净利润没有分配给公司的股东；另一方面是这部分净利润未指定用途。

（二）利用留存收益筹资的特点

（1）资金成本较普通股低。与普通股筹资相比较，留存收益筹资不需要发生筹资费用，资本成本较低。

（2）保持普通股股东的控制权。利用留存收益筹资增加的权益资本不会改变公司的股权结构，不会稀释原有股东的控制权。

（3）筹资数额有限。留存收益筹资最大可能的数额是企业当期的净利润和以前年度未分配利润之和。如果企业发生亏损，那么当年就没有利润留存。另外，股东和投资者从自身期望出发，往往希望企业每年发放一定的利润，保持一定的利润分配比例。

第三节　债务性筹资

债务性筹资是指通过负债筹措资金，也是企业筹资的基本方式。债务性筹资与普通股筹资相比，其特点表现为：筹集的资金具有使用上的时间性，需到期偿还；不论企业经营好坏，需固定支付债务利息，从而形成企业固定的负担；但其资本成本一般比普通股筹资成本低，且不会分散投资者对企业的控制权。

目前在我国，长期负债筹资主要有长期借款、发行债券和融资租赁等方式。

一、长期借款

长期借款是指企业向银行或其他非银行金融机构借入的、偿还期限超过1年的、需要还本付息的款项。主要用于企业购建固定资产和满足长期流动资金占用的需要。

（一）长期借款的种类

我国目前各金融机构的长期借款种类主要有：①按提供贷款的机构，分为政策性银行贷款、商业银行贷款和其他金融机构贷款；②按机构对贷款有无担保要求，分为信用贷款和担保贷款；③按企业取得贷款的用途，分为基本建设贷款、专项贷款和流动资金贷款。

（二）取得长期借款的条件

金融机构对企业发放贷款的原则是：按计划发放、择优扶植、有物资保证、按期归还。

企业申请贷款一般应具备的条件是：

(1) 借款企业具有法人资格，独立核算、自负盈亏。

(2) 借款企业的经营方向和业务范围符合国家产业政策，借款用途属于银行贷款办法规定的范围。

(3) 借款企业具有一定的物资和财产保证，担保单位具有相应的经济实力。

(4) 借款企业具有偿还贷款的能力。

(5) 借款企业的财务管理和经济核算制度健全，资金使用效益及企业经济效益良好。

(6) 借款企业在银行设有账户，办理结算。

企业欲取得贷款，除应具备上述条件外，还须通过一定的程序。①提出申请。向金融机构提出借款申请，陈述借款原因与金额、用款时间与计划、还款期限与计划。②金融机构进行审批。金融机构根据企业的借款申请，针对企业的财务状况、信用情况、盈利的稳定性、发展前景、借款投资项目的可行性等进行审查。③签订贷款合同。金融机构审查同意贷款后，再与借款企业进一步协商贷款的具体条件，明确贷款的种类、用途、金额、利率、期限、还款的资金来源及方式、保护性条款、违约责任等，并以借款合同的形式将其法律化。④企业取得借款。借款合同生效后，企业便可取得借款。⑤企业偿还借款。借款合同到期企业应按借款合同的规定按时足额归还借款本息。如果企业不能按期归还借款，应在借款到期之前，向金融机构申请贷款展期，但是否能够获得展期，由贷款机构根据具体情况决定。

（三）长期借款的保护性条款

由于金融机构提供的长期贷款金额高、期限长、风险大，因此除借款合同的基本条款之外，金融机构通常对借款企业提出一些有助于保证贷款按时足额偿还的条件，这些条件写进贷款合同中，形成了合同的保护性条款。归纳起来，保护性条款大致有如下三类：

(1) 例行性保护条款。这类条款作为例行常规，在大多数借款合同中都会出现。主要包括：①要求定期向提供贷款的金融机构提交财务报表，以使债权人随时掌握公司的财务状况和经营成果。②不准在正常情况下出售较多的非产成品存货，以保持企业正常生产经营能力。③如期清偿应缴纳税金和其他到期债务，以防被罚款而造成不必要的现金流失。④不准以资产作其他的担保或抵押，以避免企业过重的负担。⑤不准贴现应收票据或出售应收账款，以避免或有负债等。

(2) 一般性保护条款。这类条款应用于大多数借款合同，但根据具体情况会有不同内容，主要包括：①保持企业资产的流动性。要求企业需持有一定最低限度的货币资金及其他流动资产，以保持企业资产的流动性和偿债能力，一般规定了企业必须保持的最低营运资金数额和最低流动比率数值。②限制企业非经营性支出。如限制支付现金股利、购入股票和职工加薪的数额规模，以减少企业资金的过度外流。③限制企业资本支出的规模。控制企业资产结构中的长期性资产的比例，以减少公司日后不得不变卖固定资产以偿还贷款的可能性。④限制公司再举债规模，其目的是防止其他债权人取得对公司资产的优先索偿权。⑤限制租赁固定资产的规模，其目的在于防止企业负担巨额租金以致削弱其偿债能力，还在于防止企业以租赁固定资产的办法摆脱对其资本支出和负债的约束。

(3) 特殊性保护条款。特殊性保护条款是针对某些特殊情况而出现在部分借款合同中的，只有在特殊情况下才能生效。主要包括：①借款用途不能改变；②不准企业投资于短期内不能收回资金的项目；③限制企业高级职员的薪金和奖金总额；④要求企业主要领导人在合同有效期间担任领导职务；⑤要求企业主要领导人购买人身保险等。

此外，短期借款筹资中的周转信贷协定、补偿性余额等条件，也同样适用于长期借款。

上述各项条款结合使用，将有利于全面保护金融机构等债权人的权益。但借款合同是经双方充分协商后决定的，其最终结果取决于双方谈判能力的大小，而不是完全取决于金融机构等债权人的主观愿望。

（四）长期借款的偿还方式

长期借款的偿还方式包括：定期支付利息、到期一次性偿还本金的方式；定期等额偿还方式；平时逐期偿还小额本金和利息、期末偿还余下的大额部分的方式。第一种偿还方式会加大企业借款到期时的还款压力；而定期等额偿还又会提高企业使用贷款的实际利率。

（五）长期借款筹资的特点

（1）筹资速度快。与发行债券、融资租赁等债权筹资方式相比，长期借款的手续比较简单，取得借款所花费的时间较短。

（2）资本成本较低。与发行债券、融资租赁等债权筹资方式相比，长期借款的利息负担要低，且由于借款属于直接筹资，筹资费用也较少。

（3）筹资弹性较大。借款时企业与金融机构直接交涉，有关条件可谈判确定；若公司的财务状况发生某些变化，也可与债权人再协商，变更借款数量、时间和条件，或提前偿还本息。因此，借款筹资对公司具有较大的灵活性。

（4）限制条款多。与债券筹资相比较，银行借款合同对借款用途有明确规定，通过借款的保护性条款，对公司资本支出额度、再筹资、股利支付等行为有严格的约束，对公司以后的生产经营活动和财务政策产生一定程度的影响。

（5）筹资数额有限。银行借款的数额往往受到贷款机构资本实力的制约，因此利用金融机构借款筹资都有一定的上限。

二、发行债券

债券是经济主体为筹集资金而发行的，用以记载和反映债权债务关系的有价证券。由企业发行的债券称为企业债券或公司债券。这里所说的债券，指的是期限超过 1 年的公司债券，其发行目的通常是为建设大型项目筹集大笔长期资金。

（一）公司债券的种类

公司债券有很多形式，大致有如下分类：

1. 按债券上是否记有持券人的姓名或名称，分为记名债券和无记名债券

记名公司债券，应当在公司债券存根簿上载明债券持有人的姓名及住所、债券持有人取得债券的日期及债券的编号等债券持有人信息。记名公司债券，由债券持有人以背书方式或者法律、行政法规规定的其他方式转让；转让后由公司将受让人的姓名或者名称及住所记载于公司债券存根簿上。

无记名公司债券，应当在公司债券存根簿上载明债券总额、利率、偿还期限和方式、发行日期及债券的编号。无记名公司债券的转让，由债券持有人将该债券交付给受让人后即发生转让的效力。

2. 按能否转换为公司股票，分为可转换债券和不可转换债券

可转换债券，债券持有者可以在规定的时间内按规定的价格转换为发债公司的股票。这种债券在发行时，对债券转换为股票的价格和比率等都作了详细规定。《公司法》规定，可转换债券的发行主体是股份有限公司中的上市公司。

不可转换债券，是指不能转换为发债公司股票的债券，大多数公司债券属于这种类型。

以上两种分类为我国《公司法》所确认。除此之外，按照国际通行做法，公司债券还有另外一些分类。

3. 按有无特定的财产担保，分为抵押债券和信用债券

担保债券是指以抵押方式担保发行人按期还本付息的债券，主要是指抵押债券。抵押债券按其抵押品的不同，又分为不动产抵押债券、动产抵押债券和证券信托抵押债券。

信用债券是无担保债券，是仅凭公司自身的信用发行的、没有抵押品作抵押担保的债券。在公司清算时，信用债券的持有人因无特定的资产作担保品，只能作为一般债权人参与剩余财产的分配。

按照其他的分类标准，公司债券还有很多种类型，如：按是否参加公司盈余分配分为参加公司债券和不参加公司债券；按利率的不同分为固定利率债券和浮动利率债券；按能否上市分为上市债券和非上市债券；按照偿还方式不同分为到期一次偿还债券和分期偿还债券；按照其他特征分为收益公司债券、附认股权债券、附信用债券等。

（二）债券的发行

1. 债券的发行条件

在我国，根据《公司法》的规定，股份有限公司、国有独资公司和两个以上的国有公司或者两个以上的国有投资主体投资设立的有限责任公司，具有发行债券的资格。

我国《证券法》规定，公开发行公司债券的公司必须具备以下条件：

（1）股份有限公司的净资产额不低于人民币 3 000 万元，有限责任公司的净资产额不低于人民币 6 000 万元。

（2）累计债券总额不超过公司净资产额的 40%。

（3）最近 3 年平均可分配利润足以支付公司债券 1 年的利息。

（4）所筹集资金的投向符合国家产业政策。

（5）债券的利率不得超过国务院限定的利率水平。

（6）国务院规定的其他条件。

另外，发行公司债券所筹集的资金，必须用于核准的用途，不得用于弥补亏损和非生产性支出，否则会损害债权人的利益。

2. 债券的发行价格

债券的发行价格是债券发行时使用的价格，亦即投资者购买债券时所支付的价格。

债券发行价格的形成受诸多因素的影响，其中主要是票面利率与市场利率的一致程度。债券的票面金额、票面利率在债券发行前即已参照市场利率和发行公司的具体情况确定下来，一并载明于债券之上。但在发行债券时已确定的票面利率不一定与当时的市场利率一致。为了协调债券购销双方在债券利息上的利益，就要调整发行价格，公司债券的发行价格通常有三种：平价、溢价和折价。

平价指以债券的票面金额为发行价格；溢价指以高出债券票面金额的价格为发行价格；折价指以低于债券票面金额的价格为发行价格。

债券发行价格的计算公式为：

$$\text{债券发行价格} = \frac{\text{票面金额}}{(1+\text{市场利率})^n} + \sum_{t=1}^{n} \frac{\text{票面金额} \times \text{票面利率}}{(1+\text{市场利率})^t} \quad \text{（公式 6 - 1）}$$

式中：n 为债券期限；t 为付息期数。

市场利率指债券发行时的市场利率。

3. 债券的还本付息

债券的还本付息按其实际发生日与规定的到期日之间的关系，分为提前偿还与到期偿还两类，其中后者又包括分批偿还和一次偿还两种。

（1）提前偿还。提前偿还又称提前赎回或收回，是指在债券尚未到期之前就予以偿还。只有在公司发行债券的契约中明确规定了有关允许提前偿还的条款，公司才可以进行此项操作。提前偿还所支付的价格通常要高于债券的面值，并随到期日的临近而逐渐下降。具有提前偿还条款的债券可使公司筹资有较大的弹性。当公司资金有结余时，可提前赎回债券；当预测利率下降时，也可提前赎回债券，而后以较低的利率来发行新债券。

（2）分批偿还。如果一个公司在发行同一种债券的当时就为不同编号或不同发行对象的债券规定了不同的到期日，这种债券就是分批偿还债券。因为各批债券的到期日不同，它们各自的发行价格和票面利率也可能不相同，从而导致发行费较高；但由于这种债券便于投资人挑选最合适的到期日，因而便于发行。

（3）一次偿还。到期一次偿还的债券是最为常见的。

（三）债券筹资的特点

（1）一次筹资数额大。与长期借款、融资租赁等债权筹资方式相比，利用发行公司债券筹资，能够筹集大额的资金，满足公司大规模筹资的需要。

（2）提高公司的社会声誉。《公司法》对公司债券的发行主体、发行条件有严格的资格限制。通过发行公司债券，一方面筹集了大量资金，另一方面也扩大了公司的社会影响。

（3）筹集资金的使用限制条件少。与长期借款相比，债券筹资筹集资金的使用具有相对的灵活性和自主性。特别是发行债券所筹集的大额资金，多用于公司扩展、增加大型固定资产和基本建设投资的需求方面。

（4）能够锁定资本成本的负担。尽管公司债券的利息比长期借款高，但公司债券的期限长、利率相对固定。在预计市场利率持续上升的金融市场环境下，发行公司债券筹资，能够锁定资本成本。

（5）发行资格要求高，手续复杂。国家为了保护投资者利益，维护社会经济秩序，对发债公司的资格有严格的限制。从申报、审批、承销到取得资金，需要经过众多环节和较长时间。

（6）资本成本较高。相对于长期借款筹资，发行债券的利息负担和筹资费用都比较高。而且债券不能像长期借款一样进行债务展期，加上大额的本金和较高的利息，在固定的到期日，将会对公司现金流量产生巨大的财务压力。

三、融资租赁

租赁，是指通过签订资产出让合同的方式，使用资产的一方（承租方）通过支付租金，向出让资产的一方（出租方）取得资产使用权的一种交易行为。在这项交易中，承租方通过得到所需资产的使用权，完成了筹集资金的行为。

（一）融资租赁概念和种类

1. 融资租赁的概念

融资租赁是由租赁公司按承租单位要求出资购买设备，在较长的合同期内提供给承租单位使用的融资信用业务，它是以融通资金为主要目的的租赁。

2. 融资租赁的种类

融资租赁包括直接租赁、售后租回和杠杆租赁三种形式。

（1）直接租赁。直接租赁是融资租赁的主要形式，承租方提出租赁申请时，出租方按照承租方的要求选购资产，然后再出租给承租方。

（2）售后租回。售后租回即根据协议，承租方将某资产出售给出租方，然后再将其租回使用。在这种租赁合同中，除资产所有者的名义改变之外，其余情况均无变化。

（3）杠杆租赁。杠杆租赁是指涉及承租人、出租人和资金出借人三方当事人的融资租赁业务。通常是出租方自己只投入部分资金，一般为资产价值的20%～40%，其余资金则通过将该资产抵押担保的方式，向第三方（通常为银行）申请贷款解决。租赁公司然后将购进的设备出租给承租方，用收取的租金偿还贷款，该资产的所有权属于出租方。出租人既是债权人也是债务人，如果出租人到期不能按期偿还借款，资产所有权则转移给资金的出借者。

3. 融资租赁与经营租赁的区别

租赁主要分为经营租赁和融资租赁两种类型。

经营租赁属于短期租赁，又称为服务性租赁。经营租赁的特点主要是：①出租的设备一般由租赁公司根据市场需要选定，然后再寻找承租企业。②租赁期较短，短于资产的有效使用期，在合理的限制条件内承租企业可以中途解约。③租赁设备的维修、保养由租赁公司负责。④租赁期满或合同中止以后，出租资产由租赁公司收回。经营租赁比较适用于租用技术过时较快的生产设备。

融资租赁属于长期租赁，以融通资金为目的。融资租赁的主要特点是：①出租的设备由承租企业提出要求购买，或者由承租企业直接从制造商或销售商那里选定。②租赁期较长，接近于资产的有效使用期，在租赁期间双方无权取消合同。③由承租企业负责设备的维修、保养。④租赁期满，按事先约定的方法处理设备，包括退还租赁公司，或继续租赁，或企业留购。通常采用企业留购办法，即以很少的“名义价格”（相当于设备残值）买下设备。

（二）融资租赁的程序

融资租赁的基本程序是：

（1）选择租赁公司，提出委托申请。当企业决定采用融资租赁方式以获取某项设备时，需要了解各个租赁公司的资信情况、融资条件和租赁费率等，分析比较选定一家作为出租单位。然后，向租赁公司申请办理融资租赁。

（2）签订购货协议。由承租企业和租赁公司中的一方或双方，与选定的设备供应厂商进行购买设备的技术谈判和商务谈判，在此基础上与设备供应厂商签订购货协议。

（3）签订租赁合同。承租企业与租赁公司签订租赁设备的合同，如需要进口设备，还应办理设备进口手续。租赁合同是租赁业务的重要文件，具有法律效力。融资租赁合同的内容可分为一般条款和特殊条款两部分。

（4）交货验收。设备供应厂商将设备发运到指定地点，承租企业要办理验收手续。验收合格后签发交货及验收证书交给租赁公司，作为其支付货款的依据。

（5）定期交付租金。承租企业按租赁合同规定，分期缴纳租金，这也就是承租企业对所筹资金的分期还款。

（6）合同期满处理设备。承租企业根据合同约定，对设备续租、退租或留购。

（三）融资租赁租金的计算

1. 融资租赁租金的构成

融资租赁租金包括设备价款和租息两部分，租息又分为租赁公司的融资成本、租赁手续费等。

2. 融资租赁租金的支付方式

租金通常采用分次支付的方式，具体类型有：①按支付间隔期长短，分为年付、半年付、季付和月付等方式。②按在期初和期末支付，分为先付和后付。③按每次支付金额，分为等额支付和不等额支付。

实务中，承租企业与租赁公司商定的租金支付方式，大多为后付等额年金。

3. 融资租赁租金的计算

等额年金法下，通常要根据利率和租赁手续费率确定一个租费率，作为折现率。

【例6－1】某企业采用融资租赁方式于2011年1月1日从某租赁公司租入一套设备，设备价款80万元，租期6年，租赁期满时预计残值4万元，归租赁公司。年利率12%。租金每年年末支付一次，则：

$$\text{每年租金} = [800\,000 - 40\,000 \times (P/F, 12\%, 6)] / (P/A, 12\%, 6) = 189\,652\text{（元）}$$

（四）融资租赁的筹资特点

（1）筹资速度快。融资租赁集“融资”与“融物”于一身，可以缩短设备的购进、安装时间，使企业尽快形成生产能力。

（2）财务风险小。融资租赁与购买的一次性支出相比，能够避免一次性支付的负担，而且租金支出是未来的、分期的，企业无须一次筹集大量资金偿还，可适当减少不能偿付的风险。

（3）限制条件较少。企业运用股票、债券、长期借款等筹资方式，都受到相当多的资格条件的限制，相比之下，租赁筹资的限制条件较少。

（4）租赁能延长资金融通的期限。通常为设备而贷款的借款期限比该资产的物理寿命要短得多，而租赁的融资期限却可接近其全部使用寿命期限；并且其金额随设备价款金额而定，无融资额度的限制。

（5）设备淘汰风险小。随着科学技术的不断进步，设备陈旧过时的风险很高，而多数租赁协议规定此种风险由出租人承担，承租企业可免受这种风险。

（6）资本成本高。其租金通常比举借长期借款或发行债券所负担的利息高得多，租金总额通常要高于设备价值的30%。在企业财务困难时，固定的租金也会构成一项较沉重的负担。

第四节　衍生工具筹资

衍生工具筹资主要包括兼具股权与债务特性的混合融资和其他衍生工具融资。我国上市公司目前最常见的主要有可转换债券、认股权证。

一、发行可转换债券

（一）可转换债券的概念与种类

可转换债券，又称可转换公司债券，是指发行人依照法定程序发行，在一定期间内依据约定的条件以转换成股份的公司债券。

按照转股权是否与可转换债券分离，可转换债券可以分为两类：一类是一般可转换债券，其转股权与债券不可分离，持有者直接按照债券面额和约定的转股价格，在约定的期限内将债券转换为股票；另一类是可分离交易的可转换债券，这类债券在发行时附有认股权证，是认股权证和公司债券的组合，又被称为“可分离的附认股权证的公司债”，发行上市后公司债券和认股权证各自独立流通、交易。认股权证的持有者认购股票时，需要按照认购价（行权价）出资购买股票。

（二）可转换债券的要素

可转换债券的基本要素是指构成可转换债券基本特征的必要因素，它们代表了可转换债券与一般债券的区别。

1. 标的股票

可转换债券对股票的可转换性，实际上是一种股票期权或股票选择权，它的标的物就是可以转换成的股票。可转换债券的标的股票一般是发行公司自己的股票，不过也可以是其他公司的股票，如该公司的上市子公司的股票。

2. 票面利率

可转换债券的票面利率一般会低于普通债券的票面利率，有时甚至还低于同期银行存款利率。因为可转换债券的投资收益中附加了股票买入期权的收益部分。

3. 转换价格

转换价格是指可转换债券在转换期间内据以转换为普通股的折算价格，即将可转换债券转换为普通股的每股普通股的价格。如每股 30 元，即是指可转换债券到期时，将债券金额按每股 30 元转换为相应股数的股票。由于可转换债券在未来可以行权转换成股票，在债券发售时，所确定的转换价格一般比发售日股票市场价格高出一定比例，如高出 10% ~30% 。按照我国《可转换公司债券管理暂行办法》的规定，上市公司发行可转换债券的，以发行可转换公司债券前 1 个月股票的平均价格为基准，上浮一定幅度作为转换价格；重点国有企业发行可转换公司债券的，以拟发行股票的价格为基准，折扣一定比例作为转换价格。

4. 转换比率

转换比率是指每一份可转换债券在既定的转换价格下能转换为普通股股票的数量。显然，可转换债券的面值、转换价格、转换比率之间存在下列关系：

$$转换比率 = 债券面值 \div 转换价格 \quad （公式 6-2）$$

5. 转换期

转换期是指可转换债券转换为股份的起始日至结束日的期间。可转换债券的转换期可以与债券的期限相同，也可以短于债券的期限。例如，某种可转换债券规定只能从其发行一定时间之后（如发行若干年之后）才能够行使转换权，这种转换期称为递延转换期，短于其债券期限。还有的可转换债券规定只能在一定时间内（如发行日后的若干年之内）行使转换权，超过这一段时间转换权失效，因此转换期也会短于债券的期限，这种转换期称为有限转换期。超过转换期后的可转换债券，不再具有转换权，自动成为不可转换债券（或普通债券）。

6. 赎回条款

赎回条款是可转换债券的发行企业可以在债券到期日之前提前赎回债券的规定。赎回一般发生在公司股票价格在一段时期内连续高于转股价格达到某一幅度时。赎回条款通常包括：不可赎回期间与赎回期；赎回价格（一般高于可转换债券的面值）；赎回条件（分为无条件赎回和有条件赎回）等。

发债公司在赎回债券之前，要向债券持有人发出赎回通知，要求他们在将债券转股与卖回给发债公司之间作出选择。一般情况下，债券持有人会将债券转换为普通股。可见，设置赎回条款最主要的功能是促使债券持有者积极行使转股权，因此又被称为加速条款。同时也能使发债公司避免在市场利率下降后，继续向债券持有人支付较高的债券利率所蒙受的损失；或限制债券持有人过分享受公司收益大幅度上升所带来的回报。

7. 回售条款

回售条款是指债券持有人有权按照事前约定的价格将债券卖回给发债公司的条件规定。回售一般发生在公司股票价格在一段时期内连续低于转股价格达到某一幅度时。设置回售条款是为了保护债券投资人的利益，使他们能够避免遭受过大的投资损失，从而降低投资风险。合理的回收条款，可以使投资者具有安全感，因而有利于吸引投资者。

8. 强制性转换调整条款

强制性转换调整条款是指在某些条件具备之后，债券持有人必须将可转换债券转换为股票，无权要求偿还债券本金的规定。公司可设置强制性转换调整条款，保证可转换债券顺利地转换成股票，预防投资者到期集中挤兑引发公司破产的悲剧。

（三）可转换债券筹资的特点

（1）筹资灵活性。可转换债券将传统的债务筹资功能和股票筹资功能结合起来，筹资性质和时间上具有灵活性。债券发行企业先以债务方式取得资金，到了债券转换期，如果股票市价较高，债券持有人将会按约定的价格转换为股票，避免了企业还本付息的负担。如果公司股票长期低迷，投资者不愿意将债券转换为股票，企业即时还本付息清偿债务，也能避免未来长期的股权资本成本负担。

（2）资本成本较低。可转换债券的利率低于同一条件下普通债券的利率，降低了公司的筹资成本；此外，在可转换债券转换为普通股时，公司无须另外支付筹资费用，又节约了股票的筹资成本。

（3）筹资效率高。可转换债券在发行时，规定的转换价格往往高于当时本公司的股票价格。如果这些债券将来都转换成了股权，这相当于在债券发行之际，就以高于当时股票市价的价格新发行了股票，以较少的股份代价筹集了更多的股权资金。因此，在公司发行新股时机不佳时，可以先发行可转换债券，以期将来变相发行普通股。

（4）存在不转换的财务压力。如果在转换期内公司股价处于恶化性的低位，持券者到期不会转股，会造成公司的集中兑付债券本金的财务压力。

（5）存在回售的财务压力。若可转换债券发行后，公司股价长期低迷，在设有回售条款的情况下，投资者集中在一段时间内将债券回售给发行公司，加大了公司的财务支付压力。

（6）股价大幅度上扬风险。如果债券转换时公司股票价格大幅度上扬，公司只能以较低的固定转换价格换出股票，便会降低公司的股权筹资额。

二、发行认股权证

（一）认股权证的概念与种类

1. 认股权证的概念

认股权证全称为股票认购授权证，是一种由上市公司发行的证明文件，持有人有权在一定时间内以约定价格认购该公司发行的一定数量的股票。

广义的权证，是一种持有人有权于某一特定期间或到期日，按约定的价格，认购或沽出一定数量的标的资产的期权。按买或卖的不同权利，权证可分为认购权证和认沽权证，又称为看涨权证和看跌权证。本书仅介绍认购权证（即认股权证）。

2. 认股权证的种类

（1）美式认股证与欧式认股证。美式认股证，指权证持有人在到期日前，可以随时提出履约要求，买进约定数量的标的股票。欧式认股证，是指权证持有人只能于到期日当天，才可买进标的股票。无论权证属欧式或美式，投资者均可在到期日前在市场出售转让其持有的认股权证。事实上，只有小部分权证持有人会选择行权，大部分投资者均会在到期前沽出权证。

（2）长期认股权证与短期认股权证。短期认股权证的认股期限一般在 90 天以内。认股权证期限超过 90 天的，为长期认股权证。

（二）认股权证筹资的特点

（1）认股权证是一种融资促进工具，它能促使公司在规定的期限内完成股票发行计划，顺利实现融资。

（2）有助于改善上市公司的治理结构。采用认股权证进行融资，融资的实现是缓期分批实现的，上市公司及其大股东的利益和投资者是否在到期之前执行认股权证密切相关，因此，在认股权证有效期间，上市公司管理层及其大股东任何有损公司价值的行为，都可能降低上市公司的股价，从而降低投资者执行认股权证的可能性，这将损害上市公司管理层及其大股东的利益。因此，认股权证将有效约束上市公司的败德行为，并激励它们更加努力地提升上市公司的市场价值。

（3）作为激励机制的认股权证有利于推进上市公司的股权激励机制。认股权证是常用的员工激励工具，通过给予管理者和重要员工一定的认股权证，可以把管理者和员工的利益与企业价值成长紧密联系在一起，建立一个管理者与员工通过提升企业价值来实现自身财富增值的利益驱动机制。

本章小结

本章介绍了筹资渠道和筹资方式的基本理论及各类筹资方式的特点。主要内容包括：

1. 股权性筹资。股权性筹资包括吸收直接投资、发行普通股和利用留存收益。股权筹资形成企业的股权资金，也称之为权益资本。

2. 债务性筹资。债务性筹资主要是指筹集的长期债务资金，包括长期借款、发行债券、融资租赁。债务性筹资与股权性筹资相比，其特点表现为：筹集的资金具有使用上的时间性，需到期偿还；不论企业经营好坏，需固定支付债务利息，从而形成企业固定的负担；但其资本成本一般比股权性筹资成本低，且不会分散投资者对企业的控制权。融资租赁是企业筹集长期债务资金的一种重要方式。融资租赁分为直接租赁、售后租回和杠杆租赁三种类型。融资租赁与经营租赁在业务原理、租赁目的、契约法律效力等多方面有所不同。融资租赁的租金包括设备价款和租息两部分，租息又分为租赁公司的融资成本、租赁手续费等，一般采用等额年金法计算租金。

3. 衍生工具筹资就是利用衍生工具筹集资金。主要包括兼具股权与债务特性的混合融资和其他衍生工具融资。我国上市公司目前最常见的主要有可转换债券、认股权证。可转换债券是指发行人依照法定程序发行，在一定期间内依据约定的条件以转换成股份的公司债券。认股权证全称为股票认购授权证，是一种由上市公司发行的证明文件，持有人有权在一定时间内以约定价格认购该公司发行的一定数量的股票。

第七章

资本成本

学习目标

修完本章内容后，你应该能够：

1. 理解资本成本的概念，掌握资本成本的计量
2. 了解权益资本成本的种类，掌握各类权益资本成本的计量
3. 了解债务资本成本的种类，掌握各类债务资本成本的计量
4. 理解综合资本成本及其运用

第一节　资本成本概述

一、资本成本的概念及分类

（一）资本成本的含义

资本一般是指企业长期占用的资金。企业应当为取得和使用资本而付出代价。资本成本是指企业为筹集和使用资本而付出的代价，包括筹资费用和占用费用。

筹资费用是指企业在筹措资金过程中为获取资金而支付的费用。例如因发行股票、债券而支付的发行费用等。筹资费用一般一次性支付，可从筹措资金的总额中扣除。

占用费用是指企业在使用资金过程中因占用资金而付出的代价。例如向股东支付的股利、向债权人支付的利息等。占用费用构成了资本成本的主要内容。

（二）资本成本的分类

从不同的角度，资本成本可以分为不同的类型。例如，按筹集资金来源分为权益资本成本和债务资本成本；按资本成本的用途分为个别资本成本、加权平均资本成本和边际资本成本；按是否考虑税收因素可分为税前资本成本和税后资本成本；按与未来决策的相关性可分为历史资本成本和未来资本成本；按是否考虑货币的时间价值可分为采用折现模式计算的资本成本和采用非折现模式计算的资本成本。

二、资本成本的作用

资本成本是财务管理中一个非常重要的概念，它在企业筹资、投资和经营业绩评价等相关决策中处于重要地位。比如，个别资本成本是比较各种筹资方式的依据；加权平均资本成本是衡量资本结构是否合理的依据；边际资本成本是选择不同筹资方案的依据；在项目投资决策和经营业绩评价中，资本成本是预期获得收益的最低界限。除了作为资本预算决策等方

面的依据，资本成本还支持租赁、营运资本管理等方面的决策。

三、影响资本成本的因素

资本成本不仅可以看做是企业为取得和使用资本而支付的价格，还可以被看做是提供资金方为投资而要求的最低报酬率。由于投资报酬率分为无风险报酬率和风险溢价两部分，影响资本成本的因素分为企业不可控制的因素和可以控制的因素，它们都会对资本成本产生影响。

四、资本成本的计量

资本成本可以用绝对数表示，也可以用相对数表示。在企业筹资实务中，为了便于分析比较，通常运用相对数形式，即资本成本率来表示资本成本的大小。资本成本率一般采用占用费用除以实际筹资净额进行计算，其中实际筹资净额即筹资总额扣除筹资费用后的差额。具体公式表示如下：

$$K=\frac{D}{P-F} \qquad \text{（公式 7-1）}$$

式中：K 为资本成本率；D 为占用费用；P 为筹资总额；F 为筹资费用。

如果资本占用费用和筹资费用都与筹资总额具有正比例关系，即可以用资本“占用费用率”i 表示占用费用占筹资总额的百分数，用资本“筹资费用率”f 表示筹资费用占筹资总额的百分数，则资本成本率还可以表示为：

$$K=\frac{i}{1-f} \qquad \text{（公式 7-2）}$$

由于金融工具的不断创新，企业融资方式也多种多样。计量和确定不同筹资方式的资本成本率不但要依据以上公式，还要考虑到资本成本的特点和性质。以下几节内容主要介绍最基本的资本成本计量方法。

第二节　权益资本成本

企业权益资本的成本是比较难测量的。比如，它既包括从内部留存收益中筹集资本而付出的代价，也有企业发行普通股筹集资本而付出的代价等。无论从哪个方面筹集资金，企业筹资的最终目的是通过经营，达到企业价值最大化，满足资本投入方初始预计的投资报酬率。该报酬率可以认为是最低的投资收益率，相对地从资本占用方来看，它就是权益资本成本率。以下从不同的权益资本类型分别介绍权益资本成本及其计量方法。

一、普通股的资本成本

普通股的占用费用即支付给股东的股利，它具有不确定性。在不同条件下，通过求普通股股东要求的最低报酬率，可以估计出普通股的资本成本率 K_s。

（一）股利折现法

将普通股股东的预期报酬率作为贴现率，把股东未来可获预期股利折为现值，使其与股票筹资净额相等，确定出普通股资本成本率。股利折现模型的基本公式为：

$$P_0(1-f)=\sum_{t=1}^{\infty}\frac{D_t}{(1+K_s)^t} \qquad \text{（公式 7-3）}$$

式中：P_0 为普通股现值或发行价格；f 为普通股筹资费用率；D_t 为普通股第 t 年的股利；K_s 为普通股资本成本率。上述公式测算的普通股资本成本率 K_s，即普通股股东投资的必要报酬率，因股利政策不同而在理论上有所区别。

1. 固定股利政策下的资本成本率

若企业每年分派现金股利均为 D，则普通股资本成本率 K_s 计算公式为：

$$K_s=\frac{D}{P_0\ (1-f)} \qquad \text{（公式 7-4）}$$

2. 固定股利增长率政策下的资本成本率

如果企业股利的固定增长率为 g，则普通股资本成本率 K_s 的计算公式为：

$$K_s=\frac{D_0\ (1+g)}{P_0\ (1-f)}+g \qquad \text{（公式 7-5）}$$

式中，$D_0\ (1+g)$ 是第一年预计股利，即 D_1。

【例 7-1】朝阳集团拟以每股 12 元的价格发行普通股 1 000 万股，筹资费率为 6%，预计第一年分派现金股利每股 1 元，以后每年股利增长率为 4%。则朝阳集团普通股资本成本率为：

$$K_s=\frac{1}{12\times\ (1-6\%)}+4\%\approx 12.87\%$$

（二）资本资产定价法

资本资产是指诸如有价证券之类的金融资产。资本资产定价模型，简称 *CAPM* 模型。它描述了在相关假设条件下，证券期望报酬率和风险之间的关系，借此可以估算普通股股票的资本成本率。*CAPM* 模型公式为：

$$K_s=R_f+\beta_i\ (R_m-R_f) \qquad \text{（公式 7-6）}$$

式中：K_s 为普通股的预期报酬率；R_f 为无风险利率；β_i 为第 i 种股票的 β 系数；R_m 为市场投资组合的预期报酬率。

【例 7-2】假定明阳集团普通股股票的 β 值为 2，无风险利率为 6%，市场投资组合的预期报酬率为 10%，则该集团的普通股资本成本为：

$$K_s=6\%+2\times\ (10\%-6\%)\ =14\%$$

（三）债务成本加成法

如果不考虑所得税等相关因素的影响，从投资者承担的风险角度考虑，普通股股东承担的风险要大于债权人，因此普通股股东所要求的投资报酬率应当大于债权人的收益率。由此，在债务成本的基础上加上一定的风险报酬率，就可以得到普通股的资本成本率。此法适用于不考虑股票的股利发放政策和 β 系数等的情况。这种方法可以用公式表示为：

$$K_s=K_b+K_0 \qquad \text{（公式 7-7）}$$

式中：K_s 为普通股资本成本率；K_b 为债务资本成本率；K_0 为普通股相对于债券投资的风险溢酬（经验值为 3%～5%）。

【例 7-3】泰阳集团历史上股票、债券收益率相差 4%，而现时该集团债券税前资本成本率为 15%，其普通股资本成本率为：

$$K_s=15\%+4\%=19\%$$

二、留存收益的资本成本

留存收益是指企业的税后净利扣除所派发股利后形成的留存于企业的那部分税后利润，

它的所有权归属于企业的普通股股东。留存收益可以作为企业的资本积累进行再投资，相当于普通股股东对企业追加了投资。企业对这部分资本的占用，也同样需要付出代价，它也是一种机会成本，即股东同意将留存收益再投资就失去了将这部分利润以股利形式发放并利用其进行再投资获利的机会。

留存收益的资本成本率 K_r，表现为股东追加投资所要求的预期报酬率，其计算与普通股基本相同，区别仅在于计算留存收益成本率不需考虑筹资费用。

【例 7－4】辉阳集团普通股市价 10 元/股，预计本年度发放股利 1 元/股，同时估计未来股利将以每年 5% 的比率稳定增长，则该集团留存收益的资本成本率为：

$$K_r=\frac{1}{10}+5\%=15\%$$

三、优先股的资本成本

企业发行的优先股既具有债券的性质，又具有普通股的特点。优先股需要按照固定的股息率定期支付股息，但只能在税后利润中支付，不具有抵税作用。优先股的资本成本率 K_p 可依据优先股的估价公式和筹资费用求出，其计算公式为：

$$K_p=\frac{D_p}{P_0\ (1-f)} \qquad \text{（公式 7－8）}$$

式中：K_p 为优先股资本成本率；D_p 为优先股的年股息；P_0 为优先股的发行价格；f 为筹资费用率。

【例 7－5】鸿阳集团以 15 元/股的价格发行一批优先股，年股息为 1 元/股，发行优先股的筹资费用率为 2%，则该优先股的资本成本率为：

$$K_p=\frac{1}{15\times\ (1-2\%)}\approx 6.80\%$$

第三节　债务资本成本

债务资本成本相当于债权人对企业新借债务所要求的预期报酬率。这里我们关注的是新债务的资本成本，因为过去已经借入资本的成本与资本预算决策常常无关。理论上，通过上一节对权益资本成本率计算的讨论，我们也可以找到企业债务的 β 系数，然后用 *CAPM* 模型计算债务资本成本率。但是，债务资本的收益率，一般指企业必须为新负债项目所支付的利息率，可以直接和间接地获得，没有必要这样处理。与权益投资者相比，企业债权人所承担的风险最小，所以债务资本成本一般要小于权益资本成本。

在有所得税的情况下，由于企业的负债利息支出是在税前，还可以起到抵税作用，进一步降低了债务资本成本，所以在计算债务资本成本率时要考虑税后的债务资本成本率。这样处理是因为经营管理的目的是企业价值最大化，而企业价值依赖于税后的现金流量。债务利息作为税前的成本费用，由于它的存在，导致了企业少交税。这种对税款的节约，相当于政府支付了一部分债务成本，减少了债务的净资本成本，使税后债务资本小于税前债务资本成本。

以下从不同的债务资本类型分别介绍债务资本成本及其计量方法。

一、债券的资本成本

债券的资本成本包括筹资企业支付给债权人的利息和为发行债券而发生的筹资费用。在计算债券的税后资本成本时，按是否考虑货币的时间价值分为静态和动态两种方法。

（一）静态法

在不考虑货币时间价值的条件下，税后的债务资本成本率 K_b 的计算公式如下：

$$K_b=\frac{I\times(1-T)}{B_0\times(1-f)}=\frac{B\times i\times(1-T)}{B_0\times(1-f)} \qquad \text{（公式 7-9）}$$

式中：K_b 为税后的债务资本成本率；I 为债券的年利息；T 为所得税税率；B_0 为债券筹资额即发行价格；f 为债券筹资费用率；B 为债券面值，i 为债券票面利息率。

【例 7-6】华阳集团发行一批 5 年期的债券，债券总面值为 1 000 万元，票面利率为 8%，每年付息一次，发行价格为 960 万元，筹资费用率为 2%，所得税税率为 25%，采用静态法求该债券的资本成本率为：

$$K_b=\frac{1\,000\times8\%\times(1-25\%)}{960\times(1-2\%)}\approx6.38\%$$

（二）动态法

考虑货币时间价值的情况下，以每年计息一次、到期一次还本的债券为例，其债券持有人要求的预期报酬率，即债券的资本成本率 K_b 应当由以下公式用插值法求出：

$$B_0\times(1-f)=\sum_{t=1}^{n}\frac{I\times(1-T)}{(1+K_b)^t}+\frac{B}{(1+K_b)^n} \qquad \text{（公式 7-10）}$$

式中：B_0 为债券的价格；B 为债券的面值；n 为债券的持有期。

【例 7-7】按照【例 7-6】的相关资料，采用动态法计算华阳集团债券的资本成本率。

$$960\times(1-2\%)=\sum_{t=1}^{5}\frac{1\,000\times8\%\times(1-25\%)}{(1+K_b)^t}+\frac{1\,000}{(1+K_b)^5}$$

$$940.80=60\times(P/A,K_b,5)+1\,000\times(P/F,K_b,5)$$

若 K_b 为 7%，等式右边为 959.01；若 K_b 为 8%，等式右边为 920.16。由此，采用插值法计算 K_b：

$$\frac{940.80-920.16}{959.01-920.16}=\frac{K_b-8\%}{7\%-8\%}$$

$$K_b\approx7.47\%$$

二、长期借款的资本成本

长期借款的资本成本是指长期借款利息和手续费。它的计算方式与债券的资本成本类似，只是长期借款本金不需要像债券那样区分票面价格和发行价格，其利息也有抵税作用。计算长期借款的税后资本成本率 K_1 时，由于长期借款的手续费很少，一般也可以选择忽略不计。

【例 7-8】悦阳集团从银行取得长期借款 300 万元，年利率为 7%，期限 3 年，每年付息一次，到期一次还本，银行收取 1% 的借款手续费，所得税税率为 25%，采用静态法计算这笔银行借款的资本成本率为：

$$K_1=\frac{300\times7\%\times(1-25\%)}{300\times(1-1\%)}\approx5.30\%$$

或者采用简化方法，不考虑手续费。

$$K_1=7\%\times(1-25\%)\approx5.30\%$$

第四节　综合资本成本

通过前面几节的介绍，我们已经掌握了企业主要资本来源的个别资本成本，比如普通股资本成本，债券资本成本和优先股资本成本等。本节需要研究不同资本来源的特定组合的成本。事实上，企业筹集资金时往往是采用多渠道、不同方式结合的方法，因此其资本成本也各不相同。为了全面地估计企业全部资本的总成本，需要计量企业的综合资本成本。

综合资本成本可以通过对个别资本成本进行加权平均得到，所以综合资本成本 K_w 也称为加权平均资本成本 *WACC*，其计算公式如下：

$$K_w = \sum_{j=1}^{n} W_j \times K_j \qquad \text{（公式 7-11）}$$

式中，K_w 为综合资本成本率；W_j 为第 j 种资本占全部资本的比重；K_j 为第 j 种资本的个别资本成本率。

企业的综合资本成本率由个别资本成本率和个别资本的权重两部分构成。这里的个别资本权重体现了资本的来源结构。依据不同的价值选取方式，个别资本权重的计算分为以下三种。

采用账面价值计算的个别资本权重。以各项个别资本的会计报表账面价值为基础计算各类资本占总资本的比重。其优点是资料容易获取，计算结果比较稳定；缺点是如果资本市场价值已脱离账面价值许多，容易失去现实客观性，不适合评价现时的资本结构。

采用市场价值计算的个别资本权重。以各项个别资本的现行市价为基础计算各类资本占总资本的比重。其优点是市场价格能够反映公司现实资本成本水平；缺点是现行市价处于经常变动之中不易选定，按市场价值确定资本结构只反映当时的资本结构，不适用未来的筹资决策。

采用目标价值计算的个别资本权重。以各项个别资本预计的未来价值为基础计算各类资本占总资本的比重。其优点是能体现期望的资本结构，据此计算的加权平均资本成本更适用于企业筹措新资金；缺点是在实际工作中很难客观合理地确定目标价值，其制定主要依赖于财务经理的价值判断和职业经验。

【例 7-9】恒阳集团现有资本的账面价值为 1 000 万元，其中长期借款 300 万元，债券 200 万元，优先股 100 万元，普通股 400 万元，它们各自的资本成本分别是 K_1 为 5%，K_b 为 7%，K_p 为 9% 和 K_s 为 10%。按账面价值权重计算的综合资本成本率见表 7-1。

表 7-1　　按照账面价值权重计算的综合资本成本

资本种类	账面价值（万元）	资本权重	个别资本成本（%）	加权平均资本成本（%）
长期借款	300	0.3	5	1.5
债券	200	0.2	7	1.4
优先股	100	0.1	9	0.9
普通股	400	0.4	10	4
合计	1000	1	—	7.8

由于证券市场价格波动，该集团目前普通股的市场价值比账面价值上涨 10%，优先股

市场价值比账面价值上涨7%，而债券的市场价值比账面价值下降3%。按市场价值权重计算的综合资本成本率见表7-2。

表7-2　　按照市场价值权重计算的综合资本成本率

资本种类	市场价值（万元）	资本权重	个别资本成本（%）	加权平均资本成本（%）
长期借款	300	0.288 2	5	1.44
债券	194	0.186 4	7	1.30
优先股	107	0.102 8	9	0.93
普通股	440	0.422 6	10	4.23
合计	1 041	1.000 0	—	7.90

假定集团未来的资本规模从现在的1 000万元扩大到2 000万元，且目标资本权重比例确定为长期借款20%，债券10%，优先股20%，普通股50%，个别资本成本率不变。按目标价值权重计算的综合资本成本率见表7-3。

表7-3　　按照目标价值权重计算的综合资本成本

资本种类	目标价值（万元）	资本权重	个别资本成本（%）	加权平均资本成本（%）
长期借款	400	0.2	5	1
债券	200	0.1	7	0.7
优先股	400	0.2	9	1.8
普通股	1 000	0.5	10	5
合计	2 000	1	—	8.5

通过以上例题，我们用资本结构权重同相关成本相乘后进行加总，得到的加权平均资本成本率*WACC*，它是企业在进行任何同现有资产风险相同的投资时所要求的必要报酬率，它也被用作企业经营的业绩评价。

本章小结

资本成本是企业为筹集和使用资本而付出的代价，包括筹资费用和占用费用。筹资费用是指企业在筹措资金过程中为获取资金而支付的费用。占用费用是指企业在使用资金过程中因占用资金而付出的代价。资本成本可区分为个别资本成本和综合资本成本，个别资本成本可进一步划分为权益资本成本和债务资本成本。

1. 权益资本成本是企业为筹集和使用权益资本而付出的代价。包括普通股成本、留存收益成本和优先股资本成本。

2. 债务资本成本是企业为筹集和使用债务资本而付出的代价。主要包括债券成本和长期借款成本。

3. 综合资本成本是按个别资本权重和个别资本成本计算的企业加权平均资本成本。个别资本权重可采用账面价值、市场价值和目标价值计算。

第八章

资本结构

学习目标

修完本章内容后，你应该能够：

1. 理解财务杠杆、经营杠杆和总杠杆的概念，掌握各种杠杆系数的计量
2. 掌握资本结构的概念，了解有关资本结构的主要理论观点
3. 掌握优化资本结构的决策方法，即各类分析方法的比较应用

第一节　杠杆原理

一、杠杆与风险

（一）杠杆

这里的“杠杆”是一个财务学上的概念，它表示某一因素变动影响其他因素成倍变动的效果。杠杆这个词源于物理学中的杠杆原理，是指借助于杠杆，在选取适当的支点后，在杠杆的一端施加一定的作用力，会在杠杆的另一端产生放大的作用力效果。

杠杆作用的原理应用于财务管理中，主要指企业通过运用某一固定的成本，会对企业经营业绩有放大的作用。这一放大的作用，可好可坏。杠杆作用一方面可以使企业得到收益，另一方面也使企业面临更大的风险。企业面临不同方面的风险，与企业采用不同的杠杆有关。

（二）杠杆与资本结构

资本结构是指企业各种资本的构成及其比例关系。这种结构主要指企业资产负债表右方的各种长期负债、优先股和普通股等的构成形态，如果也包含了短期负债的话，则反映了长短期资金的构成形态，一般称为企业的财务结构。

企业可以利用财务杠杆来调整业绩的效果，即改变企业资本结构中负债所占比例，以此来调整资本投资，最终引起企业生产经营成果的变化。在此，“财务杠杆”与“资本结构”在某种意义上是同义词，即企业采用了多少负债。企业有负债，就启动了财务杠杆，采用了某种比例的资本结构。

（三）企业经营与风险

经营，是指企业除去融资活动之外的生产经营活动，它主要包括从生产销售到获得经营收益的全部过程。衡量经营业绩的主要指标是企业的息税前利润，即尚未支付债权人利息、分配股东红利和缴纳国家税款的企业经营利润，一般用 *EBIT* 表示。企业经营过程中面临的

风险是经营风险，它是指因企业生产经营上的原因而导致经营业绩变动的风险。引起经营风险的原因有很多，如经济环境、竞争对手、市场需求和生产成本等宏观、微观因素的不确定性。直接导致经营利润不确定性波动的因素主要包括销售量、单位产品价格、成本的不确定性和成本结构的变化。对经营过程的分析包括成本与业绩等方面的分析，涉及经营过程中的本量利分析。

（四）成本习性与经营业绩

1. 成本习性

成本习性是指成本总额与业务量之间的依存关系。企业的经营成本可以按照成本习性进行分类，分为固定成本、变动成本和混合成本。

固定成本是指在一定时期和业务量范围内，成本总额不随业务量变化的成本，如按直线法计提的固定资产折旧费、办公费、管理人员工资、广告费、租赁费等。固定成本具有以下特点，即单位固定成本的反比例变动性和固定成本总额的不变性。比如产销量增加时，这部分成本总额不发生变化，但是分摊到单位产品中去的固定成本会随着产销量的增加而下降。

变动成本是指一定时期和业务量范围内，成本总额随业务量正比例变化的成本，如直接材料、直接人工、包装费、燃料费、动力费、推销佣金等。变动成本具有以下特点，即单位变动成本的不变性和变动成本总额的正比例变动性。产销量的增减变动会导致这部分成本的总额随之正比例的增减，但是单位产品的变动成本却是一个常数，它不受影响。

有些成本虽然也随业务量的变动而变动，但不成同比例变动，这类成本称为混合成本。可以按一定方法将混合成本分解成变动部分和固定部分，类似于固定成本和变动成本。

单位变动成本乘以销售量得到总变动成本，再加上不包括利息费用和纳税支出在内的固定成本，就得到企业的总经营成本。

$$y = a + bx \qquad \text{（公式 8-1）}$$

式中：y 为企业经营成本；a 为总固定成本；b 为单位变动成本；x 为销售量。这是按照成本习性分类表示的总成本习性模型，也可以解释企业的成本结构。

2. 经营业绩

不管投入的资本是从哪方面来，只要处于某一区域和行业中的企业，其经营活动在一定的生产规模、一定的管理水平下进行，都会产生一定的经营收益。这样的经营成果还没有进行分配，仅是经营活动引起的经营业绩，它等于经营收入减去经营成本之后的差额。

$$\begin{aligned} EBIT &= Px - C \\ &= Px - (a + bx) \\ &= Px - bx - a \\ &= (P - b)x - a \end{aligned} \qquad \text{（公式 8-2）}$$

式中：$EBIT$（息税前利润）为经营利润；P 为产品销售单价；C 为产品成本。

销售单价减去单位变动成本称为单位边际贡献，用 M 表示。边际贡献亦称贡献毛益，是指销售收入减去变动成本以后的差额，它是一个非常有用的价值指标。

$$M = Px - bx = (P - b)x = Mx \qquad \text{（公式 8-3）}$$

息税前利润是指企业支付利息和缴纳所得税之前的利润，也可以用税前利润总额加上利息费用得到。由公式 8-3 还可以继续得到：

$$EBIT = M - a = Mx - a \qquad \text{（公式 8-4）}$$

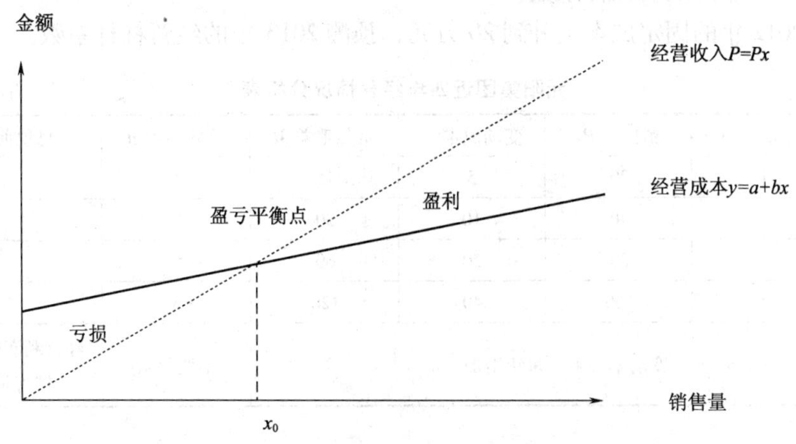

图 **8－1**　企业本量利分析图

由图8－1看出，当产销量少于x_0时，企业处于亏损状态；当产销量大于x_0时，企业存在盈利。企业在盈亏平衡点附近经营，即销售量接近于x_0时，企业或盈或亏的不确定性很大，即经营风险很大。此时，销售量微小的变动都能使企业的经营业绩发生质的变化，安全程度很低。

二、经营杠杆

（一）经营杠杆概念

经营杠杆是指企业存在固定经营成本时，产销量变动对经营利润产生的影响。有固定经营成本的企业，就存在经营杠杆的作用。在其他条件不变的情况下，产销量的增加虽然不会改变固定成本总额，但会降低单位产品分摊的固定成本，从而提高单位产品利润，使息税前利润的增长率大于产销量的增长率。反之，产销量的减少会提高单位固定成本，降低单位利润，使息税前利润下降率也大于产销量下降率。这种由于固定性经营成本的存在，导致企业的息税前利润变动率大于产销量变动率的杠杆效应，就是经营杠杆。

（二）经营杠杆系数

成本结构中固定成本的高低决定了经营利润对销售变动的敏感程度，这种敏感程度就可以用经营杠杆系数来表示，它一般表示经营杠杆的大小。经营杠杆系数，是指息税前利润变动率相当于产销量变动率的倍数，符号*DOL*。其计量公式为：

$$DOL = \text{经营利润变动率} \div \text{产销量变动率} \qquad \text{（公式 8－5）}$$

公式8－5整理后，经营杠杆系数还可以表示为：

$$DOL = \frac{\Delta EBIT/EBIT}{\Delta x/x} = \frac{M}{EBIT} \qquad \text{（公式 8－6）}$$

式中：*DOL*为经营杠杆系数；*EBIT*为基期经营利润；x为基期产销量；$\Delta EBIT$为经营利润变动额；Δx为产销量变动额，*M*为边际贡献。

【例8－1】元阳集团近四年的销售量每年增加一倍，单位产品售价20元/件，单位变动成本5元/件，固定成本保持不变，每年均为5万元。

①根据所给表8－1中数据求出其每年的经营利润*EBIT*。

②计算其2012年的经营杠杆系数。

③预测 2013 年的经营杠杆系数。

④如果 2012 年的固定成本上升到 20 万元，预测 2013 年的经营杠杆系数。

表 8－1　　元阳集团近四年经营情况分析表　　单位：万元

年份	产销量/万件 x	销售额 Px	变动成本 bx	贡献毛益 M	固定成本 a	息税前利润 $EBIT$
2009	1	20	5	15	5	10
2010	2	40	10	30	5	25
2011	4	80	20	60	5	55
2012	8	160	40	120	5	115
说明	变动率一致，每年增加一倍				不变因素	经营利润的变动率大于销售量的变动率

①根据公式 8－2，可以求出表 8－1 最后一栏每年的 $EBIT$。

以 2010 年为例，2010 年的 $EBIT = 40 - 10 - 5 = 25$（万元），其他数据见表中计算。

②根据公式 8－8，

$$DOL_{2012} = \frac{(115-55)/55}{(8-4)/4} \approx 1.09$$

或

$$DOL_{2012} = 60 \div 55 \approx 1.09$$

③用 2012 年数据作为基期数据，预测 2013 年的经营杠杆系数

$$DOL_{2013} = 120 \div 115 \approx 1.04。$$

④如果 2012 年的固定成本为 20 万元，则

$EBIT_{2012} = 100$（万元），$DOL_{2013} = 120 \div 100 \approx 1.20$。

在企业销售额一定的情况下，成本的结构决定了经营杠杆系数的大小。固定成本越高，经营杠杆系数越大。一般情况下，企业的固定成本不为 0，所以经营杠杆系数一般会大于 1。通过这道例题计算可以发现，当固定成本上升为 20 万元时，DOL_{2013} 由 1.04 上升为 1.20；该企业 2012 年企业经济利润的变动幅度 1.09 比销售量的变动幅度 1 要大。

（三）经营杠杆与经营风险

经营杠杆反映了企业经营业绩效果的波动性，用以评价企业的经营风险。企业的经营风险受很多因素影响，比如市场环境和行业竞争等方面的因素。经营杠杆本身并不是经济利润不稳定的根源，只是经济利润变化的表现。经营杠杆系数越大，它所反映的经营风险越大。

企业经营杠杆系数的大小受企业成本水平和销售水平的影响。由【例 8－1】已讨论过，在企业销售额一定的情况下，固定成本越大，经营杠杆系数越大。所以企业为了回避过高的经营风险，在销售水平一定的情况下，可以选择降低固定成本。当企业固定成本和变动成本一定时，经营杠杆系数受销售水平的影响。下面举例说明经营杠杆系数与销售水平和经营风险的关系。

【例 8－2】凤阳公司经营一种轮滑鞋，该产品的单价为 100 元/双，单位变动成本为 40 元/双，每月企业的固定经营成本为 30 万元，则该企业的盈亏平衡点销售量为：

$$x_0 = 300\,000 \div (100 - 40) = 5\,000\text{（件）}$$

在不同的产销量情况下，该企业的经营杠杆系数如表 8－2 所示。

表 8-2	不同销售水平下凤阳公司的经营杠杆系数	单位：万元

销售量（件）	销售额	变动成本	贡献毛益	固定成本	经营利润	经济杠杆系数
0	0	0	0	30	-30	0.00
1 000	10	4	6	30	-24	-0.25
2 000	20	8	12	30	-18	-0.67
3 000	30	12	18	30	-12	-1.50
4 000	40	16	24	30	-6	-4.00
5 000	50	20	30	30	0	∞
6 000	60	24	36	30	6	6.00
7 000	70	28	42	30	12	3.50
8 000	80	32	48	30	18	2.67
9 000	90	36	54	30	24	2.25
10 000	100	40	60	30	30	2.00

图 8-2 显示出在不同销售水平下，经营杠杆系数的变化，它也反映出了企业的经营风险。

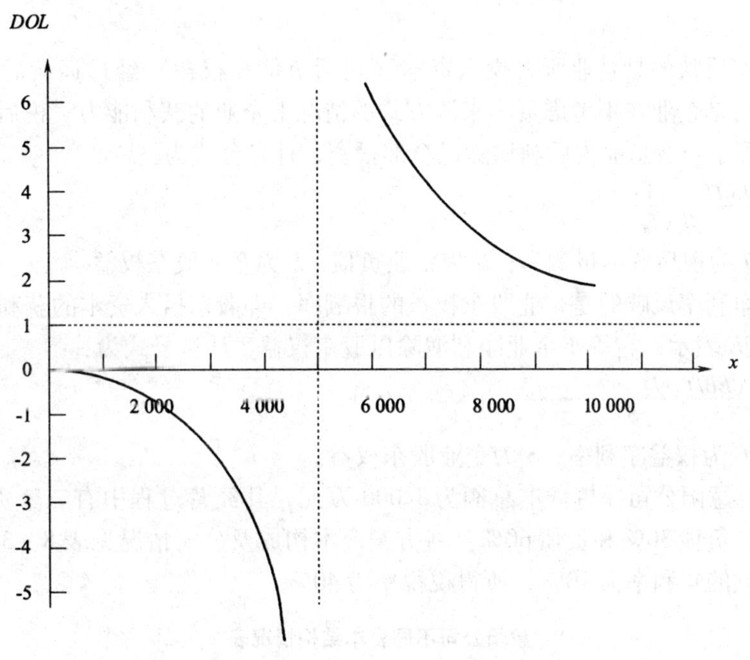

图 8-2 凤阳公司不同销售水平下的经营杠杆系数

通过图 8-2 可以看到，销售量为 5 000 件，即等于盈亏平衡点销售量时，经营杠杆系数为无穷大，也就是意味着此时经营风险十分巨大，任何产销量的轻微变动都会引起经营业绩或盈或亏质的变化。随着销售量的增加，经营杠杆系数也逐渐降低并趋近于 1。因此，在固定成本一定的情况下，企业通过努力扩大销售，会降低经营杠杆系数，随之降低经营风险。

三、财务杠杆

（一）财务杠杆概念

财务杠杆是指企业存在固定债务成本时，经营利润变动对每股利润产生的影响。有负债的企业，当企业的税后资本报酬率与债务资本成本率不同时，就会有财务杠杆的影响。不管企业的息税前利润多少，首先都要先扣除利息等债务资本成本，然后才归属股权资本。当息税前利润增大时，每1元盈余所负担的固定利息费用就会相对减少，这会给普通股股东带来额外的收益；反之，当息税前利润降低时，每1元盈余所负担的利息费用就会相对增加，这就会大幅度减少普通股盈余。这种由于固定性债务资本成本的存在，导致普通股每股盈余变动率大于息税前利润变动率的杠杆效应，就是财务杠杆。

由于企业“财务杠杆”与“资本结构”在某种意义上都指代企业采用何种负债政策，所以有必要了解企业采用负债给企业带来的影响，这种影响有利有弊。我们将通过【例8-3】来观察企业采用不同比例负债的影响。

用于评价企业经营业绩的指标还有每股利润、资本报酬率和股东权益报酬率。每股利润用*EPS*表示，它等于企业净利润除以普通股股数，计量公式为：

$$EPS=\frac{(EBIT-I)\times(1-T)}{N}\qquad\text{（公式 8-7）}$$

式中：*EPS*为普通股每股利润；*I*为企业负债年利息费用；*T*为企业所得税税率；*N*为普通股股数。

资本报酬率反映的是企业所有投入资本（包括负债和权益）经过运营后获得收益的报酬率。它考察的是企业在不考虑资本来源方式的情况下企业的获利能力。税后资本报酬率用*ROI*表示，它等于企业息前税后利润除以全部投资，计量公式为：

$$ROI=\frac{EBIT\times(1-T)}{B+S}\qquad\text{（公式 8-8）}$$

式中：*ROI*为税后资本报酬率；*B*为企业负债；*S*为企业股东权益。

股东权益净利率反映的是企业股东权益的报酬率，即股东投入资本的获利能力。股东权益净利率用*ROE*表示，它等于企业净利润除以股东权益，计量公式为：

$$ROE=\frac{(EBIT-I)\times(1-T)}{S}\qquad\text{（公式 8-9）}$$

式中：*ROE*为权益净利率；*S*为企业股东权益。

【例8-3】慧阳公司保持资本总额为1 000万元，其经营过程中有三个资本结构方案，分别为0负债，负债30%和负债60%。各方案资本构成及公司情况见表8-3。该公司不存在优先股，借款的年利率为10%，所得税税率为40%。

表8-3　　慧阳公司不同资本结构情况表　　单位：万元

项　目	负债比例		
	无负债	30%	60%
债务	0	300	600
权益	1 000	700	400
资本总计	1 000	1 000	1 000
普通股股数（万股）	1 000	700	400

通过以上资料，慧阳公司债务的税后资本成本率为：$K_b = 10\% \times (1-40\%) = 6\%$。

（1）慧阳公司2010年的收入为560万元，成本费用为350万元，对三种不同资本结构方案的企业经营业绩分析见表8－4。

表8－4　　2010年慧阳公司不同资本结构经营业绩情况表　　单位：万元

项　目	负债比例		
	无负债	30%	60%
收入	560	560	560
成本费用	350	350	350
经营利润 *EBIT*	210	210	210
利息费用 *I*	0	30	60
应税利润	210	180	150
所得税	84	72	60
净利润 *NI*	126	108	90
权益净利率 *ROE*	12.60%	15.43%	22.50%
税后资本报酬率 *ROI*	12.60%	12.60%	12.60%
每股利润 *EPS*（元）	0.13	0.15	0.23

该企业三种资本结构方案下的资本报酬率相等，$ROI = 210 \times (1-40\%) \div 1\ 000 = 12.60\%$。2010年的企业税后资本报酬率12.60%大于企业债务的税后资本成本率6%，此时我们可以发现随着企业负债的比例增加，股东权利净利率*ROE*和每股利润*EPS*都不断增大。这是负债带给企业的好处。

（2）慧阳公司2011年经营业绩不佳，收入为240万元，成本费用为180万元，对三种不同资本结构方案的企业经营业绩分析见表8－5。

表8－5　　2011年慧阳公司不同资本结构经营业绩情况表　　单位：万元

项　目	负债比例		
	无负债	30%	60%
收入	240	240	240
成本费用	180	180	180
经营利润 *EBIT*	60	60	60
利息费用 *I*	0	30	60
应税利润	60	30	0
所得税	24	12	0
净利润 *NI*	36	18	0
权益净利率 *ROE*	3.60%	2.57%	0.00%
税后资本报酬率 *ROI*	3.60%	3.60%	3.60%
每股利润 *EPS*（元）	0.04	0.03	0.00

该企业三种资本结构方案下的资本报酬率相等，$ROI = 60 \times (1-40\%) \div 1\ 000 = 3.60\%$。2011 年的企业税后资本报酬率 3.60% 小于企业债务的税后资本成本率 6%，此时我们可以发现随着企业负债的比例增加，股东权利净利率 *ROE* 和每股利润 *EPS* 都逐渐减少。当负债比例为 60% 时，企业的 *EPS* 甚至为 0，这是负债坏的一面。

综合来看，当企业的税后资本报酬率大于负债的税后成本时，增加负债会增加企业的每股利润，是好事。而当企业的资本报酬率小于负债的资本成本率时，增加负债会让企业的经营情况更糟。可以说负债对企业的影响是一把双刃剑。

（二）财务杠杆系数

当企业的资本报酬率大于债务资本成本率时，财务杠杆系数反映了普通股每股利润对息税前利润变动的敏感程度，代表了财务杠杆作用的大小。它是指每股利润变动率相当于经营利润变动率的倍数，符号 *DFL*。其计量公式为：

$$DFL = \text{普通股每股利润变动率} \div \text{息税前利润变动率} \qquad \text{（公式 8-10）}$$

当企业没有优先股时，公式 8-12 整理后，财务杠杆系数还可以表示为：

$$DFL = \frac{\Delta EPS/EPS}{\Delta EBIT/EBIT} = \frac{EBIT}{EBIT - I} \qquad \text{（公式 8-11）}$$

式中：*DFL* 为财务杠杆系数；*EPS* 为基期每股利润；*EBIT* 为基期经营利润；ΔEPS 为每股利润变动额；$\Delta EBIT$ 为经营利润变动额，*I* 为债务资本利息。

【例 8-4】银阳、泰阳、岳阳和兴阳四家公司总资本保持不变，均为 400 万元，所得税税率均为 30%。四家公司的资本结构不同：银阳公司无负债，有 10 万股普通股；泰阳公司有 25% 的负债，负债利息率为 11%，有 7.5 万股普通股；岳阳公司有 50% 的负债，负债利息率为 11%，有 5 万股普通股；兴阳公司有 50% 的负债，负债利息率为 16%，有 5 万股普通股。2010 年末四家公司的经营利润均为 50 万元，2011 年末四家公司的经营利润均增长 20%。

根据公式 8-13，计算出的四家公司的财务杠杆系数分别为 1、1.28、1.79 和 2.78。例如，根据每股利润和经营利润的变动比率，泰阳公司的财务杠杆系数为：

$$DFL_{2011} = \frac{(4.2-3.5)\ /3.5}{20\%} = 1$$

或者，根据基期的息税前利润与利息费用求得同样的结果：

$$DFL_{2011} = \frac{50}{50-0} = 1$$

2011 年三家公司的财务杠杆系数和相关经营业绩等指标计算如表 8-6 所示。

表 8-6　　泰阳、岳阳和兴阳公司财务杠杆系数及有关资料　　单位：万元

项目	2010 年（基期）				2011 年			
公司名称	银阳	泰阳	岳阳	兴阳	银阳	泰阳	岳阳	兴阳
总资本	400	400	400	400	400	400	400	400
负债	0	100	200	200	0	100	200	200
负债利息率	0	11%	11%	16%	0	11%	11%	16%
股东权益	400	300	200	200	400	300	200	200
普通股股数（万股）	10	7.5	5	5	10	7.5	5	5

续表

项目	2010 年（基期）				2011 年			
公司名称	银阳	泰阳	岳阳	兴阳	银阳	泰阳	岳阳	兴阳
经营利润 *EBIT*	50	50	50	50	60	60	60	60
息税前资本利润率（%）	12.5	12.5	12.5	12.5	15	15	15	15
利息费用 *I*	0	11	22	32	0	11	22	32
应税利润	50	39	28	18	60	49	38	28
所得税	15	11.7	8.4	5.4	18	14.7	11.4	8.4
净利润 *NI*	35	27.3	19.6	12.6	42	34.3	26.6	19.6
每股利润 *EPS*（元）	3.50	3.64	3.92	2.52	4.20	4.57	5.32	3.92
每股利润变动率（%）	—				20	26	36	56
财务杠杆 *DFL*	—				1.00	1.28	1.79	2.78
股东权益净利率 *ROE*（%）	8.75	9.10	9.80	6.30	10.50	11.43	13.30	9.80
税后资本报酬率 *ROI*（%）	8.75	8.75	8.75	8.75	10.50	10.50	10.50	10.50
债务税后资本成本率（%）	0	7.70	7.70	11.20	0	7.70	7.70	11.20

根据表 8－6，可以看到：

（1）银阳公司由于未采用负债，企业的财务杠杆为 1，每股利润的增长率也为 20%，与经营利润的增长率相同。

当企业无负债时，每股利润的变动率和息税前利润的变动率保持一致。此种情况下，企业的权益净利率与资本报酬率相同。

（2）四个公司的息税前利润和总投资相同，所以 2011 年税后资本报酬率都为 10.50%。

①与银阳公司相比，泰阳公司和岳阳公司由于存在负债，其均高于 20%，股东权益净利率 *ROE* 也均大于 10.50%，即财务杠杆均大于 1。虽然泰阳和岳阳公司的负债利息率相同，即债务的资本成本相同，但由于岳阳公司的负债多于泰阳公司，导致岳阳公司的每股利润变动率大于泰阳公司近 10%，股东权益净利率 $ROE_{岳阳2011}=13.30\%>ROE_{泰阳2011}=11.43\%$，财务杠杆 $DFL_{岳阳2011}=1.79>DFL_{泰阳2011}=1.28$。

当企业的资本报酬率大于债务资本成本率时，增加负债会获得更高的财务杠杆作用，即每股利润的变动率大于息税前利润的变动率，股东权益净利率高于整个企业的资本报酬率。

②虽然岳阳和兴阳公司的资本结构中都有 50% 的负债，即资本结构相同，但因其负债利息率不同，即两公司债务的资本成本率不同，导致权益净利率 $ROE_{岳阳2011}=13.30\%>ROE_{兴阳2011}=9.80\%$，尽管财务杠杆 $DFL_{岳阳2011}=1.79<DFL_{兴阳2011}=2.78$，而且岳阳公司的每股利润变动率还小于兴阳公司近 20%。这都是因为兴阳公司的税后资本报酬率 10.50% 小于其债务税后资本成本率 11.20%，或者是其息税前资本利润率 15% 小于负债利息率 16% 的缘故。

当企业的息税前资本利润率小于负债利息率时，较高的财务杠杆系数不但没有给股东带来更高的获益，反而增大了企业的财务风险，降低了每股利润，不能准确地反映每股利润变动率相当于经营利润变动率的倍数。

（三）财务杠杆与财务风险

当企业无负债时，债务利息为0，财务杠杆系数为1，此时普通股每股利润和息税前利润同幅度增减变动。只要企业借债，债务的利息大于0，那么在税前利润为正的条件下，财务杠杆系数就会大于1。在一定的销售水平和利率水平下，企业借债越多，债务利息越高，财务杠杆系数就越大，从而导致普通股每股利润具有更大的不确定性。

由借债而引起的普通股每股利润的不确定性为财务风险。在其他因素一定的情况下，固定利息费用越高，财务杠杆系数越大，企业的财务风险就越大。控制财务风险的方法一般有提高企业的资产报酬水平、降低企业资本结构中债务资本比重或提高企业信誉，由此降低债务资本成本率。财务杠杆如同一把双刃剑，企业所有者欲获取财务杠杆利益，同时也要承担由此而引起的财务风险。因此，必须在财务杠杆利益和财务风险之间进行认真的权衡。例8－4中的兴阳公司，就是由于过大的财务杠杆导致了企业不得不承受财务风险，出现普通股股东每股利润变少的情况。

四、综合杠杆

（一）综合杠杆概念

综合杠杆，亦称总杠杆、复合杠杆，是指经营杠杆和财务杠杆的共同影响作用。经营杠杆是利用企业经营成本中固定成本的作用而影响息税前利润，导致息税前利润的变动率大于业务量的变动率；财务杠杆是利用企业资本成本中债权资本固定利息的作用而影响普通股每股利润，导致每股利润的变动率大于息税前利润变动率。经营杠杆和财务杠杆两者共同作用，将导致业务量的变动引起普通股每股利润以更大幅度发生变动。只要企业同时存在固定成本和固定的利息费用等财务支出，就会存在综合杠杆的作用。

（二）综合杠杆系数

综合杠杆作用的程度常用综合杠杆系数表示。所谓综合杠杆系数，是指每股利润变动率相当于业务量变动率的倍数。其计算公式为：

$$DCL = \text{普通股每股利润变动率} \div \text{产销量变动率} \qquad \text{（公式 8－12）}$$

即：

$$DCL = \frac{\Delta EPS/EPS}{\Delta x/x} \qquad \text{（公式 8－13）}$$

综合杠杆系数可以由经营杠杆系数和财务杠杆系数求得：

$$DCL = DOL \times DFL \qquad \text{（公式 8－14）}$$

整理后，为：

$$DCL = \frac{M}{M-a-I} = \frac{M}{EBIT-I} \qquad \text{（公式 8－15）}$$

【例8－5】耀阳公司产销甲产品20万件，单价80元，单位变动成本30元，固定成本总额500万元。公司负债总额1 000万元，年利率为10%。试计算经营杠杆系数、财务杠杆系数和总杠杆系数。

边际贡献 M＝（80－30）×20＝1 000（万元）

经济利润 $EBIT$＝1 000－500＝500（万元）

DOI＝1 000÷500＝2

每年负债利息＝1 000×10%＝100（万元）

DFL＝500÷（500－100）＝1.25

$DCL = 2 \times 1.25 = 2.5$ 或者 $DCF = 1\ 000 \div (500 - 100) = 2.5$

（三）综合杠杆与企业风险

企业风险包括企业的经营风险和财务风险。综合杠杆系数反映了经营杠杆和财务杠杆之间的关系，用以评价企业的整体风险水平。在其他因素不变的情况下，综合杠杆系数越大，企业风险越大；综合杠杆系数越小，企业风险越小。在综合杠杆系数一定的情况下，经营杠杆和财务杠杆系数此消彼长。

企业可通过对经营杠杆和财务杠杆的不同组合，达到某一综合杠杆系数。比如，经营杠杆系数较高的公司（如固定资产比重较大的资本密集型企业）可以在较低的程度上利用财务杠杆；经营杠杆系数较低的公司（如变动成本比重较大的劳动密集型企业）可以在较高的程度上利用财务杠杆。

第二节　资本结构理论

一、资本结构概述

从广义的角度理解，资本结构是指企业资本问题诸组成要素、诸方面相互联系和相互作用的内在关系和形式。其内涵包括资本要素及其比例关系：权益资本与债务资本的比例关系；长期资本与短期资本的比例关系；资本各种筹集方式及其比例关系；各有关投资者资本投入数额的比例关系等。

从狭义的角度看待资本结构，是指企业的各种长期资金来源的构成，即长期负债、优先股股本和普通股权益之间的对比关系。这其中债务资本和权益资本的比例关系是资本结构中最基本的内容。本章主要围绕债务资本和权益资本的比例关系进行介绍。

影响资本结构的因素主要有行业因素，企业销售、财务状况，企业所有者和管理人员的态度，贷款人和信用评级机构的影响，企业的资产结构，所得税税率高低，利率水平的变动等方面因素。

二、资本结构理论

资本结构理论是研究资本结构中债务资本与权益资本比例的变化对企业价值影响的理论。20 世纪 50 年代以前有代表性的理论主要有“净收益理论”、“经营净收益理论”和“传统理论”等几种观点，一般被称为“早期资本结构理论”；20 世纪 50 年代以后比较有影响的理论是“*MM* 理论”和由其发展而成的若干理论，一般被称为“现代资本结构理论”。

为了便于探讨，以下符号表示为：

V 为企业价值；B 为企业负债；S 为企业股东权益；K_b 为企业债务资本成本；K_s 为企业权益资本成本；K_w 为加权平均资本成本；B/S 为企业负债权益比。这里，$V = B + S$。

（一）早期资本结构理论

1. 净收益理论

该理论由美国财务学家戴维·杜兰德于 1952 年提出。该理论看重归属于股东的净收益对企业价值的作用，认为随着企业负债比例的增加，企业价值将增加。当负债比率达到 100% 时，企业价值将达到最大。

该理论假设随着企业负债的增加，即 B/S 提高时，企业风险不会增加。由于债权人承担的风险要比股东的小，所以 K_b 一般较 K_s 低。当 B/S 提高时，K_w 相应降低，企业价值 V 会相应提高。在净收益理论下，这是一种认为资本结构与企业价值相关的理论，比较极端。该理论的具体情况见图 8－3。

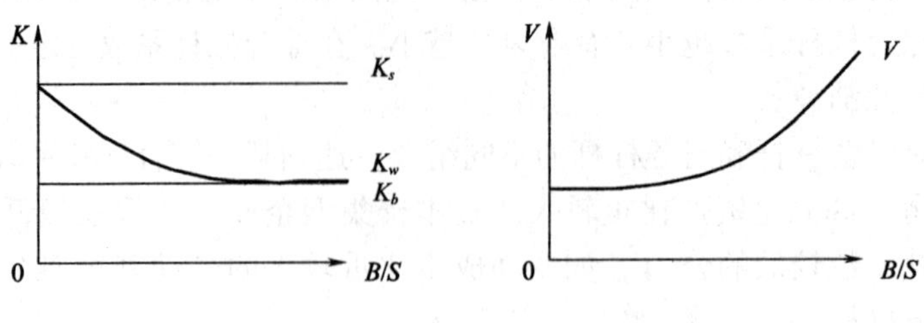

图 8－3　净收益理论

2. 净营业收益理论

该理论是戴维・杜兰德在总结净收益理论的基础上提出来的。该理论看重企业的营业利润（$EBIT$）对企业价值的作用，认为随着企业负债比例的增加，企业价值不会变化。

该理论假设 K_b 不变。由于风险加大，K_s 将随着 B/S 的提高而成比例增加，但是这种 K_s 的增加，正好与 B/S 提高所导致的 K_w 的减少相抵消。所以最终的效果是 K_w 保持不变。公司在净营业收益理论下，企业价值仅取决于企业的经营能力，即经营利润 $EBIT$，与企业的资本结构无关。这是一种认为资本结构与企业价值无关的理论，也比较极端。该理论的具体情况见图 8－4。

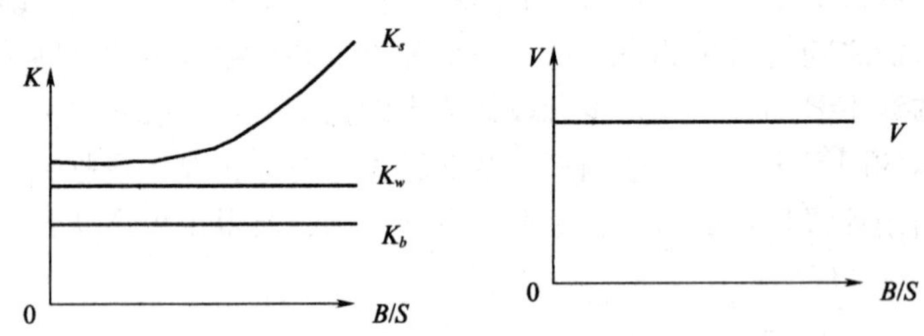

图 8－4　净营业收益理论

3. 传统理论

大多数西方财务学者和实务工作者都在 20 世纪 50 年代采取了一种折中的传统理论。该理论介于净收益理论和净营业收益理论之间，认为存在最佳的资本结构。

该理论假设在一定范围内，随着 B/S 的提高，K_b 和 K_s 的上升均不显著，K_w 降低，企业价值增加；超过该范围，随着 B/S 的提高，K_b 和 K_s 会显著上升，K_w 转而上升，企业价值降低。公司在传统理论下，K_b、K_s 和 K_w 均随着 B/S 的提高而变动，并存在使企业价值最大的资本结构。该理论的具体情况见图 8－5。

（二）现代资本结构理论

标志现代资本结构理论形成的是 1958 年《美国经济观察》杂志上 Modigliani 和 Miller 两位学者发表的文章《资本成本、公司理财和投资理论》。该文章及其以后不断修正的理论，共称为 MM 理论。两位学者由其在资本结构理论上的研究成就，分别获得了 1985 年和 1900 年的诺贝尔经济学奖。MM 理论及后人做出的补充和修正探讨，渐渐发展成现代资本结构

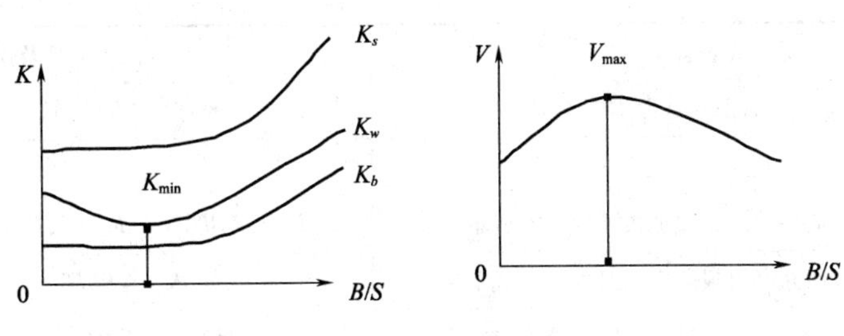

图 8－5　传统理论

理论。

1. *MM* 理论

MM 理论的结论虽然是在一系列特殊的假设情况下推导出的，但其在现实世界中有具体的验证，其中一些结论虽然和早期资本结构理论类似，但是其论证过程严密，并给出了有利的根据。为了更好地得出相关结论，*MM* 理论的研究是建立在一些剔除相关干扰情形下的假设中，以下是其假设条件：

（1）资本市场无摩擦。即指证券市场是完善的，有效的。企业无公司税、无个人收入所得税；证券无交易成本；企业无破产成本。

（2）企业只发行两种证券。一种是有风险的股票；另一种是无风险的债券。

（3）所有债务均无风险。企业和个人都能按照无风险的利率借入或借出款项。借款利率对企业和个人都是一样的，不会变化。

（4）投资者的预期相同。现在及未来的投资者对企业未来的营业利润产生的现金流的预期估计相同。

（5）增长率为零。投资者预期的未来营业利润恒定不变，企业的增长率是零；每期股利不变，皆以现金股利形式发放。

（6）企业的经营风险是可衡量的。即相同经营风险的企业处于相同的风险等级。比如，类似行业处于相等的利润等级中的企业，其股票收益与其他企业的等比例相关。

（7）所有实物资产归企业所有且总额不变。比如，企业资本结构的改变只能是发行债券以回购股票或者是相反的方式。

为便于探讨，以下符号及其模型的意义表示见表 8－7。

表 8－7　**不同符号及其模型意义**

符号	代表含义	相互关系及说明
V	企业价值	$V=B+S=EBIT/K_w=I/K_b+(EBIT-I)/K_s$
B	企业负债的市场价值	$B=I/K_b$
S	企业普通股市场价值	$S=D/K_s=(EBIT-I)/K_s=NOI/K_s$
B/S	企业的负债比率或杠杆	
V_U	无负债企业价值	$V_U=EBIT/K_{SU}$
V_L	有负债企业价值	$V_L=EBIT/K_w=I/K_b+(EBIT-I)/K_{SL}$
K_b	企业债务利息率或债务资本成本率	$K_b=I/B$
I	企业债务利息	$I=B\times K_b$

续表

符号	代表含义	相互关系及说明
K_s	企业股东必要报酬率或股本资本成本率	K_s = （$EBIT-I$）/S = NOI/S
D	企业现金股利	
K_w	企业总资本必要报酬率或加权平均资本成本率	K_w = $EBIT/V$ = K_b ×（B/V）+ K_s ×（S/V）
K_{SU}	无负债企业股东必要报酬率或股本资本成本率	K_{SU} = $EBIT/S$ = NOI/S
K_{SL}	有负责企业股东必要报酬率或股本资本成本率	K_{SL} = （$EBIT-I$）/S = NOI/S
$EBIT$	企业营业利润	
NOI	企业净营业收入	$NOI=EBIT-I$

（1）初始 *MM* 理论（无税）。

①第一定理：处于同一经营风险等级的所有企业，只要经营利润相等，无论企业选择负债还是不负债，其企业价值相等。即，总价值命题为：

$$V_U=V_L=\frac{EBIT}{K_{SU}}=\frac{EBIT}{K_w} \quad （公式 8-16）$$

②第二定理：负债企业的股本成本等于同一风险等级的无负债企业股本成本加上风险溢酬，风险溢酬的多少取决于企业负债比率的高低。即，风险补偿命题为：

$$K_{SL}=K_{SU}+\left(\frac{B}{S}\right)\times(K_{SU}-K_b) \quad （公式 8-17）$$

【例 8-6】在 *MM* 理论的前提假设下有两家企业，无负债 U 公司和有负债 L 公司处于同风险级别，即必要报酬率 K_w 都为 10%，预期营业利润 $EBIT$ 同为每年 200 万元。

情形一：假设 U 公司发行在外的普通股 2 000 万股，无负债；L 公司发行在外的普通股 1 600 万股，并发行债券 400 万元，年利率为 6%。

情形二：假设 U 公司发行在外的普通股 2 000 万股，无负债；L 公司发行在外的普通股 400 万股，并发行债券 1 600 万元，年利率为 6%。

分析：

根据 U 公司和 L 公司的 $K_w=10\%$，$EBIT=200$ 万元，可以由 $V=EBIT/K_w$ 得到两个公司的市场价值 V_U 和 V_L 都为 2 000 万元。

情形一：对于 U 公司，其 $S=2\ 000$ 万元，$B=0$ 万元，$K_{SU}=EBIT/S=200\div2\ 000=10\%=K_w$。对于 L 公司，其 $S=1\ 600$ 万元，$B=400$ 万元，$I=B\times K_b=400\times6\%=24$ 万元，$NOI=EBIT-I=200-24=176$ 万元，$K_{SL}=NOI/S=176\div1\ 600=11\%$。显然，$K_{SL}=K_{SU}+(B/S)\times(K_{SU}-K_b)=10\%+(400\div1600)\times(10\%-6\%)=11\%$。具体情况见表 8-8。

表 8-8　　情形一 两公司的预期价值及相关情况　　单位：万元

项目	U 公司		L 公司	
V	2 000		2 000	
S	2 000		1 600	
	普通股股数	2 000	普通股股数	1 600
B	0		400	

续表

项目	U 公司	L 公司
K_b	0	6%
I	0	24
$EBIT$	200	200
NOI	200	176
K_w	10%	10%
K_S	$K_{SU}=10\%$	$K_{SL}=11\%$

情形二：对于 U 公司与情形一相同，即 $V_U=V_L=EBIT/K_{SU}=EBIT/K_w$。对于 L 公司，其 $S=400$ 万元，$B=1\ 600$ 万元，$I=B\times K_b=1\ 600\times 6\%=96$ 万元，$NOI=EBIT-I=200-96=104$ 万元，$K_{SL}=NOI/S=104\div 400=26\%$。显然，$K_{SL}=K_{SU}+(B/S)\times(K_{SU}-K_b)=10\%+(1\ 200\div 400)\times(10\%-6\%)=26\%$。具体情况见表 8－9。

表 8－9　　情形二 两公司的预期价值及相关情况　　单位：万元

<table>
<tr><td>项目</td><td colspan="2">U 公司</td><td colspan="2">L 公司</td></tr>
<tr><td>V</td><td colspan="2">2 000</td><td colspan="2">2 000</td></tr>
<tr><td rowspan="2">S</td><td colspan="2">2 000</td><td colspan="2">400</td></tr>
<tr><td>普通股股数</td><td>2 000</td><td>普通股股数</td><td>400</td></tr>
<tr><td>B</td><td colspan="2">0</td><td colspan="2">1 600</td></tr>
<tr><td>K_b</td><td colspan="2">0</td><td colspan="2">6%</td></tr>
<tr><td>I</td><td colspan="2">0</td><td colspan="2">96</td></tr>
<tr><td>EBIT</td><td colspan="2">200</td><td colspan="2">200</td></tr>
<tr><td>NOI</td><td colspan="2">200</td><td colspan="2">104</td></tr>
<tr><td>K_w</td><td colspan="2">10%</td><td colspan="2">10%</td></tr>
<tr><td>K_S</td><td colspan="2">$K_{SU}=10\%$</td><td colspan="2">$K_{SL}=26\%$</td></tr>
</table>

初始 *MM* 理论的含义是在无所得税的情形下，企业价值与其资本结构无关，企业的价值取决于企业的经营利润，即企业的加权平均资本成本与其资本结构无关，只取决于企业所处的经营风险等级。股东的收益率 K_{SL} 随着财务杠杆 B/S 的增加而增加，这是因为由于 $K_b<K_{SL}$ 所得的利益，正好被 K_{SL} 的上升所抵消，所以加权平均资本成本 K_w 不变，即企业价值 V 不变。负债企业的风险报酬率可以用图 8－6 表示。

如何得到以上这些结论，*MM* 理论的证明方法是采用套利机制。如果类似例 8－6 中的 U 公司和 L 公司两个企业的市场价值不同，则套利的可能性就会存在，即投资者会自主选择利用“自制杠杆”去获得额外的套利利益，随着套利情形的发生而最终逐渐使两企业的市场价值趋于相同。

【例 8－7】在【例 8－6】的情形二中，假设 L 公司的股票将会产生 20% 的预期收益率，即 $K_{SL}=20\%$。作为拥有 L 公司 1% 股份的股东胡智慧，该投资者可以如何套利呢？

分析：

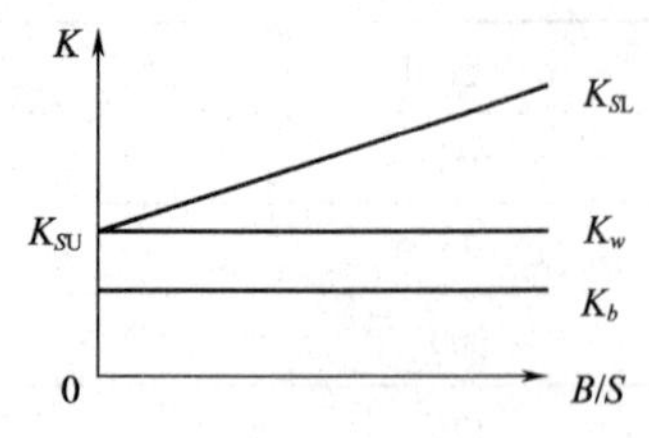

图 8－6　初始 *MM* 理论的风险补偿

根据 U 公司的 $K_w = 10\%$，$EBIT = 200$ 万元，可以由 $V = EBIT/K_w$ 得到 U 公司的市场价值为 2 000 万元。L 公司的 $K_{SL} = 20\%$，则利用 $S = NOI/K_{SU}$，L 公司的股票市场价值为 $S = 104 \div 20\% = 520$ 万元，L 公司的市场价值总计为 $520 + 1\ 600 = 2\ 120$ 万元。

如果胡智慧原始投资于 L 公司 1% 的股票，会有股票投资收益 $5.2 \times 20\% = 1.04$ 万元。

胡智慧可以选择进行以下步骤进行套利：

第一步，将目前手中 1% 的 L 公司股票全部卖掉，得到 5.2 万元现金。

第二步，应用"私人杠杆"，个人举借与 L 公司负债 1% 等值的现金款项 16 万元，并承诺支付 6% 的利息，即 0.96 万元。

第三步，将以上两步得到的现金中的 20 万元投入到具有相同投资风险的 U 企业中购买 U 企业 1% 的股票。

这样，胡智慧会得到 U 企业股票投资收益 $20 \times 10\% = 2$ 万元，扣掉需支付的 0.96 万元借款利息，还余 1.04 万元的投资收益。另外，其手头余下的 1.2 万元现金还可以用于投资其他领域，比如胡智慧可以选择投入到 L 公司中，年末会有 $1.2 \times 20\% = 0.24$ 万元的额外收入。这就是套利获得的额外收益。获得更多的现金流量和收益，但是同时并没有增加相应的风险。

当然，随着投资者抛售 L 公司的股票，L 公司的预期市场价值会逐渐下降，渐渐回归到 2000 万元的均衡点。如果 L 公司的股票预期收益率过高，比如 30%，投资者的套利行为会变成卖掉 U 公司的股票，购买 L 公司的股票和债券，产生一个相同的低风险的投资组合获得比单独购买 U 公司股票更多的投资收益。总之，初始的 *MM* 理论在满足若干相关假设条件的基础上，会得到企业价值与资本结构无关的结论。

（2）修正 *MM* 理论（含税）。1963 年，Modigliani 与 Miller 在其修正的 *MM* 理论中，放开了假设条件中无所得税的条件，明确了由于所得税的存在，利息的抵税作用对企业价值的影响。为便于探讨，以下符号表示：T 为企业所得税税率；T_s 为个人股票投资所得税税率；T_b 为个人债券投资所得税税率；NI 为净利润。

①企业所得税。

第一定理：负债企业价值等于相同风险等级的无负债企业价值加上税赋节余价值。即，总价值命题为：

$$v_L = V_U + T \times B \qquad \text{（公式 8－18）}$$

第二定理：负债企业股本成本等于无负债企业股本成本加上一笔风险溢酬，该风险溢酬的多少与负债比率及公司所得税税率的高低相关。

即，风险补偿命题为：

$$K_{SL} = K_{SU} + \left(\frac{B}{S}\right) \times (K_{SU} - K_b) \times (1 - T) \qquad \text{（公式 8－19）}$$

由于 $K_w = K_b \times (B/V) \times (1 - T) + K_{SL} \times (S/V)$，将公式 8－21 代入其中，可以证得以上命题。并同时得到：

$$K_w = K_{SU} \times \left[1 - \left(\frac{B}{V}\right) \times T\right] \qquad \text{（公式 8－20）}$$

由此，当无负债时，即 B 为零时，$K_w = K_{SU}$。

此时，无负债企业的资本成本率计算公式也相应调整为：

$$K_{SU}=\frac{EBIT\times\ (1-T)}{S}$$ （公式 8－21）

【例 8－8】在 *MM* 理论的前提假设下有两家总资本投入相同的企业，无负债 U 公司和有负债 L 公司。U 公司无负债，假定该公司在某个风险等级下投资者要求的必要报酬率为 10%，全部资本 1 000 万元由普通股构成。L 公司的资本结构为 50% 股票，50% 债券，债券年利息率为 8%。两公司预期营业利润 *EBIT* 同为每年 100 万元，假设存在企业所得税，税率为 40%，则 U 公司和 L 公司的具体情况见表 8－10。

分析：

由于 40% 企业所得税的引入，导致 U 公司的市场价值变为 60 ÷ 10% ＝600 万元，减少了 400 万元，表明了财富从 U 公司的股东手中转入了政府那里。假设负债是永久性的，L 公司每期税收规避收益等于 $T\times I=T\times B\times K_b=0.4\times 500\times 8\%=16$ 万元；即当 L 企业用债务融资时，与不采用负债的 U 公司相比，政府每年就少收税 16 万元。同时假设每期资金折现率与 K_b 相同，则每期的税收规避收益的现值之和是一个永续年金，其现值为 $T\times B\times K_b/K_b=0.4\times 500=200$ 万元。则 $V_L=V_U+T\times B=600+0.4\times 500=800$ 万元。即 L 公司的价值比 U 公司多出一部分税收规避的现值。

表 8－10　含企业所得税两公司的预期价值及相关情况　　单位：万元

项目	U 公司	L 公司
两企业投入总资本	1 000	1 000
S	1 000	500
B	0	500
K_b	0	8%
I	0	40
EBIT	100	100
NOI	100	60
企业所得税	40	24
NI	60	36
投资者全部收益（利息加净利润）	60	76
每期税收规避的价值	0	16

修正的 *MM* 理论认为由于企业所得税的存在，负债经营产生的利息免税优惠为企业价值带来了增量，即使用负债企业的价值要高于无负债的企业。同时，负债程度越高，当 $K_{SU}>K_b$ 时，K_{SL}随着财务杠杆的增大而增加，K_w 越来越低，企业价值最大。负债企业的风险报酬率可以用图 8－7 表示。

存在税收，就必须将经营利润在投资者和政府之间分配，但这种税赋的规避作用也是有条件的。

由于负债企业的股权资本报酬率为 K_{SL}，则：

$$K_{SL}=\frac{(EBIT-K_b\times B)\ \times\ (1-T)}{S}$$ （公式 8－22）

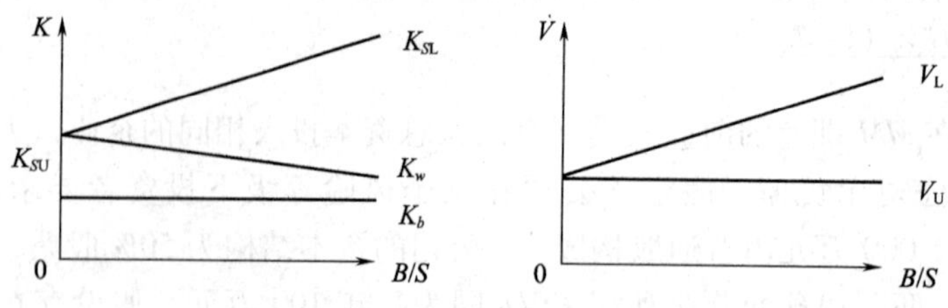

图 8－7　修正 *MM* 理论的风险补偿

由此，分子分母都除以企业价值 V，整理得到：

$$K_{SL}=\frac{\left(\frac{EBIT}{V}-K_b\times\frac{B}{V}\right)\times(1-T)}{1-\frac{B}{V}} \quad \text{（公式 8－23）}$$

式中：$EBIT/V$ 为企业总资本报酬率 R_v；K_b 为企业负债利率；B/V 为企业资产负债率 b。

$$K_{SL}=\frac{(R_v-K_b\times b)\times(1-T)}{1-b} \quad \text{（公式 8－24）}$$

当企业 $R_v>K_b$ 时，企业能够通过举债获得避税优惠，且负债率越高越好，当负债率达100%时，可获得最大的免税利益，理论上基本不存在恶性债务的问题。

当企业 $K_b\times b<R_v<K_b$ 时，虽然负债仍能带来避税效益，但是随着负债比率的增大，股东所得利益的增速开始小于债权人所得利益的增速，权益资本报酬率的“损失缺口”增大。此时，不举债，才能获得最大免税利益。一旦举债，股东利益就会受到侵蚀。

当企业 $R_v<K_b\times b$ 时，企业处于亏损状态，无缴税的可能，亏损额还会随着负债率的增大而增大，这类企业处于恶性负债状况。

总之，由以上分析，负债能增加企业的价值，而界定企业负债是否适度，并不是从企业的资产负债率本身判断，而应考虑企业总资本报酬率的水平。

②个人所得税。

有企业所得税和个人所得税的 *MM* 模型如下：

$$V_L=V_U+\left[1-\frac{(1-T_s)\times(1-T)}{(1-T_b)}\right]\times B \quad \text{（公式 8－25）}$$

式中：V_U 为无负债公司的市场价值。

$$V_U=\frac{EBIT\times(1-T_s)\times(1-T)}{K_{SU}} \quad \text{（公式 8－26）}$$

2. 权衡理论

MM 理论没有考虑使用负债所带来的风险和额外费用，所以权衡理论是将无破产成本和无交易摩擦的假设条件放开，考虑负债所带来的财务困境成本和代理成本，在权衡利弊的情况下确定资本结构的理论。

（1）财务困境成本与企业价值。如果企业负债过度，会形成财务危机隐患，这会导致企业陷入财务困境，进而产生降低企业价值的破产成本，即财务困境成本。

破产的直接成本是指直接与破产过程有关的费用或损失。如，为开展破产工作所发生的归档费用，因破产所引发的有形资产变卖损失等。这些费用或损失会导致债权人和股东可索取价值的降低。

破产的间接成本是指由于企业陷入财务困境或破产事件即将发生导致的企业资源或获利

机会的流失。如因市场信誉下降导致的客户流失，产品销售困难等；企业前景暗淡，关键人力资源的流失给企业带来的影响；股东在资不抵债时采取高风险冒进行为或消极放弃投资机会行为给企业带来的损失；股东暗中转移资金行为给企业可追索资源带来的影响等。

（2）代理成本与企业价值。当企业面临财务危机时，代理成本会增加。一方面股东要加大对企业管理当局的监督与约束，从而形成更多的监督约束成本。另一方面债权人预感到企业管理当局有可能滥用权力转移资金，便倾向于提高贷款利率或其他行为限制企业资金流动。

综合考虑以上因素，权衡考虑其对企业价值的影响后，得到如下模型：

$$V_L = V_U + T \times B - FPV - APV \qquad \text{（公式 8-27）}$$

式中：*FPV* 为财务危机成本现值；*APV* 为代理成本现值。

权衡理论认为确定企业的资本结构，应当权衡负债的避税利益和债务引起的财务危机成本和代理成本。当负债比率不高时，*FPV* 和 *APV* 不明显，企业可以利益负债的节税好处 $T \cdot B$；当负债的比率超过一定限度时，*FPV* 和 *APV* 将明显增加，导致企业价值降低。因此，应通过权衡，选择令企业价值最大的资本结构。具体情况，如图 8-8 所示。

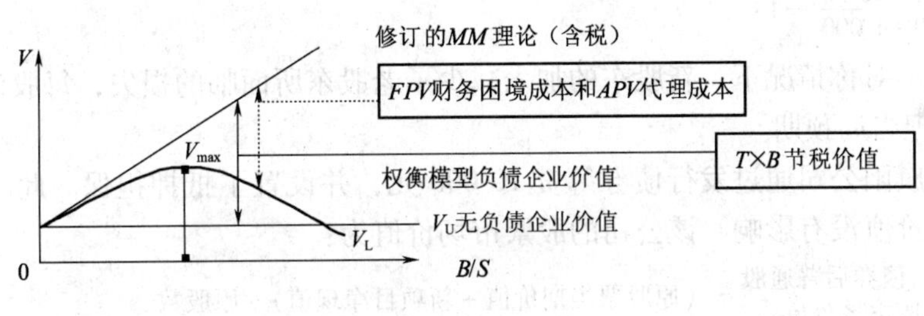

图 8-8　权衡理论模型

3. 信号传递理论

权衡理论认为按照最优资本结构进行时缺什么补什么，但是事实并不是这样。信号传递理论就是将有效市场信息充分的假设放开，考虑信息不对称情况对企业价值的影响。一般情况下，企业管理当局会比一般投资者掌握更多的信息，有时投资者会通过管理当局的行为判断一些公司前景与市场价值的信息。1972 年，罗斯等人认为，负债比率是一个信号工具，会向市场传送企业未来经营情况积极的信号，可能影响企业价值提高。但是如果存在信息不对称，则情况会有所变化。

【例 8-9】假设旗阳公司有 1 000 股流通在外的普通股，每股市价 20 元，则股票的市价总额为 20 000 元。现公司想筹资 10 000 元新建“大洋”项目，新建“大洋”项目的净现值为 500 元。现分不同情况展开分析：

情形一：信息充分对称，投资者预期良好，旗阳公司通过发行新股票筹资 10 000 元。股票市价上涨为每股 25 元。则需要发行新股数量为 10 000 ÷ 25 = 400 股。新股发行后，该公司的股票市场价值为：

$$\frac{\text{发行新股后普通股}}{\text{每股市场价值}} = \text{（原股票当期价值 + 发行新股票所获资金 + 新项目净现值）/（原股数 + 新股数）}$$

$$\frac{25\,000 + 10\,000 + 500}{1\,000 + 400} \approx 25.36$$

即在信息对称情况下，发行新股后每股市场理论价值约为 25.36 元/股，大于新股发行价 25 元/股，新老股东都受益。

情形二：信息不对称，投资者不了解情况，旗阳公司通过发行新股票筹资 10 000 元。股票市价保存不变为每股 20 元。则需要发行新股数量为 10 000 ÷ 20 = 500 股。新股发行后，该公司的股票市场价值为：

$$\frac{\text{发行新股后普通股}}{\text{每股市场价值}} = (\text{原股票当期价值} + \text{发行新股票所获资金} + \text{新项目净现值}) / (\text{原股数} + \text{新股数})$$

$$\frac{25\ 000 + 10\ 000 + 500}{1\ 000 + 500} \approx 23.67$$

即在信息不对称情况下，使老股东损失 1.33 元，新股东获利 3.67 元，侵犯了老股东的权益。

情形三：信息不对称，投资者不了解情况，仍认为每股价值 20 元，而管理当局知道该公司面临环境污染治理的压力，每股价值只能是 18 元，旗阳公司通过发行 1 000 新股票筹资 20 000 元。新股发行后，该公司的股票市场价值为：

$$\frac{\text{发行新股后普通股}}{\text{每股市场价值}} = (\text{原股票当期价值} + \text{发行新股票所获资金}) / (\text{原股数} + \text{新股数})$$

$$\frac{18\ 000 + 20\ 000}{1\ 000 + 1\ 000} = 19$$

即在信息不对称情况下，新股东的加入减少了老股东所面临的损失，每股市场价值大于 18 元/股的管理当局预期。

情形四：旗阳公司通过发行债券筹资 10 000 元，并设置了抵押担保。此时，信息不对称对该负债的价值没有影响。该公司的股票市场价值为：

$$\frac{\text{发行新债券后普通股}}{\text{每股市场价值}} = (\text{原股票当期价值} + \text{新项目净现值}) / \text{原股数}$$

$$\frac{25\ 000 + 500}{1\ 000} = 25.50$$

即发行债券后，普通股每股的价值略有提高，为 25.50 元/股。

综合以上分析，信号传递理论认为，企业管理当局与股东之间存在的信息不对称的问题所引发的利益矛盾，可以通过一定的筹资方式顺序进行缓解，即首选内生现金流，如留存收益和折旧资金，或出售持有的有价证券。之后，才考虑外部筹资。外部筹资的顺序应首选负债筹资，因为负债比率能够传递出企业管理水平高低的信号，从而提高企业价值。其次，才是选择风险比较大的股票筹资。现实中企业筹资的使用顺序也一般为：留存收益→债券→股票。

第三节　资本结构决策

理论上讲，各个企业都应有其最佳的资本结构。但在实际工作中，科学地对一个企业最优资本结构进行决策需要考虑很多的因素。影响企业资本结构决策的主要因素有企业的经营风险，盈利能力和成长性，财务状况，股东及管理者的经营态度，贷款人的态度，所处行业的差异等。

确定最优资本结构的核心是根据衡量资本结构优劣的某一标准来确定合适的负债比率。以下三种方法分别应用加权平均成本最低、普通股每股收益最大和股票市价的企业总价值最大三个标准来确定最优的资本结构。

一、加权平均资本成本比较法

该法以企业的加权平均资本成本最低为判断标准确定企业的最佳资本结构。资本成本比较法通俗易懂，计算较为简便，是确定资本结构的一种常用方法。但因所拟定的方案数量有限，故有把最优方案漏掉的可能。

【例8－10】佩阳公司需筹集1 000万元长期资金，可使用9%利率的长期借款，可发行10%利率的债券，可发行必要报酬率为11%的普通股。现提出三个融资方案，见表8－11，请选最优方案。

方案一的加权平均资本成本为：40%×9%＋40%×10%＋20%×11%＝9.8%。

类似，方案二和方案三的加权平均资本成本见表8－11。由于方案一的加权平均资本成本最低，所以方案一是最优资本结构方案。

表8－11　　三个不同的融资方案

融资方式	贷款	债券	普通股	加权平均资本成本
融资成本	9%	10%	11%	
方案一	40%	40%	20%	9.8%
方案二	30%	40%	30%	10.0%
方案三	20%	30%	50%	10.3%

二、*EBIT*－*EPS*分析法

从股东的角度看，能提高每股收益的资本结构是较好的资本结构。“*EBIT*－*EPS*”分析是财务管理中常见的资本结构分析和融资决策的方法。该方法的核心是确定筹资无差别点，所谓每股利润无差异点是指能够使两种或两种以上筹资方式下普通股每股利润*EPS*相等时的息税前利润*EBIT*所对应的点，亦称息税前利润平衡点。此方法虽然追求了每股收益最大化，但是忽略了负债所带来的风险因素，所以该方法适合在市场风险较小的情况下使用。

该方法先列出每种筹资方案的*EPS*，然后令其相等，求出每股利润无差异点处的息税前利润$\overline{EBIT}$，根据求得的$\overline{EBIT}$解出不同*EPS*所对应的值，再根据图表判断最大*EPS*的方案。

【例8－11】戴阳公司的所得税税率33%，目前没有优先股，发行在外的普通股为100万股，资本结构为：负债300万元，年利率8%，普通股700万股。现考虑追加筹资300万元。有两种方案：

方案一：增发普通股40万股。

方案二：增加负债300万元，追加负债年利率10%。

请选最优方案。

第一步，列出各个方案的*EPS*计算式。

方案一的年利息为300×8%＝24万元，方案二的年利息为300×8%＋300×10%＝24＋30＝54万元。

$$EPS_1=\frac{(\overline{EBIT}-24)\times(1-33\%)}{100+40},$$

$$EPS_2 = \frac{(\overline{EBIT} - 54) \times (1 - 33\%)}{100},$$

第二步，令 $EPS_1 = EPS_2$，求出每两个方案的筹资无差别点$\overline{EBIT}$。

$$EPS_1 = \frac{(\overline{EBIT} - 24) \times (1 - 33\%)}{100 + 40} = EPS_2 = \frac{(\overline{EBIT} - 54) \times (1 - 33\%)}{100},$$

$\overline{EBIT} = 129$（万元），$EPS_1 = EPS_2 = 0.5025$（元/股）

第三步，确定最佳筹资方式。将各方案的 *EBIT - EPS* 关系绘入坐标图进行判断。图 8 - 9 反映了相关的分析过程。

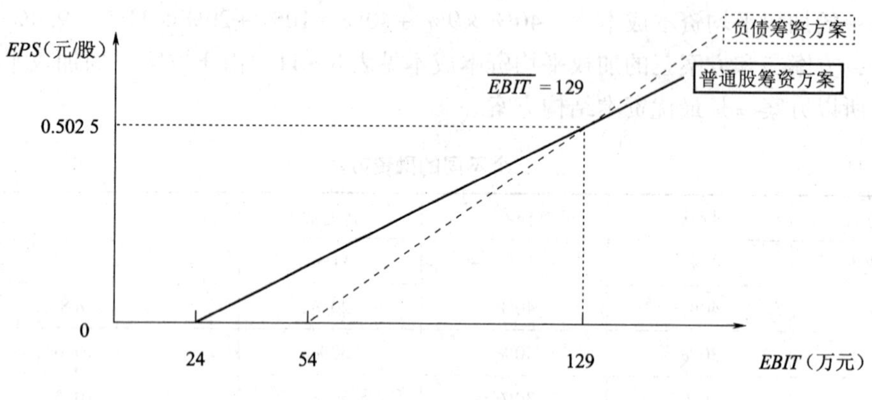

图 **8 - 9**　戴阳公司 ***EBIT - EPS*** 分析

图 8 - 9 可以看到，当戴阳公司的预期息税前利润大于 129 万元时，采用方案二，即债务筹资方式将可以获得更高的每股收益；当戴阳公司的预期息税前利润小于 129 万元时，采用方案一，即股权筹资方式将可以获得更高的每股收益。

三、企业价值最大化分析法

以企业总价值最大为目标的资本结构决策方法，既考虑了加权平均资本成本，又考虑了风险因素，是较为合理的综合判断方法。

企业的总市场价值 $V = B + S$，当债务资本的市场价值 B 为其面值时，股权资本的市场价值为：

$$S = \frac{(EBIT - I) \times (1 - T)}{K_s}$$

其中的自有资本成本 K_s 可以用 *CAPM* 模型进行求解。

$K_s = K_f + \beta \times (K_m - K_f)$ 企业的加权平均资本成本 K_w 可以用以下公式运算：

$$K_w = \frac{B}{V}(1 - T) \times K_b + K_s \times \frac{S}{V}$$

【例 8 - 12】洪阳公司现有的资本结构为 100% 普通股，账面价值为 1 000 万元，*EBIT* 为 400 万元。假设无风险报酬率为 6%，市场证券组合的平均报酬率为 10%，所得税税率为 40%，该公司准备通过发行债务调整其资本结构。不同负债水平下的债务成本率及 β 系数见表 8 - 12。

由已知，K_f 为 6%，K_m 为 10%，可以求得 K_s。由 K_s 可求得 S。根据 B 和 S 求出 V，进而求得 K_w。

表 8－12　　不同债务水平下的资本结构及资本成本率测算表

含义	债务市场价值	债务利息率	β 系数	无风险利率	市场平均报酬率	普通股成本率	普通股市场价值	企业总价值	加权平均资本成本率
符号	B	K_b	β	K_f	K_m	K_s	S	V	K_w
单位	万元	%		%	%	%	万元	万元	%
不同的资本结构	0	0	1.5	6	10	12.0	2 000.0	2 000.0	12.0
	200	8	1.6	6	10	12.4	1 858.1	2 058.1	11.7
	400	9	1.8	6	10	13.2	1 654.5	2 054.5	11.7
	600	11	2.2	6	10	14.8	1 354.1	1 954.1	12.3
	800	10	2.1	6	10	14.4	1 333.3	2 133.3	11.3
	1 000	12	2.3	6	10	15.2	1 105.3	2 105.3	11.4
	1 200	15	2.5	6	10	16.0	825.0	2 025.0	11.9

可见，当企业的债务资本比重增加时，企业总价值上升，加权平均资本成本下降。当债务上升到800万元时，企业的总价值最高，加权平均资本成本最低，此时为最佳资本结构。

本章小结

本章主要介绍了企业资本结构的相关理论和最佳资本结构的确定方法，主要包括：

1. 杠杆效应及其计算。杠杆作用的原理应用于财务管理中，主要指企业通过运用某一固定的成本，会对企业经营业绩有放大的作用。杠杆作用一方面可以使企业得到收益；另一方面也使企业面临更大的风险。企业面临不同方面的风险，与企业采用不同的杠杆有关。

2. 资本结构理论。20世纪50年代以前有代表性的理论主要有“净收益理论”、“经营净收益理论”和“传统理论”等几种观点，一般被称为“早期资本结构理论”；20世纪50年代以后比较有影响的理论是“*MM*理论”和由其发展而成的若干理论，一般被称为“现代资本结构理论”。

3. 确定最佳资本结构的方法有：加权平均资本成本比较法、*EBIT*－*EPS*分析法和企业价值最大化分析法。

第九章 项目投资管理

学习目标

修完本章内容后，你应该能够：

1. 理解并掌握项目投资决策的基本原理
2. 运用现金流量估算方法估算投资项目的现金流量
3. 运用决策评价方法进行项目投资决策
4. 运用风险处置方法进行风险项目投资决策

第一节　项目投资决策基本原理

财务管理的目标是企业价值最大化，项目投资是创造公司价值的重要活动。项目投资主要包括厂房的新建、扩建、改建；设备的购置、更新；资源的开发、利用等。增加企业价值，必须进行项目投资，必须进行项目投资效益分析、风险分析，正确评价项目投资的可行性。

一、项目投资的概念

（一）投资

投资是指特定经济主体（包括国家、企业和个人）为了在未来可预见的时期内获得收益或使资金增值，在一定时期向一定领域的标的物投放足够数额的资金或实物等货币等价物的经济行为。从特定企业角度看，投资就是企业为获取收益而向一定对象投放资金的经济行为。

（二）项目投资

项目投资是一种以特定建设项目为对象，直接与新建项目或更新改造项目有关的长期投资行为。

投资项目主要可分为新建项目和更新改造项目两大类。新建项目又包括单纯固定资产投资项目和完整工业投资项目。

项目投资具有投资内容独特、投资数额多、影响时间长、发生频率低、变现能力差、投资风险大等特点。

（三）项目计算期及投资构成

1. 项目计算期

项目计算期是指投资项目从投资建设开始到最终清理结束整个过程的全部时间，即该项目的有效持续期间。完整的项目计算期包括建设期和生产经营期。其中建设期（记作 s，$s\geqslant 0$）的第 1 年年初（记作第 0 年）称为建设起点，建设期的最后一年年末（第 s 年）称为投产日；项目计算期的最后一年年末（记作第 n 年）称为终结点，从投产日到终结点之间的时间间隔称为生产经营期（记作 p），生产经营期包括试产期和达产期（完全达到设计生产能力）。项目计算期、建设期和生产经营期之间有以下关系：

$$n = s + p$$

2. 原始总投资

原始总投资是反映项目所需现实资金的价值指标。从项目投资的角度看，原始总投资等于企业为使项目完全达到设计生产能力、开展正常经营而投入的全部现实资金。原始总投资包括固定资产投资、无形资产投资和开办费投资以及流动资金投资等内容。

3. 资金的投入方式

从时间特征上看，投资主体将原始总投资注入具体项目的投入方式包括一次投入和分次投入两种形式。一次投入方式是指投资行为集中一次发生在项目计算期第一个年度的年初或年末；如果投资行为涉及两个或两个以上年度，或虽然只涉及一个年度但同时在该年的年初和年末发生，则属于分次投入方式。

二、项目投资决策评价原理

企业进行项目投资的目的就是获利，也是增加企业价值。要想增加企业价值，那么企业使用资金获取的收益必须超过使用资金付出的代价即资本成本。因此，项目投资决策评价的基本原理就是：投资项目的收益率超过资本成本，企业价值增加；投资项目的收益率小于资本成本，企业价值减少。这一原理涉及资本成本、项目收益率与企业价值的关系。

（一）资本成本与企业价值的关系

关于资本成本的概念及其估算在第七章中已经阐述，在此仅举例说明其与企业价值的关系。

【例 9－1】一个企业的资本由债务和权益组成，假设 A 企业目前有 1 000 万元债务和 2 000万元所有者权益，因此企业的总资产是 3 000 万元。

债权人为什么把钱借给企业？他们要赚取利息。假设债权人希望他们的债权能赚取 10% 的收益，他们的要求一般反映在借款契约中。因此，债权人要求的收益率比较容易确定。

股东为什么把钱投入企业？他们希望赚取收益。不过，股东要求的收益率是不明确的，他们的要求权是一种剩余要求权。好在有一个资本市场，股东要求的收益率可以通过股价来计算。股东要求的收益率，计算方法比较麻烦。

A 企业要符合债权人的期望，应有 100 万元（1 000 万元 ×10%）的收益，以便给债权人支付利息。由于企业可以在税前支付利息，有效的税后成本为 50 万元（假设所得税率 50%）。A 企业要符合股权投资人的期望，应有 400 万元的收益（2 000 万元 ×20%），以便给股东支付股利（或者继续留在企业里再投资，但它也是属于股东的）。两者加起来，企业要赚取 450 万元息前税后收益。

为了同时满足债权人和股东的期望，企业的资产收益率为 15%（450/3 000）。

按照这个推理过程，我们可以得出以下公式：

$$投资人要求的收益率 = \frac{债务 \times 利率 \times （1-所得税率）+ 所有者权益 \times 权益成本}{债务 + 所有者权益}$$

$$=\frac{债务\times利率\times(1-所得税率)}{债务+所有者权益}+\frac{所有者权益\times权益成本}{债务+所有者权益}$$

$$=债务比重\times利率\times(1-所得税率)+所有者权益比重\times权益成本$$

（公式 9－1）

将上述数据代入：

$$投资人要求的收益率=\frac{1\ 000\times10\%\times(1-50\%)+2\ 000\times20\%}{1\ 000+2\ 000}=15\%$$

或

$$=\frac{1}{3}\times10\%\times(1-50\%)+\frac{2}{3}\times20\%=15\%$$

投资者要求的收益率就是资本成本，是投资人的机会成本，是投资人将资金投资于其他同等风险资产可以赚取的收益。企业投资项目的收益率，必须达到这一要求。

投资项目的收益率超过资本成本必然增加企业盈利，进而增加企业价值；相反，投资项目的收益率低于资本成本，必然减少企业盈利，进而减少企业价值，因此，投资者要求的收益率即资本成本，是评价项目能否增加企业价值的标准。

（二）投资项目的收益率与企业价值的关系

投资项目的收益率是指项目投资实际可望达到的收益率，即投资项目的内含报酬率。

显然，在资本成本确定的情况下，投资项目的收益率越大，企业价值越大，反之，企业价值越小。决定投资项目收益率的因素有现金流量、时间价值、风险价值。现金流量的大小及其分布决定投资项目收益率的高低，是通过影响投资项目的收益率进而影响企业价值的主要因素之一。因此，现金流量的估计对投资项目的评价至关重要。时间价值主要是解决现值计算方法问题。由于投资项目影响时间长、投资金额大，在分析评价投资项目优劣时，必须考虑时间价值。因为投资项目的现金流量分布在不同时点，而不同时点的等量货币其经济价值不等，我们必须将不同时点的现金流量调整到同一时点。通常是将不同时点的现金流量调整到现在，即计算其现值，然后再进行分析、比较、评价，使投资决策建立在科学基础之上。

投资项目的风险表现为项目现金流量的不确定。对项目风险的处理我们将在本章第四节中阐述。

第二节　投资项目现金流量

一、现金流量

现金流量也称现金流动量，简称现金流。在项目投资决策中，现金流量是指投资项目在其计算期内各项现金流入量与现金流出量的统称。这里所使用的现金概念，是广义的现金，它包括各种货币资金及与投资项目有关的非货币资源的变现价值，是计算项目投资决策评价指标的重要依据，包括现金流入量、现金流出量、净现金流量。具体又可以分为税前现金流量和税后现金流量。

二、现金流量的估算原则

（一）实际现金流量原则

实际现金流量原则第一层含义就是以收付实现制为原则确定现金流量，即假设未来的收入和支出都是实际收到和支付了现金，如果有通货膨胀存在注意调整通货膨胀对现金流量的影响。实际现金流量原则的另一层含义就是现金流量采用的不是会计收益，这里需要注意的是固定资产折旧和无形资产摊销，它们发生时没有实际支付现金，却可以从当期收入中得到现金补偿，因此在确定现金流量时应加到会计收益中进行计算。

（二）增量现金流量原则

所谓增量现金流量就是根据“有无”原则确认的有这项投资与没有这项投资现金流量之间的差额。判断增量现金流量需注意如下两个问题。

1. 要区分相关成本和非相关成本

所谓相关成本是指与特定决策有关的、在分析评价时必须予以考虑的成本。例如，差额成本、未来成本、重置成本、机会成本等都属于相关成本。特别是机会成本，在投资方案的选择中，如果选择了一个投资方案，则必须放弃投资于其他方案的机会。那么放弃其他方案而丧失的收益就是实行本方案的机会成本。在投资决策中考虑机会成本有助于全面考虑可能采取的各种方案，以便为既定资源寻找最为有利的使用用途。非相关成本是与特定决策无关的、在分析时不必加以考虑的成本。如沉没成本、过去成本、账面成本等属于非相关成本。

如果将非相关成本纳入投资方案的总成本，则一个有利的方案可能因此变为不可行，一个较好的方案可能变为较差方案，从而造成决策失误。

2. 考虑对企业其他项目的影响

一个新项目的采纳可能对公司的其他项目造成有利或不利影响，这种影响虽然很难准确计量，但在进行决策分析时必须将其考虑在内。

（三）投资与筹资决策分离原则

投资与筹资决策分离原则是指投资者进行投资决策时，无须考虑筹资渠道、筹资方式和筹资成本等筹资问题。即在投资项目财务可行性评价时，不是以筹资决策和筹资行为的实施为前提的。筹资的目的是为投资项目筹集资金。因此，筹资的前提是投资项目具有财务可行性。对不知道是否具有财务可行性的投资项目，根本没有进行筹资决策的必要。在进行筹资决策前，无法确定该项目的资金来源和结构，更无法确定该项目的融资成本。如果投资和筹资决策不能有效地分离，公司只能依靠单个投资者的偏好情况做出投资决策，那么，源于自身条件和时间的限制，大型的现代化公司就不可能存在。其理论依据是费雪分离原理（Fisher Separation Theorem），根据这一原理，资本市场产生了一个单一的利率，借贷双方都依此为依据进行决策，促使投资与筹资决策相互分离。企业进行投资决策时，只要投资项目的收益率大于或等于市场利率，就可以接受该项目。如果内部资金不足，可以按市场利率从资本市场筹资，企业进行筹资决策时，只要求其投资回报率高于市场利率，而无须考虑个别投资者的具体偏好。

投资与筹资决策分离原则要求估算项目现金流量时，融资成本不能计入投资项目的现金流出。

三、项目现金流量的构成

由于项目资金的投入、回收及收益的形成都以现金流量的形式表现出来，因此企业必须逐年估算项目计算期内每个时点的现金流量，为正确计算项目投资决策评价指标奠定基础，下面举例说明现金流量的估算。

（一）项目现金流入量

1. 营业收入

营业收入是指项目投产后每年实现的全部销售收入或业务收入，它是经营期主要的现金流入量。可按经营期内有关产品的各年预计单价和预计销售量进行估算。

2. 补贴收入

补贴收入是与运营期收益有关的政府补贴，可根据按政策退还的增值税、按销量或工作量分期计算的定额补贴和财政补贴等予以估算。

3. 固定资产余值

固定资产余值指投资项目的固定资产在终结点报废清理或中途变价转让处理时所回收的价值。一般用固定资产的原值乘以法定净残值率估算。

4. 流动资金回收额

流动资金回收额主要指新建项目在项目计算期完全终止时（终结点）因不再发生新的替代投资而回收的原垫付的全部流动资金投资额。

（二）项目现金流出量

1. 建设投资

建设投资包括固定资产投资、无形资产投资和其他资产投资。

固定资产投资是所有类型的项目投资在建设期必然发生的，应该按项目规模和投资计划所确定的各项建筑工程费用、设备购置费用、安装工程费用和其他费用来估算。

无形资产投资和其他资产投资，应根据需要逐项按有关资产的评估方法和计价标准进行估算。

2. 营运资金投资

营运资金是指有关项目所发生的用于生产经营期周转使用的营运资金投资，又称为垫支流动资金。在项目投资决策中，营运资金是在运营期内长期占用并周转使用的资金。

某年营运资金投资额（垫支数）= 本年营运资金需用数 - 截至上年的营运资金投资额
= 本年营运资金需用数 - 上年营运资金需用数　　（公式 9 - 2）

式中，

本年营运资金需用数 = 该年流动资产需用数 - 该年流动负债可用数　　（公式 9 - 3）

上式中的流动资产只考虑存货、现实货币资金、应收账款和预付账款等项内容；流动负债只考虑应付账款和预收账款。

【例 9 - 2】A 企业一投资项目投产第一年预计流动资产需用额为 36 万元，流动负债可用额为 15 万元，假定该项投资发生在建设期末；投产第二年预计流动资产需用额为 48 万元，流动负债可用额为 20 万元，假定该项投资发生在投产后第一年年末。

要求：估算每次发生的流动资金投资额。

投产第一年的流动资金需用额 = 36 - 15 = 21（万元）

第一次流动资金投资额 = 21 - 0 = 21（万元）

投产第二年的流动资金需用额 = 48 - 20 = 28（万元）

第二次流动资金投资额 = 28 - 21 = 7（万元）

3. 付现成本

付现成本是指在经营期内为满足正常生产经营而动用现实货币资金支付的成本费用，又被称为付现的营运成本（或简称付现成本），它是生产经营阶段上最主要的现金流出量项目。付现成本是所有类型的项目投资在经营期都要发生的主要现金流出量。其估算公式如下：

某年经营成本＝该年外购原材料、燃料和动力费＋该年工资及福利费＋该年修理费＋该年其他费用

或

＝该年不包括财务费用的总成本费用－该年折旧额－该年无形资产和开办费的摊销额

（公式 9－4）

其中：其他费用是指从制造费用、管理费用和销售费用中扣除了折旧费、摊销费、材料费、修理费、工资及福利费以后的剩余部分。

【例 9－3】A 企业完整工业投资项目投产后第 1～5 年每年预计外购原材料、燃料和动力费为 75 万元，工资及福利费为 40 万元，其他费用为 15 万元，每年折旧费为 30 万元，无形资产摊销额为 5 万元；第 6～10 年每年不包括财务费用的总成本费用为 180 万元，其中每年预计外购原材料、燃料和动力费为 90 万元，每年折旧额为 30 万元，无形资产摊销额为 0 万元。

要求：根据上述资料估算下列指标：

①投产后各年的经营成本。

②投产后第 1～5 年每年不包括财务费用的总成本费用。

①投产后第 1～5 年每年的经营成本＝75＋40＋15＝130（万元）

投产后第 6～10 年每年的经营成本＝180－30－0＝150（万元）

②投产后第 1～5 年每年不包括财务费用的总成本费用＝130＋30＋5＝165（万元）

4. 各项税款的估算

各项税款是指项目投产后依法缴纳的、单独列示的各项税款，包括营业税、所得税等。在项目投资决策中，应按在运营期内应缴纳的营业税、消费税、土地增值税、资源税、城市维护建设税和教育费附加进行估算。

①营业税金及附加＝应交营业税＋应交消费税＋城市维护建设税及教育费附加

（公式 9－5）

其中：

城市维护建设税及教育费附加＝（应交营业税＋应交消费税＋应交增值税）×（城市维护建设税税率＋教育费附加率）

（公式 9－6）

②经营利润所得税

经营利润所得税按息税前利润与适用的企业所得税税率的乘积计算。

【例 9－4】仍按【例 9－3】资料。A 企业投资项目投产后第 1～5 年每年预计营业收入为 285 万元，第 6～10 年每年预计营业收入为 400 万元，适用的增值税税率为 17%，城建税税率为 7%，教育费附加率为 3%。该企业不缴纳营业税和消费税。

要求根据上述资料估算下列指标：

①投产后各年的应交增值税。

②投产后各年的营业税金及附加。

①投产后第 1～5 年每年的应交增值税＝（每年营业收入－每年外购原材料、燃料和动力费）×增值税税率＝（285－75）×17%＝35.7（万元）

投产后第 6～10 年每年的应交增值税＝（400－90）×17%＝52.7（万元）

②投产后第 1～5 年每年的营业税金及附加＝35.7×（7%＋3%）＝3.57（万元）

投产后第 6～10 年每年的营业税金及附加 = 52.7×10% = 5.27（万元）

5. 通货膨胀对现金流量的影响

通货膨胀是指在一定时期内，物价水平持续、普遍上涨的经济现象。通货膨胀会导致货币购买力下降，从而影响项目投资价值。因此在通货膨胀时期对现金流量的影响也要进行充分的估计。通货膨胀对资本预算的影响表现在两个方面：①影响折现率的计算。②影响现金流量。

（1）对折现率的影响。通常，用年利率作为折现率，利率一般是以名义利率而不是有效利率来表述的。假设某人年初投资 1 000 元钱，购买利率为 6% 的 1 年期国库券，政府向他承诺到年末他将收到 1 060 元钱，但政府不保证 1 060 元钱实际能买到多少商品。如果这一年的通货膨胀率预期是 5%，那么本息和 1 060 元的实际价值却只有 1 060/1.05 = 1 009.52（元）。因此，我们可以说该债券的"名义利率为 6%"，或者说"有效利率为 0.95%"。

（2）对现金流量的影响。如果企业对未来现金流量的预测是基于预算年度的价格水平，并去除了通货膨胀的影响，那么这种现金流量称为实际现金流量，包含了通货膨胀影响的现金流量就是名义现金流量。两者的关系为：

$$\text{名义现金流量} = \text{实际现金流量} \times (1 + \text{通货膨胀率})^n \quad \text{（公式 9－7）}$$

式中：n 为相对于基期的期数。

在资本预算的编制过程中，应遵守一致性原则。名义现金流量用名义折现率进行折现，实际现金流量用实际折现率进行折现。这是评价指标计算的基本原则。

【例 9－5】假设某方案的实际现金流量如表 9－1 所示，名义折现率为 12%，预计一年内的通货膨胀率 8%，求该方案的净现值。

表 9－1　实际现金流量　　单位：万元

时间	第 0 年	第一年	第二年	第三年
实际现金流量	－100	45	60	40

解法一：将名义现金流量用名义折现率进行折现。此时需要先将实际现金流量调整成名义现金流量，然后用 12% 的折现率进行折现。具体计算过程如表 9－2 所示。

表 9－2　净现值的计算　　单位：万元

时间	第 0 年	第一年	第二年	第三年
实际现金流量	－100	45	60	40
名义现金流量	－100	$45 \times 1.08 = 48.6$	$60 \times 1.08^2 = 69.98$	$40 \times 1.08^3 = 50.39$
现值（12% 折现）	－100	$48.6 \times 0.8929 = 43.39$	$69.98 \times 0.7972 = 55.79$	$50.39 \times 0.7118 = 35.87$
净现值	$NPV = -100 + 43.39 + 55.79 + 35.87 = 35.05$			

解法二：将实际现金流量用实际利率进行折现。此时需要将名义折现率换算为实际折现率，然后再计算净现值。具体计算过程如表 9－3 所示。

实际折现率 =（1 + 名义折现率）/（1 + 通货膨胀补偿率）- 1 =（1 + 12%）/（1 + 8%）- 1 = 3.7%

表 9-3 **净现值的计算** 单位：万元

时间	第 0 年	第一年	第二年	第三年
实际现金流量	-100	45	60	40
现值（按 3.7% 折现）	-100	$45/1.037=43.39$	$60/1.037^2=55.79$	$40/1.037^3=35.87$
净现值	$NPV=-100+43.39+55.79+35.87=35.05$			

可以看到，两种计算方法所得到的结果是一样的。

四、项目净现金流量的估计

某年项目净现金流量是该年项目现金流入量与该年项目现金流出量的差额，其计算公式为：

项目净现金流量 t = 项目现金流入量 t - 该年项目现金流出量 t （公式 9-8）

通常，可将项目计算期（n）划分为建设期（s）和运营期（p），项目计算期的起点称为建设起点，项目计算期的终点称为终结点。

（1）建设期净现金流量。由于建设期通常没有现金流入量，故其计算公式为：

$NCF_t=-$原始投资额$_t$

（2）运营期净现金流量。其税后净现金流量可按下式简化计算：

$NCF_t=$年息税前利润$_t\times$（1 - 所得税税率）+ 年折旧$_t$ + 年摊销额$_t$ - 年营运资金投资$_t$

（公式 9-9）

（3）终结点现金流量。终结点那一年的经营现金流量与回收额之和，计算公式为：

$NCF_t=$经营净现金流量$_n$ + 回收额$_n$ （公式 9-10）

其中回收额包括：垫支营运资金回收和固定资产净残值。

如果没有摊销额和回收额，运营期现金流量也可以按下列公式计算：

$NCF_t=$收入$_t\times$（1 - 所得税税率）- 付现成本$_t\times$（1 - 所得税税率）+ 折旧额$_t\times$所得税税率

（公式 9-11）

【例 9-6】某固定资产项目需要一次投入价款 1 200 万元，建设期为 1 年，建设期资本化利息为 120 万元。该固定资产可使用 10 年，按直线法折旧，期满有净残值 120 万元。投入使用后，可使运营期第 1～10 年每年产品销售收入（不含增值税）增加 1 000 万元，每年的经营成本增加 600 万元，营业税金及附加增加 12 万元。该企业适用的所得税税率为 25%，不享受减免税待遇。

要求：分别按简化公式计算和按编制现金流量表两种方法计算该项目所得税前后的净现金流量（结果保留一位小数）。

（1）项目计算期 = 1 + 10 = 11（年）

（2）固定资产原值 = 1 200 + 120 = 1 320（万元）

（3）年折旧 =（1 320 - 120）/10 = 120（万元）

（4）运营期第 1～10 年每年不含财务费用的总成本费用增加额 = 600 + 120 = 720（万元）

（5）运营期第1～10年每年息税前利润增加额＝1 000－720－12＝268（万元）

（6）运营期第1～10年每年增加的经营利润所得税＝268×25%＝67（万元）

按简化公式计算的建设期净现金流量为：

$NCF_0=-1\ 200$ 万元

$NCF_1=0$

按简化公式计算的运营期所得税前净现金流量为：

$NCF_{2\sim10}=268+120=388$（万元）

$NCF_{11}=268+120+120=508$（万元）

按简化公式计算的运营期所得税后净现金流量为：

$NCF_{2\sim10}=268-67+120=321$（万元）

$NCF_{11}=268-67+120+120=441$（万元）

【例9－7】某工业项目需要原始投资1 500万元，其中固定资产投资1 200万元，开办费投资80万元，流动资金投资220万元。建设期为1年，建设期发生与购建固定资产有关的资本化利息120万元。固定资产投资和开办费投资于建设起点投入，流动资金于完工时，即第1年末投入。该项目寿命期10年，固定资产按直线法折旧，期满有120万元净残值；开办费于投产当年一次摊销完毕；流动资金于终结点一次回收。投产后每年获息税前利润分别为130万元、190万元、240万元、300万元、280万元、330万元、380万元、420万元、480万元和500万元。

要求：按简化方法计算项目各年所得税前净现金流量。

依题意计算如下指标：

（1）项目计算期 $n=1+10=11$（年）

（2）固定资产原值＝1 200＋120＝1320（万元）

（3）固定资产年折旧＝（1320－120）/10＝120（万元）（共10年）

（4）建设期净现金流量：

$NCF_0=-(1\ 200+80)=-1\ 280$（万元）

$NCF_1=-220$（万元）

（5）运营期所得税前净现金流量：

$NCF_2=130+120+80+0=330$（万元）

$NCF_3=190+120+0+0=310$（万元）

$NCF_4=240+120+0+0=360$（万元）

$NCF_5=300+100+0+0=400$（万元）

$NCF_6=280+120+0+0=400$（万元）

$NCF_7=330+120+0+0=450$（万元）

$NCF_8=380+120+0+0=500$（万元）

$NCF_9=420+120+0+0=540$（万元）

$NCF_{10}=480+120+0+0=600$（万元）

$NCF_{11}=500+120+0+(120+220)=960$（万元）

如果企业使用的所得税税率为25%，则投资项目各年税后净现金流量计算如下：

建设期现金流量同上，运营期现金流量：

$NCF_2=130\times(1-25\%)+120+80+0=297.5$（万元）

$NCF_3 = 190 \times (1 - 25\%) + 120 + 0 + 0 = 262.5$（万元）

$NCF_4 = 240 \times (1 - 25\%) + 120 + 0 + 0 = 300$（万元）

$NCF_5 = 300 \times (1 - 25\%) + 120 + 0 + 0 = 345$（万元）

$NCF_6 = 280 \times (1 - 25\%) + 120 + 0 + 0 = 330$（万元）

$NCF_7 = 330 \times (1 - 25\%) + 120 + 0 + 0 = 367.5$（万元）

$NCF_8 = 380 \times (1 - 25\%) + 120 + 0 + 0 = 405$（万元）

$NCF_9 = 420 \times (1 - 25\%) + 120 + 0 + 0 = 435$（万元）

$NCF_{10} = 480 \times (1 - 25\%) + 120 + 0 + 0 = 480$（万元）

$NCF_{11} = 500 \times (1 - 25\%) + 120 + 0 + (120 + 220) = 835$（万元）

第三节　项目投资决策基本方法

一、非折现评价方法

非折现评价方法是指在评价投资项目和经济效益时，不考虑货币时间价值因素，直接按投资项目形成的现金流量进行计算的方法。这些方法在选择方案时起辅助作用，包括投资利润率法和静态投资回收期法。

（一）投资利润率法

投资利润率法是指以投资利润率作为评价项目是否可行的一种方法。所谓投资利润率又称投资报酬率（记作 *ROI*），是指达到正常生产年度利润或年均利润占总投资的百分比。其公式为：

投资利润率 = 年息税前利润或年均息税利润额/原始总投资 × 100%

或 $ROI = P$（或 $\overline{P}$）$/I \times 100\%$　　　　（公式 9 - 12）

式中：P 为达到正常生产年份的利润总额；$\overline{P}$ 为经营期内全部利润除以经营年数的平均数；I 为原始总投资。

【例 9 - 8】某公司有甲、乙两个投资方案，原始总投资为 15 万元，全部用于购置新的设备，折旧采用直线法，使用期均为 5 年，无残值，其他有关资料如表 9　4 所示。

表 9 - 4　　甲、乙方案的有关资料　　单位：元

项目计算期	甲方案		乙方案	
	利润	净现金流量	利润	净现金流量
0		-150 000		-150 000
1	24 000	54 000	15 000	45 000
2	24 000	54 000	17 000	47 000
3	24 000	54 000	21 000	51 000
4	24 000	54 000	25 000	55 000
5	24 000	54 000	30 000	60 000
合计	120 000	120 000	108 000	108 000

要求：计算甲、乙两方案的投资利润率。

解：甲方案投资利润率 = 24 000/150 000 × 100% = 16%

乙方案投资利润率 = 108 000 ÷ 5/150 000 × 100% = 14.4%

从计算结果来看，甲方案的投资利润率比乙方案的投资利润率高 1.6%（16% - 14.4%），应选择乙方案。

投资利润率法的决策标准是：投资项目的投资利润率越高越好，低于无风险投资利润率的方案为不可行方案。

投资利润率法具有简单、明了、易于掌握的优点，且投资利润率不受建设期的长短、投资的方式、回收额的有无以及现金流量的大小等因素的影响，能够说明各投资方案的收益水平。该指标的缺点有三：一是没有考虑货币时间价值因素，不能正确反映建设期长短及投资方式不同对项目的影响；二是该指标的分子分母其时间特征不一致（分子是时期指标，分母是时点指标），因而在计算口径上可比基础较差；三是该指标的计算无法直接利用净现金流量信息。

（二）静态投资回收期法

静态投资回收期是指以静态投资回收期作为评价项目是否可行的一种方法。所谓静态投资回收期又叫全部投资回收期，简称回收期，是指以投资项目的经营净现金流量抵偿原始总投资所需要的全部时间。该指标以年为单位，包括以下两种形式：包括建设期的投资回收期（记作 PP）和不包括建设期的投资回收期（记作 PP'）。显然，在建设期为 s 时，$PP' + s = PP$。只要求出其中一种形式，就可很方便地推算出另一种形式。

投资回收期的计算可分为两种情况。

1. 经营期每年现金净流量相等

其计算公式为：

投资回收期 = 原始投资/年现金净流量　　　　（公式 9 - 13）

如果投资项目投产后若干年（假设为 M 年）内，每年的经营现金净流量相等，且有以下关系成立：

M × 投产后 M 年内每年相等的现金净流量（NCF）≥投资总额

则可用上述公式计算投资回收期。

【例 9 - 9】根据【例 9 - 8】资料，计算甲方案的投资回收期。

解：甲方案投资回收期 150 000/54 000 = 2.78（年）

若某投资项目投资总额为 200 万元，建设期为 1 年，投产后第 1 年至第 8 年每年现金净流量为 50 万元，第 9 年、第 10 年每年现金净流量为 30 万元。要求：计算项目的投资回收期。

解：因为，400 万元（8 × 50）大于投资额 200 万元

所以，包括建设期的投资回收期 = 1 + 200/50 = 5（年）

2. 经营期年现金净流量不相等

此时，需计算逐年累计的现金净流量，然后用内插法计算出投资回收期。

【例 9 - 10】根据【例 9 - 8】资料，计算乙方案的投资回收期。

解：列表计算乙方案累计现金净流量，见表 9 - 5。

表 9－5 **累计现金流量计算表** 单位：元

项目计算期	乙方案	
	净现金流量	累计净现金流量
1	45 000	45 000
2	47 000	92 000
3	51 000	143 000
4	55 000	198 000
5	60 000	258 000

从表 9－5 可得出，乙方案的投资回收期在第 3 年与第 4 年之间，用内插法可计算出：

乙方案的投资回收期＝3＋（150 000－143 000）/（198 000－143 000）＝3.13（年）

静态投资回收期是个非折现的绝对量反指标。在评价方案可行性时，包括建设期的回收期比不包括建设期的回收期用途更广泛。各投资方案的投资回收期确定以后，投资回收期最短的方案为最佳方案。因为投资回收期越短，投资风险越小。从这一角度看，还应将各方案的静态投资回收期与基准投资回收期对比，只有投资回收期小或等于基准投资回收期的方案是可行方案，否则为不可行方案。

静态投资回收期能够直观地反映原始总投资的返本期限，便于理解，计算也不难，是应用较为广泛的传统评价指标，但由于没有考虑货币时间价值因素，又不考虑回收期满后继续发生的现金流量的变化情况，故存在一定弊端。

二、折现评价方法

折现评价方法是指考虑货币时间价值的分析评价方法，主要包括净现值法、净现值率法、现值指数法、内含报酬率法。

（一）净现值法

净现值法是以净现值作为评价方案是否可行的一种方法。所谓净现值（记作 NPV）是指在项目计算期内，按行业基准收益率或其他设定折现率计算的各年净现金流量现值的代数和。

净现值的计算公式为：

净现值（NPV）＝∑（第 t 年的净现金流量×第 t 年的复利现值系数）

（$t=1, 2, \cdots, n$） （公式 9－14）

【例 9－11】某企业一项目投资每年净现金流量如下：

$NCF_0=-50$（万元）

$NCF_1=-35$（万元）

$NCF_{2\sim10}=15$（万元）

$NCF_{11}=18$（万元）假定折现率为 10%。

要求：计算该项目的净现值。

解：净现值 NPV＝15×［（P/A，10%，10）－（P/A，10%，1）］＋18×（P/F，10%，11）－［50＋35×（P/F，10%，1）］

＝15×（6.144 6－0.909 1）＋18×0.350 5－（50＋35×0.909 1）＝3.023（万元）

净现值指标的决策标准是：如果投资方案的净现值大于或等于零，该方案为可行方案；投资方案的净现值小于零，该方案为不可行方案；如果几个方案的投资额相同，项目计算期也相等且净现值大于零，那么净现值最大的方案为最优方案。所以，净现值大于或等于零是项目可行的必要条件。

净现值是一个贴现的绝对值正指标，其优点在于：一是综合考虑了资金时间价值，能较合理地反映投资项目的真正经济价值；二是考虑了项目计算期的全部净现金流量，体现了流动性与收益性的统一；三是考虑了投资风险性，因为贴现率的大小与风险大小有关，风险越大，贴现率就越高。但是该指标的缺点也是明显的，即无法直接反映投资项目的实际投资收益率水平；当各项目投资额不同时，难以确定最优的投资项目。

（二）净现值率法

净现值率法是以净现值率作为评价投资方案是否可行的一种方法。所谓净现值率（记作 *NPVR*）是反映项目的净现值占原始投资现值的比率。

净现值率的计算公式为：

净现值率（*NPVR*）＝项目的净现值/原始投资的现值合计×100%　　（公式 9－15）

【例 9－12】根据【例 9－11】的有关资料，计算该项目的净现值率。

解：$NPVR = 3.023/(50 + 35 \times 0.9091) \times 100\% = 3.69\%$

净现值率指标的决策标准是：该指标大于或等于零的投资方案为可行方案。

净现值率是一个考虑了货币时间价值的相对量评价指标，其优点在于可以从动态的角度反映项目投资的资金投入与净产出之间的关系，比其他动态相对数指标更容易计算；其缺点与净现值指标相似，同样无法直接反映投资项目的实际收益率。

（三）现值指数法

现值指数法是以现值指数作为评价投资方案是否可行的一种方法。所谓现值指数（记作 *PI*）又称为获利指数，是指投产后按行业基准折现率或设定折现率折算的各年净现金流量的现值合计与原始投资额的现值合计之比。现值指数的计算公式为：

现值指数（*PI*）＝投产后各年净现金流量的现值合计/原始投资额的现值合计

或＝1＋净现值率　　（公式 9－16）

当原始投资在建设期内全部投入时，现值指数 *PI* 与净现值率 *NPVR* 有如下关系：

现值指数（*PI*）＝1＋净现值率（*NPVR*）

【例 9－13】根据【例 9－11】的有关资料，计算该项目的现值指数。

解：$PI = \{15 \times [(P/A, 10\%, 10) - (P/A, 10\%, 1)] + 18 \times (P/F, 10\%, 11)\} / (50 + 35 \times 0.9091) = 1.0369$

现值指数＝1＋0.0369＝1.0369

现值指数也是一个考虑了货币时间价值的相对量评价指标，利用该指标进行投资项目决策的标准是：如果投资方案的获利指数大于或等于 1，该方案为可行方案；如果投资方案的现值指数小于 1，该方案不可行；如果几个方案的现值指数均大于 1，那么现值指数越大，投资方案越好。

现值指数法的优缺点与净现值法基本相同，但现值指数法可从动态的角度反映项目投资的资金投入与总产出之间的关系，可以弥补净现值法在投资额不同的方案之间不能比较的缺陷，使投资方案之间可直接用现值指数进行对比。其缺点除了无法直接反映投资项目的实际收益率外，计算起来比净现值率指标还要复杂，计算口径也不一致。

（四）内含报酬率法

内含报酬率法是根据方案本身内含报酬率来评价方案是否可行的一种方法。所谓内含报酬率（记作 *IRR*）又称为内部收益率，是指项目投资实际可望达到的收益率，即能使投资项目的净现值等于零的折现率。显然，内含报酬率 *IRR* 满足下列等式：

$$\sum NCFt(P/F,IRR,t) = 0 \quad \text{（公式 9-17）}$$

从上式中可知，净现值的计算是根据给定的贴现率求净现值。而内含报酬率的计算是先令净现值等于零，然后求能使净现值等于零的贴现率。所以，净现值不能揭示各个方案本身可以达到的实际报酬率是多少，而内含报酬率实际上反映了项目本身的真实报酬率。

内含报酬率的计算分为两种情况。

1. 经营期内各年净现金流量相等

若投资项目在经营期内各年净现金流量相等，且全部投资均于建设起点一次投入，建设期为零，经营期每年相等的净现金流量（*NCF*）×年金现值系数（*P/A*，*IRR*，*n*）-原始投资额=0

内含报酬率具体计算的程序如下：

（1）计算年金现值系数（*P/A*，*IRR*，*n*）。

∑ 年金现值系数=原始投资/经营期每年相等的净现金流量

（2）根据计算出来的年金现值系数与已知的年限 *n*，查年金现值系数表，确定内含报酬率的范围。

（3）用插入法求出内含报酬率。

【例9-14】某企业一项目投资每年净现金流量如下：$NCF_0 = -60\ 000$ 元，$NCF_{1\sim6} = 15\ 000$元。要求：计算该项目的内含报酬率。

解：（*P/A*，*IRR*，6）=60 000/15 000=4

查表可知，

$i=18\%$ 时 *P/A*，12%，6=4.111 4

$i=20\%$ 时 *P/A*，14%，6=3.888 7

IRR=12%+（4.111 4-4）/（4.111 4-3.888 7）×（14%-12%）=13%

2. 经营期内各年净现金流量不相等

若投资项目在经营期内各年现金净流量不相等，或建设期不为零，投资额是在建设期内分次投入的情况下，无法应用上述的简便方法，必须按定义采用逐步测试的方法，计算能使净现值等于零的贴现率，即内含报酬率。其计算步骤如下：

（1）估计一个贴现率，用它来计算净现值。如果净现值为正数，说明方案的实际内含报酬率大于预计的贴现率，应提高贴现率再进一步测试；如果净现值为负数，说明方案本身的报酬率小于估计的贴现率，应降低贴现率再进行测算。如此反复测试，寻找出使净现值由正到负或由负到正且接近零的两个贴现率。

（2）根据上述相邻的两个贴现率用插入法求出该方案的内含报酬率。由于逐步测试法是一种近似方法，因此相邻的两个贴现率不能相差太大，否则误差会很大。

【例9-15】某企业每年净现金流量资料及内含报酬率的计算如表9-6所示。

解：先按16%估计的贴现率进行测试，其结果净现值1 993.7元，是正数。于是把贴现率提高到18%进行测试，净现值为243.1元，仍为正数，再把贴现率提高到20%重新测试，净现值为-1359.8元，是负数，说明该项目的内含报酬率在18%~20%。

表 9-6　　　　　　　　　　**逐步测试法数据表**　　　　　　　　　　单位：元

年份	净现金流量（NCF_0）	贴现率 16%		贴现率 18%		贴现率 20%	
		现值系数	现值	现值系数	现值	现值系数	现值
0	-30 000	1	-30 000	1	-30 000	1	-30 000
1	7 000	0.862 1	6 034.7	0.847 5	5 932.5	0.833 3	5 833.1
2	8 000	0.743 2	5945.6	0.718 2	5 745.6	0.694 4	5 555.2
3	9 000	0.640 7	5 766.3	0.608 6	5 477.4	0.578 7	5 208.3
4	9 000	0.552 3	4 970.7	0.515 8	4 642.2	0.482 3	4 340.7
5	10 000	0.476 2	4 762.0	0.437 1	4 371.0	0.401 9	4 019.0
6	11 000	0.410 4	4 514.4	0.370 4	1 074.4	0.334 9	3 683.9
			1 993.7		243.1		-1 359.8

然后用插入法近似计算内含报酬率：

$$IRR = 18\% + (243.1 - 0) / [243.1 - (-1\,359.8)] \times (20\% - 18\%) = 18.3\%$$

内含报酬率是一个折现的相对量正指标，采用该指标的决策标准是将所测算的各方案的内含报酬率与其资金成本对比，如果方案的内含报酬率大于其资金成本，该方案可行；如果投资方案的内含报酬率小于其资金成本，则方案不可行。如果几个投资方案的内含报酬率都大于其资金成本，且各方案的投资额相同，那么内含报酬率与资金成本之间差异最大的方案最好；如果几个方案的内含报酬率均大于其资金成本，但各方案的原始投资额不等，其决策标准应是“投资额×（内含报酬率-资金成本）”最大的方案为最优方案。

内含报酬率法非常注重货币时间价值，能从动态的角度直接反映投资项目的实际收益水平，且不受行业基准收益率高低的影响，比较客观。但该指标的计算过程十分复杂，当经营期大量追加投资时，又有可能导致多个 *IRR* 出现，使决策者难以决策。

（五）折现指标之间的关系

净现值、净现值率、获利指数和内部收益率指标之间存在同方向变动关系。即：

（1）当净现值 >0 时，净现值率 >0，获利指数 >1，内部收益率 > 基准收益率。

（2）当净现值 =0 时，净现值率 =0，获利指数 =1，内部收益率 = 基准收益率。

（3）当净现值 <0 时，净现值率 <0，获利指数 <1，内部收益率 < 基准收益率。

此外，净现值率 *NPVR* 的计算需要在已知净现值 *NPV* 的基础上进行，内部收益率 *IRR* 在计算时也需要利用净现值 *NPV* 计算技巧或形式。这些指标都会受到建设期的长短、投资方式以及各年净现金流量的数量特征的影响。所不同的是 *NPV* 为绝对量指标，其余为相对数指标，计算净现值 *NPV*、净现值率 *NPVR* 和现值指数 *PI* 所依据的折现率都是事先已知的 i_c，而内含报酬率 *IRR* 的计算本身与 i_c 的高低无关。

三、项目投资决策评价方法的应用

之前我们已经讲述了项目投资决策的评价方法，但项目投资决策的根本目的就是要运用我们前述的方法作出最终的投资决策。

项目投资决策中可能会有一个或多个方案；根据方案之间的关系，可以分为独立方案、互斥方案和组合或排队方案等。与之相适应的方案决策包括独立方案评价决策、多个互斥方案的比较决策和多方案组合排队决策。

（一）独立方案财务可行性评价及投资决策

在财务管理中，将一组相互分离、互不排斥的方案称为独立方案。在独立方案中，选择某一方案并不排斥选择另一方案。一组完全独立的方案须具备以下条件：①投资资金来源无限制。②投资资金无优先使用的排序。③各投资方案所需人力、物力均能得到满足。④不考虑地区、行业之间的相互关系及其影响。⑤每一投资方案是否可行，仅取决于本方案的经济效益，与其他方案无关。例如：某企业拟进行几项投资活动，这一组投资方案有：建一座新厂房；购置一辆运输汽车；更新某项设备等。这一组投资方案中各个方案之间没什么联系，互相独立，并不存在相互比较和选择的问题。企业既可以全部接受，也可以接受其中一个或多个。对于一组独立方案来说，其中的每个方案都存在着“接受”与“拒绝”的选择。

（二）多个互斥方案的比较决策

互斥方案是指互相关联、互相排斥的方案，即一组方案中的各个方案彼此可以相互代替，采纳方案组中的某一方案，就会自动排斥这组方案中的其他方案。

多个互斥方案比较决策，是指在每一个入选方案已具备财务可行性的前提下，利用具体决策方法比较各个方案的优劣，利用评价指标从各个备选方案中最终选出一个最优方案的过程。决策方法主要有净现值法、净现值率法、差额投资内部收益率法、年等额净回收额法和计算期统一法等。

1. 净现值法

所谓净现值法是指通过比较所有已具备财务可行性投资方案的净现值指标的大小来选择最优方案的方法。

这种方法适用于原始投资相同且项目计算期相等的多方案比较决策。在此法下，净现值最大的方案为优。

【例 9－16】某个固定资产投资项目需要原始投资 140 万元，有 A、B、C、D 四个互相排斥的备选方案可供选择，各方案的净现值指标分别为 469.23 万元，416.87 万元，326.15 万元和 388.47 万元。A、B、C、D 四个方案的项目计算期相同。

要求：（1）评价每一个方案的财务可行性。

（2）按净现值法进行比较决策。

解：（1）评价方案的财务可行性。

因为 A、B、C、D 每个备选方案的 *NPV* 均大于零，

所以这些方案均具有财务可行性。

（2）按净现值法进行比较决策。

因为 $469.23 > 416.87 > 388.47 > 326.15$

所以，应当选择 A 方案。

2. 净现值率法

所谓净现值率法是指通过比较所有投资方案的净现值率指标的大小来选择最优方案的方法。在此法下，净现值率最大的方案为优。

3. 差额投资内部收益率法

差额投资内部收益率法是指在两个原始投资额不同方案的差量净现金流量的基础上，计

算出差额内部收益率，并与行业基准折现率进行比较，进而判断方案优劣的方法。

关于这种方法需要注意三个问题：

（1）适用范围。该法适用于两个原始投资不相同，但项目计算期相同的多方案比较决策。

（2）决策指标计算。差额内部收益率的计算与内部收益率指标的计算方法是一样的，只不过所依据的是差量净现金流量。

（3）决策原则。当差额内部收益率指标大于或等于行业基准收益率或设定折现率时，原始投资额大的方案较优；反之，则投资少的方案为优。

该法经常被用于更新改造项目的投资决策中，当差额内部收益率大于或等于基准折现率或设定折现率时，应当进行更新改造；反之，就不应当进行更新改造。

【例9－17】A项目原始投资的现值为150万元，1～10年的净现金流量为29.29万元；B项目的原始投资额为100万元，1～10年的净现金流量为20.18万元。行业基准折现率为10%。

要求：（1）计算差量净现金流量 ΔNCF。

（2）计算差额内部收益率 ΔIRR。

（3）用差额投资内部收益率法作出比较投资决策。

解：（1）计算差量净现金流量。

$$\Delta NCF_0 = -150-(-100) = -50\text{（万元）}$$

$$\Delta NCF_{1\sim10} = 29.29-20.18 = 9.11\text{（万元）}$$

（2）计算差额内部收益率 ΔIRR。

$$(P/A,\ \Delta IRR,\ 10) = 50/9.11 \approx 5.4885$$

因为 $(P/A,\ 12\%,\ 10) = 5.6502 > 5.4885$

$(P/A,\ 14\%,\ 10) = 5.2161 < 5.4885$

所以 $12\% < \Delta IRR < 14\%$，应用内插法：

$$\frac{\Delta IRR-14\%}{12\%-14\%} = \frac{5.4885-5.5161}{5.6502-5.2161}$$

$$\Delta IRR = 12.74\%$$

（3）用差额投资内部收益率法决策。

因为 $\Delta IRR = 12.74\% > i_c = 10\%$

所以应当投资A项目。

4. 年等额净回收额法

年等额净回收额法是指通过比较所有投资方案的年等额净回收额（NA）指标的大小来选择最优方案的方法。该方法适用于原始投资不同，特别是项目计算期不同的多方案比较决策。其决策标准是：年等额净回收额最大的为优。

年等额净回收额，实际上就是把一个方案的净现值平均分摊到项目计算期的各年。计算公式如下：

$$\text{年等额净回收额} = \text{方案净现值} \times \text{资本回收系数} = \text{方案净现值}/\text{年金现值系数} \qquad \text{（公式 9－18）}$$

【例9－18】F公司为一家上市公司，公司的资本成本率为10%，该公司2009年有一项固定资产投资计划，拟定了两个方案：甲方案原始投资额为140万元，在建设期起点一次性投入，项目寿命期为6年，净现值为68.24万元。乙方案原始投资额为160万元，在建设期起点一次性投入，项目寿命期为4年，建设期为1年，运营期每年的净现金流量均为90万元。假设该项目的风险水平与企业平均风险相同，

要求：(1) 计算乙方案的净现值。

(2) 使用年等额年金法作出投资决策。

解：(1) 乙方案的净现值 = 90 × (P/A, 10%, 3) × (P/F, 10%, 1) − 160 = 43.47（万元）

(2) 甲方案的年等额年金 = 68.24/ (P/A, 10%, 6) = 15.67（万元）

乙方案的年等额年金 = 43.47/ (P/A, 10%, 4) = 13.71（万元）

结论：应该选择甲方案。

5. 计算期统一法

计算期统一法是指通过对计算期不相等的多个互斥方案选定一个共同的计算分析期，以满足时间可比性的要求，进而根据调整后的评价指标来选择最优方案的方法。

包括两种具体处理方法。

(1) 方案重复法（计算期最小公倍数法）。这种方法，是将各方案计算期的最小公倍数作为比较方案的计算期，进而调整有关指标，并据此进行多方案决策的一种方法。该方法有两种方式。

第一种方式（重复净现金流量）：将各方案计算期的各年净现金流量进行重复计算，直到与最小公倍数计算期相等；然后，再计算有关评价指标；最后，根据调整后的评价指标进行方案的比较选择。(该方法比较麻烦，不常用)

【例9－19】假设公司资本成本是10%，有甲和乙两个互斥的投资项目。有关资料与计算结果如表9－7所示。

表9－7　甲、乙项目现金流量资料及计算表　单位：万元

项目		甲		乙		重置B	
时间	折现系数（10%）	现金流	现值	现金流	现值	现金流	现值
0	1	－50 000	－50 000	－200 00	－20 000	－20 000	－20 000
1	0.909 1	15 000	13 635	8 000	7 272.8	8 000	7 272.8
2	0.826 4	9 000	7 437.6	12 000	9 976.8	12 000	9 976.8
3	0.751 3	14 000	10 518	14 000	10 518	－6 000	－4 507.8
4	0.683 0	13 000	8 879			8 000	5 464
5	0.620 9	11 000	6 830			12 000	7 450.8
6	0.564 5	16 000	9 032			14 000	7 903
净现值			6 331.6		7 767.6		12 067.5

甲项目的年限为6年，净现值6 331.6万元。

乙项目的年限为3年，净现值为7 767.6万元。

我们用方案重复法进行分析：假设乙项目终止时可以进行重复一次，该项目的期限就延长到了6年，与甲项目相同。两个项目的现金流量分布如表9－7所示。其中重置乙项目第3年年末的现金流量－6 000万元是重置初始投资－20 000万元与每一期项目第三年年末现金流入14 000万元的合计。经计算，重置乙项目的净现值为12 067.5万元。因此，乙项目

优于甲项目。

第二种方式（重复净现值）：直接计算每个方案项目原计算期内的评价指标（主要指净现值），再按照最小公倍数原理对其折现，并求代数和，最后根据调整后的净现值指标进行方案的比较选择。

【例9-20】丙、丁方案的计算期分别为10年和15年，有关资料如表9-8所示。基准折现率为12%。

表9-8　现金流量资料　单位：万元

年份	1	2	3	4~9	10	11~14	15	净现值
项目丙	-700	-700	480	480	600	—	—	756.48
项目丁	-1 500	-1 700	-800	900	900	900	1 400	795.54

要求：用计算期统一法中的方案重复法（第二种方式）作出最终的投资决策。

解：依题意，丙方案的项目计算期为10年，丁方案的项目计算期为15年，两个方案计算期的最小公倍数为30年。在此期间，丙方案重复两次，而丁方案只重复一次，则调整后的净现值指标为：

$$NPV_{丙}=756.48+756.48\times(P/F,12\%,10)+756.48\times(P/F,12\%,20)=1\ 078.47\text{（万元）}$$

$$NPV_{丁}=795.54+795.54\times(P/F,12\%,15)=940.88\text{（万元）}$$

因为 $NPV_{丙}=1078.47$ 万元 $>NPV_{丁}=940.88$ 万元

所以丙方案优于丁方案。

运用方案重复法，在项目计算期相差很大的情况下，由于确定的最小公倍数较大，所以计算就很复杂。为了克服方案重复法的缺点，于是提出了另一种计算期统一的方法——最短计算期法。

（2）最短计算期法。最短计算期法又称最短寿命期法，是指在将所有方案的净现值均还原为年等额净回收额的基础上，再按照最短的计算期来计算出相应净现值，进而根据调整后的净现值指标进行多方案比较决策的一种方法。

解题步骤：

第一步：计算每一个方案的净现值。

第二步：计算每一个方案的年等额净回收额。

第三步：以最短计算期计算调整净现值，调整净现值等于年等额净回收额按照最短计算期所计算出的净现值。

第四步：根据调整净现值进行决策，也就是选择调整净现值最大的方案。

【例9-21】丙、丁方案的计算期分别为10年和15年，有关资料如表9-8所示。基准折现率为12%。要求：用最短计算期法作出最终的投资决策。

解：依题意，丙、丁两方案中最短的计算期为10年，则调整后的净现值指标为：

$$NPV=NPV_{丙}=756.48\text{（万元）}$$

$$NPV=NPV_{丁}\times(A/P,12\%,15)\times(P/A,12\%,10)$$

$$=795.54/6.8109\times5.6502=659.97\text{（万元）}$$

因为 $NPV_{丙}=756.48$ 万元 $>NPV_{丁}=659.97$（万元）

所以丙方案优于丁方案。

第四节　特殊情况下的项目投资决策

一、固定资产更新决策

固定资产更新是对技术上或经济上不宜继续使用的旧资产，用新的资产更换，或用先进的技术对原有设备进行局部改造。固定资产更新决策主要研究两个问题：①决定是否更新。②决定选择什么样的资产来更新。

更新决策不同于一般的投资决策。通常设备更新并不改变企业的生产能力，不会增加企业的现金流入，主要是现金流出，这样我们基本上就不能用贴现的现金流量指标进行分析评价了，而必须求助于其他方法。如果新旧设备的投资寿命期不相等，分析时主要采用平均年成本法，以年成本较低的方案作为选优方案，若新旧设备投资寿命相等，可采用差额分析法，先求出对应项目的现金流量差额，再用净现值法或内部报酬率法对差额进行分析、评价。

（一）寿命期不等时的更新决策——平均年成本法

固定资产的平均年成本是指该资产引起的现金流出的年平均值，即平均每年现金流出。如果不考虑时间价值，它是未来使用年限内现金流出总额与使用年限的比值；如果考虑资金的时间价值，它是未来使用年限内现金流出总现值与年金现值系数的比值。

在使用平均年成本法时要注意两点：①平均年成本法是把继续使用旧设备和购置新设备看成是两个互斥的方案，而不是一个更换设备的特定方案。因此不能将旧设备的变现价值作为购置新设备的一项现金流入。②平均年成本法的假设前提是将来设备在更新时，可以按原来的平均年成本找到可以替代的设备。

【例 9－22】某公司有一台旧设备，其重置成本为 200 000 元，年营运成本为 250 000 元，两年后大修成本为 40 000 元，4 年后无残值。如果用 370 000 元购买一台新设备，年营运成本为 280 000 万元，使用年限 8 年，不需大修，预计净残值为 50 000 元。新旧设备的产量及产品价格相同。企业采用直线法计提折旧。最低投资报酬率为 10%，所得税税率为 25%。要求：进行是继续使用旧设备还是购买新设备的决策。

解：因为旧设备可使用 4 年，而新设备可使用 8 年，未来尚可使用年限不同，因此，需要计算新旧设备的平均年成本，然后进行比较。

继续使用旧设备：

（1）旧设备重置成本 200 000 元。

（2）两年后大修成本的现值：

$$40\,000\ (1-25\%)\ (P/F,\ 10\%,\ 2) = 30\,000 \times 0.826 = 24\,780\ (\text{元})$$

（3）折旧抵税现值 $= 200\,000/4 \times 25\% \times (P/A,\ 10\%,\ 4) = 12\,500 \times 3.169\,9 = 39\,623.75$（元）

（4）总营运成本现值 $= 250\,000\ (1-25\%)\ (P/A,\ 10\%,\ 4) = 594\,356.25$（元）

$$\text{平均年成本} = (200\,000 + 24\,780 - 39\,623.75 + 594\,356.25)\ /\ (P/A,\ 10\%,\ 4) = 245\,910.75\ (\text{元})$$

购买新设备：

（1）新设备投资 370 000 元。

（2）折旧抵税现值 $= (370\,000 - 50\,000)\ /8 \times 25\% \times (P/A,\ 10\%,\ 8) = 53\,349$（元）

（3）总营运成本现值 = 280 000（1 - 25%）×（P/A，10%，8）= 1 120 329（元）

（4）残值变现现值 = 50 000（P/F，10%，8）= 23 352（元）

平均年成本 =（370 000 - 53 349 + 1 120 329 - 23 352）/（P/A，10%，8）= 264 977.41（元）

计算结果表明，使用新设备平均年成本为 264 977.41 元，比继续使用旧设备的平均年成本 245 910.75 要高 19 066.66 元，因此，该公司应继续使用旧设备。

（二）投资寿命相等时的更新决策——差额分析法

在新、旧设备的投资寿命期相同的情况下，一般普遍运用的分析方法是差额分析法，用以计算两个方案（出售旧设备购置新设备和继续使用旧设备）的现金流量之差及其净现值，如果净现值大于零，则购置新设备，否则继续使用旧设备。

二、租赁与购买决策

如果企业需添置一项固定资产，既可以购买也可以采用经营租赁的方式租入，就需要在这两种方式中进行选择决策。其决策方法有两种：一是分别计算两个方案的差额净现金流量，然后按差额投资内部收益率法进行决策；二是直接比较两个方案的折现总费用的大小，然后选择折现总费用低的方案。

【例 9 - 23】某企业急需一台不需要安装的设备，设备投入使用后，每年可增加的营业收入与营业税金及附加的差额为 100 000 元，增加经营成本 75 000 元。市场上该设备的购买（含税）为 85 000 元，折旧年限为 10 年，预计净残值为 5 000 元。若从租赁公司按经营租赁的方式租入同样的设备，只需每年年末支付 12 000 元租金，可连续租用 10 年。假定基准折现率为 10%，适用的企业所得税税率为 25%。

根据上述资料，分析计算如下：

（1）差额投资内部收益率法。

购买设备的相关指标计算：

购买设备投资 = 85 000（元）

购买设备每年增加的折旧额 =（85 000 - 5 000）/10 = 8 000（元）

购买设备每年增加的营业利润 = 100 000 -（75 000 + 8 000）= 17 000（元）

购买设备增加的净利润 = 17 000（1 - 25%）= 12 750（元）

购买设备方案的所得税后的净现金流量为：

NCF_0 = - 购买固定资产的投资 = - 85 000（元）

$NCF_{1\sim9}$ = 12 750 + 8 000 = 20 750（元）

NCF_{10} = 12 750 + 8 000 + 5 000 = 25 750（元）

租入设备的相关指标计算：

租入固定资产的投资 = 0

租入设备每年增加的折旧 = 0

租入设备每年增加的营业利润 = 100 000 -（75 000 + 12 000）= 13 000（元）

租入设备每年增加的净利润 = 13 000（1 - 25%）= 9 750（元）

租入设备方案的所得税后的净现金流量为：

NCF_0 = - 租入固定资产的投资 = 0

$NCF_{1\sim10}$ = 9 750 + 0 = 9 750（元）

购买和租赁设备差额净现金流量为：

$\Delta NCF_0 = -(85\ 000-0) = -85\ 000$（元）

$\Delta NCF_{1\sim9} = 20\ 750 - 9\ 750 = 11\ 000$（元）

$\Delta NCF_{10} = 25\ 750 - 9\ 750 = 16\ 000$（万元）

使 $\Delta NPV = 0$ 的折现率为 ΔIRR

若 $i=5\%$　11 000（P/A，5%，9）+16 000（P/F，5%，10）－85 000＝3 012（元）

若 $i=6\%$　11 000（P/A，6%，9）+16 000（P/F，6%，10）－85 000＝－1 250（元）

按插值法计算得 $\Delta IRR = 5.71\%$

作出决策：因为 $\Delta IRR = 5.71\% < I_C = 10\%$

所以不应该购买设备，而应租入设备。

（2）折现总费用比较法。无论是购买设备还是租赁设备，每年增加营业收入、增加营业税金及附加和增加经营成本都不变，可以不予考虑。

计算购买设备的折现总费用：

购买设备的投资现值＝85 000元

购买设备每年增加折旧额的现值＝8 000×（P/A，10%，10）＝8 000×6.144 6＝49 156.8（元）

购买设备每年增加折旧额而抵减所得税的现值合计＝8 000×25%×（P/A，10%，10）

＝2 000×6.144 6＝12 289.2（元）

购买设备回收固定资产余值的现值＝5 000×（P/F，10%，10）＝5 000×0.385 5＝1 927.5（元）

购买设备的折现总费用合计＝85 000＋49 156.8－12 289.2－1 927.5＝119 940.1（元）

计算租入设备的折现总费用：

租入设备每年增加租金的现值合计＝12 000×（P/A，10%，10）

＝12 000×6.144 6＝73 735.2（元）

租入设备每年增加租金而抵减所得税的现值合计＝12 000×25%×（P/A，10%，10）

＝18 433.8（元）

租入设备的折现总费用合计＝73 735.27－18 433.8＝92 169（元）

作出决策：

因为购买设备的折现总费用合计＝119 940.1元＞租入设备的折现总费用合计＝92 169元

所以不应该购买设备，而应租入设备。

三、资本限量决策

资本限量决策是指在企业投资资金数额已定的情况下所进行的投资决策。尽管存在很多有利的投资项目，但由于企业无法筹集到足够的资金，故只能在已有资金的限制下进行决策。大公司的一个部门只能在某一个特定的预算上限之内进行资本投资，超过此上限该部门无决策权，这是资本限量的一个例子。资本限量条件下决策的目标是：在预算限额内选择能提供最大净现值的投资方案组合，并争取将预算限额全部用完。在进行资本限量决策时，管理人员应该同时考虑几个期间。因为有些项目早期可以产生大量的现金净流量，这些现金流量可以减少早期的预算控制，为其他方案融通资金。实践中，如果项目是可拆分的，可将方案根据获利指数由高到低的顺序排列来选取项目组合；如果项目是不可拆分的，就要选取能产生最大净现值的方案组合。

【例9－24】假设企业目前正在评价三个可能的投资项目，每个项目的预期现金流量模式如表9－9所示。假设企业的资本成本是12%，该年的投资预算限额为1 200万元。每个项目均可拆分（即如果需要的话可以执行项目中的一部分）。公司应实施哪些投资项目？

表 9－9　　项目现金流量表　　单位：万元

	0	1	2	3	4
A	－900	550	300	200	400
B	－1 000	600	400	400	2 000
C	－1200	400	500	500	660

以 12% 为折现率计算这三个项目的净现值，可得到项目 A 的净现值为 227.05 万元；项目 B 的净现值为 266.6 万元；项目 C 的净现值为 293.3 万元。若按净现值进行排序，则项目 C 居于首位，项目 B 位列第二，项目 A 居于末位。因为本年的资金限额为 1 500 万元，所以运用这个方法的结果是实施项目 C 的全部（1 200 万元）和项目 B 的部分（300 万元）。这时，1 500 万元投资所获得的全部净现值为 293.3＋266.6×3/10＝373.28（万元）。

不过，373.28 万元并不是项目组合中最大的净现值。

当项目可拆分时，最好的方法是计算每个方案的获利指数，按其由高到低来排列方案，进而作出投资决策。

用上面的信息，可以得到每个项目的获利指数，式中的分子表示扣除投资支出前的未来现金流量（表 9－10）。

表 9－10　　获利指数计算表　　单位：万元

项目	B	C	A
获利指数	1 266.6/1 000＝1.27	1 503/1 200＝1.252 5	1 127.05/800＝1.252 3

由于计算结果可以看到每个项目的获利指数都大于 1。只要项目的净现值为正，获利指数总是大于 1。项目 B 的获利指数最高，所以应排在首位。项目 C 列第二，项目 A 位列第三。这时投资 1500 万元所取得的全部净现值为：266.6＋293.3×5/12＝388.81（万元）。这个数字高于根据项目的净现值进行排序所获得的 373.28 万元。

获利指数方法只适用于项目可拆分的情况。如果情况不是这样，那么就得用不同的方法来解决资本限量问题。这时，我们必须着眼于项目组合的总净现值，并选择能在资本限量下获得最高净现值的组合。在本例中，由于项目 C 能使可运用资金产生最大的净现值（360 万元），所以建议采取项目 C。

第五节　项目投资风险处置方法

一、项目风险

项目风险是指特定投资项目未来收益（净现值或内部收益率）的不确定性。

项目投资风险来源通常有两个：一是项目特有因素或估计误差带来的风险，即项目特有风险；二是影响所有投资项目的各种外部因素带来的风险，即系统风险。其中具有普遍性而且比较重要的因素有以下几个：

（1）影响收入的不确定性因素带来的风险。如产品价格的波动、消费者偏好、市场状况等，这些因素总是处于不断的变化之中，导致项目的收益具有不确定性，从而给公司带来更大的投资风险。

（2）投资与经营成本的风险。它是指对各项费用估计不足的风险。比如对企业所需固定资产数量估计、对土地征用和拆迁安置房费用、对机械使用费用等建设投资估计不足；对生产过程中的材料、人工等各种费用估计不足等。

（3）融资风险。它是指项目投资所需资金的资金来源、供应量和供应时间、利率、汇率等因素变化对融资成本的影响。

（4）外部风险。它是指社会、政治、经济的稳定程度，技术进步与经济发展的状况，国家的投资及产业政策，通货膨胀和汇率等的影响。

（5）其他风险。如项目实施与经营管理的水平、投资决策部门的预测能力，项目设计质量和可靠性等的影响。

二、项目风险的一般处置方法

由于项目投资涉及的时间较长，在未来期间还存在许多不确定因素，所以风险是客观存在的，为此需要通过一定方法对可能包含的风险程度进行估量，进而考虑风险对投资价值的影响，进行科学的决策。一般方法主要有：风险调整贴现率法、风险调整现金流量法（肯定当量法）、系统性风险估计法。

（一）风险调整贴现率法

将与特定投资项目有关的风险报酬，加入到资本成本或企业要求达到的报酬率中，构成按风险调整的折现率，并据以进行投资决策分析的方法，叫做风险调整折现率法。风险调整折现率法是更为实际。更为常用的风险处置方法。这种方法的基本思路是对高风险项目，应该采用较高的折现率计算净现值。

按风险调整的折现率有如下几种确定方法。

1. 按资本资产定价模型调整折现率

特定投资项目按风险调整的折现率可按下式来计算：

$$K_j = r_j + \beta\ (K_m - r_j) \qquad \text{（公式 9-19）}$$

式中：K_j 为项目 j 按风险调整的折现率或项目的必要报酬率；r_j 为无风险利率；β 为项目 j 的 β 系数；K_m 为所有项目平均的折现率或必要报酬率。

2. 按投资项目的风险等级调整折现率

这种方法是对影响投资项目风险的各种因素进行评分，根据评分来确定风险等级，并根据风险等级来调整折现率的一种方法，可通过表 9-11 和表 9-12 加以说明。

表 9-11　项目投资的风险状况及得分表

	A		B		C		D		E	
	状况	得分	状况	得分	状况	得分	状况	得分	状况	得分
市场竞争	无	1	较弱	2	一般	5	较强	8	很强	11
战略上的协调	很好	1	较强	2	一般	5	较差	8	很差	11
投资回收期	1.5 年	5	1 年	1	2.5 年	8	3 年	9	4 年	13
资源供应	一般	7	很好	1	较好	4	很差	15	较差	11

续表

	A		B		C		D		E	
	状况	得分	状况	得分	状况	得分	状况	得分	状况	得分
总分	/	14	/	6	/	22	/	40	/	46
折现率		9%		7%		12%		17%		≥25%

表 9－12　　得分对应折现率表

总分	风险等级	调整后的折现率
0～8	很低	7%
8～16	较低	9%
16～24	一般	12%
24～32	较高	15%
32～40	很高	17%
40 以上	最高	25% 以上

表 9－11 中的分数、风险等级、折现率的确定都由企业的管理人员根据以往的经验来设定，具体的评分工作则应由销售、生产、技术、财务等部门组成专家小组来进行，所列的影响风险的因素、风险状况可能会更多。

3. 按投资项目的类别调整折现率

有些企业为经常发生的特定类型的风险项目，预先根据经验按风险大小规定了高低不等的折现率，以供决策之需。例如，某公司对不同类型的项目的折现率规定如表 9－13 所示。

表 9－13　　投资项目类别对应折现率表

投资项目类别	风险调整折现率（边际资本成本＋风险补偿率）
重置型项目	10% ＋2% ＝12%
改造、扩充现有产品生产项目	10% ＋5% ＝15%
增加新生产线项目	10% ＋8% ＝18%
研究开发项目	10% ＋15% ＝25%

将企业从事的常规项目进行适当分类，并按风险越高、风险调整折现率越高的规律明确各类项目的折现率，操作较为简单。

按风险调整折现率以后，具体的评价方法与无风险时的基本相同。这种方法对风险大的项目采用较高的折现率，对风险小的项目采用较低的折现率，简单明了，便于理解，因此被广泛采用。但这种方法把时间价值和风险价值混在一起，人为地假设风险一年比一年大，这是不合理的。

（二）风险调整现金流量法（肯定当量法）

风险的存在使各年的现金流量变得不确定，为了克服风险调整贴现率法的缺陷，就要对各年现金流量按风险程度进行调整。所谓肯定当量法就是把不确定的各年现金流量，按照一定的系数折算为大约相当于肯定的现金流量的数量，然后，利用无风险贴现率来计算净现值，以评价风险投资项目的决策分析方法。计算公式为：

$$风险调整后净现值 = \sum_{t=0}^{n} \frac{a_t \times 现金流量期望值}{(1+无风险报酬率)^t} \quad （公式9-20）$$

式中：a_t 为 t 年现金流量的肯定当量系数，它在0~1。

肯定当量系数，是指不肯定的一元现金流量期望值相当于使投资者满意的肯定的金额的系数。它可以把各年不肯定的现金流量换算为肯定的现金流量。

【例9-25】某企业一项目投资A，其各年现金流量和分析人员确定的肯定当量系数如表9-14所示，无风险折现率为10%，试评价该项目的可行性。

表9-14　　现金流量与肯定当量系数表

时间	0	1	2	3	4	5	6
现金流量	-32 000	15 000	12 000	10 000	9 000	8 000	7 000
a_t	1	0.9	0.8	0.7	0.6	0.6	0.5

根据以上资料，利用净现值法进行评价：

风险调整后的净现值 = 0.9×15 000×0.909 1 + 0.8×12 000×0.826 4 + 0.7×10 000×0.751 3 + 0.6×9 000×0.683 + 0.6×8 000×0.620 9 + 0.5×7 000×0.564 5 - 32 000 = 4 109.66（元）

从计算结果可以看出，该方案可行。

肯定当量法克服了风险调整贴现率法夸大远期风险的缺点，可以根据各年不同的风险程度，分别采用不同的肯定当量系数，但要准确合理地确定当量系数，确实比较困难。

三、项目系统性风险的衡量与处置

计算投资项目净现值的方法有实体现金流量法和股权现金流量法。

实体现金流量法是以企业实体为背景，确定项目对企业现金流量的影响，用企业的加权平均资本成本作为折现率。而股权现金流量法是以股东为背景，确定项目对股东现金流量的影响，用股东要求的报酬率作为折现率。

（1）两种方法计算的净现值没有实质区别。值得注意的是，不能用股东要求的报酬率去折现企业实体的现金流量，也不能用企业加权平均的资本成本折现股权现金流量。

净现值没有本质区别，并不意味着净现值一定相等。

（2）折现率应当反映现金流量的风险。股权现金流量的风险比实体现金流量大，它包含了公司的财务风险。实体现金流量不包含财务风险，比股东的现金流量风险小。

（3）实体现金流量法比股权现金流量法简捷。股东要求报酬率的估计比较困难，既受经营风险影响，又受财务风险影响。

（一）项目风险与企业当前资产的平均风险

用当前的资本成本作为折现率，隐含了一个重要假设，即新项目是企业现有资产的复制品，它们的风险相同，要求的报酬率才会相同。这种情况是经常出现的，例如固定资产更新、现有生产规模的扩张等。

如果新项目与现有项目的风险有较大差别，就不能用当前的资本成本作为折现率。只有当新项目的风险与现有资产的风险相同时企业的资本成本才是合适的接受标准。对其他的风险投资，无论比现有资产风险高或低，资本成本都不是合适的标准。但是，公司当前的资本成本是我们进一步调整的基石，具有重要的实际意义。

（二）继续采用相同的资本结构为新项目筹资

所谓企业的加权平均资本成本，通常是根据当前的数据计算的，包含了资本结构因素。

如果假设市场是完善的，资本结构不改变企业的平均资本成本，则平均资本成本反映了当前资产的平均风险。或者说，可以把投资和筹资分开，忽略筹资结构对平均资本成本的影响，先用当前的资本成本评价项目，如果通过了检验，再考虑筹资改变资本结构带来的财务影响。如果资本市场是不完善的，筹资结构就会改变企业的平均资本成本。例如，当前的资本结构是债务为40%，而新项目所需资金全部用债务筹集，将使负债上升至70%。由于负债比重上升，股权现金流量的风险增加，他们要求的报酬率会迅速上升，引起企业平均资本成本上升；与此同时，扩大了成本较低的债务筹资，会引起企业平均资本成本下降。这两种因素共同的作用，使得企业平均资本成本发生变动。因此，继续使用当前的平均资本成本作为折现率就不合适了。

总之，在等风险假设和资本结构不变假设明显不能成立时，不能使用企业当前的平均资本成本作为新项目的折现率。

（三）项目系统风险的估计

项目系统风险的估计，比企业系统风险的估计更为困难。股票市场提供了股价，为计算企业的β值提供了数据。项目没有充分的交易市场，没有可靠的市场数据时，解决问题的方法是使用类比法。

类比法是寻找一个经营业务与待评估类似的上市企业，以上市企业的β值作为待评估项目的β值，这种方法也称之为“替代公司法”。

运用类比法，应该注意替代公司的资本结构已反映在其β值中。如果替代企业的资本结构与项目所在企业显著不同，那么在估计项目的β值时，应针对资本结构差异作出相应的调整。

调整的基本步骤如下。

1. 卸载可比企业的财务杠杆

根据类似公司股东收益波动性估计的β值，是含有财务杠杆的$\beta_{权益}$。类似公司的资本结构与目标企业资本结构不同，要将资本结构因素排除，确定类似公司不含财务杠杆的β值。该过程通常叫“卸载财务杠杆”。卸载使用的公式为：

$$\beta_{资产}=\beta_{权益}\div[1+(1-所得税税率)\times(负债/权益)] \qquad （公式9-21）$$

$\beta_{资产}$是假设全部用权益资本融资的β值，此时没有财务风险。或者说，此时股东权益的风险与资产的风险相同，股东只承担经营风险即资产的风险。

2. 加载目标企业财务杠杆

根据目标企业的资本结构调整β值，该过程称“加载财务杠杆”。加载使用的公式是：

$$\beta_{权益}=\beta_{资产}\times[1+(1-所得税税率)\times(负债/权益)] \qquad （公式9-22）$$

3. 根据得出的目标企业的$\beta_{权益}$计算股东要求的报酬率

此时的$\beta_{权益}$既包含了项目的经营风险也包含了目标企业的财务风险，可据以计算权益成本：

$$股东要求的报酬率=无风险利率+\beta_{权益}\times风险溢价$$

如果使用股权现金流量法计算净现值，它就是适宜的折现率。

4. 计算目标企业的加权平均成本

如果使用实体现金流量法计算净现值，还需要计算加权平均成本：

加权平均成本 = 负债成本 ×（1 − 所得税税率）× 负债/资本 + 权益成本 × 权益/资本

【例9−26】某大型联合企业A公司，拟开始进入飞机制造业。A公司目前的资本结构为负债/权益为2/3，进入飞机制造业后仍维持该目标资本结构。在该目标资本结构下，债务税前成本为4%。飞机制造业的代表企业是B公司，其资本结构为债务/权益为3/4，权益的β值为1.3。已知无风险利率 = 5%，市场风险溢价 = 7%，两个公司的所得税税率均为25%。

（1）将B公司的$\beta_{权益}$转换为无风险的$\beta_{资产}$。

$$\beta_{资产} = 1.3 \div [1 + (1 - 25\%) \times (3/4)] = 0.9905$$

（2）将无负债的β值转换为A公司含有负债的股东权益β值。

$$\beta_{权益} = 0.9905 \times [1 + (1 - 25\%) \times 2/3] = 1.6512$$

（3）根据$\beta_{权益}$计算A公司的权益成本。

权益成本 = 5% + 1.6512 × 7% = 5% + 11.56% = 16.56%

如果采用股东现金流量计算净现值，16.56%是适合的折现率。

（4）计算加权平均资本成本。

加权平均资本成本 = 4% ×（1 − 25%）×（2/5）+ 16.56% ×（3/5）

= 1.2% + 9.936% = 11.36%

如果采用实体现金流量法，11.36%是适合的折现率，尽管类比法不是一个完美的方法，但它在估算项目的系统风险时还是比较有效的。

四、项目特有风险的衡量与处置

（一）敏感性分析

敏感性分析是衡量不确定因素变化对项目评价指标的影响程度。凡是变量在很小幅度内发生变化就影响决策结果的，说明该变量的敏感性强，反之，如果某变量在较低幅度内变化才会影响决策结果的，则说明该变量的敏感性弱。通过敏感性分析我们可以了解投资项目的盈利能力对哪些因素最敏感，或者说通过敏感性分析我们可以了解到哪些因素对投资项目的能力影响最大，从而为决策者提供重要的决策信息，使决策者对投资决策应注意的问题做到心中有数，预先防范，减少损失。

投资项目敏感性分析的具体步骤如下：

第一，确定敏感性分析对象。进行敏感性分析时，可根据不同投资项目的特点，挑选最能反映投资效益的指标作为分析对象，如净现值、内含报酬率等；并根据投资项目现金流量中的收入、成本等基本数据，分析计算出项目或几个对比项目的净现值、内含报酬率等评价指标。

第二，选择不确定因素，投资项目不确定因素的内容依项目的规模、类型不同而不同。通常不需要对全部可能出现的不确定因素逐个分析，只分析那些在成本收益结构中占比重较大、对盈利能力有重大影响并在经济寿命周期中最有可能发生的因素就可以了。一般共同的不确定因素主要包括市场规模、销售价格、市场增长率、市场份额、项目投资额、变动成本、固定成本、项目周期等。对选择的不确定因素，可按其发生变化时增加（减少）一定百分比（±10%，±15%，±20%）分别计算出这些因素变化对项目的净现值、内含报酬率等评价指标的影响。

第三，调整现金流量。进行敏感性分析时，有可能一个敏感性因素的变化会使其他条件发生相应变化，因此，在调整现金流量时，需要注意一下几个问题：①材料价格的变化直接影响销售收入的变化，在调整时不要忽略与销售收入有关的税金的变化；②原材料、燃料价格变化，要调整变动成本。③项目投产后，产量发生了变化，在相关范围内，只调整变动成本，固定成本不变。

在进行分析的过程中，先假定一个因素变化而其他因素不变，算出项目效益对这个变化的影响程度；再假定第二个因素发生变化，算出项目效益对这个变化的敏感程度；这样一个一个地往下进行，直到把对投资项目的经济效益有影响的那些主要因素和它们相应的敏感程度都算完为止。

当完成上述步骤之后，即可将得到的数据按不同项目列入表内，彼此相互对照，并据以项目的取舍。现举例说明。

【例 9－27】某公司有一投资项目，其投资总额为 300 000 元建成后预计使用 6 年，6 年后无残值，使用直线法计提折旧。该项目每年销售量为 1 000 件，单价 100 元，单位付现成本为 45 元，该公司所得税税率为 25%，折现率为 12%。要求计算该项目的净现值并对净现值进行敏感性分析。

解：$NCF_0 = -300\ 000$（元）

$NCF_{1\sim5}$ =（100 000 − 45 000 − 180 000/6）（1 − 25%）+ 30 000 = 48 750（元）

NPV = 48 750（P/A，12%，6）− 180 000 = 20 411.25（元）

假设影响该项目收益变动的主要因素是销售量、付现成本及资本成本，现以该项目的净现值（20 411.25 元）为基数，计算上述各因素围绕基数值分别增减 10%、15%（每次只有一个因素发生变化）时的新净现值。表 9－15 表示销售量、单位付现成本和资本成本变动分别对净现值的影响程度。

表 9－15　各项因素变化对净现值的影响

变化幅度	销售量	单位付现成本	资本成本
+15%	45 870.34	−383.21	10 659.79
+10%	37 390.28	6 554.78	13 916.78
0	20 411.25	20 411.25	20 411.25
−10%	3 471.23	34 306.73	28 042.58
−15%	−5 008.54	41 244.71	31 131.86

从表 9－15 可以看出，项目净现值对销售量最为敏感，单位付现成本其次，相对而言，资本成本变动对净现值的影响比较平缓。

对投资项目进行敏感性分析的另一种形式就是通过计算各种因素允许变动的临界值。这里的临界值是指不改变某一评价指标决策结论的条件下，该种因素所能变动的上限或下限。以净现值敏感性分析为例，在其他条件不变的情况下，某种因素所能变动的上限或下限可由其盈亏平衡方程导出。

【例 9－28】以前例资料，计算各因素变动的临界值。

（1）有效年限的变动对净现值的敏感性分析。

假定使净现值相等的有效年限为 n。

P/A，12%，n = 180 000/48 750 = 3.692 3

查表在利率为12%的情况下，5年的年金现值系数为3.604 8。

$n=5-(3.692\ 3-3.604\ 8)/(3.604\ 8-4.111\ 4)=5.17$ 年

说明该项目的有效年限在5.17～6年变动不会影响项目的可行性；如果有效年限低于5.17年，该项目就变为不可行。项目年限的下限为 −13.83%。

（2）投资收益率的敏感性分析。

假定使净现值等于零的收益率为 i。

$P/A\ i,\ 6=180\ 000/48\ 750=3.692\ 3$

查表在年数为6的情况下，利率为14%的年金现值系数为3.888 7。

采用插值法求得：$i=15.76\%$

说明最低收益率在12%～15.76%变动不会影响项目的可行性，如果收益率高于15.76%，项目将变为不可行。投资收益率的上限为31.33%。

（3）投资额的敏感性分析。

假定净现值等于零的投资额为 c。

$c=48\ 750\ (P/A,\ 12\%,\ 6)=200\ 430.75$（元）

说明投资额在180 000～200 430.75元变化不会影响项目的可行性，投资的上限为11.35%。

（4）销售收入的敏感性分析。

假定销售收入为 x。

$$[(x-45\ 000-30\ 000)(1-25\%)+30\ 000](P/A,\ 12\%,\ 6)-180\ 000=0$$

$x=93\ 374.28$（元）

说明销售收入在100 000～93 374.28变化不会影响项目的可行性，销售收入的下限为6.63%。

（5）付现成本的敏感性分析。

假定付现成本为 y。

$$[(100\ 000-y-30\ 000)(1-25\%)+30\ 000](P/A,\ 12\%,\ 6)-180\ 000=0$$

$y=51\ 624.72$（元）

说明付现成本在45 000～51 624.72元变化不会影响项目的可行性，付现成本的上限为14.72%。

通过上述分析可以帮助决策者了解项目需重点分析和控制的因素。但敏感性分析也有一定的局限性，主要表现在两个方面：一是它没有考虑各种不确定因素未来发生变化的概率分布状况，影响风险分析的正确性；二是敏感性分析是在分析一个因素时假定其他因素不变，往往与事实不符，现实中当一个因素发生变动就会使其他因素发生联动的变化，因此也会影响风险分析的正确性。

（二）盈亏平衡分析

盈亏平衡分析是敏感性分析的具体应用，是就销售量变化对投资收益的影响进行分析，以确定项目不亏损所需要的最低销售量，即确定现值盈亏临界点。现值盈亏临界点就是净现值为零时的销售量。只有销售量大于等于盈亏临界点销售量时投资项目才具有可行性。其计算公式为：

$$\text{现值盈亏临界点销售量}=\frac{\text{投资摊销额}+\text{付现固定成本}\times(1-\text{税率})-\text{折旧}\times\text{税率}}{(\text{单价}-\text{变动成本})\times(1-\text{税率})}\quad\text{（公式 9-23）}$$

【例9-29】某公司投产一批新产品，需要购置一套专用设备，预计价款900 000元，追加流动资金145 822元。公司的会计政策与税法规定相同，设备按5年折旧，采用直线折旧计提，净残值率为零。该新产品预计销售单价20元/件，单位变动成本为12元/件，每年增加固定付现成本500 000元。该公司所得税税率为40%，投资的最低报酬率为10%。

要求：计算净现值为零的销售水平。

（1）预期未来现金流入量的现值应等于流出的现值：1 045 822（元）

（2）收回的流动资金现值 = 145 822 ×（P/F，10%，5）= 145 822 × 0.620 9 = 90 541（元）

（3）每年需要的现金流量（固定资产投资摊销额）=（1 045 822 - 90 541）/（P/A，10%，5）= 955 821/3.790 8 = 252 000（元）

（4）每年税后利润 = 250 000 -（900 000/5）= 72 000（元）

（5）每年税前利润 = 72 000/（1 - 0.4）= 120 000（元）

（6）销售量 =（800 000 + 180 000 + 120 000）/（20 - 12）= 100 000（元）

另解：

投资摊销额 =（900 000 + 145 822 - 145 800 × 0.6209）/3.7908 = 252 000（元）

折旧 = 900 000/5 = 180 000（元）

$$销售量 = \frac{252\,000 + 500\,000 \times (1-40\%) - 1800\,000 \times 40\%}{(20-12) \times (1-40\%)} = 100\,000（件）$$

（三）情景分析

投资项目风险不仅取决于各主要因素变动的敏感性，而且取决于各种因素变化的概率分布情况。敏感性分析只考虑第一种情况，情景分析可以同时考虑两种情况。

在情景分析中，分析人员在各因素基数值的基础上，分别确定一组“差”的情况（销售量低、价格低、成本高等）和一组“好”的情况，然后计算“差”和“好”两种情况下的净现值，并将计算结果与基数净现值进行比较。

在【例9-27】中预测项目的净现值为20 411.25元，在决定是否接受此项目之前，可将影响项目的关键因素，如投资额、销售收入、成本等方面的变化，分为最佳、最差、正常（预测值）三种项目，并计算不同项目的投资净现值。为分析方便，假设分析人员确信，除销售收入和变动成本以外，影响现金流量的其他因素都是确定的。根据有关预测资料不同情景下的项目净现值计算如表9-16所示。

表9-16　　不同情景下的项目净现值计算表

方案	概率	销售收入	变动成本	净现值
最差项目	0.2	85 000	40 500	-11 946.53
正常项目	0.5	100 000	45 000	20 411.25
最佳项目	0.3	115 000	49 500	52 808.03

上述计算结果表明，净现值在-11 946.53～52 808.03元波动。为了解项目的风险情况，还可以计算这个项目的期望净现值以及不同情境下项目净现值与期望净现值的离差。情景分析可以提供项目特有风险的有用信息，但这种方法只考虑项目的几个离散情况，其分析结果有时不能完全反映项目的风险情况。

本章小结

1. 项目投资是一种以特定建设项目为对象，直接与新建项目或更新改造项目有关的长期投资行为。

2. 项目投资决策评价的基本原理就是：投资项目的收益率超过资本成本，企业价值增加；投资项目的收益率小于资本成本，企业价值减少。

3. 影响项目评价的两个关键因素：一是项目预期现金流量；二是投资项目的必要收益率和资本成本。

4. 投资项目现金流量应遵循实际现金流量原则和增量现金流量原则。在预测项目现金流量时，通常不包括与项目举债融资有关的现金流量，利息费用在项目的资本成本中考虑。

5. 投资项目现金流量是指投资项目在其计算期内各项现金流入量与现金流出量的统称。

6. 投资项目的净现金流量是指该年项目现金流入量与该年项目现金流出量的差额。一般包括初始现金流量、经营现金流量、终结点现金流量。

7. 净现值是指在项目计算期内，按行业基准收益率或其他设定折现率计算的各年净现金流量现值的代数和。净现值大于等于零，该项目可行，反之不可行。

8. 现值指数是指投产后按行业基准折现率或设定折现率折算的各年净现金流量的现值合计与原始投资的现值合计之比。现值指数大于等于1，该项目可行，反之不可行。

9. 内含报酬率是指项目投资实际可望达到的收益率，即能使投资项目的净现值等于零的折现率。内含报酬率大于等于项目资金成本率或投资最低收益率，该项目可行，反之不可行。

10. 项目的投资回收期越短，项目投资效益越好；投资利润率越高项目投资效益也越好。所以投资回收期和投资利润率可以作为评价项目优劣的辅助指标。

11. 特殊情况下的项目投资决策包括固定资产更新决策、购买与租赁决策、资本限量决策。

12. 项目风险是指特定投资项目未来收益（净现值或内部收益率）的不确定性。其风险来源通常有两个：一是项目特有因素或估计误差带来的风险；二是各种外部因素带来的风险。

13. 敏感性分析是衡量不确定因素变化对项目评价指标的影响程度。通过敏感性分析可以帮助决策者了解项目决策需重点分析与控制的因素。

14. 盈亏平衡分析是敏感性分析的具体应用，是就销售量变化对投资收益的影响进行分析，以确定项目部亏损所需要的最低销售量，即确定现值盈亏临界点。现值盈亏临界点就是净现值为零时的销售量。只有销售量大于等于盈亏临界点销售量时投资项目才具有可行性。

15. 风险调整贴现率法是调整净现值公式的分母，项目的风险越大折现率越高，项目的净现值就越小；肯定当量法是调整净现值公式的分子，就是把不确定的各年现金流量，按照一定的系数折算为大约相当于肯定的现金流量的数量，然后，利用无风险贴现率来计算净现值，以评价风险投资项目的决策分析方法。

16. 项目系统性风险的衡量主要是确定项目评价中使用的折现率，一是把加权平均资金成本作为折现率；二是把股权资本成本作为折现率。

第十章 证券投资管理

学习目标

修完本章内容后，你应该能够：

1. 理解股票投资的概念、目的和特点，掌握股票估价、股票投资的分析方法
2. 理解债券投资的概念、目的和特点，掌握债券估价、债券投资的分析方法
3. 理解基金的概念和基金投资的优缺点，掌握投资基金的价值与收益率的计算

第一节 股票投资管理

一、股票投资的目的和特点

（一）股票投资的概念及目的

股票投资是指企业或个人用积累起来的货币购买股票，借以获得收益的行为。

企业进行股票投资的目的主要有两种：一是获利，即作为一般的证券投资，获取股利收入及股票买卖差价；二是控股，即通过购买某一企业的大量股票达到控制该企业的目的。

（二）股票投资的特点

股票投资和债券投资都属于证券投资。股票投资相对于债券投资而言具有以下特点：

1. 股票投资是权益性投资

股票投资与债券投资虽然都是证券投资，但投资的性质不同：股票投资是权益性投资，股票是代表所有权的凭证，持有人作为发行公司的股东，有权参与公司的经营决策。

2. 股票投资的风险大

投资者购买股票后，不能要求股份公司偿还本金，只能在证券市场上转让。因此股票投资者至少面临两方面的风险：一是股票发行公司经营不善所形成的风险；二是股票市场价格变动所形成的价差损失风险。

3. 股票投资的收益率高

由于投资的高风险性，股票作为一种收益不固定的证券，其收益率一般高于债券。

二、普通股估价

（一）股票估价的基本模型

普通股股票的价值（亦即内在价值）是指股票投资者期望得到的所有未来现金流入的现值。股票带给持有人的现金流入包括两部分：①每期的预期股利；②股票出售时的预期价

格。所以股票的内在价值由一系列的股利和将来出售股票时的售价的现值所构成。即：

$$P_0 = \sum_{t=1}^{n} \frac{D_t}{(1+r)^t} + \frac{P_n}{(1+r)^n} \qquad （公式 10－1）$$

式中：P_0 为股票价值；D_t 为未来各期的普通股每股股利；r 为折现率，亦即普通股投资的必要收益率；P_n 为普通股在第 n 期预期售价。

如果普通股投资期限是无限的，公司永远不必收回它们，即 $n \to \infty$，则$\frac{P_n}{(1+r)^n}$的极值等于0，不论股票在谁的手中，股利将永远持续下去，此时上式又可以表示为：

$$P_0 = \sum_{t=1}^{\infty} \frac{D_t}{(1+r)^t} \qquad （公式 10－2）$$

公式 10－1 是股票估价的基本模型，称为股利折现模型。按公式 10－2，股票价值可根据未来预期股利和折现率（即必要收益率）求得。

直接使用公式 10－2 确定股票的内在价值，要求投资者无限期的预计历年的股利收入，这几乎是不可能的。实际应用中往往对股利的发放做一定的假设以简化上述公式。下面分别介绍不同股利增长假设下的三个应用模型。

（二）不同类型股票的估价

1. 股利固定（即零增长）型股票的估价模型

如果公司每年均发放固定的股利给股东，即预期股利增长率为零，这种股票称之为零增长股票。如果投资者长期持有而不出售，其股票价值可按永续年金折现公式计算：

$$P_0 = \frac{D}{r} \qquad （公式 10－3）$$

式中：D 为各年发放的固定股利，其他符号的含义与基本模型相同。

【例 10－1】某公司股票的股利固定不变，每股股利为 4 元，投资者要求的投资报酬率为 15%。则公司股票的价值为：

$$P_0 = \frac{D}{r} = \frac{4}{15\%} \approx 26.7\text{（元）}$$

2. 股利固定增长型股票的估价模型

如果发行股票的公司每年发放的股利按着固定的增长率（g）增长，这种股票称之为股利固定增长型股票。如果投资者长期持有，其股票价值可按下式计算：

$$P_0 = \frac{D_0(1+g)}{r-g} = \frac{D_1}{r-g} \qquad （公式 10－4）$$

式中：D_0 为 $t=0$ 时的股利；D_1 为预计第一年年末的股利；r 为折现率；g 为股利增长率。

【例 10－2】某公司普通股上年每股股利 2 元，预计以后公司股利将以 10% 的增长率增长，如果投资者所要求的必要报酬率为 14%，则公司股票的价值为：

$$P_0 = \frac{2(1+10\%)}{14\% - 10\%} = 55\text{（元）}$$

3. 股利变动增长型股票的估价模型（多阶段估价模型）

在现实中，公司的发展过程往往是不规则的，当有较好的投资机会时，公司会快速增长，一旦步入成熟期，其发展就比较稳定。在这种情况下，只有分段计算，才能确定股票的价值。计算公式如下：

$$P_0 = \sum_{t=1}^{n} + \frac{D_t}{(1+r)^t} + \frac{D_{n+1}}{r-g}(F/P,r,n) \qquad （公式 10－5）$$

式中：r 为折现率，即投资者所要求的必要报酬率；g 为股利增长率；n 为非正常增长期期数。

【例 10－3】某公司股利预计从今年起以 20% 的速度增长 3 年，然后其增长率降至正常水平 12%，上年每股股利为 2 元，如果投资者要求的必要报酬率为 15%，试计算该公司股票的价值。

第一步，计算非正常增长期的股利现值（表 10－1）：

表 10－1　　非正常增长期的股利现值计算表

年份	股利（D_t）	现值系数（15%）	现值
1	2×1.2＝2.4	0.870	2.088
2	2.4×1.2＝2.88	0.756	2.177
3	2.88×1.2＝3.456	0.658	2.274
合计	—	—	6.539

第二步，计算第三年年底的普通股内在价值：

$$P_3=\frac{D_4}{r-g}=\frac{D_3\ (1+g)}{r-g}=\frac{3.456\ (1+12\%)}{15\%-12\%}\approx 129.02\text{（元）}$$

第三步，将第三年年底的普通股内在价值进一步折现为期初的价值为：

$$P_3\times(P/F,\ 15\%,\ 3)=129.02\times 0.658=84.90\text{（元）}$$

第四步，计算股票目前的内在价值：

$$P_0=6.539+84.90=91.439\text{（元）}$$

根据股票价值进行投资决策的原则：当股票价值大于股票的市场价格时，投资者应购买该股票，因为此时的预期报酬率高于投资者所要求的最低报酬率。

三、股票的收益率

前面主要讨论如何估计股票的价值，以判断某种股票被市场高估或低估。现在，假设股票价格是公平的市场价格，证券市场处于均衡状态；在任一时点证券价格都能完全反映有关该公司的任何可获得的公开信息，而且证券价格对新信息能迅速做出反应。在这种假设条件下，股票的期望收益率等于其必要收益率。根据固定增长股利模型，将公式 $P_0=\frac{D_1}{R-g}$ 移项整理，求 R，可以得到：

$$R=\frac{D_1}{P_0}+g \qquad \text{（公式 10－6）}$$

这个公式告诉我们，股票的总收益率可以分为两个部分：第一部分是 D_1/P_0，叫做股利收益率，它是根据预期现金股利除以当前股价计算出来的。第二部分是增长率 g，叫做股利增长率。由于股利的增长速度也就是股价的增长速度，因此 g 可以解释为股价增长率或资本利得收益率。g 的数值可以根据公司的可持续增长率估计。P_0 是股票市场形成的价格，只要能预计出下一期的股利，就可以估计出股东预期报酬率，在有效市场中它就是与该股票风险相适应的必要报酬率。

【例 10－4】有一只股票的价格为 20 元，预计下一期的股利是 1 元，该股利将以大约 10% 的速度持续增长。该股票的期望报酬率为：

$R = 1/20 + 10\% = 15\%$

如果用15%作为必要报酬率，则一年后的股价为：

$$P_1 = D_1 \times (1+g) / (R-g) = 1 \times (1+10\%) / (15\% - 10\%) = 1.1/5\% = 22 \text{（元）}$$

如果你现在用20元购买该股票，年末你将收到1元股利，并且得到2元（22－20）的资本利得：

总报酬率＝股利收益率＋资本利得收益率

$= 1/20 + 2/20 = 5\% + 10\% = 15\%$

这个例子使我们验证了股票期望报酬率模型的正确性。该模型可以用来计算特定公司风险情况下股东要求的必要报酬率，也就是公司的权益资本成本。这就是说，股东期望或者说要求公司赚取15%的收益。如果股东的要求大于15%，他就不会进行这种投资；如果股东的要求小于15%，就会争购该股票，使得价格升上去。

四、股票投资的基本分析法

股票价格是股票在市场上出售的价格。它的具体价格及其波动受制于各种经济、政治等方面的因素，并受到投资心理和交易技术等的影响。概括起来说，影响股票价格及其波动的因素，主要可以分为两大类：一个是基本因素；另一个是技术因素。

所谓基本因素，是指来自股票的市场以外的经济、政治因素以及其他因素，其波动和变化往往会对股票的市场价格趋势产生决定性影响。一般地说，基本因素主要包括经济性因素、政治性因素、人为操纵因素和其他因素等。

基本分析法，也称为基本面分析方法，主要是通过对影响证券市场供求关系的基本要素进行分析，评价有价证券的真正价值，判断证券的市场价格走势，为投资者进行证券投资提供参考依据。基本分析法主要适用于周期相对较长的个别股票价格的预测和相对成熟的股票市场。

1. 宏观分析

宏观分析是通过对一国政治形势是否稳定、经济形势是否繁荣等的分析，判断宏观环境对证券市场和证券投资活动的影响。宏观分析包括政治因素分析和宏观经济因素分析。

2. 行业分析

行业分析主要探讨产业和区域经济对股票价格的影响，主要包括行业的市场结构分析、行业的经济周期分析、行业生命周期分析等。

3. 公司分析

公司分析主要是对特定上市公司的行业选择、成长周期、内部组织管理、经营状况、财务状况及营业业绩等进行全面分析。

公司分析是基本分析法的重点。通过对发行证券的公司进行全面分析，能较准确预测该公司证券的价格及其变动趋势，为证券投资决策提供依据。

股票投资的基本分析法是证券市场分析方法的基础。在既定环境下进行股票投资的基本分析，应重点关注微观层次的公司分析，这是基本分析法的重点和难点。财务分析是基本分析法中的一种具体方法；运用资本资产定价模型等理论进行公司分析，在股票投资中是常见的做法。

【例10－5】某公司股票的β系数为2.5，无风险的利率为6%，市场所有股票的平均报酬率为12%。

要求：（1）计算该公司股票的预期收益率。

（2）若该股票为固定成长股，成长率为6%，预计一年后的股利为2.2元，则该股票的价值为多少？

（1）根据资本资产定价模型。

该公司股票的预期收益率 = 6% + 2.5 ×（10% − 6%）= 16%

（2）根据固定成长股票的估价模型。

该股票价值 = 2.2/（16% − 6%）= 22（元）

【例 10－6】某公司于 2012 年 3 月 1 日购入甲、乙、丙三个公司的股票。其中，甲公司股票的 β 系数为 1.2，该股票每年发放股利 3.32 元，股利增长速度为零，购入时无风险报酬率为 7%；乙公司股票为固定成长股票，股利年增长率为 5%，今年发放的股利为每股 3 元，乙公司的投资报酬为 15%；丙公司的股票估计在未来 3 年内股利将高速增长，股利增长率为 20%，以后转为正常增长，增长率为 8%，公司最近支付的股利为 1.5 元。假设公司要求的投资报酬率为 15%。

要求：计算三种股票目前的内在价值。

（1）计算甲公司股票的内在价值：

甲公司的预期报酬率 = 7% + 1.2 ×（15% − 7%）= 16.6%。

甲公司股票目前的内在价值 = 3.32/16.6% = 20（元）

（2）计算乙公司股票目前的内在价值 = 3 ×（1 + 5%）/（15% − 5%）= 31.5（元）

（3）计算丙公司股票目前的内在价值：

前三年的股利现值 = 1.5 ×（1 + 20%）× 0.869 + 1.5 ×（1 + 20%）^{2} × 0.756 + 1.5 ×（1 + 20%）^{3} × 0.658 = 4.9（元）

第三年底股票的内在价值 = 1.5 ×（1 + 20%）^{3} ×（1 + 8%）÷（15% − 8%）= 39.99（元）

第三年底股票的内在价值的现值 = 39.99 ×（*P/F*，15%，3）= 39.99 × 0.658 = 26.31（元）

丙公司股票的内在价值 = 4.9 + 26.31 = 31.21（元）

【例 10－7】甲公司持有 A、B、C 三种股票，在由上述股票组成的证券投资组合中，各股票所占的比重分别为 50%，30% 和 20%，其 β 系数分别为 2.0，1.0 和 0.5。市场收益率为 15%，无风险收益率为 10%。A 股票当前每股市价为 12 元，刚收到上一年度派发的每股 1.2 元的现金股利，预计股利以后每年将增长 8%。

要求：

（1）计算以下指标：

①甲公司证券组合的 β 系数 = 50% × 2 + 30% × 1 + 20% × 0.5 = 1.4

②甲公司证券组合的风险收益率 = 1.4 ×（15% − 10%）= 7%

③甲公司证券组合的必要投资收益率 = 10% + 1.4 × 5% = 17%

④投资 A 股票的必要投资收益率 = 10% + 2 × 5% = 20%

（2）利用股票估价模型分析当前出售 A 股票是否对甲公司有利？

A 股票内在价值 = 1.2 ×（1 + 8%）/（20% − 8%）= 10.8（元）

A 股票当前每股市价 12 元大于 A 股票的价值，因而出售 A 股票对甲公司有利。

五、股票投资的技术分析法

股票投资的技术分析法是以预测市场价格变化的未来趋势为目的，以图表、技术指标为主要手段对市场行为进行研究的方法。在成熟的证券市场中，股票的投资价值一般能从其价格、成交量等方面反映出来，因此，技术分析法实际上是对市场一段时间的价、量关系做出分析，以预测其未来走势的一系列方法，其最终分析的对象是价格、成交量、时间、空间。其中，价格反映了股票市场变化方向；成交量反映了市场对价格变化方向的认同程度；时间是指一种行情或者走势持续的时间跨度；空间是指某一趋势可能达到的高点或者低点，股市行情在高点或者低点很可能变盘。时空分析的目的是寻找买卖时机。

基本分析的目的是为了判断股票现行股价的价位是否合理并描绘出它长远的发展空间，而技术分析主要是预测短期内股价涨跌的趋势。

1. 技术分析法的含义

技术分析法是从市场行为本身出发，运用数理统计和心理学等理论和方法，根据证券市场已有的价格、成交量等历史资料来分析价格变动趋势的方法。

2. 技术分析法的理论基础

技术分析法的理论基础主要包括三个假设。

（1）市场行为包含一切信息。影响证券市场的信息包括公开信息和非公开信息。价格、成交量等是市场参与者对所有公开和非公开信息做出反映的结果。

（2）价格沿趋势运动。价格的运动和变化总是遵循一定的趋势，这个趋势所体现的规律正是技术分析法的核心。

（3）历史会重演。根据心理学研究，人类在类似情况下会产生既定的反应；虽然人类的行为十分复杂，不会出现完全相同的行为组合，市场也不会有完全相同的表现，但其显示的类似特点足以让技术分析者根据历史资料判断价格变动的趋势。

3. 技术分析法的内容

（1）指标法。指标法是根据市场行为的各种情况建立数学模型，按照一定的数学计算公式，得到一个体现股票市场某个方面内在实质的数字，即指标值。指标的具体数值和相互关系直接反映了股市所处的状态，为具体操作提供方向性指导。指标反映的东西大多是从股市行情报表中不能直接看到的。

（2）K 线法。K 线法的研究侧重于若干条 K 线的组合情况，通过推测股票市场多空双方力量的对比来判断股票市场多空双方谁占优势，是暂时的还是决定性的。K 线图是进行各种技术分析的最重要图表。

（3）形态法。形态法是指根据价格图表中过去一段时间价格轨迹的形态预测股价的未来趋势的方法。

（4）波浪法。波浪法是指把股价的上下变动和不同时期的持续上涨、下降看成似波浪的上下起伏。股票的价格也遵循波浪起伏的规律。

第二节　债券投资管理

一、债券投资的目的和特点

（一）债券投资的概念及目的

债券投资是投资人通过金融市场购入债券，以期获得较稳定的利息收入，并在债券到期时收回本金的一种投资行为。

（1）企业进行短期债券投资的目的主要是为了合理利用暂时闲置资金，调节现金余额，获得收益。当企业现金余额太多时，便投资债券，收回现金，使现金余额提高。

（2）企业进行长期债券投资的目的主要是为了获得稳定的收益。

（二）债券投资的特点

债券投资具有以下特点。

1. 投资期限方面

不论长期债券投资，还是短期债券投资，都有到期日，债券到期应当收回本金，投资应考虑期限的影响。

2. 权利义务方面

从投资权利来说，在各种投资方式中，债券投资者的权利最小，无权参与被投资企业经营管理，只有按约定取得利息，到期收回本金的权利。

3. 收益与风险方面

债券投资收益通常是事先预定的，收益率通常不及股票高，但是有较强的稳定性，投资风险较小。

二、债券估价

（一）债券估价的基本模型

债券的价值就是债券未来现金流入的现值。债券带给投资者的现金流入包括两部分：①利息收入。②到期收回的本金。

相对于股票投资，债券投资的收益与支付时间较之企业股票要稳定的多。因此，债券的价值就是利息收入的现值和到期收回本金的现值的总和。债券估价的基本模型为：

$$P_0 = \sum_{t=1}^{n} \frac{I}{(1+r)^t} + \frac{M}{(1+r)^n} \qquad \text{（公式 10－7）}$$

式中：P_0 为债券价值；I 为每年的利息；M 为到期的本金；r 为折现率，通常采用市场利率或投资人要求的必要报酬率；n 为期数，即债券的偿还期。

（二）不同类型债券的估价

1. 纯贴现债券

纯贴现债券又称零息债券，这种债券承诺在未来某一确定的日期作某一单笔支付在债券到期日前的各个期间都不向持有人支付任何现金。

如果纯贴现债券在未来的 n 年后支付金额为 M 的面值，而在这 n 年中市场利率为 r。因为面值是纯贴现债券支付的惟一现金流，故该债券的价值为：

$$P_0 = \frac{M}{(1+r)^n} = M\ (P/F,\ r,\ n) \qquad \text{（公式 10－8）}$$

【例 10－8】假设某公司发行了面值为 1 000 元的 10 年期零息债券，如果投资者所要求的必要报酬率为 10%，则该债券的价值为：

$$P_0 = M\ (P/F,\ r,\ n) = 1\ 000\ (P/F,\ 10\%,\ 10) = 1\ 000 \times 0.385\ 5 = 385.5\ \text{（元）}$$

另外：到期一次还本付息债券也可视为纯贴现债券，它们的区别仅在于在债券到期时前者不是按票面金额支付而是按本利和作单笔支付，其债券价值的计算同纯贴现债券价值的计算公式相同，只不过上式中的 M 在这里不是票面金额而是本利和。

【例 10－9】假设上例某公司发行的债券是一种单利计息、票面利率为 8% 的到期一次还本付息式的债券，其他条件不变。则该债券的价值为：

$$P_0 = 1\ 000 \times (1 + 10 \times 8\%) \times (P/F,\ 10\%,\ 10)$$
$$= 1\ 800 \times 0.385\ 5 = 693.9\ \text{（元）}$$

2. 平息债券

平息债券是指不但在到期日支付面值，而且利息在发行日和到期日之间也进行有规律的定期支付的债券。利率支付的频率可能是一年一次、半年一次或每季度一次等。

如前所述，债券的价值就是债券未来现金流入的现值。因此，平息债券的价值也就是利息的现值和本金的现值之和。故该债券的价值为：

$$P_0 = \sum_{t=1}^{mn} \frac{I/M}{(1+r/m)^t} + \frac{M}{(1+r/m)^{mn}} \quad \text{（公式 10－9）}$$

式中：m 为每期付利息次数；r 为折现率，即投资者要求的必要报酬率；I 为利息；n 为债券的偿还期限；M 为债券面值。

【例 10－10】有一债券面值为 1 000 元，票面利率为 6%，每年支付一次利息，5 年到期，假设投资者要求的必要报酬率为 10%。则该债券的价值为：

$P_0 = 1\,000 \times 6\% \times (P/A,\ 10\%,\ 5) + 1\,000 \times (P/F,\ 10\%,\ 5)$

$= 60 \times 3.790\,8 + 1\,000 \times 0.620\,9 = 848.348$（元）

【例 10－11】上例如果利息是每半年支付一次，其他条件不变。则该债券的价值为：

$P_0 = 1\,000 \times 6\%/2 \times (P/A,\ 10\%/2,\ 5\times2) + 1\,000\ (P/F,\ 10\%/2,\ 5\times2)$

$= 30 \times 7.721\,7 + 1\,000 \times 0.613\,9 = 845.551$（元）

该债券的价值比每年付息一次时的价值（848.348 元）降低了。债券付息期越短价值越低的现象，仅出现在折价出售的状态。如果债券溢价出售，则情况正好相反。

3. 永久债券

永久债券又称金边债券，是指既没有最后到期日，也从不停止支付票面利息的债券。可见，并非所有的债券都有最后的到期日。英国和美国都发行过这种债券。对于永久债券，发行者通常都保留了赎回债券的权利。

优先股实际上也是一种永久债券，如果公司的股利支付没有问题，将会持续的支付固定的优先股息。

永久债券的估价可以用本章第一节货币时间价值中永续年金公式来估价。其估价模型为：

$$P_0 = \frac{I}{r} \quad \text{（公式 10－10）}$$

式中：P_0 为债券价值；I 为债券票面利息；r 为市场利率，即投资者要求的必要报酬率。

【例 10－12】假设政府发行每年能够收到 100 元利息的永久债券，如果市场利率为 8%，则该债券的价值为：

$P_0 = \frac{I}{r} = \frac{100}{8\%} = 1\,250$（元）

4. 流通债券

流通债券是指已经发行并流通在外的债券。流通债券价值的确定不同于新发行的债券，因为流通债券已流通了一段时间，因而确定其价值时，应考虑上一次付息距现在的时间，其他因素与债券价值确定的基本模型相同。

【例 10－13】有一面值为 1 000 元，每年支付利息 80 元，2009 年 8 月 1 日发行的 5 年期债券。现在是 2012 年 7 月 1 日，如果投资的必要报酬率为 10%，该债券的价值是多少？

流通债券的特点是：①到期时间小于债券发行在外的时间。②估价的时点不在发行日，可以是任何时点，因此会产生“非整数计息期”问题，而新发行债券，总是在发行日估计现值的，到期时间等于发行在外时间。

流通债券的估价方法有两种：①以现在为折算时点，历年现金流量按非整数计息期折现；②以最近一次付息时间为折算时点，计算历次现金流量现值，然后将其折算到现在时点。无论哪种方法，都需要用计算器计算非整数期的折现系数。

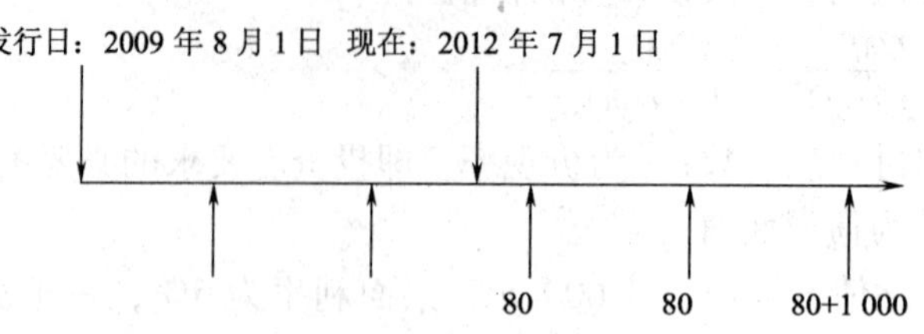

图 **10－1** 流通债券的价值

第一种计算方法：以 2012 年 7 月 1 日作为折算时点，分别计算四笔现金流量的现值，然后求和。由于计息期不是整数，而是$\frac{1}{12}$，$\frac{13}{12}$，$\frac{25}{12}$，需要用计算器计算现值因数。

第二种计算办法，以 2012 年 8 月 1 日作为折算时点，先计算 2012 年 8 月 1 日的价值，然后将其折算为 7 月 1 日的价值。计算过程如下：

2012 年 8 月 1 日价值 $=80+80\ (P/A,\ 10\%,\ 2)\ +1\ 000\ (P/F,\ 10\%,\ 2)\ =1\ 045.24$（元）

2012 年 7 月 1 日价值 $=\frac{1045.24}{(1+10\%)^{1/12}}=1\ 037$（元）

三、债券的收益率

债券收益率可分为票面收益率、本期收益率和持有期收益率三种。

1. 票面收益率

票面收益率是印制在债券票面上的利率，通常是年利息收入与票面金额的比率。票面收益率反映了债券按面值购入、持有到期满所获得的收益水平。

2. 本期收益率

本期收益率是指债券的年实际利息收益与买入债券的实际价格之比率。本期收益率反映了购买债券的实际成本所带来的收益情况。

票面收益率和本期收益率都只能反映利息收入情况，而不能反映债券的资本损益情况。

3. 持有期收益率

持有期收益率是指债券持有人在持有期间获得的收益率，能综合反映债券持有期间的利息收入情况和资本损益水平。债券的持有期是指从购入债券至售出债券期间或者持有债券至到期日所获得的收益率。持有期收益率通常以“年”为单位表示，计算分两种情况：

（1）持有期限一年以内，直接按债券持有期间的收益额（利息和买卖价差）除以买入价计算持有期收益率：

$$持有期收益率=\frac{持有期利息收入+（卖出价-买入价）}{买入价}\times 100\% \quad （公式 10-11）$$

$$持有期年均收益率=\frac{持有期收益率}{持有年限} \quad （公式 10-12）$$

$$持有年限=\frac{实际持有天数}{360}$$

（2）持有期限一年以上，持有期收益率的计算应考虑时间价值。此时持有期年均收益率是债券带来的现金流入量现值之和等于买入价时的折现率，具体包括两种情况：

①到期一次还本付息的债券。

$$持有期年均收益率 = t\sqrt{\frac{m}{p}} - 1 \qquad （公式 10－13）$$

式中：P 为债券买入价；m 为债券卖出价或到期兑付金额；t 为债券实际持有年限。

② 分期付息（即每年末支付一次利息）、到期还本的债券。

$$P = \sum_{t=1}^{n} \frac{I}{(1+k)^t} + \frac{M}{(1+k)^n} \qquad （公式 10－14）$$

或：$P = I \cdot (P/A, K, n) + M(P/F, K, n)$

式中：K 为债券持有期年均收益率；P 为债券买入价；I 为持有期每期收到的利息；M 为债券卖出价或到期兑付金额；t 为债券实际持有年限。

如果投资者将债券持有至到期，则债券持有期收益率也称为到期收益率。

【例 10－14】顺发公司在 2008 年 1 月 1 日平价发行了每张面值为 1 000 元，票面利率为 10%，期限为 5 年，每年 12 月 31 日付息的债券。

要求计算：

（1）假设 2012 年 1 月 1 日 的市场利率为 8%，此时债券的价值是多少？

（2）假设 2012 年 1 月 1 日 的市价为 920 元，此时购买债券的到期收益率是多少？

解：（1）$P_0 = 1\,000 \times (1+10\%) \times (P/F, 8\%, 1) = 1\,100 \times 0.925\,9 = 1\,018.49$（元）

（2）$920 = 1\,000 \times (1+10\%) / (1+K)$

$K = 1\,100/920 - 1 = 19.57\%$

四、债券投资决策

债券投资决策主要是对投资的时机、投资的期限、拟购入的债券等做出选择的过程，决策过程中应该考虑一系列约束条件的限制，包括可支配的资金数额约束、投资收益率要求、投资风险偏好等。债券投资决策的结果应该是在符合约束条件要求的情况下，尽可能实现投资目标。

债券投资决策中可以考虑消极的投资策略和积极的投资策略两种思路。消极的投资策略是指投资者在买入债券后的一段时间内，很少进行买卖或者不进行买卖，只要求获取不超过目前市场平均收益水平的收益。典型的消极投资策略主要就是买入债券并持有至到期。这种策略的现金流是确定的，投资中选取信用程度较高的债券即可。积极的投资策略是指投资者根据市场情况不断调整投资行为，以期获得超过市场平均水平的收益率。积极的投资策略包括：1. 通过对预期利率的变动主动交易。预计利率下降时，买进债券或增持期限较长的债券；预计利率上升时，卖出债券，或增加期限较短的债券比例。2. 控制收益率曲线法。由于期限较长的债券一般有较高的收益率，所以投资人购买债券并持有至到期前卖出债券，再购入另一个同样期限的债券，从而能够始终获得较高的收益率。

（一）利用债券内在价值进行决策

进行证券投资的前提是债券的价值大于其购买价格，反之，不应该进行投资。

【例 10－15】某公司准备发行面值为 500 元的企业债券，年利率为 8%，期限为 5 年。就下列条件分别计算债券价值。①每年计息一次，请分别计算市场利率在 6%、8%、10%

的条件下的企业债券价值。②到期一次还本付息（单利），分别计算市场利率在6%、8%、10%的条件下的企业债券价值。③到期一次还本付息，分别计算市场利率在6%、8%、10%的条件下的企业债券价值。假定此时该债券市场价为480元，是否应该购买？④无息折价债券分别计算市场利率在6%、8%、10%的条件下的企业债券价值。

（1）每年计息一次：

市场利率6%的债券价值＝500×（P/F，6%，5）＋500×8%×（P/A，6%，5）
＝500×0.747 3＋500×8%×4.212 4＝542.15（元）

市场利率8%的债券价值＝500×（P/F，8%，5）＋500×8%×（P/A，8%，5）
＝500×0.680 6＋500×8%×3.992 7＝500.00（元）

市场利率10%的债券价值＝500×（P/F，10%，5）＋500×8%×（P/A，10%，5）
＝500×0.620 9＋500×8%×3.790 8＝462.37（元）

（2）到期一次还本付息（单利）：

市场利率6%的债券价值＝500×（1＋8%×5）×（P/F，6%，5）
＝500×（1＋8%×5）×0.747 3＝523.11（元）

市场利率8%的债券价值＝500×（1＋8%×5）×（P/F，8%，5）
＝500×（1＋8%×5）×0.680 6＝476.42（元）

市场利率10%的债券价值＝500×（1＋8%×5）×（P/F，10%，5）
＝500×（1＋8%×5）×0.620 9＝434.63（元）

（3）到期一次还本付息：

市场利率6%的债券价值＝500×（F/P，8%，5）×（P/F，6%，5）
＝500×1.469 3×0.747 3＝549.00（元）

市场利率8%的债券价值＝500×（F/P，8%，5）×（P/F，8%，5）
＝500×1.469 3×0.680 6＝500.00（元）

市场利率10%的债券价值＝500×（F/P，8%，5）×（P/F，10%，5）
＝500×1.469 3×0.620 9＝456.14（元）

当市场利率为6%和8%时，应该购买，因为债券的价值大于其购买价格480元，市场利率为10%时，不应该购买，因为债券的价值小于其购买价格。

（4）无息折价发行：

市场利率6%的债券价值＝500×（P/F，6%，5）＝500×0.747 3＝373.65（元）

市场利率8%的债券价值＝500×（P/F，8%，5）＝500×0.680 6＝340.30（元）

市场利率10%的债券价值＝500×（P/F，10%，5）＝500×0.620 9＝310.45（元）

（二）利用债券收益率进行决策

利用债券预期收益率与投资者要求的必要收益率进行比较，如果债券预期收益率大于投资者要求的必要收益率或市场利率，投资该债券会增加企业价值或投资者财富，反之则会减少企业价值。

【例10－16】已知：某公司发行票面金额为1 000元、票面利率为8%的3年期债券，该债券每年计息一次，到期归还本金，当时的市场利率为10%。

要求：

（1）计算该债券的理论价值。

（2）假定投资者甲以940元的市场价格购入该债券，准备一直持有至期满，若不考虑各种税费的影响，计算到期收益率。

（3）假定该债券约定每季度付息一次，投资者乙以940元的市场价格购入该债券，持有9个月收到利息60元，然后980元将该债券卖出。计算：①持有期收益率；②持有期年均收益率。

（1）该债券的理论价值 $=1\,000\times8\%\times(P/A,10\%,3)+1\,000\times(P/F,10\%,3)=950.25$（元）

（2）设到期收益率为 k，则 $940=1\,000\times8\%\times(P/A,k,3)+1\,000\times(P/F,k,3)$

当 $k=12\%$ 时：$1\,000\times8\%\times(P/A,k,3)+1000\times(P/F,k,3)=903.94$（元）

利用内插法可得：

$$(940-903.94)/(950.25-903.94)=(k-12\%)/(10\%-12\%)$$

解得：$k=10.44\%$

（3）持有期收益率 $=(60+980-940)/940\times100\%=10.64\%$

持有期年均收益率 $=10.64\%/(9/12)=14.19\%$

第三节　基金投资管理

一、投资基金的含义

投资基金，是一种收益共享、风险共担的集合投资方式，即通过发行基金股份或受益凭证等有价证券聚集众多的不确定投资者的出资，交由专业投资机构经营运作，以规避投资风险并谋取投资收益的证券投资工具。

二、投资基金的种类

按照不同标准可将投资基金划分为不同的种类。

（1）根据基金单位是否可增加或赎回，投资基金可分为开放式基金和封闭式基金。开放式基金是指基金设立后，投资者可以随时申购或赎回基金单位，基金规模不固定的投资基金；封闭式基金是指基金规模在发行前已确定，在发行完毕后的规定期限内，基金规模固定不变的投资基金。

（2）根据组织形态的不同，投资基金可分为公司型投资基金和契约型投资基金。公司型投资基金是具有共同投资目标的投资者组成以盈利为目的的股份制投资公司，并将资产投资于特定对象的投资基金；契约型投资基金也称信托型投资基金，是指基金发起人依据其与基金管理人、基金托管人订立的基金契约，发行基金单位而组建的投资基金。

（3）根据投资风险与收益的不同，投资基金可分为成长型投资基金、收入型投资基金和平衡型投资基金。成长型投资基金是指把追求资本的长期成长作为其投资目的的投资基金；收入型基金是指以能为投资者带来高水平的当期收入为目的的投资基金；平衡型投资基金是指以支付当期收入和追求资本的长期成长为目的的投资基金。

（4）根据投资对象的不同，投资基金可分为股票基金、债券基金、货币市场基金、期货基金、期权基金、指数基金和认股权证基金等。股票基金是指以股票为投资对象的投资基金；债券基金是指以债券为投资对象的投资基金；货币市场基金是指以国库券、大额银行可转让存单、商业票据、公司债券等货币市场短期有价证券为投资对象的投资基金：期货基金是指以各类期货品种为主要投资对象的投资基金；期权基金是指以能分配股利的股票期权为投资对象的投资基金：指数基金是指以某种证券市场的价格指数为投资对象的投资基金；认股权证基金是指以认股权证为投资对象的投资基金。

（5）根据投资货币种类，投资基金可分为美元基金、日元基金和欧元基金等。美元基金是指投资于美元市场的投资基金；日元基金是指投资于日元市场的投资基金；欧元基金是指投资于欧元市场的投资基金。

三、基金投资的优缺点

（一）基金投资的优点

基金投资的最大优点是能够在不承担太大风险的情况下获得较高收益。原因在于投资基金具有专家理财优势，具有资金规模优势。

（二）基金投资的缺点

（1）无法获得很高的投资收益。投资基金在投资组合过程中，在降低风险的同时，也丧失了获得巨大收益的机会。

（2）在大盘整体大幅度下跌的情况下，投资人可能承担较大风险。

四、投资基金的价值、报价与基金收益率

投资基金的估价涉及三个概念：基金的价值、基金单位净值、基金报价。

基金的价值取决于基金净资产的现在价值。由于投资基金不断变换投资组合，未来收益较难预测，再加上资本利得是投资基金的主要收益来源，变幻莫测的证券价格使得对资本利得的准确预计非常困难，因此基金的价值主要由基金资产的现有市场价值决定。

基金单位净值也称为单位净资产值或单位资产净值，是在某一时点每一基金单位（或基金股份）所具有的市场价值，是评价基金价值的最直观指标。基金单位净值的计算公式为：

基金单位净值 = 基金净资产价值总额/基金单位总份数　（公式 10 - 15）

式中，基金净资产价值总额等于基金资产总额减基金负债总额；基金负债包括以基金名义对外融资借款以及应付给投资者的分红、应付给基金管理人的经理费等。

基金的报价理论上是由基金的价值决定的。基金单位净值高，基金的交易价格也高。具体而言，封闭型基金在二级市场上竞价交易，其交易价格由供求关系和基金业绩决定，围绕基金单位净值上下波动；开放基金的柜台交易价格则完全以基金单位净值为基础，通常采用两种报价形式：认购价（卖出价）和赎回价（买入价）。

基金认购价 = 基金单位净值 + 首次认购费　（公式 10 - 16）

基金赎回价 = 基金单位净值 + 基金赎回费　（公式 10 - 17）

基金收益率是反映基金增值情况的指标，它通过基金净资产的价值变化来衡量。基金净资产的价值是以市价计量的，基金资产的市场价值增加，意味着基金的投资收益增加，基金投资者的权益也随之增加。

基金收益率 = （年末持有份数 × 基金单位净值年末数 - 年初持有份数 × 基金单位净值年初数）/（年初持有份数 × 基金单位净值年初数）　（公式 10 - 18）

式中，持有份数是指基金单位的持有份数。如果年末和年初基金单位的持有份数相同，基金收益率就简化为基金单位净值在本年内的变化幅度。

年初的基金单位净值相当于是购买基金的本金投资，基金收益率也就相当于一种简便的

投资报酬率。

【例 10－17】某开放型基金首次认购费为 0.2 元/份，基金赎回费为 0.1 元/份，2011 年初总份数为 1 000 万份，基金资产总额的账面价值为 5 000 万元，其市场价值为 8 000 万元，基金的负债总额为 6 000 万元，2011 年末总份数为 800 万份，基金资产总额的账面价值为 4 000万元，其市场价值为 7 000 万元，基金的负债总额为 4 600 万元，甲投资人 2011 年初时持有该基金 10 000 份，年末时持有 9 800 份。

要求：（1）计算 2011 年年初和年末基金净资产价值总额。

（2）计算 2011 年年初和年末的基金单位净值。

（3）计算该基金 2011 年年初的认购价和 2011 年年末的赎回价。

（4）计算甲投资人 2011 年度投资于该基金获得的基金收益率。

（1）2011 年年初基金净资产价值总额 =8 000 －6 000 =2 000（万元）；2011 年年末基金净资产价值总额 =7 000 －4 600 =2 400（万元）

（2）2011 年年初基金单位净值 =2 000/1 000 =2（元/份）；2011 年年末基金单位净值 =2 400/800 =3（元/份）

（3）2006 年年初的认购价 =2 +0.2 =2.2（元/份）；2006 年年末的赎回价 =3 －0.1 =2.9（元/份）

（4）基金收益率 =（9 800 ×3 －10 000 ×2）/（10 000 ×2）×100% =47%

本章小结

1. 股票投资管理。普通股股票的价值是指股票投资者期望得到的所有未来现金流入的现值，股票投资是指企业或个人用积累起来的货币购买股票，借以获得收益的行为。目的一是获利，二是控股，股票投资是权益性投资风险大、收益率高，

2. 债券投资管理。债券的价值就是债券未来现金流入的现值。债券投资是投资人通过金融市场购入债券，以期获得较稳定的利息收入，并在债券到期时收回本金的一种投资行为。债券持有期收益率是指债券持有人在持有期间获得的收益率，如果投资者将债券持有至到期，则债券持有期收益率也称为到期收益率。

3. 基金投资。基金投资的优点：基金投资的最大优点是能够在不承担太大风险的情况下获得较高收益。基金投资的缺点：无法获得很高的投资收益；在大盘整体大幅度下跌的情况下，投资人可能承担较大风险。投资基金的估价涉及三个概念：基金的价值、基金单位净值、基金报价。基金的价值取决于基金净资产的现在价值。基金单位净值也称为单位净资产值或单位资产净值，是在某一时点每一基金单位（或基金股份）所具有的市场价值，是评价基金价值的最直观指标。基金的报价理论上是由基金的价值决定的。基金单位净值高，基金的交易价格也高。

第十一章

金融衍生工具投资管理

学习目标

修完本章内容后，你应该能够：

1. 了解商品期货与金融期货的分类，理解期货、商品期货、金融期货的概念及特点，掌握商品期货与金融期货的决策过程

2. 了解股票指数期货交易流程，理解股票指数期货的含义及指数期货的特征与功能，掌握指数期货的定价及交易策略

3. 了解可转换债券的要素与可转换债券的价值估算，理解认股权证与可转换债券的概念及特点，掌握认股权证与可转换债券的投资决策

4. 了解期权价值的影响因素，理解期权的含义、特点和种类，掌握期权到期日价值计算方法

5. 理解期权估价原理，掌握二叉树期权定价模型、布莱克－斯科尔斯期权定价模型

6. 了解期权交易市场的基本内容，理解期权交易过程及场内交易市场主体，掌握期权投资策略

第一节　期货投资管理

一、期货与期货交易

（一）期货及特点

期货，一般指期货合约，就是指由期货交易所统一制定的、规定在将来某一特定的时间和地点交割一定数量标的物的标准化合约。

期货是相对现货而言的。它们的交割方式不同。现货是现钱现货，期货是合同交易，也就是合同的相互转让。期货的交割是有期限的，在到期以前是合同交易，而到期日却是要兑现合同进行现货交割的。

（二）期货交易及特点

期货交易又称期货合同交易，是一种在特定类型的固定市场，即期货市场或称商品交易所，按照严格的程序和规则，通过公开喊价的方式，买进或卖出某种商品期货合同的交易。

期货交易的特点体现在以下几个方面。

1. 以标准期货合同作为交易标的

期货在商品交易所内进行，不涉及货物的实际交割，只须在期货合同到期前平仓。标准合同由商品交易所制定。

2. 特殊的清算制度

期货合同由清算所进行统一交割、对冲和结算。清算所是期货合同的卖方也是买方，交

易双方分别与清算所建立法律关系。

3. 严格的保证金制度

清算所要求每个会员必须开立一个保证金账户，按交易金额的一定百分比缴纳初始保证金。以后每天交易结束后，清算所都按当日结算价格核算盈亏，如果亏损超过规定的百分比，清算所即要求追加保证金。

二、商品期货投资管理

（一）商品期货的含义

商品期货是标的物为实物商品的一种期货合约，是关于买卖双方在未来某个约定的日期以签约时约定的价格买卖某一数量的实物商品的标准化协议。商品期货交易是在期货交易所内买卖特定商品的标准化合同的交易方式。

商品期货划分为以下三类：

（1）农产品期货。农产品期货是最早进行期货交易的品种，农产品包括的范围是谷物、畜产品、林产品以及一些经济作物。

（2）能源期货。能源期货是新兴的期货合约交易品种，其重要性仅次于农产品和利率期货，超过了贵金属期货。

（3）金属产品期货。金属包括黑色金属和有色金属两大组成部分。黑色金属，是指钢铁产品；有色金属，是指黑色金属以外所有金属的总称。

（二）商品期货的投资决策

1. 商品期货投资的特点

期货的炒作方式与股市十分相似，但又有十分明显的区别。

（1）以小搏大。股票是全额交易，即有多少钱只能买多少股票，而期货是保证金制，即只需缴纳成交额的5%至10%，就可进行100%的交易。比如投资者有1万元，买10元一股的股票能买1 000股，而投资期货就可以成交10万元的商品期货合约，这就是以小搏大。

（2）双向交易。股票是单向交易，只能先买股票，才能卖出；而期货即可以先买进也可以先卖出，这就是双向交易。

（3）时间制约。股票交易无时间限制，如果被套可以长期平仓，而期货必须到期交割，否则交易所将强行平仓或以实物交割。

（4）盈亏实际。股票投资回报有两部分，其一是市场差价；其二是分红派息，而期货投资的盈亏在市场交易中就是实际盈亏。

（5）风险巨大。期货由于实行保证金制、追加保证金制和到期强行平仓的限制，从而使其更具有高报酬、高风险的特点，投资者要慎重投资。

2. 商品期货投资决策的基本步骤

（1）选择适当的经纪公司和经纪人。作为非商品交易所会员的企业和个人，只能通过会员在交易所进行期货交易。因此，要进行期货投资，首先必须选择一个适当的经纪公司和经纪人作为自己的交易代理机构和代理人。由于各个期货经纪公司和期货经纪人在自身素质和外在条件等方面都存在较大差异，而且这种差异可能对客户的交易风险和盈亏产生重大影响，因此，选择经纪公司和经纪人必须慎重。一般而言，选择经纪人应考虑资本雄厚、信誉好、市场信息灵通、服务质量好、保证金和佣金收取合理的公司。

（2）选择适当的交易商品。在期货市场上买卖的商品种类很多，初入市者须选择恰当的商品期货作为投资目标。选择交易商品的基本原则为：①必须选择自己最熟悉和最感兴趣的商品。②交易的商品种类不能太多。投资商品期货应集中精力了解一两种商品的市场状况，同时，选择有限的商品种类可保证交易有足够的资金支持。③在自己所投资的有限商品种类中，必须充分考虑商品品种的多元化，有限的商品种类是为了集中精力把握市况，而多元化策略则是为了回避风险。④选择价格走势比较明朗的商品。

（3）设定止损点。止损点是期货交易者为避免过大损失、保全已获利润，并使利润不断扩大而制定的买入或卖出的价格最高点或最低点。止损点的设定与使用，在操作计划的制定中极具实用价值。因交易方式的不同，设定止损点的方法也有所不同。①当天交易。当天交易的止损点设定包括：反向操作，根据当时行情的高低设立止损点；顺势操作，以当天的第一支撑点或阻力点设定卖出止损点或买入止损点；根据前一天的最高或最低点设定止损点；利用整数设定止损点，如5 800、5 850等。②较长线交易。持有期货合约一周左右的期货交易，设定止损点的方法还有：以第二支撑点或阻力点设定止损点；以前五个交易日的最高或最低点设定止损点；利用移动平均线和趋势线作为设定止损的标准。③长线交易。持有合约一个月左右的期货交易设定止损点的方法还有：以重要支撑点或阻力点设定止损点；以前十个交易日的最高或最低点设定止损点；按操作计划中盈亏的预定标准设定止损点；以期货价格线形态完成时的颈线以上点或以下点设定止损点；以期货价格走向线的大波段的最高点或最低点设定止损点；以每笔交易可承担的最大损失额不超过全部金额的百分之几作为标准，设立移动止损点。

【例11－1】2012年3月1日，甲投资者预计大豆价钱将会下跌，于是以1 200元/吨的价钱抛出20手同年7月合约（每手合计10吨），保证金比率为5%。5月13日价钱跌至1 180元/吨，于是买入平仓了结交易。

要求：计算甲投资者投资大豆期货的资金利润率。

甲投资者卖出合约使用的资金＝1 200×20×10×5%＝12 000（元）

甲投资者获得价差＝（1 200－1 180）×20×10＝4 000（元）

资金利润率＝4 000÷12 000×100%＝33.33%

甲投资者动用12 000元资金做成了总价款为240 000元的大豆交易，体现了期货交易以小搏大的特性；该投资获得4 000元投资利润，说明期货交易有较好的杠杆效应。

三、金融期货投资管理

金融期货是买卖双方在有组织的交易所内，以公开竞价的方式达成协议，约定在未来某一特定的时间交割标准数量特定金融工具的交易方式。金融期货一直在衍生金融工具市场上占有重要的地位，目前，金融期货交易在许多方面已经走在商品期货交易的前面，占整个期货市场交易量的80%以上，是投资者回避风险的有力武器和套取利润的有效工具。金融期货一般包括利率期货、外汇期货、股票期货、股指期货等。

投资金融期货的目的一般是规避风险、追求较高投资回报。金融期货投资可采用的投资策略包括套期保值和套利策略。

（一）套期保值

套期保值是金融期货实现规避和转移风险的主要手段，具体包括买入保值和卖出保值。买入保值是交易者预计在未来将会购买一种资产，为了规避这个资产价格上升后带来的经济损失，而事先在期货市场买入期货的交易策略。卖出保值则是为了避免未来出售资产的价格下降而事先卖出期货合约来达到保值的目的。在具体实务中，如果被套期的商品与用于套期的商品相同，属于直接保值的形式；如果被套期的商品和套期的商品不相同，但是价格联动关系密切，则属于交叉保值的形式。

（二）套利策略

由于供给与需求之间的暂时不平衡，或是由于市场对各种证券的反映存在时滞，将导致在不同的市场之间或不同的证券之间出现暂时的价格差异，一些敏锐的交易者能够迅速地发现这种情况，并立即买入过低定价的金融工具或期货合约，同时卖出过高定价的工具或期货合约，从中获取无风险的或几乎无风险的利润，这是金融期货投资的套利策略。套利一般包括跨期套利、跨品种套利、跨市套利等形式。

【例 11－2】假设 2012 年 1 月 1 日美元对人民币的即期汇率为 7. 25，美元的一年期远期汇率合约的汇率为 7. 2。在货币市场上的一年期贷款利率，美元为 6%，人民币为 4%；甲投资者可获得的贷款额度为 100 万美元（或相当金额人民币贷款），该款项全部用于套利。

要求：

（1）如果现在借入人民币 725 万元，期限为一年，计算一年后需要偿还的本息和。

（2）如果把上述 725 万元人民币兑换为美元并贷出，计算一年后可收回的本息和以及按照 7. 2 的汇率卖出之后可获得的人民币。

（3）计算套利获得的利润。

（4）说明套利的过程。

解：

（1）一年后需要偿还人民币借款的本息和＝725×（1＋4%）＝754（万元）

（2）可兑换的美元金额＝725÷7. 25＝100（万美元）

美元贷款一年后可收回本息和＝100×（1＋6%）＝106（万美元）

卖出之后可以获得人民币 106×7. 2＝763. 2（万元）

（3）套利获得的利润＝763. 2－754＝9. 2（万元）

（4）套利的过程是：先借入 725 万元人民币，然后兑换成 100 万美元并贷出，一年后收回美元的本利和为 106 万，折合人民币 763. 2 万元，扣除人民币贷款的本利和 754 万元，差额 9. 2 万元即为套利获得的利润。

四、股指期货投资管理

（一）股票指数期货的含义与交易流程

1. 股票指数期货的含义

股票指数期货交易指的是以股票指数为交易标的物的期货交易，买卖双方根据事先约定，同意在未来某一特定时间以约定价格进行股票指数的交易。

2010 年 3 月 24 日，中国证监会印发《关于同意中国金融期货交易所上市沪深 300 股票指数期货合约的批复》，同意中国金融期货交易所（简称中金所）上市沪深 300 股票指数期货合约。中国股指期货上市启动仪式于 2010 年 4 月 8 日举行，首批四个沪深 300 股票指数期货合约于 2010 年 4 月 16 日上市交易。

2. 股票指数期货交易流程

（1）开户。股指期货的开户包括寻找合适的期货公司，填写开户材料和资金入账三个阶段。期货公司是投资者和交易所之间的纽带，除交易所自营会员外，所有投资者要从事股指期货交易都必须通过期货公司进行。

（2）交易。股指期货的交易在原则上与证券一样，按照价格优先、时间优先的原则进行计算机集中竞价。交易指令也与证券一样，有市价、限价和取消三种指令。与证券不同之处在于，股指期货是期货合约，买卖方向非常重要。

（3）结算。因为期货交易是按照保证金进行交易的，所以需要对投资者每天的资产进行无负债结算。期货交易的账户计算比股票交易要复杂。首先，计价基础是当日结算价，它是指某一合约最后一小时成交量的加权平均价，若这个小时出现无量涨跌停，则以涨跌停板价为结算价；若这个小时无成交，则以前一个小时成交量的加权平均价计。在期货交易账户计算中，盈亏计算、权益计算、保证金计算以及资金余额是四项最基本的内容。在进行差额计算时，注意不是当日权益减去持仓保证金就是资金余额。如果当日权益小于持仓保证金，则意味着资金余额是负数，同时也意味着保证金不足了。按照规定，期货公司会通知投资者在下一交易日开市前将保证金补足，这是追加保证金。如果投资者没有及时将保证金补足，期货公司可以对该账户所有人的持仓实施部分或全部的强制平仓，直至留存的保证金符合规定的要求。买入股票后，只要不卖出，盈亏都是账面的，可以不管。但期货是保证金交易，每天都要结算盈亏，账面盈利可以提走，但账面亏损就要补足保证金。

（4）交割。股指期货的交割也与股票不同，一般股票投资者习惯了现货买卖，而容易忽视股指期货合约到期需要以当日的合约交割价进行现金结算，所以想要持有头寸需要持有非现货合约。

（二）指数期货的特征与功能

1. 指数期货的特征

股价指数期货是以股价指数为交易标的物的期货产品，除了具备保证金交易和每日结算等期货市场的共性外，还具有以下几个特点：

（1）指数期货标的物为相对应的股价指数，是一种和实物资产相对应的虚拟资产。

（2）指数期货报价单位以指数点数计算，合约的价格以一定的货币乘数与股价指数报价的乘积来表示。

（3）指数期货的交割采用现金交割。

2. 指数期货的功能

期货交易的对象并不是真正的商品（标的物）实体，而是商品（标的物）的标准化合约。一般来说，期货交易真正进行实物交割的只占期货合约总交易量很小的比例，而指数期货交易完全以现金交割，其交易的真正目的是为了转移价格风险或获取风险利润。指数期货也具有期货市场投机、避险及价格发现等基本功能。

（1）套期保值。投资者在股票市场上面临两种风险：系统风险和非系统风险。通过分散化的投资组合，投资者可以较好地规避个股的非系统风险，但却不能有效地规避股市整体下跌的系统风险。作为成熟证券市场的美国、英国股票市场的系统性风险占总风险的比例分别为26.8%和34%，而中国股票市场系统性风险占总风险比例却高达40%。指数期货的引入，为投资者提供了风险转移的途径，通过利用指数期货和指数现货的反向操作（买入指数期货、卖空指数现货，或者卖空指数期货、买入指数现货），可以使得指数期货的收益（损失）与指数现货的损失（收益）相互对冲，从而规避市场的系统波动风险，实现资产的套期保值。

（2）价格发现。价格发现是指新信息透过投资者交易反映到证券市场价格的过程。理论上，期货市场和现货市场均以股票或者股票的集合为交易标的，它们反映新信息的时间应该是一致的。因为交易成本低、杠杆性高、现金交割等特性，指数期货的价格往往能够领先于现货市场价格的变动，因此，指数期货可以起到指数现货市场晴雨表的作用，承担指数现货的价格发现功能。

（3）平抑波动。按照经济学的“一价定律”，指数期货和现货具有相同的标的和信息来源，它们应该具有完全相同的价格。即使考虑交易成本，指数期货和现货之间的价差不应超过进行套利交易时须付出的交易成本。当指数期货和现货之间的价格偏离时，套利交易者将会进场实施跨市场交易，迫使价格回归其内在价值，从而平抑异常波动。

（4）活跃市场。指数期货20年来的发展历程证明，它和指数现货交易具有相辅相成、相互促进的关系，指数期货的设立能够显著增加证券市场的流动性。指数期货的买卖非常便利，使得机构投资者利用指数期货进行套利、套期保值等交易成为可能，从而间接引发对指数现货的需求；反过来，当活跃的指数现货市场上出现定价偏差时，也会引发套利和套期保值交易的需求。

（三）指数期货的定价及交易策略

1. 定价模型

经济学中有个基本定律——“一价定律”，是指两份相同的资产在两个市场中的报价必然相同，否则一个市场参与者可以进行在一个市场中低价买进，同时在另一个市场中高价卖出的无风险套利，最终使得在原来定价低的市场中因对该资产需求增加而使其价格上涨，而原来定价高的市场中该资产价格会下跌，直至最后两个报价相同。

我们在对指数期货合约定价时基于这样一个假设：指数期货合约是一个以后对应现货资产交易的临时替代物，该合约不是真实的资产而是买卖双方之间的协议，双方同意在以后的某个交付对应现货并得到现金，因此必须得到补偿来弥补因未持对应现货而放弃马上到手的资金所带来的收益。反之，期货合约的买方要以后才付出现金收取现货，必须支付使用资金头寸推迟现货支付的费用，因此期货价格必然高于现货价格。

另外由于指数期货对应资产是一个支付现金股息的股票组合，那么购买期货合约的一方因没有马上持有这个股票组合而没有收到股息。相反，合约卖方因持有对应股票组合收到了股息，因而减少了其持仓成本。因此期货价格要向下调整相当于股息的幅度，结果期货价格是净持仓成本即融资成本减去对应资产收益的函数，即有：

$$期货价格 = 现货价格 + 融资成本 - 股息收益 \quad （公式 11-1）$$

按照下述假设条件：①指数期货合约所对应的资产是可分的。②现金股息是确定的。③借入和贷出资金的利率是相同而且是已知的。④卖空现货没有限制，而且马上可以得到对应货款。⑤没有交易税收和交易成本。⑥现货价格已知。⑦对应现货资产有足够的流动性。指数期货合约的定价公式可推导为：

$$F = S \times e\ (r-q)\ \times\ (T-t) \quad （公式 11-2）$$

式中：F 为期货合约在时刻 t 时的价格；S 为期货合约标的物指数在时刻 t 时的价格；r 为年无风险利率；q 为年股息收益率；T 为期货合约的到期时间（年）；t 为现在的时间。

2. 指数期货的投机买卖交易

指数期货的买卖交易是指投资者根据自己对指数价格变动趋势的预测，通过看涨时买进、看跌时卖出以获取差价利润的交易行为。

指数期货价格和指数尽管在波动方向上是总体一致的，但其价格的波动性要比股价指数更大。当市场处于熊市时，期货价格的下跌往往快于相应的指数；而当市场处于牛市时，期货价格的上升也会领先于指数。这就有利于某些有能力对指数合约价格波动方向做出判断预测的投资者进行指数期货的买卖交易。

投机者并没有股票现货仓位，他们只是利用指数在未来一段时间的不确定性，当指数期货现价与指数期货合约交割时的现货指数之间出现差距时进行交易，以获得利润。

【例 11－3】当投资者预测大盘将上涨时，即可买入沪深 300 股指期货合约，等于是交易整体市场，并以 1.42 万元的保证金迅速建立了总市值为 14.2 万元的一个沪深 300 股票组合；当投资者预测大盘将下跌时，即可卖出沪深 300 股指期货合约，等于是向整体市场融券，并以 1.42 万元的保证金卖出了总市值为 14.2 万元的一个沪深 300 股票组合。

当市场如多头投资者预期，大盘上涨带动沪深 300 股指期货合约价格上涨 10 点时，建立多头头寸的投资者盈利为：

10（点）×100（元人民币）－手续费（假设 10 元人民币）＝990 元人民币

投资收益为 990/14 200＝6.98%

当市场如空头投资者预期，大盘下跌带动沪深 300 股指期货合约价格下跌 10 点时，建立空头头寸的投资者盈利为：

10（点）×100（元人民币）－手续费（假设 10 元人民币）＝990 元人民币

投资者收益为 990/14 300＝6.93%

3. 指数期货的套利交易

指数期货套利分为指数期货和指数现货套利、跨市套利和跨期套利三种。以下分别进行阐述。

（1）指数期货和指数现货套利。当指数期货实际价格与合理价格出现偏离，并且这种偏离足以弥补投资者同时参与股票现货市场和指数期货市场的交易成本时，套利的机会就出现了。如果目前指数期货价格低于指数期货合理价格时，持有较大股票仓位的投资者可以卖出与指数构成相似的股票种类和数量，同时买入指数期货。如果目前指数期货价格高于指数期货合理价格时，有较多现金的投资者可以买入与指数构成相似的股票种类和数量，同时卖出指数期货。

因为随着交割日的临近，交割月份的期货价格会越来越接近现货价，即期货价格和期货标的资产价格的价差会逐步缩小。特别是对指数期货而言，由于完全实行现金交割，所以到了交割日，指数期货价格和指数期货标的指数的基差会趋于 0。所以，当市场存在指数期货价格和指数期货标的指数的基差较大时，就有套利交易机会。公式如下：

$$\text{期望套利净利润}=\frac{\text{指数期货理论价格与标的指数}}{\text{现值的未来值偏差的绝对值}}-\text{全部交易成本} \qquad \text{（公式 11－3）}$$

卖出股指期货套利：当股指期货合约的报价高于标的指数现值的未来值，即 $F_0>S_0e^{rT}$，股指期货市价被高估，买入现货及抛空期货，便有利可图。此时套利包括四个步骤：抛空目前被高估的资产，即股指期货合约；同时买入被低估的资产，即以无风险利息借入资金买入现货股票组合；直至到期日，买入当日的期货平仓；同时卖出手上持有的现货股票组合并归还借款及利息。

买入股指期货套利：当股指期货合约的报价低于标的指数现值的未来值，即 $F_0<S_0e^{rT}$，股指期货市价被低估，卖出或卖空现货（或融券卖出标的指数成分股一篮子股票现货），并买入期货。当基差缩小，或到了交割日，基差趋于 0 时，要么股票下跌，要么股指期货价格上涨。此时，投资者可以卖出股指期货平仓，同时买入标的指数成分股股票现货，并将融券

借入的股票还给券商，实现套利目的，获取其中差价。此时套利包括四个步骤：买入期货合约；同时卖空现货，将所得资金投资于无风险证券；到期日，现货价格趋同，卖出期货平仓同时买入现货补仓，并卖出无风险证券获得利息收益。

（2）跨期套利。跨期套利是指对同一种期货两个不同到期日的合约进行一买一卖的交易，买入相对价低的合约，卖出相对价高的合约，在适当的时候再同时平仓，以赚取价差。

跨期套利首先要对不同到期日的期货合约的基差走势进行判断，要确定它们的基差是扩大趋势，还是缩小趋势。

【例 11-4】某套利者在 5 月 2 日欲利用 6 月份和 9 月份指数期货合约基差的未来趋势进行套利。假设该指数的乘数为 100 元。假定有以下两种情况（表 11-1）：

表 11-1　　跨期套利

到期日		6 月	9 月	基差
情况 1	5 月 2 日	5 000	5 050	50
	5 月 10 日	5 050	5 120	70
情况 2	5 月 2 日	5 000	5 050	50
	5 月 10 日	5 050	5 080	30

第一种情况：基差扩大。即基差由 50 上升到 70。如果预期基差也是扩大趋势，那么该投资者可以在 5 月 2 日卖出 6 月份到期合约，买入 9 月份到期合约，在 5 月 10 日平仓，即买入 6 月份到期合约，卖出 9 月份到期合约。那么可以计算进行该套利每张合约的获利：

（5 120 - 5 050）×100 - （5 050 - 5 000）×100 = 2 000（元）

同时这一结果也可以用基差直接计算，即：

（70 - 50）×100 = 2 000（元）

第二种情况：基差缩小。即基差由 50 下降到 30。如果预期基差也是缩小趋势，该投资者可以在 5 月 2 日买入 6 月份到期合约，卖出 9 月份到期合约，在 5 月 10 日平仓，即卖出 6 月份到期合约，买入 9 月份到期合约。那么可以计算进行该套利每张合约的获利：

（5 050 - 5 000）×100 - （5 080 - 5 050）×100 = 2 000（元）

同时这一结果也可以用基差直接计算，即：

（50 - 30）×100 = 2 000（元）

当然如果该套利者预测的基差的变动与实际情况呈相反方向，那么将会产生同样的损失，所以进行跨期套利是有风险的，这种风险体现在能否准确判断不同到期日的期货合约的基差变化方向。进行跨期套利虽然有风险，但这和利用指数期货合约进行投机所面临的风险是不同的。在跨期套利交易中，每一次都是同时进行一买一卖的交易，因此，单项交易的大部分风险都已中和，剩余的风险是基差变化所带来的风险，是一种较小的风险。

（3）跨市套利。所谓跨市套利是指当一种指数期货合约同时在两个不同市场中交易时，在两个市场进行一买一卖的交易，在价低的市场买入，在价高的市场卖出，以赚取价差。

与跨期套利相比较，跨市套利基本是一种无风险套利。它存在的前提条件是有相同到期日的一种期货合约同时在两个期货市场中进行交易，一旦两个市场中有相同到期日的同一种期货合约的价格发生一定程度的偏离，就可以在价低的市场买入，同时在价高的市场卖出，从而赚取基差。

【例11－5】日经股票指数期货合约同时在日本大阪期货交易所和新加坡国际金融交易所进行交易。该股票指数期货合约乘数为1 000日元。假设5月2日两个期货交易所出现6月份到期期货合约价格不一致的情况，如以下两种情况（表11－2）：

表11－2 跨市套利

到期日		日本大阪期货交易所	新加坡国际金融交易所	基差
情况1	5月2日	18 000	18 050	50
	5月3日	18 020	18 020	0
情况2	5月2日	18 000	17 950	50
	5月10日	18 020	18 020	0

第一种情况：日本大阪期货交易所低于新加坡国际金融交易所50点。那么该投资者可以在5月2日买进日本大阪期货交易所6月份到期合约，卖出新加坡国际金融交易所6月份到期合约，在5月3日平仓，即卖出日本大阪期货交易所6月份到期合约，买入新加坡国际金融交易所6月份到期合约。那么可以计算进行该套利每张合约的获利：

$$(18\ 020-18\ 000)\times 1\ 000-(18\ 020-18\ 050)\times 1\ 000=50\ 000\text{（日元）}$$

同时这一结果也可以用基差直接计算，即：

$$(50-0)\times 1\ 000=50\ 000\text{（日元）}$$

第二种情况：操作与第一种情况类似，只是在两个交易所买卖方向相反而已。

第二节 期权投资管理

期权理论的诞生是金融和财务学发展史上的一个最重要的里程碑。1973年在芝加哥期权交易所首次进行有组织的规范化交易，1980年纽约证券交易所的期权交易量超过股票交易量，此后期权交易迅速发展并成为最活跃的衍生金融工具之一。1973年布莱克－斯科尔斯期权定价模型被提出，由于对期权定价问题研究的杰出贡献，斯科尔斯和默顿获得1997年诺贝尔经济学奖，此后有关期权的理论和估价方法的研究方兴未艾，成为投资学和财务学的重要组成部分。

期权虽然最先在金融领域出现，但它更广泛地被应用于投资评估。公司的许多财务决策都具有期权特征，公司的高级管理人员，尤其是财务经理必须关注期权。

一、期权的基本概念

（一）期权的定义和特点

1. 期权的定义

期权又称为选择权，是指一种合约，该合约赋予持有人在某一特定日期或该日之前的任何时间以固定价格购进或售出一种资产的权利。

2. 期权的特点

（1）期权是一种权利。获得期权的一方称为期权购买人，出售期权的一方称为期权出售人。交易完成后，购买人成为期权持有人。期权赋予持有人做某件事的权利，但他不承担必须履行的义务，可以选择执行或者不执行该权利。期权实质是一种“特权”，因为持有人只享有权利而不承担相应的义务。与此相适应，投资人购买期权合约必须支付期权费，作为不承担义务的代价。

（2）期权的标的资产。期权的标的资产是选择购买或出售的资产。包括股票、政府债券、货币、股票指数、商品期货等。期权是这些标的物衍生的，由此称为“衍生金融工具”。

（3）到期日。双方约定期权到期的那一天称为“到期日”。在那一天之后，期权失效。

按照期权执行时间，期权分为欧式期权和美式期权。如果期权只能在到期日执行，称为欧式期权；如果期权可以在到期日或到期日之前的任何时候执行，则称为美式期权。

（4）期权的执行。双方依照合约规定，购进或出售标的资产的行为称为“执行”。在合约中规定的购进或出售标的资产的固定价格，称为“执行价格”。

（二）看涨期权和看跌期权

1. 看涨期权（择购期权、买入期权、买权）

看涨期权是指期权赋予持有人在到期日或到期日之前，以固定价格购买标的资产的权利，其授予权利的特征是“购买”。

例如，一股每股执行价格为80元的甲公司股票的3个月后到期的看涨期权，允许其持有人在到期日之前的任意一天，包括到期日当天，以80元的价格购入甲公司的股票。如果甲公司的股票确实超过80元时，期权持有人有可能会以执行价格购买标的资产。如果标的股票的价格一直低于80元，持有人则不会执行期权。他并不被要求必须执行该期权。期权未被执行，过期后不再具有价值。

看涨期权的执行净收入，被称为看涨期权到期日价值，它等于股票价格减去执行价格的价差。看涨期权的到期日价值，随标的资产价值上升而上升，如果在到期日股票价格低于执行价格，则看涨期权没有价值。期权到期日价值没有考虑当初购买期权的成本。期权的购买成本称为期权费（或权利金），是指看涨期权购买人为获得在对自己有利时执行期权的权利，所必须支付的补偿费用。期权到期日价值减去期权费后的剩余，称为期权购买人的“损益”。

2. 看跌期权（择售期权、卖出期权、卖权）

看跌期权是指期权赋予持有人在到期日或到期日之前，以固定价格出售标的资产的权利。其授予权利的特征是“出售”。

例如，一股每股执行价格为50元的甲公司股票的9月份看跌期权，允许其持有人在到期日之前的任意一天，包括到期日当天，以50元的价格出售甲公司的股票。当甲公司的股票低于50元时，看跌期权持有人会要求以执行价格出售标的资产，看跌期权的出售方必须接受。如果标的股票的价格一直高于50元，持有人则不会执行期权。他并不被要求必须执行该期权。期权未被执行，过期后不再具有价值。

看跌期权的执行净收入，被称为看跌期权到期日价值，它等于执行价格减去股票价格的价差。看跌期权的到期日价值，随标的资产价值下降而上升，如果在到期日股票价格高于执行价格则看跌期权没有价值。看跌期权到期日价值没有考虑当初购买期权的成本。看跌期权的到期日价值减去期权费后的剩余，称为期权购买人的“损益”。

（三）期权的到期日价值

期权的到期日价值，是指到期时执行期权可以获得的净收入，它依赖于标的股票的到期日价格和执行价格。

期权分为看涨期权和看跌期权，每类期权又有买入和卖出两种。以下分别说明这四种情形下期权到期日价值和股价的关系。

1. 买入看涨期权（多头看涨期权）

买入看涨期权，获得在到期日或之前按照执行价格购买某种资产的权利。

多头看涨期权到期日价值 = max（股票市价 − 执行价格，0） （公式 11 − 4）

多头看涨期权净损益 = 多头看涨期权到期日价值 − 期权价格 （公式 11 − 5）

看涨期权损益的特点是：净损失有限（最大值为期权价格），而净收益却潜力巨大。投资期权有巨大的杠杆作用，因此对投机者有巨大的吸引力。

2. 卖出看涨期权（空头看涨期权）

看涨期权的出售者，收取期权费，成为或有负债的持有人。

空头看涨期权到期日价值 = − max（股票市价 − 执行价格，0） （公式 11 − 6）

空头看涨期权净损益 = 空头看涨期权到期日价值 + 期权价格 （公式 11 − 7）

对于看涨期权来说，空头和多头的价值不同。如果标的股票价格上涨，多头的价值为正值，空头的价值为负值，金额的绝对值相同。如果标的股票价格下跌，期权被放弃，双方的价值均为零。无论怎样，空头得到了期权费，而多头支付了期权费。

3. 买入看跌期权

看跌期权买方，拥有以执行价格出售股票的权利。因此，到期日看跌期权买方损益可以表示为：

多头看跌期权到期日价值 = max（执行价格 − 股票市价，0） （公式 11 − 8）

多头看跌期权净损益 = 多头看跌期权到期日价值 − 期权价格 （公式 11 − 9）

4. 卖出看跌期权

看跌期权的出售者，收取期权费，成为或有负债的持有人，负债的金额不确定。因此，到期日看跌期权卖方损益可以表示为：

空头看跌期权到期日价值 = − max（执行价格 − 股票市价，0） （公式 11 − 10）

空头看跌期权净损益 = 空头看跌期权到期日价值 + 期权价格 （公式 11 − 11）

（四）期权价值的影响因素

1. 期权的内在价值和时间溢价

（1）期权的内在价值。期权的内在价值，是指期权立即执行产生的经济价值。内在价值的大小，取决于期权标的资产的现行市价与期权执行价格的高低。

对看涨期权而言，如果现行资产价格高于执行价格时，立即执行期权能够给持有人带来净收入，其内在价值为现行资产价格与执行价格的差额；如果现行资产价格等于或低于执行价格时，立即执行不会给持有人带来收入，持有人也不会去执行期权，此时看涨期权的内在价值为零。

对看跌期权而言，如果现行资产价格低于执行价格时，其内在价值为执行价格与现行价格的差额；如果现行资产价格等于或高于执行价格时，此时看跌期权的内在价值为零。

由于标的资产的价格随时间而变化，所以内在价值也是变化的。当执行期权能给持有人带来正回报时，称该期权为“实值期权”；当执行期权将给持有人带来负回报时，称该期权为“虚值期权”；当资产的现行市价等于执行价格时，称期权为“平价期权。”

对看涨期权而言，标的资产现行价格高于执行价格时，该期权处于实值状态；当资产的现行价格低于执行价格时，该期权处于虚值状态。对看跌期权而言，标的资产现行价格低于执行价格时，该期权处于实值状态；当资产的现行市价高于执行价格时，该期权处于虚值状态。

期权处于虚值状态或平价状态时不会被执行，只有处于实值状态才有可能被执行，但也不一定会被执行。

内在价值不同于到期日价值。期权的到期日价值取决于“到期日”标的股票市价与执行价格的高低。如果是目前到期，则内在价值与到期日价值相同。

（2）期权的时间溢价。期权的时间溢价，是指期权价值超过内在价值的部分。

时间溢价 = 期权价值 - 内在价值　　（公式 11 - 12）

期权的时间溢价是一种等待的价值。在其他条件不变的情况下，离到期时间越远，价值波动的可能性越大，期权的时间溢价越大。如果已经到了到期时间，期权的价值（价格）就只剩下内在价值（时间溢价为0），因为已经不能再等待了。

时间溢价有时也称为“期权的时间价值”，但它和“货币的时间价值”是不同的概念。时间溢价是“波动的价值”，时间越长，股价出现波动的可能性越大，时间溢价越大。而货币的时间价值是时间的“ 延续价值”，时间延续得越长，货币的时间价值越大。

2. 影响期权价值的因素

期权价值是指期权的现值，不同于期权的到期日价值。影响期权价值的因素包括：

（1）股票的市价。如果看涨期权在将来某一时间执行，其收入为股票价格与执行价格的差额。当其他因素不变，随着股票价格的上升，看涨期权的价值也增加。

看跌期权与看涨期权相反，看跌期权在未来某一时间执行，其收入是执行价格与股票价格的差额。当其他因素不变，股票价格上升时，看跌期权的价值下降。

（2）执行价格。看涨期权的执行价格越高，其价值越小；看跌期权的执行价格越高，其价值越大。

（3）到期期限。对美式期权来说，较长的到期时间，能增加看涨期权的价值；对欧式期权来说，较长的时间不一定能增加期权的价值。

（4）股票价格的波动率。股票价格的波动率是指股票价格变动的不确定性，通常用标准差衡量。股票价格的波动率越大，股票上升或下降的机会越大。无论看涨期权还是看跌期权，股价的波动率增加会使期权价值增加。

（5）无风险利率。无风险利率越高，看涨期权的价格越高，而看跌期权的价格越低。

（5）期权有效期内预计发放的红利。看跌期权价值与预期红利大小呈正向变动，而看涨期权与预期红利大小呈反向变动。

二、期权估价

1. 复制原理

复制原理的基本思想：构造一个股票和借款的适当组合，使得无论股价如何变动，投资组合的损益都与期权相同，那么创建该投资组合的成本就是期权的价值。即：

$$C_0 = H \times S_0 + B$$　　（公式 11 - 13）

式中：C_0 为创建投资组合的成本即期权的价值；H 表示套期保值比率，即复制组合中的股票数量；S_0 表示当前股票价格；B 表示复制组合中的借款数量。如何确定复制组合的股票数量和借款数量，使投资组合的到期日价值与期权相同？需要运用“套期保值原理”，确定套期保值比率。为便于演算，用 u 表示股价上升乘数，$u=1+$股价上升百分比；用 d 表示股价下行乘数，$d=1-$股价下降百分比，S_u 表示上升后股价，S_d 表示下降后股价。为便于用当前股票价格表示未来价格，设：$S_u=u\times S_0$，$S_d=d\times S_0$，C_u 表示股价上升时看涨期权的到期日价值，C_d 表示股价下降时看涨期权的到期日价值，r 表示无风险利率，根据复制原理，建立联立方程：

$$H\times S_u+(1-r)\times B=C_u$$

$$H\times S_d+(1-r)\times B=C_d$$

解联立方程：$H=\dfrac{C_u-C_d}{S_u-S_d}=\dfrac{C_u-C_d}{S_0(u-d)}$

$$B=(C_u-H\times S_u)/(1-r)$$

或 $B=(C_d-H\times S_d)/(1-r)$

【例11－6】假设ABC公司的股票现在的市价为50元。有1股以该股票为标的资产的看涨期权，执行价格为52.08元。到期时间是6个月，6个月后股价有两种可能：上升33.33%，或者降低25%。无风险利率为每年4%。

（1）确定可能的股票到期日价格。

$S_u=S_0\times u=50\times(1+33.33\%)=66.66$（元）

$S_d=S_0\times d=50\times(1-25\%)=37.5$（元）

（2）根据执行价格计算确定到期日期权价值。

$C_u=S_u-X=66.66-52.08=14.58$（元）

$C_d=S_d-X=0$

（3）计算套期保值比率。

$$H=\frac{C_u-C_d}{S_u-S_d}=\frac{14.58-0}{66.66-37.5}=0.5$$

（4）计算借款。

$B=(C_u-H\times S_u)/(1-r)=(14.58-0.5\times66.66)/(1+2\%)=-18.38$

或 $B=(C_d-H\times S_d)/(1-r)=(0-0.5\times37.5)/(1+2\%)=-18.38$

（5）算投资组合成本（期权价值）。

$C_0=H\times S_0+B=0.5\times50-18.38=6.62$（元）

2. 风险中性原理

所谓风险中性原理是指假设投资者对待风险的态度是中性的，所有证券的预期收益率都应当是无风险利率。风险中性的投资者不需要额外的收益补偿其承担的风险。在风险中性的世界里，将期望值用无风险利率折现，可以获得现金流量的现值。

风险中性原理计算期权价值的基本步骤（结合【例11－6】说明）：

（1）确定可能的到期日股票价格。

上行股价（S_u）＝股票现价（S_0）×上行乘数（u）＝$50\times1.3333=66.66$（元）

下行股价（S_d）＝股票现价（S_0）×下行乘数（d）＝$50\times0.75=37.5$（元）

（2）根据执行价格计算确定到期日期权价值

股价上行时期权到期日价值（C_u）＝上行股价－执行价格＝$66.66-52.08=14.58$（元）

股价下行时期权到期日价值（C_d）=0

（3）计算上行概率和下行概率。

在风险中性原理下，期望报酬率应符合下列公式：

期望报酬率=（上行概率×上行时收益率）+（下行概率×下行时收益率）

假设股票不派发红利，股票价格的上升百分比就是股票投资的收益率，因此：

期望报酬率=（上行概率×股价上升百分比）+（下行概率×股价下降百分比）

由于上行概率+下行概率=1，所以下行概率=1-上行概率

股价上升百分比=$u-1$

股价下降百分比=$d-1$

根据【例11-6】数据计算如下：

股价上升百分比=$u-1=1.3333-1=0.3333$

股价下降百分比=$d-1=0.75-1=-0.25$

期望报酬率=2%=上行概率×33.33%+（1-上行概率）×（-25%）

解得：上行概率=0.4629

下行概率=0.5371

（4）计算期权价值。

$$\text{期权价值}=\frac{\text{上行概率}\times\text{上行时的到期日价值}-\text{下行概率}\times\text{下行时的到期日价值}}{1+r}$$（公式11-14）

根据【例11-6】数据计算如下：

$$\text{期权价值}(C_0)=\frac{0.4629\times14.58+0.5371\times0}{1+2\%}\approx6.62\text{（元）}$$

三、二叉树期权定价模型

（一）单期二叉树定价模型

1. 二叉树模型的假设

市场投资没有交易成本；投资者都是价格接受者；允许完全使用卖空所得款项；允许以无风险利率借入或贷出款项；未来股票的价格将是两种可能值中的一个。

2. 单期二叉树模型

$$\text{期权价值}(C_0)=\left(\frac{1+r-d}{u-d}\right)\times\frac{C_u}{1+r}+\left(\frac{u-1-r}{u-d}\right)\times\frac{C_d}{1+r}$$（公式11-15）

根据例【例11-6】数据计算的期权价格：

$$C_0=\frac{1+2\%-0.75}{1.3333-0.75}\times\frac{14.58}{1+2\%}+\frac{1.3333-1-2\%}{1.3333-0.75}\times\frac{0}{1+2\%}=6.62\text{（元）}$$

（二）两期二叉树模型

简单地说，两期二叉树模型是单期模型向两期模型的扩展，是单期模型的两次应用。两期二叉树的一般形式如图11-1所示。将【例11-6】数据填入后如图11-2所示。

计算期权价格的方法是：先利用单期定价模型，根据C_{uu}和C_{ud}计算节点C_u的价值，根据C_{ud}和C_{dd}计算节点C_d的价值，然后再次利用单期定价模型，根据C_u和C_d计算期权价格（C_0），从后向前推。需要注意的是，期数增加以后带来的主要问题是股价上升与下降的百分比如何确定问题。期数增加以后，要调整价格变化的升降幅度，以保证年收益率的标准差不变。把年收益率标准差和升降百分比联系起来的公式是：$u=1+\text{上升百分比}=e^{\sigma\sqrt{t}}$

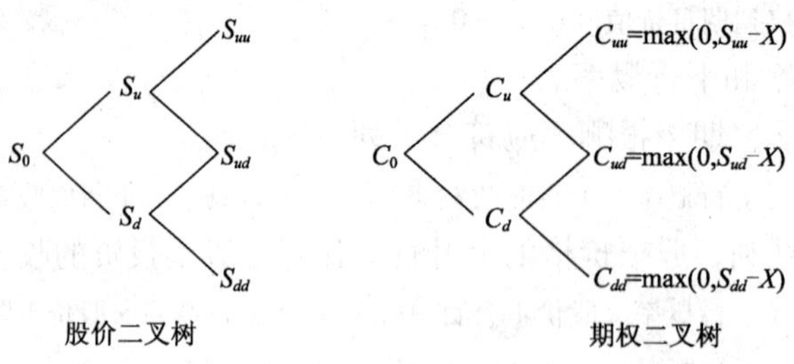

图 11－1

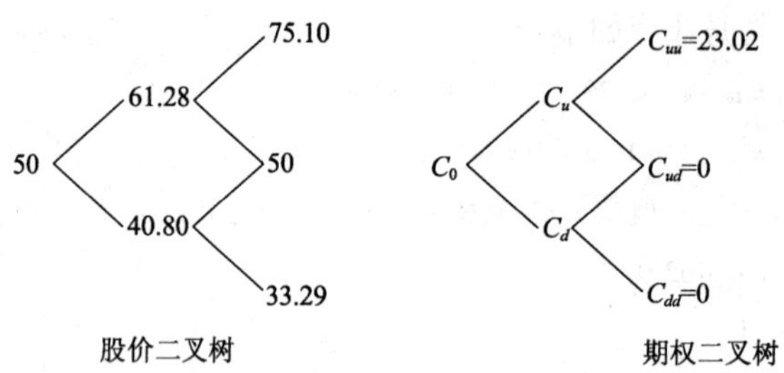

图 11－2

$d = 1 - 下降百分比 = 1 \div u$

式中：e 为自然常数，约等于 2.7183；σ 为标的资产连续复利收益率的标准差；t 为以年表示的时段长度。

如【例 11－6】采用的标准差是 $\sigma = 0.4068$，$u = e^{0.4068 \times \sqrt{0.5}} = e^{0.2877} = 1.3333$，$d = 1 \div u = 1 \div 1.3333 = 0.75$

【例 11－7】假设 ABC 公司的股票现在的市价为 50 元。有 1 股以该股票为标的资产的看涨期权，执行价格为 52.08 元。到期时间是 6 个月。将 6 个月分为两期，每期 3 个月。股票连续复利收益率的标准差 $\sigma = 0.4068$。无风险利率为每 3 个月 1%。

（1）计算股价变动系数。

$u = e^{0.4068 \times \sqrt{0.25}} = 1.2256$

$d = 4 \div 102256 = 0.816$

（2）确定可能的股票价格。

①确定 3 个月后，即第 1 期可能的股票价格。

$S_u = S_0 \times u = 50 \times 1.2256 = 61.28$（元）

$S_d = S_0 \times d = 50 \times 0.816 = 40.8$（元）

②确定 6 个月后，即第 2 期可能的股票价格。

$S_{uu} = S_u \times u = 61.28 \times 1.2256 = 75.10$（元）

$S_{ud} = S_u \times d = 61.28 \times 0.816 = 50$（元）

或 $S_{du} = S_d \times u = 40.8 \times 1.2256 = 50$（元）

$S_{dd} = S_d \times d = 40.8 \times 0.816 = 33.29$（元）

所以，第 2 期可能的股票价格是 75.1 、50 、33.29。

（3）确定可能的期权到期日价值。

$C_{uu}=75.1-52.08=23.02$（元）

$C_{ud}=0$

$C_{dd}=0$

（4）计算期权价值。

$$C_u=\frac{1+1\%-0.816}{1.2256-0.816}\times\frac{23.02}{1+1\%}+\frac{1.2256-1-1\%}{1.2256-0.816}\times\frac{0}{1+1\%}=10.8$$

$C_d=0$

$$C_0=\frac{1+1\%-0.816}{1.2256-0.816}\times\frac{10.8}{1+1\%}+\frac{1.2256-1-1\%}{1.2256-0.816}\times\frac{0}{1+1\%}=5.06$$

同样道理，如果多次运用单期二叉树定价模型，就形成了多期二叉树定价模型。如果期数无限多，每个期间无限小，股价就成了连续分布，布莱克－斯科尔斯期权定价模型就诞生了。

四、布莱克－斯科尔斯期权定价模型

（一）布莱克－斯科尔斯期权定价模型假设

（1）在期权寿命期内，买方期权标的股票不发放股利，也不做其他分配。

（2）股票或期权的买卖没有交易成本。

（3）短期的无风险利率是已知的，并且在期权寿命期内保持不变。

（4）任何证券购买者能以短期的无风险利率借得任何数量的资金。

（5）允许卖空，卖空者将立即得到卖空股票当天价格的资金。

（6）看涨期权只能在到期日执行。

（7）所有者证券交易都是连续发生的，股票价格随机游走。

（二）布莱克－斯科尔斯期权定价模型

布莱克－斯科尔斯期权定价模型，包括三个公式：

$$C_0=S_0\times N(d_1)-Xe^{-r_c t}\times N(d_2)$$ （公式 11－16）

或 $C_0=S_0\times N(d_1)-PV(X)\times N(d_2)$

$$d_1=\frac{\ln\frac{S_0}{X}+\left(r+\frac{\sigma^2}{2}\right)\times t}{\sigma\sqrt{t}}$$ （公式 11－17）

或 $=\dfrac{\ln(S_0/PV(X))}{\sigma\sqrt{t}}+\dfrac{\sigma\sqrt{t}}{2}$

$$d_2=d_1-\sigma\sqrt{t}$$ （公式 11－18）

式中：C_0 为看涨期权的当前价值；S_0 为标的股票的当前价格；$N(d)$ 为标准正态分布中离差小于 d 的概率；X 为期权的执行价格；e（自然常数）≈ 2.7183；r_c 为无风险利率；t 为期权到期日前的时间（年）；$\ln\left(\frac{S_0}{x}\right)$ 为$\frac{S_0}{x}$的自然对数；σ^2 为股票回报率的方差。

【例 11－8】股票当前价格 20 元，执行价格 20 元，期权到期日前的时间 0.25 年，无风险利率 12%，$\sigma^2=0.16$。试计算期权价格。

$$d_1=\frac{\ln\frac{20}{20}+\left(0.12+\frac{0.16}{2}\right)\times0.25}{0.4\times\sqrt{0.25}}=\frac{0+0.05}{0.2}=0.25$$

$$d_2=0.25-0.4\sqrt{0.25}=0.05$$

查正态分布下的累计概率表：$N(d_1) = N(0.25) = 0.598\ 7$

$N(d_2) = N(0.05) = 0.519\ 9$

$$\begin{aligned}\text{期权价值}(C_0) &= 20\times 0.598\ 7 - 20\times e^{-12\%\times 0.25}\times 0.519\ 9\\ &= 11.97 - 20\times 0.970\ 4\times 0.519\ 9\\ &= 1.88\ (\text{元})\end{aligned}$$

（三）模型参数估计

布莱克－斯科尔斯期权定价模型有5个参数（S_0、X、r_c、σ、t）。其中，现行股票价格（S_0）和执行价格（X）容易取得。至到期日的剩余年限（t）计算，一般按自然日（一年365天或为简便使用360天）计算，也比较容易确定。比较难估计的是无风险利率（r_c）和股票收益率的方差（σ^2）。

（1）无风险收益率估计。

①选择与期权到期日相同的国库券利率。

②国库券的利率是指其市场利率，而不是票面利率。国库券的市场利率是根据市场价格计算的到期收益率，并且是按照连续复利计算的，而不是常见的年复利。

连续复利与年复利不同，如果用F表示终值，P表示现值，r_c表示连续复利率，t表示时间（年），则：

$$F = P\times e^{rt}$$

$$\text{则：}r = \frac{\ln\left(\frac{F}{P}\right)}{t} \qquad \text{（公式 11－19）}$$

式中：$\ln\left(\frac{F}{P}\right)$为自然对数。自然对数的值，可以在具有函数功能的计算器上求得，或者利用“自然对数表查找”。e^{rt}为连续复利的终值系数，可以在“连续复利终值系数表”中查找。

【例11－9】假设$t=0.5$，$F=105$元，$P=100$元，则：

$$r = \frac{\ln\left(\frac{F}{P}\right)}{t} = \frac{\ln\left(\frac{105}{100}\right)}{0.5} = \frac{\ln 1.05}{0.5} = \frac{0.04879}{0.5} = 9.758\%$$

（2）收益率标准差的估计。

股票收益率的标准差可以根据历史收益率来估计。

$$\sigma = \sqrt{\frac{\sum (Rt - \overline{R})^2}{n-1}} \qquad \text{（公式 11－20）}$$

式中：Rt为收益率的连续复利值。

计算连续复利标准差的公式与年复利相同，但是连续复利的收益率公式与年复利不同：

年复利股票收益率（Rt）的计算公式：

$$Rt = \frac{P_t - P_{t-1} + D_t}{P_{t-1}} \qquad \text{（公式 11－21）}$$

连续复利股票收益率（Rt）的计算公式：

$$Rt = \ln\left(\frac{P_t + D_t}{P_{t-1}}\right) \qquad \text{（公式 11－22）}$$

式中：P_t为t期的价格；P_{t-1}为$t-1$期的价格；D_t为t期的股利。

（四）看跌期权估价

对于欧式期权，假定看涨期权和看跌期权有相同的执行价格和到期日，则下述等式成立：看涨期权价格（C）－看跌期权价格（P）＝标的资产的价格（S）－执行价格的现值 PV（X）。

这种关系，被称为看涨期权－看跌期权平价定理，利用该等式中的 4 个数据中的 3 个，就可以求出另外一个。

【例 11－10】两种期权的执行价格为 30 元，6 个月到期，6 个月的无风险利率为 4%，股票的现行价格为 32 元，看涨期权的价格为 9.20 元，试计算看跌期权的价格。

根据上述等式关系，看跌期权的价格（P）$=C+PV(X)-S=9.20+\frac{30}{1+4\%}-32$

$=6$（元）

（五）派发股利的期权定价

布莱克－斯科尔斯期权定价模型假设在期权寿命期内买方期权标的股票不发放股利，在标的股票派发股利的情况下应该如何对期权进行估价？

股利的现值是股票价值的一部分，但是只有股东可以享有该收益，期权持有人不能享有。因此，在期权估价时要从股价中扣除期权到期前所派发的全部股利的现值。也就是说，把所有到期日前预期发放的未来股利视同已经发放，将这些股利的现值从现行股票价格中扣除。此时，模型建立在调整后的股票价格而不是实际价格的基础上。

考虑派发股利的期权定价公式如下：

$$C_0=S_0\times e^{\delta t}\times N(d_1)-X\times e^{-rt}\times N(d_2)$$（公式 11－23）

式中：$$d_1=\frac{\ln\frac{S_0}{X}+\left(r-\delta+\frac{\sigma^2}{2}\right)^t}{\sigma\sqrt{t}}$$（公式 11－24）

$$d_2=d_1-\sigma\sqrt{t}$$（公式 11－25）

式中：δ 为标的股票的年收益率（假设股利连续支付，而不是离散分期支付）。

如果标的股票的年股利收益率（δ）为零，则与布莱克－斯科尔斯期权定价模型相同。

（六）美式期权估价

美式期权的价值至少等于相应欧式期权的价值，在某些情况下，比欧式期权的价值更大。

对于不派发股利的美式看涨期权，不应当提前执行，可以直接应用布莱克－斯科尔斯模型进行估价。

对于派发股利的美式期权，按道理不能用布莱克－斯科尔斯模型进行估价，因为有时提前执行更有利。不过通常情况下使用布莱克－斯科尔斯模型进行估价误差并不大，仍然具有参考价值。

五、期权投资策略

（一）期权交易市场

期权交易存在两个市场：场内交易市场和场外交易市场。

1. 场内交易市场

又称为交易所市场，在这个市场中，期权买卖双方集中在交易所大厅通过公平竞价进行交易。由于期权交易所作为中介，不仅负责进行清算而且承担履约责任，从而保证了买卖双方合法权益的兑现。同时，在交易所交易的期权，在合约规模、执行价格、执行日期、报价方式和执行程序等方面都是标准化的，这自然增加了期权交易的深度，大大降低了交易成本，同时使得场内交易市场有着很好的流动性。自1973年4月芝加哥期权交易所成立以来，场内交易市场不仅在美国，而且在全球迅猛发展。迄今，已经有50多个交易所推出期权交易，已经形成如同外币和黄金买卖那样的24小时无间断的全球性交易网络。同时，标的资产种类和期权品种日益丰富。其中，主要的期权交易所有：芝加哥期权交易所（CBOE）、欧洲证券交易所（EUREX）、韩国股票交易所（KSE）、巴黎期权交易所（MONEP）等。表11-3列示了芝加哥期权交易所的期权报价方法。

表11-3　　期权报价（2012年5月20日）　　单位：美元

公司名称：ABC 前一个交易日收盘价	到期日和执行价格		看涨期权价格	看跌期权价格
53	9月	55	3.75	5.25
		60	2.125	8.50
		65	1.25	12.50
		70	0.50	17.00
	1月	45	12.00	2.75
		50	8.50	4.125
		55	5.75	6.50
		60	3.75	9.75
		65	2.25	2.25
		70	1.25	17.50

表中的第一列显示标的股票的名称和前一日该股票的收盘价。

第二列是期权的到期日。同一股票可以有不止一种期权，它们有不同的到期时间。ABC公司的股票有两种到期日的期权。到期日只标明了月份，具体时间是指到期月的第三个星期六。

第三列显示执行价格。同一到期日的期权可以有不同的执行价格，成为不同的期权品种。通常，执行价格的间隔为2.5美元（适用股票价格低于25美元的期权）、5美元（适用股票价格高于25美元低于200美元的股票期权）或10美元（适用股票价格高于200美元的股票期权）。9月到期、执行价格55美元的看跌期权，处于实值状态，其执行净收入为2美元（55-53），但不会被立即执行，因为期权价格为5.25美元（大于2美元）。

第四列和第五列分别显示看涨期权和看跌期权的交易价格。从期权价格的变化中我们可以看出：到期日相同的期权，执行价格越高，看涨期权的价格越低，而看跌期权的价格越高。执行价格相同的期权，到期时间越长，期权的价格越高，无论看涨还是看跌期权都如此。

私下的期权交易由来已久。金融机构和大公司双方直接进行的期权交易称为场外交易。近年来场外交易越来越普遍，其中外汇期权和利率期权尤为活跃。场外交易的优点是金融机构可以为客户"量身订制"期权合约，其执行价格、到期日等不必和场内交易相一致。

2. 场外交易市场

又称柜台交易市场，在这个市场中，期权买卖双方直接对话，卖方根据买方需要设计客户化的期权合约，并通过直接议价进行交易。实际上，在场内交易市场形成之前，场外交易市场就已经存在，或者说正是因为场外交易市场的发展，才形成了场内交易市场。由于场内交易市场的优越性，曾一度导致场外交易市场交易量迅速下滑。然而，由于交易所交易的期权都是标准化合约，加之可进行交易的基础资产种类是很有限的，交易所提供的期权并不能很好地满足交易者日益多样化的特定需要。于是，某些金融机构重新提供非标准化的期权合约，场外交易市场再度兴盛起来。其中，跨国银行和大型金融机构最为活跃，如花旗、美林等。但是，场外交易市场相对成本较高，而且流动性很差，若交易者想结束期权头寸，一般只能与原对手再做一个反向的期权交易来平仓。

场内期权市场与场外期权市场是相互补充、协调发展的。一般来讲，套期保值交易者通过场外交易市场将自己的特定风险转移给银行和金融公司，而这些银行和金融公司把转移来的特定风险重新分解与组合，然后通过场内交易市场将部分风险转移给投机者，从而实现自己的套期保值。

（二）场内交易市场主体

1. 交易者

如同其他衍生证券一样，在期权市场中，交易者也分为三种：保值者、投机者和套利者。

2. 期权交易所

场内期权交易都是在期权交易所进行的。期权交易所一般实行会员制，只有成为交易所会员，才能在交易所大厅内拥有可以进行期权交易的席位。

期权交易所除了为会员提供交易席位之外，还通过为每种期权设置做市商为社会大众交易者提供报价。当交易者想知道某一期权目前的价格时，他就可以直接向该期权的做市商询价，做市商将报出两个价格：一个是买入价，是做市商自己愿意买入的价格；一个是卖出价，是做市商愿意卖出的价格。当做市商报价时，并不知道询价的交易者准备买入还是卖出。但是，有一点是肯定的，即卖出价一定会大于买入价，其差额通常被称为买卖价差。交易所一般规定了买卖价差的上限，若期权价格低于0.5美元，买卖价差不得超过0.25美元；若期权价格在0.5和10美元之间，买卖价差不得超过0.5美元等。一般来讲，每种股票对应的期权只有一个做市商，而一个做市商可以为多个期权报价。做市商的存在能够确保买卖指令可以在某个价位立即执行，而没有任何延迟，这显然提高了期权市场的流动性。

同时，期权交易所还通过其附属机构——期权清算所为买卖双方提供结算服务。当期权买卖双方在价格上达成一致时，清算所将为此充当中间人，对期权卖方它是买方，对期权买方它是卖方，即期权交易的任何一方都只与清算所打交道。清算所也实行会员制，并且所有交易都是通过清算所的会员来结算的。与期货清算所一样，期权清算所也实行准备金制度，不同的是，只需期权卖方缴纳保证金，以确保卖方按照合约规定履行义务。

3. 会员

期权交易所会员一般都是能够提供全方位服务的经纪公司，会员资格赋予这些公司在交易所大厅安置经纪人执行交易程序的权利，这些经纪人通常被称为大厅经纪人。正是这些大厅经纪人执行社会大众交易者的交易指令。当交易者通知他们的经纪人买卖期权时，该经纪人将把买卖指令传送给本公司在期权交易所内的大厅经纪人。如果该经纪人所在公司没有自己的大厅经纪人，可以通过独立经纪人或者其他公司的大厅经纪人进行交易。同时，大厅经纪人之间还可以相互进行交易，也可以与做市商进行交易。大厅经纪人通过收取佣金获得报酬，或者由所在公司支付报酬。

（三）场内交易过程

期权场内交易过程与期货类似。交易者决定进行交易后，把委托指令下达给经纪公司的一般经纪人，该指令包括合约种类、执行价格、到期日等。一般经纪人收到委托指令后，将很快把委托指令传送给大厅经纪人，该大厅经纪人不一定受雇于该经纪公司。大厅经纪人获得委托指令以后，将通过公开喊价的方式，与另外一位大厅经纪人或者该期权的做市商达成交易。交易一经达成，双方立即记录在案，交易所对双方记录核查无误后，有关记录报告给清算所，即为正式成交。下一个营业日的清晨，期权买方必须通过清算所会员将期权费交至清算所，清算所发出期权；卖方则必须通过清算所会员将所需保证金交至清算所。

需要注意的是，当交易者下达的是限价指令时，大厅经纪人不再公开喊价，而是将指令传送给指令登记员。指令登记员将把该指令紧随其他人的限价指令输入到计算机，这样就能够确保，当市场价格一旦达到限价，就立刻执行这些限价指令。同时，所有已经输入的限价指令信息对所有交易者都是公开的。

当交易者需要执行期权时，他只需下达委托执行指令，一般经纪人将直接通知负责结算其交易的清算所会员。该会员于是向清算所发出执行指令。清算所将随机选择某个持有相同期权空头的会员，这个被选定的会员将按照事先订立的程序，选择某个特定的卖出该期权的交易者履约。在期权的到期日，交易所一般规定，如果执行期权对交易者有利，那么经纪公司必须自动为其执行期权。

原来买入期权的交易者，还可以通过发出一个卖出相同期权的冲销指令来结清自己的原来期权头寸。同样地，原来卖出期权的交易者，也可以通过发出一个买入相同期权的冲销指令来结清头寸。如果买卖双方都还没有冲销现有期权头寸，则未平仓合约数增加1；如果其中一方执行了冲销指令，而另一方没有，则未平仓合约数保持不变，如果双方都执行了冲销指令，则未平仓合约数减少1。如果某一份期权合约被提前执行，则其未平仓合约数减少1。

（四）期权的投资策略

从理论上说，期权可以帮助我们建立任意形式的损益状态，用于控制投资风险。以下介绍三种投资策略。

1. 保护性看跌期权

股票加看跌期权组合，称为保护性看跌期权。单独投资于股票风险很大，同时增加一股看跌期权，情况就会有变化，可以降低投资的风险。

【例11－11】购入1股ABC公司的股票，购入价格 $S_0=100$ 元；同时购入该股票的1股看跌期权，执行价格 $X=100$ 元，期权成本 $P=5$ 元，1年后到期。在不同股票市场价格下的净收入和损益，如表11－4所示。

表11－4　保护性看跌期权的损益　单位：元

	股价小于执行价格			股价大于执行价格		
	符号	下降20%	下降50%	符号	上升20%	上升50%
股票净收入	S_r	80	50	S_r	120	150
期权净收入	$X-S_r$	0	50	0	0	0
组合净收入	X	100	100	S_r	120	150
股票净损益	S_r-S_0	－20	－50	S_r-S_0	20	50

续表

	股价小于执行价格			股价大于执行价格		
	符号	下降 20%	下降 50%	符号	上升 20%	上升 50%
期权净损益	$X - S_r - P$	15	45	$0 - P$	−5	−5
组合净损益	$X - S_0 - P$	−5	−5	$S_r - S_0 - P$	15	45

保护性看跌期权锁定了最低净收入（100 元）和最低净损益（−5 元）。但是，同时净损益的预期也因此降低了。上述 4 种情景下，投资股票最好是能取得 50 元的净收益，而投资于组合最好时只能取得 45 元的净收益。

2. 抛补看涨期权

股票加空头看涨期权组合，是指购买 1 股股票，同时出售该股票 1 股股票的看涨期权。这种组合被称为“抛补看涨期权”。抛出看涨期权承担的到期出售股票的潜在义务，可以被组合中持有的股票抵补，不需要另外补进股票。

【例 11 −12】依前例数据，购入 1 股 ABC 公司的股票，同时出售该股票的 1 股股票的看涨期权。在不同股票市场价格下的收入和损益，如表 11 −5 所示。

抛补期权组合缩小了未来的不确定性。如果股价上升，锁定了收入和净收益，净收入最多是执行价格（100 元），由于不需要补进股票也就锁定了净损益。相当于“出售”了超过执行价格部分的股票价值，换取了期权收入。如果股价下跌，净损失比单纯购买股票要小一些，减少的数额相当于期权价格。

表 11 −5　　抛补看涨期权的损益　　单位：元

	股价小于执行价格			股价大于执行价格		
	符号	下降 20%	下降 50%	符号	上升 20%	上升 50%
股票净收入	S_r	80	50	S_r	120	150
看涨期权净收入	−（0）	0	0	−（$X - S_r$）	−20	−50
组合净收入	S_r	80	50	X	100	100
股票净损益	$S_r - S_0$	−20	−50	$S_r - S_0$	20	50
期权净损益	$P - 0$	5	5	−（$S_r - X$）+ P	−15	−45
组合净损益	$S_r - S_0 + P$	−15	−45	$X - S_0 + P$	5	5

出售抛补的看涨期权是机构投资者常用的投资策略。如果基金管理人计划在未来以 100 元的价格出售股票，以便套现分红。他现在就可以抛补看涨期权，赚取期权费。如果股价上升，他虽然失去了 100 元以上部分的额外收入，但是仍可以按计划取得 100 元现金。如果股价下跌，还可以减少损失（相当于期权费收入），因此成为一个有吸引力的策略。

3. 对敲

对敲策略分为多头对敲和空头对敲，我们以多头对敲来说明该投资策略。

多头对敲是同时买进一只股票的看涨期权和看跌期权，它们的执行价格、到期日都相同。

对敲策略对于预计市场价格将发生剧烈变动，但是不知道升高还是降低的投资者非常有用。例如，得知一家公司的未决诉讼将要宣判，如果该公司胜诉预计股价将翻一番，如果败诉预计股价将下跌一半。无论结果如何，对敲策略都会取得收益。

【例 11－13】依前例数据，同时购入 ABC 公司股票的 1 股看涨期权和 1 股看跌期权。在不同股票市场价格下，多头对敲组合的净收入和损益如表 11－6 所示。

表 11－6 **多头对敲的损益** 单位：元

对敲	股价小于执行价格			股价大于执行价格		
	符号	下降 20%	下降 50%	符号	上升 20%	上升 50%
看涨期权净收入	0	0	0	S_r-X	20	50
＋看跌期权净收入	$(X-S_r)$	20	50	$+0$	0	0
组合净收入	$(X-S_r)$	20	50	S_r-X	20	50
看涨期权净损益	$0-P$	－5	－5	S_r-X-P	15	45
看跌期权净损益	$X-S_r-C$	15	45	$0-C$	－5	－5
组合净损益	$X-S_r-P-C$	10	40	$S_r-X-P-C$	10	40

对敲的最坏结果是股价没有变动，白白损失了看涨期权和看跌期权的购买成本。股价偏离执行价格的差额必须超过期权购买成本，才能给投资者带来净收益。

第三节　认股权证与可转换债券投资管理

一、认股权证投资管理

（一）认股权证的概念与特点

1. 认股权证的概念

认股权证全称是股票认购授权证。它是由发行人发行的、能够按照特定的价格在特定的时间内购买一定数量该公司普通股票的选择权凭证。当公司股票价格上涨，超过认股权证所规定的认购价格，权证持有者按认购价格购买股票，赚取市场价格和认购价格之间的差价；当市场价格比约定的认购价格还低，权证持有者可放弃认购。从内容上看，认股权证实质上就是一种买入期权。

2. 认股权证的特点

（1）认股权证的持有者有权利而无义务，有期权的特征。在资金不足、股市形势不明朗的情况下，投资者可以购买权证而推迟购买股票，减少决策失误而造成的损失。

（2）风险有限，可控性强。从投资风险看，认股权证的最大损失是权证买入价，其风险锁定，便于投资者控制。

（3）认股权证为投资者提供了杠杆效应。投资人可用少量资金购买备兑权证，取得认购一定数量股份的权利，可能赢得一旦这些股份上市可获得的价差，具有以小搏大的特性。

（4）结构简单、交易方式单一。认股权证是一种个性化的最简单的期权。它的认购机理简单、交易方式与股票相同，产品创新的运作成本相对较低。大部分衍生产品都是以现金进行交割，而认股权证可以用实券交割，更符合衍生产品发展初期投资者的交易习惯。

（5）认股权证的发行不涉及发行新股或配股。

（二）认股权证的投资决策

认股权证价值分为理论价值与实际价值。

1. 认股权证的理论价值

可用下式计算：

$$V = \max [(P-E) \times N, 0] \quad \text{（公式 11－26）}$$

式中：V 为认股权证理论价值；P 为普通股市价；E 为认购价格；N 为每一认股权可认购的普通股股数。

2. 认股权证的实际价值

认股权证的实际价值是由市场供求关系所决定的。

由于套利行为的存在，认股权证的实际价值通常高于其理论价值。

【例 11－14】某公司年初股票价格为 100 元，总股份为 100 万股。公司董事会为激励公司经理，给予经理 3 万份认股权证。规定经理在今后的 3 年内每年年末可以执行认股权证的 1/3，在上一年度未执行的可以累计到下一年度执行；在第 1 年年末执行时，经理可以使用每份认购权证按照 110 元的价格购买一股普通股票，以后每年年末执行价格递增 5%。假设该公司经理决定只要每年未执行当年认股权证能获利便立即执行，此后 3 年股价分别为 115 元、105 元、125 元，经理执行认股权不影响股价。计算该公司经理执行认股权证获得情况。

（1）第 1 年年末股价为 115 元，认股权证的执行价格为 110 元，因此，经理执行 1 万份认股权证：

执行认股权后公司权益总额 = 115 × 100 + 110 × 1 = 11 610（万元）

公司总股份 = 100 + 1 = 101（万股）

每股价值 = 11 610 ÷ 101 = 114.95（元）

经理执行认股权证获得 = （114.95 − 110） × 1 = 4.95（万元）

（2）第 2 年年末因股价低于 110 元，因此经理暂时不执行认股权。

（3）第 3 年股价 125 元高于执行价 121.28 元 ［$110 \times (1+5\%)^2$］，因此经理执行 2 万股认股权：

执行认股权后公司权益总额 = 125 × 101 + 110 × （1 + 5%） 2 × 2

= 12 867.55（万元）

公司总股份 = 101 + 2 = 103（万股）

每股价值 = 12 867.55 ÷ 103 = 124.93（元）

经理执行认股权证获利 = ［124.93 − 110 × （1 + 5%） 2 × 2］ = 7.3（万元）

【例 11－15】某公司发行认股权证进行筹资，规定每份认股权证可按 7 元认购 1 股普通股股票，若公司当前的普通股市价为 9.5 元，计算公司发行的每份认股权证的理论价值。

理论价值 = （普通股市价 − 执行价格） × 换股比率

= （9.5 − 7） × 1 = 2.5（元）

二、可转换债券投资管理

（一）可转换债券的概念与特点

1. 可转换债券的概念

可转换债券，又称可转换公司债券，是指可以转换为普通股的证券，赋予持有者按事先约定在一定时间内将其转换为公司股票的选择权。在转换权行使前债券持有者是发行公司的债权人，权利行使后则成为发行公司的股东。

2. 可转换债券的特点

可转换债券是兼具了股票和债券双重特性的创新金融产品。其具体特点如下：

（1）债权性。与其他债券一样，可转换债券也有规定的利率和期限。投资者可以选择持有债券到期，收取本金和利息。

（2）股权性。可转换债券在转换成股票之前是纯粹的债券，但在转换成股票之后，原债券持有人就由债权人变成了公司的股东，可参与企业的经营决策和红利分配。

（3）可转换性。可转换性是可转换债券的重要特性，是区别于普通债券的重要标志。可转换性是指可转债持有者可以按约定的条件将债券转换成股票。转股权是投资者享有的、一般债券所没有的选择权。可转换债券在发行时就明确约定债券持有者可按照发行时约定的价格将债券转换成公司的普通股股票。如果债券持有者不想转换，则可继续持有债券，直到偿还期满时收取本金和利息，或者在流通市场出售变现。

（二）可转换债券的要素

可转换债券的基本要素包括：

（1）基准股票。又称标的股票，是可转换债券的标的物。

（2）票面利率。可转换债券的票面利率指可转换债券票面载明的利率，通常低于普通债券利率。

（3）转换价格。又称转股价格，是将债券转换为股票时股票的每股价格。

$$转换价格 = \frac{公司债券票面价值}{转换率} \qquad （公式 11-27）$$

转换价格的确定与认股权行使价格类似，一般比可转换债券出售时的股票市价高出20% ~30%。具体价格要根据企业使用可转换证券的原因和各种背景资料而定。

（4）转换比率。转换比率是指一份债券可以转换为多少股股份。

$$转换比率 = \frac{债券面值}{转换价格} = \frac{股票数}{可转换债券数} \qquad （公式 11-28）$$

（5）转换期限。转换期是指可转换债券转换为股份的起始日至结束日的期间。可转换债券的转换期可以与债券的期限相同，也可以短于债券的期限。

（6）赎回条款。赎回条款规定债券的发行公司有权在预定的期限内按事先约定的条件买回尚未转股的可转换债券。赎回条款包括以下内容：不可赎回期；赎回期；赎回价格；赎回条件。

（7）回售条款。回售条款规定，发行公司的股票价格在一定时期连续低于转换价格并达到一定幅度时，债券持有者可根据规定将债券出售给发行公司。回售条款具体包括回售时间、回售价格等内容。

（三）可转换债券的价值估算

已上市的可转换债券可以根据其价格适当调整后得到评估价值。

非上市的可转换债券价值等于普通债券价值（Pg）加上转股权价值（C），其中 Pg 可按照普通债券的计算公式计算；C 本质上是期权价值，需要综合考虑标的股票的价格变动、转换的可能性和转换成本等因素的影响。

（四）可转换债券的投资决策

投资时机选择。较好的投资时机一般包括：新的经济增长周期启动时；利率下调时；行业景气回升时；转股价调整时。

投资对象选择。优良的债券品质是选择可转换债券品种的基本原则。

套利机会。可转换债券的投资者可以在股价高涨时，通过转股获得收益；或者根据可转换债券的理论价值和实际价格的差异套利。

【例 11－16】某公司 2012 年初发行每张票面价值为 1 000 元的债券。规定 20 年内的任何时间，公司债券持有者可用每一债券调换成 20 股普通股。要求计算该债券的转换价格。

由题意已知转换率为 20。

$$转换价格=\frac{公司债券票面价值}{转换率}=\frac{1\ 000}{20}=50（元）$$

【例 11－17】某公司发行可转换债券，每张面值为 2 000 元，若该可转换债券的转换价格为 50 元。

要求：计算每张债券能够转换为股票的股数。

转换比率＝债券面值/转换价格＝2 000/50＝40

也就是说每张债券能够转换为 40 股股票。

本章小结

1. 商品期货与金融期货交易的特点包括以标准期货合同作为交易标的；特殊的清算制度；严格的保证金制度。商品期货投资的特点：以小搏大、双向交易、时间制约、盈亏实际、风险巨大。期货投资可采用的投资策略包括套期保值和套利策略等。

2. 股票指数期货交易流程包括：开户、交易、结算与交割。股票指数期货的特征：标的物为相对应的股价指数；报价单位以指数点数计算；交割采用现金交割。股票指数期货的功能：套期保值、价格发现、平抑波动、活跃市场。指数期货的买卖交易是指投资者根据自己对指数价格变动趋势的预测，通过看涨时买进、看跌时卖出以获取差价利润的交易行为。股票指数期货的套利交易包括指数期货和指数现货套利；跨期套利；跨市套利。

3. 期权是指一种合约，该合约赋予持有人在某一特定日期或该日之前的任何时间以固定价格购进或售出一种资产的权利。期权的到期日价值是指到期时执行期权可以获得的净收入，它依赖于标的股票的到期日价格和执行价格。期权分为看涨期权和看跌期权，每类期权又有买入和卖出两种。期权内在价值的大小，取决于期权标的资产的现行市价与期权执行价格的高低。影响期权价值的因素包括股票的市价、执行价格、到期期限、股票价格的波动率、无风险利率、期权有效期内预计发放的红利。期权主要利用复制原理、套期保值原理、风险中性原理进行估价，其估价模型包括二叉树定价模型和布莱克－斯科尔斯期权定价模型。期权交易存在两个市场：场内交易市场和场外交易市场。场内交易市场主体，期权场内交易过程与期货类似。期权的投资策略主要有保护性看跌期权、抛补看涨期权、对敲等。

4. 权证与可转换债券投资管理。认股权证的特点：认股权证的持有者有权利而无义务，有期权的特征；风险有限，可控性强；认股权证为投资者提供了杠杆效应；结构简单、交易方式单一；认股权证的发行不涉及发行新股或配股。认股权证价值分为理论价值与实际价值。由于套利行为的存在，认股权证的实际价值通常高于其理论价值。可转换债券的特点：债权性、股权性、可转换性。

第十二章

企业价值评估

学习目标

修完本章内容后，你应该能够：

1. 了解企业价值评估及其操作过程
2. 理解企业价值评估现金流量折现法的原理并掌握其应用
3. 理解企业价值评估经济利润法的原理并掌握其应用
4. 理解企业价值评估相对价值法的原理并掌握其应用

第一节 企业价值评估概述

一、企业价值评估

企业价值的评估在企业财务管理决策中极其重要。在现实经济生活中，往往出现把企业作为一个整体进行转让、合并等情况，例如企业兼并、购买、出售、重组联营、股份经营、合资合作经营、担保等，都涉及企业整体价值的评估问题。在这种情况下，要对整个企业的价值进行评估，以便确定合资或转卖的价格。

企业价值评估是指把一个企业作为一个有机整体，依据其整体获利能力，并充分考虑影响企业获利能力等因素，对整个企业的价值进行评估。它的目的是分析和衡量一个经济单位的公平市场价值，并提供有关的信息以供利益相关者做出或改善决策。

（一）企业价值

企业财务管理的目标是企业价值最大化。企业的价值关键在于能否给所有者带来报酬，报酬越多，这个企业价值越高。企业的各项经营决策是否可行，必须看这一决策是否有利于增加企业价值。企业是一个整体的经营实体，其价值创造的要素，包括有形的资源和无形的资源，例如建筑、设备和员工智力资本、供应商等。企业价值也可表现为目前企业净资产的市价加上以后经营年限内每年经营回报的现值之和。创造企业价值的资源主要包括以下五个方面，见表12－1。创造企业价值的资源，习惯上也称之为影响企业价值的五个要素，其中“组织”是企业价值创造的核心。

表12－1　创造企业价值的资源

创造企业价值的资源	内容举例
实物	土地、建筑物、设备、存货等工具

续表

创造企业价值的资源	内容举例
客户	客户群、渠道、关系企业
财务	现金、应收款、债务、权益、投资等
员工与供应商	员工、供应商、合作伙伴
组织	领导策略、知识价值、创新系统、文化、品牌、知识产权等

企业价值具有如下特点：

（1）企业价值具有整体性。整体性是指企业价值是企业各种要素质量和企业能力的综合反映。

（2）企业价值具有效用性。效用性是指企业价值表现为企业能以某种功能和属性满足社会的需要，表现为企业的创新能力和获利能力以及对社会贡献的大小。

（3）企业价值具有全面性。全面性是指企业价值是衡量其功能、能力和绩效最全面的指标，因为它包含了企业所有要素、能力和绩效的全部情况，综合了企业投资、获利、风险等关系要素的参数，它优于传统的会计模式。

（4）企业价值具有市场性。市场性是指在均衡状态下，评估确认的企业价值与市场公允价值二者之间没有差异。但由于市场信息的不对称，出售方和购买方不可能了解企业的所有信息，中介机构通过对企业和市场的调查研究所得出的企业价值评估值，是企业的一种市场价值，可以为交易双方提供借鉴。

（二）企业价值评估

企业价值评估是一项综合性的资产、权益评估，是将一个企业作为一个有机整体，依据其拥有或占有的全部资产状况和整体获利能力，充分考虑影响企业获利能力的各种因素，结合企业所处的宏观经济环境及行业背景，对特定目的下企业整体价值、股东全部权益价值或部分权益价值进行分析、估算的过程。企业价值评估包含了两方面的内容：一是企业以往经营业绩的评估分析；二是企业未来经营前景的预测分析。

企业价值评估并不是对企业各项资产的评估，而是一种对企业资产综合体的整体、动态的价值评估，它与对企业某项资产或某几项资产的价值进行局部、静态的评估不同。一般来说，人们买卖企业或兼并的目的是为了通过经营这个企业来获取收益。企业利用自有的资产去获取利润能力的大小，需要对资产公允市场价值进行综合性评估才能得到，绝不是简单地由各单项经公允评估后的资产价值和债务的代数和加总就可以解决的。

二、企业价值评估的程序

（一）评估过程

（1）现场考察，了解被评估企业管理、经营、市场等方面情况。

（2）明确评估目的、对象、评估基准日及评估需求方的各项要求。

（3）查询数据、收集资料，从法律、经济、技术及其获利能力等方面，确定评估对象的定性、定量资料。

（4）社会及市场调研、检索价格信息、技术指标、经济指标、国家政策、行业动态等有关信息。

（5）做出定性与定量分析、计量报告并征求评估需求方的相关意见。

（二）评估资料

在执行企业价值评估活动时，应当收集并分析被评估企业的信息资料和与被评估企业相关的其他信息资料，通常包括：被评估企业类型、评估对象相关权益状况及有关法律文件；被评估企业的历史沿革、现状和前景；被评估企业内部管理制度、核心技术、研发状况、销售网络、特许经营权、管理层构成等经营管理状况；被评估企业历史财务资料和财务预测信息资料；被评估企业资产、负债、权益、盈利、利润分配、现金流量等财务状况；评估对象以往的评估及交易情况；可能影响被评估企业生产经营状况的宏观、区域经济因素；被评估企业所在行业的发展状况及前景；参考企业的财务信息、股票价格或股权交易价格等市场信息以及以往的评估情况等；资本市场、产权交易市场的有关信息；其他认为需要收集分析的相关信息资料等。

三、企业价值评估的方法

企业价值评估实践中，目前国际上通用的评估方法有收益法、市场法、成本法与期权法。在 2004 年 12 月 30 日中国资产评估协会发布的《企业价值评估指导意见书（试行）》中并未涉及期权法，它在实务中也很少应用。

成本法的基本原理是重建或重置评估对象，以此确定企业价值。即假设一定条件下，投资者购置资产时所愿支付的价格不会超过建造与所购资产相似的替代品所需要的成本。

收益法的基础是经济学中的预期效用理论，它认为资产的价值是利用它所能获取的未来收益的现值，以此确定企业价值。即企业的价值在于预期企业未来所能够产生的收益，即未来收益的资本化。

市场法的理论依据是“替代原则”，即类似的资产应该有类似的交易价格，它利用市场及市场中参考企业的成交价格信息为基础，分析和判断被评估企业的价值。该原则的一个假设条件为，如果类似的资产在交易价格上存在较大差异，则在市场上就可能产生套利交易的情况。

期权法利用期权定价模型可以确定企业并购交易中隐含的期权价值，再求得企业价值。

表 12－2 显示了企业价值评估的方法体系，在这四类企业价值评估方法类型中又区分为不同的种类。

表 12－2　　企业价值评估方法体系

项目	方法类型及种类		内容说明
企业价值评估体系	成本法	账面价值法	以资产的历史成本为依据，不考虑资产的市价和资产的未来收益情况，根据会计核算中账面记载的净资产价值总和确定企业价值 企业价值＝企业的账面净资产×（1＋调整系数）
		重置成本法	在现时条件下通过确定被评估企业各单项资产全新状态的重置成本，减去其实体性贬值、功能性贬值和经济性贬值来估算被评估企业各单项资产的重估价值，以各单项资产重估价值之和减去负债后的差额作为企业价值 企业价值＝企业资产目前市场全新的价格－有形折旧额－无形折旧额
		清算价值法	在企业作为一个整体已经失去增值能力而无法持续经营下去的情况下，在企业出现财务危机而破产或停业清算时，将企业中的实物资产逐个分离而单独出售得到的收入，即清算价值。企业的清算价值等于企业破产时所有财产的变现价值减去负债及清算费用后的净值，它反映的是一个企业的最低价值

续表

<table>
<tr><th>项目</th><th colspan="3">方法类型及种类</th><th>内容说明</th></tr>
<tr><td rowspan="9">企业价值评估体系</td><td rowspan="2">收益法</td><td colspan="2">现金流量折现法</td><td>一个企业的价值应该等于该企业在未来所产生的全部现金流量的现值总和</td></tr>
<tr><td colspan="2">经济附加值法</td><td>运用经济附加值（EVA）评估企业价值，企业价值等于企业目前投资资本与企业未来的经济附加值（EVA）的现值之和</td></tr>
<tr><td rowspan="5">市场法</td><td rowspan="4">价格比率法</td><td>市盈率法</td><td>市盈率：普通股每股市价 ÷ 普通股每股收益</td></tr>
<tr><td>市净率法</td><td>市净率：每股市价 ÷ 每股净资产</td></tr>
<tr><td>市销率法</td><td>市销率：股价 × 总股本 ÷ 主营业务收入</td></tr>
<tr><td>托宾 Q 值法</td><td>如果托宾 Q 值大于 1，说明企业创造的价值大于投入的资产的成本，表明企业为社会创造了价值，是“财富的创造者”</td></tr>
<tr><td colspan="2">股票与债券法</td><td>在被评估目标企业的股票和债券公开上市交易的情况下，把企业所有发行在外的证券的市场价值之和作为被评估企业的价值。证券市场价值从总体上反映了投资者对企业内在价值的判断。企业的市场价值是企业经济价值在市场上的反映，对上市公司而言，其市场价值直接表现为特定时点的证券市场价格，证券市场价值总额近似地反映了企业的整体价值</td></tr>
<tr><td rowspan="2">期权法</td><td colspan="2">二项式模型</td><td rowspan="2">利用期权定价模型可以确定并购中隐含的期权价值，然后将其加入到按传统方法计算的静态净现值中，即为目标企业的价值</td></tr>
<tr><td colspan="2">布莱克 – 斯科尔斯模型</td></tr>
</table>

要选择适合的企业价值评估的方法，首先应从不同的角度对各方法进行比较分析，以明确各种方法之间的差异性。表 12 – 3 从方法原理、前提条件、适用性和局限性等方面对成本法、收益法、市场法、期权法进行比较分析。

表 12 – 3　　　　企业价值评估方法比较一览表

<table>
<tr><th rowspan="2">方法类型</th><th rowspan="2">成本法</th><th colspan="2">收益法</th><th rowspan="2">市场法</th><th rowspan="2">期权法</th></tr>
<tr><th>现金流量折现法</th><th>经济附加值法</th></tr>
<tr><td>价值依据</td><td>无形资产比重较小</td><td colspan="2">企业持续经营，能够产生大量的未来收益</td><td>有相当数量的可比企业</td><td>管理决策具有较大的灵活性</td></tr>
<tr><td>收益特征</td><td>企业经营中产生的价值较少，收益较低且稳定</td><td>未来现金流容易预测</td><td>投资收益容易预测</td><td>企业收益较高，所处行业较成熟</td><td>收益与成本具有较大的不确定性</td></tr>
<tr><td>数据来源</td><td>资产负债表</td><td>内部会计数据信息丰富，企业拥有较多的无形价值</td><td>会计数据与资本市场数据</td><td>有大量的可比企业和可比数据</td><td>缺乏必要的会计数据和市场可比数据</td></tr>
<tr><td>参数估计</td><td>资产价值、重置成本和变卖价值能够准确量化</td><td colspan="2">企业风险可通过回报率准确量化</td><td>能够获取合理表示评估日市场条件与价格的乘数</td><td>输入变量大多可以直接观测或具备经验统计</td></tr>
<tr><td>适用企业</td><td>所评估的所有者权益对资产价值具有控制力</td><td colspan="2">企业未来经营情况可准确估计</td><td>企业规模较大</td><td>标的资产波动率难以确定</td></tr>
<tr><td>不足之处</td><td>忽略组织资本且账面价值难以反映市场价值</td><td>折现率选择困难</td><td>股权资本成本难以估计</td><td>可比企业难以确定</td><td>标的资产波动率难以确定</td></tr>
</table>

在持续经营假设前提下，运用成本法无法把握一个持续经营企业价值的整体性，也难衡量企业各个单项资产间有机组合因素可能产生的整体收益。收益法以预期的收益和折现率为基础，通过考察企业未来获利能力反映企业价值，比较符合企业价值的实质。市场法简单、直观便于理解、运用灵活，尤其是当未来收益难预测时，运用收益法进行评估受到限制时比较实用。本章主要介绍收益法中的现金流量折现法、经济利润法，市场法中的涉及股权市价的相对价值法。

第二节　现金流量折现法

一、现金流量折现法原理

（一）方法基础

现金流量折现法是将企业作为一个总体的经济实体，根据相关资料和信息，对企业未来预期收益的现金流，按与其相配比的资本折现率折现，得到的企业预计收益的现值之和。这种方法考虑了货币的时间价值和风险因素等相关信息，对企业整体的经营能力进行估算，从时间上和空间上分别对股东和企业所拥有的资源及其获利能力进行评价。这种方法认为任何资产都可以使用现金流量折现模型进行估价，其评估结果都是价值（V），现金流量（CF），资本成本（i），持续时间（n）四个变量的函数：

$$v = \sum_{t=1}^{n} \frac{CF_t}{(1+i_t)^t} \qquad \text{（公式 12－1）}$$

在运用现金流量折现法时，最重要的是要保持资本收益的现金流量、资本成本折现率和相关资本三者之间口径的一致性。

（二）有关概念及参数

1. 自由现金流量

从内涵上理解，自由现金流量是指企业在持续经营基础上，除投入在库存、厂房、设备、长期股权等类似资产所需的现金流量之外，企业能够产生的额外现金流量。之所以称为“自由”现金流量，强调它必须扣除生产经营所必要的、受约束的支出（比如营运资本增加的支出、长期资本支出）后，可以带给不同价值类型收益的最大现金流量。这种“自由”是指一种剩余的概念，即做了必要扣除后的剩余，代表的是有剩余索取权的现金流量。

从外延上判断，自由现金流量的分类方法很多。在企业价值评估中，由于评估对象以及评估需求者所要求的价值类型的不同，现金流量的计算口径也不同。《企业价值评估指导意见书（试行）》规定“应当根据评估对象价值类型的不同，区分企业整体价值、股东全部权益价值和股东部分权益价值”，现金流量的计算应当与评估对象价值类型的口径相匹配。根据评估对象的价值类型，自由现金流量可分为以下三种：

（1）企业投资资本现金流量。如果评估对象的价值类型是企业的投资资本的价值，即通常所说的企业整体资产的价值，则对应的是企业投资资本现金流量，或称为实体自由现金流量，简称为实体现金流量。从盈余管理的角度看，实体自由现金流量相当于是扣除了税收、必要资本性支出和营运资本增加后，能够支付给所有的清偿权者（债权人和股东）的现金流量；从权益构成的角度看，它也等于在股权现金流量的基础上再加上债务现金流量。

实体现金流量 = 税后经营利润 - 本期净投资 （公式 12 - 2）

实体现金流量 = 股权现金流量 + 债务现金流量 （公式 12 - 3）

（2）企业股权现金流量。如果评估对象的价值类型是股东全部权益价值，即通常所说的企业的股权价值，则采用的是企业股权现金流量。企业股权现金流量是指满足债务清偿、资本支出和营运资本等所有需要后剩下的可作为发放股利的现金流量。企业获得的现金首先必须满足企业必要的生产经营活动及其增长的需要，剩余部分才能提供给所有投资人（包括债权人和所有者），由于债权人的求偿权排在所有者之前，所以股权现金流量还要在企业投资资本现金流量的基础上再扣除与债务相联系的债权现金流量。债务现金流量是指与债务相联系的现金流出量，新增债务额作为债务现金支出流量的抵减项。

股权现金流量 = 实体现金流量 - 债务现金流量 （公式 12 - 4）

债务现金流量 = 税后利息费用 + 偿还债务本金 - 新增债务

= 税后利息费用 + 债务净增加 （公式 12 - 5）

（3）企业的部分股权现金流量。如果评估对象的价值类型是股东部分权益价值，原则上应按计算股东全部权益价值所对应的企业的股权现金流量折算企业的部分股权现金流量，但是由于控股权和少数股权偏离等因素，它会产生相应的溢价或折价偏差。

2. 资本成本

“资本成本”是计算现值使用的折现率，它是与自由现金流量相匹配的风险投资的机会成本。即折现率是现金流量风险的函数，风险越大则折现率越大，折现率和现金流量要相互匹配。股权现金流量只能用股权资本成本来折现，实体现金流量只能用企业实体的加权平均资本成本来折现。

3. 实体价值、股权价值和债务价值

企业全部资产的总体价值，称为企业实体价值。企业实体价值是股权价值与债务价值之和。股权价值在这里不是所有者权益的会计价值（账面价值），而是股权的公平市场价值。债务价值也不是它们的会计价值（账面价值），而是债务的公平市场价值。这三种价值可以理解为，将不同对象价值类型的现金流量用与之口径相匹配的资本成本折现，得到的现值之和。

实体价值 = 股权价值 + 债务价值 （公式 12 - 6）

股权价值 = 实体价值 - 债务价值 （公式 12 - 7）

各种现金流量、资本成本和价值之间的相互关系如图 12 - 1 所示。

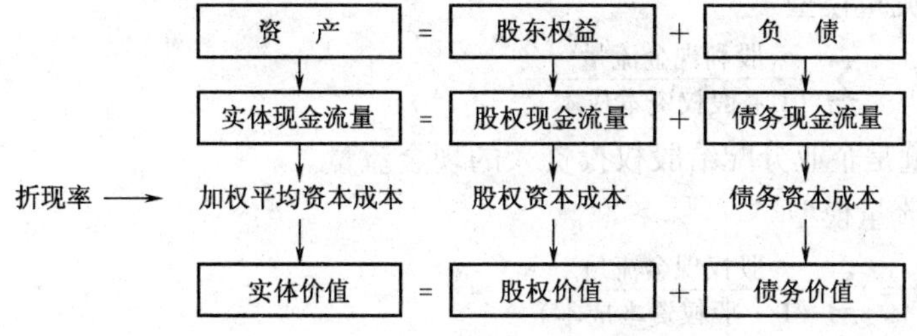

图 **12 - 1** 各种现金流量、资本成本和价值之间关系

4. 持续年数

持续年数是指产生现金流量的时间，通常用年计算和表示。现金流量的持续年数理论上

应当等于资源的寿命。企业价值评估通常采用持续经营假设，为避免预测无限期的现金流量，将现金流量的持续年数时间分为两个阶段。

（1）预测期。第一阶段是有限的、明确的预测期，即详细预测期，在此期间需要对每年的现金流量进行详细预测，并根据现金流量模型计算其预测期的价值。实务中的详细预测期通常为5～7年，如果有疑问还应当延长，但很少超过10年。

（2）后续期。第二阶段是预测期以后的无限时期，即永续期，在此期间假设企业进入稳定状态，有一个稳定的增长率，可以用简便方法直接估计所有后续期的价值。判断企业进入稳定状态的主要标志有两个：

①具有稳定的销售增长率，它大约等于宏观经济的名义增长率。宏观经济增长率是指企业所在经济环境内的预期经济增长率。

②具有稳定的投资资本回报率，它与资本成本接近。“投资资本回报率”，也相当于“净经营资产利润率”，是指税后经营利润与投资资本（净负债加所有者权益）的比率，它反映企业投资资本的盈利能力。

这样，根据持续时间的两个阶段，企业价值在计算时被分为两部分：

$$\text{企业价值}=\text{预测期价值}+\text{后续期价值} \quad \text{（公式 12-8）}$$

预测期和后续期的划分不是事先主观确定的，而是在实际预测过程中根据销售增长率和投资回报率的变动趋势确定的。如何划分预测期和后续期以及后续期价值的计算将在本节综合案例中介绍。

二、现金流量折现模型

（一）模型假设

（1）持续经营假设。企业生产的产品或所提供的服务能够满足社会需求，不断获取收益。

（2）市场公开假设。企业价值评估的依据和评估结论是在公开市场可以存在或能成立的情况下得出的，即未来收益和相关的资本成本可以预测。

（3）有机组合增值假设。企业中各类单项资产经过合理的组合可以实现一定程度的增值。

（二）模型种类

根据现金流量产生来源的不同种类，企业价值评估模型分为以下三种。

1. 股利现金流量模型

$$\text{股权价值}=\sum_{t=1}^{\infty}\frac{\text{股利现金流量}_t}{(1+\text{股权资本成本})^t} \quad \text{（公式 12-9）}$$

股利现金流量是企业分配给股权投资人的现金流量。

2. 股权现金流量模型

$$\text{股权价值}=\sum_{t=1}^{\infty}\frac{\text{股权现金流量}_t}{(1+\text{股权资本成本})^t} \quad \text{（公式 12-10）}$$

股权现金流量是一定期间企业可以提供给股权投资人的现金流量，它等于企业实体现金流量扣除对债权人支付后剩余的部分。

有多少股权现金流量会作为股利分配给股东，取决于企业的筹资和股利分配政策。如果把股权现金流量全部作为股利分配，则公式12－9和公式12－10两个模型相同。

3. 实体现金流量模型

$$股权价值 = \sum_{t=1}^{\infty} \frac{实体现金流量_t}{(1 + 加权平均资本成本)^t} \quad (公式 12-11)$$

实体现金流量是企业全部现金流入扣除成本费用和必要的投资后的剩余部分，它是企业一定期间可以提供给所有投资人（包括股权投资人和债权投资人）的税后现金流量。

在数据假设相同的情况下，三种模型的评估结果应该是相同的。由于股利分配政策有较大变动，股利现金流量很难预计，所以在实务中很少使用。如果企业将股权现金全部作为股利发放，则股权现金流量模型可取代股利现金流量模型。因此，股权现金流量模型或实体现金流量模型比较实用。

在计算股权价值时，也可以用公式 12－7，将实体价值减去债务价值。债务价值的计算模型为：

$$债务价值 = \sum_{t=1}^{n} \frac{偿还债务现金流量_t}{(1 + 等风险债务成本)^t} \quad (公式 12-12)$$

（三）现金流量折现具体模型

在现金流量折现法下，将企业财务预测得到的现金流量，按照相应的资本成本率进行折现。一般情况下，预测期的现金流量折现逐年计算，后续期的现金流量采用永续增长模型进行折现，也有的情况是采用三阶段增长模型计算。把所有部分折现的现值之和加总，得到该企业的评估价值。

1. 实体现金流量模型

实体现金流量模型的折现率是企业综合的加权平均资本成本率。

（1）永续增长模型。如果企业未来长期稳定、可持续地增长，则在永续增长的情况下企业价值是下期现金流量的函数。永续增长模型使用条件是企业必须处于永续状态。所谓“永续状态”是指企业有永续的增长率和投资资本回报率。使用永续增长模型，企业价值对增长率的估计值很敏感，当增长率接近折现率时，股票价值趋于无限大。因此，对于增长率和股权成本的预测质量要求很高。

$$实体价值 = \frac{下期实体现金流量}{加权平均资本成本率 - 永续增长率} \quad (公式 12-13)$$

（2）两阶段增长模型。两阶段增长模型适用于增长呈现两个阶段的企业：第一个阶段为超常增长阶段，增长率明显快于永续增长阶段；第二个阶段具有永续增长的特征，增长率比较低，是正常的增长率。两阶段增长模型的一般表达式为：

实体价值 = 预测期实体现金流量现值 + 后续期价值的现值 （公式 12－14）

假设预测期为 n，则：

$$实体价值 = \sum_{t=1}^{n} \frac{实体现金流量_t}{(1 + 加权平均资本成本率)^t} + \frac{\dfrac{实体现金流量_{n+1}}{加权平均资本成本率 - 永续增长率}}{(1 + 加权平均资本成本率)^n} \quad (公式 12-15)$$

（3）三阶段增长模型。三阶段增长模型包括一个增长率高速增长的成长阶段、一个增长率递减的转换阶段和一个增长率稳定的永续增长阶段。模型的使用条件是被评估企业的增长率应当与模型假设的三个阶段特征相符。

实体价值 = 增长期实体现金流量现值 + 转换期实体现金流量现值 + 后续期价值的现值

（公式 12－16）

假设成长期为 n，转换期为 m，则：

$$实体价值=\sum_{t=1}^{n}\frac{成长期实体现金流量_t}{(1+加权平均资本成本率)^t}+\sum_{t=n+1}^{n+m}\frac{转换期实体现金流量_t}{(1+加权平均资本成本率)^t}$$

$$+\frac{\dfrac{后续期实体现金流量_{n+m+1}}{加权平均资本成本率-永续增长率}}{(1+加权平均资本成本率)^{n+m}} \quad (公式 12-17)$$

2. 股权现金流量模型

股权现金流量模型的折现率是企业的股权资本成本率。

股权现金流量模型，如同实体现金流量模型一样，也可以分为三种类型。股权现金流量折现的这三种模型，在形式上分别与实体现金流量折现的三种模型一样，只是输入的参数不同。股权现金流量代替实体现金流量，股权资本成本率代替加权平均资本成本率。三种类型的股权现金流量模型的使用条件，分别与三种实体现金流量模型类似。

（1）永续增长模型。

$$股权价值=\frac{下期股权现金流量}{股权资本成本率-永续增长率} \quad (公式 12-18)$$

（2）两阶段增长模型。

股权价值 = 预测期股权现金流量现值 + 后续期价值的现值 （公式 12-19）

假设预测期为 n，则：

$$股权价值=\sum_{t=1}^{n}\frac{股权现金流量_t}{(1+股权资本成本率)^t}$$

$$+\frac{\dfrac{股权现金流量_{n+1}}{股权资本成本率-永续增长率}}{(1+股权资本成本率)^{n}} \quad (公式 12-20)$$

（3）三阶段增长模型。

股权价值 = 增长期股权现金流量现值 + 转换期股权现金流量现值 + 后续期价值的现值

（公式 12-21）

假设成长期为 n，转换期为 m，则：

$$股权价值=\sum_{t=1}^{n}\frac{成长期实体现金流量_t}{(1+股权资本成本率)^t}+\sum_{t=n+1}^{n+m}\frac{转换期股权现金流量_t}{(1+股权资本成本率)^t}$$

$$+\frac{\dfrac{后续期股权现金流量_{n+m+1}}{股权资本成本率-永续增长率}}{(1+股权资本成本率)^{n+m}} \quad (公式 12-22)$$

【例 12-1】根据第四章财务预测中有关 WT 集团的预计利润表、预计资产负债表和预计现金流量表的预测结果，该集团的实体现金流量和股权现金流量如表 12-4 所示，分别为：

表 12-4　**WT 集团现金流量预测**　单位：万元

年份	2011	2012	2013	2014	2015	2016
实体现金流量	7.68	-14.40	11.52	84.67	132.11	138.71
股权现金流量	26.15	14.69	39.23	97.15	134.41	141.13

该集团的加权平均资本成本率为 18.88%，由实体现金流量计算的企业价值见表 12-5。WT 集团的股权资本成本率为 23.625%，由股权现金流量计算的企业价值见表 12-6。二者估算的结果基本一致，企业的实体价值都约为 522 万元，股权价值都约为 402 万元。

表 12-5 WT 集团的实体现金流量折现 单位：万元

项目	基期 2010	2011	2012	2013	2014	2015
加权平均资本成本率（%）		18.88	18.88	18.88	18.88	18.88
折现系数（18.88%）		0.841 2	0.707 6	0.595 2	0.500 7	0.421 2
预测期现金流量现值	101.16	6.46	-10.19	6.86	42.39	55.64
后续期现金流量增长率（%）						5
后续期现金流量现值	420.90					999.36
实体价值	522.06					
债务价值	120.00					
股权价值	402.06					

表 12-6 WT 集团的股权现金流量折现 单位：万元

项目	基期 2010	2011	2012	2013	2014	2015
股权资本成本率（%）		23.625	23.625	23.625	23.625	23.625
折现系数（23.625%）		0.808 9	0.654 3	0.529 3	0.428 1	0.346 3
预测期现金流量现值	139.66	21.15	9.61	20.76	41.59	46.55
后续期现金流量增长率（%）						5
后续期现金流量现值	262.41					757.72
股权价值	402.07					
加：净债务价值	120.00					
实体价值	522.07					

【例 12-2】华阳公司是一个规模较大的跨国公司，目前处于稳定增长状态。2011 年每股净利润为 27 元。预计该公司的长期增长率为 6%。为维持每年 6% 的增长率，需要每股股权本年净投资 17 元。据估计，该公司的股权资本成本为 11%。请计算该公司 2011 年每股股权现金流量和每股股权价值。

每股股权现金流量 = 每股净利润 - 每股股权本年净投资 = 27 - 17 = 10（元/股）

每股股权价值 =（10 × 1.06）÷（11% - 6%）= 212（元/股）

如果该公司估计的长期增长率为 7%，而本年净投资不变，则股权价值增加为：

每股股权价值 =（10 × 1.07）÷（11% - 7%）= 267.5（元/股）

如果考虑到为支持 7% 的增长率需要增加本年净投资，假设每股股权本年净投资需要相应地增加到 19.075 元，则股权价值基本不变：

每股股权现金流量 = 27 - 19.075 = 7.925（元/股）

每股股权价值 =（7.925 × 1.07）÷（11% - 7%）≈212（元/股）

这道例题是股权现金流量永续增长模型的应用，它让我们了解到在估计增长率时一定要考虑与之相适应的本年净投资。

【例 12-3】安阳公司是一个高新技术企业，具有领先同行业的优势。2010 年每股销售收入 50 元，预计 2011—2015 年的销售收入增长率维持在 15% 的水平上，到 2016 年增长率下滑到 6% 并将持续下去。目前该公司经营营运资本占销售收入的 35%，销售增长时可以维持不变。2010 年每股资本支出 12 元，每股折旧费 7 元，每股营运资本比上年增加 10 元。为支持销售每年增长 15%，资本支出和营运需同比增长，折旧费也会同比增长。该公司的目标资本结构是净负债占净资本的 10%，并维持此资本结构不变。目前每股净利润 20 元，预计与销售同步增长。已知 2010 年该公司的 β 值为 1.5，稳定阶段的 β 值为 1.2，国库券的利率为 3%，市场组合的预期报酬率为 12%。

根据以上资料计算该公司目前的股权价值。

计算结果显示在表 12－7 中。各项数据的计算过程简要说明如下：

（1）根据给出资料确定各年的增长率：有限预测期增长率 15%，后续期增长率 6%。

（2）计算各年销售收入：本年收入＝上年收入×（1＋增长率）。

（3）计算经营营运资本：经营营运资本＝本年收入×经营营运资本百分比。

（4）计算经营营运资本增加额：经营营运资本增加＝本年经营营运资本－上年经营营运资本。

（5）计算本年净投资：本年净投资＝资本支出－折旧＋经营营运资本增加。

其中，各年的资本支出和折旧费按收入的增长率递增。

（6）计算股权本年净投资：股权本年净投资＝实体本年净投资×（1－负债比例）。

（7）计算股权现金流量：股权现金流量＝净利润－股权本年净投资。

（8）用 *CAPM* 模型计算股权资本成本率。

第一阶段的资本成本＝3%＋1.5×（12%－3%）＝16.5%

第二阶段的资本成本＝3%＋1.2×（12%－3%）＝13.8%

（9）计算企业股权价值。

后续期终值＝后续期第一年现金流量÷（后续期第一年股权资本成本率－永续增长率）
＝31.15÷（13.8%－6%）≈399（元/股）

后续期现值＝399×0.4660≈186（元/股）

$$预测期现值 = \sum 现金流量 \times 折现系数 \approx 65(元/股)$$

每股股权价值＝65＋186≈251（元/股）

表 12－7 **安阳公司的股票价值评估** 单位：元

年 份	2010	2011	2012	2013	2014	2015	2016
经营营运资本增加：							
收入增长率（%）		15	15	15	15	15	6
每股收入	50.00	57.50	66.13	76.04	87.45	100.57	106.60
经营营运资本/收入（%）	35	35	35	35	35	35	35
经营营运资本	17.50	20.13	23.14	26.62	30.61	35.20	37.31
经营营运资本增加	10.00	2.63	3.02	3.47	3.99	4.59	2.11
每股股权本年净投资：							
资本支出	12.00	13.80	15.87	18.25	20.99	24.14	25.58
减：折旧	7.00	8.05	9.26	10.65	12.24	14.08	14.92
加：经营营运资本增加	10.00	2.63	3.02	3.47	3.99	4.59	2.11
＝实体本年净投资	15.00	8.38	9.63	11.08	12.74	14.65	12.77

续表

年　份	2010	2011	2012	2013	2014	2015	2016
×（1－负债比例）（%）	90	90	90	90	90	90	90
每股股权本年净投资	13.50	7.54	8.67	9.97	11.46	13.18	11.49
每股股权现金流量：							
每股净利润	20.00	23.00	26.45	30.42	34.98	40.23	42.64
－每股股权本年净投资	13.50	7.54	8.67	9.97	11.46	13.18	11.49
=每股股权现金流量	6.50	15.46	17.78	20.45	23.52	27.04	31.15
股权成本：							
无风险利率（%）		3	3	3	3	3	3
市场组合报酬率（%）		12.00	12.00	12.00	12.00	12.00	12.00
β		1.50	1.50	1.50	1.50	1.50	1.20
股权资本成本（%）		16.50	16.50	16.50	16.50	16.50	13.80
每股股权价值计算：							
股权现金流量	6.50	15.46	17.78	20.45	23.52	27.04	31.15
折现系数		0.858 4	0.736 8	0.632 4	0.542 9	0.466 0	0.409 5
预测期现值	64.68	13.27	13.10	12.93	12.77	12.60	
后续期价值	186.07					399.31	
股权价值合计	250.75						

【例12－4】庆阳公司2010年的有关数据如下：销售收入每股25元，每股净收益占收入的20%，每股资本支出0.80元，每股折旧0.50元，每股经营营运资本2元。预计2011—2015年期间每股销售收入增长率可以保持在18%的水平。2016—2020年增长率按算术级数均匀减少至6%，2021年及以后保持6%的增长率不变。该企业在经营中没有负债，预计将来也不利用债务杠杆。资本支出、折旧与摊销、经营营运资本、每股净收益等与销售收入的增长率相同。2011－2015年的β值为1.6，2016年开始每年按算术级数均匀下降，2020年降至1.1，并可以持续。已知无风险利率为5%，股票投资的平均风险补偿率为6%。

根据以上资料计算该公司目前的股票价值。

有关的计算过程已经显示在表12－8中，其他的有关说明如下：

（1）增长率。

成长阶段每年增长18%

转换阶段每年增长率递减=（18%－6%）÷5=2.4%

2016年的增长率=18%－2.4%=15.6%

以下年度的增长率可以类推。

（2）本年净投资。

本年净投资=资本支出－折旧+经营营运资本增加

2011年本年净投资=0.94－0.59+0.36=0.71（元）

以下各年按此类推。

（3）股权现金流量。

股权现金流量 = 每股净收益 - 每股股权本年净投资

2011 年股权现金流量 = 5.9 - 0.71 = 5.19（元）

以下各年按此类推。

（4）股权资本成本率。

成长阶段的股权资本成本率 = 5% + 1.6 × 6% = 14.6%

转换阶段的资本成本每年递减 = （14.6% - 11.6%）÷ 5 = 0.6%

转换阶段的资本成本也可以先计算各年的 β 值：

转换阶段 β 的递减 = （1.6 - 1.1）÷ 5 = 0.1

然后，再用资本资产定价模型，分别计算各年的资本成本：

2016 年的 β = 1.6 - 0.1 = 1.5

2016 年的资本成本 = 5% + 1.5 × 6% = 14%

稳定阶段的资本成本 = 5% + 1.1 × 6% = 11.6%

（5）折现系数。

折现系数需要根据资本成本逐年滚动计算。

某年折现系数 = 上年折现系数/（1 + 本年资本成本率）

2011 年折现系数 = 1 ÷（1 + 14.6%） = 0.872 6

2012 年折现系数 = 0.872 6 ÷（1 + 14.6%） = 0.761 4

以下各年按此类推，如果资本成本率变化，也类似处理。

比如 2016 年的折现系数 = 0.505 9 ÷ （1 + 14%） = 0.443 8

（6）各阶段的价值。

成长阶段的现值 = 各年现金流量折现求和 ≈ 24（元/股）

转换阶段的现值 = 各年现金流量折现求和 ≈ 25（元/股）

后续阶段的终值 = 17.48 × （1 + 6%） ÷ （11.6% - 6%） ≈ 331（元/股）

后续阶段的现值 = 331 × 0.277 1 ≈ 92（元/股）

每股价值 = 24 + 25 + 92 = 141（元/股）

表 12 - 8　　庆阳公司的股票价值评估　　单位：元

年　份	2010	2011	2012	2013	2014	2015	2016	2017	2018	2019	2020
销售增长率（%）		18	18	18	18	18	15.6	13.2	10.8	8.4	6
每股收入	25.00	29.50	34.81	41.08	48.47	57.19	66.12	74.84	82.93	89.89	95.29
净收益/收入（%）	20	20	20	20	20	20	20	20	20	20	20
每股收益	5.00	5.90	6.96	8.22	9.69	11.44	13.22	14.97	16.59	17.98	19.06
资本支出	0.80	0.94	1.11	1.31	1.55	1.83	2.12	2.39	2.65	2.88	3.05
减：折旧	0.50	0.59	0.70	0.82	0.97	1.14	1.32	1.50	1.66	1.80	1.91
（经营营运资本）	2.00	2.36	2.78	3.29	3.88	4.58	5.29	5.99	6.63	7.19	7.62
加：经营营运资本增加		0.36	0.42	0.50	0.59	0.70	0.71	0.70	0.65	0.56	0.43
= 本年净投资		0.71	0.84	0.99	1.17	1.38	1.51	1.60	1.64	1.64	1.57
股权现金流量		5.19	6.12	7.22	8.52	10.05	11.72	13.37	14.94	16.34	17.48

续表

年　份	2010	2011	2012	2013	2014	2015	2016	2017	2018	2019	2020
β		1.60	1.60	1.60	1.60	1.60	1.50	1.40	1.30	1.20	1.10
无风险利率（%）		5	5	5	5	5	5	5	5	5	5
风险补偿率（%）		6	6	6	6	6	6	6	6	6	6
股权资本成本（%）		14.6	14.6	14.6	14.6	14.6	14.0	13.4	12.8	12.2	11.6
折现系数		0.872 6	0.761 4	0.664 4	0.579 8	0.505 9	0.443 8	0.391 3	0.346 9	0.309 2	0.277 1
成长期现值	24.01	4.53	4.66	4.80	4.94	5.09					
转换期现值	25.51						5.20	5.23	5.18	5.05	4.84
后续期现值	91.69										330.91
每股价值	141.21										

这道例题是股权现金流量三阶段增长模型的应用，注意折现系数的计算。

【例 12－5】益阳公司刚刚收购了另一家公司，由于收购借入巨额资金，使得财务杠杆很高。2010 年年底投资资本总额为 6 000 万元，其中有息债务 4 000 万元，股东权益 2 000 万元。该公司目前发行在外的股票有 1 000 万股，每股市价 9 元。2010 年公司固定资产净值 4 000 万元，经营营运资本 2 000 万元，销售收入 8 000 万元，税后借款利息 80 万元，公司税前经营利润率为 18%，所得税税率为 25%，借款的税后利息率为 4%。预计 2011—2015 年销售增长率为 12%，2016 年增长率减至 7%，并且可以持续。预计税前经营利润、固定资产净值、经营营运资本对销售的百分比维持 2010 年的水平不变；所得税税率和债务税后利息率均维持 2010 年的水平不变。借款利息按上年年末借款余额和预计利息率计算，债务的市场价值按账面价值计算。公司的融资政策为在归还借款以前不分配股利，全部多余现金用于归还借款。归还全部借款后，剩余的现金全部发放股利。当前的加权平均资本成本率为 15%，2016 年降为 13%，以后年份保持 13% 不变。

根据以上资料判断该公司目前的股票被市场高估还是低估了。

预测期现金流量的现值计算过程如表 12－9 所示。

下面以 2011 年数据为例，说明各项目的计算过程：

销售收入＝上年销售收入×（1＋增长率）＝8 000×（1＋12%）＝8 960（万元）

税前经营利润＝销售收入×税前经营利润率＝8 960×18%＝1 612.8（万元）

税后经营利润＝税前经营利润×（1－所得税率）＝1 612.8×（1－25%）＝1 209.6（万元）

税后借款利息＝年初有息债务×借款税后利息率＝4 000×4%＝160（万元）

净利润＝税后经营利润－税后利息＝1 209.6－160＝1 049.6（万元）

经营营运资本＝销售收入×（经营营运资本/销售收入）＝8 960×25%＝2 240（万元）

固定资产＝销售收入×（固定资产/销售收入）＝8 960×50%＝4 480（万元）

本年净投资＝年末净资本－年初净资本＝（2 240＋4 480）－6 000＝720（万元）

归还借款＝利润留存－本年净投资＝1 049.6－720＝329.6（万元）

有息债务＝年初有息债务－归还借款＝4 000－329.6＝3 670.4（万元）

实体现金流量＝息前税后经营利润－本年净投资＝1 209.6－720＝489.6（万元）

预测期现金流量现值合计≈2 020.49（万元）

后续期终值 = 1 296.38 ÷（13% − 7%）≈21 606.31（万元）

后续期现值 = 21 606.31 × 0.497 2≈10 742.15（万元）

企业实体价值 = 2 020.49 + 10 742.15≈12 762.65（万元）

股权价值 = 实体价值 − 债务价值 = 12 762.65 − 4 000 = 8 762.65（万元）

每股价值 = 8 762.65 ÷ 1 000≈8.76（元/股）

该股票的实际价值经估算为 8.76 元/股，而其目前市价为每股 9 元，所以它被市场高估了。

表 12 − 9　　益阳公司的股票价值评估　　单位：万元

年份	2010	2011	2012	2013	2014	2015	2016
利润表假设：							
销售增长率（%）		12	12	12	12	12	7
税前经营利润率（%）	18	18	18	18	18	18	18
所得税税率（%）	25	25	25	25	25	25	25
债务税后利息率（%）	4	4	4	4	4	4	4
利润表项目：							
销售收入	8 000.00	8 960.00	10 035.20	11 239.42	12 588.15	14 098.73	15 085.64
税前经营利润	1 440.00	1 612.80	1 806.34	2 023.10	2 265.87	2 537.77	2 715.42
税后经营利润	1 080.00	1 209.60	1 354.75	1 517.32	1 699.40	1 903.33	2 036.56
税后借款利息	80.00	160.00	146.82	130.75	111.42	88.36	61.08
净利润	1 000.00	1 049.60	1 207.94	1 386.57	1 587.98	1 814.97	1 975.48
减：应付普通股股利	0.00	0.00	0.00	0.00	0.00	0.00	0.00
本期利润留存	1 000.00	1 049.60	1 207.94	1 386.57	1 587.98	1 814.97	1 975.48
资产负债表假设：							
净经营营运资本/销售收入（%）	25	25	25	25	25	25	25
固定资产/销售收入（%）	50	50	50	50	50	50	50
资产负债项目：							
经营营运资本	2 000.00	2 240.00	2 508.80	2 809.86	3 147.04	3 524.68	3 771.41
固定资产净值	4 000.00	4 480.00	5 017.60	5 619.71	6 294.08	7 049.37	7 542.82
投资资本总计	6 000.00	6 720.00	7 526.40	8 429.57	9 441.12	10 574.05	11 314.23
本年净投资		720.00	806.40	903.17	1 011.55	1 132.93	740.18
归还借款		329.60	401.54	483.40	576.43	682.03	1 235.30
有息债务	4 000.00	3 670.40	3 268.86	2 785.46	2 209.03	1 527.00	291.70
股本	1 000.00	1 000.00	1 000.00	1 000.00	1 000.00	1 000.00	1 000.00
年初未分配利润	0.00	1 000.00	2 049.60	3 257.54	4 644.10	6 232.09	8 047.05
本期利润留存	1 000.00	1 049.60	1 207.94	1 386.57	1 587.98	1 814.97	1 975.48
年末未分配利润	1 000.00	2 049.60	3 257.54	4 644.10	6 232.09	8 047.05	10 022.54
股东权益合计	2 000.00	3 049.60	4 257.54	5 644.10	7 232.09	9 047.05	11 022.54

续表

年份	2010	2011	2012	2013	2014	2015	2016
净负债及股东权益	6 000.00	6 720.00	7 526.40	8 429.57	9 441.12	10 574.05	11 314.23
现金流量：							
税后经营利润		1 209.60	1 354.75	1 517.32	1 699.40	1 903.33	2 036.56
减：本年净投资		720.00	806.40	903.17	1 011.55	1 132.93	740.18
实体现金流量		489.60	548.35	614.15	687.85	770.40	1 296.38
加权平均资本成本率（%）		15	15	15	15	15	13
折现系数		0.869 6	0.756 1	0.657 5	0.571 8	0.497 2	0.440 0
成长期现值	2 020.49	425.74	414.63	403.82	393.28	383.02	570.38
后续期现值	10 742.15					21 606.31	
实体价值合计	12 762.65						
债务价值	4 000.00						
股权价值	8 762.65						
股数	1 000.00						
每股价值（元）	8.76						

这道例题是实体现金流量两阶段增长模型的应用，它采用加权平均资本成本率进行折现。

第三节　经济利润法

企业的价值依赖于投资者预期的未来利润能否超过初始的投入资本成本。利用经济利润这一指标，衡量企业在某一期间的价值增值程度，再用价值增值进一步估算企业价值。这也是一种重要的评估思路。

一、经济利润

（一）经济利润的含义

经济利润，又称经济增加值、剩余收益等（economic value added，EVA），是指企业收益中超过企业对收益的总体平均期望值的部分，也就是在扣除资本占用费用后企业经营所产生的剩余价值，它等于税后经营净利润减去投入资本的机会成本。这里企业对收益的总体平均期望值可理解为企业所利用的资产（包括债务资本和股权资本）的总成本。

经济利润里考虑的经济成本不仅包括会计上实际支付的成本，而且还包括机会成本。由于企业的投资者可以自由地将其投资于该企业的资本变现，并将其投资于其他资产以获取收益。所以从机会成本的角度来看，企业的投资者从该企业投资中的获利，应当至少等于其投资的机会成本。所以企业在任意期间内所创造的价值不但必须考虑到会计账目的费用支出，还要考虑资本的机会成本。从税后经营净利润中扣除按权益的经济价值计算的资本机会成本后，才是股东从经营活动中得到的增值收益。

在企业的经营利润超过所有债务成本和股权成本时，企业才会为其所有者创造财富，才会产生真正意义上的利润，即经济利润。经济利润指标有时被称为“企业增值”、“附加经济价值”，它的实质是衡量一个企业在某一期间的价值增值程度，它是从股东财富的角度定义企业的利润，强调企业管理当局必须重视考虑资本成本和资本的回报。在这种利润模式下，人们在实践数据中发现，当经济增加值指标呈不断上升趋势时，企业的市场价值就上升，它代表着股东财富的增长。

（二）经济利润的计量

计算经济利润的一种最简单的办法，是用息前税后营业利润减去企业的全部资本费用。复杂的方法是逐项调整会计收入使之变为经济收入，同时逐项调整会计成本使之变为经济成本，然后计算经济利润。计算经济利润的另一种办法是用投资资本回报率与资本成本之差，乘以投资资本。按照最简单的经济利润计算办法，经济利润与会计利润的区别是它扣除了全部资本的费用，而会计利润仅仅扣除了债务利息。

经济利润 = 税后经营利润 - 资本成本
= 税后净利润 - 股权成本
= 税后经营利润 - 税后利息费用 - 股权成本
= 期初投资资本 × 期初资本回报率 - 期初投资资本 × 加权平均资本成本率
= 期初投资资本 ×（期初资本回报率 - 加权平均资本成本率） （公式 12 - 23）

【例 12 - 6】朝阳公司的期初投资资本为 5 000 万元，期初投资资本回报率（税后经营利润/投资资本）为 18%，加权平均资本成本为 12%，则该企业的经济利润为 300 万元。

经济利润 = 税后经营利润 - 全部资本费用
= 5 000 × 18% - 5 000 × 12% = 900 - 600 = 300（万元）

经济利润 = 期初投资资本 ×（期初投资资本回报率 - 加权平均资本成本）
= 5 000 ×（18% - 12%）= 300（万元）

两种方法得出的结果相同。

二、经济利润估价模型

根据现金流量折现原理可知，如果某一年的投资资本回报率等于加权平均资本成本，则企业现金流量的净现值为零。此时，息前税后营业利润等于投资各方的期望报酬，经济利润也必然为零，企业的价值与期初相同，既没有增加也没有减少。如果某一年的投资资本回报率超过加权平均资本成本，则企业现金流量有正的净现值。此时，息前税后营业利润大于投资各方期望的报酬，也就是经济利润大于零，企业的价值将增加。如果某一年的投资资本回报率小于加权平均资本成本，则企业现金流量有负的净现值。此时，息前税后营业利润不能满足投资各方的期望报酬，也就是经济利润小于零，企业的价值将减少。

经济利润模式下企业价值等于投资资本加上未来每年经济利润的现值。即：

企业实体价值 = 期初投资资本 + 经济利润现值 （公式 12 - 24）

期初投资资本是指企业在经营中投入的现金，即：

全部投资资本 = 所有者权益 + 净债务 （公式 12 - 25）

期初投资资本是指评估基准时间的企业价值。估计期初投资资本价值时，可供选择的方案有三个：账面价值、重置价值或可变现价值。

经济利润现值的折现率一般为加权平均资本成本率，即：

$$PEVA = \sum_{t=1}^{n} \frac{EVA_t}{(1+K_w)^t}$$ （公式 12 - 26）

式中：$PEVA$ 为经济利润的现值之和；K_w 为加权平均资本成本率。这个公式中的时间是无限的，即表明企业将永远持续地获取超额利润。但是，历史经验表明，大多数企业的盈利水平将在 5 ~10 年内回复到正常水平，这里的 t 一般不超过 10。

假设一个能够获取超额利润的企业将会吸引更多的竞争者投入到相关行业中，竞争者的加入将使企业获得的超额利润逐渐降低，最终直至为零。这个过程发生的时间可以理解为预测期，即企业在预测期后的任何投资都只能获得相当于资本成本的报酬率，在预测期后企业再投资的经济利润全部都为零。因此，预测期后的经济利润可视为永续年金。此时经济利润现值的计算公式为：

$$PEVA = \sum_{t=1}^{n} \frac{EVA_t}{(1+K_w)^t} + \frac{EVA_{t+1}}{K_w \times (1+K_w)^n} \quad \text{（公式 12－27）}$$

如果企业的普通股总数和债券价值已知，用经济利润估算出企业价值后，还可以计算企业的每股价值。

【例 12－7】耀阳公司年初投资资本 5 000 万元。预计今后每年可取得税后经营利润 900 万元，每年净投资为零，资本成本为 12%，则：

每年经济利润 = 900 － 5 000 × 12% = 300（万元）

经济利润现值 = 300 ÷ 12% = 2 500（万元）

企业价值 = 5 000 + 2 500 = 7 500（万元）

如果用现金流量折现法，可以得出同样的结果：

实体现金流量现值 = 900 ÷ 12% = 7 500（万元）

经济利润模型与现金流量模型在本质上是一致的，但是经济利润具有可以计量单一年份价值增加的优点，而现金流量法却做不到。经济利润之所以受到重视，关键是它把投资决策必需的现金流量法与业绩考核必需的权责发生制统一起来了。

三、经济利润法举例

结合 WT 集团的资料，估计期初投资资本价值时，以账面价值作为选择评估的方案。该集团的经济利润估价情况见表 12－10。

表 12－10　　WT 集团的经济利润估价模型定价

项目（万元）	年份										
	基期 2010	2011	2012	2013	2014	2015	2016	2017	2018	2019	2020
销售增长率（%）	20	20	25	20	10	5	5	5	5	5	5
税后经营利润	86.40	103.68	129.60	155.52	171.07	179.63	188.61	198.04	207.94	218.34	229.25
净经营资产总计	480.00	576.00	720.00	864.00	950.40	997.92	1 047.82	1 100.21	1 155.22	1 212.98	1 273.63
期初投资资本回报率（%）		21.60	22.50	21.60	19.80	18.90	18.90	18.90	18.90	18.90	18.90
加权平均资本成本率（%）		18.88	18.88	18.88	18.88	18.88	18.88	18.88	18.88	18.88	18.88
差额（%）		2.72	3.62	2.72	0.92	0.02	0.02	0.02	0.02	0.02	0.02
经济利润		13.06	20.85	19.58	7.95	0.19	0.20	0.21	0.22	0.23	0.24
折现系数（18.88%）		0.841 2	0.707 6	0.595 2	0.500 7	0.421 2					

续表

项目（万元）	年份										
	基期2010	2011	2012	2013	2014	2015	2016	2017	2018	2019	2020
预测期经济利润现值	41.45	10.98	14.75	11.66	3.98	0.08					
后续期价值	0.61					1.44					
期初投资资本	480.00										
企业价值合计	522.06										

（一）预测期经济利润的计算

以 WT 集团 2011 年的数据为例：

经济利润＝（期初投资资本回报率－加权平均资本成本）×期初投资资本

≈（21.60%－18.88%）×480≈2.72%×480≈13（万元）

或者，

经济利润＝息前税后营业利润－期初投资资本×加权平均资本成本

≈103.68－480×18.88%≈103.68－90.62≈13（万元）

（二）预测期现值之和的计算

投资资本回报率从 2015 年开始变为 18.9%，2016 年及以后各年仍为 18.9%，该比率趋于平稳。同时结合销售增长率的变化来看，预测期为 5 年，2016 年为后续期的第一年。预测期的经济利润按照 18.88% 的复利现值折现，求和为 41.45。

（三）后续期价值的计算

WT 集团在 2016 年进入永续增长的稳定状态，该年经济利润约为 0.20 万元，以后每年递增 5%。

后续期经济利润终值＝后续期第一年经济利润÷（加权平均资本成本率－稳定增长率）

≈0.20÷（18.88%－5%）≈1.44（万元）

后续期经济利润现值＝后续期经济利润终值×折现系数

≈1.44×（*P/F*，18.88%，5）≈1.44×0.4212≈0.61（万元）

（四）期初投资资本的计算

WT 集团期初投资资本账面价值是 480 万元，我们以此作为投资资本。

（五）企业总价值的计算

企业的总价值为期初投资资本、预测期经济利润现值、后续期经济利润现值的合计。

企业总价值＝期初投资资本＋预测期经济利润现值＋后续期经济利润现值

≈480＋41.45＋0.61≈522.06（万元）

如果假设前提一致，这个数值应与现金流量折现法的评估结果 522.06 万元相同。

第四节　相对价值法

现金流量法和经济利润法在理论上很健全，但在应用时会遇到些技术问题，比如相关的资本成本率数据难获得。在企业价值评估的方法类型中，有一种相对容易的估价方法类型是市场法，它在本节中的应用可以称其为“相对价值法”，该种方法也称为价格比率法或可比交易分析法等。

相对价值法，是将目标企业与可比企业对比，用可比企业的价值衡量目标企业的价值。

这种方法是利用与待评估目标企业类似的企业，以类似企业的市场定价来估计目标企业的价值。它的假设前提是存在一个支配企业市场价值的主要变量，以此为参照。利用市场价值与该参照变量的比值，找到相类似可比的企业。其基本做法是：

第一，寻找一个影响企业价值的关键参照变量。

第二，确定一组可以比较的类似企业，计算可比企业的市价/关键参照变量的平均值。

第三，根据待估价目标企业的关键参照变量乘以上一步计算得到的平均值得到估价。

一、相对价值模型的原理

企业价值评估的市场法有很多细化的方法种类。本节只讨论相对价值法中三种最常用的股权市价比率模型。每种模型都涉及一个关键的参照变量，以其除市价计算出的比率命名为不同的比率模型。比如，市盈率模型，它的参照变量是净利，用市价/净利获得的市盈率为其命名。市盈率作为估价模型的名称，只是一种说明定价原理合理性的解释，市盈率本身并不是定价模型，还要通过分析找到每种定价模型的内在影响因素所代表的变量。

（一）市盈率模型

1. 市价/净利模型

市价/净利构成的比率，通常称为市盈率。

$$\text{市盈率}=\frac{\text{每股市价}}{\text{每股净利}} \qquad \text{（公式 12-28）}$$

$$\text{每股市价}=\text{市盈率}\times\text{每股净利} \qquad \text{（公式 12-29）}$$

运用市盈率估价的模型如下：

$$\text{目标企业每股价值}=\text{可比企业平均市盈率}\times\text{目标企业的每股净利} \qquad \text{（公式 12-30）}$$

该模型假设股票市价是每股净利的一定倍数，同类企业有类似的市盈率，所以目标企业的股权价值可以用可比企业的平均市盈率乘以每股获得的净利润来计算。

2. 模型原理

我们需要找出影响市盈率高低的基本因素。

根据股利折现模型，处于稳定状态企业的股权价值为：

$$P_0=\frac{D_0\times(1+g)}{K_s-g}=\frac{D_1}{K_s-g}$$

式中：P_0 为基期的股权价值；D_0 为基期发放的股利；D_1 为预计下期的股利；K_s 为股权的资本成本率；g 为企业的增长率。

两边同时除以基期每股获得的净利润，即“每股净利$_0$”，得到：

$$\frac{P_0}{\text{每股净利}_0}=\frac{\dfrac{D_0\times(1+g)}{\text{每股净利}_0}}{K_s-g}=\frac{\dfrac{D_0}{\text{每股净利}_0}\times(1+g)}{K_s-g}$$

由于股利支付率为每股股利/每股净利，上式变为：

$$\frac{P_0}{\text{每股净利}_0}=\frac{\text{股利支付率}\times(1+g)}{K_s-g}=\text{本期市盈率} \qquad \text{（公式 12-31）}$$

上述根据当前市价和同期净利计算的市盈率，称为“本期市盈率”，简称“市盈率”。

通过整理和分析，公式 12-31 表明，市盈率的驱动因素是企业的增长潜力、股利支付率和风险（股权资本成本率）。这三个因素同时类似的企业，才会具有类似的市盈率。

如果把两边同时除以下一期预计每股获得的净利润，即“每股净利$_1$”，其结果称为“内在市盈率”或“预期市盈率”。如果用内在市盈率为股票定价，其结果应与现金流量模型一致。

$$\frac{P_0}{每股净利_1}=\frac{\frac{D_1}{每股净利_1}}{K_s-g}=\frac{股利支付率}{K_s-g}=内在市盈率 \quad （公式 12-32）$$

在影响市盈率的三个因素中，关键是增长潜力。所谓“增长潜力”类似，不仅指具有相同的增长率，还包括增长模式的类似性，例如同为永续增长，还是同为由高增长转为永续低增长。上述内在市盈率模型是根据永续增长模型推导的。如果企业符合两阶段模型的条件，也可以通过类似的方法推导出两阶段情况下的内在市盈率模型。它比永续增长的内在市盈率模型形式复杂，但是仍然由这三个因素驱动。

3. 模型特点

市盈率模型的优点：

首先，计算市盈率的数据容易取得，并且计算简单；其次，市盈率把价格和收益联系起来，直观地反映投入和产出的关系；再次，市盈率涵盖了风险补偿率、增长率、股利支付率的影响，具有很高的综合性。

市盈率模型的局限性：

如果收益是负值，市盈率就失去了意义。市盈率除了受企业本身基本面的影响以外，还受到整个经济景气程度的影响，比如经济繁荣时市盈率会上升，如果目标企业的β值大于1，经济繁荣时评估价值会被夸大。如果是一个周期性的企业，则企业价值可能被歪曲。

适用企业：

市盈率模型最适合连续盈利，并且β值接近于1的企业。

4. 模型应用

【例 12-8】龙阳公司2011年的每股净利是5元，每股分配股利3.50元，该企业净利润和股利的增长率都是8%，β值为0.9，政府长期债券利率为3%，股票的风险附加率为12%。问龙阳公司的本期净利市盈率和预期净利市盈率各是多少？泉清公司与龙阳公司是类似的企业，2011年实际净利为0.5元，根据龙阳公司的本期净利市盈率对泉清公司估价，其股票价值是多少？泉清公司预期2012年的净利是0.54元，根据龙阳公司的预期净利市盈率对泉清公司估价，其股票价值是多少？

龙阳公司：

股利支付率 = 每股股利 ÷ 每股净利 = 3.5 ÷ 5 = 70%

股权资本成本率 = 无风险利率 + β × 风险附加率 = 3% + 0.9 × 12% = 13.8%

本期市盈率 = ［股利支付率 ×（1 + 增长率）］÷（资本成本 − 增长率）
= ［70% ×（1 + 8%）］÷（13.8% − 8%）≈ 13.03

预期市盈率 = 股利支付率 ÷（资本成本 − 增长率）
= 70% ÷（13.8% − 8%）≈ 12.07

泉清公司：

股票价值 = 目标企业本期每股净利 × 可比企业本期市盈率 = 0.5 × 13.03 ≈ 6.52（元/股）

股票价值 = 目标企业预期每股净利 × 可比企业预期市盈率 = 0.54 × 12.07 ≈ 6.52（元/股）

通过这个例子看到，如果目标企业的预期每股净利变动与可比企业相同，则根据本期市盈率和预期市盈率进行估价的结果相同。同时应当注意，在估价时目标企业本期净利必须要乘以可比本期净利市盈率，目标企业预期净利必须要乘以可比企业预期市盈率，两者必须匹配，这一原则也适用于其他相对价值法模型。

（二）市净率模型

1. 市价/净资产模型

市价/净资产构成的比率，通常称为市净率。

$$市净率=\frac{市价}{净资产} \qquad （公式12-33）$$

净资产可以理解为股东权益，一般用账面价值来代表，即每股净资产为每股的股权账面价值。

$$每股市价=市净率\times 每股账面价值 \qquad （公式12-34）$$

运用市净率估价的模型如下：

$$目标企业每股价值=可比企业平均市净率\times 目标企业的每股账面价值 \qquad （公式12-35）$$

该模型假设股权价值是净资产的一定倍数，同类企业有类似的市净率，所以目标企业的股权价值可以用可比企业的平均市净率乘以每股净资产来计算。

2. 模型原理

我们需要找出影响市净率高低的基本因素。

如果把股利折现模型的两边同时除以同期股权账面价值，即“股权账面价值$_0$”，就可以得到市净率：

$$\frac{P_0}{股权账面价值_0}=\frac{\dfrac{D_0\times(1+g)}{股权账面价值_0}}{K_s-g}=\frac{\dfrac{D_0}{股权账面价值_0}\times(1+g)}{K_s-g}$$

将分子乘以同期每股净利，再除以每股净利，即“每股收益$_0$”，得到：

$$\frac{P_0}{股权账面价值_0}=\frac{\dfrac{D_0}{每股收益_0}\times\dfrac{每股收益_0}{股权账面价值_0}\times(1+g)}{K_s-g}$$

由于股利支付率为每股股利/每股净利，股东权益收益率为每股收益/每股股东权益，上式变为：

$$\frac{P_0}{股权账面价值_0}=\frac{股利支付率\times 股东权益收率益_0\times(1+g)}{K_s-g}=本期市净率 \qquad （公式12-36）$$

通过整理和分析，公式12-36表明，市净率的驱动因素是权益报酬率、企业的增长潜力、股利支付率和风险。其中权益报酬率是关键因素。这四个因素同时类似的企业，才会具有类似的市净率。

如果把两边同时除以下一期预计每股股东权益，即“股权账面价值$_1$”，其结果称为“内在市净率”或“预期市净率”。使用内在市净率作为价格乘数计算企业价值，所得结果与现金流量模型的结果应当一致。

$$\frac{P_0}{股权账面价值_1}=\frac{\dfrac{D_1}{股权账面价值_1}}{K_s-g}=\frac{\dfrac{D_1}{每股收益_1}\times\dfrac{每股收益_1}{股权账面价值_1}}{K_s-g}$$

$$\frac{P_0}{股权账面价值_1}=\frac{股利支付率\times 股东权益收率益_1}{K_s-g}=内在市净率 \qquad （公式12-37）$$

3. 模型特点

市净率模型的优点：

首先，净利为负值的企业不能用市盈率进行估价，而市净率极少为负值，可用于大多数企业。其次，净资产账面价值的数据容易取得，并且容易理解。再次，净资产账面价值比净利稳定，也不像利润那样经常被人为操纵。最后，如果会计标准合理并且各企业会计政策一致，市净率的变化可以反映企业价值的变化。

市净率模型的局限性：

首先，账面价值受会计政策选择的影响，如果各企业执行不同的会计标准或会计政策，市净率会失去可比性。其次，固定资产很少的服务性企业和高科技企业，净资产与企业价值的关系不大，其市净率比较没有什么实际意义。最后，少数企业的净资产是负值，市净率没有意义，无法用于比较。

适用企业：

市净率模型主要适用于需要拥有大量资产、净资产为正值的企业。

4. 模型应用

【例 12－9】在表 12－11 中，列出了 2010 年汽车制造业 6 家上市公司的市盈率和市净率以及全年平均的实际股价。请用这 6 家公司的平均市盈率和市净率评价 X 汽车公司的股价。

表 12－11　同类汽车制造业上市公司的市盈率和市净率数据

公司名称	每股收益/元	每股净资产/元	实际每股价格/元	市盈率	市净率
A	0.78	5.24	9.86	12.64	1.88
B	0.36	2.69	6.26	17.39	2.33
C	0.52	4.75	11.67	22.44	2.46
D	0.23	3.47	6.1	26.52	1.76
E	0.17	2.54	4.23	24.88	1.67
F	0.12	2.01	5.68	47.33	2.83
平均				25.20	2.15
X	0.08	1.82	3.89		

按市盈率估价 $= 0.08 \times 25.20 \approx 2.02$（元/股）

按市净率估价 $= 1.82 \times 2.15 \approx 3.91$（元/股）

通过这道例题的计算发现，市净率的评价更接近实际价格，这可能因为汽车制造业是一个需要大量资产的行业。由此可见，合理选择模型的种类对于正确估价是很重要的。

（三）市销率模型

1. 市价/销售收入模型

市价/销售收入构成的比率，通常称为市销率。

$$\text{市销率} = \frac{\text{每股市价}}{\text{每股销售收入}} \qquad \text{（公式 12－38）}$$

$$\text{每股市价} = \text{市销率} \times \text{每股销售收入} \qquad \text{（公式 12－39）}$$

运用市销率估价的模型如下：

目标企业每股价值 = 可比企业平均市销率 × 目标企业的每股销售收入 （公式 12-40）

该模型假设股权价值是销售收入的一定倍数，同类企业有类似的市销率，所以目标企业的股权价值可以用可比企业的平均市销率乘以每股销售收入来计算。

2. 模型原理

我们需要找出影响市销率高低的基本因素。

如果把股利折现模型的两边同时除以同期每股销售收入，即“每股收入$_0$”，就可以得到市销率：

$$\frac{P_0}{\text{每股收入}_0}=\frac{\frac{D_0\times(1+g)}{\text{每股收入}_0}}{K_s-g}=\frac{\frac{D_0}{\text{每股收入}_0}\times(1+g)}{K_s-g}$$

将分子乘以同期每股净利，再除以每股净利，即“每股净利$_0$”，得到：

$$\frac{P_0}{\text{每股收入}_0}=\frac{\frac{D_0}{\text{每股净利}_0}\times\frac{\text{每股净利}_0}{\text{每股收入}_0}\times(1+g)}{K_s-g}$$

由于股利支付率为每股股利/每股净利，销售净利率为每股净利/每股收入，上式变为：

$$\frac{P_0}{\text{每股收入}_0}=\frac{\text{股利支付率}\times\text{销售净利率}_0\times(1+g)}{K_s-g}=\text{本期市净率} \quad \text{（公式 12-41）}$$

通过整理和分析，公式 12-41 表明，市销率的驱动因素是销售净利率、企业的增长潜力、股利支付率和风险。其中销售净利率是关键因素。这四个因素同时类似的企业，才会具有类似的市销率。

如果把两边同时除以下一期预计每股销售收入，即“每股收入$_1$”，其结果称为“内在市销率”或“预期市销率”。使用内在市销率作为价格乘数计算企业价值，所得结果与现金流量模型的结果应当一致。

$$\frac{P_0}{\text{每股收入}_1}=\frac{\frac{D_1}{\text{每股收入}_1}}{K_s-g}=\frac{\frac{D_1}{\text{每股净利}_1}\times\frac{\text{每股净利}_1}{\text{每股收入}_1}}{K_s-g}$$

$$\frac{P_0}{\text{每股收入}_1}=\frac{\text{股利支付率}\times\text{股东净利率}_1}{K_s-g}=\text{内在市净率} \quad \text{（公式 12-42）}$$

3. 模型特点

市销率模型的优点：

首先，它不会出现负值，对于亏损企业和资不抵债的企业，也可以计算出一个有意义的价值乘数。其次，它比较稳定、可靠，不容易被操纵。最后，市销率对价格政策和企业战略变化敏感，可以反映这种变化的后果。

市销率模型的局限性：

不能反映成本的变化，而成本是影响企业现金流量和价值的重要因素之一。

适用企业：

市销率模型主要适用于销售成本率较低的服务类企业，或者销售成本率趋同的传统行业的企业。

4. 模型应用

【例 12-10】景友软件公司是一家上市公司，其 2010 年每股销售收入为 78 元，每股净利润 3.9 元。公司采用固定股利支付率政策，股利支付率为 65%。预期利润和股利的长期增长率为 7%。该公司的 β 值为 1.1，该时期的无风险利率为 5%，市场平均报酬率为 14%。

有一家和它类似的企业，成友软件公司，其2010年的每股销售收入为83元，根据市销率模型对成阳软件公司进行估价。

景友软件公司：

销售净利率 = 3.9 ÷ 78 = 5%

股权资本成本 = 5% + 1.1 × （14% − 5%） = 14.9%

本期市销率 = ［销售净利率 × 股利支付率 × （1 + 增长率）］ ÷ （资本成本 − 增长率）

= ［5% × 65% × （1 + 7%）］ ÷ （14.9% − 7%） ≈ 0.4402

成友软件公司：

股票价值 = 83 × 0.4402 ≈ 36.54（元）

二、相对价值模型的应用

（一）可比企业的选择

相对价值法应用的主要困难是选择可比企业。通常的做法是选择一组同业的上市企业，计算出它们的平均市价比率（这种平均数通常采用简单算术平均）作为估计目标企业价值的乘数。

根据前面的分析可知不同的市价比率有不同的驱动因素。比如，市盈率取决于增长潜力、股利支付率和风险（股权资本成本率）三个驱动因素，其中最重要的驱动因素是增长率。在选择可比企业时，就需要先估计目标企业的这三个比率，然后按此条件来筛选，还要格外关注增长率。一般处在生命周期同一阶段的同行业企业，大体上有类似的增长率，可以作为判断增长率类似的主要依据。在使用市净率和市销率模型时，选择可比企业的方法与市盈率类似，只是它们的驱动因素有区别。

【例12－11】施阳公司是一个制造业上市公司，其每股收益为0.5元/股，股票价格为13元。假设制造业上市企业中，增长率、股利支付率和风险与施阳公司类似的有6家，它们的市盈率如表12－12所示。用市盈率法评估施阳公司的股价被市场高估了还是低估了？

表12－12　　同类上市公司的市盈率数据

公司名称	甲	乙	丙	丁	戊	己	平均数
价格/收益	18.8	17	14.6	25.9	35.8	42.7	25.8

由于：股票价值 = 0.5 × 25.8 = 12.9（元/股），实际股票价格是13元，所以施阳公司的股票被市场高估了。

（二）修正的市价比率

选择可比企业的时候，往往找不到符合条件的可比企业。解决问题办法之一是采用修正的市价比率。这种修正是将市价比率中最重要的驱动因素扣除。

1. 修正市盈率

在影响市盈率的诸驱动因素中，关键变量是增长率。增长率的差异是市盈率差异的主要驱动因素。因此，可以用增长率修正实际市盈率，把增长率不同的同业企业纳入可比范围。

$$修正市盈率 = \frac{实际市盈率}{预期增长率 \times 100} \qquad （公式12-43）$$

修正的市盈率，排除了增长率对市盈率的影响，剩下的部分是由股利支付率和股权成本决定的市盈率，可以称为“排除增长率影响的市盈率”。

【例 12－12】依前【例 12－11】资料，各可比企业的预期增长率如表 12－13 所示。

表 12－13　　同类上市公司的预期增长率数据

公司名称	甲	乙	丙	丁	戊	己	平均数
实际市盈率	18.8	17	14.6	25.9	35.8	42.7	25.8
预期增长率	9%	8%	6%	14%	17%	21%	12.5%

施阳公司的每股净利是 0.5 元/股，假设预期增长率是 14%。

有两种评估方法：

（1）修正平均市盈率法。

$$修正平均市盈率=\frac{可比企业平均市盈率}{平均预期增长率\times 100}=\frac{25.8}{12.5\%\times 100}=\frac{25.8}{12.5}=2.064$$

$$\begin{aligned}施阳公司每股价值&=修正平均市盈率\times 目标企业增长率\times 100\times 目标企业每股净利\\&=2.064\times 14\%\times 100\times 0.5\\&\approx 14.45（元/股）\end{aligned}$$

实际市盈率和预期增长率的“平均数”通常采用简单算术平均。修正市盈率的“平均数”根据平均市盈率和平均预期增长率计算。

（2）股价平均法。

这种方法是先根据各可比企业的修正市盈率估计施阳公司的每股价值。

$$目标企业每股价值=可比企业修正市盈率\times 目标企业预期增长率\times 100\times 目标企业每股净利$$

然后，将得出的股票估价进行算术平均，得到施阳公司的平均每股价值为 14.74 元。计算过程见表 12－14 所示。

表 12－14　　施阳公司的每股价值估计数据

公司名称	甲	乙	丙	丁	戊	己	平均数
实际市盈率	18.8	17	14.6	25.9	35.8	42.7	25.8
预期增长率	9%	8%	6%	14%	17%	21%	12.50%
修正市盈率	2.089	2.125	2.433	1.850	2.106	2.033	2.064
施阳公司每股净利（元）	0.50	0.50	0.50	0.50	0.50	0.50	0.50
施阳公司预期增长率	14%	14%	14%	14%	14%	14%	14%
施阳公司每股价值（元）	14.62	14.88	17.03	12.95	14.74	14.23	14.74

2. 修正市净率

市净率的修正方法与市盈率类似。市净率的驱动因素有增长率、股利支付率、风险和股东权益净利率。其中，关键因素是股东权益净利率。

$$修正市净率=\frac{实际市净率}{预期权股东权益净利率\times 100}\qquad（公式 12－44）$$

$$目标企业每股价值=修正平均市净率\times 目标企业股东权益净利率\times 100\times 目标企业每股净资产$$

3. 修正市销率

市销率的修正方法与市盈率类似。市销率的驱动因素是增长率、股利支付率、风险和销售净利率。其中，关键的因素是销售净利率。

$$修正市销率 = \frac{实际市销率}{预期销售净利率 \times 100} \quad (公式 12-45)$$

$$目标企业每股价值 = 修正平均市销率 \times 目标企业销售净利率 \times 100 \times 目标企业每股收入$$

如果候选的可比企业在非关键变量方面也存在较大差异，就需要进行多个差异因素的修正。修正的方法可以借助计算机使用多元回归技术，包括线性回归或其他回归技术。

增加企业价值是企业的根本目的，所以认识价值，对价值评估是财务管理工作中的重要环节。价值评估是一个认识企业价值的过程，它是对企业经营整体实力的评估，也是一种带有挑战性的工作。不能把价值评估看成是泛化的程序性工作，而应把握它的实质是关注企业的真实价值，寻找影响企业价值的驱动因素，真正为企业价值最大化的财务管理目标服务。

本章小结

1. 企业价值具有整体性、效用性、全面性和市场性等特点，企业价值评估并不是对企业各项资产的评估，而是一种对企业资产综合体的整体、动态的价值评估，它包括企业以往经营业绩的评估分析和企业未来经营前景的预测分析。

2. 现金流量折现法是将企业作为一个总体的经济实体，根据相关资料和信息，对企业未来预期收益的现金流，按与其相配比的资本折现率折现，得到的企业预计收益的现值之和。实际应用中现金流量折现的具体模型常采用股权现金流量模型和实体现金流量模型。将现金流量的持续年数时间分为预测期和后续期两个阶段。

3. 经济利润法是利用经济利润这一指标，衡量企业在某一期间的价值增值程度，再用价值增值进一步估算企业价值。

4. 相对价值法，是将目标企业与可比企业对比，用可比企业的价值衡量目标企业的价值，它利用与待评估目标企业类似的企业，以类似企业的市场定价来估计目标企业的价值。

第十三章 营运资本管理

学习目标

修完本章内容后，你应该能够：

1. 理解营运资本的概念，掌握营运资本的投资政策
2. 理解现金成本和持有动机，进行最佳现金持有量的决策
3. 理解应收账款的成本，掌握应收账款的功能，进行信用政策的决策
4. 理解存货的成本及其功能，进行存货决策
5. 理解营运资本筹资政策，掌握短期筹资方式

第一节 营运资本投资政策

营运资本管理属于短期财务决策，包括投资和筹资两个方面。由于竞争的加剧，营运资本管理对于企业盈利能力和生存能力的影响越来越大。事实上，许多公司破产的主要原因是它们不能满足营运资本的需求。因此，正确的营运资本管理是企业得以生存的必要条件。

一、营运资本的概念

营运资本是指投入日常经营活动的资本，一般有广义和狭义两种概念。

广义的营运资本，又称总营运资本，一般指流动资产的资金来源。“流动资产”一般指营运资本的各种占用形态。实务中，广义的营运资本与流动资产往往作为同义语使用，因为它们的数额相等。

狭义的营运资本也称净营运资本，是指流动资产减流动负债后的差额，又称营运资本净额。

二、营运资本投资管理

营运资本投资管理也即流动资产投资管理，包括流动资产投资政策和流动资产投资的日常管理两部分。

（一）流动资产投资政策

流动资产投资政策是指如何确定流动资产投资的相对规模。流动资产的相对规模，一般用流动资产占收入的比率来衡量。通常流动资产投资政策包括适中的流动资产投资政策、紧缩的流动资产投资政策和宽松的流动资产投资政策。

1. 适中的流动资产投资政策

适中的流动资产投资政策，就是按着预期的流动资产周转天数、销售额及其增长，成本水平和通货膨胀等因素确定的最优投资规模，安排流动资产投资。

流动资产最优的投资规模，取决于持有成本和短缺成本之和的最小化。企业持有成本随投资规模增加，短缺成本随投资规模而减少，在两者相等时达到最佳的投资规模。

在适中的流动资产投资政策下，企业的风险和收益都是适中的。

2. 紧缩的流动资产投资政策

紧缩的流动资产投资政策，意味着企业将维持流动资产与销售收入的低比率。这时企业将保持低水平的现金余额、不投资于有价证券、小规模的存货投资、不允许赊销，没有应收账款。

紧缩的流动资产投资政策可能伴随着更高风险和产生更高的收益。这种风险或源于严紧的信用政策和存货管理，或源于现金的缺乏不能偿还应付账款。只要不可预见的事件没有破坏企业的流动性而导致严重的问题发生，则紧缩的流动资产投资政策就会提高企业效益。

3. 宽松的流动资产投资政策

宽松的流动资产投资政策，意味着企业将维持流动资产与销售收入的高比率。这时企业将持有大量的现金余额和有价证券、保持高水平的存货投资、放宽信用条件，从而持有高水平的应收账款。

宽松的流动资产投资政策可能伴随着低风险和产生较低的收益。因为在该种政策下，流动资产的持有水平最高，虽然提高了资产的流动性，降低了企业的运营风险，但同时也降低了企业的盈利能力。

（二）流动资产投资的日常管理

流动资产投资的日常管理，是指流动资产投资政策的执行过程。流动资产投资的日常管理的主要内容包括现金管理、存货管理和应收账款管理。

流动资产的日常管理，是伴随各业务部门的日常生产经营活动进行的。这些日常生产经营活动虽然会影响公司的流动性，但财务主管并不直接决策，而是由相关营业人员分散决策。财务主管的职责则是根据既定的流动资产投资政策对日常营业活动中经常重复的例行活动制定控制标准和控制程序，并监控系统运行的有效性。

（三）流动资产投资与企业价值

1. 流动资产影响企业营业现金净流量

因为，

营业现金净流量 = 税后经营利润 + 折旧摊销 − 净营运资本投资

= 税后经营利润 + 折旧摊销 − （年末净营运资本 − 年初净营运资本）

所以，在不影响公司正常盈利的情况下，降低净营运资本投资可以增加营业现金净流量，增加公司价值。

2. 流动资产投资影响资本收益率

因为，

权益资本收益率 = 销售净利率 × 总资产周转率 × 权益乘数

所以，在不影响正常盈利的情况下，节约流动资产投资可以提高总资产周转率，提高公司的资本收益率，增加企业价值。

第二节 现金管理

一、现金管理目标

现金有广义和狭义之分。广义的现金是指在生产经营过程中以货币形态存在的资金，包括库存现金、银行存款和其他货币资金等。狭义的现金仅指库存现金。本章所讲现金是广义的现金。

（一）持有现金的动机

企业持有现金主要出于三种需求：交易性需求、预防性需求和投机性需求。

1. 交易性需求

这是指企业为了维持日常周转及正常商业活动所需持有的现金。企业在日常经营活动中，每天发生的现金流入量和现金流出量不但在数量上不相等而且在时间上也不同步，因此，企业必须持有一定数量的现金来调节，才能使生产经营活动正常进行。一般来说，企业为满足该动机所持有的现金余额主要取决于企业的销售水平。

2. 预防性需求

这是指为应付意外事件的发生而持有的现金。这种意外事件可能源自政治环境的变化，或者是与企业相关的某一利益群体的某种行为所引发的。企业为应付意外情况所持有的现金余额主要取决于：①企业愿意承担风险的程度。②企业预测现金收支可靠的程度。③企业临时筹资的能力。

3. 投机性需求

这是指企业为了抓住突然出现的获利机会而持有的现金。如在证券市场价格剧烈波动时，进行证券投机所需要的现金。企业为满足该动机所持有的现金余额主要取决于企业对待风险的态度以及市场上投机机会的多少。

（二）现金的成本

1. 机会成本

现金的机会成本，是指企业因持有一定现金余额而丧失的再投资收益。再投资收益是企业不能同时用该资金进行有价证券投资所产生的机会成本，这种成本在数额上等于资金成本。现金的机会成本属于变动成本，它与现金持有量的多少成正比例关系。

2. 管理成本

现金的管理成本，是指企业因持有一定数量的现金而发生的管理费用。这种费用具有固定成本的性质，一般认为是一种固定成本，它在一定范围内与现金持有量之间没有明显的比例关系。

3. 转换成本

现金的转换成本，是指企业用现金购入有价证券以及用有价证券换取现金时付出的交易费用，即现金同有价证券之间相互转换的成本。如买卖佣金、手续费、证券过户费、印花税、实物交割费等。转换成本可以分为两类：一是与委托金额相关的转换成本，这种转换成本的多少与证券变现次数无关。二是与委托金额无关，只与证券变现次数有关的转换成本，这种转换成本的多少与证券变现次数成正比例关系，而与现金持有量即有价证券变现额的多少呈反向变化的关系。

4. 短缺成本

现金的短缺成本，是指企业在发生现金短缺的情况下所造成的损失，包括直接损失和间接损失。短缺成本与现金持有量成反方向变动关系。

（三）现金管理的目标

现金是企业的一项重要流动资产。在市场正常的情况下，一般来说，流动性强的资产，其收益性较低，这意味着企业应尽可能少地置存现金，避免资金闲置或用于低收益资产而带来的损失。企业现金管理的目标就是在资产的流动性和盈利能力之间做出抉择，以获取最大的长期利润。

二、现金日常收支管理

（一）收款管理

1. 建立现金收支的内部控制制度

（1）明确现金收支的职责分工及内部牵制制度。

（2）明确现金支出的批准界限。

（3）做好收支凭证的管理及账目的核对。

2. 遵守现金收支结算纪律

3. 加速收款

（1）增加现款销售，减少赊销，如果经济上可行，尽量采用现金折扣。

（2）建立科学有效的收账政策，避免欠款逾期和出现坏账。

（3）采用安全快捷的结算方式，加速客户付款的速度。

（4）收到支票后尽快处理，指定专人办理大额款等。

（二）控制付款

1. 使用现金浮游量

现金浮游量是指企业账户上的现金余额和银行账户上的企业存款余额之间的差额。

2. 推迟应付账款的支付

3. 汇票代替支票

4. 争取现金流入与现金流出同步

三、最佳现金持有量的确定

现金管理除了做好日常收支管理外，还需要控制好现金持有规模，即确定适当的现金持有量。下面是几种确定最佳现金持有量的方法。

（一）成本分析模型

成本分析模式是根据现金有关成本，分析预测其总成本最低时现金持有量的一种方法。运用该模式确定现金最佳持有量，只考虑因持有现金所产生的机会成本、管理成本和短缺成本，不考虑转换成本。其计算公式为：

$$最佳现金持有量 = \min(管理成本 + 机会成本 + 短缺成本)$$

其中，管理成本属固定成本，机会成本与现金持有量正相关，短缺成本与现金持有量负相关。它们与现金持有量之间的关系可以从图 13－1 中反映出来。

从图 13－1 可以看出，由于各项成本同现金持有量的变动关系不同，使得总成本曲线呈现抛物线型。抛物线的最低点，即为总成本最低点。成本分析模式就是要找到由机会成本、

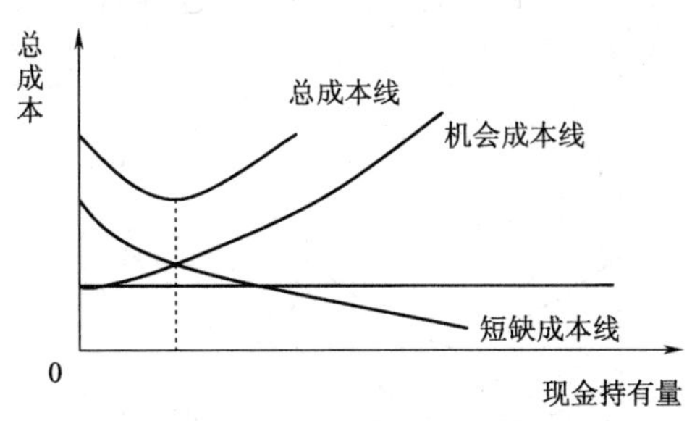

图 **13－1**　持有现金的总成本

管理成本和短缺成本所组成的总成本曲线中最低点所对应的现金持有量，把它作为最佳现金持有量。

【例 13－1】某企业有甲、乙、丙、丁四种现金持有方案，有关成本资料如表 13－1 所示。

表 13－1　　**现金持有量备选方案**　　单位：元

项目	甲	乙	丙	丁
现金持有量	20 000	30 000	40 000	50 000
机会成本率（%）	10	10	10	10
管理成本	2 000	2 000	2 000	2 000
短缺成本	6 000	2 500	1 300	400

根据表 13－1 编制该企业最佳现金持有量测算表如表 13－2 所示。

表 13－2　　**最佳现金持有量测算表**　　单位：元

方案及现金持有量	机会成本	管理成本	短缺成本	总成本
甲（20 000）	2 000	2 000	6 000	10 000
乙（30 000）	3 000	2 000	2 500	7 500
丙（40 000）	4 000	2 000	1 300	7 300
丁（50 000）	5 000	2 000	400	7 400

通过比较各方案的总成本可知，丙方案的总成本最低，表明当企业持有 40 000 元的现金时，总代价最低，故 40 000 元是该企业的最佳现金持有量。

（二）存货模式

存货模式又称鲍曼模型，是威廉·鲍曼（William Baumol）提出的用以确定目标现金持有量的模型。这一模型的建立是基于下列假设条件：①企业所需要的现金可通过证券变现取得，且证券变现的不确定性很小。②企业预期内现金需要总量可以预测。③现金的支出过程比较稳定、波动小，而且每当现金余额降至零时，均可通过部分证券变现得以补足。④证券的收益率以及每次固定转换成本可以获悉。

企业每次以有价证券换回现金是要付出代价的，这被称为交易成本。现金的交易成本与现金转换次数、每次的转换量有关。现金的交易成本与现金的平时持有量成反比。基于决策角度出发，并不再考虑大体为固定不变的管理成本，这样现金的成本构成可重新表现为图13－2所示。

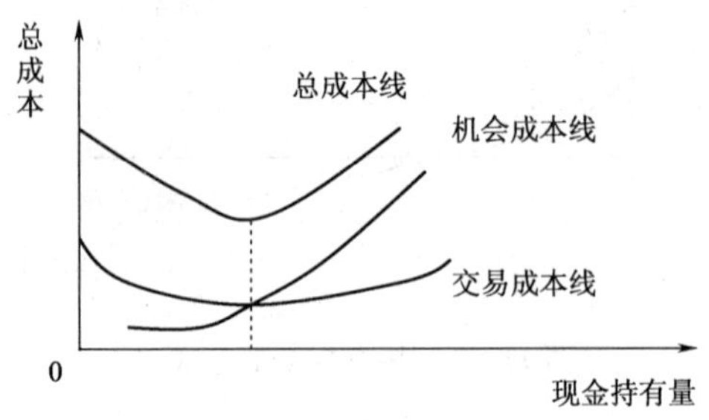

图 **13－2** 现金的成本构成

在图13－2中，现金的机会成本线和交易成本线是两条随现金持有量呈不同方向发展的曲线，两条曲线交叉点相应的现金持有量，即是总成本最低的现金持有量，它可运用现金持有量存货模式求出。存货模式为：

总成本 = 机会成本 + 交易成本

即：$TC=\frac{Q}{2}K_c+\frac{D}{Q}K$ （公式13－1）

根据导数原理，可求得最佳现金持有量：

$Q=\sqrt{\frac{2DK}{K_c}}$ （公式13－2）

式中：TC 为现金总成本；Q 为最佳现金持有量（亦即每次证券变现的数量）；K_c 为有价证券收益率（机会成本）；D 为一个周期内的现金总需求量；K 为每次转换有价证券的交易成本。

将（公式13－2）代入（公式13－1）得：

现金总成本：$TC=\sqrt{2KDK_c}$ （公式13－3）

其中：有价证券交易次数（N）$=\frac{D}{Q}$ （公式13－4）

有价证券交易间隔期（T）$=\frac{360}{N}$ （公式13－5）

【例13－2】某企业现金收支情况比较稳定，预计全年（按360天计算）需要现金400 000元，每次转换有价证券的交易成本为每次200元，有价证券的年利率为10%，则：

最佳现金持有量（Q）$=\sqrt{\frac{2\times400\ 000\times200}{10\%}}=40\ 000$（元）

总成本 $=\sqrt{2\times400\ 000\times200\times10\%}=4\ 000$（元）

有价证券交易次数（N）$=\frac{400\ 000}{40\ 000}=10$（次）

有价证券交易间隔期（T）$=\frac{360}{10}=36$（天）

存货模式是一种简单、直观的确定最佳现金持有量的方法。不足之处在于该模式假定现金的流出量是稳定不变的，实际上这很少有。

（三）随机模式（米勒－奥尔模型）

随机模式是在现金需求量难以预知的情况下进行现金持有量控制的方法。对企业来讲，现金需求量往往波动大且难以预知，但企业可以根据历史经验和现实需要，测算出一个现金持有量的范围，即制定出现金持有量的上限和下限，将现金量控制在上下限之内。当现金量达到控制上限时，用现金购入有价证券，使现金持有量下降；当现金量降到控制下限时，则抛售有价证券换回现金，使现金持有量回升。若现金量在控制的上下限之内，便不必进行现金与有价证券的转换，保持它们各自的现有存量。这种对现金持有量的控制，如图 13－3 所示。

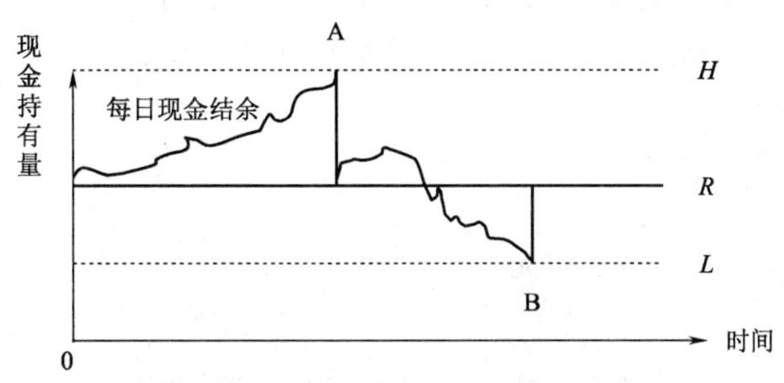

图 **13－3**　现金持有量的随机模式

图 13－3 中，虚线 H 为现金存量的上限，虚线 L 为现金存量的下限，实线 R 为最优现金返回线。从图中可以看到，企业的现金存量（即每日现金余额）是随机波动的，当其达到 A 点时，即达到了现金控制上限，企业应用现金购买有价证券，使现金持有量回落到现金返回线（R 线）的水平；当现金存量降到 B 点时，即达到了现金控制的下限，企业则应转让有价证券换回现金，使其存量回升至现金返回线的水平。现金存量在上下限之间的波动属控制范围内的变化，是合理的。以上关系中的上限 H、现金返回线 R 可按下列公式计算：

$$R=\sqrt[3]{\frac{3b\sigma^2}{4i}}+L \qquad \text{（公式 13－6）}$$

$$H=3R-2L \qquad \text{（公式 13－7）}$$

式中：b 为每次有价证券的固定转换成本；σ 为预期每日现金余额变化的标准差（可根据历史资料测算）；i 为有价证券的日利息率。

下限 L 的确定，则要受到企业每日的最低现金需要、管理人员的风险承受倾向等因素的影响。

【例 13－3】假设某公司有价证券的年收益率为 9%，每次转换有价证券的固定成本为 50 元，公司负责人决定将现金持有量的下线 L 值定为 1 500 元，估计公司现金流量的标准差为 800 元。则最优现金返回线 R、现金控制上限 H 的计算为：

$$R=\sqrt[3]{\frac{3\times 50\times 800^2}{4\times 9\%/360}}+1\ 500=6\ 079\text{（元）}$$

$$H=3\times 6\ 079-2\times 1\ 500=15\ 237\text{（元）}$$

运用随机模式确定现金最佳持有量符合随机思想，所以适用于所有企业现金最佳持有量的测算。但是，由于随机模式是建立在企业的现金未来需求总量和收支不可预测的前提下，因此，计算出来的现金持有量比较保守。

（四）现金周转模式

现金周转模式是从现金周转的角度出发，根据现金周转速度来测算最佳现金持有量的一种模式。利用该模式确定最佳现金持有量，包括以下三个步骤。

1. 计算现金周转期

现金周转期 = 存货周转期 + 应收账款周转期 - 应付账款周转期　　（公式 13-8）

2. 计算现金周转率

现金周转率 = 360/现金周转期　　（公式 13-9）

3. 计算最佳现金持有量

最佳现金持有量 = 年现金需求额/现金周转率　　（公式 13-10）

【例 13-4】某企业预计存货周转期为 85 天，应收账款周转期为 35 天，应付账款周转期为 30 天，预计全年需要现金 860 万元，计算最佳现金余额如下：

现金周转期 = 85 + 35 - 30 = 90（天）

$$现金周转率 = \frac{360}{90} = 4（次）$$

$$最佳现金持有量 = \frac{860}{4} = 215（万元）$$

第三节　应收账款管理

一、应收账款管理目标

（一）应收账款功能与成本

1. 应收账款功能

（1）增加销售功能。在激烈的市场竞争中，赊销已成为企业扩大销售的手段之一，通过提供赊销会带来企业销售收入和利润的增加。

（2）减少存货功能。企业持有产成品存货，会相应地占用资金，形成仓储费用、管理费用等支出，相反，企业持有应收账款，则无须上述支出。因此，当企业的产成品存货较多时，一般会采用较优惠的信用条件进行赊销，把存货转化为应收账款，减少产成品存货，节约各种支出。

2. 应收账款成本

（1）应收账款机会成本。应收账款机会成本，亦即应收账款占用资金的应计利息，是指企业将资金投放于应收账款而放弃其他投资所带来的收益。这一成本的大小通常与应收账款资金占用量、资金成本率有关。计算公式为：

应收账款应计利息 = 应收账款占用资金 × 资金成本率　　（公式 13-11）

应收账款占用资金 = 应收账款平均余额 × 变动成本率　　（公式 13-12）

$$应收账款平均余额 = \frac{年销售额}{360} \times 平均收现期$$　　（公式 13-13）

（2）应收账款管理成本。应收账款管理成本是指企业对应收账款进行管理而发生的支出，主要包括对客户的资信调查费用、应收账款账簿记录费用、收账费用及其他费用。

（3）应收账款坏账成本。应收账款坏账成本是指因应收账款无法收回而产生的坏账损失。坏账成本与应收账款数量成正比。

（二）应收账款管理目标

应收账款作为企业扩大销售和盈利的一项投资，肯定会发生成本，这就需要企业在应收账款信用政策所增加的盈利和这种政策的成本之间做出权衡。在充分发挥应收账款功能的基础上，降低应收账款投资的成本，使赊销带来的盈利增加大于应收账款投资产生的成本增加，最终使企业现金收入增加，企业价值上升。

二、信用政策

信用政策亦即应收账款政策，是指企业为对应收账款进行规划与控制而确立的基本原则与行为规范，是企业财务政策的一个重要组成部分。企业信用政策包括：信用期间、信用标准和现金折扣政策。

（一）信用期间

信用期间是企业允许客户从购货到付款所需要的时间，即企业给予客户的付款期间。产品销售与信用期间存在着一定的依存关系。企业在确定是否要改变现行的信用期间时，必须在延长信用期间增加的利润和所增加的成本之间做出权衡。

信用期的确定，主要是分析改变现行信用期对收入和成本的影响。所谓“改变信用期”是指延长信用期或缩短信用期。是否改变信用期的决策有两种方法：一是差量分析法（增量分析法）；二是相关损益法。

1. 差量分析法（增量分析法）

就是根据改变信用期前后的差量净损益来确定是否改变信用期的一种决策分析方法，其公式为：

差量净损益 = 差量收益 - 差量成本费用　　（公式 13 - 14）

差量收益 = 销售增加量 × 单位边际贡献

差量成本费用 = 应计利息增量 + 收账费用增量 + 坏账损失增量

根据差量净损益（差量收益 - 差量成本费用）判断应否改变信用期：如果差量净损益大于零，应改变信用期，否则不改变。

【例 13 - 5】M 公司目前采用的是 *N*/30 的信用期限，拟将信用期限放宽到 *N*/60。假设等风险投资的最低报酬率为 10%，其他有关数据如表 13 - 3 所示。请为 M 公司是否应改变信用期限做出决策。

表 13 - 3　　信用期决策数据

项　目		*N*/30	*N*/60
年销售量（件）	①	120 000	150 000
单价（元/件）	②	5	5
单位变动成本（元/件）	③	4	4
固定成本（元）	④	60 000	60 000
可能发生的收账费用（元）	⑤	4 000	5 000
可能发生的坏账损失（元）	⑥	6 000	9 000

在分析时，先计算放宽信用期得到的收益，然后计算增加的成本，最后根据两者比较的结果做出判断。

（1）收益的增加：

收益的增加 = （150 000 - 120 000） × （5 - 4） = 30 000（元）

（2）应收账款应计利息增加：

$$30\text{天信用期应计利息}=\frac{120\ 000\times5}{360}\times30\times\frac{4}{5}\times10\%=4\ 000\text{（元）}$$

$$60\text{天信用期应计利息}=\frac{150\ 000\times5}{360}\times60\times\frac{4}{5}\times10\%=10\ 000\text{（元）}$$

应计利息增加 = 10 000 – 4 000 = 6 000（元）

（3）收账费用和坏账损失增加：

收账费用增加 = 5 000 – 4 000 = 1 000（元）

坏账损失增加 = 9 000 – 6 000 = 3 000（元）

（4）差量净损益 = 30 000 –（6 000 + 1 000 + 3 000）= 20 000（元）

由于差量净损益 > 0，故应采用60天的信用期。

2. 相关损益法

如果改变信用期的备选方案三个或以上，采用差量分析法会很麻烦，此时可采用相关损益法，其公式如下：

相关净损益 = 信用成本前收益 – 信用成本费用　　（公式13 – 15）

信用成本前收益（边际贡献）= 收入 – 变动成本

【例13 – 6】沿用【例13 – 5】，试用相关损益法进行信用期决策，见表13 – 4。

表13 – 4　　信用期决策分析表

项　目		N/30	N/60
年销售额（元）	⑦ = ① × ②	600 000	750 000
年变动成本（元）	⑧ = ① × ③	480 000	600 000
信用成本前收益	⑨ = ⑦ – ⑧	120 000	150 000
应收账款应计利息（元）	⑩	4 000	10 000
可能发生的收账费用（元）	⑪	4 000	5 000
可能发生的坏账损失（元）	⑫	6 000	9 000
信用成本（元）	⑬ = ⑩ + ⑪⑫	14 000	24 000
净损益（元）	⑭ = ⑨ – ⑬	106 000	126 000

改变信用期比不改变信用期增加净收益20 000元（126 000 – 106 000），故应改变信用期。

（二）信用标准

信用标准是指客户获得企业商业信用所应具备的最低条件。客户如果达不到信用标准，便不能享受企业的信用或只能享受较低的信用优惠。

企业在设定信用标准之前，应先对客户的信用状况进行分析。这项工作一般通过“5C”系统来进行。

“5C”系统是指评估客户信用品质的五个方面，即品质（Character）、能力（Capacity）、资本（Capital）、抵押（Collateral）和条件（Conditions）。

（1）品质。指客户的信誉，亦即履行偿债义务的可能性。品质反映了客户在过去的还款中所体现的还款意图和愿望。

（2）能力。指客户的偿债能力。可以使用流动比率和现金流预测等方法评价客户的还款能力。

（3）资本。是指当客户的现金流不足以还债时，在短期和长期内可供使用的财务资源。

（4）抵押。是指当客户不能满足还款条款时，可以用作债务担保的资产或其他担保物。

（5）条件。是指影响顾客还款能力和还款意图的经济环境。

信用标准通常以预期的坏账损失率表示。坏账损失率高，表明信用标准低；坏账损失率低，表明信用标准高。

（三）现金折扣

现金折扣是企业对客户在商品价格上所做的扣减。企业给予客户现金折扣的目的是为了鼓励客户早日归还货款，缩短企业的平均收款期。此外，现金折扣也能招揽一些视折扣为减价出售的顾客前来购货，借此扩大销售量。折扣的表示常采用4/10、2/20、*N*/30这样一些符号形式。

现金折扣是企业减少的销售收入，是企业为加速资金周转而付出的代价。制定现金折扣政策，就是要在加速资金周转所带来的收益和所发生的折扣成本两者之间权衡利弊，抉择决断。

由于现金折扣是与信用期间结合使用的，因此现金折扣的决策分析方法和程序与前述确定信用期间的方法和程序基本一致，所不同的是信用成本费用中除了包括应收账款应计利息、收账费用和坏账损失外，还要包括现金折扣损失。此外，收现期应加权平均计算。

【例13－7】沿用【例13－5】，假设该公司在放宽信用期的同时，为吸引客户尽早付款，提出了1/30，*N*/60的现金折扣条件，估计会有50%的客户（按60天信用期所能实现的销售量计算）将享受现金折扣优惠。问：该现金折扣措施是否可行？（试用差量分析法进行决策）

（1）收益的增加：

收益的增加 $= (150\ 000-120\ 000)\times(5-4)=30\ 000$（元）

（2）应收账款占用资金的应计利息增加：

30天信用期应计利息 $=\dfrac{120\ 000\times5}{360}\times30\times\dfrac{4}{5}\times10\%=4\ 000$（元）

现金折扣的平均收现期 $=50\%\times30+50\%\times60=45$（天）

提供现金折扣的应计利息 $=\dfrac{150\ 000\times5}{360}\times45\times\dfrac{4}{5}\times10\%=7\ 500$（元）

则：应计利息增加 $=7\ 500-4\ 000=3\ 500$（元）

（3）收账费用和坏账损失增加：

收账费用增加 $=5\ 000-4\ 000=1\ 000$（元）

坏账损失增加 $=9\ 000-6\ 000=3\ 000$（元）

（4）现金折扣成本增加：

现金折扣成本增加＝新的销售水平×新的现金折扣率×享受现金折扣的客户比例
－旧的销售水平×旧的现金折扣率×享受现金折扣的客户比例
$=(150\ 000\times5)\times1\%\times50\%-(120\ 000\times5)\times0\times0$
$=3\ 750$（元）

（5）信用成本增加：

信用成本增加 $=3\ 500+1\ 000+3\ 000+3\ 750=11\ 250$（元）

（6）净损益增加：

净损益增加 = 收益的增加 − 信用成本增加

= 30 000 − 11 250 = 18 750（元）

由于：差量净损益 >0，故应放宽信用期，提供现金折扣。

三、应收账款的收账

应收账款发生后，企业应采取各种措施，尽量争取早日收回货款，避免因拖欠时间过长而发生呆账，使企业蒙受损失。这些措施包括对应收账款回收情况的监督、对坏账损失的事先准备和制定适当的收账政策。

（一）应收账款回收情况的监督

企业已发生的应收账款时间有长有短，有的尚未超过收款期，有的则超过了收款期。对此，企业应实施严密的监督，随时掌握回收情况。实施对应收账款回收情况的监督，可以通过编制账龄分析表进行。

账龄分析表是一张能显示应收账款在外天数（账龄）长短的报告，其格式如表 13 − 5 所示。

表 13 − 5　　账龄分析表

账　龄	账户金额/元	比　重（%）
信用期内	8 000 000	51
逾期半年内	5 000 000	32
逾期半年至一年	1 500 000	9
逾期 1 ~ 2 年	800 000	5
逾期 2 年以上	500 000	3
应收账款总计	15 800 000	100

通过账龄分析表，可以了解到属于正常信用期内的应收账款余额为多少，超过信用期不同时间的应收账款各有多少，有多少应收账款因拖欠太久而成为坏账，从而有针对性地采取收账措施。对可能发生的坏账损失，则应提前做好准备，充分估计这一因素对损益的影响。

（二）收账政策的制定

收账政策是指企业给客户提供的信用条件被违反时采取的收账策略。企业对拖欠的应收账款，无论采用何种方式进行催收，都需要付出一定的代价，即收账费用。一般而言，收账费用支出越多，坏账损失越少，但两者之间不是线性关系。最初支出的收账费用并不会使坏账减少多少，但随着收账费用的增加，坏账损失会逐渐减少，而当收账费用达到某一限度后，费用的支出对减少坏账损失的作用却逐渐减弱。

企业支出收账费用的目的是收回应收账款、降低坏账损失。因此，制定收账政策就是要在增加收账费用与减少的坏账损失、减少应收账款应计利息之间进行权衡。若前者小于后者，表明制定的收账政策是可取的。

第四节　存货管理

一、存货管理目标

存货是指企业在生产经营过程中为销售或者耗用而储备的物资，包括原材料、燃料、低值易耗品、在产品、半成品、产成品、协作件、商品等。

现实中，企业基于环境和条件的限制，无法全面推行“适时生产系统”，即工业企业不能在生产投料时随时购入所需的原材料，商业企业也不能在销售时随时购入该项商品。所以，企业总有储存存货的需要。企业持有充足的存货不但可以为企业的生产和销售提供较大的机动性，同时也避免了因存货不足带来的机会损失。存货的增加必然要占用更多的资金，而存货占用资金是有成本的，占用过多会使利息支出增加并导致利润的损失；各项开支的增加更直接使成本上升。因此进行存货管理，要求在各种存货成本与存货效益之间做出权衡，达到两者的最佳结合。这便是存货管理的目标。

二、存货的有关成本

（一）取得成本

取得成本指为取得某种存货而支出的成本，通常用 TC_a 表示。包括购置成本和订货成本。

（1）购置成本。购置成本指存货本身的价值，经常用数量与单价的乘积来确定。年需要量用 D 表示，单价用 U 表示，则购置成本为 DU。

（2）订货成本。订货成本指取得订单的成本，如办公费、差旅费、邮资、电报电话费等支出。该种成本按其与订货次数是否相关分为固定订货成本和变动订货成本两种。

①订货固定成本。指与订货次数无关的成本。用 F_1 表示。

②订货变动成本。指与订货次数相关的成本。每次订货的变动成本用 K 表示；订货次数等于存货年需要量 D 与每次进货量 Q 之商。

订货成本的计算公式为：

$$\text{订货成本} = F_1 + \frac{D}{Q}K \qquad \text{（公式 13 - 16）}$$

购置成本加上订货成本，就等于存货的取得成本。公式如下：

取得成本 = 购置成本 + 订货成本

= 购置成本 + 订货固定成本 + 订货变动成本

$$TC_a = DU + F_1 + \frac{D}{Q}K \qquad \text{（公式 13 - 17）}$$

（二）储存成本

储存成本指为保持存货而发生的成本，包括存货占用资金所应计的利息、仓库费用、保险费用、存货破损和变质损失等。通常用 TC_c 表示。该成本按其与存货的数量是否相关分为固定储存成本和变动储存成本两种。

（1）储存固定成本。指与存货数量的多少无关的储存成本，常用 F_2 表示。

（2）储存变动成本。指与存货数量的多少有关系的储存成本，单位储存成本用 K_c 表示。用公式表达的储存成本为：

储存成本 = 储存固定成本 + 储存变动成本

$$TC_c = F_2 + \frac{Q}{2}K_c \quad \text{（公式 13－18）}$$

（三）缺货成本

缺货成本指因存货不足给企业造成的损失，包括材料供应中断造成的停工损失、产成品库存缺货造成的拖欠发货损失和丧失销售机会的损失等。短缺成本用 TC_s 表示。

如果用 TC 表示存货的总成本，它的计算公式为；

$$\begin{aligned} TC &= TC_a + TC_c + TC_s \\ &= DU + F_1 + \frac{D}{Q}K + F_2 + \frac{Q}{2}K_c + TC_s \end{aligned} \quad \text{（公式 13－19）}$$

企业存货的最优化，即使是上式 TC 值最小。

三、存货决策

存货管理的重点是存货决策。存货决策涉及四项内容：决定进货项目、选择供应单位、决定进货时间（T）和决定进货批量（Q）。财务部门的职责是决定进货时间和决定进货批量。按着存货管理的目的，需要通过合理的进货批量和进货时间，使存货的总成本最低，这个批量叫做经济订货量或经济批量。有了经济订货量，就可以确定最适宜的进货时间。

由于影响存货总成本的因素较多，为了将复杂问题简单化，在确定经济订货量时，先设立一些假设，建立经济订货量的基本模型，研究解决简单问题，然后再放宽假设，改进模型，逐一研究解决更复杂的问题。

（一）经济订货量基本模型

1. 经济订货量基本模型的假设条件

（1）瞬时补充。即需要订货时便可立即取得存货。

（2）集中到货。即能集中到货而不是陆续入库。

（3）不允许缺货。即无缺货成本，TC_s 为零。

（4）需求稳定且能预测。即 D 为已知常量。

（5）单价不变。即进货无折扣，U 为已知常量。

（6）现金充足。即企业不会因现金短缺而影响进货。

（7）市场供应充足。即所需存货市场供应充足，不会因买不到需要的存货而影响其他。

2. 经济订货量基本模型

在上述假设条件下，存货总成本的公式可以简化为：

$$TC = DU + F_1 + \frac{Q}{D}K + F_2 + \frac{Q}{2}K_c$$

当 D、U、F_1、K、F_2、K_c 为常数量时，TC 的大小取决于 Q。为了求出 TC 的极小值，利用微分极值原理可求出经济订货量的基本模型：

$$Q^* = \sqrt{\frac{2DK}{K_c}} \quad \text{（公式 13－20）}$$

该模型还可以演变成其他形式：

与经济订货量有关的存货总成本公式为：

$$TC^* = \sqrt{2KDK_c} \quad \text{（公式 13－21）}$$

每年最佳订货次数公式：

$$N^* = \frac{D}{Q^*} \qquad \text{（公式 13 - 22）}$$

最佳订货周期公式

$$t^* = \frac{1}{N^*} \qquad \text{（公式 13 - 23）}$$

经济订货量占用资金：

$$I^* = \frac{Q^*}{2}U \qquad \text{（公式 13 - 24）}$$

【例 13 - 8】M 公司每年需耗用 A 种材料 3 600 千克，单位买价为 25 元，每次订货成本为 50 元，单位存货年储存成本为 4 元。计算 A 材料的经济采购量，与批量有关的总成本，每年最佳订货次数，最佳订货周期和经济订货量占用资金。

根据上述资料计算如下：

$$Q^* = \sqrt{\frac{2 \times 3\ 600 \times 50}{4}} = 300\text{（千克）}$$

$$TC = \sqrt{2 \times 3\ 600 \times 50 \times 4} = 1\ 200\text{（元）}$$

$$N^* = \frac{3\ 600}{300} = 12\text{（次）}$$

$$t^* = \frac{1}{12}\text{（年）} = 1\text{（月）}$$

$$I^* = \frac{300}{2} \times 25 = 3\ 750\text{（元）}$$

（二）基本模型的扩展

经济订货量的基本模型是在各种假设条件下建立的，但现实生活中能够满足这些假设条件的情况很少见。为使模型更接近于实际情况，具有较高的可用性，需逐一放宽假设，同时改进模型。

1. 订货提前期（瞬时补充假设放宽）

在提前订货的情况下，企业再次发出订货单时，尚有存货的库存量，称为再订货点，用 R 表示。它的数量等于交货时间（L）和存货每日需要量（d）的乘积。公式如下：

$$R = L \times d \qquad \text{（公式 13 - 25）}$$

【例 13 - 9】续【例 13 - 8】，假设 M 公司 A 材料从订货日至到期日的时间为 8 天，平均每日存货需要量为 10 千克，则：

$$\begin{aligned} \text{再订货点 } R &= 8 \times 10 \\ &= 80\text{（千克）} \end{aligned}$$

即企业在尚存 80 千克存货时，就应当再次订货。此时，有关存货的每次订货批量、订货次数、订货间隔时间等与瞬时补充相同，没有变化。这表明订货提前期对经济订货量并无影响，只不过在达到再订货点（库存 80 千克）时即发出订货单罢了。订货提前期的情形如图 13 - 4 所示。

2. 存货陆续供应和使用（集中到货假设放宽）

在存货陆续供应和使用的情况下，存货数量的变化如图 13 - 5 所示。

【例 13 - 10】某零件年需用量（D）为 7 200 件，每日送货量（P）为 60 件，每日耗用量（d）为 20 件，单价（U）为 10 元，一次订货成本（生产准备成本）（K）为 50 元，单位储存变动成本（K_c）为 2 元。

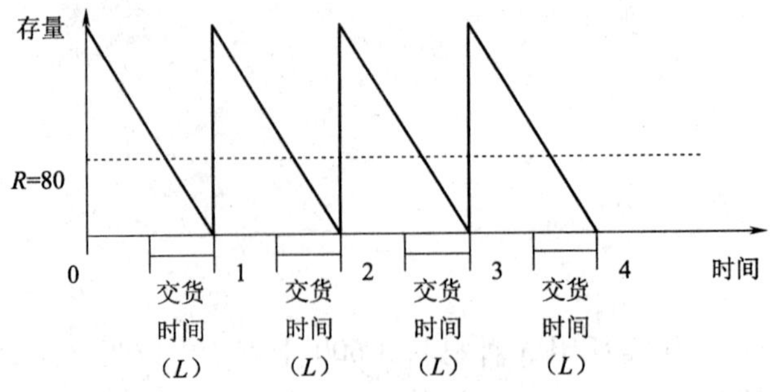

图 **13－4**　订货提前期

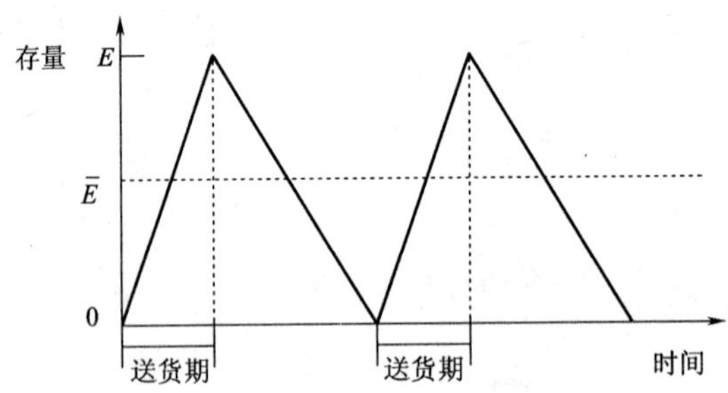

图 **13－5**　陆续供货时存货数量的变动

设每批订货批量为 Q。由于每日送货量为 P，故该批货全部送达所需日天数为$\frac{Q}{P}$，称之为送货期。

因零件每日耗用量为 d，故送货期内的全部耗用量为：$\frac{Q}{P}d$

由于零件边送边用，所以每批送完时，最高库存量为：$Q-\frac{Q}{P}d$

平均存量为：$\frac{1}{2}\left(Q-\frac{Q}{P}d\right)$

图 13－5 中的 E 表示最高库存量，$\overline{E}$ 表示平均库存量。则与批量有关的总成本为：

$$TC=\frac{D}{Q}K+\frac{1}{2}\left(Q-\frac{Q}{P}d\right)K_c$$

$$=\frac{D}{Q}K+\frac{Q}{2}\left(1-\frac{d}{P}\right)K_c$$

当订货变动成本与储存变动成本相等时，TC 有最小值。则存货陆续供应和使用的经济订货量公式为：

$$\frac{D}{Q}K=\frac{Q}{2}\left(1-\frac{d}{P}\right)K_c$$

$$Q^*=\sqrt{\frac{2DK}{K_c}\times\frac{P}{P-d}} \qquad \text{（公式 13－26）}$$

将（公式 13－26）代入上述 TC 公式中，可得出在存货陆续供应和使用的条件下，与存货批量有关的总成本为：

$$TC=\sqrt{2KDK_c\left(1-\frac{d}{P}\right)} \qquad \text{（公式 13－27）}$$

将上述【例 13－10】数据代入，则：

$$Q^*=\sqrt{\frac{2\times7\ 200\times50}{2}\times\frac{60}{60-20}}\approx735\text{（件）}$$

$$TC^*=\sqrt{2\times50\times7\ 200\times2\times\left(1-\frac{20}{60}\right)}\approx979.8\text{（元）}$$

陆续供应和使用的经济订货量模型，还可以用于自制的和外购的选择决策。自制零件属于边送边用的情况，单位成本可能较低，但每批零件投产的生产准备成本比一次外购订货的订货成本可能高出许多。外购零件的单位成本可能较高，但订货成本可能比较低。要在自制零件和外购零件之间作出选择，需要衡量它们各自的总成本，才能得出正确的结论。这时，就可以借用陆续供应或瞬时补充的模型。

【例 13－11】某企业生产中需使用 W 零件，该零件可以外购，也可以自制。如果外购，单价 5 元，一次订货成本 12 元；如果自制，单位成本 3 元，每次生产准备成本 700 元，每日产量 40 件。零件的全年需求量 3 500 件，储存变动成本为零件价值的 15%，每日平均需求量为 10 件。请为该企业做出选择。

分别计算自制和外购零件的总成本，以便选择总成本最低的方案。

（1）外购零件。

$$Q^*=\sqrt{\frac{2DK}{K_c}}=\sqrt{\frac{2\times3\ 500\times12}{5\times15\%}}\approx335\text{（件）}$$

$$TC^*=\sqrt{2KDK_c}=\sqrt{2\times12\times3\ 500\times5\times15\%}\approx251.0\text{（元）}$$

则：外购零件总成本 $=DU+TC^*=3\ 500\times5+251.0=17\ 751$（元）

（2）自制零件。

$$Q^*=\sqrt{\frac{2DK}{K_c}\times\frac{P}{P-d}}=\sqrt{\frac{2\times3\ 500\times700}{3\times15\%}\times\frac{40}{40-10}}\approx3\ 810\text{（件）}$$

$$TC^*=\sqrt{2KDK_c\left(1-\frac{d}{P}\right)}=\sqrt{2\times700\times3\ 500\times3\times15\%\times\left(1-\frac{10}{40}\right)}\approx1\ 286\text{（元）}$$

则：自制零件总成本 $=DU+TC^*=3\ 500\times3+1\ 286=11\ 786$（元）

由于自制零件的总成本（11 786 元）低于外购零件的总成本（17 751 元），故以自制零件为宜。

3. 保险储备（供需稳定假设放宽）

保险储备，是指为防止需求突然增加或送货延期等意外情况而进行的储备。

保险储备在正常情况下不动用，只有当存货过量使用或送货延迟时才动用。因此，保险储备不影响经济订货批量，但会影响再订货点。在设置保险储备（B）的情况下，上述公式 13－25 中的再订货点 R 相应提高，即含有保险储备的再订货点为：

$$R=\text{交货时间}\times\text{平均日需求量}+\text{保险储备}$$

$$=L\times d+B \qquad \text{（公式 13－28）}$$

式中：B 为保险储备量，其他符号同上。

建立保险储备，会涉及两项成本：一是储存成本；二是缺货成本。储存成本随保险储备量的增加而增加，缺货成本随保险储备量的增加而减少。研究保险储备的目的，就是要找出合理的保险储备量，使这两项成本之和最小。确定合理的保险储备量的方法是通过计算不同保险储备量的总成本，然后对总成本进行比较，则总成本最低的保险储备量即为合理的保险储备量。

设保险储备的总成本为 TC（S、B），缺货成本为 C_S，储存成本为 C_B，则：

$$TC(S, B) = C_S + C_B \quad \text{（公式 13-29）}$$

$$\text{式中：} C_S = \frac{\text{单位缺货}}{\text{成本}(KU)} \times \frac{\text{平均缺}}{\text{货量}(S)} \times \frac{\text{年订货}}{\text{次数}(N)} \quad \text{（公式 13-30）}$$

$$C_B = \text{保险储备量}(B) \times \text{单位储存成本}(K_c) \quad \text{（公式 13-31）}$$

现实中，缺货量（S）具有概率性，通常采用加权平均法计算其缺货量的期望值，公式为：

$$\text{平均缺货量}(S) = \sum_{t=1}^{n} S_i P_i \quad \text{（公式 13-32）}$$

式中：P_i 为表示概率；S_i 为表示不同概率情形下的缺货量。

【例 13－12】某公司计划年度耗用 A 材料（D）150 000 千克，材料单价 50 元，经济订货量（Q）30 000 千克，全年订货次数（N）5 次，订货点为 1 200 千克。单位储存变动成本（K_c）为 10 元，单位缺货成本（KU）25 元。在交货期内，生产需用量及其概率分布如表 13－6 所示：

表 13－6　A 材料交货期内的需用量及其概率分布表

需用量/千克	1 000	1 100	1 200	1 300	1 400
概率/P_i	0.1	0.2	0.4	0.2	0.1

首先：根据以上资料计算不同保险储备的总成本。

（1）不设置保险储备量。

不设置保险储备量，意味着 $B=0$，且以 1 200 千克为再订货点。此时，缺货的期望值（S_0）、总成本 TC（S，B）的计算如下：

$$S_0 = (1\,300 - 1\,200) \times 0.2 + (1\,400 - 1\,200) \times 0.1$$
$$= 40\text{（千克）}$$

$$TC(S, B) = KU \times S_0 \times N + B \times K_c$$
$$= 25 \times 40 \times 5 + 0 \times 10$$
$$= 5\,000\text{（元）}$$

（2）设置保险储备量。

①保险储备量为 100 千克。即 $B=100$ 千克，再订货点为 1 300 千克（1 200＋1 00）。此时，缺货的期望值（S_{100}）、总成本 TC（S，B）的计算如下：

$$S_{100} = (1\,400 - 1\,300) \times 0.1$$
$$= 10\text{（千克）}$$

$$TC(S, B) = KU \times S_{100} \times N + B \times K_c$$
$$= 25 \times 10 \times 5 + 100 \times 10$$
$$= 2\,250\text{（元）}$$

②保险储备量为 200 千克。即 $B=200$ 千克，再订货点为 1 400 千克（1 200＋200）。这种情况下可满足最大需求，不会发生缺货，此时：

$S_{200}=0$

$$TC(S,B) = KU \times S_{200} \times N + B \times K_c$$
$$= 25 \times 0 \times 5 + 200 \times 10$$
$$= 2\,000 \text{（元）}$$

其次：比较上述不同保险储备量的总成本，以其低者为最佳。

从以上计算结果可以发现，当 $B=200$ 千克时，总成本为 2 000 元，是各总成本中最低的。所以保险储备量应为 200 千克，或者说应确定以 1 400 千克为再订货点。

4. 数量折扣条件下的经济进货批量模型（单价不变假设放宽）

现实中，供货厂商为争取客户多订货，加速资金周转，往往采取数量折扣的供应方式，即当客户每次进货超过一定数量时，即给予价格上的优惠。购货企业接受数量折扣条件有利也有弊。企业是否接受数量折扣条件，必须在购置成本和订货成本降低与储存成本上升之间进行权衡，通过计算接受或不接受数量折扣的总成本，将最低的总成本对应的进货批量视为实行数量折扣的经济进货批量。

在经济进货批量基本模型其他各种假设条件均具备的前提下，存在数量折扣时的存货总成本为：

存货总成本 = 存货购置成本 + 变动订货成本 + 变动储存成本

实行数量折扣的经济进货批量具体确定步骤如下：

第一步，按照基本经济进货批量模型确定经济进货批量。

第二步，计算按经济进货批量进货时的存货总成本。

第三步，计算按给予数量折扣的进货批量进货时的存货总成本。

如果给予数量折扣的进货批量是一个范围，如进货数量在 1000 ~ 1999 千克可享受 2% 的价格优惠，此时按给予数量折扣的最低进货批量，即按 1000 千克计算存货相关总成本。

第四步，比较不同进货批量的存货相关总成本，最低存货总成本对应的进货批量，就是实行数量折扣的经济进货批量。

【例 13－13】某企业甲材料的年需要量为 20 000 千克，每千克标准价为 25 元。销售企业规定：客户每批购买量不足 2 000 千克的，按照标准价格计算；每批购买量 2 000 千克以上，3 000 千克以下的，价格优惠 2%；每批购买量 3 000 千克以上的，价格优惠 3%。已知每批进货费用 500 元，单位材料的年储存成本 20 元。试计算在实行数量折扣的条件下经济进货批量是多少。

（1）按经济进货批量基本模型确定的经济进货批量。

$$Q^*=\sqrt{\frac{2DK}{K_c}}=\sqrt{\frac{2\times 20\,000\times 500}{20}}=1\,000\text{（千克）}$$

（2）每次进货 1 000 千克时的存货总成本。

$$TC=20\,000\times 25+\frac{20\,000}{1\,000}\times 500+\frac{1\,000}{2}\times 20=520\,000\text{（元）}$$

（3）计算确定实行数量折扣的经济进货批量。

① 每次进货 2 000 千克时的存货总成本为：

$$TC=20\,000\times 25\times(1-2\%)+\frac{20\,000}{2\,000}\times 500+\frac{2\,000}{2}\times 20=515\,000\text{（元）}$$

②每次进货 3 000 千克时的存货总成本为：

$$TC=20\,000\times 25\times(1-3\%)+\frac{20\,000}{3\,000}\times 500+\frac{3\,000}{2}\times 20\approx 518\,333\text{（元）}$$

（4）决策。通过比较发现，每次进货为2 000千克时的存货总成本最低，所以此时最佳经济进货批量为2 000千克。

（三）存货ABC分类管理

存货ABC分类管理就是按照一定的标准，将企业的存货划分为A、B、C三类，分别实行分品种重点管理、分类别一般控制和按总额灵活掌握的存货管理方法。

1. 存货ABC分类的标准

分类的标准主要有两个：一是金额标准；二是品种数量标准。其中金额标准是最基本的，品种数量标准仅作为参考。A类存货的特点是金额巨大，但品种数量较少；B类存货金额一般，品种数量相对较多；C类存货品种数量繁多，但价值金额却很小。一般而言，三类存货的金额比例大致为A∶B∶C＝0.7∶0.2∶0.1，而品种数量比例大致为A∶B∶C＝0.1∶0.2∶0.7。

2. ABC分类法在存货管理中的运用

通过对存货进行ABC分类，可以使企业分清主次，采取相应的对策进行有效的管理、控制。对A、B两类存货可以分别按品种、类别进行管理。对C类存货只需灵活掌握即可。此外，企业还可以在这种分类的基础上研究各类消费者的消费倾向、档次等，对各档次的需要量（额）加以估算，并购进相应数量的存货，使存货的购进与销售工作有效地建立在市场调查的基础上，从而收到良好的控制效果。

第五节　营运资本筹资

一、营运资本筹资政策

营运资本筹资政策，是指在总体上如何为流动资产筹资，采用短期资金来源还是长期资金来源，或者兼而有之。制定营运资本筹资政策，就是确定流动资产所需资金中短期来源和长期来源的比例。

企业的流动资产按用途可以分为临时性流动资产和永久性流动资产。临时性流动资产是指那些受季节性、周期性影响的流动资产；永久性流动资产则指那些即使企业处于生产经营低谷也仍然要保留的、用于满足企业长期稳定需要的流动资产。

企业的流动负债按债务的来源方式，分为临时性负债和自然性负债。临时性负债是指为了满足企业临时性流动资金的需要而发生的负债。自然性负债则是指企业在持续经营过程中由于结算关系形成的企业经常性的负债资本来源，包括利用商业信用筹集的资金和其他结算形成的负债资金。

营运资本筹资政策的类型主要有以下几种。

（一）稳健型

稳健型营运资本筹资政策的特点是：临时性负债只融通部分临时性流动资产的需要，另一部分临时性流动资产和永久性资产，则由长期负债、自然性负债和权益资本作为资金来源。稳健型营运资本筹资政策是一种风险性和收益性均较低的营运资本筹资政策。

（二）激进型

激进型营运资本筹资政策的特点是：临时性负债不仅融通临时性流动资产的资金需要，还满足部分永久性资产的需要。激进型营运资本筹资政策是一种风险性和收益性均较高的营运资本筹资政策。

（三）适中型

适中型营运资本筹资政策的特点是：对于临时性流动资产，运用临时性负债资金满足其资金需要；对于永久性流动资产和固定资产，运用长期负债、自然性负债和权益资本筹集资金满足其资金需要。适中型营运资本筹资政策是一种理想的、对企业有较高资金使用要求的营运资本筹资政策

二、短期筹资

（一）短期负债筹资的特点

短期负债筹资所筹资金的可使用时间较短，一般不超过一年。短期负债筹资具有以下特点：

（1）筹资速度快，容易取得。

（2）筹资富有弹性。

（3）筹资成本低。

（4）筹资风险高。

（二）商业信用

商业信用是指在商品交易中由于延期付款或预收货款所形成的企业间的借贷关系，是企业之间的直接信用行为，属于“自发性筹资”，是企业短期资金的重要来源。

商业信用的具体形式主要有应付账款、应付票据、预收账款等。

1. 应付账款

应付账款是企业购买货物暂未付款而欠对方的账项，即卖方允许买方在购货后一定时期内支付货款的一种形式。卖方利用这种方式促销，但对买方来说延期付款则等于向卖方借用资金购进商品，可以满足短期的资金需要。

与应收账款相对应，应付账款也有付款期、折扣等信用条件。

应付账款可以分为免费信用，即买方企业在规定的折扣期内享受折扣而获得的信用；有代价信用，即买方企业放弃折扣付出代价而获得的信用；展期信用，即买方企业超过规定的信用期推迟付款而强制获得的信用。

（1）应付账款成本。如果买方企业购买货物后在卖方规定的折扣期内付款，便可以享受免费信用，这种情况下企业没有因为享受信用而付出代价；如果买方企业放弃折扣，在折扣期后付款，该企业便要承受因放弃折扣而造成的隐含利息成本。一般而言，放弃现金折扣的成本可由下式求得：

$$放弃现金折扣成本=\frac{折扣\%}{1-折扣\%}\times\frac{360}{信用期-折扣期} \qquad （公式13-33）$$

【例13-14】假设某公司按“1/10，*N*/30”的条件购买一批商品，价值20 000元。

分析：如果该企业在10天内付款，可获得折扣200（20 000×1%）元，免费信用额为19 800（20 000-200）元；如果该企业放弃折扣，在10天后（不超过30天）付款，则要承受因放弃折扣而造成的隐含利息成本。企业放弃折扣所负担的成本为：

$$放弃现金折扣成本=\frac{1\%}{1-1\%}\times\frac{360}{30-10}=18.18\%$$

结果表明，如果公司放弃现金折扣，为取得这笔为期20天的资金使用权，是以承担18.18%的年利率为代价的。

公式13-33表明，放弃现金折扣的成本与折扣百分比的大小、折扣期的长短同方向变

化，与信用期的长短反向变化。

（2）利用现金折扣的决策。在附有信用条件的情况下，因为获得不同信用要负担不同的代价，买方企业需要在利用哪种信用之间作出决策。一般说来：

如果能以低于放弃折扣的隐含利息成本（实质是一种机会成本）的利率借入资金，便应在现金折扣期内用借入的资金支付货款，享受现金折扣。反之，企业应放弃折扣。

如果在折扣期内将应付账款用于短期投资，所得的投资收益率高于放弃折扣的隐含利息成本，则应放弃折扣而去追求更高的收益。当然，假使企业放弃折扣优惠，也应将付款日推迟至信用期内的最后一天。

如果企业因缺乏资金而欲展延付款期，则需在降低了的放弃折扣成本与展延付款带来的损失之间作出选择。

如果面对两家以上提供不同信用条件的卖方，应通过衡量放弃折扣成本的大小，选择信用成本最小（或所获利益最大）的一家。

2. 应付票据

应付票据是企业进行延期付款商品交易时开具的反映债权债务关系的票据。根据承兑人的不同，应付票据分为商业承兑汇票和银行承兑汇票两种。支付期最长不超过6个月。应付票据可以带息，也可以不带息。应付票据的利率一般比银行借款的利率低，且不用保持相应的补偿余额和支付协议费，所以应付票据的筹资成本低于银行借款成本。但是应付票据到期必须归还，若延期则需交罚金，因而风险较大。

3. 预收账款

预收账款是卖方企业在交付货物之前向买方预先收取部分或全部货款的信用形式。对卖方而言，预收账款相当于向买方借入资金后用货物抵偿。预收账款一般用于生产周期长、资金需要量大的货物销售。

此外，企业往往还存在一些在非商品交易中产生，但亦为自发性筹资的应付费用，如应付职工薪酬、应交税费、其他应付款等。应付费用使企业收益在先，费用支付在后，等于享用了对方的借款，一定程度上缓解了企业的资金需要。应付费用的期限具有强制性，不能由企业自由斟酌使用，但通常不需花费代价。

（三）短期借款

短期借款指企业向银行和其他非银行金融机构借入的期限在1年以内的借款。

1. 短期借款的种类

我国目前的短期借款按用途不同，分为周转借款、临时借款、结算借款。按借款有无担保，分为信用借款和抵押借款。按利息支付方法的不同，分为收款法借款、贴现法借款和加息法借款等。

企业在申请借款时，应根据各种借款的条件和需要加以选择。

2. 借款的取得

企业举借短期借款，首先必须提出申请，经审查同意后借贷双方签订借款合同，注明借款的用途、金额、利率、期限、还款方式、违约责任等；然后企业根据借款合同办理借款手续；借款手续完毕，企业便可取得借款。

3. 借款的信用条件

按照国际通行做法，银行发放短期借款往往带有一些信用条件，主要有：

（1）信贷限额。信贷限额是银行与借款人之间达成的一种无法律约束的非正式的协议，它规定银行愿意借给客户的最高贷款额。信贷限额的有效期限通常为1年，但根据情况也可延期1年。一般来讲，企业在批准的信贷限额内，可随时使用银行借款。但是，银行并不承担必须提供全部信贷限额的义务。如果企业信誉恶化，即使银行曾同意过按信贷限额提供贷款，企业也可能得不到借款。这时，银行不会承担法律责任。

（2）周转信贷协定。周转信贷协定是银行具有法律义务地承诺提供不超过某一最高限额的贷款协定。在协定的有效期内，只要企业的借款总额未超过最高限额，银行必须满足企业任何时候提出的借款要求。企业享用周转信贷协定，通常要就贷款限额的未使用部分付给银行一笔承诺费。

【例13－15】某周转信贷额为1 000万元，承诺费率为0.5%，借款企业年度内使用了800万元，余额200万元，借款企业该年度就要向银行支付承诺费1万元（200×0.5%）。这是银行向企业提供此项贷款的一种附加条件。

（3）补偿性余额。补偿性余额是银行要求借款企业在银行中保持按贷款限额或实际借用额一定百分比（一般为10%～20%）的最低存款余额。从银行的角度讲，补偿性余额可降低贷款风险，补偿遭受的贷款损失。对于借款企业来讲，补偿性余额则提高了借款的有效利率。

补偿性余额有效利率的计算公式为：

$$有效利率=\frac{名义利率}{1-补偿性余额比例} \qquad （公式13-34）$$

【例13－16】某企业按年利率8%向银行借款10万元，银行要求维持贷款限额15%的补偿性余额，则该项借款的有效利率则为：

$$有效利率=\frac{8\%}{1-15\%}=9.4\%$$

（4）借款抵押。银行向财务风险较大的企业或对其信誉不甚有把握的企业发放贷款，有时需要有抵押品担保，以减少自己蒙受损失的风险。短期借款的抵押品经常是借款企业的应收账款、存货、股票、债券等。银行接受抵押品后，将根据抵押品的面值决定贷款金额，一般为抵押品面值的30%～90%。这一比例的高低，取决于抵押品的变现能力和银行的风险偏好。抵押借款的成本通常高于非抵押借款，这是因为银行主要向信誉好的客户提供非抵押贷款，而将抵押贷款看成是一种风险投资，故而收取较高的利率；同时银行管理抵押贷款要比管理非抵押贷款困难，为此往往另外收取手续费。

企业向贷款人提供抵押品，会限制其财产的使用和将来的借款能力。

（5）偿还条件。贷款的偿还有到期一次偿还和在贷款期内定期（每月、季）等额偿还两种方式。一般来讲，企业不希望采用后一种偿还方式，因为这会提高借款的实际利率；而银行不希望采用前一种偿还方式，原因是这会加重企业的财务负担，增加企业的拒付风险，同时会降低实际贷款利率。

（6）其他承诺。银行有时还要求企业为取得贷款而作出其他承诺，如及时提供财务报表、保持适当的财务水平（如特定的流动比率），等等。如企业违背所做出的承诺，银行可要求企业立即偿还全部贷款。

4. 短期借款利率及其支付方法

（1）借款利率。优惠利率。优惠利率是银行向财力雄厚、经营状况好的企业贷款时收取的名义利率，为贷款利率的最低限。

浮动优惠利率。这是一种随其他短期利率的变动而浮动的优惠利率，即随市场条件的变化而随时调整变化的优惠利率。

非优惠利率。银行贷款给一般企业时收取的高于优惠利率的利率。这种利率经常在优惠利率的基础上加一定的百分比。非优惠利率与优惠利率之间差距的大小，由借款企业的信誉、与银行的往来关系及当时的信贷状况所决定。

（2）借款利息的支付方法。

①收款法。收款法是在借款到期时向银行支付利息的方法。银行向工商企业发放的贷款大都采用这种方法收息。采用这种方法，借款的名义利率等于实际利率。

②贴现法。贴现法是银行向企业发放贷款时，先从本金中扣除利息部分，而到期时借款企业则要偿还贷款全部本金的一种计息方法。采用这种方法，企业可利用的贷款额只有本金减去利息部分后的差额，因此贷款的有效利率高于名义利率。贴现法借款有效利率的计算公式为：

$$有效利率 = \frac{名义利率}{1-名义利率} \qquad （公式 13-35）$$

【例 13-17】某企业从银行取得借款 10 000 元，期限 1 年，年利率（即名义利率）为 10%，按照贴现法付息，则该项贷款的有效利率为：

$$有效利率 = \frac{10\%}{1-10\%} = 11.1\%$$

③加息法。加息法是银行发放分期等额偿还贷款时采用的利息收取方法。在分期等额偿还贷款的情况下，银行要将根据名义利率计算的利息加到贷款本金上，计算出贷款的本息和，要求企业在贷款期内分期偿还本息之和的金额。由于贷款分期均衡偿还，借款企业实际上只平均使用了贷款本金的半数，却支付全额利息。这样，企业所负担的有效利率便高于名义利率大约 1 倍。加息法有效利率的计算公式为：

$$有效利率 = \frac{利息}{本金 \div 2} \qquad （公式 13-36）$$

【例 13-18】某企业借入（名义）年利率为 10% 的贷款 20 000 元，分 12 个月等额偿还本息。该项借款的有效利率为：

$$有效利率 = \frac{20\ 000 \times 10\%}{20\ 000/2} \times 100\% = 20\%$$

本章小结

1. 营运资本有广义和狭义两种概念。广义的营运资本是指在企业正常生产经营活动中占用在流动资产上的资金。狭义的营运资本是指净营运资金，即流动资产减流动负债后的差额。营运资本的本质特征是流动性，其管理策略包括营运资本的投资策略和营运资本的筹资策略。营运资本的投资政策包括适中型政策、紧缩型政策和宽松型政策；营运资本的筹资政策包括稳健型政策、激进型政策和适中型政策三种。

2. 现金是指生产经营过程中暂时停留在货币形态上的资金，企业持有现金的动机是基于交易、预防和投机的需求。常用的现金决策模型主要有成本分析模型、存货模型、随机模型和现金周转模型等。

3. 信用政策即应收账款管理政策。企业的信用政策主要包括信用期间、信用标准和现金折扣政策。理想的信用政策是当企业采取或松或紧的信用政策时所带来的收益最大的政策。

4. 存货是指企业在生产经营过程中为销售或耗用而储备的物资。存货成本包括取得成本、储存成本和缺货成本。存货成本是决定存货经济批量，使一定时期存货的总成本达到最低点的进货数量的主要因素。

存货决策涉及两方面内容：①在一定的假设条件下，经济订货量的确定。②通过放宽相关假设条件存货决策的方法。

5. 短期筹资主要包括短期借款和商业信用。

第十四章 收益分配

学习目标

修完本章内容后，你应该能够：

1. 理解股利理论，掌握各种股利政策的制定
2. 掌握股利支付的程序和方式
3. 理解股票股利意义，掌握股票回购的方式

第一节　收益分配概述

企业的收益分配有广义的收益分配和狭义的收益分配两种。广义的收益分配是指对企业的收入和收益总额进行分配的过程，包含两个层次的内容：第一层次是对企业收入的分配；第二层次是对企业净利润的分配。狭义的收益分配则仅仅是指对企业净利润的分配。本章所指收益分配是指企业净利润的分配。

一、收益分配的基本原则

（一）依法分配原则

企业的收益分配必须依法进行。为了规范企业的收益分配行为，维护各利益相关者的合法权益，国家颁布了若干相关法规。这些法规规定了企业收益分配的基本要求、一般程序和重要比例，企业应当认真执行，不得违反。

（二）资本保全原则

企业的收益分配必须以资本的保全为前提。企业的收益分配是对投资者投入资本的增值部分所进行的分配，不是投资者资本金的返还。以企业的资本金进行的分配，属于一种清算行为，而不是收益的分配。

（三）兼顾各方面利益原则

收益分配是利用价值形式对社会产品所进行的分配，直接关系到有关方面的切身利益。生产决定分配，而分配又对生产起着积极促进作用。在收益分配中要坚持全局观念，兼顾各方面利益，正确处理它们之间的关系。

（四）分配与积累并重原则

企业进行收益分配，应正确处理长远利益和眼前利益的关系，将两者有机结合起来，坚持分配与积累并重。企业通过经营活动赚取收益，既要保证企业简单再生产的持续进行，又要不断积累企业扩大再生产的财力基础。恰当处理分配与积累之间的关系，留存一部分净收

益以供未来分配之需，能够增强企业抵抗风险的能力，同时，也可以提高企业经营的稳定性与安全性。

（五）投资与收益对等原则

企业进行收益分配应当体现“谁投资谁受益”、受益大小与投资比例相对等的原则。这是正确处理投资者利益关系的关键。企业在向投资者分配收益时，应本着平等一致的原则，按照投资者投资额的比例进行分配，不允许发生任何一方随意多分多占的现象，以从根本上实现收益分配中的公开、公平和公正，保护投资者的利益。

二、确定收益分配政策时应考虑的因素

（一）法律因素

为了保护债权人和股东的利益，国家有关法律法规就公司的收益分配作出了规定，公司的收益分配政策必须符合相关法律规范的要求。相关要求主要体现在以下几个方面。

1. 资本保全约束

资本保全是企业财务管理应遵循的一项重要原则。企业发放股利或分红不能侵蚀资本，即当企业没有可供分配的利润时，不得派发股利。资本保全的目的，在于防止企业任意减少资本结构中的所有者权益的比例，以保护债权人利益。

2. 资本积累约束

企业在分配收益时，必须按一定的比例和基数提取各种公积金。在进行股利分配时，贯彻“无利不分”的原则，即当企业出现年度亏损时，一般不得分配股利。

3. 偿债能力约束

偿债能力是指企业按时足额偿付各种到期债务的能力。对股份公司而言，就是保证在现金股利分配后公司仍能保持较强的偿债能力。

4. 超额累积利润约束

规定企业不能过度地进行利润积累。公司通过过度积累利润，虽然减少了股东的股利收入，但由于盈余的积累增加，提高了公司股价，从而使股东的资本利得可以增加。所以，过度积累利润，实质上是一种避税行为。因此，西方国家在法律上明确规定公司不得超额累计利润，当公司留存收益超过法律认可的水平将被加征额外的税款，但我国法律目前对此尚未做出规定。

（二）公司因素

公司在确定收益分配政策时，出于长期发展和短期经营的考虑，需要考虑以下因素。

1. 现金流量

公司盈余与现金流量并非完全同步，净收益的增加不一定意味着可供分配的现金流量的增加。企业在进行收益分配时，必须充分考虑企业的现金流量，而不仅仅是企业的净收益。

2. 投资需求

有良好投资机会的公司需要强大的资金支持，因而往往采取低股利政策，将大部分盈余用于投资；缺乏良好投资机会的公司，保留大量现金会造成资金闲置，往往倾向于高股利政策，支付较高的股利。

3. 筹资能力

具有较强的融资能力的企业，因为能够及时筹措到所需的资金，可能采取较宽松的股利政策；而举债能力较弱的企业，应保留较多的盈余，采取比较低的分配政策。

4. 资产的流动性

支付较多的现金股利，会减少公司的现金持有量，降低资产的流动性和变现能力。如果企业的资产有较强的流动性，现金来源较宽裕，则公司具有较强的股利支付能力。

5. 盈利的稳定性

企业的收益分配政策一般受其盈利能力大小的影响。一般来讲，一个公司盈利越稳定，则其股利支付水平越高。盈余不稳定只能采取低股利政策，减少因盈余下降而造成的股利无法支付、股价急剧下降的风险，还可以将更多的盈余用于再投资，提高公司权益资本比重，降低财务风险。

6. 筹资成本

留存收益与发行新股或举债相比，具有成本低的优点。因此，很多企业在确定收益分配政策时，往往将企业的净利润作为首选的筹资渠道，特别是负债资金较多、资本结构欠佳的时期，以保留盈余进行筹资，会增加公司权益资本比重，降低财务风险，便于低成本举债。

7. 股利政策惯性

如果企业历年采取的股利政策具有一定的连续性和稳定性，那么重大的股利政策调整有可能对企业的声誉、股票价格等产生影响。另外，靠股利来生活和消费的股东不愿意投资于股利波动频繁的股票。

8. 其他因素

一般朝阳行业处于调整成长期，甚至能以数倍于经济发展速度的水平发展，因此就可能进行较高比例的股利支付；而夕阳产业则由于处于发展的衰退期，会随着经济的高增长而萎缩，就难以进行高比例的分红。

（三）股东因素

股东从自身的经济利益出发，对公司的股利分配政策会产生影响。

1. 稳定的收入

股东的收益包括两部分，即股利收入和资本利得。对依靠股利维持生活的股东要求支付稳定的股利，认为公司留用利润带来的新收益或股票交易价格上升产生的资本利得有很大的不确定性。

2. 税赋

一般来讲，股利收入的税率要高于资本利得的税率，因此，很多股东出于税赋因素的考虑，偏好于低股利支付水平。

3. 控制权

如果公司的股利支付率高，必然导致保留盈余减少，这又意味着将来发行新股的可能性加大，而发行新股会稀释公司的控制权。从控制权的角度考虑，具有控制权的股东往往希望少分股利，而愿意较多的保留盈余，以防止控制权旁落。

4. 投资机会

公司再投资报酬率低于股东个人投资报酬率，股东倾向于多发现金股利。

（四）债务契约与通货膨胀

1. 债务契约

为了保证自己的利益不受侵害，债权人通常会在借款合同、债券契约以及租赁合同中加入关于借款公司股利政策条款，以限制公司股利的发放。股利支付水平越高，留存收益越少，公司破产风险就加大，就越有可能侵害到债权人的利益。

2. 通货膨胀

在通货膨胀情况下，会出现货币购买力下降，固定资产重置资金会出现缺口，为了弥补缺口，企业往往少发放现金股利。因此，在通货膨胀时期，企业一般采用偏紧的利润分配政策。

三、股利理论

股利政策关系到公司在市场上、在投资者中间的形象，成功的股利政策有利于提高公司的市场价值。关于股利与股票市价间的关系，存在着不同的观点，并形成了不同的股利理论。

(一) 股利无关论

股利无关论认为，在一定的假设条件限制下，股利政策不会对公司的价值或股票的价格产生任何影响，投资者不关心公司股利的分配。公司市场价值的高低，是由公司所选择的投资决策的获利能力和风险组合所决定的，而与公司的利润分配政策无关。

假定条件有：①不存在个人或公司所得税。②不存在股票的发行和交易费用（即不存在股票筹资费用)。③公司的投资决策与股利决策彼此独立（即投资决策不受股利分配的影响)。④公司的投资者和管理当局可相同地获得关于未来投资机会的信息。上述假定描述的是一种完美无缺的市场，因而股利无关论又被称为完全市场理论。

(二) 股利相关论

与股利无关理论相反，股利相关理论认为，企业的股利政策会影响股票价格和公司价值。在现实生活中，不存在无关论提出的假定前提。

1. “手中鸟”理论

该理论认为，用留存收益再投资给投资者带来的收益具有较大的不确定性，并且投资的风险随着时间的推移会进一步增大。投资者更喜欢现金股利，而不愿意将收益留存在公司内部，去承担未来的投资风险。

2. 信号传递理论

该理论认为，在信息不对称的情况下，公司可以通过股利政策向市场传递有关公司未来盈利能力的信息，从而会影响公司的股价。一般来讲，预期未来盈利能力强的公司往往愿意通过相对较高的股利支付水平，把自己同预期盈利能力差的公司区别开来，以吸引更多的投资者。对于市场上的投资者来讲，股利政策的差异或许是反映公司预期获利能力的有价值的信号。

3. 所得税差异理论

该理论认为，由于普遍存在的税率的差异及纳税时间的差异，资本利得收入比股利收入更有助于实现收益最大化目标，企业应当采用低股利政策。一般来说，对资本利得收入征收的税率低于对股利收入征收的税率；再者，即使两者没有税率上的差异，由于投资者对资本利得收入的纳税时间选择更具有弹性，投资者仍可以享受延迟纳税带来的收益差异。

4. 代理理论

该理论认为，股利政策有助于减缓管理者与股东之间的代理冲突，即股利政策是协调股东与管理者之间代理关系的一种约束机制。该理论认为，股利的支付能够有效地降低代理成本。首先，股利的支付减少了管理者对自由现金流量的支配权，这在一定程度上可以抑制公司管理者的过度投资或在职消费行为，从而保护外部投资者的利益；其次，较多的现金股利发放，减少了内部融资，导致公司进入资本市场寻求外部融资，从而公司将接受资本市场上更多的、更严格的监督，这样便通过资本市场的监督减少了代理成本。因此，高水平的股利政策降低了企业的代理成本，但同时增加了外部融资成本，理想的股利政策应当使两种成本之和最小。

第二节　股利政策

股利政策是指在法律允许的范围内，企业是否发放股利、发放多少股利以及何时发放股利的方针及对策。支付给股东的盈余与留在企业的保留盈余，存在此消彼长的关系。所以，股利政策的关键问题是确定分配和留存的比例。通常可供选择的股利政策包括：剩余股利政策、固定或稳定增长股利政策、固定股利支付率政策及低正常股利加额外股利政策。

一、剩余股利政策

剩余股利政策，是指公司生产经营所获得的净收益首先应满足公司的权益资金需求，如果还有剩余，则派发股利；如果没有剩余，则不派发股利。

采用剩余股利政策时，应遵循四个步骤：①设定目标资本结构，即确定权益资本与债务资本的比率，在此资本结构下，加权平均资本成本将达到最低水平。②确定目标资本结构下投资所需的股东权益数额。③最大限度地使用保留盈余来满足投资方案所需的权益资本数额。④投资方案所需权益资本已经满足后若有剩余盈余，再将其作为股利发放给股东。

【例 14－1】某公司 2011 年税后净利润为 2 000 万元，2012 年的投资计划需要资金 3000 万元，公司的目标资本结构为权益资本占 60%，债务资本占 40%。该公司当年流通在外的普通股为 1 000 万股，则每股股利是多少？

公司投资方案所需的自有资金：3 000 × 60% ＝ 1 800（万元）

公司可以发放的股利额为：2 000 － 1 800 ＝ 200（万元）

每股股利为：200 ÷ 1 000 ＝ 0.2（元/股）

剩余股利政策的优点：留存收益优先保证再投资的需要，保持理想的资本结构，使加权平均资本成本最低，实现企业价值的长期最大化。

剩余股利政策的缺点：股利发放额每年随投资机会和盈利水平的波动而波动。在盈利水平不变的前提下，股利发放额与投资机会的多寡呈反方向变动；而在投资机会维持不变的情况下，股利发放额将与公司盈利呈同方向波动。剩余股利政策不利于投资者安排收入与支出，也不利于公司树立良好的形象。

剩余股利政策一般适用于公司初创阶段。

二、固定或稳定增长股利政策

固定或稳定增长股利政策，是指公司将每年派发的股利额固定在某一特定水平或是在此基础上维持某一固定比率逐年稳定增长。只有在确信公司未来的盈利增长不会发生逆转时，才会宣布实施固定或稳定增长的股利政策。在固定或稳定增长的股利政策下，首先确定的是股利分配额，而且该分配额一般不随资金需求的波动而波动。

固定或稳定增长股利政策的优点：

（1）稳定的股利向市场传递着公司正常发展的信息，有利于树立公司良好形象，增强投资者对公司的信心，稳定股票的价格。

（2）稳定的股利额有利于投资者安排股利收入和支出，特别是那些对股利有着很高依赖性的股东更是如此。而股利忽高忽低的股票，则不会受这些股东的欢迎，股票价格会因此而下降。

（3）稳定的股利政策可能会不符合剩余股利理论，但考虑到股票市场会受到多种因素的影响，其中包括股东的心理状态和其他要求，因此为了使股利维持在稳定的水平上，即使推迟某些投资方案或者暂时偏离目标资本结构，也可能要比降低股利或降低股利增长率更为有利。

固定或稳定增长股利政策的缺点：

（1）固定或稳定增长股利政策下的股利分配只升不降，股利支付与公司盈利相脱离，即不论公司盈利多少，均要按固定的乃至固定增长的比率派发股利。

（2）在公司的发展过程中，难免会出现经营状况不好或短暂的困难时期，如果这时仍执行固定或稳定增长的股利政策，那么派发的股利金额大于公司实现的盈利，必将侵蚀公司的留存收益，影响公司的后续发展，甚至侵蚀公司现有的资本，给公司的财务运作带来很大压力，最终影响公司正常的生产经营活动。

固定或稳定增长股利政策一般适用于经营比较稳定或正处于成长期的企业，且很难被长期采用。

三、固定股利支付率政策

固定股利支付率政策，是指公司确定一个股利占盈余的比率，长期按此比率支付股利的政策。股利支付率一经确定，一般不得随意变更。在这一股利政策下，只要公司的税后利润一经计算确定，所派发的股利也就相应确定了。固定股利支付率越高，公司留存的净利润越少。

固定股利支付率的优点：

（1）采用固定股利支付率政策，股利与公司盈余紧密地配合，体现了“多盈多分、少盈少分、无盈不分”的股利分配原则。

（2）采用固定股利支付率政策，公司每年按固定的比例从税后利润中支付现金股利，从企业支付能力的角度看，这是一种稳定的股利政策。

固定股利支付率的缺点：

（1）传递的信息容易成为公司的不利因素。大多数公司每年的收益很难保持稳定不变，如果公司每年收益状况不同，固定支付率的股利政策将导致公司每年股利分配额的频繁变化。而股利通常被认为是公司未来前途的信号传递，那么波动的股利向市场传递的信息就是公司未来收益前景不明确、不可靠等，很容易给投资者留下公司经营状况不稳定、投资风险较大的不良印象。

（2）容易使公司面临较大的财务压力。因为公司实现的盈利越多，并不代表公司有充足的现金派发股利，只能表明公司盈利状况较好而已。如果公司的现金流量状况并不好，却还要按固定比率派发股利的话，就很容易给公司造成较大的财务压力。

（3）合适的固定股利支付率的确定难度大。如果固定股利支付率确定得较低，不能满足投资者对投资收益的要求；而固定股利支付率确定得较高，没有足够的现金派发股利时会给公司带来巨大财务压力。另外，当公司发展需要大量资金时，也要受其制约。所以，确定较优的股利支付率的难度很大。

（4）缺乏财务弹性。股利支付率是公司股利政策的主要内容，模式的选择、政策的制定是公司的财务手段和方法。在不同阶段，根据财务状况制定不同的股利政策，会更有效地实现公司的财务目标。但在固定股利支付率政策下，公司丧失了利用股利政策的财务方法，缺乏财务弹性。

固定股利支付率政策只是比较适用于那些处于稳定发展且财务状况也较稳定的公司。

四、低正常股利加额外股利政策

低正常股利加额外股利政策，是公司一般情况下每年只支付固定的、数额较低的股利；在盈余多的年份，再根据实际情况向股东发放额外股利。但额外股利并不固定化，不意味着公司永久地提高了规定的股利率。

低正常股利加额外股利政策的优点：

（1）赋予公司较大的灵活性，使公司在股利发放上留有余地，并具有较大的财务弹性。公司可根据每年的具体情况，选择不同的股利发放水平，以稳定和提高股价，进而实现公司价值的最大化。

（2）使那些依靠股利度日的股东每年至少可以得到虽然较低但比较稳定的股利收入，从而吸引住这部分股东。

低正常股利加额外股利政策的缺点：

（1）由于年份之间公司盈利的波动使得额外股利不断变化，造成分派的股利不同，容易给投资者收益不稳定的感觉。

（2）当公司在较长时间持续发放额外股利后，可能会被股东误认为正常股利，一旦取消，传递出的信号可能会使股东认为这是公司财务状况恶化的表现，进而导致股价下跌。

低正常股利加额外股利政策适用于盈利水平随着经济周期而波动较大的公司或行业。

第三节　股利支付的程序和方式

一、股利支付的程序

公司股利的发放必须遵守相关的要求，按照日程安排来进行。其过程主要经历：股利宣告日、股权登记日、除息日和股利支付日。

股利宣告日：即公司董事会将股利支付情况予以公告的日期。公告中将宣布每股支付的股利、股权登记期限、股利支付日期等事项。

股权登记日，即有权领取本期股利的股东资格登记截止日期。凡是在此指定日期收盘之前取得公司股票，成为公司在册股东的投资者都可以作为股东享受公司分派的股利。在这一天之后取得股票的股东则无权领取本次分派的股利。

除息日，股票的所有权和领取股息的权利分离的日子。股利权利不再从属于股票，所以在这一天购入公司股票的投资者不能享有已宣布发放的股利。另外，由于失去了“附息”的权利，除息日的股价会下跌，下跌的幅度约等于分派的股息。

股利支付日：即向股东发放股利的日期。

【例 14－2】某公司 20×9 年 11 月 15 日发布公告：“本公司董事会在 20×9 年 11 月 15 日的会议上决定，本年度发放每股为 2 元的股利；本公司将于 20×0 年 1 月 5 日将上述股利支付给已在 20×9 年 12 月 15 日登记为本公司股东的人士。”

上例中，20×9 年 11 月 15 日为该公司的股利宣告日；20×9 年 12 月 15 日为其股权登记日；20×9 年 12 月 16 日为除息日；20×0 年 1 月 5 日则为其股利支付日。

二、股利支付的方式

（一）现金股利

现金股利是以现金支付的股利，它是股利支付的最常见的方式。这种分配方式会大量增加公司的现金流出，给公司造成现金支付的压力。公司选择发放现金股利除了要有足够的留存收益外，还要有足够的现金，而现金充足与否往往会成为公司发放现金股利的主要制约因素。

（二）财产股利

财产股利是以现金以外的其他资产支付的股利，主要是以公司所拥有的其他公司的有价证券，如债券、股票等，作为股利支付给股东。财产股利不易为广大股东接受，因为股东持有股票的目的是为了获得现金收入，而不是为了分得实物。以实物支付股利会严重影响公司形象，投资者会普遍认为公司财务状况不好，资产变现能力下降，资金周转不畅，从而对公司的发展缺乏信心，由此导致股票市价大跌。

（三）负债股利

负债股利是以负债方式支付的股利，通常以公司的应付票据支付给股东，有时也以发放公司债券的方式支付股利。负债股利方式只是公司的一种权宜之计，投资者一般也不大欢迎这种股利支付方式。

财产股利和负债股利实际上是现金股利的替代，但这两种股利支付形式在我国公司实务中很少使用。

（四）股票股利

股票股利是公司以增发股票的方式所支付的股利。

第四节　股票股利与股票回购

一、股票股利

股票股利对公司来说，并没有现金流出企业，也不会导致公司的财产减少，而只是将公司的留存收益转化为股本，并不直接增加股东的财富，不导致公司资产的流出或负债的增加，因而不是公司资金的使用；同时也并不因此而增加公司的财产，但会引起所有者权益各项目的结构发生变化。

【例 14－3】某上市公司在发放股票股利前的股东权益账户情况如表 14－1 所示。公司股票市价每股 20 元，假定公司决定按每 20 股送 1 股的方案发放股票股利。

表 14－1　　　　单位：万元

项目	金额
普通股（面值 5 元，发行在外 100 万股）	500
资本公积	200
未分配利润	850
股东权益合计	1 550

发放的股票股利 100 ÷ 20 = 5（万股）

从未分配利润中转出的资金是：5 × 20 = 100（万元）

普通股股本增加 5 × 5 = 25（万元）

资本公积增加 100 − 25 = 75（万元）

股票股利发放后的股东权益部分如表 14 − 2 所示。

表 14 − 2 单位：万元

普通股（面值 5 元，发行在外 105 万股）	525
资本公积	275
未分配利润	750
股东权益合计	1 550

假设某股东在公司派发股票股利之前持有公司的普通股 10 万股，那么，他所拥有的股权比例为：

10 万股 ÷ 100 万股 = 10%

派发股利之后，他所拥有的股票数量和股份为：

100 000 + 100 000 ÷ 20 = 105 000（股）

105 000 ÷ 1 050 000 = 10%

可见，发放股票股利，不会对公司股东权益总额产生影响，但会引起资金在各股东权益项目间的再分配。而股票股利派发前后每一位股东的持股比例也不会发生变化。需要说明的是，例题中股票股利以市价计算价格的做法，是很多西方国家所通行的，但在我国，股票股利价格则是按照股票面值来计算的。

发放股票股利虽不直接增加股东的财富，也不增加公司的价值，但对股东和公司都有特殊意义。

对股东来讲，股票股利的优点主要有：

（1）派发股票股利后，理论上每股市价会成比例下降，但实务中这并非必然结果。因为市场和投资者普遍认为，发放股票股利往往预示着公司会有较大的发展和成长，这样的信息传递会稳定股价或使股价下降比例减少甚至不降反升，股东便可以获得股票价值相对上升的好处。

（2）由于股利收入和资本利得税率的差异，如果股东把股票股利出售，还会给他带来资本利得纳税上的好处。

对公司来讲，股票股利的优点主要有：

（1）发放股票股利不需要向股东支付现金，这使公司留存了大量现金，在再投资机会较多的情况下，公司就可以为再投资提供成本较低的资金，从而有助于公司的发展。

（2）在盈余和现金股利不变的情况下，发放股票股利可以降低公司股票的市场价格，既有利于促进股票的交易和流通，又有利于吸引更多的投资者成为公司股东，进而使股权更为分散，有效地防止公司被恶意控制。

（3）股票股利的发放可以传递公司未来发展前景良好的信息，从而增强投资者的信心，在一定程度上稳定股票价格。

二、股票回购

股票回购是指上市公司利用现金等方式，从股票市场上购回本公司发行在外的一定数额的股票的行为。公司在股票回购完成后可以将所回购的股票注销。但在绝大多数情况下，公司将回购的股票作为“库藏股”保留，不再属于发行在外的股票，且不参与每股收益的计算和分配。

（一）股票回购的意义

1. 对股东的意义

在资本利得税低于股息税的前提下，股东可以获得少纳税或推迟纳税的好处，但是股票回购对股东利益具有不稳定的影响。

2. 对于公司的意义

（1）调节所有权结构。公司拥有的回购股票（库藏股）可以用来交换被收购或者被兼并公司的股票，也可以用来满足认股权证持有人认购公司股票或可转换证券持有人转换公司普通股的需要。

（2）反收购措施。股票回购在国外经常是作为一种重要的反收购措施而被运用。回购将提高本公司的股价，减少在外流通的股份，给收购方造成更大的收购难度；股票回购后，公司在外流通的股份少了，可以防止浮动股票落入进攻企业手中。

（3）改善资本结构，追求财务杠杆利益。当企业管理当局认为，其权益资本在整个企业资本结构中所占的比例过大，资产负债率过小时，就有可能利用留存收益或通过对外举债来回购企业发行在外的普通股。无论是用现金回购还是负债回购股份，都会改变公司的资本结构，提高财务杠杆比率。

（4）分配公司超额现金。如果公司的现金超过其投资机会的需要量，但又没有较好的投资机会可以使用该笔现金时，最好是分配股利。但出于股东避税、控股等多种因素的考虑，就可能通过股票回购而非现金股利的方式进行分配。

（5）稳定公司股价。过低的股价，无疑将对公司经营造成严重影响，股价过低，使人们对公司的信心下降，回购股票以支撑股价，有利于改善形象，在股价过低时回购股票，是维护公司形象的有力途径。

（二）股票回购的法律限制

我国公司法规定，公司不得收购本公司的股份，但有下列情形之一的除外：

（1）减少公司注册资本。

（2）与持有本公司股份的其他公司合并。

（3）将股份奖励给公司职工。

（4）股东因对股东大会作出的公司合并、分立决议持异议，要求公司收购其股票。

（三）股票回购的方式

1. 按照股票回购的地点不同，可分为场内公开收购和场外协议收购两种

场内公开收购是指上市公司把自己等同于任何潜在的投资者，委托在证券交易所有正式交易席位的证券公司，代自己按照公司股票当前市场价格回购。场外协议收购是指股票发行公司与某一类（如国家股）或某几类（如法人股、B 股）投资者直接见面，通过在店头市场协商来回购股票的一种方式。协商的内容包括价格和数量的确定以及执行时间等。

2. 按照筹资方式，可分为举债回购、现金回购和混合回购

举债回购是指企业通过向银行等金融机构借款的办法来回购本公司股票。其目的无非是防御其他公司的敌意兼并与收购。现金回购是指企业利用剩余资金来回购本公司的股票。如果企业既动用剩余资金，又向银行等金融机构举债来回购本公司股票，称之为混合回购。

3. 按照资产置换范围，划分为出售资产回购股票、利用手持债券和优先股交换（回购）公司普通股、债务股权置换

出售资产回购股票是指公司通过出售资产筹集资金回购本公司股票。

利用手持债券和优先股交换（回购）公司普通股是指公司使用手持债券和优先股换回（回购）本公司股票。

债务股权置换是指公司使用同等市场价值的债券换回本公司股票。

4. 按照回购价格的确定方式，可分为固定价格要约回购和荷兰式拍卖回购

固定价格要约回购是指企业在特定时间发出的以某一高出股票当前市场价格的价格水平，回购既定数量股票的要约。为了在短时间内回购数量相对较多的股票，公司可以宣布固定价格回购要约。

荷兰式拍卖回购首次出现于1981年Todd造船公司的股票回购。此种方式的股票回购在回购价格确定方面给予公司更大的灵活性。在荷兰式拍卖的股票回购中，首先公司指定回购价格的范围（通常较宽）和计划回购的股票数量（可以上下限的形式表示）；而后股东进行投标，说明愿意以某一特定价格水平（股东在公司指定的回购价格范围内任选）出售股票的数量；公司汇总所有股东提交的价格和数量，确定此次股票回购的“价格－数量曲线”，并根据实际回购数量确定最终的回购价格。

本章小结

1. 股利理论及股利政策。股利分配理论是指人们对股利分配的客观规律的科学认识与总结，其核心问题是股利政策与公司价值的关系问题。包括股利无关论、“手中鸟”理论、信号传递理论、所得税差异理论、代理理论。

股利分配政策由企业在不违反国家有关法律、法规的前提下，根据本企业具体情况制定。股利政策既要保持相对稳定，又要符合公司财务目标和发展目标。通常有以下几种股利政策可供选择：剩余股利政策；固定或稳定增长的股利政策；固定股利支付率政策；低正常股利加额外股利政策。

2. 股利支付形式。股利支付形式可以分为不同的种类，主要有四种：现金股利、财产股利、负债股利、股票股利。

3. 股票股利与股票回购。股票股利是公司以增发股票的方式所支付的股利。股票回购近年来已经成为公司向股东分配利润的一种重要形式，尤其是避税效用显著。

第十五章 财务控制与业绩评价

学习目标

修完本章内容后，你应该能够：

1. 掌握内部控制的目标和基本要素；掌握财务控制的方法及与内部控制的关系
2. 掌握成本中心、利润中心和投资中心的含义、类型、特点及考核指标
3. 掌握标准成本控制的含义、标准成本的制定、成本差异的计算和分析方法
4. 熟悉内部控制的原则与方法
5. 熟悉内部结算价格、结算方式和责任成本的内部结转
6. 熟悉责任预算、责任报告的编制方法和业绩考核的要求
7. 了解财务控制的意义与特征，了解财务控制的基本原则、种类与方法
8. 熟悉业绩评价的评价指标、评价标准、评价方法和综合评价报告

第一节 内部控制

一、内部控制的目标与基本要素

（一）内部控制的目标

内部控制，是指由企业董事会（或者由企业章程规定的经理、厂长办公会等类似的决策、治理机构，以下简称董事会）、管理层和全体员工共同实施的，旨在合理保证实现企业基本目标的一系列控制活动。

一般而言，内部控制的目标有以下几个方面：

（1）企业战略。

（2）经营的效率和效果。

（3）财务会计报告及管理信息的真实可靠。

（4）资产的安全完整。

（5）遵循国家法律法规和有关监管要求。

（二）内部控制的基本要素

（1）内部环境，是影响、制约企业内部控制制度建立与执行的各种内部因素的总称，是实施内部控制的基础。内部环境主要包括治理结构、组织机构设置与权责分配、企业文化、人力资源政策、内部审计机制、反舞弊机制等内容。

（2）风险评估，是及时识别、科学分析影响企业战略和经营管理目标实现的各种不确

定因素并采取应对策略的过程，是实施内部控制的重要环节和内容。风险评估主要包括目标设定、风险识别、风险分析和风险应对。

（3）控制措施，是根据风险评估结果、结合风险应对策略所采取的确保企业内部控制目标得以实现的方法和手段，是实施内部控制的具体方式和载体。控制措施结合企业具体业务和事项的特点与要求制定，主要包括职责分工控制、授权控制、审核批准控制、预算控制、财产保护控制、会计系统控制、内部报告控制、经济活动分析控制、业绩考评控制、信息技术控制等。

（4）信息与沟通，是及时、准确、完整地收集与企业经营管理相关的各种信息，并使这些信息以适当的方式在企业有关层级之间进行及时传递、有效沟通和正确应用的过程，是实施内部控制的重要条件。信息与沟通主要包括信息的收集机制及在企业内部和与企业外部有关方面的沟通机制等。

（5）监督检查，是企业对其内部控制制度的健全性、合理性和有效性进行监督检查与评估，形成书面报告并做出相应处理的过程，是实施内部控制的重要保证。监督检查主要包括对建立并执行内部控制制度的整体情况进行持续性监督检查，对内部控制的某一方面或者某些方面进行专项监督检查以及提交相应的检查报告、提出有针对性的改进措施等。企业内部控制自我评估是内部控制监督检查工作中的一项重要内容。

二、内部控制制度设计的原则

现代企业在建立和设计内部控制框架时必须遵循和依据的客观规律和基本法则，称为内部控制的基本原则，同时，这些原则也是外部人员判断一个企业内部控制制度设计状况的基本依据。

（1）合法性原则，是指内部控制制度应当符合法律、行政法规的规定和有关政府监管部门的监管要求。

（2）全面性原则，是指内部控制制度在层次上应当涵盖企业决策层、管理层和全体员工，在对象上应当覆盖企业各项业务和管理活动，在流程上应当渗透到决策、执行、监督、反馈等各个环节，避免内部控制出现空白和漏洞。

（3）重要性原则，是指内部控制制度应当在兼顾全面的基础上突出重点，针对重要业务与事项、高风险领域与环节采取更为严格的控制措施，确保不存在重大缺陷。

（4）有效性原则，是指内部控制制度应当能够为内部控制目标的实现提供合理保证。企业全体员工应当自觉维护内部控制制度的有效执行。内部控制制度建立和实施过程中存在的问题应当能够得到及时的纠正和处理。

（5）制衡性原则，是指企业的机构、岗位设置和权责分配应当科学合理并符合内部控制的基本要求，确保不同部门、岗位之间权责分明和有利于相互制约、相互监督。履行内部控制监督检查职责的部门应当具有良好的独立性。任何人不得拥有凌驾于内部控制之上的特殊权力。

（6）合理性原则，是指内部控制制度应当合理体现企业经营规模、业务范围与特点、风险状况以及所处具体环境等方面的要求。

（7）适应性原则，是指内部控制制度应当随着企业外部环境的变化、经营业务的调整、管理要求的提高等不断改进和完善。

（8）成本效益原则，是指内部控制制度应当在保证内部控制有效性的前提下，合理权衡成本与效益的关系，争取以合理的成本实现更为有效的控制。

三、内部控制的一般方法

内部控制的一般方法通常包括职责分工控制、授权控制、审核批准控制、预算控制、财产保护控制、会计系统控制、内部报告控制、经济活动分析控制、业绩考评控制、信息技术控制。

（1）职责分工控制，要求根据企业目标和职能任务，按照科学、精简、高效的原则，合理设置职能部门和工作岗位，明确各部门、各岗位的职责权限，形成各司其职、各负其责、便于考核、相互制约的工作机制。

企业在确定职责分工过程中，应当充分考虑不相容职务相互分离的制衡要求。不相容职务通常包括：授权批准、业务经办、会计记录、财产保管、稽核检查等。

（2）授权控制，要求企业根据职责分工，明确各部门、各岗位办理经济业务与事项的权限范围、审批程序和相应责任等内容。企业内部各级管理人员必须在授权范围内行使职权和承担责任，业务经办人员必须在授权范围内办理业务。

授权一般包括常规性授权和临时性授权。常规性授权，是指企业在日常经营管理活动中按照既定的职责和程序进行的授权。临时性授权，是指企业在特殊情况、特定条件下进行的应急性授权。

（3）审核批准控制，要求企业各部门、各岗位按照规定的授权和程序，对相关经济业务和事项的真实性、合规性、合理性以及有关资料的完整性进行复核与审查，通过签署意见并签字或者盖章，做出批准、不予批准或者其他处理的决定。

（4）预算控制，要求企业加强预算编制、执行、分析、考核等各环节的管理，明确预算项目，建立预算标准，规范预算的编制、审定、下达和执行程序，及时分析和控制预算差异，采取改进措施，确保预算的执行。

（5）财产保护控制，要求企业限制未经授权的人员对财产的直接接触和处置，采取财产记录、实物保管、定期盘点、账实核对、财产保险等措施，确保财产的安全完整。

（6）会计系统控制，要求企业根据《中华人民共和国会计法》、《企业会计准则》和国家统一的会计制度，制定适合本企业的会计制度，明确会计凭证、会计账簿和财务会计报告以及相关信息披露的处理程序，规范会计政策的选用标准和审批程序，建立、完善会计档案保管和会计工作交接办法，实行会计人员岗位责任制，充分发挥会计的监督职能，确保企业财务会计报告真实、准确、完整。

（7）内部报告控制，要求企业建立和完善内部报告制度，明确相关信息的收集、分析、报告和处理程序，及时提供业务活动中的重要信息，全面反映经济活动情况，增强内部管理的时效性和针对性。内部报告方式通常包括例行报告、实时报告、专题报告、综合报告等。

（8）经济活动分析控制，要求企业综合运用生产、购销、投资、财务等方面的信息，利用因素分析、对比分析、趋势分析等方法，定期对企业经营管理活动进行分析，发现存在的问题，查找原因，并提出改进意见和应对措施。

（9）业绩考评控制，要求企业科学设置业绩考核指标体系，对照预算指标、盈利水平、投资回报率、安全生产目标等业绩指标，对各部门和员工当期业绩进行考核和评价，兑现奖惩，强化对各部门和员工的激励与约束。

（10）信息技术控制，要求企业结合实际情况和计算机信息技术应用程度，建立与本企业经营管理业务相适应的信息化控制流程，提高业务处理效率，减少和消除人为操纵因素，同时加强对计算机信息系统开发与维护、访问与变更、数据输入与输出、文件储存与保管、网络安全等方面的控制，保证信息系统安全、有效运行。

第二节 财务控制

一、财务控制的原则和方法

（一）财务控制的意义与特征

财务控制，是指根据企业财务目标，按照一定的程序与方法，确保企业及其内部机构和人员全面落实和实现财务预算的过程。财务控制是内部控制的一个重要组成部分，是内部控制的核心，是内部控制在资金和价值方面的体现。

财务控制的特征有：以价值形式为控制手段；以不同岗位、部门和层次的不同经济业务为综合控制对象；以控制日常现金流量为主要内容。

（二）财务控制的基本原则

财务控制的基本原则包括：

（1）目的性原则。财务控制作为一种财务管理职能，必须具有明确的目的性，为企业理财目标服务。

（2）充分性原则。财务控制的手段对于目标而言，应当是充分的，应当足以保证目标的实现。

（3）及时性原则。财务控制的及时性要求及时发现偏差，并能及时采取措施加以纠正。

（4）认同性原则。财务控制的目标、标准和措施必须为相关人士所认同。

（5）经济性原则。财务控制的手段应当是必要的，没有多余，财务控制所获得的价值应大于所需费用。

（6）客观性原则。管理者对业绩的评价应当客观公正，防止主观片面。

（7）灵活性原则。财务控制应当含有足够灵活的要素，以便在出现任何失常情况下，都能保持对运行过程的控制，不受环境变化、计划疏忽、计划变更的影响。

（8）适应性原则。财务控制的目标、内容和方法应与组织结构中的职位相适应。

（9）协调性原则。财务控制的各种手段在功能、作用、方法和范围方面不能相互制约，而应相互配合，在单位内部形成合力，产生协同效应。

（10）简明性原则。控制目标应当明确，控制措施与规章制度应当简明易懂，易为执行者所理解和接受。

（三）财务控制的种类

1. 按照财务控制的内容，可分为一般控制和应用控制两类

一般控制是指对企业财务活动赖以进行的内部环境所实施的总体控制，包括组织控制、人员控制、财务预算、业绩评价、财务记录等项内容；应用控制是指作用于企业财务活动的具体控制，包括业务处理程序中的批准与授权、审核与复核以及为保证资产安全而采取的限制措施等项控制。

2. 按照财务控制的功能，可分为预防性控制、侦查性控制、纠正性控制、指导性控制和补偿性控制

预防性控制，是指为防范风险、错弊和非法行为的发生，或减少其发生机会所进行的控

制；侦查性控制，是指为了及时识别已经存在的风险、已经发生的错弊和非法行为，或增强识别能力所进行的控制；纠正性控制是对那些通过侦查性控制查出来的问题所进行的调整和纠正；指导性控制是为了实现有利结果而进行的控制；补偿性控制是针对某些环节的不足或缺陷而采取的控制措施。

3. 按照财务控制的时序，可分为事前控制、事中控制和事后控制三类

事前控制，是指企业为防止财务资源在质和量上发生偏差，而在行为发生之前所实施的控制；事中控制，是指在财务活动发生过程中所进行的控制；事后控制，是指对财务活动的结果所进行的分析、评价。

（四）财务控制的方法

财务控制是内部控制的一个重要环节，财务控制要以消除隐患、防范风险、规范经营、提高效率为宗旨，建立全方位的财务控制体系和多元的财务监控措施。

全方位的财务控制，是指财务控制必须渗透到企业的法人治理结构与组织管理的各个层次、生产业务全过程、各个经营环节，覆盖企业所有的部门、岗位和员工。

多元的财务监控措施，是指既有事后的监控措施，更有事前、事中的监控手段、策略；既有约束手段，也有激励的安排；既有财务上资金流量、存量预算指标的设定、会计报告反馈信息的跟踪，也有人事委派、生产经营一体化、转移价格、资金融通的策略。

二、责任中心

建立责任中心、编制和执行责任预算、考核和监控责任预算的执行情况是企业实行财务控制的一种有效手段。

（一）责任中心的特征

责任中心就是承担一定经济责任，并享有一定权力和利益的企业内部（责任）单位。建立责任中心是实行责任预算和责任会计的基础。企业为了实行有效的内部协调和控制，通常都按照统一领导、分级管理的原则，在其内部合理划分责任单位，明确各责任单位应承担的经济责任、应有的权力，促使各责任单位尽其责任协同配合实现企业总目标。同时，为了保证预算的贯彻落实和最终实现，必须把总预算中的目标和任务，按照责任中心逐层进行指标分解，形成责任预算，使各个责任中心据以明确目标和任务。

责任中心具有以下特征：

（1）责任中心是一个责权利结合的实体。它意味着每个责任中心都要对一定的财务指标承担完成的责任；同时，赋予责任中心与其所承担责任的范围大小相适应的权力，并规定出相应的业绩考核标准和利益分配标准。

（2）责任中心具有承担经济责任的条件。它有两个方面的含义：一是责任中心要有履行经济责任中各条款的行为能力，二是责任中心一旦不能履行经济责任，能对其后果承担责任。

（3）责任中心所承担的责任和行使的权力都应是可控的。每个责任中心只能对其责权范围内可控的成本、收入、利润和投资负责，在责任预算和业绩考评中也只应包括他们能控制的项目。可控是相对于不可控而言的，不同的责任层次，其可控的范围并不一样。一般而言，责任层次越高，其可控范围也就越大。

（4）责任中心具有相对独立的经营业务和财务收支活动。它是确定经济责任的客观对象，是责任中心得以存在的前提条件。

（5）责任中心便于进行责任会计核算或单独核算。责任中心不仅要划清责任而且要单独核算。划清责任是前提，单独核算是保证。只有既划清责任又能进行单独核算的企业内部单位，才能作为一个责任中心。

根据企业内部责任中心的权责范围及业务活动的特点不同，责任中心可以分为成本中心、利润中心和投资中心三大类型。

（二）责任中心的类型和考核指标

1. 成本中心

（1）成本中心的含义。成本中心是对成本或费用承担责任的责任中心，它不会形成可以用货币计量的收入，因而不对收入、利润或投资负责。成本中心一般包括负责产品生产的生产部门、劳务提供部门以及给予一定费用指标的管理部门。

成本中心的应用范围最广，从一般意义出发，企业内部凡有成本发生，需要对成本负责，并能实施成本控制的单位，都可以成为成本中心。工业企业，上至工厂一级，下至车间、工段、班组，甚至个人都有可能成为成本中心。成本中心的规模不一，多个较小的成本中心共同组成一个较大的成本中心，多个较大的成本中心又能共同构成一个更大的成本中心。从而，在企业形成一个逐级控制，并层层负责的成本中心体系。规模大小不一和层次不同的成本中心，其控制和考核的内容也基本相同。

（2）成本中心的类型。成本中心分为技术性成本中心和酌量性成本中心。技术性成本是指发生的数额通过技术分析可以相对可靠地估算出来的成本，如产品生产过程中发生的直接材料、直接人工、间接制造费用等。其特点是这种成本的发生可以为企业提供一定的物质成果，投入量与产出量之间有着密切的联系。技术性成本可以通过弹性预算予以控制。

酌量性成本是否发生以及发生数额的多少是由管理人员的决策所决定的，主要包括各种管理费用和某些间接成本项目，如研究开发费用、广告宣传费用、职工培训费用等。这种费用发生主要是为企业提供一定的专业服务，一般不能直接产生可以用货币计量的成果。投入量与产出量之间没有直接关系。酌量性成本的控制应着重于预算总额的审批上。

（3）成本中心的特点。成本中心相对于其他责任中心有其自身的特点，主要表现在：

①成本中心只考评成本费用而不考评收益。成本中心一般不具备经营权和销售权，其经济活动的结果不会形成可以用货币计量的收入，有的成本中心可能有少量的收入，但从整体上讲，其产出与投入之间不存在密切的对应关系，因而，这些收入不作为主要的考核内容，也不必计算这些货币收入。概括地说，成本中心只以货币形式计量投入，不以货币形式计量产出。

②成本中心只对可控成本承担责任。成本费用依其责任主体是否能控制分为可控成本与不可控成本。凡是责任中心能控制其发生及其数量的成本称为可控成本，可控成本必须同时具备以下四个条件：一是可以预计，即成本中心能够事先知道将发生哪些成本以及在何时发生；二是可以计量，即成本中心能够对发生的成本进行计量；三是可以施加影响，即成本中心能够通过自身的行为来调节成本；四是可以落实责任，即成本中心能够将有关成本的控制责任分解落实，并进行考核评价。凡不能同时具备上述四个条件的成本通常为不可控成本，不可控成本是责任中心不能控制其发生及其数量的成本。属于某成本中心的各项可控成本之和即构成该成本中心的责任成本。从考评的角度看，成本中心工作成绩的好坏，应以可控成本作为主要依据，不可控成本核算只有参考意义。在确定责任中心的成本责任时，应尽可能使责任中心发生的成本成为可控成本。

成本的可控与不可控是以特定的责任中心和特定的时期作为出发点的，这与责任中心所处管理层次的高低、管理权限及控制范围的大小和经营期间的长短有直接关系。第一，成本的可控与否，与责任中心的权力层次有关。对企业来说，几乎所有的成本都是可控的，而对于企业下属各层次、各部门乃至个人来说，则既有可控成本，又有不可控成本。第二，成本的可控与否，与责任中心的管辖范围有关。某项成本就某一责任中心来看是不可控的，而对另一个责任中心可能是可控的，这不仅取决于该责任中心的业务内容，也取决于该责任中心所管辖的业务内容的范围。如产品试制费，从产品生产部门看是不可控的，而对研发部门来说就是可控的。但如果新产品试制也归口由生产部门负责进行，则试制费又成为了生产部门的可控成本。第三，某些从短期看属于不可控的成本，从较长的期间看，又成为了可控成本。例如，现有生产设备的折旧，就具体使用它的部门来说，折旧是不可控的；但要用新的设备来代替它时，由于新设备的折旧取决于设备更新所选用设备的价格及正常使用寿命，因此，新设备的折旧又成为可控成本。

另外，在责任控制中，应尽可能把各项成本落实到各成本中心，使之成为各成本中心的可控成本。对那些一时难以确认为某一特定成本中心的可控成本，则可以通过各种方式与有关成本中心协商，共同承担风险，借以克服由于风险责任或难以控制而产生的种种问题和避免出现相互推诿和扯皮现象。对确实不能确认为某一成本中心的成本费用，则由企业控制或承担。

（4）成本中心的考核指标。成本中心的考核指标主要采用相对指标和比较指标，包括成本（费用）变动额和变动率两个指标，其计算公式是：

$$\text{成本（费用）变动额} = \text{实际责任成本（或费用）} - \text{预算责任成本（或费用）} \quad \text{（公式 15-1）}$$

$$\text{成本（费用）变动率} = \frac{\text{成本（费用）变动额}}{\text{预算责任成本（费用）}} \times 100\% \quad \text{（公式 15-2）}$$

在进行成本中心考核时，如果预算产量与实际产量不一致，应注意按弹性预算的方法先行调整预算指标，再按上述公式计算。

【例 15-1】某企业内部某车间为成本中心，生产甲产品，预算产量 90 000 件，单位成本 105 元，实际产量 100 000 件，单位成本 100 元。计算成本变动额和变动率。

$$\text{成本变动额} = 100 \times 100\,000 - 105 \times 100\,000 = -500\,000 \text{（元）}$$

$$\text{成本变动率} = [-500\,000 \div (100 \times 100\,000)] \times 100\% = -5\%$$

计算结果表明，该成本中心的成本降低额为 500 000 元，降低率为 5%。

2. 利润中心

（1）利润中心的含义。利润中心往往处于企业内部的较高层次，如分公司、分店。它有独立或相对独立的收入和生产经营决策权。利润中心与成本中心相比，其权力和责任相对较大，它不仅要降低成本，而且要寻求收入的增长，并使之超过成本的增长。

（2）利润中心的类型。利润中心分为自然利润中心和人为利润中心。

①自然利润中心。它是指可以直接对外销售产品并取得收入的利润中心。这种利润中心本身直接面对市场，具有产品销售权、价格制定权、材料采购权和生产决策权。它虽然是企业内部的一个部门，但其功能同独立企业相近。例如公司内部的事业部，每个事业部均有销售、生产、采购的机能，有很大的独立性，能独立地控制成本并取得收入。

②人为利润中心。它是指只对内部责任单位提供产品或服务，而取得“内部销售收入”的利润中心。这种利润中心一般不直接对外销售产品。成为人为利润中心应具备两个条件：一是该中心可以向其他责任中心提供产品或服务；二是能为该中心的产品确定合理的内部转移价格，以实现公平交易、等价交换。例如工业企业的大多数成本中心都可以转化为人为利润中心。人为利润中心一般也应具备相对独立的经营权，即能自主决定本利润中心的产品或

服务的种类、产品或服务的质量、作业方法、人员调配和资金的使用等。

（3）利润中心的成本计算。利润中心对利润负责，必然要考核和计算成本，以便正确计算利润，作为对利润中心业绩评价与考核的可靠依据。对利润中心的成本计算，通常有两种方式可供选择：

第一种方式是利润中心只计算可控成本，不分担不可控成本，亦即不分摊共同成本。这种方式主要适应于共同成本难以合理分摊或无须进行共同成本分摊的场合，按这种方式计算出的盈利不是通常意义上的利润，而是相当于“边际贡献总额”。企业各利润中心的“边际贡献总额”之和，减去未分配的共同成本，经过调整后才是企业的利润总额。采用这种成本计算方式的“利润中心”，实质上已不是完整和原来意义上的利润中心，而是边际贡献中心。人为利润中心适合采取这种计算方式。

第二种方式是利润中心不仅计算可控成本，也计算不可控成本。这种方式适合于共同成本易于合理分摊或不存在共同成本分摊的场合。这种利润中心在计算时，如果采用变动成本法，应先计算出边际贡献，再减去固定成本，才是税前利润；如果采用完全成本法，利润中心可以直接计算出税前利润。各利润中心的税前利润之和，就是整个企业的利润总额。自然利润中心适合采取这种计算方式。

（4）利润中心的考核指标。利润中心的考核指标为利润，通过比较一定期间实际实现的利润与责任预算所确定的利润，可以评价其责任中心的业绩。但由于成本计算方式不同，各利润中心的利润指标的表现形式也不相同。

①当利润中心不计算共同成本或不可控成本时，其考核指标是：

利润中心边际贡献总额＝该利润中心销售收入总额－该利润中心可控成本总额（或变动成本总额）（公式 15－3）

②而当利润中心计算共同成本或不可控成本，并采取变动成本法计算成本时，其考核指标包括：利润中心边际贡献总额；利润中心负责人可控利润总额；利润中心可控利润总额等。

利润中心边际贡献总额＝该利润中心销售收入总额－该利润中心变动成本总额（公式 15－4）

$$\text{利润中心负责人可控利润总额}=\text{该利润中心边际贡献总额}-\text{该利润中心负责人不可控固定成本} \quad \text{（公式 15－5）}$$

$$\text{利润中心可控利润总额}=\text{该利润中心负责人可控利润总额}-\text{该利润中心负责人不可控固定成本} \quad \text{（公式 15－6）}$$

【例 15－2】某企业的某车间是一个人为利润中心。本期实现内部销售收入 240 万元，销售变动成本为 170 万元，该中心负责人可控固定成本为 16 万元，中心负责人不可控应由该中心负担的固定成本为 18 万元。

则该中心实际考核指标分别为：

利润中心边际贡献总额＝240－170＝70（万元）

利润中心负责人可控利润总额＝70－16＝54（万元）

利润中心可控利润总额＝54－18＝36（万元）

3. 投资中心

（1）投资中心含义。投资中心是指既对成本、收入和利润负责，又对投资效果负责的责任中心。投资中心同时也是利润中心。但与利润中心相比，投资中心的权力和考核办法不同。投资中心是最高层次的责任中心，它具有最大的决策权，也承担最大的责任。投资中心的管理特征是较高程度的分权管理。由于投资中心独立性较高，它一般应向公司的总经理或董事会直接负责。对于投资中心不应干预过多，应使其享有投资权和较为充分的经营权。投资中心在资产和权益方面应与其他责任中心划分清楚。通常，大型集团所属的子公司、分公司、事业部往往都是投资中心。在组织形式上，成本中心一般不是独立法人，利润中心可以是、也可以不是独立法人，而投资中心一般是独立法人。

（2）投资中心的考核指标。为了准确地计算各投资中心的经济效益，应该对各投资中心共同使用的资产划定界限；对共同发生的成本按适当的标准进行分配；各投资中心之间相互调剂使用的现金、存货、固定资产等均应计息清偿，实行有偿使用。在此基础上，计算和分析投资利润率和剩余收益。

①投资利润率。又称投资收益率，是指投资中心所获得的利润与投资额之间的比率，可用于评价和考核由投资中心掌握、使用的全部净资产的获利能力。其计算公式为：

$$\text{投资利润率} = \frac{\text{利润}}{\text{投资额}} \times 100\% \qquad \text{（公式 15－7）}$$

投资利润率还可以进一步展开：

$$\text{投资利润率} = \frac{\text{销售收入}}{\text{投资额}} \times \frac{\text{成本费用}}{\text{销售收入}} \times \frac{\text{利润}}{\text{成本费用}}$$

$$= \text{资本周转率} \times \text{销售成本率} \times \text{成本费用利润率} \qquad \text{（公式 15－8）}$$

以上公式中投资额是指投资中心的总资产扣除负债后的余额，即投资中心的净资产。所以，该指标也可以称为净资产利润率，它主要说明投资中心运用“公司产权”供应的每一元资产对整体利润贡献的大小，或投资中心对所有者权益的贡献程度。

为了考核投资中心的总资产运用状况，也可以计算投资中心的总资产息税前利润率。计算公式为：

$$\text{投资利润率} = \frac{\text{息税前利润}}{\text{平均总资产}} \times 100\% \qquad \text{（公式 15－9）}$$

投资利润率是广泛采用的评价投资中心业绩的指标，它的优点如下：一是投资利润率能反映投资中心的综合获利能力。二是投资利润率具有横向可比性。三是投资利润率可以作为选择投资机会的依据，有利于调整资产的存量，优化资源配置。四是以投资利润率作为评价投资中心经营业绩的尺度，可以正确引导投资中心的经营管理行为，使其行为长期化。

总的说来，投资利润率的主要优点是能促使管理者像控制费用一样地控制资产占用或投资额的多少，综合反映一个投资中心全部经营成果。但是该指标也有其局限性，一是世界性的通货膨胀，使企业资产账面价值失真、失实，以致相应的折旧少计，利润多计，使计算的投资利润率无法揭示投资中心的实际经营能力。二是使用投资利润率往往会使投资中心只顾本身利益而放弃对整个企业有利的投资机会，造成投资中心的近期目标与整个企业的长远目标相背离。三是投资利润率的计算与资本支出预算所用的现金流量分析方法不一致，不便于投资项目建成投产后与原定目标的比较。四是由于一些共同费用无法为投资中心所控制，投资利润率的计量不全是投资中心所能控制的。为了克服投资利润率的某些缺陷，应采用剩余收益作为评价指标。

②剩余收益。剩余收益是一个绝对数指标，是指投资中心获得的利润扣减其最低投资收益后的余额。最低投资收益是投资中心的投资额（或资产占用额）按规定或预期的最低报酬率计算的收益。其计算公式如下：

$$\text{剩余收益} = \text{利润} - \text{投资额或净资产占用额} \times \text{规定或预期的最低投资利润率}$$

$$= \text{投资额} \times \text{（投资利润率} - \text{规定或预期的最低投资利润率）} \qquad \text{（公式 15－10）}$$

如果预期指标是总资产息税前利润率时，则剩余收益计算公式应做相应调整，其计算公式如下：

剩余收益 = 息税前利润 - 总资产占用额 × 预期最低总资产息税前利润率　　　　　　（公式 15 - 11）

这里所说的预期的最低报酬率或总资产息税前利润率通常是指企业为保证其生产经营正常、持续进行所必须达到的最低报酬水平。

以剩余收益作为投资中心业绩评价指标时，只要投资中心的某项投资，其投资利润率大于预期的最低投资报酬率（或者投资中心的总资产息税前利润率大于预期的最低总资产息税前利润率），那么该项投资便是可行的。

剩余收益具有两个特点：一是体现投入产出关系。由于减少投资（或降低资产占用）同样可以达到增加剩余收益的目的，因而与投资利润率一样，该指标也可以用于全面评价和考核投资中心的业绩。二是避免本位主义。剩余收益指标避免了投资中心狭隘的本位倾向，即单纯追求投资利润率而放弃一些对企业整体有利的投资机会。以剩余收益作为衡量投资中心工作成果的尺度，投资中心将会尽量提高剩余收益，也就是说只要有利于增加剩余收益绝对额，投资行为就是可取的，而不只是尽量提高投资利润率。

【例 15 - 3】某公司下设投资中心甲和投资中心乙，该公司加权平均最低投资利润率为 10%，现准备追加投资。有关资料如下：

表 15 - 1　　　　**投资中心指标计算表**　　　　金额单位：万元

项　目		投资额	利润	投资利润率	剩余收益
追加投资前	甲	200	10	5%	10 - 200 × 10% = - 10
	乙	300	45	15%	45 - 300 × 10% = + 15
	Σ	500	55	11%	55 - 500 × 10% = + 5
向投资中心甲追加投资 50 万元	甲	300	18	6%	18 - 300 × 10% = - 12
	乙	300	45	15%	45 - 300 × 10% = + 15
	Σ	600	63	10. 5%	63 - 600 × 10% = + 3
向投资中心乙追加投资 100 万元	甲	200	10	5%	10 - 200 × 10% = - 10
	乙	500	74	14. 8%	74 - 500 × 10% = + 24
	Σ	700	84	12%	84 - 700 × 10% = + 14

根据表 15 - 1 资料评价甲、乙两个投资中心的经营业绩，可知：如以投资利润率作为考核指标，追加投资后甲中心的利润率由 5% 提高到了 6%，乙中心的利润率由 15% 下降到了 14. 8%，按此指标向甲中心投资比向乙中心投资好。

但是，如果以剩余收益作为考核指标，甲中心的剩余收益由原来的 - 10 万元变成了 - 12 万元，乙中心的剩余收益由原来的 15 万元增加到了 24 万元，由此向乙中心投资较好。

如果从整个公司进行评价，就会发现向甲中心追加投资时，全公司总体投资利润率由 11% 下降到 10. 5%，剩余收益由 5 万元下降到 3 万元；而向乙中心追加投资时，全公司总体投资利润率由 11% 上升到 12%，剩余收益由 5 万元上升到 14 万元，这和剩余收益指标评价各投资中心的业绩的结果一致。所以，以剩余收益作为评价指标可以保持各投资中心获利目标与公司总的获利目标达成一致。

在以剩余收益作为考核指标时，所采用的预期最低投资报酬率的高低对剩余收益的影响很大，通常可以用公司的平均利润率（或加权平均利润率）作为基准收益率。

综上所述，责任中心根据其控制区域和权责范围的大小，分为成本中心、利润中心和投资中心三种类型。它们各自不是孤立存在的，每个责任中心承担各自的经营管理责任。最基层的成本中心应就其经营的可控成本向其上层成本中心负责；上层的成本中心应就其本身的可控成本和下层转来的责任成本一并向利润中心负责；利润中心应就其本身经营的收入、成本（含下层转来成本）和利润（或边际贡献）向投资中心负责；投资中心最终就其经营管理的投资利润率和剩余收益向总经理和董事会负责。所以，企业各种类型和层次的责任中心形成一个责任网络，这就促使每个责任中心为保证企业总体的经营目标一致而协调运转。

三、责任预算

（一）责任预算的含义

责任预算是指以责任中心为主体，以可控成本、收入、利润和投资等为对象编制的预算。它是企业总预算的补充和具体化。

责任预算由各种责任指标组成。责任指标包括①主要指标：上述责任中心所涉及的考核指标，也是必须保证实现的指标。②其他指标：为保证主要指标的完成而设定的，或是根据企业其他总目标分解的指标，通常有劳动生产率、设备完好率、出勤率、材料消耗率和职工培训等指标。

（二）责任预算的编制程序

责任预算的编制程序有两种：一是以责任中心为主体，将企业总预算在各责任中心之间层层分解而形成各责任中心的预算。它实质是由上而下实现企业总预算目标。这种自上而下、层层分解指标的方式是一种常用的预算编制程序，适合于集权组织结构形式下使用，其优点是使整个企业浑然一体，便于统一指挥和调度。不足之处是可能会遏制责任中心的积极性和创造性；二是各责任中心自行列示各自的预算指标、层层汇总，最后由企业专门机构或人员进行汇总和调整，确定企业总预算。这是一种自下而上，层层汇总、协调的预算编制程序，适合于在分权组织结构形式下使用，其优点是有利于发挥各责任中心的积极性，但往往各责任中心只注意本中心的具体情况或多从自身利益角度考虑，容易造成彼此协调困难，互相支持少、以致冲击企业的总体目标。而且，层层汇总、协调，工作量大，协调难度大，影响预算质量和编制时效。

四、责任报告

责任报告是对各个责任中心执行责任预算情况的系统概括和总结。责任报告亦称业绩报告，它是根据责任会计记录编制的反映责任预算实际执行情况，揭示责任预算与实际执行差异的内部会计报告。责任会计以责任预算为基础，对责任预算的执行情况进行系统的反映，用实际完成情况同预算目标对比，可以评价和考核各个责任中心的工作成果。责任中心的业绩评价和考核应通过编制责任报告来完成。

责任报告的形式主要有报表、数据分析和文字说明等。将责任预算、实际执行结果及其差异用报表予以列示是责任报告的基本形式。在揭示差异时，还必须对重大差异予以定量分析和定性分析。定量分析旨在确定差异的发生程度，定性分析旨在分析差异产生的原因，并根据这些原因提出改进建议。

在企业的不同管理层次上，责任报告的侧重点应有所不同。最低层次的责任中心的责任报告应当最详细，随着层次的升高，责任报告的内容应以更为概括的形式来表现。这一点与责任预算的由上至下分解过程不同，责任预算是由总括到具体，责任报告则是由具体到总括。责任报告应能突出产生差异的重要影响因素。为此，应突出重点，使报告的使用者能把注意力集中到少数严重脱离预算的因素或项目上来。

根据责任报告，可进一步对责任预算执行差异的原因和责任进行具体分析，以充分发挥反馈作用，以使上层责任中心和本层责任中心对有关生产经营的活动实行有效的控制和调节，促使各个责任中心根据自身特点，卓有成效地开展有关活动以实现责任预算。

为了编制各责任中心的责任报告，必须进行责任会计核算，即要以责任中心为对象组织会计核算工作。

五、责任业绩考核

责任业绩考核是指以责任报告为依据，分析、评价各责任中心责任预算的实际执行情况，找出差距，查明原因，借以考核各责任中心工作成果，实施奖罚，促使各责任中心积极纠正行为偏差，完成责任预算的过程。

责任中心的业绩考核有狭义和广义之分。狭义的业绩考核仅指对各责任中心的价值指标，如成本、收入、利润以及资产占用等责任指标的完成情况进行考评。广义的业绩考评除这些价值指标外，还包括对各责任中心的非价值责任指标的完成情况进行考核。

1. 成本中心业绩考核

成本中心业绩考核是以责任报告为依据，将实际成本与预算成本或责任成本进行比较，确定两者差异的性质、数额以及形成的原因，并根据差异分析的结果，对各成本中心进行奖罚，以督促成本中心努力降低成本。

2. 利润中心业绩考核

在考核利润中心业绩时，也只是计算和考评本利润中心权责范围内的收入和成本。凡不属于本利润中心权责范围内的收入和成本，尽管已由本利润中心实际收进或支付，仍应予以剔除，不能作为本利润中心的考核依据。

3. 投资中心业绩考核

从管理层次看，投资中心是最高一级的责任中心，业绩考核的内容或指标涉及各个方面，是一种较为全面的考核。考核时通过将实际数与预算数的比较，找出差异，进行差异分析，查明差异的成因和性质，并据以进行奖罚。由于投资中心层次高、涉及的管理控制范围广，内容复杂，考核时应力求原因分析深入、依据确凿、责任落实具体，这样才可以达到考核的效果。

六、责任结算与核算

（一）内部转移价格

内部转移价格是指企业内部各责任中心之间进行内部结算和责任结转时所采用的价格标准。制定内部转移价格时，必须考虑全局性原则、公平性原则、自主性原则和重要性原则。内部转移价格的类型包括以下几种。

1. 市场价格

市场价格是根据产品或劳务的市场价格作为基价的价格。采用市场价格，一般假定各责任中心处于独立自主的状态，可自由决定从外部或内部进行购销，同时产品或劳务有客观的市价可采用。

2. 协商价格

协商价格也可称为议价，是企业内部各责任中心以正常的市场价格为基础，通过定期共同协商所确定的为双方所接受的价格。采用协商价格的前提是责任中心转移的产品应有在非竞争性市场买卖的可能性，在这种市场内买卖双方有权自行决定是否买卖这种中间产品。如果买卖双方不能自行决定，或当价格协商的双方发生矛盾而又不能自行解决，或双方协商订价不能导致企业最优决策时，企业高一级的管理层要进行必要的干预。协商价格的上限是市价，下限是单位变动成本，具体价格应由各相关责任中心在这一范围内协商议定。当产品或劳务没有适当的市价时，也只能采用议价方式来确定。通过各相关责任中心的讨价还价，形成企业内部的模拟“公允市价”，作为计价的基础。

3. 双重价格

双重价格就是针对责任中心各方面分别采用不同的内部转移价格所制定的价格。如对产品（半成品）的供应方，可按协商的市场价格计价；对使用方则按供应方的产品（半成品）的单位变动成本计价。其差额最终进行会计调整。双重价格有两种形式：①双重市场价格，就是当某种产品或劳务在市场上出现几种不同价格时，供应方采用最高市价，使用方采用最低市价；②双重转移价格，就是供应方按市场价格或议价作为基础，而使用方按供应方的单位变动成本作为计价的基础。

双重价格的好处是既可较好满足供应方和使用方的不同需要，也能激励双方在经营上充分发挥主动性和积极性。

4. 成本转移价格

成本转移价格就是以产品或劳务的成本为基础而制定的内部转移价格。由于成本的概念不同，成本转移价格也有多种不同形式，其中用途较为广泛的成本转移价格有三种：①标准成本，即以产品（半成品）或劳务的标准成本作为内部转移价格。它适用于成本中心产品或半成品的转移。②标准成本加成，即按产品（半成品）或劳务的标准成本加计一定的合理利润作为计价的基础。③标准变动成本，它是以产成品（半成品）或劳务的标准变动成本作为内部转移价格，这种方式能够明确揭示成本与产量的关系，便于考核各责任中心的业绩，也利于经营决策。不足之处是产品（半产品）或劳务中不包含固定成本，不能反映劳动生产率变化对固定成本的影响，不利于调动各责任中心提高产量的积极性。

（二）内部结算

内部结算是指企业各责任中心清偿因相互提供产品或劳务所发生的、按内部转移价格计算的债权、债务。内部结算的方式都与内部银行有关。所谓内部银行是将商业银行的基本职能与管理方法引入企业内部管理而建立的一种内部资金管理机构。它主要处理企业日常的往来结算和资金调拨、运筹，旨在强化企业的资金管理，更加明确各责任中心的经济责任，完善内部责任核算，节约资金使用，降低筹资成本。

按照结算的手段不同，可分别采取内部支票结算、转账通知单和内部货币结算等方式。

1. 内部支票结算方式

内部支票结算方式是指由付款一方签发内部支票通知内部银行从其账户中支付款项的结算方式。内部支票结算方式主要适用于收、付款双方直接见面进行经济往来的业务结算。它可使收付双方明确责任。

2. 转账通知单方式

转账通知单方式是由收款方根据有关原始凭证或业务活动证明签发转账通知单，通知内部银行将转账通知单转给付方，让其付款的一种结算方式。这种结算方式适用于质量与价格较稳定的往来业务，它手续简便，结算及时，但因转账通知单是单向发出指令，付款方若有异议，可能拒付，需要交涉。

3. 内部货币结算方式

内部货币结算方式是使用内部银行发行的限于企业内部流通的货币（包括内部货币、资金本票、流通券、资金券等）进行内部往来结算的一种方式。这一结算方式比银行支票结算方式更为直观，可强化各责任中心的价值观念、核算观念、经济责任观念。但是，它也带来携带不便，清点麻烦，保管困难的问题。所以，一般情况下，小额零星往来业务以内部货币结算，大宗业务以内部银行支票结算。

（三）责任成本的内部结转

责任成本的内部结转又称责任转账，是指在生产经营过程中，对于因不同原因造成的各种经济损失，由承担损失的责任中心对实际发生或发现损失的责任中心进行损失赔偿的账务处理过程。

企业内部各责任中心在生产经营过程中，常常有这样的情况：发生责任成本的中心与应承担责任成本的中心不是同一责任中心，为划清责任，合理奖罚，就需要将这种责任成本相互结转。最典型的实例是企业内的生产车间与供应部门都是成本中心，如果生产车间所耗用的原材料是由于供应部门购入不合格的材料所致，则多耗材料的成本或相应发生的损失，应由生产车间成本中心转给供应中心负担。

责任转账的目的是为了划清各责任中心的成本责任，使不应承担损失的责任中心在经济上得到合理补偿。进行责任转账的依据是各种准确的原始记录和合理的费用定额。在合理计算出损失金额后，应编制责任成本转账表，作为责任转账的依据。

责任转账的方式有直接的货币结算方式和内部银行转账方式。前者是以内部货币直接支付给损失方，后者只是在内部银行所设立的账户之间划转。

各责任中心在往来结算和责任转账过程中，有时因意见不一致而产生一些责、权、利不协调的纠纷，为此，企业应建立内部仲裁机构，从企业整体利益出发对这些纠纷做出裁决，以保证各责任中心正常、合理地行使权力，保证其权益不受侵犯。

第三节　业绩评价

业绩评价，是指运用数理统计和运筹学的方法，通过建立综合评价指标体系，对照相应的评价标准，定量分析与定性分析相结合，对企业一定经营期间的盈利能力、资产质量、债务风险以及经营增长等经营业绩和努力程度等各方面进行的综合评判。

科学地评价企业业绩，可以为出资人行使经营者的选择权提供重要依据；可以有效地加强对企业经营者的监管和约束；可以为有效激励企业经营者提供可靠依据；还可以为政府有关部门、债权人、企业职工等利益相关方提供有效的信息支持。业绩评价的方法本书主要介绍功效系数法。

一、业绩评价的内容

企业业绩评价由财务业绩定量评价和管理业绩定性评价两部分组成。

（一）财务业绩定量评价

财务业绩定量评价是指对企业一定期间的盈利能力、资产质量、债务风险和经营增长四个方面进行定量对比分析和评判。

企业盈利能力分析与评判主要通过资本及资产报酬水平、成本费用控制水平和经营现金流量状况等方面的财务指标，综合反映企业的投入产出水平以及盈利质量和现金保障状况。

企业资产质量分析与评判主要通过资产周转速度、资产运行状态、资产结构以及资产有效性等方面的财务指标，综合反映企业所占用经济资源的利用效率、资产管理水平与资产的安全性。

企业债务风险分析与评判主要通过债务负担水平、资产负债结构、或有负债情况、现金偿债能力等方面的财务指标，综合反映企业的债务水平、偿债能力及其面临的债务风险。

企业经营增长分析与评判主要通过销售增长、资本积累、效益变化以及技术投入等方面的财务指标，综合反映企业的经营增长水平及发展后劲。

（二）管理业绩定性评价

管理业绩定性评价是指在企业财务业绩定量评价的基础上，通过采取专家评议的方式，对企业一定期间的经营管理水平进行定性分析与综合评判。

管理业绩定性评价指标包括企业发展战略的确立与执行、经营决策、发展创新、风险控制、基础管理、人力资源、行业影响、社会贡献等方面。

二、综合业绩评价指标

企业综合业绩评价指标由 22 个财务业绩定量评价指标和 8 个管理业绩定性评价指标组成。

（一）财务业绩定量评价指标

财务业绩定量评价指标由反映企业盈利能力状况、资产质量状况、债务风险状况和经营增长状况四方面的基本指标和修正指标构成。

其中，基本指标反映企业一定期间财务业绩的主要方面，并得出财务业绩定量评价的基本结果。修正指标是根据财务指标的差异性和互补性，对基本指标的评价结果作进一步的补充和矫正。

企业盈利能力状况以净资产收益率、总资产报酬率两个基本指标和销售（营业）利润率、利润现金保障倍数、成本费用利润率、资本收益率四个修正指标进行评价，主要反映企业一定经营期间的投入产出水平和盈利质量。

企业资产质量状况以总资产周转率、应收账款周转率两个基本指标和不良资产比率、流动资产周转率、资产现金回收率三个修正指标进行评价，主要反映企业所占用经济资源的利用效率、资产管理水平与资产的安全性。

企业债务风险状况以资产负债率、已获利息倍数两个基本指标和速动比率、现金流动负债比率、带息负债比率、或有负债比率四个修正指标进行评价，主要反映企业的债务负担水平、偿债能力及其面临的债务风险。

企业经营增长状况以销售（营业）增长率、资本保值增值率两个基本指标和销售（营业）利润增长率、总资产增长率、技术投入比率三个修正指标主要反映企业的经营增长水平、资本增值状况及发展后劲。

（二）管理业绩定性评价指标

企业管理业绩定性评价指标包括战略管理、发展创新、经营决策、风险控制、基础管理、人力资源、行业影响、社会贡献八个方面的指标，主要反映企业在一定经营期间所采取的各项管理措施及其管理成效。

战略管理评价主要反映企业所制定战略规划的科学性，战略规划是否符合企业实际，员工对战略规划的认知程度，战略规划的保障措施及其执行力，以及战略规划的实施效果等方面的情况。

发展创新评价主要反映企业在经营管理创新、工艺革新、技术改造、新产品开发、品牌培育、市场拓展、专利申请及核心技术研发等方面的措施及成效。

经营决策评价主要反映企业在决策管理、决策程序、决策方法、决策执行、决策监督、责任追究等方面采取的措施及实施效果，重点反映企业是否存在重大经营决策失误。

风险控制评价主要反映企业在财务风险、市场风险、技术风险、管理风险、信用风险和道德风险等方面的管理与控制措施及效果，包括风险控制标准、风险评估程序、风险防范与化解措施等。

基础管理评价主要反映企业在制度建设、内部控制、重大事项管理、信息化建设、标准化管理等方面的情况，包括财务管理、对外投资、采购与销售、存货管理、质量管理、安全管理、法律事务等。

人力资源评价主要反映企业人才结构、人才培养、人才引进、人才储备、人事调配、员工业绩管理、分配与激励、企业文化建设、员工工作热情等方面的情况。

行业影响评价主要反映企业主营业务的市场占有率、对国民经济及区域经济的影响与带动力、主要产品的市场认可程度、是否具有核心竞争能力以及产业引导能力等方面的情况。

社会贡献评价主要反映企业在资源节约、环境保护、吸纳就业、工资福利、安全生产、上缴税收、商业诚信、和谐社会建设等方面的贡献程度和社会责任的履行状况。

各指标评价内容与权重如表 15－2 所示。

表 15－2　　企业综合业绩评价指标及权重表

<table>
<tr><th colspan="2" rowspan="2">评价内容与权重</th><th colspan="4">财务业绩（70%）</th><th colspan="2">管理业绩（30%）</th></tr>
<tr><th>基本指标</th><th>权重</th><th>修正指标</th><th>权重</th><th>评议指标</th><th>权重</th></tr>
<tr><td>能力状况</td><td>34</td><td>净资产收益率
总资产报酬率</td><td>20
14</td><td>销售（营业）利润率
利润现金保障倍数
成本费用利润率
资本收益率</td><td>10
9
8
7</td><td rowspan="4">战略管理
发展创新
经营决策
风险控制
基础管理
人力资源
行业影响
社会贡献</td><td rowspan="4">18
15
16
13
14
8
8
8</td></tr>
<tr><td>资产质量状况</td><td>22</td><td>总资产周转率
应收账款周转率</td><td>10
12</td><td>不良资产比率
流动资产周转率
资产现金回收率</td><td>9
7
6</td></tr>
<tr><td>债务风险状况</td><td>22</td><td>资产负债率
已获利息倍数</td><td>12
10</td><td>速动比率
现金流动负债比率
带息负债比率
或有负债比率</td><td>6
6
5
5</td></tr>
<tr><td>经营增长状况</td><td>22</td><td>销售（营业）增长率
资本保值增值率</td><td>12
10</td><td>销售（营业）利润增长率
总资产增长率
技术投入比率</td><td>10
7
5</td></tr>
</table>

三、企业综合业绩评价标准

综合业绩评价标准分为财务业绩定量评价标准和管理业绩定性评价标准。

（一）财务业绩定量评价标准

财务业绩定量评价标准包括国内行业标准和国际行业标准。国内行业标准根据国内企业年度财务和经营管理统计数据，运用数理统计方法，分年度、分行业、分规模统一测算。国际行业标准根据居于行业国际领先地位的大型企业相关财务指标实际值，或者根据同类型企业组相关财务指标的先进值，在剔除会计核算差异后统一测算。其中，财务业绩定量评价标准的行业分类，按照国家统一颁布的国民经济行业分类标准结合企业实际情况进行划分。

财务业绩定量评价标准按照不同行业、不同规模及指标类别，划分为优秀（A）、良好（B）、平均（C）、较低（D）、较差（E）五个档次，对应五档评价标准的标准系数分别为1.0、0.8、0.6、0.4、0.2，较差（E）以下为0。

（二）管理业绩定性评价标准

管理业绩定性评价标准分为优（A）、良（B）、中（C）、低（D）、差（E）五个档次。对应五档评价标准的标准系数分别为1.0、0.8、0.6、0.4、0.2，差（E）以下为0。

管理业绩定性评价标准具有行业普遍性和一般性，在进行评价时，应当根据不同行业的经营特点，灵活把握个别指标的标准尺度。对于定性评价标准没有列示，但对被评价企业经营业绩产生重要影响的因素，在评价时也应予以考虑。

四、企业综合业绩评价工作程序

（一）财务业绩评价工作程序

财务业绩定量评价工作具体包括提取评价基础数据、基础数据调整、评价计分、形成评价结果等内容。

提取评价基础数据，即以经社会中介机构或内部审计机构审计并经评价组织机构核实确认的企业年度财务会计报表为基础提取评价基础数据。

基础数据调整，即为客观、公正地评价企业经营业绩，对评价基础数据进行调整。

评价计分，即根据调整后的评价基础数据，对照相关年度的行业评价标准值，利用业绩评价软件或手工评价计分。

形成评价结果，即对任期财务业绩评价需要计算任期内平均财务业绩评价分数，并计算业绩改进度；对年度财务业绩评价除计算年度业绩改进度外，需要对定量评价得分深入分析，诊断企业经营管理存在的薄弱环节，并在财务决算批复中提示有关问题，同时进行所监管企业的分类排序分析，在一定范围内发布评价结果。

（二）管理业绩评价工作程序

管理业绩定性评价工作具体包括收集整理管理业绩评价资料、聘请咨询专家、召开专家评议会、形成定性评价结论等内容。

收集整理管理业绩评价资料，即为了深入了解被评价企业的管理业绩状况，应当通过问卷调查、访谈等方式，充分收集并认真整理管理业绩评价的有关资料。

聘请咨询专家，即根据所评价企业的行业情况，聘请不少于7名的管理业绩评价咨询专家，组成专家咨询组，并将被评价企业的有关资料提前送达咨询专家。

召开专家评议会，即组织咨询专家对企业的管理业绩指标进行评议打分。

形成定性评价结论，即汇总管理业绩定性评价指标得分，形成定性评价结论。

五、企业综合业绩评价计分方法

（一）财务业绩评价计分

基本指标计分：财务业绩定量评价基本指标计分是按照功效系数法计分原理，将评价指标实际值对照行业评价标准值，按照规定的计分公式计算各项基本指标得分。计算公式为：

$$\text{基本指标总得分} = \sum \text{单项基本指标得分} \quad \text{（公式 15-12）}$$

$$\text{单项基本指标得分} = \text{本档基础分} + \text{调整分} \quad \text{（公式 15-13）}$$

$$\text{本档基础分} = \text{指标权数} \times \text{本档标准系数} \quad \text{（公式 15-14）}$$

$$\text{调整分} = \text{功效系数} \times (\text{上档基础分} - \text{本档基础分}) \quad \text{（公式 15-15）}$$

$$\text{上档基础分} = \text{指标权数} \times \text{上档标准系数} \quad \text{（公式 15-16）}$$

$$\text{功效系数} = \frac{\text{实际值} - \text{本档标准值}}{\text{上档标准值} - \text{本档标准值}} \quad \text{（公式 15-17）}$$

本档标准值是指上下两档标准值居于较低等级一档。

修正指标的计分：财务业绩定量评价修正指标的计分是在基本指标计分结果的基础上，运用功效系数法原理，分别计算盈利能力、资产质量、债务风险和经营增长四个部分的综合修正系数，再据此计算出修正后的分数。计算公式为：

$$\text{修正后总得分} = \sum \text{各部分修正后得分}$$

$$\text{各部分修正后得分} = \text{各部分基本指标分数} \times \text{该部分综合修正系数} \quad \text{（公式 15-18）}$$

$$\text{某部分综合修正系数} = \sum \text{该部分各修正指标加权修正系数} \quad \text{（公式 15-19）}$$

$$\text{某指标加权修正系数} = \frac{\text{修正指标权数}}{\text{该部分权数}} \times \text{该指标单项修正系数} \quad \text{（公式 15-20）}$$

$$\text{某指标单项修正系数} = 1.0 + \left(\text{本当标准系数} + \text{功效系数} \times 0.2 - \text{该部分基本指标分析系数}\right) \quad \text{（公式 15-21）}$$

（单项修正系数控制修正幅度为 0.7～1.3）

某部分基本指标分析系数 = 该部分基本指标得分 ÷ 该部分权数

在计算修正指标单项修正系数过程中，对于一些特殊情况应进行调整：

①如果修正指标实际值达到优秀值以上，其单项修正系数的计算公式如下：

单项修正系数 = 1.2 + 本档标准系数 - 该部分基本指标分析系数

②如果修正指标实际值处于较差值以下，其单项修正系数的计算公式如下：

单项修正系数 = 1.0 - 该部分基本指标分析系数

③如果资产负债率≥100%，指标得 0 分；其他情况按照规定的公式计分。

④如果盈余现金保障利润分子为正数，分母为负数，单项修正系数确定为 1.1；如果分子为负数，分母为正数，单项修正系数确定为 0.9；如果分子分母同为负数，单项修正系数确定为 0.8。

⑤如果不良资产比率≥100%或分母为负数，单项修正系数确定为 0.8。

⑥对于销售（营业）利润增长率指标，如果上年主营业务利润为负数，本年为正数，单项修正系数为 1.1；如果上年主营业务利润为零，本年为正数，或者上年为负数本年为零，单项修正系数确定为 1.0。

⑦如果个别指标难以确定行业标准，该指标单项修正系数确定为 1.0。

（二）管理业绩评价计分

管理业绩定性评价指标的计分一般通过专家评议打分形式完成，聘请的专家应不少于7名；评议专家应当在充分了解企业管理业绩状况的基础上，对照评价参考标准，采取综合分析判断法，对企业管理业绩指标做出分析评议，评判各项指标所处的水平档次，并直接给出评价分数。计分公式为：

$$管理业绩定性评价指标分数 = \sum 单项指标分数 \tag{公式 15-22}$$

$$单项指标分数 = \frac{\sum 每位专家给定的单项指标分数}{专家人数} \tag{公式 15-23}$$

（三）综合业绩评价计分

在得出财务业绩定量评价分数和管理业绩定性评价分数后，应当按照规定的权重，描合形成综合业绩评价分数：计算公式为：

$$企业综合业绩评价分数 = \frac{财务绩效定}{量评价分数} \times 70\% + \frac{管理绩效定}{性评价分数} \times 30\% \tag{公式 15-24}$$

在得出评价分数以后，应当计算年度之间的业绩改进度，以反映企业年度之间经营业绩的变化状况。计算公式为：

$$业绩改进度 = \frac{本期纯净评价分数}{基期绩效评价分数} \tag{公式 15-25}$$

业绩改进度大于1，说明经营业绩上升；业绩改进度小于1，说明经营业绩下滑。

六、企业综合业绩评价结果

企业综合业绩评价结果以评价得分、评价类型和评价级别表示。

评价类型是根据评价分数对企业综合业绩所划分的水平档次，用文字和字母表示，分为优（A）、良（B）、中（C）、低（D）、差（E）五种类型。

评价级别是对每种类型再划分级次，以体现同一评价类型的不同差异，采用在字母后标注“+、-”号的方式表示。

企业综合业绩评价结果以85、70、50、40分作为类型判断的分数线。

（1）评价得分达到85分以上（含85分）的评价类型为优（A），在此基础上划分为三个级别，分别为：A++≥95分；95分>A+≥90分；90分>A≥85分。

（2）评价得分达到70分以上（含70分）不足85分的评价类型为良（B），在此基础上划分为三个级别，分别为：85分>B+≥80分；80分>B≥75分；75分>B-≥70分。

（3）评价得分达到50分以上（含50分）不足70分的评价类型为中（C），在此基础上划分为两个级别，分别为：70分>C≥60分；60分>C-≥50分。

（4）评价得分在40分以上（含40分）不足50分的评价类型为低（D）。

（5）评价得分在40分以下的评价类型为差（E）。

本章小结

本章主要介绍了内部控制、财务控制、成本控制和业绩评价的有关概念和方法。主要内容包括：

1. 内部控制的概念以及内部控制的一般方法。内部控制，是指由企业董事会（或者由企业章程规定的经理、厂长办公会等类似的决策、治理机构，以下简称董事会）、管理层和全体员工共同实施的，旨在合理保证实现企业基本目标的一系列控制活动。内部控制的一般方法通常包括职责分工控制、授权控制、审核批准控制、预算控制、财产保护控制、会计系统控制、内部报告控制、经济活动分析控制、绩效考评控制、信息技术控制等。

2. 财务控制的意义与特征、财务控制与内部控制的关系、财务控制的方法。财务控制，是指根据企业财务目标，按照一定的程序与方法，确保企业及其内部机构和人员全面落实和实现财务预算的过程。财务控制的特征是：以价值形式为控制手段；以不同岗位、部门和层次的不同经济业务为综合控制对象；以控制日常现金流量为主要内容。财务控制是内部控制的一个重要组成部分，是内部控制的核心，是内部控制在资金和价值方面的体现。财务控制的方法是建立全方位的财务控制体系和多元的财务监控措施。

3. 成本中心、利润中心和投资中心及考核指标。成本中心是对成本或费用承担责任的责任中心，成本中心只对成本费用进行考核，考核指标包括成本（费用）变动额和变动率。利润中心是既对成本费用负责又对利润负责的责任中心，其考核指标是边际贡献总额，当利润中心计算共同成本或不可控成本时，考核指标包括边际贡献总额、利润中心负责人可控利润总额和利润中心可控利润总额。投资中心是指既对成本、收入和利润负责，又对投资效果负责的责任中心。投资中心除考核利润指标外还考核投资利润率和剩余收益。

4. 责任预算、责任报告和业绩考核。责任预算是指以责任中心为主体，以可控成本、收入、利润和投资等为对象编制的预算。责任报告是对各个责任中心执行责任预算情况的系统概括和总结。责任业绩考核是指以责任报告为依据，分析、评价和考核各责任中心责任预算实际执行情况的过程。

5. 内部转移价格、内部结算方式以及责任成本的内部结转。内部转移价格是指企业内部各责任中心之间进行内部结算和责任结转时所采用的价格标准。主要包括市场价格、协商价格、双重价格、成本价格等。内部结算可采用内部支票结算、转账通知单和内部货币结算等方式。责任成本的内部结转又称责任转账，是指在生产经营过程中，对于因不同原因造成的各种经济损失，由承担损失的责任中心对实际发生或发现损失的责任中心进行损失赔偿的账务处理过程。

6. 标准成本的含义、标准成本的制定以及标准成本法下成本差异的计算和分析。标准成本是指运用技术测定等方法制定的，在有效的经营条件下应该实现的成本，是根据产品的耗费标准和耗费的标准价格预先计算的产品成本。一般情况下，制定标准成本应参照正常的标准成本。成本差异是一定时期生产一定数量的产品所发生的实际成本与标准成本的差额。分析和计算成本差异时，通常采用用量差异和价格差异。

第十六章

企业并购、重整与清算

学习目标

修完本章内容后，你应该能够：

1. 理解企业并购概念，掌握企业并购的类型、动因、作用和企业并购财务分析方法
2. 理解剥离与分立含义，掌握剥离与分立的类型、动因，了解反收购手段
3. 理解企业财务重整的含义，掌握财务重整方式、程序、决策及财务危机预警模型
4. 理解企业清算的概念，掌握企业清算的类型和程序

第一节　企业并购

一、并购的概念与类型

（一）并购的概念

并购是指在市场机制作用下企业为了获得其他企业的控制权而进行的产权交易活动。涵盖合并、兼并与收购。

合并（combination）是指两家以上的公司依契约及法令归并为一个公司的行为。公司合并包括吸收合并和创新合并两种形式：吸收合并是指在有两家以上的公司参与的合并中，其中的一家公司因吸收了其他公司而成为存续公司的合并形式；创新合并是指两个或两个以上的公司通过合并创建一个新的公司。

兼并（merger）是指一个公司采取各种形式有偿接受其他公司的产权，使被兼并公司丧失法人资格或改变法人实体的经济活动。在兼并中，被合并企业作为法人实体不复存在，兼并后，兼并企业成为被兼并企业新的所有者和债权债务的承担者，是资产、债权、债务的一同转换；兼并多发生在被兼并企业财务状况不佳、生产经营停滞或半停滞之时，兼并后一般需调整其生产经营、重新组合其资产。

收购（acquisition）是指一家公司（收购方）通过现金、股票等方式购买另一家公司（被收购公司或目标公司）部分或全部股票或资产，从而获得对该公司的控制权的经济活动。在收购中，被收购企业可仍以法人实体存在，其产权可以是部分转让。收购企业是被收购企业的新股东，以收购出资的股本为限承担被收购企业的风险。收购一般发生在企业正常生产经营状态，产权流动比较平和。

（二）并购的基本类型

按并购双方产品与产业的联系划分，并购可分为横向并购、纵向并购、混合并购。

1. 横向并购

当并购方与被并购方处于同一行业、生产或经营同一产品，并购使资本在同一市场领域或部门集中时，则称之为横向并购。如奶粉罐头食品厂合并咖啡罐头食品厂，两厂的生产工艺相近，并购后可按购受企业的要求进行生产或加工。这种并购投资的目的主要是确立或巩固企业在行业内的优势地位，扩大企业规模。横向并购的优点在于：可以迅速扩大生产规模，节约共同费用，便于提高通用设备的使用效率；便于在更大范围内实现专业分工协作；便于统一技术标准，加强技术管理和进行技术改造；便于统一销售产品和采购原材料等。

2. 纵向并购

纵向并购是对生产工艺或经营方式上有前后关联的企业进行的并购，是生产、销售的连续性过程中互为购买者和销售者（即生产经营上互为上下游关系）的企业之间的并购。如加工制造企业并购与其有原材料、运输、贸易联系的企业。其主要目的是组织专业化生产和实现产销一体化。纵向并购较少受到各国有关反垄断法律或政策的限制。纵向并购的优点在于：能够扩大生产经营规模，节约通用设备费用等；可以加强生产过程各环节的配合，有利于协作化生产；可以加速生产流程，缩短生产周期，节约运输、仓储和能源消耗水平等。

3. 混合并购

混合并购是对处于不同产业领域、产品属于不同市场，且与其产业部门之间不存在特别的生产技术联系的企业进行并购，如钢铁企业并购石油企业，因而产生多种经营企业。采取这种方式可通过分散投资、多样化经营降低企业风险，达到资源互补、优化组合、扩大市场活动范围的目的。混合并购包括：①产品扩张性并购，即生产相关产品的企业间的并购；②市场扩张性并购，即一个企业为了扩大竞争地盘而对其他地区生产同类产品的企业进行的并购；③纯粹的并购，即生产和经营彼此毫无关系的若干企业之间的并购。

除以上最基本的分类外，按并购的实现方式划分，并购可分为承担债务式、现金购买式和股份交易式并购；按并购涉及被并购企业的范围划分，并购分为整体并购和部分并购；按并购双方是否友好协商划分，并购分为善意并购和敌意并购；按并购交易是否通过证券交易所划分，并购分为要约收购与协议收购。

二、并购的动因和作用

（一）并购的动因

企业从事并购交易，可能出于各种不同的动机。主要包括以下几个方面。

1. 企业发展动机

在激烈的市场竞争中，企业只有不断发展才能生存下去。通常情况下，企业既可以通过内部投资、资本的自身积累获得发展，也可以通过并购获得发展，两者相比，并购方式的效率更高。

（1）并购可以让企业迅速实现规模扩张。企业的经营与发展处于动态的环境之中，企业在发展的同时，竞争对手也在谋求发展。因此，企业在发展过程中必须把握好时机，尽可能抢在竞争对手之前获取有利地位。如果企业采取内部投资方式，将会受到项目的建设周期、资源的获取以及配置方面的限制，从而制约企业的发展速度。通过并购方式，企业可以在较短的时间内实现规模扩张，提高竞争能力，将竞争对手击败。尤其是在进入新行业的情况下，通过并购可以取得原材料、销售渠道、声誉等方面的优势，在行业内迅速处于领先地位。

（2）并购可以突破行业壁垒和规模的限制而迅速发展。企业进入一个新的行业往往会遇到各种各样的壁垒，包括资金、技术、渠道、顾客、经验等。这些壁垒不仅增加了企业进入某一行业的难度，而且提高了进入的成本和风险。如果企业采用并购的方式，先控制该行业的原有企业，则可以绕开这一系列壁垒，以较低的成本和风险迅速进入某一行业。另外，有些行业具有规模限制，要求进入这一行业的企业必须达到一定的规模。这必将导致新的企业进入后形成生产能力过剩，加剧行业竞争，产品价格也可能会迅速降低。如果需求不能相应提高，企业的进入将会破坏这一行业原有的盈利能力，而通过并购的方式进入某一行业，不会导致生产能力的大幅度扩张，从而使企业进入后有利可图。

（3）并购可以主动应对外部环境变化。随着经济全球化进程的加快，更多企业有机会进入国际市场，为应对国际市场的竞争压力，企业往往也要考虑并购这一特殊途径。企业通过国外直接投资和非股权投资进一步发展全球化经营，开发新市场或者利用生产要素优势建立国际生产网，在市场需求下降、生产能力过剩的情况下，可以迅速抢占市场份额，有效应对外部环境的变化。

2. 发挥协同效应

并购后两个企业的协同效应主要体现在：经营协同、管理协同和财务协同。

（1）经营协同。企业并购后，原来企业的营销网络、营销活动可以合并，节约营销费用；研究与开发费用可以由更多的产品分担，从而可以迅速采用新技术，推出新产品。并购后，由于企业规模的扩大，还可以增强企业抵御风险的能力。

（2）管理协同。在并购活动中，如果收购方具有高效而充足的管理资源，通过收购那些资产状况良好但仅仅因为管理不善造成低绩效的企业，收购方高效的管理资源得以有效利用，被并购企业的绩效得以改善，双方效率均得到提高。

（3）财务协同。并购后的企业可以对资金统一调度，增强企业资金的利用效果；管理机构和人员可以精简，使管理费用由更多的产品分担，节省管理费用。由于规模和实力的扩大，企业筹资能力可以大大增强，满足企业发展过程中对资金的需求。此外，企业通过并购可以实现合理避税。如果被并购企业存在未抵补亏损，而收购企业每年生产经营过程中产生大量的利润，收购企业可以低价获取亏损公司的控制权，利用其亏损抵减未来期间应纳税所得额，从而取得一定的税收利益。

3. 加强市场控制能力

在横向并购中，通过并购可以获取竞争对手的市场份额，迅速扩大市场占有率，增强企业在市场上的竞争能力。另外，由于减少了竞争对手，尤其是在市场竞争者不多的情况下，企业可以提高议价能力，以更低的价格获取原材料，以更高的价格向市场出售产品，从而提高盈利水平。

4. 获取价值被低估的公司

证券市场中公司股票的市价总额应当等同于公司的实际价值，但是，由于环境的影响、信息不对称和未来不确定性等方面影响，上市公司的价值可能被低估。如果企业研究后认为，并购后可以比被并购企业原来的经营者管理得更好，则收购价值被低估的公司并通过改善其经营管理后重新出售，可以在短期内获得巨额收益。

5. 降低经营风险

企业在追求效益的同时还需要控制风险。控制风险的一种有效方式就是多元化经营。多元化经营既可以通过企业并购来实现，也可以通过内部的成长而达成，但通过并购其他企业，收购方可以迅速实现多元化经营，从而达到降低投资组合风险、实现综合收益的目的。

（二）并购的作用

1. 通过企业并购实现经济结构战略性调整

通过企业兼并，优势企业并购劣势企业，朝阳产业的企业并购夕阳产业的企业，淘汰一些效益差、管理落后、从事长线产品生产的企业，发展一些效益好、管理先进、从事短线产品和新兴产品生产、有技术、有市场前景的企业，促使资金从衰落的行业流入新兴的行业，使生产要素得到了充分流动，可以加快资本退出传统产业的步伐，加速资本的积累过程，增强优势企业的实力，促进规模经济的形成；同时，在客观上促进行业结构和产业结构的优化和升级。

2. 通过企业并购促进资产流动、扩大生产规模、提高经济效益

企业并购是将企业作为物质资本、人力资本、文化资本的综合体推向市场，这些资源基本属于存量资产的范围。这些存量资产一旦推向市场，在全社会乃至世界范围内优化组合，沉淀的资产就会焕发活力。通常情况下，两家企业经过并购后的总体效益大于两个独立企业的经济效益之和。同一行业的两家企业并购可以减少管理人员从而减少单位产品的成本，实现规模经济效益，因为一个企业可以利用另一个企业的研究成果，以节省研究工作费用；在市场营销方面，还可以节省广告和推销费用；同时可以采用大宗采购方式，节省采购费用。不同行业的两家企业并购能增加企业生产的产品种类，实现经营多样化，从而有可能减少企业的风险。另外，小企业常常资金短缺，容易破产，但企业并购后，由于两家企业的资金可以相互融通，发生财务困难的风险就大大降低了。

3. 通过企业并购实现资本和生产的集中，增强企业竞争力

企业并购的过程就是生产要素及经济资源的重组过程。一方面能够促进经济资源向更高效益的领域转移，实现生产和资本的集中；另一方面能够使并购后的企业实现优势互补，增强企业的资金、技术、人才、市场优势，提高经济资源的利用效率和获利能力，取得规模经济效益，从而成倍壮大企业实力，快速发展成为大型企业集团，提高在行业产值、销售额中所占的比重。从宏观上，有利于提高产业集中度，发挥大企业在行业中的先导地位，集中优势开发新产品，从而促进产品的升级换代。

4. 通过企业并购促进文化融合与管理理念的提升

企业并购要想获得成功，须对并购企业和被并购企业的生产要素、管理要素和文化要素进行一体化改组。具体包括：将并购以后的资产实行统一决策、统一调度、统一使用，将被并购企业的文化传统加以转型改组使之纳入并购企业的文化传统中，将并购以后企业的管理方式、组织结构按照精简高效的原则重新组合，对并购企业实行统一的监督、控制、激励、约束，使并购后的企业成为一个运作协调、利益攸关的共同体。

三、并购的财务分析

（一）并购目标企业的价值评估

所谓价值评估，指买卖双方对标的（股权或资产）作出的价值判断。对目标企业估价一般可以使用以下方法：

1. 资产价值基础法

资产价值基础法指通过对目标企业的资产进行估价来评估其价值的方法。确定目标企业

资产的价值，关键是选择合适的资产评估价值标准。目前国际上通行的资产评估价值标准主要有以下三种：

（1）账面价值。账面价值是指会计核算中账面记载的资产价值。例如，对于股票来说，资产负债表所揭示的企业某时点所拥有的资产总额减去负债总额即为公司股票的账面价值（账面净资产），再减去优先股价值，即为普通股价值。这种估价方法不考虑现时资产市场价格的波动，也不考虑资产的收益状况，因而是一种静态的估价标准。我国企业并购活动中有不少收购方以账面价值作为收购价格的实例。账面价值取数方便，但是其缺点是只考虑了各种资产在入账时的价值而脱离现实的市场价值。

（2）市场价值。市场价值与账面价值不同，是指把该资产视为一种商品在市场上公开竞争，在供求关系平衡状态下确定的价值。当公司的各种证券在证券市场上进行交易时，它们的交易价格就是这种证券的市场价值。它可以高于或低于账面价值。

市场价值法通常将股票市场上与企业经营业绩相似的企业最近平均实际交易价格作为估算参照物，或以企业资产和其市值之间的关系为基础对企业估值。其中最著名的是托宾（Tobin）的 Q 模型，即一个企业的市值与其资产重置成本的比率。

$$Q = 企业价值 \div 资产重置成本$$

$$
\begin{aligned}
企业价值 &= 资产重置成本 + 增长机会价值 \\
&= Q \times 资产重置成本
\end{aligned}
\qquad （公式16-1）
$$

一个企业的市场价值超过其重置成本，意味着该企业拥有某些无形资产，拥有保证企业未来增长的机会。超出的价值被认为是利用这些机会的期权价值。但是 Q 值的选择比较困难。即使企业从事相同的业务，其资产结构也会有很大的不同。此外，对企业增长机会的评价并非易事，如在世界不同地区运营的两家石油开发和生产企业就会有不同的增长机会。在一些其他部门，例如房地产，尽管企业单项资产的评估会更容易，但价值增长机会仍是一个问题。在实践中，被广泛使用的是 Q 值的近似值——“市净率”，它等于股票市值与企业净资产值的比率。

【例16-1】假定一家企业的各项资产的重置成本合计是2.5亿元，其市净率是3，那么企业价值为：$2.5 \times 3 = 7.5$ 亿元。

（3）清算价值。清算价值是指在企业出现财务危机而破产或歇业清算时，把企业中的实物资产逐个分离而单独出售的资产价值。清算价值是在企业作为一个整体已经丧失增值能力情况下的资产估价方法。对于股东来说，公司的清算价值是清算资产偿还债务以后的剩余价值。

2. 收益法（市盈率模型）

收益法就是根据目标企业的收益和市盈率确定其价值的方法，也可称为市盈率模型。具体应用详见第十二章。

3. 折现现金流量法（拉巴波特模型 Rappaport Model）

这一模型由美国西北大学阿尔弗雷德·拉巴波特创立，是用折现现金流量方法确定可接受的最高并购价格的一种方法。具体应用详见第十二章。

（二）并购融资与支付对价

1. 并购融资

（1）筹资渠道。从筹集资金的来源角度看，企业并购的筹资渠道可以分为内部渠道和外部渠道：①内部筹资渠道，是指从企业内部开辟资金来源，主要包括：企业自有资金、企业应付税利和利息等。这一方式下，企业不必对外支付借款成本，风险很小。在并购交易中，企业一般应尽可能选择此渠道。②外部筹资渠道，是指企业从外部所开辟的资金来源，主要包括：专业银行信贷资金、非银行金融机构资金、其他企业资金、民间资金和外资。从企业外部筹资，具有速度快、弹性大、资金量大的优点，但缺点在于资金成本较高、风险较大。

（2）筹资方式。随着我国金融市场的发展，企业有多种筹资方式可以选择，在并购中企业可以根据自身的实际情况选择合理的方式。①权益性融资。在权益性融资方式下，企业通过发行股票作为对价或进行换股以实现并购。发行股票，即企业运用发行新股或上市公司将再融资（增发或配股）发行的股票作为合并对价进行支付。这种方式的优点是不会增加企业的负债，其缺点是稀释股权。发行股票后如企业经营效率不能得到实质性提升，则会降低每股收益。交换股份，即以收购方本身的股票作为并购的支付手段交给被并购方或被并购方原有的股东。这种方式的优势在于可使收购方避免大量现金短期流出的压力，降低了收购风险，也使得收购一定程度上不受并购规模的限制；其弊端在于其会受到证券法规的严格限制，审批手续复杂，耗时较长。②债务性融资。在债务性融资方式下，收购企业通过举债的方式筹措并购所需的资金，主要包括向银行等金融机构贷款和向社会发行债券。并购贷款即向银行借款是传统的并购融资方式，其优点是手续简便，融资成本低，融资数额巨大，缺点是必须向银行公开自己的经营信息，并且经营管理一定程度上受到银行借款协议的限制。此外，要获得贷款 般都要提供抵押或者保证人，降低了企业的再融资能力。发行债券这种方式的优点是债券利息在企业缴纳所得税前扣除，减轻了企业的税负。此外，发行债券可以避免稀释股权，但其缺点是债券发行过多，会影响企业的资产负债结构，增加再融资的成本。③混合性融资。混合性融资同时具有债务性融资和权益性融资的特点，最常用的混合性融资工具是可转换公司债券和认股权证。可转换公司债券的特点是债券持有人在一定条件下可将债券转换为股票。在企业并购中，利用可转换公司债券筹集资金具有如下优点：第一，可转换公司债券的利率较不具备转换权的债券一般比较低，可降低企业的筹资成本；第二，可转换公司债券具有高度的灵活性，企业可以根据具体情况设计不同报酬率和不同转换价格的可转换公司债券；第三，当可转换公司债券转化为普通股后，债券本金即不需偿还，免除了企业还本的负担。发行可转换公司债券也有以下缺点：第一，当债券到期时，如果企业股票价格高涨，债券持有人自然要求转换为股票，这就变相使企业蒙受财务损失。如果企业股票价格下跌，债券持有人会要求退还本金，这不但增加企业的现金支付压力，也会影响企业的再融资能力。第二，当可转换公司债券转为股票时，企业股权会被稀释。认股权证是由上市公司发行的、能够按照特定的价格在特定的时间内购买一定数量发行方普通股股票的选择权凭证，其实质是一种普通股股票的看涨期权。认股权证通常随企业的长期债券一起发行。认股权证的优点是：避免并购完成后被并购企业的股东立即成为普通股股东，从而延迟股权被稀释的时点，还可以延期支付股利，从而为公司提供了额外的股本基础。认股权证的缺点是：如果认股权证持有人行使权力时，股票价格高于认股权证约定的价格，会使企业遭受财务损失。

（3）资金成本分析。资金成本是指公司为取得并使用资金而付出的代价，其中包括支付给股东的股息和债权人的利息等。在并购筹资过程中，公司必须在筹资风险与筹资成本之间做出权衡，以使公司保持一个合理的资本结构，保障良好的运营。一般公司在并购过程中都是从多种来源筹集并购所需资金，各种资金的成本也不尽相同。为了估算全部融资的综合成本，需要对资金成本进行加权计算，即加权平均资本成本，通过并购融资，尽可能降低企业加权平均资本成本。

2. 支付对价

在企业并购中，支付对价是其中十分关键的一环。选择合理的支付方式，不仅关系到并购能否成功，而且关系到并购双方的收益、企业权益结构的变化及财务安排。不同的支付方式各有特点与利弊，企业应以获得最佳并购效益为宗旨，综合考虑企业自身经济实力、筹资渠道、筹资成本和被并购企业的实际情况等因素，合理选择支付方式。企业并购涉及的支付方式主要有：

（1）现金支付。现金支付是指收购方支付一定数量的现金，以取得目标企业的所有权。现金支付方式是最简单迅速的一种并购支付方式。对目标企业而言，不必承担证券风险，交割简单 明了。缺点是目标企业股东无法推迟资本利得的确认，从而不能享受税收上的优惠，而且也不能拥有新公司的股东权益。对于收购方而言，现金支付是一项沉重的即时现金负担，要求其有足够的现金头寸和筹资能力，交易规模也常常受到筹资能力的制约。

（2）股权支付。股权支付，指收购方按一定比例将目标企业的股权换成本公司的股权，目标企业从此终止或成为收购方的子公司。这种方式对于目标企业股东而言，可以推迟收益的计税时点，取得一定的税收利益，同时也可分享收购方价值增值的好处；对收购方而言，不会挤占其日常营运资金，比现金支付成本要小许多。但这种方式也存在着不少缺陷，如稀释了原有股东的权益，每股收益可能发生不利变化，改变了公司的资本结构，稀释了原有股东对公司的控制权等。

（3）混合支付。并购企业支付的对价除现金、股权外，还可能包括可转换公司债券、一般公司债券、认股权证、资产支持受益凭证、承担的债务、划转的资产，或者表现为多种方式的组合。并购实务中，常见的支付对价组合包括：现金与股权的组合、现金和承担的债务的组合、现金与认股权证的组合、现金与资产支持受益凭证的组合等。将多种支付工具组合在一起，如搭配得当，选择好各种融资工具的种类结构、期限结构以及价格结构，可以避免上述两种方式的缺点，既可使收购方避免支出过多现金，造成企业财务结构恶化，也可以防止收购方原有股东的股权稀释或发生控制权转移。

（三）并购成本效益分析

并购决策首先要进行并购的成本效益分析。并购成本是并购发生的代价，主要包括并购工作完成的成本和并购以后的整合运营成本。

（1）并购完成成本。所谓完成成本指并购行为本身所发生的并购价款和并购费用。并购价款是支付给被并购企业股东的，具体形式有现金、股票或其他资产等。并购费用是指并购过程中所发生的有关费用，如并购过程中所发生的搜寻、策划、谈判、文本制订、资产评估、法律鉴定、顾问等费用。

（2）整合与营运成本。并购后为使被并购企业健康发展而需支付的营运成本。这些成本包括：①整合改制成本。如支付派遣人员进驻、建立新的董事会和经理班子、安置多余人员、剥离非经营性资产、淘汰无效设备、进行人员培训等有关费用。②注入资金的成本。并购公司要向目标公司注入优质资产，拨入启动资金或开办费、为新企业打开市场而需增加的市场调研费、广告费、网点设置费等。③并购机会成本。一项并购活动所发生的机会成本是指实际并购成本费用支出因放弃其他项目投资而丧失的收益。并购成本效益分析主要是对并购完成成本与效益的分析。

并购收益是指并购后新公司的价值超过并购前各公司价值之和的差额。例如，A 公司并购 B 公司，并购前 A 公司的价值为 V_a，B 公司的价值为 V_b，并购后形成的新公司的价值为 V_{ab}，则并购收益（S）为：$S = V_{ab} - (V_a + V_b)$，如果 $S > 0$，表示并购在财务方面具有协同效应。在一般情况下，并购方将以高于被并购方价值的价格 P_b 作为交易价，以促使被并购方股东出售其股票，$P = P_b - V_b$ 称为并购溢价。并购溢价反映了获得对目标公司控制权的价值，并取决于被并购企业前景、股市走势和并购双方讨价还价的情况。

对于并购方来说，并购净收益（NS）等于并购收益减去并购溢价、并购费用的差额，也就是并购后新公司的价值减去并购完成成本、实施并购前并购方公司价值的差额。

设 F 表示并购费用，则：

$$NS = S - P - F = V_{ab} - V_a - P_b - F \quad \text{（公式 16－2）}$$

【例 16－2】A 公司的市场价值为 5.4 亿元，拟收购 B 公司，B 公司的市场价值为 1.0 亿元。A 公司估计合并后新公司价值达到 7.2 亿元。B 公司股东要求以 1.4 亿元价格成交。并购交易费用为 0.2 亿元。由此得到：

并购收益 $S = 7.2 - (5.4 + 1.0) = 0.8$（亿元）

并购完成成本 $= 1.4 + 0.2 = 1.6$（亿元）

并购溢价 $P = 1.4 - 1.0 = 0.4$（亿元）

并购净收益 $NS = S - P - F = 0.8 - 0.4 - 0.2 = 0.2$（亿元）

$= V_{ab} - V_a - P_b - F = 7.2 - 5.4 - 1.4 - 0.2 = 0.2$（亿元）

上述并购使 A 公司股东获得净收益 0.2 亿元，可以说这一并购活动对 A、B 两个公司都有利，这是并购活动能够进行的基本条件。

（四）并购对企业盈余和市场价值影响的分析

并购活动会对并购双方的财务指标产生明显影响，这里从企业盈余、股价及股票账面价值等方面探讨并购活动对双方的意义及影响。

1. 并购对企业盈余的影响

并购必将对企业的每股收益、每股市价产生潜在影响。由于企业并购投资决策以投资对股票价格的影响为依据，而股票价格的影响又取决于投资对企业每股收益的影响。所以企业评估并购方案的可行性时，应将其对并购后存续企业每股盈余的影响列入考虑范围。

【例 16－3】假设 A 企业计划以发行股票方式收购 B 企业，并购时双方相关财务资料见表 16－1。

表 16－1

项　　目	A 企业	B 企业
净利润	2 000 万元	600 万元
普通股股数	1 000 万股	500 万股
每股收益	2 元	1.2 元
每股市价	40 元	18 元
市盈率	20	15

若 B 企业同意其股票每股作价 20 元由 A 企业以其股票相交换，则股票交换比率为 20/

40，即A企业每0.5股相当于B企业的1股。A企业需发行500×0.5=250（万股）股票才能收购B企业所有股份。

现假设两企业并购后收益能力不变，则并购后存续A企业的盈余总额等于原A、B两企业盈余之和，并购后A企业净利润 总额2 600万元，并购后股本总数1 250万股，并购后的A企业每股收益为2.08元，由此，A企业实施并购后每股收益将提高0.083元。但原B企业股东的每股收益却有所降低，因其所持有的B企业股票每股相当于并购后A企业股票0.5股，所以其原持有股票的每股盈余仅相当于0.5×2.08=1.04（元），较原来降低了1.2－1.04=0.16（元）。

若B企业股票的作价不是20元而是32元，则交换比率为0.8（32/40），A企业为取得B企业全部股票，总计新发行股票500×0.8=400（万股），并购之后A企业每股收益1.857元（2 600/1 400），在这种情况下，并购后A企业的每股收益降低了，而原B企业股东的每股收益为0.8×1.857=1.485 6（元），较并购前有所提高。

由这一思路可以推断出保持A企业每股收益不变的股票交换比率。假定A、B两企业合并、并购后收益能力不变，即并购后存续A企业的盈余总数等于原A、B两企业盈余之和为2 600万元，设股票交换率为R，则：

并购前A企业的每股收益$EPS_1=2$元

并购后A企业的每股收益$EPS_2=2\,600\div(1\,000+500R)$

因并购前后A企业的每股收益不变，所以，$EPS_1=EPS_2$，

即：

$$2=2\,600\div(1\,000+500R)$$

求得：$R=0.6$，即A企业对B企业的每股股票作价为0.6×40=24（元），A企业每股收益不变。

由于不考虑并购协同效应，我们依此原理可推算出确保B企业股东每股收益不变的股票交换率与保持A企业每股收益不变的股票交换比率相等。

当然，A企业实施并购方案以后，存续的A企业每股收益保持不变或适量摊薄降低应该是短期现象。从长远分析，并购后收益率将不断提高，每股收益将比合并前高，即产生并购协同效应。

如上例，假定A企业实施并购后能产生较好的协同效应，估计每年增加净收益400万元。分别计算A、B企业每股收益不变的股票交换率。

设：A企业每股收益不变的股票交换率为R_1，则有：

$$2=(2\,600+400)\div(1\,000+500R_1)$$

解得：$R_1=1$

设：B企业每股收益不变的股票交换率为R_2，则有：

$$1.2=(2\,600+400)R_2\div(1\,000+500R_2)$$

解得：$R_2=0.5$

计算结果说明，由于A企业实施并购后能产生较好的协同效应，只要股票交换率在0.5至1之间，A、B企业股东都能在并购后受益。

如要求存续的A企业每股收益提高15%，达到2.3元，可计算A企业所能接受的股票交换率：

$$2.3=(2\,600+400)\div(1\,000+500R)$$

解得 $R=0.63739$，即 A 企业对 B 企业的每股股票作价为 $0.63739\times40=25.5$（元）。

2. 对股票市场价值的影响

并购过程中，每股市价的交换比率是谈判的重点。公开上市的股票，其价格反映了众多投资者对该企业内在价值的判断。因此，股价可反映该企业的获利能力、股利、企业风险、资本结构、资产价值及其他与评价有关的因素。股票市价的交换比率为：

$$\text{股价交换比率}=\frac{\text{被并购企业每股作价}}{\text{被并购企业每股市价}}=\frac{\text{并购企业每股市价}\times\text{股票交换率}}{\text{被并购企业每股市价}} \quad \text{（公式 16-3）}$$

这一比率若大于1，表示并购对被并购企业有利，企业因被并购而获利；而若该比率小于1，则表示被并购企业因此而遭受损失。

【例16-4】假设甲企业每股股价为20元，乙企业每股股价为8元。若甲企业提议以其0.4股交换乙企业1股，则有：

$$\text{股价交换比率}=20\times0.4\div8=1$$

这表明甲、乙两家企业的股票以市价1∶1的比例对换。在不考虑其他因素的情况下，甲、乙企业并未能从并购中取得收益。如果甲、乙两家企业的股票市价交换比例不是1∶1，则必有一方受损，另有一方受益。但从并购行为来说，其目的就是为了获取并购协同效应，即提高并购后公司的预期每股盈余，这样并购双方都能从中获取收益。

（五）企业并购的风险分析

企业并购是高风险经营，财务分析应在关注其各种收益、成本的同时，更重视并购过程中的各种风险。

1. 营运风险

所谓营运风险，是指并购方在并购完成后，可能无法使整个企业集团产生经营协同效应、财务协同效应、市场份额效应，难以实现规模经济和经验共享互补。通过并购形成的新企业因规模过于庞大而产生规模不经济，甚至整个企业集团的经营业绩都为被并购进来的新企业所拖累。

2. 信息风险

在并购中，信息是非常重要的，知彼知己，百战不殆。真实与及时的信息可以大大提高并购企业行动的成功率。但实际并购中因贸然行动而失败的案例不少，这就是经济学上所称的“信息不对称”的结果。

3. 融资风险

企业并购需要大量的资金，所以并购决策会同时对企业资金规模和资本结构产生重大影响。实践中，并购动机以及目标企业并购前资本结构的不同，还会造成并购所需的长期资金与短期资金、自有资本与债务资金投入比率的种种差异。与并购相关的融资风险具体包括资金是否可以保证需要（时间上与数量上）、融资方式是否适应并购动机（暂时持有或长期拥有）、现金支付是否会影响企业正常的生产经营、杠杆收购的偿债风险等。

4. 反收购风险

在通常情况下，被收购的企业对收购行为往往持不欢迎和不合作态度，尤其在面临敌意并购时，他们可能会“宁为玉碎，不为瓦全”，不惜一切代价布置反收购战役，其反收购措施可能是各种各样的。这些反收购行动无疑会对收购方构成相当大的风险。

5. 法律风险

各国关于并购、重组的法律法规的细则，一般都通过增加并购成本而提高并购难度。如我国目前的收购规则，要求收购方持有一家上市企业5%的股票后即必须公告并暂停买卖（针对上市企业非发起人），以后每递增5%就要重复该过程，持有30%股份后即被要求发出全面收购要约。这套程序造成的收购成本之高，收购风险之大，收购程度之复杂，足以使收购者气馁，反收购则相对比较轻松。

四、剥离与分立

剥离和分立是与扩张战略相对应的收缩战略。公司通过剥离或分立不适于公司长期战略、没有成长潜力或影响公司整体业务发展的子公司、部门或产品生产线，可使资源集中于经营重点，从而更具有竞争力。同时，剥离和分立还可使公司资产获得更有效的配置，提高公司资产的质量和资本的市场价值。

（一）剥离与分立的含义

1. 剥离的含义

剥离是指公司将现有部分子公司、部门、产品生产线、固定资产等出售给其他公司，并取得现金或有价证券作为回报。

剥离与并购之间存在一定联系。如并购企业可在并购完成之后出售被收购企业的资产或业务，以获取现金回报；可通过剥离纠正以前草率的、甚至是错误的收购活动；在受到收购威胁时，还可能会剥离所谓"皇冠上的珍珠"以抵制收购方收购意图。尽管如此，剥离绝不仅仅是并购的相反过程，它具有自身的动因和目的，需要采用不同的分析手段与实施方法。

2. 分立的含义

分立是指将母公司在子公司中所拥有的股份按比例分配给母公司的股东，形成一个独立的新公司，从而在法律上和组织上将子公司从母公司中分立出去。

分立可以看做一种特殊形式的剥离，但纯粹的分立与剥离之间又存在着区别。分立后的新公司拥有独立的法人地位，而股东直接持有新公司（过去的子公司）的股票，可以直接参与管理人员的选用，从而取得了更大的控制权。另外，分立中一般不会发生各利益主体之间的现金或证券支付，而这种支付在剥离中通常会发生。

（二）剥离与分立的类型

1. 剥离的类型

根据不同的分类标准，剥离可以划分为不同的类型：

（1）按照剥离是否符合公司的意愿划分。按是否符合公司的意愿，剥离可以划分为自愿剥离和非自愿或强迫剥离。自愿剥离，是指公司管理人员认为剥离有利于提高公司的竞争力和资本的市场价值而主动进行的剥离。非自愿或强迫剥离，则是指政府主管部门或司法机构依据反垄断法等法律法规，迫使公司剥离其部分资产或业务。

（2）按照剥离中所出售资产的形式划分。按照所出售资产的形式，剥离可以划分为出售资产、出售生产线、出售子公司、分立和清算等形式。出售资产，指仅出售公司的部分场地、设备等固定资产；出售生产线，指将与生产某种产品相关的全套机器设备等出售给其他公司；出售子公司，指将独立、持续经营的子公司整体出售给其他公司，其剥离方案中不仅包括产品生产线，而且还包括相关的职能部门与职能人员；分立可看做剥离的一种特殊形式，指在法律上和组织上将一个公司分为两个（或更多）独立的实体；清算是指将公司或其业务部门的全部资产零碎地而不是作为整体出售，并将所取得的现金分配给股东。若出售公司资产的所得超过其所发行证券的市场价值，清算可能是对证券持有人最为有利的资产处理方式。

（3）按照交易方身份不同划分。剥离按出售的交易方身份不同，主要有出售给非关联方、管理层收购和职工收购三种：①出售给非关联方，即原股东退出有关行业领域的经营，将剥离的资产出售给予本公司不存在关联的他方。②管理层收购，指公司管理人员自己买入被剥离资产并经营管理。这种方式有利于管理人员摆脱过去的盲目指挥和过多限制，全权、全力经营好属于自己的资产。对于出售企业，把资产出售给自己的经理层也比卖给同业竞争对手更为安全。③职工收购，其典型方式是职工持股计划，将由其保管的股份转至公司员工的个人账户。

2. 分立的类型

（1）派生分立与新设分立。按被分立公司是否存续，分立可分为派生分立与新设分立。派生分立，即公司以其部分财产设立另一新公司的行为。这种方式下，新设的公司需注册登记，原公司存续，但需办理减少注册资本的变更登记。新设分立，是将公司全部财产分解为若干份，重新设立两个或两个以上的新公司，原公司解散。

（2）并股和拆股。按照股东对公司的所有权结构变化形式划分，分立可分为并股分立和拆股分立。所谓并股是指母公司以其在子公司中占有的股份，向部分（而不是全部）股东交换其在母公司中的股份。并股会导致两个公司的所有权结构发生变化。并股不像纯粹的分立那样会经常发生，因为它需要部分母公司的股东愿意放弃其在母公司中的权益，转向投资于子公司。所谓拆股，与纯粹的分立比较相似，是指母公司将子公司的控制权移交给其股东。拆股后，母公司所有的子公司都分立出来，母公司自身则不复存在。拆股不仅带来管理队伍的变化，公司的所有权结构也可能发生变化，这取决于母公司选择何种方式向其股东提供子公司的股票。

（三）剥离与分立的动因

1. 适应经营环境变化，调整经营战略

任何公司都是在动态的环境中经营。公司的经营环境变化包括技术进步、产业发展趋势、国家有关法规和税收条例的变化、经济周期的改变等。这些变化可能使母子公司之间目前的安排成为低效率的联合。比如虽然在过去通过并购搞联合经营是最佳选择，但当前情形下独立经营也许更为恰当。所以公司的经营方向与战略目标也应适应这些变化相应调整和改变，如改变经营重点、退出竞争过于激烈的市场等，而剥离和分立正是实现这些改变的有效手段。从这个意义上讲，公司分立与并购活动一样，都是企业为努力适应其经济和政治环境中的持续变化所采取的战略的一部分。

2. 提高管理效率

当管理者所控制资产的规模和种类增加时，即使是最好的管理队伍也会达到收益递减的临界点，因为管理者难以注意到从事不同业务类型的子公司各自所面临的独特问题与投资机会。采用不同形式售出那些与母公司其他经营活动不适应的部分，母子公司通过重新定位，在确定各自比较优势的基础上，可以更加集中于各自的优势业务，提高公司的整体管理效率，为公司的股东创造更大的价值。此外，剥离与分立常常能够创造出简洁、有效率、分权化的公司组织，使公司能够更快地适应经营环境的变化。所以在许多子公司独立的声明中，都提到为突出公司的主营业务，需要使与母公司业务关系不大或管理效率较低的子公司独立。

3. 谋求管理激励

大公司中，管理机构的官僚化膨胀会抑制企业的创新精神，导致良好的表现得不到应有的回报，而不佳的表现未受到惩罚。当子公司的形象和目标与母公司不一致时，这个问题就会更加突出。此时，以母公司普通股期权为激励报偿的计划很可能变得毫无意义，甚至起反作用。而如果让子公司独立出来，市场对管理行为的反应就会直接反映在其独立的（而不是母公司的）股票价格上，这就使报酬计划与公司经营管理业绩更加紧密地联系在一起，从而降低代理成本，形成更为有效的激励机制。

4. 提高资源利用效率

通过剥离与分立可筹集营运资金，获得发展其他机会所需的财务和管理资源。公司可能需要大量现金来满足主营业务或减少债务负担的需要，而通过借贷和发行股票筹集资金会面临一系列的障碍，此时通过出售部分非核心或非相关业务筹集所需的资金则不失为一种有效的选择。在杠杆收购时，为了偿还收购过程中借入的巨额债务，通常需要出售部分被收购公司的资产或业务来满足对现金流量的需求，从而提高资源的利用效率，使企业获取更高的收益。

5. 弥补并购决策失误或成为并购决策的一部分

企业出于各种动机进行兼并收购，但不明智的并购决策会导致灾难性的后果。虽然被并购企业具有盈利机会，但并购企业可能由于管理或实力上的原因，无法有效地利用这些盈利机会。这时，将其剥离给其他有能力有效发掘该盈利潜力的公司，无论对卖方还是对买方而言，可能都是最为明智的。

另外，剥离与分立往往还是企业并购一揽子计划的组成部分。许多资产出售等分拆计划，早在并购前就已经是收购方一揽子计划中的组成部分。因为从并购企业角度，被收购企业中总有部分资产是不适应企业总体发展战略的，甚至可能会带来不必要的亏损。在有的收购活动中，将被收购企业进行分拆出售资产往往又作为收购融资的部分来源。

6. 获取税收方面的收益

不同国家出于调节经济的需要制定了不同的税收政策。例如，在美国，对于自然资源特权信托和不动产投资信托公司，如果它们把投资收益的90%分配给股东，公司就无须缴纳所得税。因此，综合性公司若将其经营房地产的部门独立出来，就有可能享受税收方面的减免。所以母公司可以进行合法避税并且给分立出的子公司的股东带来利益，而他们最初也正是母公司的股东。

（四）剥离与分立对企业持续经营价值影响的原因

与并购相同，剥离与分立是公司战略的一部分，旨在对公司业务组合进行重新定位。剥离与分立的价值来源可从以下几个方面解释。

1. 核心竞争力效应

资产剥离是两个独立公司之间的交易，双方都可以获得益处。对于资产剥离者来说，可以将出售获得的现金投在其他更有效益的业务上，释放被剥离业务此前吸纳的冗余的资源管理方式，从而加强资产剥离者的核心能力，为资产剥离者增加效益。

对于买方来说，被剥离的业务可能与其在战略上配合更好，产生更多的协同效应。这意味着被剥离业务对买方比对卖方更有价值，这种增加的效益可由买方独享，或由买卖双方分享。增加值的分享比例则由双方讨价还价的相对实力、卖方的财务状况、资产剥离的市场供应状况、两家公司的相对大小以及资产剥离者需要现金的迫切程度等因素决定。

2. 信息效应

一般认为，股市对公司的透明度有偏好。分立后的子公司作为一个独立的经济实体，要定期公布财务报表、披露相关信息，使投资者和证券分析师更容易评估子公司的价值，这种持续的公开信息可能对子公司的业绩产生正面的影响。

3. 消除负协同效应

如果公司的某些业务对实现公司整体战略目标是不重要的，或者这些业务不适合公司的其他业务发展，或者这些业务目前处于竞争的劣势地位，保留这些业务不但不能创造价值，反而会毁灭价值，即所谓的负协同效应。在这种情况下，剥离这些不适宜的业务是消除负协同效应的最好手段。

4. 市场形象效应

公司出售资产可能改变了公司的市场形象，提高公司股票的市场价值。

五、反收购手段

在当今公司并购之风盛行的情况下，越来越多的公司从自身利益出发，在投资银行等外部顾问机构的帮助下，开始重视采用各种积极有效的防御性措施进行反收购，以抵制来自其他公司的敌意并购。

（一）反收购的经济手段

反收购时可以运用的经济手段主要有四大类：提高收购者的收购成本、降低收购者的收购收益、收购收购者、适时修改公司章程等。

1. 提高收购者的收购成本

（1）股份回购。公司在受到收购威胁时可回购股份，其基本形式有两种：一是公司将可用的现金分配给股东，这种分配不是支付红利，而是购回股票；二是发行公司债、特别股或其组合以回收股票，通过减少在外流通股数抬高股价，迫使收购者提高每股收购价。但此法对目标企业颇危险，因负债比例提高，财务风险增加。

（2）寻找“白衣骑士”（White Knight）。“白衣骑士”是指目标企业为免遭敌意收购而自己寻找的善意收购者。公司在遭到收购威胁时，为不使本企业落人恶意收购者手中，可选择与其关系密切的有实力的公司，以更优惠的条件达成善意收购。

（3）“金色降落伞”。公司一旦被收购，目标企业的高层管理者将可能遭到撤换。“金色降落伞”则是一种补偿协议，它规定在目标公司被收购的情况下，高层管理人员无论是主动还是被迫离开公司，都可以领到一笔巨额的安置费。与之相似，还有针对低层雇员的“银色降落伞”。但金色降落伞策略的弊病也是显而易见的——支付给管理层的巨额补偿反而有可能诱导管理层低价将企业出售。

2. 降低收购者的收购收益或增加收购者风险

（1）“皇冠上的珍珠”对策。从资产价值、盈利能力和发展前景诸方面衡量，在混合公司内经营最好的企业或子公司被誉为“皇冠上的珍珠”。这类公司通常会诱发其他公司的收购企图，成为兼并的目标。目标企业为保全其他子公司。可将“皇冠上的珍珠”这类经营好的子公司卖掉，从而达到反收购的目的。作为替代方法，也可把“皇冠上的珍珠”抵押出去。

（2）“毒丸计划”。“毒丸计划”包括“负债毒丸计划”和“人员毒丸计划”两种。前者是指目标公司在收购威胁下大量增加自身负债，降低企业被收购的吸引力。例如，发行债券并约定在公司股权发生大规模转移时，债券持有人可要求立刻兑付，从而使收购公司在收购后立即面临巨额现金支出，降低其收购兴趣。“人员毒丸计划”的基本方法则是公司的绝大部分高级管理人员共同签署协议，在公司被以不公平价格收购，并且这些人中有一人在收购后被降职或革职时，则全部管理人员将集体辞职。这一策略不仅保护了目标公司股东的利益，而且会使收购方慎重考虑收购后更换管理层对公司带来的巨大影响。企业的管理层阵容越强大、越精干，实施这一策略的效果将越明显。当管理层的价值对收购方无足轻重时，“人员毒丸计划”也就收效甚微了。

（3）“焦土战术”。这是公司在遇到收购袭击而无力反击时，所采取的一种两败俱伤的做法。例如，将公司中引起收购者兴趣的资产出售，使收购者的意图难以实现；或是增加大量与经营无关的资产，大大提高公司的负债，使收购者因考虑收购后严重的负债问题而放弃收购。

3. 收购收购者

这是作为收购对象的目标企业为挫败收购者的企图威胁进行反收购，并开始购买收购者的普通股，以达到保卫自己的目的。例如，甲公司不顾乙公司意愿而展开收购，则乙公司也开始购买甲公司的股份，以挫败甲公司的收购企图。

4. 适时修改公司章程

这是公司对潜在收购者或诈骗者所采取的预防措施。反收购条款的实施、直接或间接提高收购成本、董事会改选的规定都可使收购方望而却步。常用的反收购公司章程包括：

（1）董事会轮选制。董事会轮选制使公司每年只能改选很小比例的董事。即使收购方已经取得了多数控股权，也难以在短时间内改组公司董事会或委任管理层，实现对公司董事会的控制，从而进一步阻止其操纵目标公司的行为。

（2）超级多数条款。公司章程规定修改章程或重大事项（如公司的清盘、并购、资产的租赁）所需投票权的比例。超级多数条款规定公司被收购必须取得2/3或80%的投票权，有时甚至会高达95%。这样，若公司管理层和员工持有公司相当数量的股票，那么即使收购方控制了剩余的全部股票，收购也难以完成。

（3）公平价格条款。公平价格条款规定收购方必须向少数股东支付目标公司股票的公平价格。所谓公平价格，通常以目标公司股票的市盈率作为衡量标准，而市盈率的确定是以公司的历史数据并结合行业数据为基础的。

（二）反收购的法律手段

诉讼策略是目标公司在并购防御中经常使用的策略。诉讼的目的通常包括：逼迫收购方提高收购价以免被起诉；避免收购方先发制人，提起诉讼，延缓收购时间，以便另寻“白衣骑士”：在心理上重振目标公司管理层的士气。

诉讼策略的第一步往往是目标公司请求法院禁止收购继续进行。于是，收购方必须首先给出充足的理由证明目标公司的指控不成立，否则不能继续增加目标公司的股票。这就使目标公司有机会采取有效措施进一步抵御被收购。不论诉讼成功与否，都为目标公司争得了时间，这是该策略被广为采用的主要原因。

目标公司提起诉讼的理由主要有三条：第一，反垄断。部分收购可能使收购方获得某一行业的垄断或接近垄断地位，目标公司可以此作为诉讼理由。第二，披露不充分。目标公司认定收购方未按有关法律规定向公众及时、充分或准确地披露信息等。第三，犯罪。除非有十分确凿的证据，否则目标公司难以以此为由提起诉讼。

反收购防御的手段层出不穷，除经济、法律手段以外，还可利用政治等手段，如迁移注册地，增加收购难度等。以上种种反并购策略各具特色，各有千秋，很难断定哪种更为奏效。但有一点是可以肯定的，企业应该根据并购双方的力量对比和并购初衷选用一种策略或几种策略的组合。

第二节　财务重整

一、财务失败及其预警

财务失败是一个企业无力偿还到期债务的困境或危机。任何一个企业在生产经营过程中，都可能面临财务困境或财务危机，当企业陷入财务困境时，必须考虑如何处理企业的财务事宜，如何保护各相关主体的利益。所以，财务失败预警、整顿、清算等财务管理问题成为现代财务管理的重要内容。

企业财务失败预警，作为一种成本低廉的诊断工具，其灵敏度越高就能越早地发现问题并告知企业经营者，就能越有效地防范、回避财务危机的发生。所以，一个有效的财务失败预警系统具有如下职能：①预知财务危机的征兆；②预防财务危机发生或控制其进一步扩大；③避免类似财务危机再次发生。

企业财务失败预警系统主要有两种建立方式：多变量模型和单变量模型。

（一）多变量模型

多变量模型是运用多变模式思路建立多元线型函数模式，即运用多种财务指标加权汇总产生的总判别分（称为 Z 值）来预测财务危机。最初的“Z 计分模型”由美国爱德华·阿尔曼在20世纪60年代中期提出，用以计量企业破产的可能性。其判别函数为：

$$Z=0.012X_1+0.014X_2+0.033X_3+0.006X_4+0.999X_5 \quad \text{（公式 16-4）}$$

式中：Z 为判别函数值；X_1 为（营运资金÷资产总额）×100；X_2 为（留存收益÷资产总额）×100；X_3 为（息税前利润÷资产总额）×100；X_4 为（普通股和优先股市场价值总额÷负债账面价值总额）×100；X_5 为销售收入÷资产总额。

该模型实际上是通过五个变量（五种财务比率），将反映企业偿债能力的指标（X_1、X_4）、获利能力指标（X_2、X_3）和营运能力指标（X_5）有机联系起来，综合分析预测企业财务失败或破产的可能性。一般地，Z 值越低企业越有可能发生破产。阿尔曼还提出了判断企业破产的临界值：如果企业的 Z 值大于2.675，则表明企业的财务状况良好，发生破产的可能性较小；反之，若 Z 值小于1.81，则企业存在很大的破产危险；如果 Z 值处于1.81～2.675，阿尔曼称之“灰色地带”，的确，进入这个区间的企业财务是极不稳定的。

【例16-5】以下以两公司为例，对比说明 Z 计分模型的应用，有关数据如表16-2所示：

表16-2　　单位：万元

项　目	甲公司	乙公司
营业收入	6 000	2 820
息税前利润	600	86
资产总额	3 500	5 928

续表

项　目	甲公司	乙公司
营运资金	1 400	642
负债总额	2 400	3 910
留存收益	240	120
股票市价总额	3600	1018

对于甲公司，由已知条件有：

$X_1 =（1\ 400 \div 3\ 500）\times 100 = 40.000$

$X_2 =（240 \div 3\ 500）\times 100 = 6.857$

$X_3 =（600 \div 3\ 500）\times 100 = 17.143$

$X_4 =（3\ 600 \div 2\ 400）\times 100 = 150.000$

$X_5 = 6\ 000 \div 3\ 500 = 1.714$

则：$Z_{甲} = 0.012 \times 40 + 0.014 \times 6.857 + 0.033 \times 17.143 + 0.006 \times 150 + 0.999 \times 1.714 = 3.754$

同理，可计算乙公司的 Z 值：$Z_{乙} = 0.842$

由计算结果可知，甲公司的 Z 值大于临界值 2.675，表明其财务状况良好，没有破产危机；而乙公司的 Z 值显然过低，小于临界值，表明该公司财务状况堪忧，已经出现破产的先兆。

多变量模型从总体宏观角度检查企业财务状况是否呈现不稳定的现象，提前做好财务危机的规避或延缓危机发生的准备工作。当然，由于企业规模、行业、地域、国别等诸多差异，多元线型函数模式在财务管理文献中有数种之多，企业不应拘泥于任何经验数据，而应根据实际情况设计符合企业要求和特点的总体财务失败预警系统。

（二）单变量模型

单变量模型是运用单变模式思路通过单个财务比率走势恶化来预测财务危机。按综合性和预测能力大小，预测企业财务失败的比率主要有：①债务保障率 = 现金流量 ÷ 债务总额；②资产收益率：净收益 ÷ 资产总额；③资产负债率 = 负债总额 ÷ 资产总额；④资金安全率 = 资产变现率 - 资产负债率，其中，资产变现率 = 资产变现金额 ÷ 资产账面金额。按照单变模式的解释，企业良好的现金流量、净收益和债务状况应该表现为企业长期的、稳定的状况。所以跟踪考察企业时，应对上述比率的变化趋势予以特别注意。一般地，失败企业有较少的现金而有较多的应收账款，或者表现为极不稳定的财务状况。

下面重点说明通过企业安全率进行财务预警的原理。

企业安全率是由两个因素交集而成：一是经营安全率，一是资金安全率。

经营安全率用安全边际率表示：

安全边际率 = 安全边际额 ÷ 现有（预计）销售额

= （现有或预计销售额 - 保本销售额）÷ 现有（预计）销售额　　（公式 16 - 5）

【例 16 - 6】A 公司明年预计销售额 3 000 万元，变动成本率为 60%，固定成本为 1000 万元，则：

保本销售额 = 1 000 ÷（1 - 60%）= 2 500（万元）

安全边际率 =（3 000 - 2 500）÷ 3 000 = 16.67%

资金安全率计算方法是：

资金安全率 = 资产变现率 - 资产负债率

资产变现率 = 资产变现金额 ÷ 资产账面金额

资产负债率 = 负债总额 ÷ 资产总额

资金安全率 = （资产变现值 - 负债总额）÷ 资产账面总额　　　　（公式 16 - 6）

在计算资金安全率时，所谓的“资产变现金额”，就是企业立即处置其所有资产后可以变成现金的总数。在计算资产变现值之际，要以资产负债表所列的各项资产一一加以估算加总而得。例如：资产负债表上的现金和银行存款可用账面金额作为资产变现金额；应收款项除扣除坏账准备外，还需要扣除一些催收账款费用后作为资产变现金额；存货则须把账面金额减掉一些呆滞及其他损失后作为资产变现金额；房屋及土地则可用市场同类可比价格作为资产变现金额。

如上例，A 公司资产账面价值为 2 000 万元，经仔细核定，确认将企业资产按变现价值估算约为 1 600 万元，他人资本 1 200 万元，自有资本 800 万元，合计为 2 000 万元，则：

资产变现率 = 1 600 ÷ 2 000 = 80%

资产负债率 = 1 200 ÷ 2 000 = 60%

资金安全率 = 80% - 60% = 20%

并且，在企业的预警分析中，可将资金安全率与安全边际率结合起来，判断企业的经营情况和财务状况是否良好（图 16 - 1）。

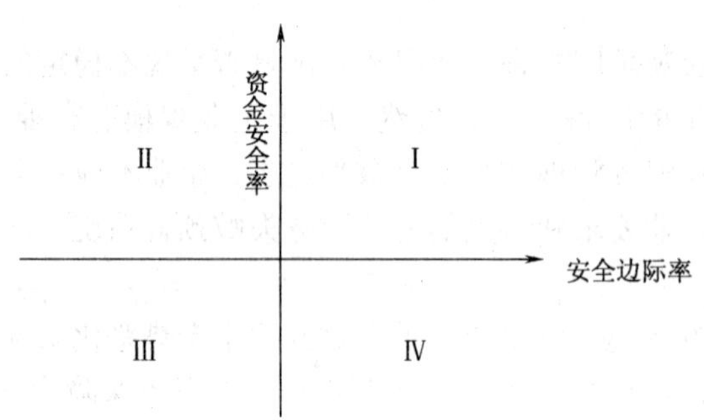

图 16 - 1　企业的预警分析

当两个指标共同确定的经营安全率落在第Ⅰ象限，表示企业经营状况良好，应该采取有计划经营扩张策略。

经营安全率落在第Ⅱ象限，表示企业经营财务状况尚好，但是市场销售能力明显不足，应全盘研究对策，以加强企业总体销售实力，创造企业应有利润。

经营安全率落在第Ⅲ象限，表示企业经营已陷入经营不善的境地，随时有关门的危机，经营者应下决心立即采取措施，进行有效的重整。经营安全率落在第Ⅳ象限，表示企业财务状况已露出险兆，经营者应将改善财务结构列为首要任务，要求企业全员有总体现金观念、自有资金比例提高，并积极进行开源节流。此时对市场营销应采用适度的成长策略，并且要求营销部门对顾客做必要的筛选，提高信用政策的标准，以防止不良销售损失、加速企业财务状况的恶化。

如上例，A 公司的边际安全率为 16.67%，资金安全率为 20%，其代表的经营安全率落在第Ⅰ象限，表示A公司经营状况良好。一般说来，当两个安全率指标均大于零时，企业经营状况良好，可以适当采取扩张的策略；当资金安全率为正，而安全边际率小于零时，表示企业财务状况良好，但营销能力不足，应加强营销管理，增加企业利润的创造能力；当企业的安全边际率大于零，而资金安全率为负时，表明企业财务状况已露出险兆，积极创造自有资金、进行开源节流、改善企业的财务结构成为企业的首要任务；当企业的两个安全率指标均小于零时，则表明企业的经营已陷入危险的境地，随时有爆发财务危机的可能。

我们还可以通过企业情况的了解与某些外在特征的分析，预测企业的财务状况发生某种危机的可能性。尽管这种情况或特征并非一成不变，但仍可加以借鉴并灵活运用。诸如：①财务预测在较长时间不准确。财务预测偶尔发生误差，是十分正常的事情，但是，如果预测结果与实际状况长时间发生很大差距，这说明企业即将发生财务危机。②过度大规模扩张。如一家企业同时在许多地方大举收购其他企业，同时涉足许多不同领域，可能使企业因负担过重、支付能力下降。③过度依赖贷款。在缺乏严密的财务预算与管理下，较大幅度增加贷款只能说明该企业资金周转失调或盈利能力低下。④财务报表不能及时公开。财务报表不能及时报送、公开延迟一般都是财务状况不佳的征兆。但这只是提供给分析人员一个关于企业财务危机发生可能性的线索，而并不能确切地告知是否会发生财务危机。⑤过度依赖某家关联公司。比如子公司对母公司的过度依赖，一旦母公司根据战略的需要或者整体投资回报率的考虑，觉得某个子公司不再有原有的利用价值，它们会立即停止对子公司的扶持。而子公司如果在销售、供应甚至管理、技术各个方面都完全依赖于母公司的帮助，那么没有了支持，很可能会倒闭。⑥企业管理层的辞职。一个企业的高层管理者的辞职，尤其是引起轩然大波的集体辞职通常是该企业存在隐患的明显标志。当然，并非每一项辞职都意味着财务危机的发生，有些辞职只是由于大公司内部争权夺利所致。

二、财务重整的方式

公司财务重整是指对陷入财务危机，但仍有转机和重建价值的企业根据一定程序进行重新整顿，使公司得以维持和复兴的做法。这是对已经达到破产界限的企业的抢救措施。通过这种抢救，濒临破产企业中的一部分，甚至大部分能够重新振作起来，摆脱破产厄运，走上继续发展之路。重整按是否通过法律程序分为非正式财务重整和正式财务重整两种。

（一）非正式财务重整

当企业只是面临暂时性的财务危机时，债权人通常更愿意直接同企业联系，帮助企业恢复和重新建立较坚实的财务基础，以避免因进入正式法律程序而发生的庞大费用和冗长的诉讼时间。

非正式财务重整主要是指债务展期与债务和解。

所谓债务展期即推迟到期债务要求付款的日期；而债务和解则是债权人自愿同意减少债务人的债务，包括同意减少债务人偿还的本金数额，或同意降低利息率，或同意将一部分债权转化为股权，或将上述几种选择混合使用。

企业在经营过程中发生财务困难时，有时债务的延期或到期债务的减免都会为财务发生困难的企业赢得时间，使其调整财务，避免破产。而且债务展期与债务和解均属非正式的挽救措施，是债务人与债权人之间达成的协议，既方便又简捷。因此，当企业发生财务困难时，首先想到的便是债务展期与债务和解。

债务展期与债务和解作为挽救企业经营失败的两种方法，都能使企业继续经营并避免法律费用。虽然由于债务展期或债务和解，会使债权人暂时无法收取账款而发生一些损失，但是，一旦债务人从困境中恢复过来，债权人不仅能如数收取账款，进而还能给企业带来长远效益。因此，债务展期与债务和解的方法在实际工作中普遍被采用。

当企业拟采用债务展期或债务和解措施来渡过难关时，首先由企业，即债务人向有关管理部门提出申请，召开由企业和其债权人参加的会议；其次，由债权人任命一个由 1 ~ 5 人组成的委员会，负责调查企业的资产、负债情况，并制定出一项债权调整计划，就债权的展期或债务的和解作出具体安排；最后，召开债权人、债务人会议，对委员会提出的债务展期、和解或债务展期与和解兼而有之的财务安排进行商讨并取得一致意见，达成最终协议，以便债权人、债务人共同遵循。

一般而言，债权人同意债务展期或债务和解，表明债权人对债务人很有信心，相信债务人能够走出财务困境并有益于债权人。然而，在债务展期或债务和解后等待还款的一段期间里，由于企业经营的不确定性，随时会发生新的问题而导致债权人利益受损。因此，为了对债务人实施控制，保护债权人利益，在实施债务展期或债务和解后，债权人通常应采取下列措施：①坚持实行某种资产的转让或由第三者代管；②要求债务企业股东转让其股票到第三者代管账户，直至根据展期协议还清欠款为止；③债务企业的所有支票应由债权人委员会会签，以保持回流现金用于还清欠款。

非正式财务重整可以为债务人和债权人双方都带来一定的好处。首先，这种做法避免了履行正式手续所需发生的大量费用，所需要的律师、会计师的人数也比履行正式手续要少得多，使重整费用降至最低点。其次，非正式重整可以减少重整所需的时间，使企业在较短的时间内重新进入正常经营的状态，避免了因冗长的正式程序使企业迟迟不能进行正常经营而造成的企业资产闲置和资金回收推迟等浪费现象。再次，非正式重整使谈判有更大的灵活性，有时更易达成协议。

但是非正式财务重整也存在着一些弊端，主要表现为：当债权人人数很多时，可能难以达成一致；没有法院的正式参与，协议的执行缺乏法律保障。

（二）正式财务重整

破产法中建立的重整制度，允许企业在破产时进行重整，但需经过法院裁定，因此涉及正式的法律程序。企业在其正常的经营活动中，有时会由于企业自身的经营条件或者企业外部环境的各种原因无法如期偿还债务，从而陷入暂时的财务困难，这时，便可以通过与其债权人协商达成协议后，按照法定的程序对企业进行重整。企业财务重整是通过一定的法律程序改变企业的资本结构，合理地解决其所欠债权人的债务，以便使企业摆脱所面临的财务困难并继续经营。

正式重整是在法院受理债权人申请破产案件的一定时期内，经债务人及其委托人申请，与债权人会议达成和解协议，对企业进行整顿、重组的一种制度。在正式重整中，法院起着重要的作用，特别是要对协议中的公司重整计划的公正性和可行性作出判断。

依照规定，在法院批准重整之后不久，应成立债权人会议，所有债权人均为债权人会议成员。其主要职责是：审查有关债权的证明材料，确认债权有无财产担保，讨论通过改组计划，保护债权人的利益，确保债务企业的财产不至流失。债务人的法定代表必须列席债权人会议，回答债权人的询问。我国还规定要有工会代表参加债权人会议。

三、财务重整的程序

（一）向法院提出重组申请

在向法院申请企业重组时，必须阐明对企业实施重组的必要性，以及不采用非正式重整的原因。同时要满足一定的条件：企业发生财务危机或者在债务到期时企业无法偿还；企业有三个或者三个以上债权人的债权合计数达到一定的数额。如果企业重组的申请符合有关规定，法院将批准重组申请。

（二）法院任命债权人委员会

债权人委员会的权限与职责是：挑选并委托若干律师、注册会计师或者其他中介机构作为其代表履行职责；就企业财产的管理情况向受托人和债务人提出质询；对企业的经营活动、企业的财产及债务状况等进行调查，了解希望企业继续经营的程度以及其他任何与制定重组计划有关的问题，在此基础上，制定企业的继续经营计划呈交法院；参与重组计划的制定，并就所制定的重组计划提出建议提交给法院；如果事先法院没有任命受托人，应向法院提出任命受托人的要求等。

（三）制定企业重整计划

重整计划既可能改变企业债权人的法定的或者契约限定的权力，也可能改变企业股东的权益，无财产担保的债权人则往往选择以牺牲其部分债权为代价而收回部分现金。经法院批准的重整计划，对企业本身、全体债权人及全体股东均有约束力。

重整计划是对公司现有债权、股权的清理和变更作出安排，重整公司资本结构，提出未来的经营方案与实施办法。一般来讲，制定重整计划需要包括下述四项内容：

（1）估算重整企业的价值。这是非常困难的一步，常采用的方法是收益现值法，即：①估算公司未来的销售额。②分析公司未来的经营环境，以便预测公司未来的收益与现金流量。③确定用于未来现金流量贴现的贴现率。④用确定的贴现率对未来公司的现金流入量进行贴现，以估算出公司的价值。

【例16－7】某公司准备重组。重组前公司资本结构如下：银行借款4 000万元，长期债券2 000万元，优先股1 000万元，普通股4 000万元。重组后未来10年的年度现金净流量为1 000万元，同行业平均资本报酬率水平为10%，以此作为折现率。则该公司的总价值为：

$$1\,000 \times (P/A,\ 10\%,\ 10) = 6\,144.6\text{（万元）}$$

（2）调整公司的资本结构，削减公司的债务负担和利息支出，为公司继续经营创造一个合理的财务状况。为达到这一目的，需要对某些债务展期，将某些债务转换为优先股、普通股等证券。

（3）公司新的资本结构确定之后，用新的证券替换旧的证券。实现公司资本结构的转换。要做到这一点，需要将公司各类债权人和权益所有者按照求偿权的优先级别分类统计，同一级别的债权人或权益所有者在进行资本结构调整时享有相同的待遇。一般来讲，在优先级别在前的债权人或权益所有者得到妥善安排之后，优先级别在后的债权人或权益所有者才能得到安置。

续前例，为了确定合理的资本结构，就要以6144.6万元为上限对原权益、证券作出重新分配。例如银行方面提出用手中的4 000万元贷款交换新的2 000万元贷款和1 000万元优先股。长期债券持有人2 000万元转化为普通股1 800万元，优先股持有人分配600万元，并继续以优先股存在。原普通股的股东享有剩余的774.6万元。这样重组后新的公司资本结构如下：

银行贷款：2 000万元

优先股：1 600万元（1 000 +600）

普通股：2 574.6万元（1 800 +774.6）

（4）重整计划通常还包括以下措施：第一，如果公司现有管理人员不称职，对公司管理人员进行调整，选择有能力的管理人员替代原有管理人员对公司进行管理，补充聘用新的经理和董事；第二，对公司存货及其他有关资产进行分析，对那些已经贬值的存货及其他资产的价值进行调整，以确定公司资产的当前价值，这也是重整公司资本结构、重新安排公司债权和股权的基础；第三，改进公司的生产、营销、广告等各项工作，改善经营管理方法，提高企业各个环节、各个职能部门之间的有效运转和协调配合；提高公司的工作效率；第四，必要时还需要制定新产品开发计划和设备更新计划，以提高生产能力。

（四）执行企业重整计划

按照重整计划所列示的措施逐项予以落实，包括整顿原有企业、联合新的企业，以及随时将整顿情况报告债权人会议，以便使债权人及时了解企业重整情况。

（五）经法院认定宣告终止重整

终止重整通常发生于：其一，企业经过重整后，能按协议及时偿还债务，法院宣告终止重整；其二，重整期满，不能按协议清偿债务，法院宣告破产清算而终止重整；其三，重整期间，不履行重整计划，欺骗债权人利益，致使财务状况继续恶化，法院终止企业重整，宣告其破产清算。

四、财务重整的决策

企业濒临破产时面临一项财务决策，即是通过清算而使企业解体，或者通过重整而生存下去，这项财务决策正确与否直接关系到企业的生死存亡，故必须慎重进行。

影响重整或破产清算财务决策的重要因素，首先是企业重整价值与清算价值之比较。重整价值，是指企业通过整顿，重整后所恢复的价值，包括设备的更新、过时存货的处理，以及对经营管理所做的种种改善等；而清算价值则指依企业使用的资本资产专门化程度所确定的价值，包括该资产的变现价值，以及在清算过程中所发生的资产清理费用及法律费用。通常，以重整价值大于清算价值作为重整优先考虑的条件。

其次，法院或债权人对企业重整的认可是以重整计划是否具备公平性和可行性为依据的。公平性是指在企业重整过程中对所有的债权人一视同仁，按照法律和财产合同规定的先后顺序，对各债权人的求偿权予以确认，不能违背法律。可行性是指重整应具备的相应条件，主要包括债权人与债务人两方面。为了使重整可行，债务人一般应具备如下条件：一是必须具有良好的道德信誉，在整个重整过程中，债务人不能欺骗债权人，如非法变卖企业财产以充作私用，损害债权人利益；二是债务人能提供详细的重整计划，以表明其有足够的把握使重整成功；三是债务人所处的经营环境有利于债务人摆脱困境，取得成功。为了使重整可行，必须经债权人会议讨论通过同意重整，并愿意帮助债务人重建财务基础。

第三节　企业清算

企业清算是指在企业终止过程中，为保护债权人、所有者等利益相关者的合法权益，依法对企业财产、债务等进行清理、变卖，以终止其经营活动，并依法取消其法人资格的行为。

一、企业清算的类型

（一）企业清算按其原因，可分为解散清算和破产清算

导致企业解散清算的原因主要有：公司章程规定的营业期限届满或公司章程规定的其他解散事由出现（如经营目的已达到而不需继续经营，或目的无法达到且公司无发展前途等）；公司的股东大会决定解散；企业合并或者分立需要解散；公司违反法律或者从事其他危害社会公众利益的活动而被依法撤销；发生严重亏损，或投资一方不履行合同、章程规定的义务，或因外部经营环境变化而无法继续经营。

破产清算是因经营管理不善造成严重亏损，不能偿还到期债务而进行的清算。其情形有二：一是企业的负债总额大于其资产总额，事实上已不能支付到期债务；二是虽然企业的资产总额大于其负债总额，但因缺少偿付到期债务的现金资产，未能偿还到期债务，被迫依法宣告破产。

（二）依据清算是否自行组织，可以分为普通清算和特别清算

普通清算是指公司自行组织的清算。特别清算是指公司依法院的命令开始，并且自始至终都在法院的严格监督之下进行的清算。普通清算按法律规定的一般程序进行，法院和债权人不直接干预。特别清算是指不能由企业自行组织，而由法院出面直接干预并进行监督。如果企业不能清偿到期债务，企业有资产不足清偿到期债务的嫌疑，企业无力自行组织清算工作，企业董事会对清算事务达不成一致意见，或者由债权人、股东、董事会中的任何一方申请等情况发生，就应采用特别清算程序。

对普通清算与特别清算，公司并无选择实行的权力。公司解散后，应立即进行普通清算。在普通清算过程中，当有下列情形之一发生时，法院方可命令公司实行特别清算：第一，当公司实行普通清算遇到明显障碍时。例如，公司的利害关系人人数众多，或公司的债权债务关系极为复杂，这时法院依债权人或股东或清算人的请求，或依职权命令实行特别清算。第二，当公司负债超过资产有不实之嫌疑时，即形式上公司负债超过资产，但实际上是否真正超过尚有嫌疑。例如，公司债务数额并非真实，或公司债权数额并非确定，或会计账面上所记载的资产价值较市场价低，所以清算人请求进行特别清算，这时法院依清算人的请求或依职权命令实行。

二、破产清算

（一）破产界限

当企业资不抵债，亦无债务展期、和解、重整的可能性时，企业实际上已破产。从法律上理解，破产有两层含义：其一是资不抵债时发生的实际上的破产，即债务人因负债超过资产，不能清偿到期债务时发生的一种状况；其二是指债务人因不能清偿到期债务而被法院依法宣告破产。此时债务人资产可能低于负债，也可能等于或超过负债。于是可能出现债务人

资产虽然超过负债，却因无法获得足够的现金或无法以债权人同意的其他方式偿还到期债务不得不破产的情况。因为对债务人的破产宣告是依法律上确定的标准进行的，所以这种破产又称法律上的破产。

所谓破产界限，即法院据以宣告债务人破产的法律标准，在国际上又通称为法律破产原因。在破产立法上，对破产界限有两种规定方式：一种是列举方式，即在法律中规定若干种表明债务人丧失清偿能力的具体行为，凡实施行为之一者便认定达到破产界限；另一种方式是概括方式，即对破产界限做抽象性的规定，它着眼于破产发生的一般性原因，而不是具体行为。其通常有三种概括：不能清偿或无力支付；债务超过资产，即资不抵债；停止支付。我国和世界上大多数国家均采用概括方式来规定企业破产的界限。例如，美国于 1979 年 1 月 1 日开始生效的“破产改革法案”中指出，企业不能够用现金支付到期的债务，或者对企业的债权超过了其资产时，应当破产。《中华人民共和国企业破产法》指出，企业因经营管理不善造成严重亏损，不能清偿到期债务的依法宣告破产。

在理解法定企业破产界限时，应注意以下几点：

（1）对于造成亏损原因的理解各国有所不同。世界许多国家不管企业亏损原因，只要不能清偿到期债务便依法宣告破产。我国则对只有因经营管理不善造成严重亏损的企业，在不能清偿到期债务时才予以宣告破产；因其他原因导致不能清偿债务时，则不能采用破产方式解决。

（2）债务到期不能偿还，除指不能以现金偿还外，还包括不能以债权人指定的其他方式偿还，或没有足够的财产作担保，也没有良好的信誉可以借到新债来偿还到期债务。如果债务人能及时筹措到一笔新债来偿还到期债务时，即使债务人的债务已超过了资产，也不能认定已经破产。

（3）不能清偿债务，通常是指债务人对全部或部分主要债务在可以预见的一定时间内持续不能清偿，而不是因资金周转一时不灵而暂时停止支付。

（二）破产清算的一般程序

根据我国《破产法》的有关规定，企业破产清算的基本程序大致可分为三个阶段：一是破产申请阶段；二是和解整顿阶段；三是破产清算阶段。和解整顿阶段已在前面章节介绍，现就破产申请阶段和破产清算阶段的主要操作程序概括如下：

1. 提出破产申请

《破产法》规定，提出破产申请的既可以是债权人，也可以是债务人。当债务人不能清偿到期债务时，债权人可以向债务人所在地人民法院申请宣告债务人破产；债务人不能清偿到期债务，经过上级主管部门同意，可以向当地人民法院自动申请破产。目前，多数企业的破产申请是由破产企业（即债务人）提出。

具体操作中，企业在提出破产申请前，应对其资产进行全面的清查，对债权债务进行清理，然后由会计师事务所对企业进行全面的审计，并出具资不抵债的审计报告。企业向法院提出破产申请时，要提供如下材料：请求破产的书面申请、会计师事务所对企业进行审计后出具的审计报告、上级主管部门同意破产的批准文件、企业的会计报表、企业对外投资情况、银行账户情况、各项财产明细表、债权人的名单、地址、金额及其他法院认为需要的材料。

2. 法院接受申请

人民法院接到破产申请后即进行受理与否的审查、鉴定。受理债权人破产申请案件 10

日内应通知债务人，并发布破产案件受理公告。受理债务人破产申请案件后，应在案件受理后 10 日内通知债权人申报债权，直接发布债权申报公告。

3. 债权人申报债权

债权人应当在收到通知后一个月内，未收到通知的债权人应当自公告之日起三个月内，向人民法院申报债权，说明债权的数额和有无财产担保，并且提交有关证据资料。逾期未申报债权的，视为自动放弃债权。

4. 法院裁定，宣告企业破产

人民法院对于企业的破产申请进行审理，符合《破产法》规定情形的，即由人民法院依法裁定并宣告该企业破产。

5. 组建清算组

按照《破产法》的规定，人民法院应当自宣告企业破产之日起 15 日内成立清算组，接管破产企业。清算组的组成人员一般包括财政部门、企业主管部门、国有资产管理部门、审计部门、劳动部门、国土管理部门、社会保障部门、人民银行、工商管理部门等部门的人员。清算组可以依法进行必要的民事活动。

清算组成立后，一般都在法院的指导下，设立若干个小组，负责企业职工的思想工作、财产保管工作、债权债务清理工作、破产财产处置工作以及职工的安置工作等。

6. 接管破产企业，进行资产处置等工作

清算组成立后，应接管破产企业的一切财产、账册、文书、资料和印章等，并负责破产财产的保管、清理、估价、处理和分配等。

7. 编报、实施破产财产分配方案

清算组在清理、处置破产财产并验证破产债权后，应在确定企业破产财产的基础上拟订破产财产的分配方案，经债权人会议通过，并报请人民法院裁定后，按一定的债务清偿顺序进行比例分配。

8. 报告清算工作

清算组在破产财产分配完毕之后，应编制有关清算工作的报告文件，向法院报告清算工作，并提请人民法院终结破产程序。破产程序的终结有三种情况：

第一种是债务人与债权人会议达成和解协议。企业经过整顿，能够根据和解协议清偿债务，人民法院应当终结该企业的破产程序并且予以公告。

第二种是破产财产不足以支付破产费用，人民法院应当宣布破产程序终结。

第三种是破产财产分配完毕，由清算组提请人民法院终结破产程序。清算组按照破产分配方案在破产财产分配完毕时，立即向人民法院提出关于破产财产分配完毕的报告，提请法院终结破产程序。法院接到此报告后，应及时作出破产程序的裁定并公告，此裁定，破产程序即为终结。

9. 注销破产企业

清算组在接到法院终结破产程序的裁定后，应及时办理破产企业的注销登记手续。至此，破产清算工作宣告结束。

三、解散清算

比较《公司法》对公司破产清算和解散清算的不同规定，解散清算的特点主要表现在：

（一）清算程序

破产清算进入破产清算程序，而解散清算进入一般清算程序。一般清算程序的内容是：

1. 确定清算人或成立清算组

根据《公司法》的有关规定，公司应在公布解散的15天之内成立清算小组，有限责任公司的清算组由股东组成，股份有限公司的清算组则由股东大会确定其人选。逾期不成立清算组的，由法院根据债权人的指定成立清算组。清算组的职权包括：清理公司财产，分别编制资产负债表及财产清单；通知或者公告债权人；处理与清算有关的公司未了结的业务；清缴所欠税款；清理债权、债务，处理公司清偿债务后的剩余财产；代表公司参与民事诉讼活动。

2. 债权人进行债权登记

在清算组成立或者聘请受托人的一定期限内通知债权人进行债权申报，要求其应在规定的期限内对其债权的数额及其有无财产担保进行申请，并提供证明材料，以便清算组或受托人进行债权登记。

3. 清理公司财产，编制资产负债表及财产清单

在这一过程中，如果发现公司资不抵债的，应向法院申请破产。

4. 在对公司资产进行估价的基础上，制定清算方案

清算方案包括清算的程序和步骤、财产定价方法和估价结果、债权收回和财产变卖的具体方案、债务的清偿顺序、剩余财产的分配以及对公司遗留问题的处理等。

5. 执行清算方案

（1）清算财产的范围及作价。清算财产包括宣布清算时企业的全部财产以及清算期间取得的资产。清算财产的作价一般以账面净值为依据，也可以重估价值或者变现收入等为依据。

（2）确定清算损益。企业清算中发生的财产盘盈、财产变价净收入、因债权人原因确实无法归还的债务，以及清算期间的经营收益等作为清算收益；发生的财产盘亏、确实无法收回的债权，以及清算期间的经营损失等作为清算损失；发生的清算费用优先从现有财产中支付；清算终了，清算收益大于清算损失和清算费用的部分，依法缴纳所得税。

（3）债务清偿及其顺序。企业财产支付清算费用后，按照下列顺序清偿债务：应付未付的职工工资、劳动保险等；应缴未缴国家的税金；尚未偿付的债务。同一顺序不足清偿的，按照比例清偿。

（4）分配剩余财产。企业清偿债务后的剩余财产的分配原则，一般应按照合同、章程的有关条款处理，充分体现公平、对等，照顾各方利益。其中，除公司章程另有规定者外，有限责任公司按投资各方出资比例分配；股份有限公司，按照优先股股份面值对优先股股东分配，剩余部分按照普通股股东的股份比例进行分配；国有企业，其剩余财产要上缴财政。

6. 办理清算的法律手续

企业清算结束后，应编制清算后的资产负债表和损益表，经企业董事会或职工代表大会批准后宣布清算结束。其后，清算机构提出的清算报告连同清算期间内收支报表和各种财务账册，经中国注册会计师审计后，一并报主管财政机关，并向工商行政管理部门办理公司注销手续，向税务部门注销税务登记。

（二）清算组成员的决定机关

破产清算的清算组由人民法院依法组织股东、债权人、有关机关及有关专业人员成立。

而解散清算的清算组成员在不同情况下由不同机关决定：

（1）当解散清算由自愿原因导致时，有限责任公司由股东组成清算组，股份有限公司由股东大会确定清算组成员。如果公司在15日内没有成立清算组，债权人可以申请人民法院指定有关人员成立清算组。

（2）当解散清算由强制原因导致时，由有关机关组织股东、有关机关人员及有关专业人员成立清算组。

四、企业清算的实施

（一）清算财产的界定和变现

1. 清算财产的界定

清算财产包括企业在清算程序终结前拥有的全部财产以及应当由企业行使的其他财产权利。企业下列财产计入清算财产：宣告清算时企业经营管理的全部财产，包括各种流动资产、固定资产、对外投资以及无形资产；企业宣告清算后至清算程序终结前所取得的财产，包括债权人放弃优先受偿权利、清算财产转让价值超过其账面净值的差额部分；投资方认缴的出资额未实际投入而应补足的部分；清算期间分回的投资收益和取得的其他收益等；应当由破产企业行使的其他财产权利。

企业下列财产应区别情况处理：①担保财产。依法生效的担保或抵押标的不属于清算财产，担保物的价款超过其所担保的债务数额的，超过部分属于清算财产。②公益福利性设施。企业的职工住房、学校、托儿园（所）、医院等福利性设施，原则上不计入清算财产；但无须续办并能整体出让的，可计入清算财产。③职工集资款。属于借款性质的视为清算企业所欠职工工资处理，利息按中国人民银行同期存款利率计算；属于投资性质的视为清算财产，依法处理。④党、团、工会等组织占用清算企业的财产，属于清算财产。人民法院受理清算案件前6个月至破产宣告之日的期间内，清算企业的下列行为无效，清算组有权向人民法院申请追回财产，并入清算财产；隐匿、私分或者无偿转让财产；非正常降价出售财产；对原来没有财产担保的债务提供担保；对未到期的债务提前清偿；放弃自己的债权。

2. 清算财产的变现

清算财产需要变现以偿还债务。财产变现分为单项资产变现和综合资产“一揽子”变现。如果企业合同或章程规定或投资各方协商决定，企业解散时需对现存财产物资、债权债务进行重新估价，并按重估价转移给某个投资方时，则清算组应按重估价值对企业财产作价。

（二）清算债务的界定和清偿

1. 清算债务的界定

清算债务是指经清算组确认的至企业宣告破产或解散止清算企业的各项债务。企业清算债务主要包括下列各项：破产或解散宣告前设立的无财产担保债务；宣告时未到期的债务，视为已到期的债务减去未到期利息后的债务；债权人放弃优先受偿权利的有财产担保债务；有财产担保债务其数额超过担保物价款未受偿部分的债务；保证人代替企业偿还债务后，其代替偿还款为企业清算债务；清算组解除企业未履行合同致使其他当事人受到损害的，其损害赔偿款为企业清算债务；等等。但下列费用不得作为企业清算债务：宣告日后的债务；债权人参加清算程序按规定应自行负担的费用；债权人逾期未申报的债权；超过诉讼时效的债务。

2. 债务的清偿

企业清算财产变现后，先用于支付清算费用、应付未付的职工工资和劳动保险费，以及各种税款，剩余部分用于偿还债务。如果清算财产不足以偿还全部债务，则按破产法规定的顺序进行清偿。

(三) 清算费用与清算损益

1. 清算费用

清算费用是指企业清算过程中所发生的各项支出。清算费用应当从清算财产中优先拨付，一般随时发生随时支付。清算财产不足以支付清算费用的，清算程序相应终结，未清偿的债务不再清偿。

清算费用的开支范围包括：清算期间职工生活费；清算财产管理、变卖和分配所需费用；破产案件诉讼费用；清算期间企业设施和设备维护费用、审计评估费用；为债权人共同利益而支付的其他费用，包括债权人会议会务费、破产企业催收债务差旅费及其他费用。企业清算组应严格按照经债权人会议审核的开支范围和标准拨付清算费用。

2. 清算损益

企业清算中发生的财产盘盈、财产变价净收入、因债权人原因确实无法归还的债务，以及清算期间的经营收益等计入企业清算收益。

企业清算终了，清算收益大于清算损失、清算费用的部分，依法缴纳所得税。

(四) 剩余财产的分配

企业清偿债务后剩余财产的分配，一般应按合同、章程的有关条款处理，充分体现公平、对等原则，均衡各方利益。

清算后各项剩余财产的净值，不论实物或现金，均应按投资各方的出资比例或者合同、章程的规定分配。其中，有限责任公司除公司章程另有规定外，按投资各方出资比例分配。股份有限公司按照优先股股份面值对优先股股东优先分配，其后的剩余部分再按照普通股股东的股份比例进行分配。如果企业剩余财产尚不足全额偿还优先股股金，则按照各优先股股东所持比例分配。如果是国有企业，则其剩余财产应全部上缴财政。

【例 16－8】某企业申请破产，破产前经审计后的资产负债表（简表）如下（表 16－3）。

表 16－3 单位：万元

资　产		负债及所有者权益	
流动资产	5 000	应付账款	4 400
固定资产——厂房	15 000	应付工资	1 000
固定资产——设备	8 000	应缴税金	2 000
无形资产	2 000	银行贷款	6 000
		抵押债券	8 000
		所有者权益	8 600
合　计	30 000	合　计	30 000

表中银行贷款系信用贷款，抵押债券则以企业厂房为抵押。

企业进入清算程序后，资产变卖收入如下：流动资产 3 100 万元，厂房 6 400 万元，设备 4 500 万元，无形资产不能变现，合计变现 14 000 万元。清算期间发生清算费用 1 000 万

元。该企业破产财产价值 = 14 000 − 6 400 = 7 600（万元）

扣除清算费用后的清算财产结余：76 00 − 1 000 = 6 600（万元）

扣除应付工资、应交税金的财产结余 = 6 600 − 1 000 − 2 000 = 3 600（万元）

一般债权的求偿总额 = 4 400 + 6 000 +（8 000 − 6 400）= 12 000（万元）

结余收入的分配比率：3 600/12 000 × 100% = 30%

银行贷款应分配的财产结余金额 = 6 000 × 30% = 1 800（万元）

本章小结

1. 并购是指在市场机制作用下企业为了获得其他企业的控制权而进行的产权交易活动。涵盖合并、兼并与收购。基本类型包括横向并购、纵向并购、混合并购。并购的动因主要有企业发展动机、发挥协同效应（经营协同、管理协同和财务协同）、加强市场控制能力、获取价值被低估的公司、降低经营风险。

2. 并购目标企业的价值评估方法包括资产价值基础法、收益法（市盈率模型）和折现现金流量法。企业并购涉及的支付对价方式主要有现金支付、股权支付、混合支付。

3. 剥离和分立是与扩张战略相对应的收缩战略。剥离是指公司将现有部分子公司、部门、产品生产线、固定资产等出售给其他公司，并取得现金或有价证券作为回报；分立是指将母公司在子公司中所拥有的股份按比例分配给母公司的股东，形成一个独立的新公司，从而在法律上和组织上将子公司从母公司中分立出去。

4. 公司财务重整是指对陷入财务危机，但仍有转机和重建价值的企业根据一定程序进行重新整顿，使公司得以维持和复兴的做法。分为非正式财务重整和正式财务重整两种。

5. 企业清算是指在企业终止过程中，为保护债权人、所有者等利益相关者的合法权益，依法对企业财产、债务等进行清理、变卖，以终止其经营活动，并依法取消其法人资格的行为，包括解散清算和破产清算。

附 录

附表一 **复利终值**

期数	1%	2%	3%	4%	5%	6%	7%	8%	9%	10%
1	1.0100	1.0200	1.0300	1.0400	1.0500	1.0600	1.0700	1.0800	1.0900	1.1000
2	1.0201	1.0404	1.0609	1.0816	1.1025	1.1236	1.1449	1.1664	1.1881	1.2100
3	1.0303	1.0612	1.0927	1.1249	1.1576	1.1910	1.2250	1.2597	1.2950	1.3310
4	1.0406	1.0824	1.1255	1.1699	1.2155	1.2625	1.3108	1.3605	1.4116	1.4641
5	1.0510	1.1041	1.1593	1.2167	1.2763	1.3382	1.4026	1.4693	1.5386	1.6105
6	1.0615	1.1262	1.1941	1.2653	1.3401	1.4185	1.5007	1.5869	1.6771	1.7716
7	1.0721	1.1487	1.2299	1.3159	1.4071	1.5036	1.6058	1.7138	1.8280	1.9487
8	1.0829	1.1717	1.2668	1.3686	1.4775	1.5938	1.7182	1.8509	1.9926	2.1436
9	1.0937	1.1951	1.3048	1.4233	1.5513	1.6895	1.8385	1.9990	2.1719	2.3579
10	1.1046	1.2190	1.3439	1.4802	1.6289	1.7908	1.9672	2.1589	2.3674	2.5937
11	1.1157	1.2434	1.3842	1.5395	1.7103	1.8983	2.1049	2.3316	2.5804	2.8531
12	1.1268	1.2682	1.4258	1.6010	1.7959	2.0122	2.2522	2.5182	2.8127	3.1384
13	1.1381	1.2936	1.4685	1.6651	1.8856	2.1329	2.4098	2.7196	3.0658	3.4523
14	1.1495	1.3195	1.5126	1.7317	1.9799	2.2609	2.5785	2.9372	3.3417	3.7975
15	1.1610	1.3459	1.5580	1.8009	2.0789	2.3966	2.7590	3.1722	3.6425	4.1772
16	1.1726	1.3728	1.6047	1.8730	2.1829	2.5404	2.9522	3.4259	3.9703	4.5950
17	1.1843	1.4002	1.6528	1.9479	2.2920	2.6928	3.1588	3.7000	4.3276	5.0545
18	1.1961	1.4282	1.7024	2.0258	2.4066	2.8543	3.3799	3.9960	4.7171	5.5599
19	1.2081	1.4568	1.7535	2.1068	2.5270	3.0256	3.6165	4.3157	5.1417	6.1159
20	1.2202	1.4859	1.8061	2.1911	2.6533	3.2071	3.8697	4.6610	5.6044	6.7275
21	1.2324	1.5157	1.8603	2.2788	2.7860	3.3996	4.1406	5.0338	6.1088	7.4002
22	1.2447	1.5460	1.9161	2.3699	2.9253	3.6035	4.4304	5.4365	6.6586	8.1403
23	1.2572	1.5769	1.9736	2.4647	3.0715	3.8197	4.7405	5.8715	7.2579	8.9543
24	1.2697	1.6084	2.0328	2.5633	3.2251	4.0489	5.0724	6.3412	7.9111	9.8497
25	1.2824	1.6406	2.0938	2.6658	3.3864	4.2919	5.4274	6.8485	8.6231	10.835
26	1.2953	1.6734	2.1566	2.7725	3.5557	4.5494	5.8074	7.3964	9.3992	11.918
27	1.3082	1.7069	2.2213	2.8834	3.7335	4.8223	6.2139	7.9881	10.245	13.110
28	1.3213	1.7410	2.2879	2.9987	3.9201	5.1117	6.6488	8.6271	11.167	14.421
29	1.3345	1.7758	2.3566	3.1187	4.1161	5.4184	7.1143	9.3173	12.172	15.863
30	1.3478	1.8114	2.4273	3.2434	4.3219	5.7435	7.6123	10.063	13.268	17.449
40	1.4889	2.2080	3.2620	4.8010	7.0400	10.286	14.975	21.725	31.409	45.259
50	1.6446	2.6916	4.3839	7.1067	11.467	18.420	29.457	46.902	74.358	117.39
60	1.8167	3.2810	5.8916	10.520	18.679	32.988	57.946	101.26	176.03	304.48

注：* >99 999

计算公式：复利终值系数 = $(1+i)^n$，$F=P(1+i)^n$

式中：P 为现值或初始值；i 为报酬率或利率；n 为计息期数；F 为终值或本利和。

系数表

12%	14%	15%	16%	18%	20%	24%	28%	32%	36%
1.1200	1.1400	1.1500	1.1600	1.1800	1.2000	1.2400	1.2800	1.3200	1.3600
1.2544	1.2996	1.3225	1.3456	1.3924	1.4400	1.5376	1.6384	1.7424	1.8496
1.4049	1.4815	1.5209	1.5609	1.6430	1.7280	1.9066	2.0972	2.3000	2.5155
1.5735	1.6890	1.7490	1.8106	1.9388	2.0736	2.3642	2.6844	3.0360	3.4210
1.7623	1.9254	2.0114	2.1003	2.2878	2.4883	2.9316	3.4360	4.0075	4.6526
1.9738	2.1950	2.3131	2.4364	2.6996	2.9860	3.6352	4.3980	5.2899	6.3275
2.2107	2.5023	2.6600	2.8262	3.1855	3.5832	4.5077	5.6295	6.9826	8.6054
2.4760	2.8526	3.0590	3.2784	3.7589	4.2998	5.5895	7.2058	9.2170	11.703
2.7731	3.2519	3.5179	3.8030	4.4355	5.1598	6.9310	9.2234	12.167	15.917
3.1058	3.7072	4.0456	4.4114	5.2338	6.1917	8.5944	11.806	16.060	21.647
3.4785	4.2262	4.6524	5.1173	6.1759	7.4301	10.657	15.112	21.199	29.439
3.8960	4.8179	5.3503	5.9360	7.2876	8.9161	13.215	19.343	27.983	40.038
4.3635	5.4924	6.1528	6.8858	8.5994	10.699	16.386	24.759	36.937	54.451
4.8871	6.2613	7.0757	7.9875	10.147	12.839	20.319	31.691	48.757	74.053
5.4736	7.1379	8.1371	9.2655	11.974	15.407	25.196	40.565	64.359	100.71
6.1304	8.1372	9.3576	10.748	14.129	18.488	31.243	51.923	84.954	136.97
6.8660	9.2765	10.761	12.468	16.672	22.186	38.741	66.461	112.14	186.28
7.6900	10.575	12.376	14.463	19.673	26.623	48.039	85.071	148.02	253.34
8.6128	12.056	14.232	16.777	23.214	31.948	59.568	108.89	195.39	344.54
9.6463	13.744	16.367	19.461	27.393	38.338	73.864	139.38	257.92	468.57
10.804	15.668	18.822	22.575	32.324	46.005	91.592	178.41	340.45	637.26
12.100	17.861	21.645	26.186	38.142	55.206	113.57	228.36	449.39	866.67
13.552	20.362	24.892	30.376	45.008	66.247	140.83	292.30	593.20	1178.7
15.179	23.212	28.625	35.236	53.109	79.497	174.63	374.14	783.02	1603.0
17.000	26.462	32.919	40.874	62.669	95.396	216.54	478.90	1033.6	2180.1
19.040	30.167	37.857	47.414	73.949	114.48	268.51	613.00	1364.3	2964.9
21.325	34.390	43.535	55.000	87.260	137.37	332.96	784.64	1800.9	4032.3
23.884	39.205	50.066	63.800	102.97	164.84	412.86	1004.3	2377.2	5483.9
26.750	44.693	57.576	74.009	121.50	197.81	511.95	1285.6	3137.9	7458.1
29.960	50.950	66.212	85.850	143.37	237.38	634.82	1645.5	4142.1	10143
93.051	188.88	267.86	378.72	750.38	1469.8	5455.9	19427	66521	*
289.00	700.23	1083.7	1670.7	3927.4	9100.4	46890	*	*	*
897.60	2595.9	4384.0	7370.2	20555	56348	*	*	*	*

期数	1%	2%	3%	4%	5%	6%	7%	8%	9%	10%
1	0.9901	0.9804	0.9709	0.9615	0.9524	0.9434	0.9346	0.9259	0.9174	0.9091
2	0.9803	0.9612	0.9426	0.9246	0.9070	0.8900	0.8734	0.8573	0.8417	0.8264
3	0.9706	0.9423	0.9151	0.8890	0.8638	0.8396	0.8163	0.7938	0.7722	0.7513
4	0.9610	0.9238	0.8885	0.8548	0.8227	0.7921	0.7629	0.7350	0.7084	0.6830
5	0.9515	0.9057	0.8626	0.8219	0.7835	0.7473	0.7130	0.6806	0.6499	0.6209
6	0.9420	0.8880	0.8375	0.7903	0.7462	0.7050	0.6663	0.6302	0.5963	0.5645
7	0.9327	0.8706	0.8131	0.7599	0.7107	0.6651	0.6227	0.5835	0.5470	0.5132
8	0.9235	0.8535	0.7894	0.7307	0.6768	0.6274	0.5820	0.5403	0.5019	0.4665
9	0.9143	0.8368	0.7664	0.7026	0.6446	0.5919	0.5439	0.5002	0.4604	0.4241
10	0.9053	0.8203	0.7441	0.6756	0.6139	0.5584	0.5083	0.4632	0.4224	0.3855
11	0.8963	0.8043	0.7224	0.6496	0.5847	0.5268	0.4751	0.4289	0.3875	0.3505
12	0.8874	0.7885	0.7014	0.6246	0.5568	0.4970	0.4440	0.3971	0.3555	0.3186
13	0.8787	0.7730	0.6810	0.6006	0.5303	0.4688	0.4150	0.3677	0.3262	0.2897
14	0.8700	0.7579	0.6611	0.5775	0.5051	0.4423	0.3878	0.3405	0.2992	0.2633
15	0.8613	0.7430	0.6419	0.5553	0.4810	0.4173	0.3624	0.3152	0.2745	0.2394
16	0.8528	0.7284	0.6232	0.5339	0.4581	0.3936	0.3387	0.2919	0.2519	0.2176
17	0.8444	0.7142	0.6050	0.5134	0.4363	0.3714	0.3166	0.2703	0.2311	0.1978
18	0.8360	0.7002	0.5874	0.4936	0.4155	0.3503	0.2959	0.2502	0.2120	0.1799
19	0.8277	0.6864	0.5703	0.4746	0.3957	0.3305	0.2765	0.2317	0.1945	0.1635
20	0.8195	0.6730	0.5537	0.4564	0.3769	0.3118	0.2584	0.2145	0.1784	0.1486
21	0.8114	0.6598	0.5375	0.4388	0.3589	0.2942	0.2415	0.1987	0.1637	0.1351
22	0.8034	0.6468	0.5219	0.4220	0.3418	0.2775	0.2257	0.1839	0.1502	0.1228
23	0.7954	0.6342	0.5067	0.4057	0.3256	0.2618	0.2109	0.1703	0.1378	0.1117
24	0.7876	0.6217	0.4919	0.3901	0.3101	0.2470	0.1971	0.1577	0.1264	0.1015
25	0.7798	0.6095	0.4776	0.3751	0.2953	0.2330	0.1842	0.1460	0.1160	0.0923
26	0.7720	0.5976	0.4637	0.3607	0.2812	0.2198	0.1722	0.1352	0.1064	0.0839
27	0.7644	0.5859	0.4502	0.3468	0.2678	0.2074	0.1609	0.1252	0.0976	0.0763
28	0.7568	0.5744	0.4371	0.3335	0.2551	0.1956	0.1504	0.1159	0.0895	0.0693
29	0.7493	0.5631	0.4243	0.3207	0.2429	0.1846	0.1406	0.1073	0.0822	0.0630
30	0.7419	0.5521	0.4120	0.3083	0.2314	0.1741	0.1314	0.0994	0.0754	0.0573
35	0.7059	0.5000	0.3554	0.2534	0.1813	0.1301	0.0937	0.0676	0.0490	0.0356
40	0.6717	0.4529	0.3066	0.2083	0.1420	0.0972	0.0668	0.0460	0.0318	0.0221
45	0.6391	0.4102	0.2644	0.1712	0.1113	0.0727	0.0476	0.0313	0.0207	0.0137
50	0.6080	0.3715	0.2281	0.1407	0.0872	0.0543	0.0339	0.0213	0.0134	0.0085
55	0.5785	0.3365	0.1968	0.1157	0.0683	0.0406	0.0242	0.0145	0.0087	0.0053

注：* <0.0001

计算公式：复利现值系数 $=(1+i)^{-n}$，$P=\frac{F}{(1+i)^n}=F(1+i)^{-n}$

式中：P 为现值或初始值；i 为报酬率或利率；n 为计息期数；F 为终值或本利和。

系数表

12%	14%	15%	16%	18%	20%	24%	28%	32%	36%
0. 8929	0. 8772	0. 8696	0. 8621	0. 8475	0. 8333	0. 8065	0. 7813	0. 7576	0. 7353
0. 7972	0. 7695	0. 7561	0. 7432	0. 7182	0. 6944	0. 6504	0. 6104	0. 5739	0. 5407
0. 7118	0. 6750	0. 6575	0. 6407	0. 6086	0. 5787	0. 5245	0. 4768	0. 4348	0. 3975
0. 6355	0. 5921	0. 5718	0. 5523	0. 5158	0. 4823	0. 4230	0. 3725	0. 3294	0. 2923
0. 5674	0. 5194	0. 4972	0. 4761	0. 4371	0. 4019	0. 3411	0. 2910	0. 2495	0. 2149
0. 5066	0. 4556	0. 4323	0. 4104	0. 3704	0. 3349	0. 2751	0. 2274	0. 1890	0. 1580
0. 4523	0. 3996	0. 3759	0. 3538	0. 3139	0. 2791	0. 2218	0. 1776	0. 1432	0. 1162
0. 4039	0. 3506	0. 3269	0. 3050	0. 2660	0. 2326	0. 1789	0. 1388	0. 1085	0. 0854
0. 3606	0. 3075	0. 2843	0. 2630	0. 2255	0. 1938	0. 1443	0. 1084	0. 0822	0. 0628
0. 3220	0. 2697	0. 2472	0. 2267	0. 1911	0. 1615	0. 1164	0. 0847	0. 0623	0. 0462
0. 2875	0. 2366	0. 2149	0. 1954	0. 1619	0. 1346	0. 0938	0. 0662	0. 0472	0. 0340
0. 2567	0. 2076	0. 1869	0. 1685	0. 1372	0. 1122	0. 0757	0. 0517	0. 0357	0. 0250
0. 2292	0. 1821	0. 1625	0. 1452	0. 1163	0. 0935	0. 0610	0. 0404	0. 0271	0. 0184
0. 2046	0. 1597	0. 1413	0. 1252	0. 0985	0. 0779	0. 0492	0. 0316	0. 0205	0. 0135
0. 1827	0. 1401	0. 1229	0. 1079	0. 0835	0. 0649	0. 0397	0. 0247	0. 0155	0. 0099
0. 1631	0. 1229	0. 1069	0. 0930	0. 0708	0. 0541	0. 0320	0. 0193	0. 0118	0. 0073
0. 1456	0. 1078	0. 0929	0. 0802	0. 0600	0. 0451	0. 0258	0. 0150	0. 0089	0. 0054
0. 1300	0. 0946	0. 0808	0. 0691	0. 0508	0. 0376	0. 0208	0. 0118	0. 0068	0. 0039
0. 1161	0. 0829	0. 0703	0. 0596	0. 0431	0. 0313	0. 0168	0. 0092	0. 0051	0. 0029
0. 1037	0. 0728	0. 0611	0. 0514	0. 0365	0. 0261	0. 0135	0. 0072	0. 0039	0. 0021
0. 0926	0. 0638	0. 0531	0. 0443	0. 0309	0. 0217	0. 0109	0. 0056	0. 0029	0. 0016
0. 0826	0. 0560	0. 0462	0. 0382	0. 0262	0. 0181	0. 0088	0. 0044	0. 0022	0. 0012
0. 0738	0. 0491	0. 0402	0. 0329	0. 0222	0. 0151	0. 0071	0. 0034	0. 0017	0. 0008
0. 0659	0. 0431	0. 0349	0. 0284	0. 0188	0. 0126	0. 0057	0. 0027	0. 0013	0. 0006
0. 0588	0. 0378	0. 0304	0. 0245	0. 0160	0. 0105	0. 0046	0. 0021	0. 0010	0. 0005
0. 0525	0. 0331	0. 0264	0. 0211	0. 0135	0. 0087	0. 0037	0. 0016	0. 0007	0. 0003
0. 0469	0. 0291	0. 0230	0. 0182	0. 0115	0. 0073	0. 0030	0. 0013	0. 0006	0. 0002
0. 0419	0. 0255	0. 0200	0. 0157	0. 0097	0. 0061	0. 0024	0. 0010	0. 0004	0. 0002
0. 0374	0. 0224	0. 0174	0. 0135	0. 0082	0. 0051	0. 0020	0. 0008	0. 0003	0. 0001
0. 0334	0. 0196	0. 0151	0. 0116	0. 0070	0. 0042	0. 0016	0. 0006	0. 0002	0. 0001
0. 0189	0. 0102	0. 0075	0. 0055	0. 0030	0. 0017	0. 0005	0. 0002	0. 0001	*
0. 0107	0. 0053	0. 0037	0. 0026	0. 0013	0. 0007	0. 0002	0. 0001	*	*
0. 0061	0. 0027	0. 0019	0. 0013	0. 0006	0. 0003	0. 0001	*	*	*
0. 0035	0. 0014	0. 0009	0. 0006	0. 0003	0. 0001	*	*	*	*
0. 0020	0. 0007	0. 0005	0. 0003	0. 0001	*	*	*	*	*

附表三 年金终值

期数	1%	2%	3%	4%	5%	6%	7%	8%	9%	10%
1	1.0000	1.0000	1.0000	1.0000	1.0000	1.0000	1.0000	1.0000	1.0000	1.0000
2	2.0100	2.0200	2.0300	2.0400	2.0500	2.0600	2.0700	2.0800	2.0900	2.1000
3	3.0301	3.0604	3.0909	3.1216	3.1525	3.1836	3.2149	3.2464	3.2781	3.3100
4	4.0604	4.1216	4.1836	4.2465	4.3101	4.3746	4.4399	4.5061	4.5731	4.6410
5	5.1010	5.2040	5.3091	5.4163	5.5256	5.6371	5.7507	5.8666	5.9847	6.1051
6	6.1520	6.3081	6.4684	6.6330	6.8019	6.9753	7.1533	7.3359	7.5233	7.7156
7	7.2135	7.4343	7.6625	7.8983	8.1420	8.3938	8.6540	8.9228	9.2004	9.4872
8	8.2857	8.5830	8.8923	9.2142	9.5491	9.8975	10.260	10.637	11.029	11.436
9	9.3685	9.7546	10.159	10.583	11.027	11.491	11.978	12.488	13.021	13.580
10	10.462	10.950	11.464	12.006	12.578	13.181	13.816	14.487	15.193	15.937
11	11.567	12.169	12.808	13.486	14.207	14.972	15.784	16.646	17.560	18.531
12	12.683	13.412	14.192	15.026	15.917	16.870	17.889	18.977	20.141	21.384
13	13.809	14.680	15.618	16.627	17.713	18.882	20.141	21.495	22.953	24.523
14	14.947	15.974	17.086	18.292	19.599	21.015	22.551	24.215	26.019	27.975
15	16.097	17.293	18.599	20.024	21.579	23.276	25.129	27.152	29.361	31.773
16	17.258	18.639	20.157	21.825	23.658	25.673	27.888	30.324	33.003	35.950
17	18.430	20.012	21.762	23.698	25.840	28.213	30.840	33.750	36.974	40.545
18	19.615	21.412	23.414	25.645	28.132	30.906	33.999	37.450	41.301	45.599
19	20.811	22.841	25.117	27.671	30.539	33.760	37.379	41.446	46.019	51.159
20	22.019	24.297	26.870	29.778	33.066	36.786	40.996	45.762	51.160	57.275
21	23.239	25.783	28.677	31.969	35.719	39.993	44.865	50.423	56.765	64.003
22	24.472	27.299	30.537	34.248	38.505	43.392	49.006	55.457	62.873	71.403
23	25.716	28.845	32.453	36.618	41.431	46.996	53.436	60.893	69.532	79.543
24	26.974	30.422	34.427	39.083	44.502	50.816	58.177	66.765	76.790	88.497
25	28.243	32.030	36.459	41.646	47.727	54.865	63.249	73.106	84.701	98.347
26	29.526	33.671	38.553	44.312	51.114	59.156	68.677	79.954	93.324	109.18
27	30.821	35.344	40.710	47.084	54.669	63.706	74.484	87.351	102.72	121.10
28	32.129	37.051	42.931	49.968	58.403	68.528	80.698	95.339	112.97	134.21
29	33.450	38.792	45.219	52.966	62.323	73.640	87.347	103.97	124.14	148.63
30	34.785	40.568	47.575	56.085	66.439	79.058	94.461	113.28	136.31	164.49
40	48.886	60.402	75.401	95.026	120.80	154.76	199.64	259.06	337.88	442.59
50	64.463	84.579	112.80	152.67	209.35	290.34	406.53	573.77	815.08	1163.9
60	81.670	114.05	163.05	237.99	353.58	533.13	813.52	1253.2	1944.8	3034.8

注：* >999 999.99

计算公式：年金终值系数 $= \frac{(1+i)^n-1}{i}$，$F = A\frac{(1+i)^n-1}{i}$

式中：A 为每期等额支付（或收入）的金额；i 为报酬率或利率；n 为计息期数；F 为年金终值或本利和。

系数表

12%	14%	15%	16%	18%	20%	24%	28%	32%	36%
1.0000	1.0000	1.0000	1.0000	1.0000	1.0000	1.0000	1.0000	1.0000	1.0000
2.1200	2.1400	2.1500	2.1600	2.1800	2.2000	2.2400	2.2800	2.3200	2.3600
3.3744	3.4396	3.4725	3.5056	3.5724	3.6400	3.7776	3.9184	4.0624	4.2096
4.7793	4.9211	4.9934	5.0665	5.2154	5.3680	5.6842	6.0156	6.3624	6.7251
6.3528	6.6101	6.7424	6.8771	7.1542	7.4416	8.0484	8.6999	9.3983	10.146
8.1152	8.5355	8.7537	8.9775	9.4420	9.9299	10.980	12.136	13.406	14.799
10.089	10.731	11.067	11.414	12.142	12.916	14.615	16.534	18.696	21.126
12.300	13.233	13.727	14.240	15.327	16.499	19. 123	22.163	25.678	29.732
14.776	16.085	16.786	17.519	19.086	20.799	24.713	29.369	34.895	41.435
17.549	19.337	20.304	21.322	23.521	25.959	31.643	38.593	47.062	57.352
20.655	23.045	24.349	25.733	28.755	32.150	40.238	50.399	63.122	78.998
24.133	27.271	29.002	30.850	34.931	39.581	50.895	65.510	84.320	108.44
28.029	32.089	34.352	36.786	42.219	48.497	64.110	84.853	112.30	148.48
32.393	37.581	40.505	43.672	50.818	59.196	80.496	109.61	149.24	202.93
37.280	43.842	47.580	51.660	60.965	72.035	100.82	141.30	198.00	276.98
42.753	50.980	55.718	60.925	72.939	87.442	126.01	181.87	262.36	377.69
48.884	59.118	65.075	71.673	87.068	105.93	157.25	233.79	347.31	514.66
55.750	68.394	75.836	84.141	103.74	128.12	195.99	300.25	459.45	700.94
63.440	78.969	88.212	98.603	123.41	154.74	244.03	385.32	607.47	954.28
72.052	91.025	102.44	115.38	146.63	186.69	303.60	494.21	802.86	1298.8
81.699	104.77	118.81	134.84	174.02	225.03	377.46	633.59	1060.8	1767.4
92.503	120.44	137.63	157.42	206.34	271.03	469.06	812.00	1401.2	2404.7
104.60	138.30	159.28	183.60	244.49	326.24	582.63	1040.4	1850.6	3271.3
118.16	158.66	184.17	213.98	289.49	392.48	723.46	1332.7	2443.8	4450.0
133.33	181.87	212.79	249.21	342.60	471.98	898.09	1706.8	3226.8	6053.0
150.33	208.33	245. , 71	290.09	405.27	567.38	1114.6	2185.7	4260.4	8233.1
169.37	238.50	283.57	337.50	479.22	681.85	1383. 1	2798.7	5624.8	11198
190.70	272.89	327. 10	392.50	566.48	819.22	1716.1	3583.3	7425.7	15230
214.58	312.09	377. 17	456.30	669.45	984.07	2129.0	4587.7	9802.9	20714
241.33	356.79	434.75	530.31	790.95	1181.9	2640.9	5873.2	12941	28172
767.09	1342.0	1779.1	2360.8	4163.2	7343.9	22729	69377	207874	609890
2400.0	4994.5	7217.7	10436	21813	45497	195373	819103	*	*
7471.6	18535	29220	46058	114190	281733	*	*	*	*

附表四 年金现值

期数	1%	2%	3%	4%	5%	6%	7%	8%	9%	10%
1	0.9901	0.9804	0.9709	0.9615	0.9524	0.9434	0.9346	0.9259	0.9174	0.9091
2	1.9704	1.9416	1.9135	1.8861	1.8594	1.8334	1.8080	1.7833	1.7591	1.7355
3	2.9410	2.8839	2.8286	2.7751	2.7232	2.6730	2.6243	2.5771	2.5313	2.4869
4	3.9020	3.8077	3.7171	3.6299	3.5460	3.4651	3.3872	3.3121	3.2397	3.1699
5	4.8534	4.7135	4.5797	4.4518	4.3295	4.2124	4.1002	3.9927	3.8897	3.7908
6	5.7955	5.6014	5.4172	5.2421	5.0757	4.9173	4.7665	4.6229	4.4859	4.3553
7	6.7282	6.4720	6.2303	6.0021	5.7864	5.5824	5.3893	5.2064	5.0330	4.8684
8	7.6517	7.3255	7.0197	6.7327	6.4632	6.2098	5.9713	5.7466	5.5348	5.3349
9	8.5660	8.1622	7.7861	7.4353	7.1078	6.8017	6.5152	6.2469	5.9952	5.7590
10	9.4713	8.9826	8.5302	8.1109	7.7217	7.3601	7.0236	6.7101	6.4177	6.1446
11	10.3676	9.7868	9.2526	8.7605	8.3064	7.8869	7.4987	7.1390	6.8052	6.4951
12	11.2551	10.5753	9.9540	9.3851	8.8633	8.3838	7.9427	7.5361	7.1607	6.8137
13	12.1337	11.3484	10.6350	9.9856	9.3936	8.8527	8.3577	7.9038	7.4869	7.1034
14	13.0037	12.1062	11.2961	10.5631	9.8986	9.2950	8.7455	8.2442	7.7862	7.3667
15	13.8651	12.8493	11.9379	11.1184	10.3797	9.7122	9.1079	8.5595	8.0607	7.6061
16	14.7179	13.5777	12.5611	11.6523	10.8378	10.1059	9.4466	8.8514	8.3126	7.8237
17	15.5623	14.2919	13.1661	12.1657	11.2741	10.4773	9.7632	9.1216	8.5436	8.0216
18	16.3983	14.9920	13.7535	12.6593	11.6896	10.8276	10.0591	9.3719	8.7556	8.2014
19	17.2260	15.6785	14.3238	13.1339	12.0853	11.1581	10.3356	9.6036	8.9501	8.3649
20	18.0456	16.3514	14.8775	13.5903	12.4622	11.4699	10.5940	9.8181	9.1285	8.5136
21	18.8570	17.0112	15.4150	14.0292	12.8212	11.7641	10.8355	10.0168	9.2922	8.6487
22	19.6604	17.6580	15.9369	14.4511	13.1630	12.0416	11.0612	10.2007	9.4424	8.7715
23	20.4558	18.2922	16.4436	14.8568	13.4886	12.3034	11.2722	10.3711	9.5802	8.8832
24	21.2434	18.9139	16.9355	15.2470	13.7986	12.5504	11.4693	10.5288	9.7066	8.9847
25	22.0232	19.5235	17.4131	15.6221	14.0939	12.7834	11.6536	10.6748	9.8226	9.0770
26	22.7952	20.1210	17.8768	15.9828	14.3752	13.0032	11.8258	10.8100	9.9290	9.1609
27	23.5596	20.7069	18.3270	16.3296	14.6430	13.2105	11.9867	10.9352	10.0266	9.2372
28	24.3164	21.2813	18.7641	16.6631	14.8981	13.4062	12.1371	11.0511	10.1161	9.3066
29	25.0658	21.8444	19.1885	16.9837	15.1411	13.5907	12.2777	11.1584	10.1983	9.3696
30	25.8077	22.3965	19.6004	17.2920	15.3725	13.7648	12.4090	11.2578	10.2737	9.4269
35	29.4086	24.9986	21.4872	18.6646	16.3742	14.4982	12.9477	11.6546	10.5668	9.6442
40	32.8347	27.3555	23.1148	19.7928	17.1591	15.0463	13.3317	11.9246	10.7574	9.7791
45	36.0945	29.4902	24.5187	20.7200	17.7741	15.4558	13.6055	12.1084	10.8812	9.8628
50	39.1961	31.4236	25.7298	21.4822	18.2559	15.7619	13.8007	12.2335	10.9617	9.9148
55	42.1472	33.1748	26.7744	22.1086	18.6335	15.9905	13.9399	12.3186	11.0140	9.9471

注：计算公式：年金现值系数 $=\frac{1-(1+i)^{-n}}{i}$，$P=A\frac{1-(1+i)^{-n}}{i}$

式中：A 为每期等额支付（或收入）的金额；i 为报酬率或利率；n 为计息期数；P 为年金现值或本利和。

系数表

12%	14%	15%	16%	18%	20%	24%	28%	32%	36%
0. 8929	0. 8772	0. 8696	0. 8621	0. 8475	0. 8333	0. 8065	0. 7813	0. 7576	0. 7353
1. 6901	1. 6467	1. 6257	1. 6052	1. 5656	1. 5278	1. 4568	1. 3916	1. 3315	1. 2760
2. 4018	2. 3216	2. 2832	2. 2459	2. 1743	2. 1065	1. 9813	1. 8684	1. 7663	1. 6735
3. 0373	2. 9137	2. 8550	2. 7982	2. 6901	2. 5887	2. 4043	2. 2410	2. 0957	1. 9658
3. 6048	3. 4331	3. 3522	3. 2743	3. 1272	2. 9906	2. 7454	2. 5320	2. 3452	2. 1807
4. 1114	3. 8887	3. 7845	3. 6847	3. 4976	3. 3255	3. 0205	2. 7594	2. 5342	2. 3388
4. 5638	4. 2883	4. 1604	4. 0386	3. 8115	3. 6046	3. 2423	2. 9370	2. 6775	2. 4550
4. 9676	4. 6389	4. 4873	4. 3436	4. 0776	3. 8372	3. 4212	3. 0758	2. 7860	2. 5404
5. 3282	4. 9464	4. 7716	4. 6065	4. 3030	4. 0310	3. 5655	3. 1842	2. 8681	2. 6033
5. 6502	5. 2161	5. 0188	4. 8332	4. 4941	4. 1925	3. 6819	3. 2689	2. 9304	2. 6495
5. 9377	5. 4527	5. 2337	5. 0286	4. 6560	4. 3271	3. 7757	3. 3351	2. 9776	2. 6834
6. 1944	5. 6603	5. 4206	5. 1971	4. 7932	4. 4392	3. 8514	3. 3868	3. 0133	2. 7084
6. 4235	5. 8424	5. 5831	5. 3423	4. 9095	4. 5327	3. 9124	3. 4272	3. 0404	2. 7268
6. 6282	6. 0021	5. 7245	5. 4675	5. 0081	4. 6106	3. 9616	3. 4587	3. 0609	2. 7403
6. 8109	6. 1422	5. 8474	5. 5755	5. 0916	4. 6755	4. 0013	3. 4834	3. 0764	2. 7502
6. 9740	6. 2651	5. 9542	5. 6685	5. 1624	4. 7296	4. 0333	3. 5026	3. 0882	2. 7575
7. 1196	6. 3729	6. 0472	5. 7487	5. 2223	4. 7746	4. 0591	3. 5177	3. 0971	2. 7629
7. 2497	6. 4674	6. 1280	5. 8178	5. 2732	4. 8122	4. 0799	3. 5294	3. 1039	2. 7668
7. 3658	6. 5504	6. 1982	5. 8775	5. 3162	4. 8435	4. 0967	3. 5386	3. 1090	2. 7697
7. 4694	6. 6231	6. 2593	5. 9288	5. 3527	4. 8696	4. 1103	3. 5458	3. 1129	2. 7718
7. 5620	6. 6870	6. 3125	5. 9731	5. 3837	4. 8913	4. 1212	3. 5514	3. 1158	2. 7734
7. 6446	6. 7429	6. 3587	6. 0113	5. 4099	4. 9094	4. 1300	3. 5558	3. 1180	2. 7746
7. 7184	6. 7921	6. 3988	6. 0442	5. 4321	4. 9245	4. 1371	3. 5592	3. 1197	2. 7754
7. 7843	6. 8351	6. 4338	6. 0726	5. 4509	4. 9371	4. 1428	3. 5619	3. 1210	2. 7760
7. 8431	6. 8729	6. 4641	6. 0971	5. 4669	4. 9476	4. 1474	3. 5640	3. 1220	2. 7765
7. 8957	6. 9061	6. 4906	6. 1182	5. 4804	4. 9563	4. 1511	3. 5656	3. 1227	2. 7768
7. 9426	6. 9352	6. 5135	6. 1364	5. 4919	4. 9636	4. 1542	3. 5669	3. 1233	2. 7771
7. 9844	6. 9607	6. 5335	6. 1520	5. 5016	4. 9697	4. 1566	3. 5679	3. 1237	2. 7773
8. 0218	6. 9830	6. 5509	6. 1656	5. 5098	4. 9747	4. 1585	3. 5687	3. 1240	2. 7774
8. 0552	7. 0027	6. 5660	6. 1772	5. 5168	4. 9789	4. 1601	3. 5693	3. 1242	2. 7775
8. 1755	7. 0700	6. 6166	6. 2153	5. 5386	4. 9915	4. 1644	3. 5708	3. 1248	2. 7777
8. 2438	7. 1050	6. 6418	6. 2335	5. 5482	4. 9966	4. 1659	3. 5712	3. 1250	2. 7778
8. 2825	7. 1232	6. 6543	6. 2421	5. 5523	4. 9986	4. 1664	3. 5714	3. 1250	2. 7778
8. 3045	7. 1327	6. 6605	6. 2463	5. 5541	4. 9995	4. 1666	3. 5714	3. 1250	2. 7778
8. 3170	7. 1376	6. 6636	6. 2482	5. 5549	4. 9998	4. 1666	3. 5714	3. 1250	2. 7778

附表五

自然对数表

N	0	1	2	3	4	5	6	7	8	9
1.0	0.0000	0.0100	0.0198	0.0296	0.0392	0.0488	0.0583	0.0677	0.0770	0.0862
1.1	0.0953	0.1044	0.1133	0.1222	0.1310	0.1398	0.1484	0.1570	0.1655	0.1740
1.2	0.1823	0.1906	0.1989	0.2070	0.2151	0.2231	0.2311	0.2390	0.2469	0.2546
1.3	0.2624	0.2700	0.2776	0.2852	0.2927	0.3001	0.3075	0.3148	0.3221	0.3293
1.4	0.3365	0.3436	0.3507	0.3577	0.3646	0.3716	0.3784	0.3853	0.3920	0.3988
1.5	0.4055	0.4121	0.4187	0.4253	0.4318	0.4383	0.4447	0.4511	0.4574	0.4637
1.6	0.4700	0.4762	0.4824	0.4886	0.4947	0.5008	0.5068	0.5128	0.5188	0.5247
1.7	0.5306	0.5365	0.5423	0.5481	0.5539	0.5596	0.5653	0.5710	0.5766	0.5822
1.8	0.5878	0.5933	0.5988	0.6043	0.6098	0.6152	0.6206	0.6259	0.6313	0.6366
1.9	0.6419	0.6471	0.6523	0.6575	0.6627	0.6678	0.6729	0.6780	0.6831	0.6881
2.0	0.6931	0.6981	0.7031	0.7080	0.7129	0.7178	0.7227	0.7275	0.7324	0.7372
2.1	0.7419	0.7467	0.7514	0.7561	0.7608	0.7655	0.7701	0.7747	0.7793	0.7839
2.2	0.7885	0.7930	0.7975	0.8020	0.8065	0.8109	0.8154	0.8198	0.8242	0.8286
2.3	0.8329	0.8372	0.8416	0.8459	0.8502	0.8544	0.8587	0.8629	0.8671	0.8713
2.4	0.8755	0.8796	0.8838	0.8879	0.8920	0.8961	0.9002	0.9042	0.9083	0.9123
2.5	0.9163	0.9203	0.9243	0.9282	0.9322	0.9361	0.9400	0.9439	0.9478	0.9517
2.6	0.9555	0.9594	0.9632	0.9670	0.9708	0.9746	0.9783	0.9821	0.9858	0.9895
2.7	0.9933	0.9969	1.0006	1.0043	1.0080	1.0116	1.0152	1.0188	1.0225	1.0260
2.8	1.0296	1.0332	1.0367	1.0403	1.0438	1.0473	1.0508	1.0543	1.0578	1.0613
2.9	1.0647	1.0682	1.0716	1.0750	1.0784	1.0818	1.0852	1.0886	1.0919	1.0953
3.0	1.0986	1.1019	1.1053	1.1086	1.1119	1.1151	1.1184	1.1217	1.1249	1.1282
3.1	1.1314	1.1346	1.1378	1.1410	1.1442	1.1474	1.1506	1.1537	1.1569	1.1600
3.2	1.1632	1.1663	1.1694	1.1725	1.1756	1.1787	1.1817	1.1848	1.1878	1.1909
3.3	1.1939	1.1969	1.2000	1.2030	1.2060	1.2090	1.2119	1.2149	1.2179	1.2208
3.4	1.2238	1.2267	1.2296	1.2326	1.2355	1.2384	1.2413	1.2442	1.2470	1.2499
3.5	1.2528	1.2556	1.2585	1.2613	1.2641	1.2669	1.2698	1.2726	1.2754	1.2782
3.6	1.2809	1.2837	1.2865	1.2892	1.2920	1.2947	1.2975	1.3002	1.3029	1.3056
3.7	1.3083	1.3110	1.3137	1.3164	1.3191	1.3218	1.3244	1.3271	1.3297	1.3324
3.8	1.3350	1.3376	1.3403	1.3429	1.3455	1.3481	1.3507	1.3533	1.3558	1.3584
3.9	1.3610	1.3635	1.3661	1.3686	1.3712	1.3737	1.3762	1.3788	1.3813	1.3838
4.0	1.3863	1.3888	1.3913	1.3938	1.3962	1.3987	1.4012	1.4036	1.4061	1.4085
4.1	1.4110	1.4134	1.4159	1.4183	1.4207	1.4231	1.4255	1.4279	1.4303	1.4327
4.2	1.4351	1.4375	1.4398	1.4422	1.4446	1.4469	1.4493	1.4516	1.4540	1.4563
4.3	1.4586	1.4609	1.4633	1.4656	1.4679	1.4702	1.4725	1.4748	1.4770	1.4793
4.4	1.4816	1.4839	1.4861	1.4884	1.4907	1.4929	1.4951	1.4974	1.4996	1.5019
4.5	1.5041	1.5063	1.5085	1.5107	1.5129	1.5151	1.5173	1.5195	1.5217	1.5239
4.6	1.5261	1.5282	1.5304	1.5326	1.5347	1.5369	1.5390	1.5412	1.5433	1.5454
4.7	1.5476	1.5497	1.5518	1.5539	1.5560	1.5581	1.5602	1.5623	1.5644	1.5665
4.8	1.5686	1.5707	1.5728	1.5748	1.5769	1.5790	1.5810	1.5831	1.5851	1.5872
4.9	1.5892	1.5913	1.5933	1.5953	1.5974	1.5994	1.6014	1.6034	1.6054	1.6074
5.0	1.6094	1.6114	1.6134	1.6154	1.6174	1.6194	1.6214	1.6233	1.6253	1.6273
5.1	1.6292	1.6312	1.6332	1.6351	1.6371	1.6390	1.6409	1.6429	1.6448	1.6467
5.2	1.6487	1.6506	1.6525	1.6544	1.6563	1.6582	1.6601	1.6620	1.6639	1.6658
5.3	1.6677	1.6696	1.6715	1.6734	1.6752	1.6771	1.6790	1.6808	1.6827	1.6845
5.4	1.6864	1.6882	1.6901	1.6919	1.6938	1.6956	1.6974	1.6993	1.7011	1.7029
5.5	1.7047	1.7066	1.7084	1.7102	1.7120	1.7138	1.7156	1.7174	1.7192	1.7210
5.6	1.7228	1.7246	1.7263	1.7281	1.7299	1.7317	1.7334	1.7352	1.7370	1.7387
5.7	1.7405	1.7422	1.7440	1.7457	1.7475	1.7492	1.7509	1.7527	1.7544	1.7561
5.8	1.7579	1.7596	1.7613	1.7630	1.7647	1.7664	1.7681	1.7699	1.7716	1.7733

续表

N	0	1	2	3	4	5	6	7	8	9
5. 9	1. 7750	1. 7766	1. 7783	1. 7800	1. 7817	1. 7834	1. 7851	1. 7867	1. 7884	1. 7901
6. 0	1. 7918	1. 7934	1. 7951	1. 7967	1. 7984	1. 8001	1. 8017	1. 8034	1. 8050	1. 8066
6. 1	1. 8083	1. 8099	1. 8116	1. 8132	1. 8148	1. 8165	1. 8181	1. 8197	1. 8213	1. 8229
6. 2	1. 8245	1. 8262	1. 8278	1. 8294	1. 8310	1. 8326	1. 8342	1. 8358	1. 8374	1. 8390
6. 3	1. 8405	1. 8421	1. 8437	1. 8453	1. 8469	1. 8485	1. 8500	1. 8516	1. 8532	1. 8547
6. 4	1. 8563	1. 8579	1. 8594	1. 8610	1. 8625	1. 8641	1. 8656	1. 8672	1. 8687	1. 8703
6. 5	1. 8718	1. 8733	1. 8749	1. 8764	1. 8779	1. 8795	1. 8810	1. 8825	1. 8840	1. 8856
6. 6	1. 8871	1. 8886	1. 8901	1. 8916	1. 8931	1. 8946	1. 8961	1. 8976	1. 8991	1. 9006
6. 7	1. 9021	1. 9036	1. 9051	1. 9066	1. 9081	1. 9095	1. 9110	1. 9125	1. 9140	1. 9155
6. 8	1. 9169	1. 9184	1. 9199	1. 9213	1. 9228	1. 9242	1. 9257	1. 9272	1. 9286	1. 9301
6. 9	1. 9315	1. 9330	1. 9344	1. 9359	1. 9373	1. 9387	1. 9402	1. 9416	1. 9430	1. 9445
7. 0	1. 9459	1. 9473	1. 9488	1. 9502	1. 9516	1. 9530	1. 9544	1. 9559	1. 9573	1. 9587
7. 1	1. 9601	1. 9615	1. 9629	1. 9643	1. 9657	1. 9671	1. 9685	1. 9699	1. 9713	1. 9727
7. 2	1. 9741	1. 9755	1. 9769	1. 9782	1. 9796	1. 9810	1. 9824	1. 9838	1. 9851	1. 9865
7. 3	1. 9879	1. 9892	1. 9906	1. 9920	1. 9933	1. 9947	1. 9961	1. 9974	1. 9988	2. 0001
7. 4	2. 0015	2. 0028	2. 0042	2. 0055	2. 0069	2. 0082	2. 0096	2. 0109	2. 0122	2. 0136
7. 5	2. 0149	2. 0162	2. 0176	2. 0189	2. 0202	2. 0215	2. 0229	2. 0242	2. 0255	2. 0268
7. 6	2. 0281	2. 0295	2. 0308	2. 0321	2. 0334	2. 0347	2. 0360	2. 0373	2. 0386	2. 0399
7. 7	2. 0412	2. 0425	2. 0438	2. 0451	2. 0464	2. 0477	2. 0490	2. 0503	2. 0516	2. 0528
7. 8	2. 0541	2. 0554	2. 0567	2. 0580	2. 0592	2. 0605	2. 0618	2. 0631	2. 0643	2. 0656
7. 9	2. 0669	2. 0681	2. 0694	2. 0707	2. 0719	2. 0732	2. 0744	2. 0757	2. 0769	2. 0782
8. 0	2. 0794	2. 0807	2. 0819	2. 0832	2. 0844	2. 0857	2. 0869	2. 0882	2. 0894	2. 0906
8. 1	2. 0919	2. 0931	2. 0943	2. 0956	2. 0968	2. 0980	2. 0992	2. 1005	2. 1017	2. 1029
8. 2	2. 1041	2. 1054	2. 1066	2. 1078	2. 1090	2. 1102	2. 1114	2. 1126	2. 1138	2. 1150
8. 3	2. 1163	2. 1175	2. 1187	2. 1199	2. 1211	2. 1223	2. 1235	2. 1247	2. 1258	2. 1270
8. 4	2. 1282	2. 1294	2. 1306	2. 1318	2. 1330	2. 1342	2. 1353	2. 1365	2. 1377	2. 1389
8. 5	2. 1401	2. 1412	2. 1424	2. 1436	2. 1448	2. 1459	2. 1471	2. 1483	2. 1494	2. 1506
8. 6	2. 1518	2. 1529	2. 1541	2. 1552	2. 1564	2. 1576	2. 1587	2. 1599	2. 1610	2. 1622
8. 7	2. 1633	2. 1645	2. 1656	2. 1668	2. 1679	2. 1691	2. 1702	2. 1713	2. 1725	2. 1736
8. 8	2. 1748	2. 1759	2. 1770	2. 1782	2. 1793	2. 1804	2. 1815	2. 1827	2. 1838	2. 1849
8. 9	2. 1861	2. 1872	2. 1883	2. 1894	2. 1905	2. 1917	2. 1928	2. 1939	2. 1950	2. 1961
9. 0	2. 1972	2. 1983	2. 1994	2. 2006	2. 2017	2. 2028	2. 2039	2. 2050	2. 2061	2. 2072
9. 1	2. 2083	2. 2094	2. 2105	2. 2116	2. 2127	2. 2138	2. 2148	2. 2159	2. 2170	2. 2181
9. 2	2. 2192	2. 2203	2. 2214	2. 2225	2. 2235	2. 2246	2. 2257	2. 2268	2. 2279	2. 2289
9. 3	2. 2300	2. 2311	2. 2322	2. 2332	2. 2343	2. 2354	2. 2364	2. 2375	2. 2386	2. 2396
9. 4	2. 2407	2. 2418	2. 2428	2. 2439	2. 2450	2. 2460	2. 2471	2. 2481	2. 2492	2. 2502
9. 5	2. 2513	2. 2523	2. 2534	2. 2544	2. 2555	2. 2565	2. 2576	2. 2586	2. 2597	2. 2607
9. 6	2. 2618	2. 2628	2. 2638	2. 2649	2. 2659	2. 2670	2. 2680	2. 2690	2. 2701	2. 2711
9. 7	2. 2721	2. 2732	2. 2742	2. 2752	2. 2762	2. 2773	2. 2783	2. 2793	2. 2803	2. 2814
9. 8	2. 2824	2. 2834	2. 2844	2. 2854	2. 2865	2. 2875	2. 2885	2. 2895	2. 2905	2. 2915
9. 9	2. 2925	2. 2935	2. 2946	2. 2956	2. 2966	2. 2976	2. 2986	2. 2996	2. 3006	2. 3016
10. 0	2. 3026	2. 3036	2. 3046	2. 3056	2. 3066	2. 3076	2. 3086	2. 3096	2. 3106	2. 3115

注：计算公式：自然对数值 = ln$N$。表示以自然数 e 为底，N 的对数值。

如 N = 9. 83，则查纵列 9. 8 横列 3 对应的数值，即 ln（9. 83） = 2. 2854。

附表六 正态分布下的累积概率 [N (d)]

（即变量取值小于其均值与 d 个标准差之和的概率）

X/σ	0.00	0.01	0.02	0.03	0.04	0.05	0.06	0.07	0.08	0.09
0.0	0.5000	0.5040	0.5080	0.5120	0.5160	0.5199	0.5239	0.5279	0.5319	0.5359
0.1	0.5398	0.5438	0.5478	0.5517	0.5557	0.5596	0.5636	0.5675	0.5714	0.5753
0.2	0.5793	0.5832	0.5871	0.5910	0.5948	0.5987	0.6026	0.6064	0.6103	0.6141
0.3	0.6179	0.6217	0.6255	0.6293	0.6331	0.6368	0.6406	0.6443	0.6844	0.6517
0.4	0.6554	0.6591	0.6628	0.6664	0.6700	0.6736	0.6772	0.6808	0.7190	0.6879
0.5	0.6915	0.6950	0.6985	0.7019	0.7054	0.7088	0.7123	0.7157	0.7517	0.7224
0.6	0.7275	0.7291	0.7324	0.7357	0.7389	0.7422	0.7454	0.7486	0.7823	0.7549
0.7	0.7580	0.7611	0.7642	0.7673	0.7704	0.7734	0.7764	0.7794	0.8106	0.7852
0.8	0.7881	0.7910	0.7939	0.7967	0.7995	0.8023	0.8051	0.8078	0.8365	0.8133
0.9	0.8159	0.8186	0.8212	0.8238	0.8264	0.8289	0.8315	0.8340	0.8599	0.8389
1.0	0.8413	0.8438	0.8461	0.8485	0.8508	0.8531	0.8554	0.8577	0.8810	0.8621
1.1	0.8643	0.8665	0.8686	0.8708	0.8729	0.8749	0.8770	0.8790	0.8997	0.8830
1.2	0.8849	0.8869	0.8888	0.8907	0.8925	0.8944	0.8962	0.8980	0.9162	0.9015
1.3	0.9032	0.9049	0.9066	0.9082	0.9099	0.9115	0.9131	0.9147	0.9306	0.9177
1.4	0.9192	0.9207	0.9222	0.9236	0.9251	0.9265	0.9279	0.9292	0.9429	0.9319
1.5	0.9332	0.9345	0.9357	0.9370	0.9382	0.9394	0.9406	0.9418	0.9535	0.9441
1.6	0.9452	0.9463	0.9474	0.9484	0.9495	0.9505	0.9515	0.9525	0.9625	0.9545
1.7	0.9554	0.9564	0.9573	0.9582	0.9591	0.9599	0.9608	0.9616	0.9699	0.9633
1.8	0.9641	0.9649	0.9656	0.9664	0.9671	0.9678	0.9686	0.9693	0.9761	0.9706
1.9	0.9713	0.9719	0.9726	0.9732	0.9738	0.9744	0.9750	0.9756	0.9812	0.9767
2.0	0.9772	0.9778	0.9783	0.9788	0.9793	0.9798	0.9803	0.9808	0.9854	0.9817
2.1	0.9821	0.9826	0.9830	0.9834	0.9838	0.9842	0.9846	0.9850	0.9887	0.9857
2.2	0.9861	0.9864	0.9868	0.9871	0.9875	0.9878	0.9881	0.9884	0.9913	0.9890
2.3	0.9893	0.9896	0.9898	0.9901	0.9904	0.9906	0.9909	0.9911	0.9934	0.9916
2.4	0.9918	0.9920	0.9922	0.9925	0.9927	0.9929	0.9931	0.9932	0.9951	0.9936
2.5	0.9938	0.9940	0.9941	0.9943	0.9945	0.9946	0.9948	0.9949	0.9963	0.9952
2.6	0.9953	0.9955	0.9956	0.9957	0.9959	0.9960	0.9961	0.9962	0.9973	0.9964
2.7	0.9965	0.9966	0.9967	0.9968	0.9969	0.9970	0.9971	0.9972	0.9980	0.9974
2.8	0.9974	0.9975	0.9976	0.9977	0.9977	0.9978	0.9979	0.9979	0.9986	0.9981
2.9	0.9981	0.9982	0.9982	0.9983	0.9984	0.9984	0.9985	0.9985	0.9990	0.9986
3.0	0.9987	0.9987	0.9987	0.9988	0.9988	0.9989	0.9989	0.9989	1.1249	0.9990
4.0	1.0000	1.0000	1.0000	1.0000	1.0000	1.0000	1.0000	1.0000	1.0000	1.0000
5.0	1.0000	1.0000	1.0000	1.0000	1.0000	1.0000	1.0000	1.0000	1.0000	1.0000

注：例如，d=0.22，则 N（d）=0.5871，即正态分布变量有 0.5871 的可能取值小于其均值与 0.22 个标准差之和。

附表七　　e^{rt}的值：1 元的连续复利终值

r										
0	1%	2%	3%	4%	5%	6%	7%	8%	9%	10%
1	1.0101	1.0202	1.0305	1.0408	1.0513	1.0618	1.0725	1.0833	1.0942	1.1052
2	1.0202	1.0408	1.0618	1.0833	1.1052	1.1275	1.1503	1.1735	1.1972	1.2214
3	1.0305	1.0618	1.0942	1.1275	1.1618	1.1972	1.2337	1.2712	1.3100	1.3499
4	1.0408	1.0833	1.1275	1.1735	1.2214	1.2712	1.3231	1.3771	1.4333	1.4918
5	1.0513	1.1052	1.1618	1.2214	1.2840	1.3499	1.4191	1.4918	1.5683	1.6487
6	1.0618	1.1275	1.1972	1.2712	1.3499	1.4333	1.5220	1.6161	1.7160	1.8221
7	1.0725	1.1503	1.2337	1.3231	1.4191	1.5220	1.6323	1.7507	1.8776	2.0138
8	1.0833	1.1735	1.2712	1.3771	1.4918	1.6161	1.7507	1.8965	2.0544	2.2255
9	1.0942	1.1972	1.3100	1.4333	1.5683	1.7160	1.8776	2.0544	2.2479	2.4596
10	1.1052	1.2214	1.3499	1.4918	1.6487	1.8221	2.0138	2.2255	2.4596	2.7183
11	1.1163	1.2461	1.3910	1.5527	1.7333	1.9348	2.1598	2.4109	2.6912	3.0042
12	1.1275	1.2712	1.4333	1.6161	1.8221	2.0544	2.3164	2.6117	2.9447	3.3201
13	1.1388	1.2969	1.4770	1.6820	1.9155	2.1815	2.4843	2.8292	3.2220	3.6693
14	1.1503	1.3231	1.5220	1.7507	2.0138	2.3164	2.6645	3.0649	3.5254	4.0552
15	1.1618	1.3499	1.5683	1.8221	2.1170	2.4596	2.8577	3.3201	3.8574	4.4817
16	1.1735	1.3771	1.6161	1.8965	2.2255	2.6117	3.0649	3.5966	4.2207	4.9530
17	1.1853	1.4049	1.6653	1.9739	2.3396	2.7732	3.2871	3.8962	4.6182	5.4739
18	1.1972	1.4333	1.7160	2.0544	2.4596	2.9447	3.5254	4.2207	5.0531	6.0496
19	1.2092	1.4623	1.7683	2.1383	2.5857	3.1268	3.7810	4.5722	5.5290	6.6859
20	1.2214	1.4918	1.8221	2.2255	2.7183	3.3201	4.0552	4.9530	6.0496	7.3891
21	1.2337	1.5220	1.8776	2.3164	2.8577	3.5254	4.3492	5.3656	6.6194	8.1662
22	1.2461	1.5527	1.9348	2.4109	3.0042	3.7434	4.6646	5.8124	7.2427	9.0250
23	1.2586	1.5841	1.9937	2.5093	3.1582	3.9749	5.0028	6.2965	7.9248	9.9742
24	1.2712	1.6161	2.0544	2.6117	3.3201	4.2207	5.3656	6.8210	8.6711	11.0232
25	1.2840	1.6487	2.1170	2.7183	3.4903	4.4817	5.7546	7.3891	9.4877	12.1825
26	1.2969	1.6820	2.1815	2.8292	3.6693	4.7588	6.1719	8.0045	10.3812	13.4637
27	1.3100	1.7160	2.2479	2.9447	3.8574	5.0531	6.6194	8.6711	11.3589	14.8797
28	1.3231	1.7507	2.3164	3.0649	4.0552	5.3656	7.0993	9.3933	12.4286	16.4446
29	1.3364	1.7860	2.3869	3.1899	4.2631	5.6973	7.6141	10.1757	13.5991	18.1741
30	1.3499	1.8221	2.4596	3.3201	4.4817	6.0496	8.1662	11.0232	14.8797	20.0855
35	1.4191	2.0138	2.8577	4.0552	5.7546	8.1662	11.5883	16.4446	23.3361	33.1155
40	1.4918	2.2255	3.3201	4.9530	7.3891	11.0232	16.4446	24.5325	36.5982	54.5982
45	1.5683	2.4596	3.8574	6.0496	9.4877	14.8797	23.3361	36.5982	57.3975	90.0171
50	1.6487	2.7183	4.4817	7.3891	12.1825	20.0855	33.1155	54.5982	90.0171	148.4132
55	1.7333	3.0042	5.2070	9.0250	15.6426	27.1126	46.9931	81.4509	141.1750	244.6919
60	1.8221	3.3201	6.0496	11.0232	20.0855	36.5982	66.6863	121.5104	221.4064	403.4288

注：计算公式：连续复利终值 $= e^{rt}$。例如，以 10% 的年利率连续复利，则今天投资 1 元，1 年末的价值为 1.1052 元，2 年末的价值为 1.2214 元。

参考文献

1. 张先治. 高级财务管理. 大连：东北财经大学出版社，2007.
2. 杨淑娥. 财务管理. 北京：高等教育出版社，2010.
3. 荆新，王化成，刘俊彦. 财务管理学. 北京：中国人民大学出版，2010.
4. 汤谷良. 企业财务管理. 杭州：浙江人民出版社，2002.
5. 陈文浩. 公司财务. 上海：上海财经大学出版社，2003.
6. 中国注册会计师协会. 财务成本管理. 北京：经济科学出版社，2010.
7. 全国会计专业技术资格考试领导小组办公室. 中级财务管理. 北京：中国财政经济出版社，2011.
8. 【美】威廉·L. 麦金森：公司财务理论. 刘明辉主译. 大连：东北财经大学出版社，2002.
9. 【美】斯蒂芬 A. 罗斯等：公司理财. 吴世农等译. 北京：机械工业出版社，2007.
10. 张志宏：财务管理. 北京：中国财政经济出版社，2009.
11. 傅元略：财务管理. 厦门：厦门大学出版社，2005.
12. 王玉春. 财务管理. 南京：南京大学出版社，2008.
13. 彭韶兵. 财务管理. 北京：高等教育出版社，2003.
14. 刘淑莲. 财务管理. 大连：东北财经大学出版社，2010.
15. 杨春甫，李光富. 财务管理. 武汉：华中科技大学出版社，2010.
16. 黄良杰. 财务管理. 北京：清华大学出版社，2008.
17. 卢家仪. 财务管理. 北京：清华大学出版社，2011.
18. 乔世震，王满. 财务管理基础. 大连：东北财经大学出版社，2010.
19. 于君，齐德江. 财务成本管理. 长春：吉林人民出版社，2006.
20. 于君，高艳. 财务管理案例研究. 长春：吉林人民出版社，2006.